I. Lakatos / A. Musgrave, Hrsg.

Kritik und Erkenntnisfortschritt

Wissenschaftstheorie
Wissenschaft und Philosophie

Herausgegeben von
Prof. Dr. Simon Moser, Karlsruhe
und
Prof. Dr. Siegfried J. Schmidt, Bielefeld

Verlagsredation: Dr. Frank Lube, Braunschweig

Band 9

Imre Lakatos
Alan Musgrave, Hrsg.

Kritik und Erkenntnisfortschritt

Abhandlungen des Internationalen Kolloquiums
über die Philosophie der Wissenschaft,
London 1965, Band 4

Mit Beiträgen von P.K. Feyerabend, T.S. Kuhn,
I. Lakatos, M. Masterman, K. Popper,
E. Toulmin, J. Watkins, L.P. Williams

V

Vieweg · Braunschweig

Übersetzung: P. K. Feyerabend, A. Szabó
(von den englischen Herausgebern autorisierte Übersetzung)

Titel der Originalausgabe:
Criticism and the Growth of Knowledge,
© Cambridge University Press, London 1970

Verlagsredaktion: Hans-Jürgen Schmidt, Richard Bertram

1974

Satz: C. W. Niemeyer, Hameln

Buchbinder: W. Langelüddecke, Braunschweig

ISBN 978-3-528-08333-5   ISBN 978-3-322-90613-7 (eBook)
DOI 10.1007/978-3-322-90613-7

Inhalt

Imre Lakatos †

Paul K. Feyerabend

Imre Lakatos, der im Februar dieses Jahres plötzlich und ganz unerwartet verstarb, war ein faszinierender Mensch, ein hervorragender Philosoph und der beste Wissenschaftstheoretiker der letzten 50 Jahre. Er war ein Rationalist, denn er hielt es für die Pflicht des Menschen, sich bei der Einrichtung seines Lebens und beim Aufbau seiner Beziehungen zu Natur und Mitmensch der Vernunft zu bedienen. Er war ein Optimist, denn er glaubte, daß die Vernunft die zur Erfüllung ihrer Aufgaben nötigen Fähigkeiten besitzt. Er hatte eine realistische Vorstellung von diesen Fähigkeiten, denn er sah ein, daß sie sich nicht in niedergeschriebenen Regeln erschöpfen und daß es nicht möglich ist, sie allein durch einen abstrakten Vergleich solcher Regeln (unter der Leitung von mehr allgemeinen Forderungen des Verstandes) zu verbessern: Soll die Vernunft in dieser realen Welt mit ihren komplizierten Episoden und ihren haarsträubenden Ideen und Institutionen einen Angriffspunkt haben, dann muß sie *raffiniert* sein. Sie darf zum Beispiel in der Wissenschaft nicht primitiver sein als die Theorien, die sie bewerten soll; und sie darf auch *nicht zu streng* sein, sonst kommt der Aufbau der Wissenschaft (die Verbesserung der bereits existierenden Ansichten, Theorien, Experimente) nie zustande. Wir brauchen eine Vernunft, die die gesunde Mitte hält zwischen einer tatenlosen (wenn auch nicht wortlosen) *Betrachtung* der Wissenschaft und reformatorischem *Übereifer*. Die Forderungen des Verstandes sind anzupassen an die (historischen, psychologischen, physischen) Eigenschaften des zu ändernden Materials.

Über diese Seite der Methodologie haben sich Wissenschaftstheoretiker nur selten den Kopf zerbrochen. Regeln wurden an Hand sehr primitiver Modelle diskutiert, und ihre Leistung in solch künstlicher Umgebung entschied über ihr Schicksal. Auch Poppers Theorie der Falsifikation entsprang der trivialen Beobachtung, daß aus einem Singularsatz zwar die Negation eines Allsatzes, aber nicht ein Allsatz folgen kann. Es dauerte nicht lange, und man erkannte, daß die vorgeschlagenen Regeln für einen Wissenschaftler entweder ganz nutzlos sind oder verheerende Folgen haben. Das Material, das einem Physiker zur Verfügung steht, ist zum Beispiel viel zu ungehobelt, um vor den Vorschriften und den Verboten der Popperschen Philosophie bestehen zu können.

Es liegt aber keinesfalls jenseits der Reichweite jeder Erkenntnistheorie. In seiner Analyse mathematischer Beweisverfahren fand Lakatos, daß viele komplizierte und überladene Theorien ihre Existenz dem Versuch verdanken, die bei der Lösung einfacher und oft quasi-empirischer Probleme entstehenden weiteren Probleme zu *verdecken* und aus der Welt zu schaffen. Andrerseits ist es möglich, Probleme so zu lösen, daß neue, unerwartete Fragen auftauchen und neue und unerwartete Beziehungen *entdeckt* werden. Zieht man Theorien und Forschungsprogramme der letzteren Art vor, ungeachtet aller Fehler, die sie sonst noch besitzen mögen, und gibt man ihnen Zeit, sich in die gewünschte Richtung zu entwickeln, dann hat man ein Kriterium, das strikt ist, ohne fatal zu sein, das in der wissenschaftlichen Praxis immer einen Angriffspunkt besitzt, ohne die Freiheit des Forschers – die Freiheit gewagter Unternehmungen eingeschlossen – einzuschränken. Lakatos hat das Kriterium auf die empirischen Wissenschaften ausgedehnt und in seinen beiden Aufsätzen im vorliegenden Band im Detail erklärt. Die dem Kriterium zugrundeliegende Theorie wissenschaftlicher Veränderung vereinigt strikte Beurteilung mit freier Entscheidung, historische Zufälligkeit mit Regeln des Verstandes zu einem wohlausgeglichenen Ganzen. Sie ist eine der wichtigsten Errungenschaften der Philosophie des 20. Jahrhunderts.

Imre Lakatos war aber nicht nur Theoretiker. Er war auch Aufklärer, Publizist, Politiker. Er stärkte die Kraft seiner Argumente mit blendender Darstellungskraft bei Vorträgen, beißendem Humor bei Diskussionen, charmanter Überredung in privatem Gespräch. Bald vereinigte er um sich einen Kreis gleichgesinnter Menschen – ich sage absichtlich nicht ‚Denker‘, denn die Idee, von noch so perfekten Denkmaschinen umgeben zu sein, war ihm ein Greuel –, die wie er an der Beseitigung jener endlosen, aber eingebildeten Langeweile interessiert waren, die heute fast überall das Kennzeichen der Gelehrsamkeit ist. Die Gleichgesinnten waren nicht immer Rationalisten, denn engstirnig war er nicht, und selbst ein Dadaist wie ich konnte fruchtbar mit ihm zusammenarbeiten. Dann kamen Studenten, ältere Schüler, und bald erhob sich eine neue Art intellektueller Gemeinschaft, auf Freundschaft und skeptischem Interesse gegründet und nicht auf sklavischer Unterwürfigkeit. Das war möglich, weil Imre Lakatos vor allem ein warmherziger und heiterer Mensch war, zutiefst beeindruckt von der wachsenden Irrationalität und Ungerechtigkeit in dieser Welt, von der fast unüberwindlichen Macht, die die dumpfe Mittelmäßigkeit heute in fast allen Gebieten besitzt, die sogenannte ‚Jugend‘ eingeschlossen; immer bereit, für seine Ideen und seine Gesinnung auch unter unangenehmen und gefährlichen Umständen einzutreten; nicht zum Schweigen zu bringen und doch auch nicht ohne das Bewußtsein der Absurdität aller menschlichen Bemühungen. Ein Mensch wie er ist mit der Beschreibung seines Werkes nur ganz ungenügend erfaßt. Und sein Werk wird nur in den Händen jener überleben, die ähnliche Freiheit, ähnliche Lebensfreude und ähnlichen Einfallsreichtum besitzen wie er.

Vorwort zur ersten Auflage

Das vorliegende Buch ist der vierte Band der *Abhandlungen* des Internationalen Kolloquiums über die Philosophie der Wissenschaft, gehalten am Bedford College, Regent's Park, London, 11.-17. Juli 1965. Veranstaltet wurde dieses Kolloquium durch die "British Society for the Philosophy of Science" sowie durch die "London School of Economics and Political Science", und es stand unter dem Patronat der "Division of Logic, Methodology and Philosophy of Science" der "International Union of History and Philosophy of Science".

Freigebig unterstützt wurden sowohl das Kolloquium als auch die *Abhandlungen* durch die veranstaltenden Organisationen sowie durch die "Leverhulme Foundation" und die "Alfred P. Sloan Foundation".

Mitglieder des Organisationsausschusses waren: W.C. Kneale (Vorsitzender), I. Lakatos (Honorarsekretär), J.W.N. Watkins, S. Körner, Sir Karl Popper, H.R. Post und J.O. Wisdom.

Die ersten drei Bände der *Abhandlungen* wurden von der "North-Holland Publishing Company", Amsterdam, unter den folgenden Titeln veröffentlicht:

Lakatos (*ed.*): *Problems in the Philosophy of Mathematics*, 1967
Lakatos (*ed.*): *The Problem of Inductive Logic*, 1968
Lakatos and Musgrave (*eds.*): *Problems in the Philosophy of Science*, 1968.

Man findet das ganze Programm des Kolloquiums abgedruckt im ersten Band der *Abhandlungen.*

Der vierte Band verwirklicht dieselben Veröffentlichungsprinzipien wie die vorangehenden drei Bände: Man bekommt hier eher eine sinnvolle Rekonstruktion sowie Erweiterung und keine genaue Wiedergabe der wirklich stattgefundenen Diskussion. Der ganze Band entstand auf Grund eines Symposiums, gehalten am 13. Juli unter dem zusammenfassenden Titel: *Kritik und Erkenntnisfortschritt (Criticism and the Growth of Knowledge).* Ursprünglich hätten die Professoren Kuhn, Feyerabend und Lakatos die Vortragenden sein sollen, aber aus verschiedenen Gründen (vgl. S. 25) kamen die Beiträge von den Professoren Feyerabend und Lakatos erst nach dem Kolloquium an. Für sie sprang Professor Watkins freundlichst ein. Vorsitzender während der lebhaften Diskussion war Professor Sir Karl Popper. Das Wort haben u. a. Professor Stephen Toulmin, Professor Pearce Williams, Miss Margaret Masterman sowie der Vorsitzende ergriffen.

Die Manuskripte der hier veröffentlichten Untersuchungen wurden zu verschiedenen Zeitpunkten fertiggestellt. Die Arbeit von Thomas Kuhn wird hier im wesentlichen in derselben Form gedruckt, in der auch der Vortrag ursprünglich gehalten wurde. Die Arbeiten von John Watkins, Stephen Toulmin, Pearce Williams und Sir Karl Popper sind leicht verbesserte Varianten der ursprünglichen Beiträge. Dagegen wurde das Manuskript von Miss Masterman in der gegenwärtigen Form erst 1966 fertiggestellt, während die Arbeiten von Imre Lakatos und von Paul Feyerabend zusammen mit Thomas Kuhns abschließender Erwiderung erst noch später, i. J. 1969, beendet wurden.

Die Herausgeber — weitgehend unterstützt durch Peter Clark und John Worral — möchten allen Beitragenden für ihre freundliche Mitarbeit herzlichst danken. Sie sind auch Mrs. Christine Jones und Miss Mary McCormick für ihre gewissenhafte und sorgfältige Arbeit in der Vorbereitung der Manuskripte für die Drucklegung zu herzlichem Dank verpflichtet.

Die Herausgeber

London, August 1969

Vorwort zur dritten Auflage

Seit der Veröffentlichung der ersten Auflage haben einige der Autoren ihre in diesem Band behandelten Ideen weiterentwickelt:

Thomas S. Kuhn hat eine zweite Ausgabe seines Werkes *Structure of Scientific Revolutions* mit einem Nachtrag veröffentlicht, der weitere Verfeinerungen seiner Theorie der Paradigmen enthält (Chicago University Press, 1970).

Sir Karl Poppers Überlegungen zur Autonomie der Ideenwelt sind in einer Sammlung *Objective Knowledge: An Evolutionary Approach* zugänglich (Oxford University Press, 1972).

Stephen Toulmin hat den ersten Band seines Werkes *Human Understanding* veröffentlicht (Princeton University Press and Claredon Press, 1972).

Paul K. Feyerabend hat seinen epistemologischen Anarchismus in seinem Buch *Against Method* entfaltet (New Left Books, 1974).

Imre Lakatos hat seine Theorie der wissenschaftlichen Forschungsprogramme in seinem Beitrag "Popper on Demarcation and Induction" weiterentwickelt, der in P.A. Schilpp (*ed.*): *The Philosophy of Karl R. Popper* erschienen ist (Open Court, 1974). Elie Zahar verbesserte Lakatos' Methodologie wesentlich in seinem Aufsatz "Why did Einstein's Programme Supersede Lorentz's?" in *The British Journal for the Philosophy of Science*, **24**, pp. 95–213 and 223–262. Diese Verbesserung wurde auch zu einer Neuinterpretation der kopernikanischen Revolution verwandt, und zwar in Lakatos and Zahar: "Why did Copernicus's Programme Supersede Ptolemy's?" in R. Westman (*ed.*): *The Copernican Achievement* (California University Press, 1974).

Die Herausgeber

London, Januar 1974

Logik der Forschung oder Psychologie der wissenschaftlichen Arbeit?[1])

Thomas S. Kuhn
Princeton University

Meine Aufgabe auf diesen Seiten ist, die Ansichten, die über die wissenschaftliche Entwicklung in meinem Buch *The Structure of Scientific Revolutions* [= Die Struktur der wissenschaftlichen Revolutionen] skizziert wurden, mit den besser bekannten Ansichten unseres Vorsitzenden Sir Karl Popper[2]) zu vergleichen. Gewöhnlich hätte ich diese Aufgabe nicht auf mich genommen, weil ich von der Nützlichkeit solcher Gegenüberstellungen nicht so sehr überzeugt bin wie Sir Karl. Außerdem habe ich sein Werk allzu lange bewundert, um jetzt plötzlich zu seinem Kritiker zu werden. Aber ich sehe doch ein, daß der Versuch aus diesem Anlaß gemacht werden soll. Schon bevor mein Buch veröffentlicht worden war, begann ich eine spezielle und oft überraschende Beziehung zwischen seinen Ansichten und den meinigen zu entdecken. Diese Beziehung und die verschiedenen Reaktionen darauf, denen ich begegnet bin, lassen mich vermuten, daß ein ernstgenommener Vergleich der beiden manches interessant beleuchten könnte. Warum ist dies der Fall?

Beinahe immer, wenn wir uns explizit denselben Problemen zuwenden, sind Sir Karls und meine Ansichten über Wissenschaft so gut wie identisch[3]). Wir beide sind eher interessiert an jenem dynamischen Prozeß, der zum Erwerb wissenschaftlicher Kenntnisse führt, und nicht so sehr an der logischen Struktur des Ergebnisses der wissenschaftlichen Forschung. Auf Grund dieses Interesses betonen wir beide als legitime Daten die Tatsachen und auch den Geist des aktuellen wissenschaftlichen Lebens, und wir wenden uns beide häufig der Geschichte zu, um diese zu finden. Aus der Quelle der gemeinsamen Daten ziehen wir häufig dieselben Konklusionen. Wir beide lehnen die Ansicht ab, wonach der Fortschritt der Wissenschaft aus Akkumulation besteht. Wir beide betonen statt dessen den revolutionären

[1]) Diese Arbeit wurde ursprünglich auf die Aufforderung von P. A. Schilpp hin als Beitrag zu seinem Band *The Philosophy of Karl R. Popper* geschrieben, den „The Open Court Publishing Company", La Salle, Ill., in der Reihe „The Library of Living Philosophers" zu veröffentlichen gedachte. Sehr dankbar bin ich sowohl Professor Schilpp als auch dem Verleger für die Erlaubnis, dasselbe Manuskript in den Abhandlungen dieses Symposiums früher veröffentlichen zu dürfen als in dem Band, für den es ursprünglich geplant war.
[2]) Gelesen habe ich zum Zweck der folgenden Diskussion von den Arbeiten Sir Karl Poppers seine [1959], [1963], [1957]. Gelegentlich verweise ich auch auf seine ursprüngliche [1935] und auf seine [1945]. Ausführlicher behandelt mehrere von den hier unten berührten Problemen meine [1962].
[3]) Die weitgehende Übereinstimmung ist wohl mehr als zufällige Koinzidenz. Obwohl ich vor dem Erscheinen der englischen Übersetzung seiner [1935] i. J. 1959 nichts von Sir Karl Poppers Werken gelesen habe – und damals mein Buch auch schon im Druck war –, war ich mehrmals bei öffentlichen Diskussionen über seine Hauptgedanken anwesend. Ich habe auch seine Vorträge im Frühjahr 1950 angehört, als er in Harvard 'William James-Lecturer' war. Diese Umstände ermöglichen es mir nicht mehr, genau anzugeben, was ich Sir Karl zu verdanken habe.

Prozeß, der zum Verwerfen einer alten Theorie und zu ihrem Ersetzen durch eine neue, mit ihr unvereinbare, führt[4]). Und wir beide unterstreichen besonders jene Rolle der älteren Theorie in diesem Prozeß, die darin besteht, daß die ältere Theorie gelegentlich durch Logik, Experiment oder Beobachtung auf solche Proben gestellt wird, die sie nicht bestehen kann. Und schließlich nehme ich mit Sir Karl zusammen Stellung gegen eine Anzahl von sehr charakteristischen Thesen des klassischen Positivismus. Wir beide heben z. B. die intime und unvermeidliche Verbindung der wissenschaftlichen Beobachtung mit der wissenschaftlichen Theorie hervor; und dementsprechend sind wir beide auch jenen Bestrebungen gegenüber skeptisch, die eine neutrale Beobachtungssprache zustande bringen möchten. Wir beide bestehen auch darauf, daß die Wissenschaftler das Erfinden von Theorien erstreben, die die beobachteten Phänomene erklären.

Diese Liste, obwohl sie noch keineswegs völlig jene Gegenstände erschöpft, über die ich mit Sir Karl derselben Ansicht bin[5]), ist schon in sich lang genug, um uns beide in dieselbe Minderheit unter den zeitgenössischen Wissenschaftsphilosophen zu versetzen. Dies ist wohl auch der Grund, weswegen immer mit einer gewissen Regelmäßigkeit eben aus Sir Karls Anhängern die mit mir sympathisierende philosophische Zuhörerschaft hervorging; eine Tatsache, für die ich aufrichtigst dankbar bin. Aber meine Dankbarkeit besteht doch nicht aus ungemischten Gefühlen. Dieselbe Übereinstimmung, die die Sympathie dieser Gruppe erweckt, lenkt auch ihre Interessen auf andere Bahnen. Manche von Sir Karls Anhängern möchten offenbar viele Teile meines Buches als Kapitel aus einer späten (und für einige von ihnen wohl auch: als Kapitel aus einer drastischen) Revision des klassischen Werkes *Logik der Forschung* lesen. Der eine von diesen fragt sich dann, ob jene Betrachtungsart der Wissenschaft, die in meinem Buch *Scientific Revolutions* zur Geltung kommt, nicht auch schon längst bekannt war. Der andere, der nachsichtiger ist, beschränkt meine Originalität auf den Nachweis dessen, daß die Tatsachen-Entdeckungen Lebenszyklen haben, sehr ähnlich den Zyklen, die aus den Theorie-Erneuerungen bestehen. Wieder andere erklären sich zwar im großen und ganzen mit meinem Buch einverstanden, aber sie möchten doch zwei verhältnismäßig nebensächliche Probleme darin eingehender erörtern, und zwar zwei, in denen ich von Sir Karl abweiche: die Tatsache, daß ich so sehr die Wichtigkeit des Festhaltens an der Tradition hervorhebe, und meine Unzufriedenheit mit dem, was aus dem Gedanken der 'Falsifikation' folgt. Kurz und gut, alle diese Leute lesen mein Buch sozusagen durch eine gewisse Brille, und doch kann man dasselbe Buch auch anders lesen. Wohl ist das Bild, das man dank dieser Brille bekommt, nicht von Grund auf falsch; meine Übereinstimmung mit Sir Karl ist echt und wesentlich. Doch die anderen Leser, die nicht dem Popperschen Kreis angehören, merken meistens gar

---

[4]) Sonst benutze ich eher den Terminus 'Paradigma' und nicht 'Theorie' zur Bezeichnung dessen, was in den wissenschaftlichen Revolutionen verworfen wird. Einige der Gründe, weswegen ich den Terminus verändert habe, werden unten auftauchen.

[5]) Indem ich noch ein weiteres Gebiet betone, über welches wir übereinstimmen und in bezug auf welches manches mißverstanden wurde, beleuchte ich vielleicht auch besser die Unterschiede zwischen Sir Karls Ansichten und den meinigen. Wir betonen beide, daß das Festhalten an der Tradition eine wesentliche Rolle in der wissenschaftlichen Entwicklung spielt. Er schrieb z. B.: ,,Sowohl quantitativ als auch qualitativ ist die weitaus wichtigste Quelle unseres Wissens – abgesehen vom angeborenen Wissen – die Tradition." (Popper [1963], S. 27) Ja, Sir Karl schrieb schon i. J. 1948: ,,Ich glaube überhaupt nicht, daß wir uns jemals vollständig von der Tradition befreien könnten. Das sog. Befreien ist in Wirklichkeit nur ein Umschalten von der einen Tradition auf die andere." ([1963], S. 122)

nicht, daß von einer Übereinstimmung überhaupt die Rede sein kann. Und doch sind es häufig eben diese Leser, die erkennen (wenn auch nicht immer und notwendig mit Sympathie), was auch meiner Ansicht nach das Wesentlichste an meinem Werk ist. Ich schließe also daraus, daß eine Art 'gestalt switch'*) die Leser meines Buches in zwei oder auch in mehrere Gruppen teilt. Der Wunsch zu verstehen, wie dies möglich war, begründet den gegenwärtigen Vergleich meiner Betrachtungsart mit derjenigen von Sir Karl.

Der Vergleich soll jedoch kein bloßes Nebeneinanderstellen Punkt für Punkt sein. Beachtenswert ist nicht so sehr jenes periphere Gebiet, auf dem unsere gelegentlichen und nebensächlichen Nicht-Übereinstimmungen sich isolieren ließen, sondern eher jene zentrale Region, wo wir derselben Ansicht zu sein scheinen. Wir berufen uns beide, sowohl Sir Karl als auch ich selber, auf dieselben Angaben. Sehr weitgehend sehen wir dieselben Linien auf demselben Papier. Befragt über diese Linien und über diese Angaben, würden wir beide oft eigentlich identische Antworten erteilen oder mindestens solche Antworten, die, isoliert und in den Rahmen eines Frage-und-Antwort-Spiels gestellt, unumgänglich als identisch erscheinen müßten. Und dennoch überzeugen mich Erfahrungen wie die oben angedeuteten, daß unsere Absichten oft völlig verschieden sind, auch wenn wir dieselben Dinge sagen. Obwohl die Linien dieselben sind – die Figuren, die diese Linien in den verschiedenen Betrachtern erwecken, sind es nicht. Darum sage ich, daß es ein 'gestalt switch' ist, der uns voneinander trennt, und nicht einfach unterschiedliche Ansichten. Und darum bin ich auch nicht bloß interessiert, sondern auch ein wenig verlegen: Wie soll ich die Trennungslinie zwischen uns beleuchten? Wie soll ich Sir Karl überzeugen, der alles kennt, was ich über die wissenschaftliche Entwicklung weiß, und der einmal doch irgendwo auch gesagt hat, daß dasselbe, was er als eine 'Ente' bezeichnet, sehr wohl auch als ein 'Hase' gesehen werden kann? Wie soll ich ihm zeigen, wie die Dinge durch meine Brille betrachtet aussehen würden, nachdem er doch schon daran gewöhnt ist, alles durch die eigene Brille zu sehen?

In einer solchen Situation darf man wohl die Strategie ändern, und es empfiehlt sich folgende Vorgehensweise. Als ich eine Anzahl der wichtigsten Bücher und Untersuchungen von Sir Karl nochmals durchlas, begegnete ich einer Reihe von sich wiederholenden Ausdrücken, die ich zwar sehr gut verstehe und gegen die ich auch gar nichts besonderes einzuwenden hätte, die ich jedoch an ihren Stellen bei Sir Karl nie benützt hätte. Kein Zweifel, diese Ausdrücke sind sehr oft bloß Metaphern, rhetorisch angewendet auf Situationen, die Sir Karl sonst bei anderen Gelegenheiten auch tadellos beschrieben hatte. Dennoch können diese Metaphern, die mir in ihren gegebenen Zusammenhängen bei Sir Karl eindeutig als unangebracht vorkommen, für meine gegenwärtigen Zwecke nützlicher sein als die richtigen und treffenden Beschreibungen. Diese mögen nämlich in einem solchen Sinne für die Zusammenhänge symptomatisch sein, die in einer sorgfältigen und genauen Beschreibung verhüllt blei-

---

*) Man muß, um diesen ungewöhnlichen deutsch-englischen Ausdruck 'gestalt switch' zu verstehen, an Illustration 2 im Buch von E. H. Gombrich, *Art and Illusion* (Phaidon 1960), S. 4, denken. Man kann dieselbe Zeichnung – übernommen aus der humoristischen Zeitung *Die fliegenden Blätter* – je nach Belieben als 'Ente' oder als 'Hase' lesen. 'Gestalt switch' ist das Umschalten von der einen Art von Interpretation auf die andere. Psychologisch interessant ist die Tatsache, daß die beiden Interpretationen sich gegenseitig ausschließen. Es handelt sich zwar in beiden Fällen um dieselben Linien, aber man kann doch nur entweder die 'Ente' oder nur den 'Hasen' (aber nie beide Figuren auf einmal) in der Zeichnung erblicken. [Anmerkung des Übersetzers]

ben müßten. Wenn es so ist, dann mögen nämlich diese Ausdrücke nicht einfach die Funktion der Linien auf dem Papier, sondern diejenige des Hasenohres, des Schals oder des Bandes am Hals erfüllen, d. h. also die Funktion von solchen Gegenständen, die man an einer Zeichnung isoliert, wenn man einem Freund beibringen will, daß er in einer Zeichnung plötzlich etwas anderes entdecken soll, als was er bis dahin darin gesehen hatte. Ich hoffe mindestens, daß ich dies fertigbringen kann. Ich denke an vier verschiedene solcher Ausdrücke, die ich hier der Reihe nach besprechen will.

I

Einer der wichtigsten Punkte, in dem ich mit Sir Karl übereinstimme, ist, daß wir beide betonen: Eine Analyse der Entwicklung der wissenschaftlichen Erkenntnis muß auch jene Frage berücksichtigen, wie die wissenschaftliche Tätigkeit de facto ausgeübt wird. Darum überraschen mich einige wenige Verallgemeinerungen. Einer solchen begegnet man sogleich am Anfang des ersten Kapitels der *Logik der Forschung*. Sir Karl schreibt nämlich: „Die Tätigkeit des wissenschaftlichen Forschers – möge er Theoretiker oder Experimentator sein – besteht darin, Sätze oder Systeme von Sätzen aufzustellen und systematisch zu überprüfen. In den empirischen Wissenschaften sind es insbesondere Hypothesen, Theoriensysteme, die aufgestellt und an der Erfahrung durch Beobachtung und Experiment überprüft werden."[6]) Diese Aussage ist eigentlich ein Klischee, aber ihre Anwendung stellt drei Probleme. Sie ist zweideutig, weil sie versäumt, genau anzugeben, welche zweierlei Arten von 'Sätzen' und 'Theorien' überprüft werden. Es stimmt, die Zweideutigkeit läßt sich dadurch eliminieren, daß man auf andere Werke von Sir Karl Bezug nimmt; aber die Verallgemeinerung, die daraus entsteht, ist historisch ein Irrtum. Ja, der Irrtum erweist sich als wichtig, weil die eindeutige Form der Beschreibung eben jene Eigentümlichkeit der wissenschaftlichen Tätigkeit anzugeben versäumt, die wohl am meisten die Wissenschaften von anderen schöpferischen Tätigkeiten unterscheidet.

Es gibt eine Art von 'Satz' oder 'Hypothese', die der Wissenschaftler immer wieder systematisch überprüft. Ich denke daran, daß der individuelle Forscher sein Forschungsproblem nach seinem besten Wissen mit dem Korpus der akzeptierten wissenschaftlichen Kenntnisse zu verbinden versucht. Er mag z. B. vermuten, daß eine chemische Unbekannte das Salz einer seltenen Erde enthält oder daß die Fettleibigkeit seiner Versuchsratten einer speziellen Komponente in ihrer Diät zuzuschreiben sei oder daß ein neuentdecktes Spektralmuster als Effekt eines nuklearen Spins zu verstehen sei. In allen diesen Fällen sollen die nächsten Schritte der Forschung darin bestehen, die betreffende Vermutung oder Hypothese auf die Probe zu stellen. Besteht die Vermutung oder Hypothese genug Tests oder genügend strenge Tests, so hat der Wissenschaftler eine Entdeckung gemacht, oder er hat mindestens ein Rätsel [puzzle], das er sich vorgenommen hatte, gelöst. Wenn nicht, so muß er sein Rätsel entweder völlig aufgeben oder versuchen, es mit Hilfe einer anderen Hypothese zu lösen. Viele Forschungsprobleme, obwohl keineswegs alle, sind von dieser Form. Diese Art von Tests bildet eine gewöhnliche Komponente dessen, was ich sonst als 'Normalwissenschaft' ['normal science'] oder als 'Normalforschung' ['normal research'] bezeichnet habe; diese Art von Tätigkeit macht gewöhnlich den größten Teil der wissenschaftlichen Forschung aus. Ge-

---

[6]) Popper [1959], S. 27.

wöhnlich richten sich jedoch die Überprüfungen nicht gegen eine gültige Theorie. Im Gegenteil! Beschäftigt sich der Wissenschaftler mit einem normalen Forschungsproblem, so muß er die gültige Theorie als die Regeln seines Spieles *voraussetzen*. Seine Aufgabe ist, ein Rätsel zu lösen, möglichst ein solches, das andere vor ihm nicht lösen konnten. Man erwartet von der gültigen Theorie, daß sie das Rätsel definiere, ja daß sie auch noch garantiere: Vorausgesetzt, daß der Wissenschaftler hervorragend genug ist, so kann das Rätsel gelöst werden.[7]) Natürlich muß derjenige, der ein solches Unternehmen praktiziert, häufig jene vermeintliche Rätsellösung auf die Probe stellen, die seine Begabung ihm empfiehlt. Aber nur seine persönliche Vermutung wird überprüft. Und gelingt der Test nicht, so gilt es als ein Versagen seiner persönlichen Geschicklichkeit, nicht als dasjenige des Korpus der gültigen Wissenschaft. Kurz und gut, es kommen zwar häufig Überprüfungen in der Normalwissenschaft vor, aber diese sind von einer besonderen Art; denn es ist letzten Endes der individuelle Wissenschaftler und nicht die gängige Theorie, die überprüft wird.

Aber Sir Karl denkt doch nicht an diese Art von Überprüfung. Sein Interesse gilt vor allem jenen Prozeduren, durch welche die Wissenschaft wächst, und er ist überzeugt, daß dieses Wachstum hauptsächlich nicht durch Akkumulierung erfolgt, sondern dadurch, daß eine früher akzeptierte Theorie umgestürzt und durch eine andere, bessere, ersetzt wird.[8]) (Die Tatsache, daß das 'wiederholte Umstürzen' als 'Wachstum' zusammengefaßt und bezeichnet wird, ist auch in sich schon eine sprachliche Merkwürdigkeit, deren 'raison d'être' noch sichtbarer wird, wenn wir weitergehen.) Übernimmt man diese Betrachtungsart, so sind die Überprüfungen, die Sir Karl betont, diejenigen, die ausgeführt werden, um die Grenzen irgendeiner akzeptierten Theorie auf die Probe zu stellen oder um die gültige Theorie selbst einer maximalen Belastung auszusetzen. Man findet unter seinen beliebten Beispielen, die alle überraschend und in ihrem Ausgang destruktiv sind, das Kalzinierungsexperiment von Lavoisier, die Sonnenfinsternis-Expedition i.J. 1919 und die neuesten Paritätserhaltungs-Experimente.[9]) Alle diese sind natürlich klassische Überprüfungen, aber indem Sir Karl diese benützt, um die wissenschaftliche Tätigkeit zu charakterisieren, versäumt er, etwas sehr Wesentliches über sie zu sagen. Derartige Episoden sind nämlich sehr selten in der Wissenschaftsentwicklung. Und wenn sie vorkommen, dann geht ihnen gewöhnlich entweder eine Krise auf dem betreffenden Gebiet voran (man denke an die Experimente von Lavoisier oder an

---

[7]) Für eine eingehende Besprechung der Normalwissenschaft, jener Tätigkeit also, die die Praktikanten auszuführen gelernt haben, siehe meine [1962], S. 23–42 und 135–142. Es ist wichtig zu bemerken, daß, wenn ich den Wissenschaftler als Rätsellöser und wenn Sir Karl ihn als Problemlöser bezeichnet (z.B. in seiner [1963], S. 67, 222), die Ähnlichkeit unserer Bezeichnungsarten einen grundlegenden Unterschied verhüllt. Sir Karl schreibt (die Hervorhebungen sind von ihm selbst): ,,Zugegeben, daß unsere Erwartungen und darum auch unsere Theorien selbst den Problemen vorangehen. *Aber Wissenschaft beginnt doch erst mit den Problemen*. Probleme tauchen besonders dann auf, wenn wir in unseren Erwartungen enttäuscht werden und wenn die Theorien uns in Schwierigkeiten, in Widersprüche verwickeln." Ich benutze das Wort 'Rätsel', um hervorzuheben, daß die Schwierigkeiten, mit denen auch die besten Wissenschaftler *gewöhnlich* konfrontiert werden, wie Kreuzworträtsel oder wie Schachaufgaben sind; sie stellen nur seine Begabung auf die Probe. *Er gerät in irgendeine Schwierigkeit und nicht die gültige Theorie.* Es kommt mir also eher auf das Gegenteil dessen an, was für Sir Karl wichtig ist.

[8]) Vgl. Popper [1963], S. 129, 215 und 221, für besonders starke Behauptungen seiner Stellungnahme.

[9]) Zum Beispiel Popper [1963], S. 220.

---

diejenigen von Lee und Yang[10])), oder es gibt eine neue Theorie, die sich mit dem gültigen Kanon der Forschung in Wettstreit befindet (Einsteins allgemeine Relativität). Diese sind jedoch Aspekte oder Gelegenheiten von etwas, was ich sonst als 'außergewöhnliche Forschung' [extraordinary research] bezeichnet habe; d. h. es ist eine Art Unternehmen, bei dem die Wissenschaftler viele solcher Eigentümlichkeiten zur Geltung bringen, die Sir Karl betont, aber dennoch eine solche, die mindestens in der Vergangenheit nur selten, von Zeit zu Zeit unter ganz speziellen Umständen in je einer Fachwissenschaft vorkam.[11])

Meiner Ansicht nach hat also Sir Karl das ganze wissenschaftliche Unternehmen in einer Weise charakterisiert, wie sie eigentlich nur auf die Wissenschaft der revolutionären Perioden paßt. Seine Betonung ist natürlich und leicht verständlich: Die großen Errungenschaften eines Kopernikus oder eines Einstein sind bessere Lektüren als diejenigen von Brahe oder Lorentz. Sir Karl wäre nicht der erste, der das, was ich als Normalwissenschaft bezeichnet habe, für ein in sich uninteressantes Unternehmen hält. Und dennoch kann man die Wissenschaft und die Entwicklung des Wissens kaum richtig verstehen, wenn man die Forschung nur durch jene Revolutionen betrachtet, die zeitweise in ihrer Geschichte vorkommen. Zum Beispiel: Ein Überprüfen der grundlegenden Verpflichtungen wird zwar nur in der außergewöhnlichen Wissenschaft vorgenommen, aber dennoch ist es die Normalwissenschaft, die sowohl jene Punkte bezeichnet, die überprüft werden sollen, wie auch die Art und Weise angibt, wie man das Überprüfen vorzunehmen hat. Auch die Fachleute werden für die Normalwissenschaft und nicht für die außergewöhnliche Wissenschaft ausgebildet und trainiert. Wenn sie dennoch bei der Verschiebung und Ersetzung von Theorien, auf denen die normale Wissenschaft beruht, so erstaunlich erfolgreich sind, so ist dies eine Merkwürdigkeit, die erklärt werden muß. Und zum Schluß mein wichtigstes Argument: Untersucht man sorgfältig das wissenschaftliche Unternehmen, so sieht man, daß jenes Überprüfen, das Sir Karl empfiehlt, in der Normalwissenschaft gar nicht vorkommt, eher in der außergewöhnlichen Wissenschaft, und eben dies unterscheidet die Wissenschaft von anderen Unternehmungen. Gibt es ein Abgrenzungskriterium (ich glaube nicht, daß wir eine scharfe und entscheidende Abgrenzung zu suchen brauchen), so liegt dieses Kriterium irgendwo in jenem Teil der Wissenschaft, den Sir Karl ignoriert.

In einer seiner anregendsten Untersuchungen verfolgt Sir Karl „die Tradition der kritischen Diskussion, [die] den einzig gangbaren Weg für die Erweiterung unseres Wissens darstellt", bis hinauf zu den griechischen Philosophen zwischen Thales und Platon, zu jenen Männern also, die – wie er sie sieht – die kritische Diskussion sowohl unter den aufeinander folgenden wie auch unter den nebeneinander existierenden Schulen gefördert hatten.[12]) Ausgezeichnet ist die darauffolgende Beschreibung der vorsokratischen Streitgespräche. Aber was beschrieben wird, sieht überhaupt nicht so aus wie Wissenschaft. Eher ist es jene Tradition der Ansprüche und Gegenansprüche sowie der Debatten über grundlegende Fragen, die – vielleicht das Mittelalter ausgenommen – die Philosophie und manche Sozialwissenschaften charakterisierten und auch charakterisieren. Schon in der hellenistischen Periode haben Mathematik, Astronomie, Statik und die geometrischen Kapitel der Optik diese Art Diskussion

---

[10]) Über das Werk der Kalzinierung siehe Guerlac [1961]. Über den Hintergrund der Paritätsexperimente siehe Hafner und Presswood [1965].
[11]) Ausführlich erörtert wird dieser Punkt in meiner [1962], S. 52–97.
[12]) Popper [1963], Kapitel 5, besonders S. 148–152.

zugunsten des Rätsellösens aufgegeben. Die übrigen Wissenschaften haben seitdem denselben Übergang in immer steigender Anzahl vollzogen. Um die Ansicht von Sir Karl auf den Kopf zu stellen: Charakteristisch für den Übergang zur Wissenschaft ist eben die Tatsache, daß man die kritische Diskussion verabschiedet. Hat irgendein Gebiet des Wissens einmal diesen Übergang vollzogen, dann kehrt die kritische Diskussion nur in den Perioden der Krise zurück, zu jenen Zeiten also, in denen die Grundlagen wieder in Gefahr sind.[13] Wissenschaftler benehmen sich wie Philosophen nur, wenn sie zwischen miteinander konkurrierenden Theorien wählen sollen. Ich glaube, eben deswegen ist Sir Karls glänzende Beschreibung der Gründe für die Wahl zwischen metaphysischen Systemen meiner eigenen Beschreibung der Gründe für die Wahl zwischen den wissenschaftlichen Theorien so ähnlich.[14] Ich werde sogleich versuchen zu zeigen, daß in keiner derartigen Wahl das Überprüfen eine entscheidende Rolle spielen kann.

　　Es gibt jedoch gute Gründe dafür, warum das Überprüfen eine wichtige Rolle darin zu spielen schien, und versucht man diese Gründe nachzuweisen, so kann es sich leicht herausstellen, daß dasselbe, was Sir Karl für eine 'Ente' hielt, bei mir ein 'Hase' wird. Die Vorbedingung der Beschäftigung des Rätsellösens ist, daß alle diejenigen, die dieses Unternehmen praktizieren, über jene Kriterien einig sind, die für die betreffende Gruppe und für eine gewisse Zeit eindeutig bestimmen, wann ein Rätsel als gelöst gilt. Dieselben Kriterien bestimmen notwendigerweise auch, was es heißt, wenn es nicht gelungen ist, ein Rätsel zu lösen. Ein jeder, der sich diese Kriterien zu eigen macht, kann natürlich auch der Ansicht sein, daß das Versagen ein Versagen der Theorie selber ist. Wie ich schon hervorgehoben hatte, kommt man unter normalen Umständen nicht zu einer solchen Überzeugung. Der Praktiker, nicht seine Geräte tragen die Schuld. Aber unter speziellen Umständen, die eine Krise im Fachbereich hervorrufen (wenn nämlich das Versagen allzu groß ist oder wenn es sich oft wiederholt, auch unter Mitwirkung der glänzendsten Fachleute), kann es vorkommen, daß die öffentliche Meinung der Gruppe sich ändert. Ein Versagen, das früher nur als persönliches Versagen galt, mag nun plötzlich als ein Versagen der überprüften Theorie erscheinen. Darum wird ein derartiges Überprüfen, das aus einem Rätsel hervorging und das die Kriterien der Lösung verändert, viel strenger und härter als die gewöhnlichen Überprüfungen innerhalb der normalen Tradition.

　　Darum ist die Strenge der Überprüfungskriterien in einem gewissen Sinne einfach nur die eine Seite der Münze, deren andere Seite die Tradition der Rätsellösung ist. Und darum fällt auch die Abgrenzung von Sir Karl so oft mit der meinigen zusammen. Aber dieses Zusammenfallen ist doch nur ein *Ergebnis*. Der *Vorgang* der Anwendung ist sehr unterschiedlich, und er isoliert verschiedene Aspekte jener Tätigkeit, für die zu entscheiden ist, ob sie als Wissenschaft oder als Nicht-Wissenschaft gelten soll. Überprüfe ich die beunruhigenden Fälle, wie z.B. die Psychoanalyse oder die marxistische Geschichtsschreibung, für die – wie Sir Karl erzählt – seine Kriterien ursprünglich aufgestellt wurden,[15] so stimme ich seinem Urteil zu, daß diese sich nicht mit Recht als 'Wissenschaft' bezeichnen lassen. Aber ich erreiche diesen Schluß auf einem Wege, der viel sicherer und unmittelbarer ist als der seinige. Ein kurzes

---

[13] Obwohl ich damals kein Abgrenzungskriterium gesucht habe, wurden eben diese Punkte ausführlich in meiner [1962], S. 10–22 und 87–90, erörtert.

[14] Vgl. Popper [1963], S. 192–200, mit meiner [1962], S. 143–158.

[15] Popper [1963], S. 34.

Beispiel mag uns überzeugen, daß von den beiden Kriterien 'Überprüfen' und 'Rätsellösen' das letztere zugleich weniger zweideutig und fundamentaler ist.

Um nebensächliche und unwichtige Streitigkeiten mit Zeitgenossen zu vermeiden, wähle ich als Beispiel lieber Astrologie und nicht etwa Psychoanalyse. Astrologie ist ja auch bei Sir Karl ein sehr häufiges Beispiel für Pseudowissenschaft.[16]) Er schreibt über die Astrologen: „Indem sie verschwommen genug ihre Interpretationen und Prophetien aufgestellt hatten, vermochten sie alles wegzuerklären, was sonst eine Widerlegung der Theorie hätte sein können, wären Theorien und Prophetien präziser gewesen. Um der Falsifikation zu entgehen, haben sie die Testbarkeit der Theorie zerstört."[17]) Jene Verallgemeinerungen, auf die auch dieses Zitat hinweist, erfassen in der Tat etwas von der Astrologentätigkeit. Doch nimmt man die zitierte Aussage wörtlich, wie sie in der Tat wörtlich genommen werden soll, wenn sie als Abgrenzungskriterium gelten soll, so ist sie nicht haltbar. Die Geschichte der Astrologie kennt ja aus den Jahrhunderten, in denen diese intellektuell ernstgenommen wurde, viele Voraussagen, die kategorisch fehlgingen.[18]) Auch die überzeugtesten und heftigsten Verteidiger der Astrologie haben nie bezweifelt, daß solche Versagen möglich sind. Darum ist es auch nicht möglich, die Astrologie zu einer Nicht-Wissenschaft zu stempeln, nur auf Grund dessen, wie ihre Voraussagen gewöhnlich formuliert werden.

Ja, es ist auch unmöglich, die Astrologie mit einer solchen Begründung zu einer Nicht-Wissenschaft zu stempeln, daß man daran erinnert, wie die Astrologen das Versagen ihrer Kunstfertigkeit zu bemänteln pflegten. Die Astrologen haben nämlich oft hervorgehoben, daß – im Gegensatz zum Feststellen der Neigungen eines Individuums oder zum Voraussagen einer Naturkatastrophe – die Voraussage der Zukunft eines Individuums eine unerhört komplizierte Aufgabe sei, die sehr viel Geschicklichkeit verlange, und daß auch die kleinsten Irrtümer in den wichtigen Angaben sehr weittragende Konsequenzen hätten. Die Konstellation der Gestirne und der acht Planeten sei andauernd in Veränderung begriffen. Es sei auch allgemein bekannt, daß die astronomischen Tafeln, die man benutze, um die Konstellation im Augenblick der Geburt eines Individuums zu berechnen, sehr unvollkommen seien. Außerdem hätten wenige Menschen den Augenblick ihrer Geburt mit der erwünschten Genauigkeit gekannt.[19]) Kein Wunder also, daß die Voraussagen fehlgingen. Erst als der Glaube an die Astrologie im Schwinden war, begann man zu entdecken, daß diese Fragen von vornherein schon den Glauben an die Kunstfertigkeit selbst voraussetzten.[20]) Aber man nimmt ja auch heutzutage noch seine Zuflucht zu solchen Argumenten, wenn man ein Versagen der Medizin oder der Meteorologie erklären will. Ja, man begegnet ähnlichen Argumenten, wenn Schwierigkeiten auftauchen, selbst in den exakten Wissenschaften wie in der Physik, Chemie oder Astronomie.[21]) Es wäre also an und für sich noch überhaupt nichts Unwissenschaftliches

---

[16]) Der Index zu Popper [1963] verweist unter dem Schlagwort „Astrologie als eine typische Afterwissenschaft" auf acht Stellen.

[17]) Popper [1963], S. 37.

[18]) Beispiele siehe bei Thorndike [1923–1958], **5**, S. 225 ff.; **6**, S. 71, 101, 114.

[19]) Für wiederholte Erklärungen des Versagens siehe ebd., **1**, S. 11 und 514 f.; **4**, 368; **5**, 279.

[20]) Eine aufmerksame Rechtfertigung für einige Gründe, weswegen Astrologie ihre Plausibilität verloren hat, findet man in Stahlmann [1956]. Eine Erklärung für den früheren Einfluß der Astrologie siehe bei Thorndike [1955].

[21]) Vgl. meine [1962], S. 66–76.

daran gewesen, wenn die Astrologen zu solchen Ausreden ihre Zuflucht nahmen, um das Versagen ihrer Kunstfertigkeit zu erklären.

Aber die Astrologie war dennoch nie eine Wissenschaft. Sie war eher eine praktische Fertigkeit, sehr ähnlich derjenigen des Ingenieurs, des Meteorologen oder des Arztes, wie diese Kunstfertigkeiten bis vor etwas mehr als einem Jahrhundert gewöhnlich ausgeübt wurden. Ich glaube, die Parallele fällt besonders ins Auge, wenn man die Astrologie mit der früheren ärztlichen Tätigkeit vergleicht oder damit, wie die Psychoanalyse auch heute noch betrieben wird. Auf allen diesen Gebieten taugten die gemeinsam zugrundeliegenden Theorien nur dazu, eine gewisse Plausibilität für die Disziplin zu sichern und eine rationale Begründung für jene verschiedenen Regeln der Kunstfertigkeit zu bieten, die die Praxis lenken. Diese Regeln haben ihre Nützlichkeit in der Vergangenheit erwiesen, aber kein Mensch, der die Kunstfertigkeit praktizierte, dachte, daß dieselben Regeln auch genügten, um die Wiederkehr des Versagens in der Zukunft zu verhindern. Man verlangte eine artikuliertere Theorie und wirksamere Regeln, aber es wäre absurd gewesen, eine plausible und sehr nötige Disziplin, die der Tradition nach nur beschränkten Erfolg hatte, bloß deswegen aufzugeben, weil das andere, was man verlangte, noch nicht zur Hand war. Aber obwohl das, was man verlangte, nicht vorhanden war, haben weder der Astrologe noch der Arzt Forschungen durchgeführt. Denn ihre Aufgabe war ja nur, Regeln anzuwenden, und nicht, Rätsel zu lösen, und darum war auch ihre Praxis gar keine Wissenschaft.[22])

Man vergleiche die Situation des Astronomen und diejenige des Astrologen. Ging die Voraussage eines Astronomen fehl und erwiesen sich seine Berechnungen als falsch, so durfte er die Hoffnung hegen, die Lage zurechtlegen zu können. Vielleicht waren die Angaben verfehlt: Man konnte die alten Beobachtungen überprüfen und neue Vermessungen durchführen. Alle diese Dinge gaben eine ganze Reihe von Rätseln auf im Zusammenhang mit den Berechnungen und mit den Instrumenten. Oder es war vielleicht nötig, die Theorie zu korrigieren, entweder dadurch, daß man die Epizykel, die Exzenter oder die Sekanten manipulierte, oder es waren noch grundlegendere Reformen der astronomischen Technik nötig. Dies waren über mehr als ein Jahrtausend die theoretischen und mathematischen Rätsel, um die herum, zusammen mit ihren instrumentalen Ergänzungen, sich die Tradition der astronomischen Forschung gruppierte. Die Astrologen hatten dagegen gar keine solchen Rätsel. Vor-

---

[22]) Diese Formulierung legt die Vermutung nahe, daß das Abgrenzungskriterium Sir Karls – um den Preis einer kleinen Änderung bei Beibehaltung seiner offenbaren Absicht – sich aufrechterhalten ließe. Wissenschaft wäre irgendein Gebiet der Kenntnisse, wenn seine Konklusionen von *angenommenen Prämissen logisch ableitbar* sind. In diesem Sinne wäre die Astrologie keine Wissenschaft, nicht deswegen, weil ihre Voraussagen nicht überprüfbar sind, sondern deswegen nicht, weil nur ihre allgemeinsten und am wenigsten überprüfbaren Konklusionen sich von einer akzeptierten Theorie ableiten lassen. Nachdem jedes Gebiet, das diese Bedingung befriedigt, wohl auch eine rätsellösende Tradition unterstützt, ist der Vorschlag offenbar nützlich. Er ist nahe daran, ausreichende Bedingungen anzugeben, unter denen irgendein Gebiet als Wissenschaft gelten kann. Aber in der angegebenen Form ist er doch keine genügende und sicher keine notwendige Bedingung. Denn diese Formulierung würde ja offenbar erlauben, daß das Feldmessen und die Navigation Wissenschaften seien, während Taxonomie, historische Geologie und Evolutionstheorie keine Wissenschaften wären. Die Konklusionen irgendeiner Wissenschaft mögen nämlich präzis und bindend sein, und es mag dabei dennoch vorkommen, daß man sie logisch von angenommenen Prinzipien nicht ableiten kann. Vgl. meine [1962], S. 35–51, und auch die Diskussion weiter unten, Abschn. III.

kommnisse des Versagens ließen sich erklären, aber die Fälle des Versagens gaben keinen Anlaß dazu, nach Rätseln zu forschen; denn mochte der einzelne Mensch auch noch so geschickt
gewesen sein, er konnte diese Fälle doch nicht dazu benützen, um eine konstruktive Revision
der astrologischen Tradition zu versuchen. Es gab allzu viele mögliche Quellen der Schwierigkeiten, und die meisten von diesen übertrafen die Kenntnisse, die Kontrolle oder die Verantwortlichkeit des einzelnen Astrologen. Dementsprechend waren die individuellen Fehler
nicht von informativer Art, und sie warfen kein Licht auf die Kompetenz dessen, der die Pro-
gnose aufgestellt hatte, in den Augen seiner Fach-Rivalen.[23] Obwohl meistens dieselben
Leute Astronomie und auch Astrologie regelmäßig praktizierten – unter diesen waren Ptolemäus, Kepler und Tycho Brahe –, gab es kein astrologisches Äquivalent für die Rätsellösung
in der astronomischen Tradition. Und ohne Rätsel, die zuerst die Geschicklichkeit jenes Individuums herausgefordert und auf die Probe gestellt hätten, das die Fertigkeit praktizierte,
konnte sich die Astrologie nicht zu einer Wissenschaft entwickeln – auch dann nicht, wenn die
Sterne wirklich einen Einfluß auf das Schicksal der Menschen ausgeübt hätten.

Zusammenfassend: Obwohl die Voraussagen der Astrologen überprüfbar waren
und obwohl sie zugegeben hatten, daß ihre Voraussagen manchmal fehlgingen – sie beschäf-
tigten sich nicht und sie konnten sich auch nicht mit solchen Tätigkeiten beschäftigen, die unter normalen Umständen eine anerkannte Wissenschaft charakterisieren. Sir Karl hat recht,
wenn er die Astrologie aus dem Kreise der Wissenschaften ausschließt, aber indem er seine
Aufmerksamkeit einseitig auf die gelegentlichen Revolutionen der Wissenschaft konzentriert, sieht er nicht die sichersten Gründe dafür, warum wir die Astrologie nicht als Wissenschaft ansehen können.

Diese Tatsache erklärt auch einen anderen merkwürdigen Zug von Sir Karls Historiographie. Obwohl er mehrmals die Rolle der Überprüfungen hervorhebt, wenn wissenschaftliche Theorien von Zeit zu Zeit durch andere Theorien ersetzt werden, muß er dennoch
zugeben, daß sehr oft eine Theorie, wie z.B. diejenige des Ptolemäus, ersetzt wurde, bevor
man sie eigentlich noch überprüft hatte.[24] Oder mindestens: Manchmal sind die Überprüfungen für jene Revolutionen, durch die die Wissenschaft ihre Fortschritte erzielt, gar nicht unbedingt nötig. Doch dasselbe gilt nicht für die Rätsel. Obwohl jene Theorien, die Sir Karl zitiert,
eigentlich noch nicht auf die Probe gestellt sind, hat man sie schon durch andere ersetzt; aber
keine von diesen Theorien wurde verdrängt, solange man den Eindruck haben konnte, daß sie
eine rätsellösende Tradition zu unterstützen vermochte. Der Zustand der Astronomie war am
Anfang des 16. Jahrhunderts ein Skandal. Aber die meisten Astronomen waren doch der Ansicht, daß irgendein normales Zurechtlegen eines im Grunde ptolemäischen Modells alles in
Ordnung bringen könnte. Nur einige wenige Astronomen – und unter ihnen Kopernikus –
dachten, daß die Schwierigkeiten in den Gründen der gesamten ptolemäischen Auffassung
und nicht in jenen speziellen Varianten der ptolemäischen Theorie lägen, die bis dahin ent-

---

[23] Ich will damit nicht behaupten, daß die Astrologen einander nicht kritisiert hätten. Im Gegenteil, wie
die Philosophen und manche Sozialwissenschaftler gehörten auch die Astrologen verschiedenen Schulen
an, und die Streitigkeiten unter den einzelnen Schulen waren manchmal erbittert. Aber diese Debatten
beschränkten sich auf die Nicht-Plausibilität der gerade von der einen oder anderen Schule angewendeten
Theorie. Fehler oder individuelle Voraussagen spielten darin kaum eine Rolle. Vgl. Thorndike
[1923–1958], **5**, S. 233.
[24] Vgl. Popper [1963], S. 246.

wickelt wurden. Die Ergebnisse dieser Überzeugung sind wohlbekannt. Die Situation ist typisch.[25]) Einerlei, ob es zu einer Überprüfung kommt oder nicht, es kann auf diese Weise eine Tradition der Rätsellösung (auf Grund einer wissenschaftlichen Theorie) das Ersetzen der eigenen grundlegenden Theorie vorbereiten. Verläßt man sich auf das Überprüfen als auf das Kennzeichen echter Wissenschaft, so verliert man aus dem Auge, was die Wissenschaftler meistens tun, und damit verkennt man auch die bezeichnendsten Züge dieses Unternehmens.

II

Vor jenem Hintergrund, den die vorangehenden Bemerkungen zur Verfügung stellen, können wir sogleich auch die Gelegenheit und die Konsequenzen einer gern gebrauchten Wendung von Sir Karl entdecken. Das Vorwort seiner *Conjectures and Refutations* [= Vermutungen und Widerlegungen] beginnt mit dem folgenden Satz: ,,Die Untersuchungen und Vorträge, aus denen dieses Buch besteht, sind Variationen über ein Thema – über die These, daß *wir aus unseren Fehlern* [mistakes] *lernen.*" Die letzten Worte hat Sir Karl selber hervorgehoben. Dieselbe These erscheint in seinen Schriften schon frühzeitig.[26]) An und für sich kann man mit dieser Behauptung natürlich nur einverstanden sein. Ein jeder kann lernen, und ein jeder lernt auch in der Tat aus den eigenen Fehlern. Das Isolieren und Korrigieren von Fehlern ist auch eine wesentliche Technik der Kindererziehung. Sir Karls rhetorische Behauptung wurzelt also in der alltäglichen Erfahrung. Und dennoch ist der Zusammenhang, in dem er diesen wohlbekannten Imperativ zitiert und wie er ihn anwendet, zweifellos schief. Ich bin mir nicht sicher, ob es sich hier um einen Fehler handelt, oder mindestens nicht um einen Fehler, aus dem man etwas lernen könnte.

Man braucht nicht jene tieferen philosophischen Probleme, die durch die Fehler gestellt werden, ins Auge zu fassen, um zu sehen, was hier fraglich ist. Es ist ein Fehler, wenn man drei und drei addiert und fünf bekommt; oder es ist ein Fehler, wenn man aus dem Urteil 'Alle Menschen sind sterblich' den Schluß zieht: 'Alle Sterblichen sind Menschen'. Es ist – wenn auch aus verschiedenen Gründen – ein Fehler zu sagen: 'Er ist meine Schwester', oder von der Anwesenheit eines starken elektrischen Feldes zu reden, wo Überprüfungen der Ladung gar kein solches verraten. Es gibt wohl noch verschiedene Arten von Fehlern, aber es scheint, daß alle normalen Fehler die folgenden Eigentümlichkeiten besitzen: Einen Fehler begeht oder verübt zu einer gegebenen Zeit und an einem gegebenen Ort ein gewisses Individuum. Dieser Mensch versäumt, eine festgesetzte Regel der Logik, des Sprachgebrauches oder irgendeine der Beziehungen zwischen diesen und der Erfahrung zu befolgen. Oder er mag statt dessen jene Konsequenzen verkennen, die aus der Wahl zwischen jenen Alternativen folgen, die die Regeln zulassen. Derselbe Mensch kann nur deswegen aus seinem Fehler lernen, weil die Gruppe, deren Praxis die Regeln verwirklicht, das Versagen des Individuums

[25]) Vgl. meine [1962], S. 77–87.
[26]) Das Zitat ist aus Popper [1963], S. VII, in einem Vorwort aus dem Jahre 1962. Früher hat Sir Karl das 'Lernen aus unseren Fehlern' dem 'Lernen durch Versuch und Irrtum' ([1963], S. 216) gleichgesetzt; die Formulierung 'Versuch-und-Irrtum' [trial-and-error] datiert mindestens aus dem J. 1937 ([1963], S. 312), ja, ihrem Geist nach ist sie noch älter. Was bei mir im Text über Poppers Begriff 'Fehler' [mistake] gesagt wird, paßt ebenso auch auf seinen Begriff 'Irrtum' [error].

isoliert und die mißachteten Regeln anwendet (den Fehler korrigiert). Kurzum, jene Art Fehler, auf die Sir Karls Imperativ am offenkundigsten paßt, bestehen im Versagen des Individuums – in bezug auf das Verstehen oder auf die Erkenntnis – innerhalb einer Tätigkeit, die durch solche Regeln gelenkt wird, die von vornherein festgesetzt sind. In den Wissenschaften kommen solche Fehler am häufigsten, ja vielleicht ausschließlich, nur innerhalb der Praxis der normalen, rätsellösenden Forschung vor.

Aber Sir Karl sucht nicht nach diesen; denn schließlich verdunkelt sein Konzept ja auch die Existenz der normalen Forschung. Statt dessen blickt er auf die außerordentlichen oder revolutionären Episoden der wissenschaftlichen Entwicklung. Die Fehler, auf die er hinweist, sind gewöhnlich keine Handlungen, sondern eher überholte wissenschaftliche Theorien: die Astronomie des Ptolemäus, die Phlogiston-Theorie oder die Newtonsche Dynamik. Und dementsprechend findet ein 'Lernen aus unseren Fehlern' dann statt, wenn die wissenschaftliche Gemeinschaft irgendeine von diesen Theorien verwirft und sie durch eine andere ersetzt.[27] Der Grund dafür, daß dieser Wortgebrauch uns nicht sogleich als etwas sehr Merkwürdiges und Auffallendes anmutet, liegt nur darin, daß der Gedanke selber an jene induktivistischen Überbleibsel appelliert, die in uns allen noch lebendig sind. Der Induktivist, der glaubt, daß die richtigen Theorien auf dem Wege von richtigen Induktionen aus den Tatsachen selbst kommen, muß selbstverständlich auch glauben, daß eine falsche Theorie nur das Ergebnis eines Fehlers in der Induktion darstellen kann. Der Induktivist wäre auch – mindestens im Grunde – bereit, die Fragen zu beantworten: Was für ein Fehler wurde begangen, welche Regel wurde mißachtet, wann und wer war schuld daran, daß z.B. das System des Ptolemäus zustande kam? Nur jemand, der diese Fragen für sinnvoll hält, würde auch die Redewendungen von Sir Karl für unproblematisch halten können.

Doch ich bin ebensowenig ein Induktivist wie Sir Karl selber. Wir glauben nicht, daß es Regeln dafür gibt, wie man richtige Theorien aus den Tatsachen ableiten könnte; ja wir glauben auch nicht, daß die Theorien – ob richtig oder unrichtig – Ergebnisse von Induktionen wären. Statt dessen erblicken wir in den Theorien Festsetzungen der Vorstellungskraft [imaginative posits], die in einem Stück erfunden wurden, um auf die Natur angewendet zu werden. Und obwohl wir darauf hinweisen, daß solche Theorien auch Rätseln begegnen mögen – ja am Ende begegnen sie zweifellos auch solchen –, die sie nicht zu lösen imstande sind, geben wir dennoch zu, daß solche verwirrenden Konfrontationen sehr selten vorkommen, unmittelbar nachdem die betreffende Theorie erfunden und akzeptiert worden ist. Es war also, unserer Ansicht nach, gar kein Fehler, daß man beim System des Ptolemäus angekommen war; darum

---

[27] Popper [1963], S. 215 und 220. Auf diesen Seiten skizziert und illustriert Sir Karl seine These, wonach Wissenschaft durch Revolutionen wächst. In seiner Darstellung wird eine überholte wissenschaftliche Theorie [an out-of-date scientific theory] nie als ein 'Fehler' [mistake] bezeichnet; vermutlich hat ihn sein gesunder historischer Sinn vor einem so groben Anachronismus bewahrt. Doch der Anachronismus liegt der Rhetorik von Sir Karl zugrunde; diese Rhetorik verrät ja mehrmals die Unterschiede unserer Betrachtungen. Wenn überholte wissenschaftliche Theorien keine Fehler sind, gibt es keine Möglichkeit, etwa den einleitenden Absatz des Vorwortes von Sir Karl ([1963], S. VII: „aus unsern Fehlern lernen"; „unsere häufigen Fehler versuchen, unsere Probleme zu lösen"; „Tests, die uns in der Aufdeckung unserer Fehler helfen können") mit der Ansicht zu vereinen ([1963], S. 215), daß „der Erkenntnisfortschritt ... im wiederholten Umsturz wissenschaftlicher Theorien und ihrer Ersetzung durch bessere oder zufriedenstellendere Theorien besteht".

fällt es mir nicht leicht zu verstehen, woran eigentlich Sir Karl denkt, wenn er dieses System oder auch irgendeine andere überholte Theorie als einen 'Fehler' bezeichnet. Wir dürften höchstens sagen, daß eine Theorie, die früher kein Fehler war, ein Fehler geworden ist; oder daß ein Wissenschaftler einen Fehler begangen hatte, indem er allzu lange an einer Theorie festhielt. Aber selbst diese Redewendungen, von denen besonders die erstere äußerst ungeschickt ist, geben nicht den gewöhnlichen, alltäglichen Sinn des Begriffes 'Fehler' wieder. Die normalen Fehler sind diejenigen, die ein ptolemäischer (oder kopernikanischer) Astronom innerhalb des eigenen Systems begeht, etwa in der Beobachtung, in der Berechnung oder in der Analyse der Angaben. Es handelt sich also um jene Art von Fehlern, die sich isolieren und sogleich auch korrigieren lassen, indem man das ursprüngliche System beibehält. Auf der anderen Seite infiziert – im Sinne von Sir Karl – ein Fehler ein ganzes System, und er läßt sich nur auf dem Wege korrigieren, daß man das ganze System durch ein anderes ersetzt. Keine Redewendungen und keine Ähnlichkeiten vermögen diese grundlegenden Unterschiede unserer Betrachtungsarten zu verhüllen. Und es kann auch die Tatsache nicht verheimlicht werden, daß, bevor die Infektion einsetzte, das System die volle Integrität dessen besaß, was wir heutzutage als gesundes Wissen bezeichnen.

Es ist wohl möglich, daß Sir Karls Begriff 'Fehler' gerettet werden kann, aber die erfolgreiche Rettungsoperation muß diesen Begriff gewisser Implikationen entkleiden, die heute noch gang und gäbe sind. Wie der Terminus 'Überprüfung' wurde auch der Terminus 'Fehler' aus der Normalwissenschaft übernommen, in der er sinnvoll und klar ist, und er wurde auf revolutionäre Episoden angewendet, wo seine Anwendung zumindest problematisch ist. Diese Übertragung ruft jenen Eindruck hervor, oder sie erhärtet zumindest den Eindruck, daß ganze Theorien auf Grund derselben Art von Kriterien sich beurteilen lassen, deren man sich in der Beurteilung der individuellen Anwendungen einer Theorie in der Forschung bedient. Die Entdeckung von anwendbaren Kriterien wird dann ein erstklassiges Desideratum für viele Leute. Es ist merkwürdig, sollte auch Sir Karl dieser Gruppe von Wissenschaftlern angehören, denn dieses Suchen widerspricht ja entschieden dem originellsten und fruchtbarsten Vorstoß in seiner Wissenschaftsphilosophie. Aber seit der *Logik der Forschung* kann ich seine methodologischen Schriften gar nicht anders verstehen. Ich werde nun versuchen zu zeigen, daß er – obwohl dieser Gedanke schon mehrmals ausdrücklich abgelehnt wurde – eigentlich immer nach solchen Bewertungsprozeduren gesucht hat, die sich mit derselben apodiktischen Sicherheit auf Theorien anwenden ließen, die für jene Techniken charakteristisch sind, mit denen man in der Arithmetik, in der Logik oder in der Meßkunst Fehler feststellt. Ich fürchte, daß er einem Irrlicht nachjagt, das von derselben Verkopplung der normalen und der außerordentlichen Wissenschaft entlehnt wurde, die auch in den Überprüfungen einen grundlegenden Zug der Wissenschaften erblicken ließ.

III

Sir Karl hat in seiner *Logik der Forschung* die Asymmetrie der Verallgemeinerung einerseits und ihrer Negation andererseits in der Beziehung dieser beiden zu der empirischen Evidenz hervorgehoben. Es kann nicht nachgewiesen werden, ob eine wissenschaftliche Theorie sich mit Erfolg auf alle ihre Beispiele anwenden läßt; doch es kann gezeigt werden, wenn dieselbe in speziellen Anwendungen erfolglos ist. Es scheint mir, daß die Betonung dieser logischen Binsenwahrheit und aller ihrer Konsequenzen ein wichtiger Schritt vorwärts ist, den man nicht aufgeben darf. Eine grundlegende Rolle spielt dieselbe Asymmetrie auch in meinem Buch *Structure of Scientific Revolutions*, wo das Versagen einer Theorie in jener Hinsicht, daß sie Regeln zur Verfügung stellt, wie man die lösbaren Rätsel identifiziert, als Quelle einer professionalen Krise angesehen wird – einer Krise, die häufig zum Ersetzen der Theorie führt. Meine Betrachtungsart ist derjenigen von Sir Karl sehr ähnlich, und es wäre gar nicht ausgeschlossen, daß ich sie aus dem entnommen habe, was ich von seinem Werk schon früher gehört hatte.

Was jedoch dann geschieht, wenn die versuchte Anwendung einer Theorie nicht gelingt, wird bei Sir Karl als 'Falsifikation' oder als 'Widerlegung' beschrieben; und diese beiden Ausdrücke sind die ersten in einer solchen Reihe von Redewendungen, die einen sonderbaren Eindruck auf mich machen. Sowohl 'Falsifikation' wie auch 'Widerlegung' sind technische Ausdrücke in entgegengesetztem Sinne zu 'Beweis'. Sie sind aus der Logik und aus der formalen Mathematik übernommen worden; jene Ketten von Argumenten, auf die sie angewendet werden, enden gewöhnlich mit einem 'q. e. d.' [= quod erat demonstrandum]. Die Benutzung dieser Termini impliziert auch jene Geschicklichkeit, mit der man das Einverständnis eines jeden Mitglieds einer relevanten Gemeinschaft von Fachleuten erzwingen kann. Doch ich brauche wohl keinen Leser dieser Zeilen daran zu erinnern, daß – wenn es sich um eine ganze Theorie oder sogar um ein wissenschaftliches Gesetz handelt – die Argumente selten so apodiktisch sind wie in der Logik oder in der Mathematik. Alle Experimente können bezweifelt werden: ob sie wirklich relevant sind, ob sie genau waren. Und ebenso lassen sich auch alle Theorien mit einer bunten Reihe von Ad-hoc-Zurechtlegungen modifizieren, ohne daß sie aufhörten – was mindestens ihre wichtigsten Züge betrifft –, dieselben Theorien zu bleiben. Ferner: Es ist wichtig, daß dies auch so sein muß, weil es häufig eben den zweifelnden Beobachtungen oder den Zurechtlegungstheorien zu verdanken ist, daß die wissenschaftliche Erkenntnis Fortschritte erzielt. Herausfordernder Zweifel und Zurechtlegungen sind normative Bestandteile jeder gewöhnlichen Forschung in den empirischen Wissenschaften. Und was die Zurechtlegungen betrifft, so spielen diese eine hervorragende Rolle auch in der noch nicht abgeschlossenen experimentellen (nicht-formalen) Mathematik. Die glänzende Analyse von Dr. Lakatos über die zulässigen Ausreden auf mathematische Widerlegungen liefert die besten Argumente gegen den naiven Falsifikationismus, die ich je gelesen habe.[28]

Sir Karl ist natürlich kein naiver Falsifikationist. Er weiß das alles, was eben gesagt wurde, und er hat dasselbe auch von Beginn seiner Laufbahn an betont. Sehr früh schrieb er z. B. in seiner *Logik der Forschung*: „In Wirklichkeit kann ja ein zwingender logischer Beweis für die Unhaltbarkeit eines Systems nie erbracht werden, da man ja stets z. B. die experimentellen Ergebnisse als nicht zuverlässig bezeichnen oder etwa behaupten kann, der Widerspruch zwischen diesen und dem System sei nur ein scheinbarer und werde sich mit Hilfe neuer Einsichten beheben lassen."[29] Derartige Ansichten verraten wieder einen neuen gemeinsamen Zug zwischen Sir Karls Ansichten und den meinigen über Wissenschaft; aber es könnte kaum unterschiedlicher sein, was wir beide aus denselben Ansichten machen. Für meine Betrachtungsart sind diese Ansichten grundlegend, sowohl als Evidenz als auch als Quelle. Für

[28] Lakatos [1963–1964].
[29] Popper [1959], S. 50.

Sir Karl sind dagegen dieselben Ansichten eine wesentliche Qualifikation, die die Integrität seiner grundlegenden Stellungnahme gefährdet. Nachdem er die zwingende Widerlegung verworfen hat, hatte er keinen Ersatz dafür zur Verfügung gestellt. Er konnte nach wie vor nur die logische Falsifikation empfehlen. Obwohl Sir Karl kein naiver Falsifikationist ist, dürfen wir ihn mit Recht als einen solchen behandeln.

Wenn sein Interesse ausschließlich nur der Abgrenzung gälte, wären die Probleme, die infolge der Unerreichbarkeit einer zwingenden Widerlegung gestellt werden, weniger schwer, und sie ließen sich vielleicht eliminieren. Das heißt, eine Abgrenzung ließe sich auch durch ein ausschließlich syntaktisches Kriterium erreichen.[30] Die Ansicht von Sir Karl würde dann sein – und vielleicht ist sie es auch –, daß eine Theorie dann und nur dann wissenschaftlich ist, wenn sich aus ihr *Beobachtungsaussagen* – besonders Negationen von singulären Existenz-Aussagen – logisch ableiten lassen, vielleicht im Zusammenhang mit festgesetzten Hintergrundkenntnissen. In diesem Fall wären die Schwierigkeiten (die ich gleich behandeln werde) zu entscheiden, ob der Ausgang einer Laboratoriumsoperation das Aufstellen einer besonderen Beobachtungsaussage rechtfertigt oder nicht, irrelevant. Vielleicht, obwohl der Grund dafür weniger durchsichtig ist: Die ebenfalls großen Schwierigkeiten, zu entscheiden, ob eine Beobachtungsaussage, abgeleitet aus einer annähernden (z. B. mathematisch handlichen) Variante der Theorie, als Konsequenz der Theorie selbst gelten dürfe, ließen sich ähnlich eliminieren. Derartige Probleme gehörten nicht zur Syntaktik, sondern zur Pragmatik oder Semantik jener Sprache, in der die Theorie formuliert wurde, und darum hätten diese Probleme gar keine Rolle in der Entscheidung darüber, ob die betreffende Theorie als wissenschaftlich gelten dürfe. Um wissenschaftlich zu sein, soll eine Theorie falsifizierbar sein – aber durch eine Beobachtungsaussage, nicht durch eine aktuelle Beobachtung selbst. Die Beziehung zwischen den Aussagen – nicht so wie die Beziehung zwischen einer Aussage und einer Beobachtung – könnte die aus Logik und Mathematik wohlbekannte zwingende Widerlegung sein.

Aus Gründen, die oben (S. 9, Anm. 22) angedeutet wurden und hier sogleich auch ausführlicher entwickelt werden, bezweifle ich, daß man wissenschaftliche Theorien ohne eine entscheidende Veränderung auf solche Formen bringen kann, die ihre rein syntaktische Beurteilung ermöglichen, wie dies Sir Karls Kriterium – in der eben skizzierten Variante – verlangt. Aber selbst wenn dies möglich wäre, würden die so rekonstruierten Theorien nur für das Abgrenzungskriterium eine Grundlage sichern und nicht auch für die Logik der Erkenntnis, die damit so eng verbunden ist. Und diese letztere war ja doch immer das Hauptanliegen von Sir Karl. Seine diesbezüglichen Ideen sind völlig klar, wenn er schreibt: „Die Logik der Forschung ... untersucht ausschließlich die Methoden, die in jenen systematischen Überprüfungen angewendet werden, denen jeder neue Gedanke unterworfen werden muß, wenn man ihn ernstnehmen soll."[31] Und diese Untersuchungen ergeben – wie er fortfährt – methodologische Regeln oder Konventionen wie z. B. die folgende: „Einmal aufgestellte und be-

---

[30] Wohl unterscheidet sich davon gewissermaßen mein Gesichtspunkt, aber ich verdanke es doch der scharfen Kritik von C. G. Hempel an denjenigen, die Sir Karl mißverstehen und ihm den Glauben an eine absolute und nicht bloß relative Falsifikation zuschreiben, daß ich die Notwendigkeit dafür erkannt habe, diesen Gegenstand ins Auge zu fassen. Siehe Hempel [1965], S. 45. Ich bin auch für eine eingehende und verständnisvolle Kritik dieser Arbeit Prof. Hempel zu Dank verpflichtet.
[31] Popper [1959], S. 31.

währte Hypothesen dürfen nicht 'ohne Grund' fallengelassen werden; als 'Grund' gilt dabei unter anderem... die Falsifikation irgendeiner der Folgerungen der Hypothese."[23])

Derartige Regeln und damit zusammen das ganze logische Unternehmen, das oben beschrieben wurde, sind nicht mehr bloß von syntaktischem Gesichtspunkt aus wichtig. Denn diese verlangen ja, daß sowohl der Fachwissenschaftler der Epistemologie wie auch der Forscher der Naturwissenschaft befähigt sei, Urteile, die aus der Theorie abgeleitet wurden, nicht bloß auf andere Urteile, sondern auch auf aktuelle Beobachtungen und Experimente zu beziehen. Das ist der Zusammenhang, innerhalb dessen Sir Karls Terminus 'Falsifikation' funktionieren sollte, aber Sir Karl sagt kein Wort darüber, wie dies überhaupt möglich sei. Was ist die Falsifikation, wenn nicht eine zwingende Widerlegung? Unter welchen Bedingungen verlangt die *Logik* der Forschung von dem Wissenschaftler, daß er eine früher akzeptierte Theorie aufgebe, nicht angesichts irgendwelcher Aussagen über Experimente, sondern angesichts der Experimente selber? Solange die Aufklärung dieser Fragen in der Schwebe gelassen wird, bin ich mir dessen gar nicht sicher, ob wir Sir Karl überhaupt eine Logik der Forschung zu verdanken haben. Ich würde als Konklusion eher behaupten, daß es etwas völlig anderes, wenn auch ebenso Wertvolles ist. Die Lehre von Sir Karl ist nicht so sehr eine Logik als eher eine Ideologie. Diese Lehre enthält ja nicht so sehr methodologische Regeln als cher Maximen des Vorgehens.

Aber wir müssen diese Konklusion auf eine spätere Zeit aufschieben, nachdem wir einen noch tieferen Blick auf die Schwierigkeiten geworfen haben, die mit Sir Karls Begriff der 'Falsifikation' verbunden sind. Die Falsifikation setzt voraus, worauf ich schon hingewiesen hatte, daß eine Theorie formuliert oder ohne Verzerrung in eine solche Form gegossen werden kann, die es dem Wissenschaftler ermöglicht, jedes denkbare Ereignis dreifach zu klassifizieren: Entweder ist das Ereignis ein bestätigendes Beispiel oder ein falsifizierendes oder eines, das von dem Gesichtspunkt der Theorie aus irrelevant ist. Es ist offenbar eine notwendige Bedingung, wenn ein allgemeines Gesetz falsifizierbar sein soll, daß man die Verallgemeinerung $(x) \emptyset (x)$ überprüfen kann, indem man sie auf die Konstante a anwendet. Wir müssen entscheiden können, ob a im Bereich der Variable x liegt oder nicht, und ob $\emptyset (a)$ zutrifft. Noch auffallender ist dieselbe Voraussetzung in Sir Karls zuletzt ausgearbeiteter Messung der Wahrheitsnähe. Es wird verlangt, daß wir zuerst die Klasse aller logischen Konsequenzen der Theorie herstellen und dann die Wahl unter diesen treffen – mit Hilfe der Hintergrundkenntnisse über alle wahren und falschen Konsequenzen.[33]) Oder mindestens: Wir müßten dies tun, wenn das Kriterium der Wahrheitsnähe das Ergebnis der *Methode* der Theorie-Wahl sein sollte. Aber keine dieser Aufgaben kann ja erfüllt werden, wenn nicht die Theorie logisch voll artikuliert ist und wenn nicht die Termini, durch welche sie mit der Natur verbunden wird, genügend definiert sind, um ihre Anwendbarkeit in jedem möglichen Fall zu bestimmen. Doch in der Wirklichkeit erfüllt gar keine wissenschaftliche Theorie diese strengen Bedingungen, und viele haben auch betont, daß eine Theorie, die diese Bedingungen er-

---

[32]) Popper [1959], S. 53 ff.

[33]) Popper [1963], S. 233–235. Man beachte auch in der Fußnote der letzten zitierten Seite, daß Sir Karls Vergleich über die relative Wahrheitsnähe der beiden Theorien davon abhängt, ob „keine revolutionären Veränderungen in unseren Hintergrundkenntnissen vorhanden sind", eine Annahme, die er sonst nie erörtert und die sich nicht leicht damit vereinen läßt, daß seiner Auffassung nach die Wissenschaft sich durch Revolutionen verändert.

füllen würde, in der wissenschaftlichen Forschung gar nicht mehr brauchbar wäre.[34]) Ich selber habe übrigens den Terminus 'Paradigma' eingeführt, um die Abhängigkeit der wissenschaftlichen Forschung von jenen konkreten Beispielen hervorzuheben, die die Lücken in der Spezifizierung des Inhalts und der Anwendung der wissenschaftlichen Theorien überbrücken. Ich kann hier die einschlägigen Argumente nicht wiederholen. Doch ein kurzes Beispiel mag noch nützlicher sein, auch wenn es übergangsweise meine Art der Darstellung ändert.

Mein Beispiel hat die Form eines konstruierten Auszugs irgendeiner elementaren wissenschaftlichen Kenntnis, die Schwäne betrifft. Um ihre in diesem Zusammenhang wichtigen Eigenschaften zu isolieren, stelle ich in diesem Zusammenhang drei Fragen: *(a)* Wieviel kann man über die Schwäne wissen, ohne solche ausdrücklichen Verallgemeinerungen wie 'Alle Schwäne sind weiß' einzuführen? *(b)* Unter welchen Umständen und mit welchen Konsequenzen lohnt es sich, mit solchen Verallgemeinerungen das zu ergänzen, was auch ohne diese Verallgemeinerungen bekannt war? *(c)* Unter welchen Umständen verwirft man solche Verallgemeinerungen, nachdem man sie früher einmal aufgestellt hatte? – Ich möchte mit diesen Fragen den folgenden Gedanken in den Vordergrund stellen: Obwohl die Logik ein mächtiges, ja auch ein sehr wesentliches Mittel und Werkzeug der wissenschaftlichen Forschung ist, kann man auch in solchen Formen nüchterne Kenntnisse besitzen, auf die sich die Logik kaum anwenden läßt. Gleichzeitig möchte ich auch die Ansicht vertreten: Die logische Artikulierung ist kein Wert um ihrer selbst willen; sie soll nur erstrebt werden, wenn die Umstände eine solche Artikulierung verlangen und insofern sie wirklich nützlich ist.

Man stelle sich nun vor, daß zehn Vögel vorgezeigt wurden, man erinnert sich auch an alle diese, und sie sind mit aller Glaubwürdigkeit als Schwäne erkannt worden. Ähnlich kennt man auch Enten, Gänse, Tauben, Möwen u. a. m. Wir wissen auch, daß alle diese Typen natürliche Familien bilden. Wie bekannt, bildet eine Menge von ähnlichen Gegenständen, bei denen die Ähnlichkeit wichtig und unterscheidend genug ist, um einen gemeinsamen Namen zu begründen, eine 'natürliche Familie'. Um genauer zu sein – obwohl ich hier mehr Vereinfachung einführe, als der Begriff verlangt –: Eine natürliche Familie ist eine Klasse, bei der die Ähnlichkeit der Mitglieder untereinander größer ist als die Ähnlichkeit derselben zu den Mitgliedern einer anderen natürlichen Familie.[35]) Die Erfahrung von Generationen hat jene Überzeugung erhärtet, daß alle beobachteten Gegenstände der einen oder der anderen natürlichen Familie angehören. Das heißt: Die Erfahrung hat gezeigt, daß die ganze Bevölkerung der Welt sich immer in begrifflich diskontinuierliche Kategorien einteilen läßt – obwohl dieselbe Einteilung nicht ein für alle Male gültig wird. Man denkt sich, daß die begrifflichen Zwischenräume zwischen diesen Kategorien sozusagen leer sind, gar keine Gegenstände enthalten.

Was man über Schwäne auf Grund dessen weiß, daß man einige Exemplare dieser Gattung, Paradigmen von ihnen, kennengelernt hatte, ist sehr ähnlich dem, was Kinder über

[34]) Braithwaite [1953], S. 50–87, besonders S. 76, und meine [1962], S. 97–101.

[35]) Man beachte, daß die Ähnlichkeit zwischen den Mitgliedern einer natürlichen Familie hier eine erlernte, angeeignete Beziehung ist, und zwar eine solche, die auch umgelernt werden kann. Man beachte auch den alten Spruch: „Für einen West-Menschen sind alle Chinesen ähnlich." Dieses Beispiel beleuchtet auch die überaus drastischen Vereinfachungen, die in diesem Punkt eingeführt wurden. Eine vollständigere Diskussion müßte auch Hierarchien der natürlichen Familien berücksichtigen mit Ähnlichkeitsbeziehungen unter Familien auf höheren Stufen.

Hunde, Katzen, Tische, Stühle, Mütter und Väter kennengelernt haben und wissen. Es ist natürlich nicht möglich, den exakten Umfang und Inhalt der betreffenden Begriffe in diesen Fällen genau anzugeben, aber es handelt sich in allen diesen Fällen dennoch um nüchterne Kenntnisse. Dieses Wissen entstammt aus Beobachtung, und es kann durch weitere Beobachtung erhärtet werden, aber inzwischen ist es Grundlage rationaler Handlungen. Sieht man einen Vogel, der den Schwänen, die man schon kennt, sehr ähnlich ist, so liegt es nahe anzunehmen, daß auch der eben beobachtete Vogel sich derselben Nahrung bedient wie die Schwäne und sich mit ihnen paart. Da die Schwäne eine natürliche Familie bilden, wird kein Vogel, der dem Anblick nach ihnen sehr ähnlich ist, radikal verschiedene Eigenschaften haben, wenn man ihn näher kennenlernt. Es ist selbstverständlich möglich, daß man falsche Informationen über die natürliche Vollständigkeit der Familie der Schwäne hat. Aber dies kann durch Erfahrung entdeckt werden, z.B. dadurch, daß man eine Anzahl anderer Tiere kennenlernt (man beachte, daß dazu mehr als ein einziges Tier nötig ist!), deren Eigenschaften die Lücke, sagen wir zwischen den Schwänen und den Gänsen, so überbrücken, daß die Zwischenräume der Gattungen kaum noch merklich werden.[36] Aber bis zu diesem kritischen Zeitpunkt wird man ziemlich viel über Schwäne wissen, obwohl man sich nicht völlig im klaren darüber sein wird, was man eigentlich weiß und was in Wirklichkeit ein Schwan ist.

Nehmen wir nun an, daß alle Schwäne, die man bis zu einem bestimmten Zeitpunkt beobachtet hatte, weiß waren. Wird man nun darum die Verallgemeinerung wagen: 'Alle Schwäne sind weiß'? Tut man dies, so ändert es sehr wenig an dem, was man schon früher wußte. Diese Änderung hat nur in jenem sehr unwahrscheinlichen Fall einen Nutzen, wenn man einem nicht-weißen Vogel begegnet, der sonst einem Schwan sehr ähnlich ist. Macht man diese Änderung, so vergrößert man dadurch das Wagnis, daß die Familie der Schwäne sich am Ende als keine natürliche Familie erweist. Unter solchen Umständen wird man sich der Verallgemeinerung wohl enthalten, ausgenommen den Fall, daß spezielle Gründe dafür vorliegen. Vielleicht deswegen z.B., weil man die Schwäne für solche Menschen beschreiben soll, die noch keine Exemplare dieser Gattung unmittelbar kennengelernt hatten. Ohne eine übermenschliche Vorsicht beiderseits, d.h. sowohl unserer wie auch der Zuhörer, wird die Beschreibung eine Verallgemeinerung. Das ist häufig das Problem derjenigen, die Klassen aufstellen. Oder man hat irgendwelche grauen Vögel entdeckt, die sonst wie Schwäne aussehen, aber eine andere Nahrung zu sich nehmen. Man mag darum seine Zuflucht zur Verallgemeinerung nehmen, um Irrtümer zu vermeiden. Oder es könnte auch sein, daß man andere theoretische Gründe hat, die den Gedanken nahelegen, daß es sich lohnt zu verallgemeinern. Eventuell hat man z.B. beobachtet, daß die Mitglieder anderer natürlicher Familien immer dieselbe Farbe haben. Spezialisiert man diese Tatsache in einer Form, die die Anwendung von wirkungsvollen logischen Techniken auf etwas erlaubt, was man sonst schon weiß, so mag dies dann dazu führen, daß man auch etwas Neues über die Farbe und über die Zucht der Tiere kennenlernt.

---

[36] Diese Erfahrung würde nicht dazu zwingen, die Kategorie 'Schwäne' oder die Kategorie 'Gänse' aufzugeben; aber sie würde dazu zwingen, eine willkürliche Grenze zwischen den beiden einzuführen. Die Familien 'Schwäne' und 'Gänse' wären keine natürlichen Familien mehr, und man könnte nichts über die Eigenart eines neuen schwanartigen Vogels schließen, was nicht auch auf die Gänse zutreffen würde. Leerer begrifflicher Raum ist wesentlich, wenn Familienmitgliedschaft einen kognitiven Inhalt haben soll.

Aber was soll man denn tun, wenn man nach der Verallgemeinerung plötzlich einem schwarzen Vogel begegnet, der sonst wie ein Schwan aussieht? Ich glaube, ungefähr dasselbe, was man auch sonst täte, wenn man sich nämlich früher gar keiner Verallgemeinerung verpflichtet hätte. Man wird den betreffenden Vogel sehr sorgfältig prüfen, äußerlich und womöglich auch innerlich, um auch andere Eigenschaften zu finden, die dieses Exemplar von den übrigen Paradigmen unterscheiden. Die Untersuchung wird besonders lang und eingehend, wenn man theoretische Gründe hat zu glauben, daß die Farbe die natürlichen Familien charakterisiert, oder wenn man sich tief in Verallgemeinerungen verwickelt hatte. Sehr wahrscheinlich wird die Prüfung auch andere Unterschiede enthüllen, und dann wird man die Entdeckung einer neuen natürlichen Familie anmelden können. Aber es ist möglich, daß es nicht gelingt, auch noch andere Unterschiede zu finden, und dann wird man nur anmelden können, daß ein schwarzer Schwan gefunden wurde. Doch die Beobachtung kann uns zu keiner falsifizierenden Konklusion zwingen. Theoretische Überlegungen mögen den Gedanken nahelegen, daß die Farbe auch in sich genüge, die Grenzen einer natürlichen Familie zu bezeichnen: Der betreffende Vogel soll eben kein Schwan sein, weil er schwarz ist. Oder man könnte die Entscheidung einfach auch aufschieben: Entdeckung und Untersuchung anderer Exemplare mag in der Schwebe gelassen werden. Nur wenn man sich im voraus auf eine volle Definition des Begriffes 'Schwan' verpflichtet hatte, auf eine Definition also, die ihre Anwendbarkeit auf jeden denkbaren Gegenstand von vornherein spezialisiert, dann kann man logisch *gezwungen* sein, die Verallgemeinerung zurückzuziehen.[37] Aber warum hätte man eine solche Definition im voraus aufgestellt? Eine solche Definition wäre ja zu gar keinen kognitiven Zwecken brauchbar, und sie hätte fürchterliche Risiken.[38] Selbstverständlich lohnt es sich manchmal, Risiken in Kauf zu nehmen; aber mehr zu sagen, als man weiß, bloß um des Risikos willen, wäre einfach waghalsig.

Ich vermute nun, daß die wissenschaftlichen Kenntnisse – obwohl logisch artikulierter und viel komplexer – im Grunde doch eben dieser Art sind. Die Bücher und die Lehrer, die uns diese Art Kenntnisse zur Verfügung stellen, bieten konkrete Beispiele zusammen mit einer Menge von theoretischen Verallgemeinerungen. Wissen besteht sowohl aus den konkreten Beispielen wie auch aus den theoretischen Verallgemeinerungen. Es wäre darum eine Querköpfigkeit, nach einem methodologischen Kriterium zu suchen, das voraussetzt, daß ein Wissenschaftler im voraus über jedes denkbare Beispiel sagen kann, ob es in seine Theorie hineinpaßt oder ob es seine Theorie falsifiziert. Die expliziten und impliziten Kriterien, die ihm zur Verfügung stehen, beantworten eine solche Frage nur in bezug auf jene Fälle, die ein-

[37] Weitere Evidenz für die Unnatürlichkeit jeder solchen Definition liefert die folgende Frage: Soll 'Weiß-Sein' unter den definierenden Eigenschaften der Schwäne sein? Wenn ja, dann ist die Verallgemeinerung 'Alle Schwäne sind weiß' der Erfahrung gegenüber unfruchtbar. Wird jedoch das 'Weiß-Sein' aus der Definition fortgelassen, dann muß irgendeine andere Eigenschaft drin sein, die das 'Weiß-Sein' ersetzen kann. Die Entscheidung darüber, welche Eigenschaften Teile der Definition sein und welche anderen für Verallgemeinerungen zur Verfügung gestellt werden sollen, sind häufig willkürlich, und in der Praxis werden solche Entscheidungen selten gefällt. Das Wissen wird gewöhnlich nicht auf diesem Wege artikuliert.

[38] Diese Unvollständigkeit der Definitionen heißt häufig 'offene Struktur' ['open texture'] oder 'Unbestimmtheit der Bedeutung' ['vagueness of meaning']; aber diese Ausdrücke sind zweifellos schief. Vielleicht sind die Definitionen unvollständig, während die Bedeutungen völlig in Ordnung sind. Sie sind eben Bedeutungen!

deutig in seine Theorie hineinpassen oder die ebenso eindeutig vom Gesichtspunkt seiner Theorie aus irrelevant sind. Nur solche Fälle erwartet er, und auf solche war seine Theorie von Anfang an gemünzt. Begegnet er einem unerwarteten Fall, so muß er weiterforschen, um seine Theorie auch auf einem Gebiet weiterzuentwickeln, das problematisch ist. Er mag dann die frühere Theorie einer anderen zuliebe verwerfen, und er mag dafür auch gute Gründe haben. Aber keine rein logischen Kriterien können jene Konklusion diktieren, die er ziehen muß.

IV

Beinahe alles, was bisher gesagt wurde, waren nur Variationen über ein Thema. Die Kriterien, nach denen die Wissenschaftler beurteilen, ob die Artikulierung oder die Anwendung einer vorhandenen Theorie gültig ist, genügen in sich nicht, um die Wahl zwischen jenen Theorien zu bestimmen, die sich in Wettstreit miteinander befinden. Es war ein Irrtum von Sir Karl, ausgewählte Eigentümlichkeiten der alltäglichen Forschung auf jene gelegentlichen revolutionären Episoden zu übertragen, in denen der wissenschaftliche Fortschritt am auffallendsten ist, und danach die alltägliche wissenschaftliche Arbeit völlig außer acht zu lassen. Er war besonders bestrebt, das Problem der Auswahl einer Theorie in den Revolutionen zu lösen – das Problem jener Wahl also, die angeblich nach logischen Kriterien erfolgen soll. Aber solche logischen Kriterien sind überhaupt nur dann anwendbar, wenn eine Theorie schon vorausgesetzt werden kann. Das ist meine wichtigste These in der vorliegenden Arbeit, und sie könnte auch meine alleinige These sein, wenn ich mich damit begnügen könnte, die Fragen, die aufgeworfen wurden, offenzulassen. Wie treffen die Wissenschaftler die Wahl zwischen jenen Theorien, die sich im Wettstreit miteinander befinden? Wie sollen wir jenen Weg verstehen, auf dem die Wissenschaft Fortschritte erzielt?

Ich möchte sogleich klar und eindeutig vorausschicken, daß ich die Büchse der Pandora zwar geöffnet habe, aber ich werde sie sehr schnell auch wieder schließen. Es gibt allzuviel Probleme im Zusammenhang mit diesem Fragenkomplex, die ich nicht verstehe, und ich darf nicht vortäuschen, daß ich sie verstünde. Aber ich glaube, daß ich mindestens jene Richtungen sehe, in denen die Antworten gesucht werden sollen, und ich will diese Arbeit damit beenden, daß ich die Spuren andeute. Am Ende der Erörterung, die hier beginnt, werden wir wieder einer Reihe von Redewendungen begegnen, die für Sir Karl charakteristisch sind.

Ich muß zunächst die Frage stellen: Wofür suchen wir noch eine Erklärung? Nicht dafür, daß die Wissenschaftler die Wahrheit über die Natur entdecken, und auch nicht dafür, daß sie der Wahrheit immer näher kommen. Wenn wir nicht einfach – wie einer meiner Kritiker vorschlägt[39] – die Annäherung an die Wahrheit als das Ergebnis dessen bezeichnen, was Wissenschaftler tun, können wir keinen Fortschritt zu jenem Ziel erkennen. Eher müssen wir erklären, wieso die Wissenschaft, unser sicherstes Beispiel für wohlbegründete Kenntnisse, überhaupt Fortschritte erzielt; und wir müssen zunächst ausfindig machen, wie sie das tut.

Es ist überraschend, wie wenig bisher in bezug auf eine Antwort auf diese beschriebene Frage bekannt ist. Es wäre dazu noch eine unerhörte Menge ernster, empirischer Untersuchung nötig. Im Laufe der Zeit werden die wissenschaftlichen Theorien – als

---

[39] Hawkins [1963].

eine Gruppe genommen – natürlich mehr und mehr artikuliert. Im Laufe dieses Prozesses werden sie an zahlreichen Punkten und mit immer wachsender Genauigkeit an die Natur angepaßt. Auch die Anzahl der Gegenstände, auf die die rätsellösende Tätigkeit angewendet wird, nimmt mit der Zeit offenbar zu. Die wissenschaftlichen Fachgebiete vermehren sich andauernd – teils dadurch, daß die Grenzen der Wissenschaft immer mehr hinausgeschoben werden, und teils auch dadurch, daß die vorhandenen und bekannten Fachgebiete immer mehr aufgeteilt werden.

Jene Verallgemeinerungen bilden jedoch bloß den Anfang. Wir wissen z.B. so gut wie nichts darüber, was eine Gruppe von Wissenschaftlern zu opfern bereit ist, um die Gewinne zu erzielen, die eine neue Theorie unabänderlich bietet. Meinem eigenen Eindruck nach – obwohl dies in der Tat bloß ein Eindruck ist – würde eine wissenschaftliche Gemeinschaft selten oder vielleicht nie eine neue Theorie sich zu eigen machen, wenn diese nicht alle oder beinahe alle jene Rätsel lösen könnte, die ihre Vorgängerin gelöst hatte.[40]) Aber auf der anderen Seite wären dieselben Wissenschaftler manchmal bereit, Fragen offenzulassen, die durch die frühere Theorie schon beantwortet wurden, ja manchmal würden sie dieselben Fragen auch für nicht-wissenschaftlich erklären.[41]) – Oder wenden wir uns einem anderen Gebiet zu: Wir wissen sehr wenig über die historischen Schicksale jenes Begriffes, den man als 'Einheit der Wissenschaft' zu bezeichnen gewohnt ist. Obwohl es manchmal spektakuläre Erfolge gibt: Die Kommunikation über die Grenzen der einzelnen Fachgebiete hinweg wird immer schlechter. Wird nicht die Anzahl jener miteinander unvereinbaren Gesichtspunkte, die die immer zunehmende Anzahl der Spezialisten anwendet, auch ihrerseits immer größer? Die Wissenschaftler halten die Einheit der Wissenschaften zweifellos für einen Wert, aber wofür wären sie bereit, diesen Wert aufzuopfern? Oder: Obwohl die Masse der wissenschaftlichen Kenntnisse mit der Zeit sich zweifellos vergrößert, was soll man über das Nichtwissen sagen? Jene Probleme, die in den letzten dreißig Jahren gelöst wurden, existierten vor einem Jahrhundert noch überhaupt nicht als offene Fragen. Zu jeder Zeit scheinen die wissenschaftlichen Kenntnisse, die schon zur Verfügung stehen, beinahe alles zu erschöpfen, was man wissen kann: Ungelöste Rätsel gibt es zu jeder Zeit ungefähr nur auf dem Horizont der vorhandenen Kenntnisse. Ist es nun nicht möglich oder vielleicht sogar wahrscheinlich, daß die zeitgenössischen Wissenschaftler weniger Kenntnisse über ihre gegenwärtige Welt besitzen als die Wissenschaftler des 18. Jahrhunderts über die damalige Welt? Man darf nicht vergessen, daß die wissenschaftlichen Theorien nur hier und da sich mit der Natur berühren. Sind nun die Lücken zwischen diesen Berührungspunkten nicht größer und zahlreicher jetzt, als sie jemals in der Vergangenheit waren?

Solange wir mehrere derartige Fragen wie die eben erwähnten nicht beantworten können, werden wir auch nicht genau wissen, was der wissenschaftliche Fortschritt eigentlich ist, und darum können wir auch nicht hoffen, ihn erklären zu können. Auf der anderen Seite werden die Antworten auf derartige Fragen auch die gesuchte Erklärung liefern. Diese beiden Dinge gehen sozusagen Hand in Hand miteinander. Es mag wohl schon klar sein, daß die Erklärung, die wir suchen, letzten Endes psychologisch oder soziologisch sein muß. Das heißt, sie muß die Beschreibung eines Wertsystems, einer Ideologie sein, zusammen mit einer Analyse jener Institutionen, durch welche dieses System weitergegeben und erhärtet wird. Wenn wir

---

[40]) Vgl. meine [1961].
[41]) Vgl. meine [1962], S. 102–108.

3 Lakatos

wissen, was die Wissenschaftler schätzen, dürfen wir auch hoffen, daß wir verstehen können, welche Probleme sie behandeln und wie sie unter den besonderen Umständen eines Konfliktes wählen würden. Ich glaube nicht, daß man eine andere Art von Antworten auf unsere Fragen finden könnte.

Es ist natürlich eine andere Frage, wie die Antwort der Form nach aussehen wird. An diesem Punkt hört auch mein Eindruck auf, daß ich den Gegenstand noch kontrollieren kann. Aber es werden wieder einige Beispiele der Verallgemeinerung zeigen, welche Art von Antworten wir suchen sollen. Für einen Wissenschaftler ist die Lösung eines begrifflichen oder eines instrumentellen Rätsels das Hauptziel. Sein Erfolg bei dieser Anstrengung wird durch die Anerkennung der Mitglieder seiner professionellen Gruppe belohnt, und nur die Anerkennung dieser Gruppe kommt für ihn in Frage. Das praktische Verdienst seiner Lösung ist für ihn höchstens eine zweitrangige Frage, und die Bejahung durch Leute außerhalb der Spezialistengruppe hat für ihn nur einen negativen Wert oder überhaupt gar keinen. Diese Wertschätzungen, die die Normalwissenschaft diktieren, sind auch dann bedeutend, wenn eine Wahl zwischen den verschiedenen Theorien getroffen werden soll. Jemand, der als Rätsellöser trainiert ist, wird so viele frühere Rätsellösungen seiner Gruppe wie möglich beibehalten wollen. Außerdem wünscht er auch die Anzahl von solchen Rätseln zu maximieren, die nach seinem Vorschlag gelöst werden können. Aber selbst diese Wertschätzungen geraten manchmal in Konflikt miteinander, und das Problem der Wahl wird dadurch noch schwerer. Eben in diesem Zusammenhang mag die Untersuchung dessen sehr bedeutsam sein, was ein Wissenschaftler geneigt sein wird aufzugeben. Einfachheit, Genauigkeit (Präzision) und Übereinstimmung mit Theorien, die in anderen Fächern benützt werden, sind bedeutende Werte für die Wissenschaftler, aber sie diktieren nicht alle die Wahl, und sie kommen auch nicht alle auf dieselbe Weise zur Geltung. Und da dies so ist, wird auch die Einstimmigkeit der Gruppe einen enormen Wert darstellen. Man wird eben darum bestrebt sein, die Gelegenheiten des Konfliktes auf ein Minimum zu reduzieren und Einstimmigkeit der Regeln herzustellen, die in der Rätsellösung angewendet werden sollen, selbst auf die Gefahr hin, daß das Fachgebiet aufgeteilt wird und frühere produktive Mitglieder ausgeschlossen werden.[42])

Ich will nicht behaupten, daß gerade diese Antworten die richtigen auf die Frage nach dem wissenschaftlichen Fortschritt sind. Ich glaube nur, daß man auf alle Fälle diese Art Antworten suchen soll. Darf ich nun hoffen, daß Sir Karl meine Antworten darauf, was getan werden soll, bejahen wird? Ich dachte eine Zeitlang, daß er es bestimmt nicht tun wird; denn eine Reihe von Redewendungen, denen man in seinen Werken immer wieder begegnet, scheint diese Möglichkeit auszuschließen. Mehrmals hat er ja die 'Psychologie des Wissens' verworfen und ebenso auch das 'Subjektive', indem er betonte, daß sein Interesse dem 'Objektiven' und der 'Logik der Forschung' gilt.[43]) Auch der Titel seines wichtigsten Beitrags zu unseren Problemen heißt ja: 'Logik der Forschung'; und eben in diesem Werk betont er am entschiedensten, daß seine Arbeit den logischen Anregungen zum Wissen und nicht den psychologischen Trieben der Individuen gilt. Darum dachte ich nun bis vor kurzem, daß diese Betrachtungsart des Problems jene Art Lösung ausschließen soll, die ich selber empfehlen möchte.

---

[42]) Vgl. meine [1962], S. 161–169.
[43]) Popper [1959], S. 22 und 31 f., 46; und [1963], S. 52.

Aber jetzt bin ich mir dessen nicht mehr so sicher; denn es gibt auch einen anderen Aspekt des Werkes von Sir Karl, der nicht völlig vereinbar damit ist, was eben gesagt wurde. Indem er nämlich die 'Psychologie des Wissens' verwirft, ist die ausgesprochene Absicht von Sir Karl nur, die methodologische Relevanz einer *individuellen* Quelle der Inspiration oder das Sicherheitsgefühl eines Individuums zu bezweifeln. Und damit kann ich sehr weitgehend einverstanden sein. Verwirft man jedoch bloß irgendwelche psychologischen Überempfindlichkeiten irgendeines Individuums, so ist das noch sehr weit davon entfernt, daß man auch jene gemeinsamen Elemente verwerfen würde, die durch Zucht und Dressur in die psychologische Ausrüstung der zugelassenen Mitglieder einer *wissenschaftlichen Gruppe* eingeimpft werden. Man braucht keineswegs das eine mit dem anderen zusammen unbedingt aufzugeben. Dies scheint auch Sir Karl manchmal anzuerkennen. Denn er betont zwar, daß er über die Logik des Wissens schreibt, aber es spielen in seiner Methodologie auch solche Kapitel eine wesentliche Rolle, die ich gar nicht anders lesen kann als Versuche, gewisse moralische Imperative in die Mitglieder der wissenschaftlichen Gruppe einzupauken.

,,Man nehme an'', schreibt Sir Karl, ,,daß wir es mit Absicht zu unserer Aufgabe gemacht haben, in dieser unserer unbekannten Welt zu leben; uns ihr, soweit es eben geht, anzupassen ... und sie zu erklären, *wenn* es möglich ist (wir brauchen es nicht unbedingt anzunehmen, daß dies so ist), und soweit es eben geht, mit Hilfe von Gesetzen und Erklärungstheorien. *Wenn wir dies zu unserer Aufgabe gemacht hatten, dann gibt es eben gar kein anderes rationales Vorgehen als die Methode der ... Vermutung und Widerlegung* [conjecture and refutation]. Wir müssen kühn Theorien vorschlagen, und wir müssen nach unseren besten Kräften versuchen zu zeigen, daß diese Theorien irrtümlich sind. Und sind unsere kritischen Anstrengungen erfolglos, dann müssen wir die vorgeschlagenen Theorien versuchsweise akzeptieren.''[44]) Wir können, meiner Ansicht nach, den Erfolg der Wissenschaft nicht verstehen, wenn wir die volle Kraft von Imperativen wie diesen nicht verstehen, die rhetorisch eingeführt, aber – wie es eines Wissenschaftlers würdig ist – auch aufrichtig befolgt werden. Werden solche Maximen und Wertschätzungen institutionalisiert und weiter artikuliert (und zum Teil auch unterschiedlich), so vermögen sie auch den Ausgang solcher Wahlen zu erklären, die durch Logik und Experiment allein nicht diktiert worden sein konnten. Die Tatsache, daß solche Partien wie die eben zitierten in den Werken von Sir Karl hervorragende Plätze einnehmen, bilden darum weitere Evidenz für die Ähnlichkeit unserer Ansichten. Daß er jedoch nicht erkennt, daß dies soziale und psychologische Imperative sind, ist auf der anderen Seite ein weiterer Beweis dafür, daß unsere Ansichten durch einen tiefgehenden 'gestalt switch' voneinander getrennt werden.

---

[44]) Popper [1963], S. 51. Die Hervorhebung nach dem Original.

Literatur

Braithwaite [1953]: *Scientific Explanation*, 1953.

Guerlac [1961]: *Lavoisier– The Crucial Year*, 1961.

Hafner and Presswood [1965]: 'Strong Interference and Weak Interactions', *Science*, 149, pp. 503–510.

Hawkins [1963]: Review of Kuhn's 'Structure of Scientific Revolutions', *American Journal of Physics*, 31.

Hempel [1965]: *Aspects of Scientific Explanation*, 1965.

Lakatos [1963–1964]: 'Proofs and Refutations', *The British Journal for the Philosophy of Science*, 14, pp. 1–25, 120–139, 221–243, 296–342.

Kuhn [1961]: 'The Function of Measurement in Modern Science', *Isis*, 52, pp. 161–193.

Kuhn [1962]: *The Structure of Scientific Revolutions*, 1962.

Popper [1935]: *Logik der Forschung*, 1935.

Popper [1945]: *The Open Society and its Enemies*, 2 vols, 1945.

Popper [1957]: *The Poverty of Historicism*, 1957.

Popper [1959]: *Logic of Scientific Discovery*, 1959.

Popper [1963]: *Conjectures and Refutations*, 1963.

Stahlman [1956]: 'Astrology in Colonial America: An Extended Query', *William and Mary Quarterly*, 13, pp. 551–563.

Thorndike [1923–1958]: *A History of Magic and Experimental Science*, 8 vols, 1923–1958.

Thorndike [1955]: 'The True Place of Astrology in the History of Science', *Isis*, 46, pp. 273–278.

Gegen die 'Normalwissenschaft'

John Watkins
London School of Economics

I

Ich bin vor einigen Wochen aufgefordert worden, heute nachmittag auf den Vortrag von Professor Kuhn zu antworten. Eigentlich hätten Feyerabend und Lakatos sprechen sollen; aber der eine von ihnen konnte nicht kommen, während der andere fand, daß er mit der Veranstaltung dieses Kolloquiums ein vielköpfiges Ungeheuer ins Leben gerufen hatte, dessen vielerlei Ansprüche täglich etwa 24 Stunden Arbeit von ihm verlangen.

Ich habe mich über die unerwartete Aufforderung sehr gefreut. Kuhn genießt eine einzigartige Stellung in der englischsprachigen Welt, sowohl als philosophisch gesinnter Historiker als auch als historisch eingestellter Philosoph der Wissenschaft. Es ist mir also eine Ehre und Freude, auf seine Arbeit hier antworten zu dürfen.

Für Kuhn war jedoch diese Programmänderung lange nicht so angenehm. Er dachte ursprünglich, daß Feyerabend und Lakatos ihre Beiträge unabhängig von ihm vorbereiten könnten und es genüge, wenn er selber den eigenen Vortrag bis heute nachmittag fertigstelle. Es wurde ihm aber plötzlich mitgeteilt, ich würde auf seinen Vortrag antworten, so daß ich seinen Gedankengang auch im voraus kennenlernen sollte. Er reagierte darauf heroisch und schickte mir stückweise die hintereinander fertiggestellten Durchschläge seiner Arbeit, sozusagen unmittelbar aus der Schreibmaschine, über den Atlantik. Ich fühlte mich also letzte Woche wie der Leser eines Fortsetzungsromans, der immer wieder gespannt die nächste Lieferung erwartet. Mein eigener Beitrag wurde in einer gewissen Hast vorbereitet, und das hat, wie ich fürchte, meine Neigung nur noch gesteigert, Einzelheiten und Einschränkungen zu vernachlässigen, um mit den Gedanken eines anderen zu Rande zu kommen.

Doch ich hatte in dem Durcheinander der letzten Tage auch eine große Hilfe. Das Werk von Kuhn, *The Structure of Scientific Revolutions* [= Die Struktur wissenschaftlicher Revolutionen], ist ein berühmtes Buch, das ich leidlich gut kenne. Ich hatte Gelegenheit, es im Jahre 1961 noch im Manuskript kennenzulernen und mit dem Verfasser zu besprechen. Außerdem wurde es im Jahre 1963 auch in Sir Karl Poppers Seminar eingehend erörtert, wo Mr. Hattiangadi eine Arbeit darüber schrieb, die später zu einer sehr interessanten Dissertation erweitert wurde. Später werde ich einiges auch davon zitieren, was K. Popper bei dieser Gelegenheit gesagt hat. Mein Beitrag wird voraussichtlich manches enthalten, was letzten Endes auf unsere damaligen Diskussionen im Seminar zurückgeht.

Auf diese Weise wird mein Beitrag sowohl auf Kuhns Buch als auch auf seinen eben gehaltenen Vortrag Bezug nehmen. Glücklicherweise ist dies gar nicht unangemessen, denn auch Kuhn hat ja in seinem Vortrag eine Sukarno-Politik der *Konfrontation* seiner eigenen Ansichten über die Wissenschaft mit denjenigen von Popper befolgt. Es freut mich, daß er dies getan hat. Ich erinnere mich, daß ich ihm schon im Jahre 1961 empfohlen hatte, er solle in seinem Buch jenen wesentlichen Unterschied erörtern, der zwischen seinen und Poppers Ansichten besteht. Denn Kuhn hält ja die wissenschaftliche Gemeinschaft für eine ihrem Wesen nach geschlossene Gesellschaft, die nur zeitweise durch kollektive Nervenzusammenbrüche erschüttert wird, worauf jedoch der geistige Einklang bald wiederhergestellt wird. Dagegen soll nach Poppers Ansicht die wissenschaftliche Gemeinschaft eine offene Gesellschaft sein, und sie ist es auch in der Tat in bedeutendem Maße; eine offene Gesellschaft also, in der keine Theorie – auch wenn sie vorherrschend und erfolgreich ist –, kein 'Paradigma', um Kuhns Terminus zu benützen, jemals heilig ist. Damals, als ich die Konfrontation dieser Ansichten empfohlen hatte, ist Kuhn meinem Vorschlag nicht gefolgt; doch er hat das damals Versäumte heute nachmittag in seinem Vortrag löblich nachgeholt.

Ich bin jedoch ein wenig unzufrieden damit – und zwar von zwei verschiedenen Gesichtspunkten aus –, wie Kuhn diese Konfrontation durchgeführt hat. Erstens ist nämlich der Gegensatz, wie er ihn darstellt, gar nicht so dramatisch, wie er sein könnte. Ziemlich zu Anfang seines Vortrages sagt Kuhn: ,,Beinahe immer, wenn wir uns explizit denselben Problemen zuwenden, sind Sir Karls und meine Ansichten über Wissenschaft so gut wie identisch."[1]) Meine Absicht ist nun, die größeren *Konflikte* der beiden Betrachtungsarten darzustellen. Gerade darum zitiere ich hier sogleich eine Bemerkung aus Kuhns Arbeit, die in einem einzigen Satz sozusagen den ganzen Konflikt enthält: ,,Charakteristisch für den Übergang zur Wissenschaft ist eben die Tatsache, daß man die kritische Diskussion verabschiedet."[2])

Die zweite Quelle meiner Unzufriedenheit ist etwas anderes. Aus der Konfrontation im Sukarno-Stil ergibt sich nicht nur eine einzige große ideologische Schlacht, sondern gleichzeitig auch eine ganze Reihe kleinerer Scharmützel. Ich hoffe, Kuhn wird es mir verzeihen, wenn ich mein Nebengefecht im wesentlichen auf eine Fußnote beschränke.[3]) Im Text konzentriere ich meinen Angriff auf seinen originellen und herausfordernden Gedanken: auf die Idee der 'Normalwissenschaft'. Bei meiner Erörterung dieser Idee wird eine gewisse bewußte Ungerechtigkeit oder mindestens Einseitigkeit nicht zu vermeiden sein. Ich glaube, daß

---

[1]) In diesem Band, S. 1.

[2]) Ebenda, S. 7.

[3]) Kuhns Methode besteht darin, ein paar 'charakteristische Redewendungen' herauszupicken und auf diese eine Konstruktion zu gründen, um dann darüber nörgeln zu können. Aber seine Konstruktionen haben manchmal nur eine sehr entfernte Ähnlichkeit mit dem, was in den Büchern eigentlich gesagt wurde, aus denen er die betreffenden Wendungen herausgegriffen hatte. (Manchmal gibt er selbst zu, daß seine Konstruktion nicht völlig zutreffend ist. So schreibt er z.B. oben auf S. 15: ,,Obwohl Sir Karl kein naiver Falsifikationist ist, dürfen wir ihn mit Recht als einen solchen behandeln.") Kuhn denkt z.B. mit Kopfschütteln über die Redewendung nach, daß wir ,,aus unseren Fehlern [mistakes] lernen können". Er scheint sich nicht damit abfinden zu können, daß Popper das Wort 'Fehler' in einem heiter-unschuldigen Sinne gebraucht hat, ohne an ein persönliches Versagen, an Regel-Überschreitungen oder ähnliches zu denken. Der Physiker J.E. Wheeler hat dieses Wort in einem Popperschen Sinne gebraucht, als er schrieb: ,,Unser ganzes Problem besteht darin, die Fehler so schnell wie möglich zu begehen." (Wheeler [1956], S. 360)

Da Kuhns wichtigste Zielscheibe Poppers Abgrenzungskriterium war und da Popper gerade dieses ziemlich scharf formuliert hat, dürfte man wohl mit Recht erwarten, daß Kuhn mindestens in diesem Fall genau zitieren würde. Aber nein, er zieht es auch in diesem Fall vor, über eine eigene Konstruktion zu diskutieren: ,,... eine Abgrenzung ließe sich auch durch ein ausschließlich syntaktisches Kriterium erreichen. Die Ansicht von Sir Karl würde dann sein – und vielleicht ist sie es auch –, daß eine Theorie dann und nur dann wissenschaftlich ist, wenn sich aus ihr *Beobachtungsaussagen* – besonders Negationen von singulären Existenz-Aussagen – logisch ableiten lassen..." (s. S. 15). Liest man nun dagegen Popper [1934], Abschn. 21, nach, so sieht man sogleich, daß dieser Kuhnsche Passus voller Fehler (im Kuhnschen Sinne) ist.

sie vom soziologischen Gesichtspunkt aus sehr bedeutsam ist. Untersucht ein Soziologe die Wissenschaft als Beruf, wie er etwa den Arztberuf untersuchen könnte, so täte er gut daran, sie als einen Idealtyp zu nutzen. Doch ich will mein Thema vom methodologischen Gesichtspunkt aus ins Auge fassen, und das Interesse der Methodologie gilt meiner Auffassung nach der Wissenschaft in ihrer besten Form, der Weise, wie sie betrieben werden sollte, und nicht der abgedroschenen Wissenschaft.

Mein Programm ist das folgende: Im Abschnitt II beginne ich damit, Kuhns Darstellung der Normalwissenschaft mit jener Art von Bewertung zu konfrontieren, die Popper über eine wissenschaftliche Situation abgeben würde, wenn sie Kuhns Idee der Normalwissenschaft entspräche. Dann frage ich in Abschnitt III, warum Kuhn behauptet, daß die Normalwissenschaft im Gegensatz zu der von ihm so genannten 'außergewöhnlichen Wissenschaft' [Extraordinary Science] das Wesen der Wissenschaft ausmachen soll. Und schließlich frage ich in Abschnitt IV, ob die Normalwissenschaft, wie Kuhn sie schildert, dennoch den Anstoß zur außergewöhnlichen Wissenschaft geben könnte. Ich werde diese Möglichkeit verneinen und darauf hinweisen, daß diese Antwort glücklicherweise jene Ansicht von Kuhn widerlegt, wonach die wissenschaftliche Normalität eine Angelegenheit einer geschlossenen Gesellschaft von geschlossenen Geistern ist.

II

Fasse ich Kuhns Idee der Normalwissenschaft von einem Popperschen Gesichtspunkt aus ins Auge, so ist es natürlich, daß ich mich darauf konzentriere, was Kuhn über das *Überprüfen* in der Normalwissenschaft sagt. Er behauptet, daß Überprüfungen immer durchgeführt werden, aber 'diese Prüfungen' seien von einer merkwürdigen Art; denn es sei „letzten Endes der individuelle Wissenschaftler und nicht die gängige Theorie, die überprüft" werde.[4] Sein Gedankengang ist der folgende. Das sogenannte 'Überprüfen' ist in der Normalwissenschaft *kein* Prüfen von Theorien. Es bildet eher einen Teil der Tätigkeit des Rätsellösens. Gelenkt wird die Normalwissenschaft von irgendeinem Paradigma (oder einer vorherrschenden Theorie). Man hat ein blindes Vertrauen zum Paradigma. Aber es paßt nicht vollkommen zu den experimentellen Befunden. Es wird immer offenkundige Unstimmigkeiten oder Anomalien geben. Die Normalforschung besteht weitgehend in der Beseitigung solcher Anomalien, indem man geeignete Anpassungen durchführt, die das Paradigma selbst unberührt lassen. Man ist davon überzeugt, daß das Paradigma die Lösung jedes Rätsels garantiert, das dadurch entsteht, daß scheinbar Unstimmigkeiten zwischen ihm und den Beobachtungen auftreten. Darum mögen die 'Prüfungen', die man innerhalb der Normalwissenschaft ausführt, – durch die Poppersche Brille betrachtet – zwar so *aussehen*, als ob sie Überprüfungen der geltenden Theorie wären, sie sind aber in Wirklichkeit doch Überprüfungen von etwas anderem, nämlich der Geschicklichkeit des Experimentators im Lösen von Rätseln. Ist der Ausgang einer solchen 'Prüfung' negativ, so trifft das nicht die Theorie, sondern es schlägt auf den Experimentator zurück. *Sein* Ansehen mag dadurch geschmälert werden, daß sein Versuch, das Rätsel zu lösen, fehlschlägt. Aber das Ansehen des Paradigmas, in dessen Rahmen der Wissenschaftler seinen Versuch angestellt hatte, ist so groß, daß solche kleinen, lokalen Schwierigkeiten ihm kaum zu schaden vermögen.

[4] In diesem Band, S. 5.

Nach Kuhns Ansicht kommt so etwas wie eine echte Überprüfung von Theorien nur zu solchen Zeiten vor, die er als Zeiten der 'außergewöhnlichen Wissenschaft' bezeichnet, wenn nämlich die bis dahin geltende Theorie selbst angegriffen wird. *Dann* mag der negative Ausgang einer Prüfung nicht als das persönliche Versagen des Experimentators selbst, sondern als ein Versagen der Theorie betrachtet werden. Nach seinen eigenen Worten: „Ein Versagen, das früher nur als persönliches Versagen galt, mag nun plötzlich als ein Versagen der überprüften Theorie erscheinen."[5])

Für Kuhn ist die Normalwissenschaft, wie schon der Name sagt, der normale Zustand der Wissenschaft. Die außergewöhnliche Wissenschaft ist ein nicht normaler Zustand. Und um es noch einmal zu wiederholen: Innerhalb der Normalwissenschaft wird eine echte Prüfung vorherrschender Theorien auf eine mysteriöse Weise psychologisch-soziologisch unmöglich gemacht. (Man sieht nun, wie Kuhn durch eine Bemerkung – die er dennoch „eigentlich (als) ein Klischee" ansieht[6]) –, nämlich durch jene Bemerkung Poppers überrascht sein konnte, daß die Wissenschaftler Behauptungen aufstellen und diese Schritt für Schritt überprüfen. Für Kuhn *ist* es eigentlich nur ein Klischee zu sagen, daß die Wissenschaftler unter normalen Umständen eine Menge von Prüfungen durchführen: Sie überprüfen ihre Lösungen für Rätsel, die infolge von Anomalien entstanden sind. Und für ihn ist es haarsträubend unrichtig zu behaupten, daß es für Wissenschaftler normal sei, *Theorien* zu überprüfen.)

Popper hat nie geleugnet, daß es erwünscht ist, eine Theorie bis zu einem gewissen Grade beinahe dogmatisch zu verteidigen, damit sie nicht allzu schnell beiseite geschoben wird, bevor alle ihre Möglichkeiten untersucht wurden. Aber dieser Dogmatismus ist nur so lange gesund, als es andere Menschen gibt, die nicht daran gehindert werden, eine hartnäckig verteidigte Theorie zu kritisieren und zu prüfen. Wenn ein *jeder* unter einem mysteriösen Zwang stünde, die geltenden wissenschaftlichen Theorien auch gegen unangenehme Ergebnisse zu verteidigen, dann müßten diese Theorien nach Popper ihren wissenschaftlichen Rang verlieren und zu so etwas wie metaphysischen Doktrinen entarten.

Wir haben also die folgende Streitfrage: Der Zustand, den Kuhn als den normalen und richtigen Zustand der Wissenschaft ansieht, ist ein solcher, den – falls er verwirklicht würde – Popper als *nicht*-wissenschaftlich ansehen würde. Es wäre ein Stand der Dinge, in dem die kritische Wissenschaft sich in eine defensive Metaphysik verwandelt hätte. Popper hat vorgeschlagen, daß das Motto der Wissenschaft lauten sollte: *Revolution in Permanenz!* Es scheint, daß für Kuhn die Maxime viel geeigneter wäre: *Keine Wundermittel, sondern der Normalzustand!*

Heute hat Kuhn in seinem Vortrag darüber gesprochen, daß Popper die Asymmetrie zwischen der Falsifizierbarkeit und Nichtverifizierbarkeit wissenschaftlicher Verallgemeinerungen hervorgehoben habe und daß dies ein Schritt vorwärts sei, den man nicht aufgeben dürfe.[7]) Er fügte auch noch hinzu, daß dieselbe Asymmetrie auch in seinem Buch *The Structure of Scientific Revolutions* eine grundlegende Rolle spiele. Er könne diesen Gedanken dem entnommen haben, was er früher über Poppers Werk gehört habe. Aber sein Gedächtnis scheint ihn in diesem Punkt im Stich gelassen zu haben: Er hat ja in seinem Buch ausdrücklich auf jene These von Popper hingewiesen, wonach es keine Verifikation gibt und die Falsifika-

---

[5]) In diesem Band, S. 7.
[6]) Ebenda, S. 4.
[7]) Ebenda, S. 14.

tion das Wesentliche ist.[8]) Und Ziel dieses Hinweises war es gerade, die Poppersche These als unrealistisch *abzutun*. Denn nach Kuhns Ansicht gibt es ja gar keine Falsifikation von Theorien in der Normalwissenschaft, während in der außergewöhnlichen Wissenschaft die Tatbestände, die der Falsifikation des hinauskomplimentierten Paradigmas dienen, gleichzeitig auch für die *Verifikation* des neu eingeführten Paradigmas verwendet werden können.[9])

In seinem Buch *The Structure of Scientific Revolutions* hat Kuhn kein Abgrenzungskriterium für die Wissenschaft vorgeschlagen. Er hat nur Poppers Falsifizierbarkeitskriterium beiseite geschoben. Nun findet man aber ein neues solches Kriterium in seiner vorangehenden Arbeit:

„Und zum Schluß mein wichtigstes Argument: Untersucht man sorgfältig das wissenschaftliche Unternehmen, so sieht man, daß jenes Überprüfen, das Sir Karl empfiehlt, in der Normalwissenschaft gar nicht vorkommt, eher in der außergewöhnlichen Wissenschaft, und eben dies unterscheidet die Wissenschaft von anderen Unternehmungen. Gibt es ein Abgrenzungskriterium (ich glaube nicht, daß wir eine scharfe und entscheidende Abgrenzung zu suchen brauchen), so liegt dieses Kriterium irgendwo in jenem Teil der Wissenschaft, den Sir Karl ignoriert."[10])

Das ist eine sehr vorsichtige Formulierung. Auf der nächsten Seite ist Kuhn schon entschiedener, wenn er sagt, daß „von den beiden Kriterien 'Überprüfen' und 'Rätsellösen' das letztere zugleich weniger zweideutig und fundamentaler ist".[11]) Ich möchte nun die noch übriggebliebene Vorsicht Kuhns in den Wind schlagen und seinen Gedanken ohne Nebenrücksichten etwa folgendermaßen umformulieren: Die Normalwissenschaft (die keine echte Überprüfung von Theorien kennt) ist die eigentliche Wissenschaft; die außergewöhnliche Wissenschaft dagegen (in der echtes Überprüfen von Theorien vorkommt) ist so anomal, sie unterscheidet sich so sehr von der echten Wissenschaft, daß sie kaum noch als Wissenschaft bezeichnet werden kann. Kuhn erklärt: Eben weil man das Rätsellösen so leicht als Überprüfen mißverstehen kann, scheint Poppers Abgrenzungslinie so oft mit der seinigen zusammenzufallen.[12]) Nun ja, die *Linien* mögen zwar zusammenfallen, aber die Gebiete, die sie trennen, werden durch die beiden Philosophen eben in entgegengesetztem Sinne verstanden: Was echt wissenschaftlich ist für Kuhn, gilt für Popper kaum als Wissenschaft, und was in Poppers Augen echt wissenschaftlich ist, ist gar keine Wissenschaft für Kuhn.

Kuhn führt auch die folgende Überlegung gegen Poppers Abgrenzungskriterium und zugunsten des eigenen ins Feld: Es kam im Laufe der Geschichte der Wissenschaft schon mehrmals vor, daß eine Theorie ersetzt wurde, noch bevor sie in einer Überprüfung versagt hatte, aber *niemals*, bevor sie aufgehört hatte, eine Tradition des Rätsellösens hinreichend zu unterstützen.[13]) Darum ist nun das *Überprüfen* alles in allem doch nicht so sehr wichtig: „Verläßt man sich auf das Überprüfen als auf das Kennzeichen echter Wissenschaft, so verliert man

---

[8]) Kuhn [1962], S. 145.

[9]) „Aber die Falsifikation, obwohl sie in der Tat vorkommt, ... könnte mit ebensoviel Recht auch Verifikation genannt werden, da sie darin besteht, daß ein neues Paradigma den Sieg über ein altes davonträgt." (Kuhn [1962], S. 146)

[10]) In diesem Band, S. 6.

[11]) Ebenda, S. 8.

[12]) Ebenda, S. 7.

[13]) Ebenda, S. 10.

aus dem Auge, was die Wissenschaftler meistens tun, und damit verkennt man auch die bezeichnendsten Züge dieses Unternehmens."[14])

Aber erstens betrachtet Popper ja gar nicht die Tatsache als Kennzeichen einer
wissenschaftlichen Theorie, daß sie wirklich überprüft wurde, sondern vielmehr die, daß sie
überprüf*bar* ist, und zwar (ceteris paribus) je mehr überprüfbar, um so besser. Darum steht es
auch durchaus im Einklang mit seiner Wissenschaftsphilosophie, daß eine wissenschaftliche
Theorie durch eine andere, in höherem Grade überprüfbare, ersetzt werden soll, auch wenn
die frühere Theorie noch bei keiner Überprüfung versagt hatte.

Zweitens ist im Gegensatz zu der verhältnismäßig scharfen Idee der Prüfbarkeit
die Vorstellung, daß „eine Theorie eine Tradition des Rätsellösens hinreichend zu unterstützen aufhört", essentiell verschwommen. Nachdem nämlich Kuhn darauf besteht, daß es *immer* Anomalien und ungelöste Rätsel gibt,[15]) kann der Unterschied, der darin besteht, daß
eine Theorie eine Tradition des Rätsellösens unterstützt oder zu unterstützen aufhört, nur ein
Unterschied des *Grades* sein: Es muß ein kritisches Niveau geben, bei dem eine Menge von
Anomalien, die man noch ertragen kann, in eine nicht mehr erträgliche übergeht. Da jedoch
nicht bekannt ist, wo dieses kritische Niveau liegt, kann man dieses Kriterium sozusagen nur
nachträglich geltend machen: Es berechtigt uns festzustellen – *nachdem* das Umschalten von
einem Paradigma auf das andere stattgefunden hat –, daß der empirische Druck auf das alte
Paradigma wohl schon unerträglich geworden sein *muß*. (Das stimmt auch mit Kuhns Vorstellung überein, daß nämlich das herrschende Paradigma die Denkweise der Menschen so sehr
beeinflußt, daß nur ein starker empirischer Druck diesen Einfluß zu beseitigen vermag.)

Aber die Geschichte der Wissenschaft kennt wichtige Beispiele für eine empirisch *erfolgreiche* vorherrschende Theorie, die durch eine andere, mit ihr unvereinbare, aber
in höherem Grade überprüfbare Theorie verdrängt wurde. Es sei mir erlaubt, ein solches Beispiel zu erwähnen. In der Zeit vor Newton bedeuteten Keplers Gesetze die vorherrschende
Theorie des Sonnensystems. Ich vermute, daß es nicht mehr nötig ist nachzuweisen, daß Newtons Theorie streng genommen mit Keplers ursprünglichen Gesetzen unvereinbar ist. Behauptet man, daß Keplers Gesetze in Newtons Theorie einverleibt oder unter diese subsu-
miert wurden, so muß man hinzufügen, daß eigentlich nur erheblich modifizierte Varianten
dieser Gesetze aus Newtons Theorie ableitbar sind.[16]) Gibt Kuhn zu, daß Keplers Theorie ein
Paradigma und daß sie mit dem Newtonschen Paradigma eigentlich unvereinbar war, so wird
er, meiner Ansicht nach, auch zugeben müssen, daß es sich hier um einen Paradigma-Wechsel
gehandelt hat. Darum erhebt sich nun die Frage, ob es plausibel ist, die These aufrechtzuerhalten, daß das Keplersche Paradigma aufgehört hatte, „eine Tradition des Rätsellösens adäquat
zu unterstützen".

---

[14]) In diesem Band, S. 11.
[15]) Kuhn [1962], S. 81.
[16]) Vor mehr als fünfzig Jahren schrieb Pierre Duhem: „*Das Prinzip der allgemeinen Gravitation – weit
davon entfernt, durch Verallgemeinerung und Induktion aus Keplers Beobachtungsgesetzen ableitbar zu
sein – widerspricht vielmehr formal diesen Gesetzen. Wenn Newtons Theorie richtig ist, dann müssen Keplers Gesetze notwendig falsch sein.*" (Duhem [1914], S. 193 der englischen Übersetzung aus dem Jahre
1954.) Für eine ausführlichere Analyse von Inkonsistenzen zwischen Newtons Theorie und Keplers Gesetzen siehe Popper [1957] und [1963], S. 62, Anm.; die Inkonsistenzen, die zur Folge haben, daß letztere
zuerst in wesentlicher Weise korrigiert werden müssen, damit sie durch die ersteren erklärt werden können.

Es gab in der Tat vor Newton ein ungelöstes Rätsel im Zusammenhang mit Keplers Gesetzen. Newton selber erwähnt „eine Störung der Bahn des Saturnus bei jeder Konjunktion dieses Planeten mit dem Jupiter, so auffallend, daß sie für die Astronomen ein Rätsel ist".[17]) Nachdem es jedoch nach Kuhn ungelöste Rätsel immer gibt, kann das kaum genügen, um ein Versagen „in der Unterstützung einer Tradition des Rätsellösens" zu konstatieren. Auf alle Fälle scheint Newton weit davon entfernt gewesen zu sein, dem Keplerschen System ein Versagen in irgendeinem Sinne anzulasten. In der 'Proposition', der die eben zitierte Bemerkung angeschlossen wurde, formulierte er die beiden ersten Gesetze Keplers in einer unkorrigierten Version.[18]) Damit trug er zur Einführung jener Legende bei, welche sogleich durch Halley verewigt wurde, der nämlich in seiner Rezension der *Principia* schrieb: „Hier [in Buch III] wird die Wahrheit von Keplers Hypothese nachgewiesen."[19])

Es scheint also, daß eine vorherrschende Theorie ersetzt werden kann, nicht infolge eines wachsenden empirischen Druckes (von dem vielleicht wenig zu spüren ist), sondern weil eine neue, mit der früheren unvereinbare Theorie frei ausgearbeitet wurde (die vielleicht von einer anderen metaphysischen Ansicht inspiriert wurde). Möglicherweise hat eine wissenschaftliche Krise eher theoretische als empirische Gründe.[20]) Ist es aber wirklich so, dann gibt es mehr freies Denken in der Wissenschaft, als Kuhn voraussetzt. Ich komme zu dieser Frage im letzten Abschnitt noch zurück.

III

Später werde ich versuchen zu zeigen, daß die Normalwissenschaft nicht so beschaffen sein kann, wie Kuhn sie beschreibt, wenn sie fähig sein soll, die 'außergewöhnliche' (oder 'revolutionäre') Wissenschaft hervorzurufen. Aber ich nehme einstweilen an, daß die Geschichte der Wissenschaft sich in der Tat nach einem Kuhnschen Muster entfaltet, ich nehme also an, daß der typische Zyklus aus einer längeren Periode der Normalwissenschaft besteht, worauf ein kurzer, hektischer Ausbruch außergewöhnlicher Wissenschaft folgt, nach dem wieder eine neue Periode der Normalwissenschaft beginnt.

Die Frage, die ich nun stelle, lautet: Warum ist Kuhn bestrebt, die Normalwissenschaft aufzuwerten und die außergewöhnliche Wissenschaft abzuwerten? Nahegelegt wird diese Frage durch verschiedene Überlegungen. Erstens scheint uns die Normalwissenschaft ziemlich langweilig und untheoretisch zu sein im Vergleich zur außergewöhnlichen Wissenschaft. Kuhn selbst hält es zwar für einen – wenn auch ziemlich naheliegenden – Irrtum, die

---

[17]) Newton [1687], Diskussion zu Buch III, Prop. XIII. Professor J. Agassi hat mich auf diese Passage aufmerksam gemacht. (Er bespricht diese Frage in seiner [1963], S. 79, Anm. 5.)

[18]) Newton [1687], Buch III, Prop. XIII. Was Keplers drittes Gesetz betrifft, siehe Buch I, Prop. IV, cor. VI, und auch Newton [1669].

[19]) Halley [1687], S. 410.

[20]) Am nächsten kommt Kuhn diesem Gedanken, wenn er zugibt, daß ein neues Paradigma auftauchen kann, „mindestens in embryonaler Form, bevor eine Krise sich *weit* entwickelt hat" (Kuhn [1962], S. 86, meine Hervorhebung). Daß es auftauchen könnte, bevor eine Krise sich *überhaupt* entwickelt hätte, ja, daß ein Paradigma die Krise selbst *hervorrufen* könnte, wird durch seine Idee der Paradigma-Dominanz in der Normalwissenschaft ausgeschlossen.

Normalwissenschaft als ein „in sich uninteressantes Unternehmen"[21]) zu betrachten; aber er ist doch damit einverstanden, daß die Normalwissenschaft verhältnismäßig wenig neue Ideen hervorbringt. Eine genauere Bestimmung physikalischer Konstanten – das ist die Art von Resultaten, die durch solche 'Säuberungsoperationen' erzielt werden, wie sie für die Normalwissenschaft konstitutiv sind.[22]) Zweitens hat Kuhn an diesem Nachmittag wiederholt, daß er wie Popper die Ansicht verwirft, wonach die Wissenschaft sich durch Akkumulation entwickele.[23]) Aber würde man ihn fragen, worin denn der Fortschritt der Normalwissenschaft bestünde, so würde er vermutlich doch antworten müssen, daß er in ganz gewöhnlicher, undramatischer Weise Schritt für Schritt vor sich gehe, d.h. also doch eine Art Akkumulation. Warum hat Kuhn trotz seines Interesses für jenen „*dynamischen Prozeß*, der zum Erwerb wissenschaftlicher Erkenntnisse führt",[24]) die Wissenschaft dennoch mit den Perioden ihrer theoretischen Stagnation identifiziert? Warum entwickelt drittens der Verfasser eines ausgezeichneten Buches über die Kopernikanische Revolution und eines anderen noch berühmteren Werkes, das den wissenschaftlichen Revolutionen überhaupt gewidmet ist, eine Art philosophischer Abneigung wissenschaftlichen Revolutionen gegenüber? Warum ist er so sehr in die ermüdende, nicht-kritische Normalwissenschaft verliebt?

Eine Antwort auf diese Frage – obwohl ich vermute, daß es keineswegs die wichtigste Antwort ist – lautet, daß er sich durch bloße quantitative Überlegungen beeindrucken läßt: Es gibt *viel mehr* Normalwissenschaft, gemessen in Arbeitsstunden, als außergewöhnliche Wissenschaft. Wie Kuhn behauptet, ist die Normalwissenschaft charakteristisch für die überwältigende Mehrheit der Arbeit, die in der grundlegenden Wissenschaft geleistet wird.[25]) Jene Art wissenschaftlicher Entwicklung, für die sich Popper interessiert, ist „sehr selten"[26]).

Es mag von einem soziologischen Gesichtspunkt aus vollkommen in Ordnung sein, etwas außer acht zu lassen, weil es selten ist. Aber vom methodologischen Gesichtspunkt aus mag etwas Seltenes in der Wissenschaft – eine bahnbrechende neue Idee oder ein grundlegendes Experiment, das zwischen zwei weittragenden, miteinander konkurrierenden Theorien entscheidet – viel wichtiger sein als jene tägliche Arbeit, die unablässig weitergeführt wird.

Aber ich glaube doch nicht, daß diese quantitativen Überlegungen für Kuhn ausschlaggebend gewesen sind. Ich vermute, daß eher eine ganz andersartige Überlegung wirksam war. Da diese Angelegenheit aber ein wenig persönlich, ja beinahe heikel ist und mein Beweismaterial völlig aus Kuhns Buch stammt, möchte ich meine Vermutung nicht geradewegs herausplappern; ich möchte lieber Schritt für Schritt dem Ziel näherkommen. Ich beginne mit Betrachtungen darüber, wieweit es gelingt, mit Kuhns Abgrenzungskriterium gewisse intellektuelle Disziplinen aus dem Bereiche der Wissenschaften auszuschließen, die eigentlich wenige von uns überhaupt als wissenschaftlich bezeichnen würden.

Interessanterweise hat Kuhn selbst in diesem Zusammenhang darauf hingewiesen, er wolle sich nicht der Ansicht Poppers anschließen, daß Astrologie eher Metaphysik als

---

21) In diesem Band, S. 6.
22) Kuhn [1962], S. 24 und 27.
23) In diesem Band, S. 1.
24) Ebenda, S. 1.
25) Ebenda, S. 4.
26) Ebenda, S. 5.

eine Wissenschaft sei.[27]) Man sieht sogleich, warum: Das sorgfältige Aufstellen eines Horoskops oder die Erstellung eines astrologischen Kalenders paßt eigentlich sehr gut zu Kuhns Idee über die Normalforschung. Die Arbeit wird unter der Obhut eines stabilen Systems von Lehren ausgeführt, das durch etwaiges prognostisches Versagen in den Augen der Astrologen nicht diskreditiert wird.

Viel interessanter – wenn man nach Kuhns vermutlichen Gründen für seine Abwertung der revolutionären Wissenschaft sucht – ist ein Fall von anderer Art, der besonders gut zu seinen Gedanken über die Normalforschung zu passen scheint. Man denke an einen Theologen, der über eine offenkundige Widersprüchlichkeit zweier Bibelstellen arbeitet. Die theologische Lehre versichert ihm, die Bibel enthalte, wenn richtig verstanden, keinerlei Widersprüche. Seine Aufgabe ist nun, einen Kommentar zu liefern, der überzeugend den Einklang der beiden Stellen nachweist. Es scheint, daß diese Arbeit im Grunde genommen jener 'normalen' wissenschaftlichen Forschung sehr ähnlich ist, die Kuhn schildert. Es gibt sogar Gründe für die Annahme, daß Kuhn eine derartige Analogie gar nicht in Abrede stellen würde. Denn das Werk *The Structure of Scientific Revolutions* enthält ja viele Andeutungen – manche explizit und manche implizit in der Wahl der Redewendungen – eines bedeutsamen Parallelismus von Wissenschaft, besonders Normalwissenschaft, und Theologie. Kuhn schildert die wissenschaftliche Erziehung als einen „Prozeß der professionellen Initiation",[28]) der den Studenten auf die Mitgliedschaft in einer besonderen wissenschaftlichen Gemeinschaft vorbereitet.[29]) Die Erziehung des Wissenschaftlers sei eine strenge und harte Dressur, strenger und härter als jede andere, *ausgenommen vielleicht* die *der orthodoxen Theologie*.[30]) Er behauptet auch, daß die wissenschaftliche Erziehung das Umschreiben der Geschichte nach rückwärts in den Lehrbüchern involviert. Das sei ein Aspekt der wissenschaftlichen Arbeit, der diese am deutlichsten von allen anderen schöpferischen Tätigkeiten, *ausgenommen vielleicht der Theologie*[31]), unterscheide. An anderen Stellen ist die Andeutung der Parallelität von Wissenschaft und Theologie zwar nicht so ausgesprochen, aber nicht weniger offenkundig. Er sagt z.B., daß die Normalwissenschaft fundamentale Neuigkeiten unterdrückt, weil diese ihre Grundlagen leicht unterwühlen können.[32]) Und bei seiner Erörterung des Prozesses, in dem der Wissenschaftler ein altes Paradigma zurückweist und sich ein neues zu eigen

---

[27]) Ich entnahm dieses Zitat dem ursprünglichen Manuskript von Kuhns Arbeit. Jetzt sagt er dagegen, daß Popper *Recht* habe, wenn er in der Astrologie keine Wissenschaft erblicken wolle (vgl. S. 10), nur sei seine Begründung dafür falsch. Denn es *gäbe* prognostisches Versagen in der Astrologie (wenn es auch stets „erklärt" werden könne); andererseits hätten Astrologen keine Rätsel zu lösen, und darum praktizierten sie keine Wissenschaft (vgl. S. 9).
Diese neue Enthüllung der Subtilität des Kuhnschen Rätselbegriffs macht mich etwas verlegen. Ich dachte ursprünglich, daß ein prognostisches Versagen zunächst bloß als eine rätselhafte Anomalie anzusehen sei, während es später, wenn der Rahmen sich ändert, als Widerlegung zu gelten habe. Es war mir entgangen, daß es prognostische Fehler geben kann, die weder als Widerlegungen noch als Rätsel zu betrachten sind.
[28]) Kuhn [1962], S. 47.
[29]) Ebenda, S. 11.
[30]) Ebenda, S. 165, meine Hervorhebung.
[31]) Ebenda, S. 136, meine Hervorhebung.
[32]) Ebenda, S. 5.

macht, spricht Kuhn von einem 'Bekehrungserlebnis'[33]) und fügt noch hinzu, daß eine solche Entscheidung nur aufgrund eines Glaubens möglich sei.[34])

Ich vermute nun, daß sich Kuhn die wissenschaftliche Gemeinschaft nach Analogie einer religiösen Gemeinschaft vorstellt und in der Wissenschaft die Religion des Wissenschaftlers erblickt. Ist dies wirklich der Fall, so versteht man vielleicht auch, warum er die Normalwissenschaft über die außergewöhnliche Wissenschaft stellt; denn die außergewöhnliche Wissenschaft entspricht ja auf religiöser Ebene einer Periode der Krise, des Schismas, des Durcheinanders und der Verzweiflung, einer geistigen Katastrophe.

IV

Bisher habe ich die Frage erörtert, wie Kuhn Normalwissenschaft und außergewöhnliche Wissenschaft vergleicht und bewertet – unter der Annahme, daß die Geschichte der Wissenschaft tatsächlich jenen Zyklus von Normalwissenschaft, außergewöhnlicher Wissenschaft und wieder Normalwissenschaft aufweist. Im folgenden will ich nun diese Annahme in Frage stellen.

Eine Möglichkeit wäre, sich auf historische Gegenbeispiele zu berufen, d.h. auf lange Perioden in der Geschichte der Wissenschaft, in denen kein klares Paradigma aufgetaucht ist und in denen auch die typischen Symptome der Normalwissenschaft gefehlt haben. Ich erinnere mich, daß einmal im Laufe unserer Seminargespräche über Kuhns Buch Popper bemerkte, obwohl Newtons Lehre in der Tat zu so etwas wie einem Paradigma im Kuhnschen Sinne des Wortes wurde, sei niemals ein solches Paradigma während der langen Geschichte der Theorie der *Materie* aufgetaucht.[35]) Auf diesem Gebiet habe die Debatte seit den Vorsokratikern bis zum heutigen Tage nie aufgehört, wobei diskontinuierliche Materiebegriffe (die zu verschiedenen Atomtheorien geführt haben) und kontinuierliche Materiebegriffe (die zu verschiedenen Äther- und Feldtheorien geführt haben) sich immer gegenüberstanden.

Doch ich will einen anderen Einwand erheben. Er bezieht sich auf die Möglichkeit, daß am Ende einer Periode der Normalwissenschaft ein neues Paradigma auftaucht. Ich werde die epidemiologische Erklärung nicht kritisieren, die Kuhn in seinem Buch dafür gegeben hat; wie sich, nachdem das neue Paradigma zuerst einige Träger infiziert hat, die Epidemie dann über die ganze wissenschaftliche Gemeinschaft verbreitet. Statt dessen möchte ich die Aufmerksamkeit im folgenden auf den *allerersten* Wissenschaftler lenken, der ein neues Paradigma akzeptiert. Nach meiner Auffassung könnte ein neues Paradigma niemals aus einer Normalwissenschaft entstehen, wie sie Kuhn charakterisiert.

Ich beginne damit, daß ich einige von Kuhns Thesen über den Paradigmenwandel wiederhole.

1) Es liegt im Wesen des Paradigmas, daß es ein Monopol über die ganze Denkweise des Wissenschaftlers innehat. Ein Paradigma duldet keine Rivalen. Es gehört zum Kuhnschen Begriff des Paradigmas, daß ein Wissenschaftler, solange er von einem Paradigma

---

[33]) Kuhn [1962], S. 150.
[34]) Ebenda, S. 157.
[35]) Ähnlich, doch davon unabhängig, auch Dudley Shapere; vgl. seine [1964], S. 387.

beherrscht wird, ernstlich gar kein anderes Paradigma in Betracht ziehen kann. Beginnt er einmal mit einem konkurrierenden Paradigma zu liebäugeln, dann ist das alte Paradigma für ihn schon verloren. Ich nenne das die These des Paradigma-Monopols.

2) Es gibt wenig oder überhaupt kein Interregnum zwischen dem Ende der Herrschaft eines alten Paradigmas über den Geist eines Wissenschaftlers und dem Anfang der Herrschaft eines neuen Paradigmas. Ein Wissenschaftler kann nicht längere Zeit hindurch nur so herumtappen, ohne daß ihn ein Paradigma führen würde. Er gibt ein Paradigma nur preis, um ein anderes zu übernehmen. (Es sieht so aus, als hieße sein Losungswort: *Das Paradigma ist tot. Es lebe das Paradigma.*) Ich nenne das die These des Nicht-Interregnums.

3) Ein neues Paradigma ist unvereinbar mit dem anderen, das es verdrängt.[36] (In Wirklichkeit geht Kuhn über diese Feststellung hinaus und behauptet, daß das neue Paradigma mit dem alten *inkommensurabel* sei.[37]) Die Beziehung zwischen Unvereinbarkeit und Inkommensurabilität will ich später erörtern.) Ich nenne die These Kuhns über den Zusammenstoß des alten und des neuen Paradigmas die Unvereinbarkeitsthese. (Sie verstärkt offenbar die vorhin erwähnte These des Paradigma-Monopols.)

4) Aus der Verknüpfung der oben erwähnten drei Thesen ergibt sich, daß das Umschalten eines Wissenschaftlers von einem Paradigma auf das andere ziemlich schnell und entschieden sein muß. Auch Kuhn hebt diese Konsequenz nachdrücklich hervor. Ich habe schon darauf hingewiesen, daß er den Paradigma-Wechsel als eine 'Bekehrung' schildert. Andere Partien in seinem Buch lassen keinen Zweifel daran, daß Kuhn eine solche Bekehrung für einen raschen Vorgang hält. Er sagt, daß ein Paradigma-Wechsel ein verhältnismäßig schnelles und unstrukturiertes Ereignis wie ein „Gestalt-Wechsel"[38] [gestalt switch*)] ist und daß der Übergang zwischen konkurrierenden Paradigmen nicht schrittweise vollzogen werden kann. Wie der Gestalt-Wechsel muß auch er auf einmal stattfinden, wenn auch nicht notwendig in einem Augenblick.[39] Ich nenne das die Gestalt-Wechsel-These.

5) Und nun betrachte ich die Implikationen der oben formulierten Thesen für die *Erfindung* eines neuen Paradigmas. Kuhns Ansicht läßt zu, daß es einige Zeit beanspruchen mag, bis ein Paradigma, nachdem es erfunden wurde, allgemein anerkannt wird. Es fragt sich nun, welche Zeit es in Anspruch nehmen mag, bis der ursprüngliche Erfinder die Bestandteile eines neuen Paradigmas zusammenbringt? Oder anders formuliert: Welche Vorgeschichte könnte ein neues Paradigma haben? Die Antwort, die aus der Gestalt-Wechsel-These folgt, müßte wohl sein: überhaupt keine Zeit bzw. gar keine Vorgeschichte. Bevor der Wissenschaftler auf das neue Paradigma umschaltete, lief sein Denken in völlig anderen Bahnen (man denke an die Thesen des Paradigma-Monopols und der Unvereinbarkeit). Sein *Umschalten* [switch] auf das neue Paradigma und sein *Auffinden* des neuen Paradigmas müssen also sozusagen identisch sein. (Ich nehme an, daß das Paradigma innerhalb der wissenschaftlichen Gemeinschaft erfunden und nicht von außen her, aus nicht-wissenschaftlichen Quellen, importiert wurde.) Und da das Umschalten auf das Paradigma „verhältnismäßig plötzlich"

---

[36] Kuhn [1962], S. 91 und 102.
[37] Ebenda, S. 4, 102, 111 und 147.
[38] Ebenda, S. 121.
*) Zu dem englischen Ausdruck 'gestalt switch' siehe die Anmerkung des Übersetzers zum vorangehenden Aufsatz von Th. S. Kuhn, S. 3. [Anmerkung des Übersetzers]
[39] Kuhn [1962], S. 149.

vor sich ging, muß das auch für eine Erfindung gelten. Kuhn ist auch mit diesem Gedanken einverstanden. Er schrieb ja in seinem Buch: „Das neue Paradigma oder ein genügender Hinweis, der spätere Artikulation zuläßt, taucht auf einmal auf, manchmal sozusagen über Nacht, im Geiste eines einzigen Menschen, der tief in der Krise steht."[40]) Auch heute nachmittag hat er wiederholt, daß Theorien sozusagen „aus einem Guß" erfunden werden.[41]) Ich nenne das – zugegebenermaßen nicht ohne einen Anflug von Bosheit – die Moment-Paradigma-These [Instant-Paradigm thesis] (Instant-Kaffee wird zwar nicht in einem Moment gemacht, aber doch sozusagen „aus einem Guß", nicht so wie Fleischpastetchen, von denen man wohl sagen kann, daß sie „schrittweise hergestellt werden".).

Wir müssen uns daran erinnern, daß das neue Paradigma sogleich mächtig genug ist, um den Wissenschaftler zu veranlassen, sich gegen jenes wohlartikulierte und nicht widerlegte Paradigma zu wenden, das sein wissenschaftliches Denken bis dahin beeinflußt hatte. Das scheint mir zu bedeuten, daß das neue Paradigma nicht in Form einiger fragmentarischer Ideen auftauchen kann, sondern gleich zu Anfang umfassend und bestimmt genug sein muß, um einem Erfinder seine durchschlagenden Möglichkeiten einigermaßen deutlich zu machen.

Ist dies so, dann erscheint mir die Moment-Paradigma-These aus psychologischen Gründen kaum glaubhaft. Ich weiß nicht, wieviel ein einzelnes Genie über Nacht leisten kann, aber ich habe den Eindruck, daß diese These *allzuviel* von ihm verlangt. Es gibt auf alle Fälle historische Gegenbeispiele dazu. Um nur eines zu erwähnen: Das Gesetz des inversen Quadrats war eine wichtige Komponente der Newtonschen Theorie (die Kuhn für das Paradigma der Paradigmen hält). Nun hat jedoch Pierre Duhem die lange Entwicklung dieses Gesetzes über Hooke, Kepler und Kopernikus bis zu jenem Gedanken des Aristoteles zurückverfolgt, daß die Körper nach dem Mittelpunkt der Erde hinstreben.[42]) Ich schließe daraus, daß die Moment-These des Paradigmas verworfen werden muß.

Die Moment-Paradigma-These folgte aus der Gestalt-Wechsel-These, als die letztere auf den ersten Mann, der umzuschalten hatte, angewendet wurde. Die Gestalt-Wechsel-These folgte wiederum aus der Konjunktion der Paradigma-Monopol-, der Nicht-Interregnum- und der Unvereinbarkeits-These. Wenn nun die Moment-Paradigma-These verworfen wird, muß daher mindestens eine der letztgenannten drei Thesen ebenfalls zurückgewiesen werden. Ich fasse zunächst die Unvereinbarkeits-These ins Auge.

Ich habe den Eindruck, daß die Kuhnsche Version dieser These unter einer gewissen Inkohärenz leidet. Er sagt nämlich, daß „was aus einer wissenschaftlichen Revolution entsteht, nicht nur unvereinbar, sondern häufig auch inkommensurabel mit dem ist, was ihm vorangegangen war".[43]) Aber ist es denn möglich, daß zwei *inkommensurable* Theorien lo-

---

[40]) Kuhn [1962], S. 89.
[41]) In diesem Band, S. 12.
[42]) Duhem selber gab dieses Beispiel, um seine nachdrücklich *negative* Antwort – „Sicherlich nicht" – auf die Frage zu unterstützen: Ist der Geist eines Menschen mächtig genug, eine physikalische Theorie aus einem Guß hervorzubringen?" ([1914], Kap. VII, Abschn. 2) Agassi hat Duhems Ansicht über die Entwicklung wissenschaftlicher Ideen als 'Kontinuitätstheorie' bezeichnet (Agassi [1963], S. 31 ff.). Er bekämpft die historiographische Methode, hinter der diese Ansicht steckt; aber auf der anderen Seite unterstützt er auch die gegenteilige Ansicht nicht, wonach die Theorien aus einem Guß erfunden werden.
[43]) Kuhn [1962], S. 102.

gisch unvereinbar miteinander sind? Wenn jemand behauptet, daß z. B. biblische Mythen und wissenschaftliche Theorien inkommensurabel sind und damit zu gänzlich verschiedenen Bereichen gehören, so will er damit vermutlich auch sagen, daß der Genesis-Bericht über die Schöpfung der Welt *nicht* als mit Geologie, Darwinismus etc. logisch unvereinbar angesehen werden sollte. Sie *sind* vereinbar miteinander und können friedlich nebeneinander bestehen, eben weil sie inkommensurabel sind. Aber wenn das Ptolemäische mit dem Kopernikanischen System oder wenn die Newtonsche Theorie mit der Relativitätstheorie logisch unvereinbar ist, dann ist eine friedliche Koexistenz nicht möglich; sie sind ja konkurrierende Alternativen. Und eine rationale Wahl zwischen ihnen war teilweise deswegen möglich, weil man entscheidende Experimente ausdenken konnte (Stern-Parallaxe, Stern-Verschiebung etc.).

Darum wollen wir nun Kuhns Unvereinbarkeits-These von dem ihr fremden Gedanken der Inkommensurabilität befreien. So gesäubert, ist diese historische These Kuhns in bestem Einklang mit einer methodologischen These von Popper. Denn ist die neue Theorie in hohem Maße überprüfbar, wie es Poppers Methodologie verlangt, so muß diese Theorie (nicht nur einige beachtenswerte Voraussagen über den prognostischen Bereich vorhandener Theorien hinaus, sondern) auch einige Voraussagen ermöglichen, die sich in *Konflikt* mit denen schon vorhandener Theorien befinden, möglichst auf Gebieten, wo diese auch früher schon gut geprüft wurden und sich bis dahin als fehlerfrei erwiesen haben. Popper sagt tatsächlich, daß große theoretische Fortschritte in der Wissenschaft revolutionären Charakter haben *sollten*; und Kuhn sagt, daß sie wirklich revolutionären Charakters *sind*. Wir können uns also darüber einigen, daß die Unvereinbarkeits-These beizubehalten ist.

Dann muß aber die These des Paradigma-Monopols und/oder die These des Nicht-Interregnums aufgegeben werden. Aber diese beiden stehen tatsächlich im engsten Zusammenhang miteinander. Die letztere besagt, daß die professionelle Denkweise eines Wissenschaftlers *immer* Paradigma-beherrscht ist; und die erstere behauptet, daß diese Denkweise zu jeder gegebenen Zeit von *einem* Paradigma beherrscht wird. Dagegen habe ich die Ansicht vertreten, daß, da es einige Zeit beansprucht – und zwar eher Jahre als nur Stunden –, ein potentielles neues Paradigma so weit zu entwickeln, daß es ein eingefahrenes altes Paradigma in Frage stellen kann, das häretische Denken lange Zeit hindurch in Gang gewesen sein muß, bevor ein Paradigma-Wechsel eintreten kann. Dies bedeutet jedoch, daß das herrschende Paradigma keineswegs ein solches Monopol über das Denken der Wissenschaftler hat, daß diese unfähig werden, es kritisch zu betrachten oder mit (wenn auch nicht unbedingt umfassenden) Alternativen zu spielen. Alles in allem ist also die wissenschaftliche Gemeinschaft doch keine solche geschlossene Gesellschaft, deren Hauptmerkmal das „Aufgeben der kritischen Diskussion" wäre.

Literatur

Agassi [1963]: *Towards an Historiography of Science*, 1963.

Duhem [1914]: *La théorie Physique: son Objet et sa Structure*, 1914.

Halley [1687]: Review of Newton's *Principia, Philosophical Transactions*, 1687. Reprinted in I. B. Cohen
(*ed.*): *Isaac Newton's Papers and Letters on Natural Philosophy*, 1958, pp. 405–411.

Kuhn [1962]: *The Structure of Scientific Revolutions*, 1962.

Newton [1669]: Manuscript, reprinted in Turnbull (*ed.*): *The Correspondence of Isaac Newton*, I,
pp. 297–303.

Newton [1687]: *Philosophiae Naturalis Principia Mathematica*, 1687.

Popper [1934]: *Logik der Forschung*, 1935.

Popper [1957]: 'The Aim of Science', *Ratio*, I, pp. 24–35.

Popper [1963]: *Conjectures and Refutations*, 1963.

Shapere [1964]: 'The Structure of Scientific Revolutions', *The Philosophical Review*, **73**, pp. 383–394.

Wheeler [1956]: 'A Septet of Sibyls: Aids in the Search for Truth', *The American Scientist*, **44**,
pp. 360–377.

Ist die Unterscheidung zwischen Normalwissenschaft und revolutionärer Wissenschaft stichhaltig?

Stephen Toulmin
University of Michigan

Professor T. S. Kuhns Beitrag zu diesem Symposium kann von zwei verschiedenen Gesichtspunkten aus betrachtet werden: entweder als Kritik an Sir Karl Poppers Stellungnahme zur Philosophie der Wissenschaft – in der Beleuchtung ihrer Gegensätze zu Prof. Kuhns eigenen Ansichten – oder umgekehrt: Er kann auch als ein weiterer Schritt in der Entwicklung von Kuhns Analyse des Prozesses der wissenschaftlichen Veränderung aufgefaßt werden. Mich interessiert hier der zweite von diesen Aspekten. Ich werde auf bedeutende Veränderungen des Standpunktes aufmerksam machen, den Kuhn jetzt einzunehmen scheint im Vergleich zu seinen früheren Stellungnahmen; zuerst in seiner ursprünglichen Arbeit „The Function of Dogma in Scientific Research" [= Die Funktion des Dogmas in der wissenschaftlichen Forschung], Vortrag, gehalten im Worcester College, Oxford i.J. 1961,[1]) und dann in seinem darauffolgenden Buch *The Structure of Scientific Revolutions* [= Die Struktur der wissenschaftlichen Revolutionen], veröffentlicht 1962. Ich werde im Lichte dieser Veränderungen vorschlagen, wie wir unseren Weg über Kuhns Theorie von der 'wissenschaftlichen Revolution' hinaus zu einer adäquateren Theorie der wissenschaftlichen Veränderung sehen dürften.

Dadurch, daß Prof. Kuhn den 'revolutionären' Charakter mancher Veränderungen der wissenschaftlichen Theorien hervorhebt, wurde man zum ersten Mal gezwungen, die volle Tiefe jener begrifflichen Umformungen ins Auge zu fassen, die zeitweise die historische Entwicklung der wissenschaftlichen Ideen gekennzeichnet haben. Doch es war für viele Betrachter von Anfang an klar, daß Kuhns ursprüngliche Festlegung seiner Ideen mindestens von zwei Gesichtspunkten aus nur provisorisch war. Mehrere von uns haben mit Interesse darauf gewartet zu sehen, in welche Richtung ihn seine intellektuelle Entwicklung das nächste Mal bringen würde. Zunächst: Obwohl er das Wort 'Dogma' richtig genug zum Titel einer gedankenanregenden Arbeit anläßlich der Tagung im Worcester College gewählt hatte, mußte man nur ein wenig näher hinsehen, um die Tatsache zu entdecken, daß der Titel deswegen so wirkungsvoll war, weil eine gewisse rhetorische Übertreibung oder ein Wortspiel dabei eingebaut wurde. (Zu behaupten, daß „jede normale Wissenschaft auf ein Dogma aufgebaut wurde", ist sehr ähnlich dem Ausspruch: „wir alle sind verrückt"; eine solche Aussage mag manchmal wirkungsvoll sein, doch …)

Klar wird die Art und Weise des Wortspiels, wenn wir die Anwendung von Kuhns Analyse auf Newtons *Principia*, als Grundlage der klassischen Mechanik, mit ihrer Anwendung auf Newtons *Opticks*, die in der Physik des 18. Jahrhunderts ebenfalls sehr einflußreich war, in Kontrast stellen. Nimmt man zunächst die *Principia,* so lohnt es sich, den folgenden

---

[1]) Gedruckt in Crombie (Hrsg.) [1963], S. 347–369.

philosophischen Gedanken festzustellen: Die intellektuelle Funktion eines begrifflichen Schemas besteht darin, daß es die Muster der Theorie, die sinnvollen Fragen, die berechtigten Interpretationen etc. determiniert, innerhalb deren die theoretische Spekulation unterwegs ist, solange das fragliche begriffliche Schema intellektuelle Autorität in der betreffenden Naturwissenschaft besitzt. Ich wiederhole: Dies ist ein philosophischer Gedanke, der etwas davon verrät, was in jener Aussage enthalten ist, daß die wissenschaftlichen Prozeduren, sowohl auf theoretischem wie auf praktischem Gebiet, 'methodisch' sind und durch den einfachen gesunden Menschenverstand gekennzeichnet werden. Aber dieser besondere Punkt legt überhaupt nicht fest, daß das *Dogma* irgendeine Rolle in der wissenschaftlichen Theorie spielen könnte. Im Gegenteil! Es war völlig rational [vernünftig] – und nichtdogmatisch – für die Physiker zwischen 1700 und 1800, Newtons Dynamik als provisorischen Ausgangspunkt zu akzeptieren. Aber es bestand und es besteht auch für die Wissenschaftler immer die Möglichkeit, jene intellektuelle Autorität des grundlegenden Schemas der Begriffe zu bezweifeln, innerhalb dessen sie provisorisch arbeiten. Wie Sir Karl Popper immer betonte, ist das permanente Recht, diese Autorität zu bezweifeln, eines der Dinge, die die intellektuelle Tätigkeit überhaupt als eine 'wissenschaftliche' Arbeit kennzeichnen. Nebenbei, dieser erste philosophische Punkt wurde viel klarer und eindeutiger schon vor etwa 25 Jahren durch R. G. Collingwood in seinem *Essay on Metaphysics*²) festgelegt. Die *intellektuelle* Funktion von Kuhns Paradigmen ist genau dieselbe wie diejenige von Collingwoods 'absoluten Voraussetzungen'.

Anders sieht es aus, wenn wir Newtons *Opticks* als Beispiel nehmen. In diesem Fall können wir die folgende soziologische Tatsache feststellen: Die zweitrangigen Arbeiter in der Wissenschaft haben eine Tendenz, nur einen Teil des intellektuellen Bildes ihres Gegenstandes zu sehen; sie wählen auch die Hypothesen, mit denen sie ihre Angaben interpretieren, auf Grund ihrer Ehrfurcht einem Vorbild gegenüber; in irgendeinem erstklassigen Arbeiter erblicken sie ihren Meister, und sie beugen sich vor der Autorität des *Meisters*. Das jedoch ist eher ein soziologischer als ein philosophischer Gesichtspunkt. Man kann in diesem Fall in der Tat schon von einem 'Dogma' sprechen, das eine gewisse Rolle in der wissenschaftlichen Entwicklung spielt. Aber der allererste Anfang der Weisheit ist – wenn man die Natur der intellektuellen und wissenschaftlichen Entwicklung zu verstehen versucht –, daß man die wirkliche intellektuelle Autorität eines festgelegten begrifflichen Schemas und die bloß meisterliche Autorität eines gebieterischen Individuums unterscheiden kann. Nur wenn zweitrangige Arbeiter hartnäckig, sagen wir, an einer korpuskularen Theorie des Lichtes festhalten – bloß aus Ehrfurcht Newtons Autorität gegenüber, und auch dann, wenn schon gerechtfertigte Alternativen vorgeschlagen und auch experimentelle Unterstützung für die andere Theorie nachgewiesen wurde –, dann kann man wirklich behaupten, daß auch das 'Dogma' eine Bedeutung für die Wissenschaft besitzt.

Kuhn – indem er von seinem Vortrag in Oxford zu seinem i. J. 1962 veröffentlichten Buch fortschritt – zog eigentlich schon sein Festhalten an dem Terminus 'Dogma' zurück; statt dessen versuchte er, die zentrale Unterscheidung zwischen der 'normalen Wissenschaft' und den 'wissenschaftlichen Revolutionen' auch weiterhin aufrechtzuerhalten. Sein ganzes Buch lang hielt er an dem Gedanken fest, daß die Idee der 'Revolutionen' gewisse Phasen in der wissenschaftlichen Veränderung beleuchten und erklären kann. Auch in dieser Beziehung war seine Analyse höchstens provisorisch. Wie man aus der politischen Geschichte weiß, ist

²) Collingwood [1940], besonders Kap. IV–VI. Besprochen habe ich den Gedankengang von Collingwood, zusammen mit demjenigen von Kuhn, in meiner [1966].

der Terminus 'Revolution' ein nützliches beschreibendes *Etikett*; aber seinen Erklärungswert als *Begriff* hat es schon längst eingebüßt. In einer Zeit waren die Historiker – angesichts politischer Veränderungen, die besonders drastisch und abwechslungsreich waren – gerne bereit zu sagen: „... und dann fand eine Revolution statt", aber sie beließen es dann dabei. Der Gedanke, der dahintersteckte, war, daß im Falle solcher drastischer Veränderungen keine derartige Erklärung rationaler Art gegeben werden kann, wie man sie im Falle normaler politischer Entwicklungen mit Recht erwartet. Aber die Historiker mußten nach einer gewissen Zeit einsehen, daß eine politische Veränderung eigentlich nie zu einem absoluten und völligen Bruch der Kontinuität führt. Ob man an die Französische, Amerikanische oder Russische Revolution denkt, in jedem dieser Fälle sind die Kontinuitäten in politischer und administrativer Struktur und Praxis ebenso wichtig wie die Veränderungen selbst. (Man denke z.B. an das amerikanische Rechtssystem, an die russische Praxis, die ausländischen Touristen überall in ihrem Lande zu begleiten, und an das französische Erbrecht: diese Einrichtungen und Gewohnheiten hat die politische Revolution kaum berührt; darum sind auch die entsprechenden Zustände in jedem der genannten Länder vor und nach der Revolution viel ähnlicher, als die Zustände vor und nach der Revolution in den verschiedenen Ländern.) Darum sind auch in der politischen Sphäre die Aussagen über die Vorkommnisse von 'Revolutionen' nur provisorisch im Vergleich zu jenen wichtigeren Fragen über den politischen Mechanismus, der durch die revolutionäre Veränderung betroffen wurde. Was nun den Erklärungswert selbst betrifft: Es hat sich herausgestellt, daß der Unterschied zwischen der normalen und der revolutionären Veränderung in der politischen Sphäre doch nur quantitativ und keineswegs qualitativ ist.

Ich hatte immer den Eindruck, daß auch der Standpunkt, den Prof. Kuhn in seinem Buch eingenommen hat, ähnlich zu qualifizieren ist. Nach seinem Gedankengang sind die Unterschiede zwischen den Veränderungen, die während einer 'normalen' bzw. während einer 'revolutionären' Phase der wissenschaftlichen Entwicklung stattfinden, auf intellektueller Stufe absolut. Dementsprechend ging der Bericht, den er gab, allzuweit: Er behauptete, es gäbe viel tiefere und weniger erklärliche Diskontinuitäten in der Wissenschaftsgeschichte, als in der Tat vorkommen. Er scheint in seiner neuen Arbeit (mit der dieser Band eröffnet wird) etwas von seinem ursprünglichen und eben dargestellten Standpunkt schon zurückzunehmen; aber (wie ich zu zeigen versuche) diese neue Stellungnahme führt dann dazu, daß die ursprüngliche Unterscheidung zwischen der 'normalen' und der 'revolutionären' Wissenschaft völlig verschwindet. Das war offenbar nicht seine Absicht, aber diese Konsequenz ist, meiner Ansicht nach, unvermeidlich.

Ich möchte zunächst mit einer Analogie beleuchten, warum ich dies behaupte; ich wähle die Analogie aus der Geschichte der Paläontologie in der Epoche zwischen 1825 und 1860. In diesen Jahren war das eine der beiden einflußreichsten paläontologischen Systeme dasjenige, das auf die Theorie der 'Katastrophen' gebaut wurde; zuerst hat G. Cuvier diese Theorie in Frankreich aufgestellt, dann wurde dieselbe durch L. Agassiz in Harvard weiterentwickelt. Diese Theorie betonte die glatten Diskontinuitäten, die die geologischen und paläontologischen Denkmäler aufweisen. Es war ihr wesentliches Verdienst, daß sie jene verführerische Annahme bezweifelte (die übrigens ein grundlegendes methodologisches Axiom der Nachfolger von James Hutton – und unter ihnen auch Charles Lyell in seinen frühen Jahren – gebildet hatte), wonach alle in der geologischen und paläontologischen Veränderung wirksamen Faktoren – sowohl die anorganischen als auch die organischen – immer von genau derselben Art waren und auch in jeder Phase der Erdgeschichte ihre Wirkung auf dieselbe Weise ausgeübt hatten.*) Aber Cuvier ging – ausgehend von seiner ursprünglichen und völlig authentischen Beobachtung der geologischen und paläontologischen Diskontinuitäten – zu weit, indem er darauf bestand, daß dieselben Diskontinuitäten Beweise für 'übernatürliche' Ereignisse wären; unter 'übernatürlichen Ereignissen' verstand er solche allzu plötzlichen und heftigen Veränderungen, die sich mit gewöhnlichen physikalischen und chemischen Prozessen nicht erklären ließen. Die Diskontinuitäten waren also nach seiner Ansicht Beweise für 'Katastrophen', und diese (wie ursprünglich die 'Revolutionen' des politischen Historikers) waren etwas intellektuell Unerklärliches. Wenn also der Geologe sagte: „... und dann gab es eine Katastrophe", so hieß dies, daß für die fragliche Veränderung keine rationale Erklärung möglich war, z.B. nicht mit den Mitteln des natürlichen geologischen Mechanismus, der mit der Ablagerung sedimentärer Schichten manches zu erklären vermag. Diese theoretische Interpretation der geologischen und paläontologischen Diskontinuitäten ging allzuweit. Es stimmt zwar, in gewisser Hinsicht ließen die Diskontinuitäten in der Erdrinde sich genau so scharf nachweisen, wie Cuvier dies behauptete; aber es hat sich herausgestellt, als die Untersuchung weitergeführt wurde, daß dieselben Diskontinuitäten nicht universell in ihrem Ausmaß waren; und es war auch nicht so hoffnungslos, eine rationale Erklärung für sie zu finden.

Aber wie wurde dann der Gegensatz zwischen der Einförmigkeits- und der Katastrophentheorie aufgelöst? Das ist hier m. E. die entscheidendste Frage. Es trug sich nach einiger Zeit zweierlei zu. Auf der einen Seite mußten solche Geologen und Paläontologen aus der Generation von Lyell, die Anhänger der Einförmigkeitstheorie waren, Schritt für Schritt zugeben, daß *manche* von den Veränderungen, die den Gegenstand ihrer Forschung bildeten, in der Tat viel drastischer erfolgten, als sie dies früher anzunehmen bereit waren. Ch. Darwin beobachtete z.B. auf Chiles Küstengebieten die Folgen nicht sehr lange zurückliegender Erdbeben, die die relativen Stellungen verschiedener geologischer Schichten bei einer einzigen Erschütterung um nichts weniger als 20 Fuß [etwa 7 m] Breite verändert hatten; Lyell wurde durch diese Entdeckung davon überzeugt, daß frühere Erdbeben vielleicht in der Tat ernster gewesen sein mußten, als er dies bis dahin hatte zugeben wollen. Auf diese Weise kamen die Ideen der Anhänger der Einförmigkeitslehre der 'Katastrophe' immer näher. Zu gleicher Zeit entwickelten sich die Ideen im Lager der Anhänger der 'Katastrophentheorie' in der entgegengesetzten Richtung. So fand besonders L. Agassiz im Laufe seiner Studien, daß er die Anzahl der Katastrophen zur Erklärung der aktuellen geologischen Lage immer mehr steigern mußte. Dabei verminderte er immer mehr die Größe derselben Katastrophen. Zum Schluß wurden die ursprünglich „drastischen und unerklärlichen" Katastrophen so zahlreich und so klein, daß sie einförmig zu werden begannen; so wurden sie sozusagen zu gewöhnlichen geologischen und paläontologischen Phänomenen. Damit hörte aber auch die Plausibilität der These von der Unmöglichkeit einer naturalistischen und mechanistischen Erklärung auf; man brauchte zu ihrer Erklärung auch keinen außergewöhnlichen Mechanismus mehr einzuführen. In einem Wort: die ursprünglichen 'Katastrophen' wurden einförmig und gesetzesgelenkt ebenso wie die übrigen geologischen und paläontologischen Tatsachen. Die Anhänger der paläontologischen Katastrophentheorie haben gewiß nicht sogleich eingesehen, daß die scheinbar unschuldige Veränderung in der Struktur ihrer Theorie auch das ursprüngliche Kriterium

*) Der gebräuchlichste Name für diese Theorie heißt heute: 'Aktualitätsprinzip'. [Anmerkung des Übersetzers]

dessen zerstört, was als 'normal' (oder natürlich) und was als 'katastrophal' (oder übernatürlich) unter den Veränderungen der Erdrinde gelten soll; ja, selbst die Unterscheidung des 'Normalen' und des 'Katastrophalen' stürzte dadurch zusammen.

Ich möchte nun diese Analogie anwenden. Als ich den Text des gegenwärtigen Vortrags von Prof. Kuhn las, hatte ich den Eindruck, daß er sich von der ursprünglichen Zweiteilung 'Normalwissenschaft' – 'revolutionäre Wissenschaft' ebenso entfernt hatte wie einst Agassiz von Cuviers ursprünglicher Theorie. Wieder war es wichtig und wesentlich, daß man am Anfang betonte, daß die Entwicklung der wissenschaftlichen Ideen zeitweise solche drastischen Veränderungen erfordert, die auch tiefe begriffliche Inkongruenzen jener Ideen nach sich ziehen, die die aufeinanderfolgenden Wissenschaftler-Generationen sich zu eigen machen. Keine Theorie der wissenschaftlichen Entwicklung und des Wachstums des Wissens wäre adäquat, die dies nicht zugeben und den intellektuellen Diskontinuitäten nicht gerecht werden wollte. Kuhn hielt in seinen früheren Werken – sowohl in seinem Buch aus d.J. 1962 wie auch in seinem Aufsatz aus d.J. 1961 – diese revolutionären Diskontinuitäten für *absolut*: Diese würden eine Situation schaffen, in der die gegenseitige Verständnislosigkeit der Vertreter der älteren und der neuen wissenschaftlichen Ideen unvermeidlich und notwendigerweise vollkommen sein müßte; so könnten sich z.B. Vertreter der älteren Newtonschen Dynamik und diejenigen der neuen Einsteinschen Dynamik gar nicht verstehen. Unvermeidlich wäre die Verständnislosigkeit; denn käme es zu einem Organisieren ihrer Erfahrungen, so würde es sich bald herausstellen, daß die beiden Parteien keine gemeinsame Sprache, keinen gemeinsamen Gesichtspunkt, ja nicht einmal eine gemeinsame *Gestalt* besitzen.*) Infolgedessen könnte weder die Newtonsche noch die Einsteinsche Sprache die Gesichtspunkte des einen Partners für den anderen zugänglich machen. Es sah darum so aus, als hätte das Eintreffen einer 'wissenschaftlichen Revolution' die Kommunikation so sehr vereitelt, daß das Nicht-Verstehen *garantiert* war.

Doch es lag wieder eine rhetorische Übertreibung in dieser Schilderung der Lage, eine beinahe ebenso große wie in Kuhns früherer Verwendung des Wortes 'Dogma'. Denn schließlich fiel die wissenschaftliche Laufbahn zahlreicher Physiker doch in die Zeitspanne zwischen 1890 und 1930; diese Leute machten die Veränderung vom Newtonschen Gedankensystem zum Einsteinschen durch. Hätte das vollständige Abbrechen der wissenschaftlichen Kommunikation, die Kuhn für das wesentliche Merkmal der wissenschaftlichen Revolution hält, in der Tat in dieser Periode stattgefunden, so müßte man dies aus der Erfahrung der fraglichen Wissenschaftler dokumentieren können. Aber was sieht man statt dessen?

War der begriffliche Wandel während des Überganges wirklich so tief, wie Kuhn dies behauptet, so blieben die betreffenden Physiker sich dieser Tatsache merkwürdigerweise doch unbewußt. Ja, im Gegenteil! Manche von ihnen haben nach dem Ereignis auch begründen können, warum sie ihre persönliche Stellungnahme von dem klassischen zum relativistischen Standpunkt verändert hatten. Unter dem 'warum' verstehe ich diesmal 'rationale Gründe'. Nimmt man Kuhn beim Wort, so hätte ein solcher Wandel des Standpunktes nur das Ergebnis einer 'Bekehrung' sein können. Man soll unter 'Bekehrung' nach Kuhns Absicht offenbar eine Art Wechsel der Denkweise verstehen, wie man z.B. sagt: „Ich kann die Natur nicht mehr auf dieselbe Weise sehen, wie ich es früher tat"; oder als wollte man anstatt der rationalen 'Gründe' eher solche Ursachen hervorheben: „Einstein hat mich so überredet ...", oder: „Ich weiß auch selber nicht, wieso, aber ich habe mich verändert" usw.

*) Auch im englischen Text steht das deutsche Wort 'Gestalt'. [Anmerkung des Übersetzers]

Dementsprechend darf man zugeben, daß die Entwicklung des wissenschaftlichen Denkens wichtige begriffliche Diskontinuitäten mit sich bringt und daß die begrifflichen Systeme, die innerhalb einer wissenschaftlichen Tradition einander verdrängen, häufig auf verschiedene, ja auch inkongruente Prinzipien und Axiome aufgebaut wurden; aber wir müssen uns davor hüten, auch Kuhns ganze ursprüngliche 'revolutionäre' Hypothese zu akzeptieren. Denn das Ersetzen eines Systems von Begriffen durch ein anderes System ist ein Vorgang, der seinerseits auch gute Gründe hat, auch wenn diese besonderen Gründe sich nicht in noch breitere Begriffe oder in noch allgemeinere Axiome formalisieren lassen. Denn das, was von beiden Parteien in der Debatte vorausgesetzt wird – sowohl von denjenigen, die an der älteren Ansicht festhalten, wie auch von denjenigen, die eine neue vorschlagen –, ist nicht ein gemeinsamer Stock von Prinzipien und Axiomen; es ist eher eine gemeinsame Menge von 'Auswahlprozeduren' und 'Auswahlregeln', und diese sind nicht so sehr 'wissenschaftliche Prinzipien' als eher 'konstitutive Prinzipien der Wissenschaft'. (Diese mögen sich im Laufe der Geschichte ändern, wie Imre Lakatos dies im Falle der Kriterien des mathematischen Beweises gezeigt hatte, aber sie ändern sich viel langsamer als die Theorien, zu deren Beurteilung sie herangezogen werden.)

Angenommen nun, man räumt Kuhn ein, daß die 'begrifflichen Inkongruenzen' zwischen den Ideen der aufeinanderfolgenden Generationen der Wissenschaftler wirkliche Diskontinuitäten in der Entwicklung des wissenschaftlichen Denkens herbeiführen. Ist dies das Wesen seiner Einsicht, so werden wir auch die nächste Strecke seines Gedankenganges mitmachen müssen, die der 'modifizierten Katastrophenlehre' von Agassiz entspricht. Denn während nach Kuhns ursprünglicher Auffassung wissenschaftliche Revolutionen in je einem Zweig der Wissenschaft nur ungefähr alle zweihundert Jahre einmal vorzukommen pflegen, tauchen auf der anderen Seite solche 'begrifflichen Inkongruenzen', mit denen er sich jetzt beschäftigt, viel häufiger auf. Ja, in einem ziemlich engen Maße sind derartige Inkongruenzen in der Tat sehr häufig; vielleicht jede neue Wissenschaftler-Generation, die originelle Ideen oder ihre eigenen Gesichtspunkte hat, muß in gewissen Punkten und in gewisser Hinsicht auch verständnislos der unmittelbar vorangehenden Generation gegenüberstehen. Man fragt sich in der Tat, ob irgendeine Naturwissenschaft, die eine ernste theoretische Komponente besitzt, *jemals* bloß durch Akkumulation sich entwickeln kann.

In diesem Fall ist jedoch das Auftauchen einer 'wissenschaftlichen Revolution' keine dramatische Unterbrechung mehr in der 'normalen' kontinuierlichen Konsolidierung der Wissenschaft: Statt dessen wird die 'Revolution' zu einer bloßen 'Variationseinheit' im Prozeß der wissenschaftlichen Veränderung selbst. Wie in der Paläontologie verschwindet auch hier der *überrationale* Aspekt der Diskontinuitäten, und damit fällt auch die Grundlage der Unterscheidung zwischen 'normaler' und 'revolutionärer' Veränderung in der Wissenschaft, Mark und Bein von Kuhns Theorie, fort. Denn ursprünglich war ja eben die absolute Art jenes Überganges, der von der wissenschaftlichen Revolution untrennbar zu sein schien, auch das Kriterium dessen, daß es sich überhaupt um eine 'Revolution' handelte. Mußte man dagegen jetzt zugeben, daß *keine* begriffliche Veränderung in der Wissenschaft jemals absolut ist, dann haben wir nur eine Folge von größeren oder kleineren begrifflichen Modifikationen vor uns, die nur quantitative Unterschiede untereinander aufweisen. Auf diese Weise ist also das Unterscheidungselement in Kuhns Theorie zerstört worden; wir müssen nun darüber hinausgehend nach einer neuen Theorie der wissenschaftlichen Veränderung Umschau halten.

Diese neue Theorie wird sowohl über Kuhns Begriff der 'Revolution' wie auch über jene naiven Ansichten der Einförmigkeitslehre hinausgehen müssen, die Kuhn mit Recht verworfen hatte; ebenso ging ja auch Darwins evolutionistische Neuerklärung der Paläontologie sowohl über die Katastrophentheorie von Cuvier wie auch über die Einförmigkeitslehre von Lyell hinaus.

Ich glaube auch wie Professor Kuhn, daß diese neue Theorie – wenn wir sie haben – teils auf die Ergebnisse von neuen empirischen Untersuchungen über die aktuelle Entwicklung und das Wachstum der Wissenschaft gebaut sein wird; und infolgedessen wird sie die Logik der Wissenschaft unmittelbar mit ihrer Soziologie und Psychologie verbinden. Doch es bleibt nach wie vor wichtig (wie Sir Karl Popper betont), daß man die *Gleichsetzung* logischer Kriterien für die Bewertung neuer wissenschaftlicher Hypothesen mit Verallgemeinerungen über die aktuelle Praxis der Wissenschaftler vermeidet; es ist einerlei, ob man an einzelne Wissenschaftler denkt oder an ihre professionellen Gruppen.

Wie soll nun eine solche Theorie aussehen? Wieder kann uns die Erfahrung anderer historischer Disziplinen den Weg weisen. Denn wieder war die fruchtbare Richtung, um den toten Punkt zwischen den revolutionären Ansichten einerseits und der Einförmigkeitslehre der historischen Veränderung andrerseits zu vermeiden, dieselbe: Man mußte nämlich den fraglichen Mechanismus genauer ins Auge fassen, besonders den Mechanismus der Variation, und denjenigen des Unverändert-Bleibens. (Man vergleiche z.B. Ch. Darwin, *Origin of Species,* mit Crane Brinton, *Anatomy of Revolution.*) Ich möchte nun hier mindestens ein Stück dieses Weges weiter beleuchten, selbst auf die Gefahr hin, daß ich einen Gedankengang vorwegnehme, der ausführlicher erst später und anderswo entwickelt wird.[3]

Man stelle sich vor, daß wir Kuhns 'Mikro-Revolutionen' von kleinem Ausmaß nicht mehr als Einheiten des effektiven *Wechsels* der wissenschaftlichen Theorie auffassen, sondern daß wir sie statt dessen als Einheiten der *Variation behandeln.* Dann stehen wir vor einem solchen Bild der Wissenschaft, nach welchem die als gültig akzeptierten Theorien auf jeder Stufe als Ausgangspunkte für eine große Anzahl der vorgeschlagenen Varianten gelten; aber in Wirklichkeit überlebt nur ein kleiner Bruchteil derselben Varianten, und nur dieser Bruchteil wird in jenen Bestand der Ideen einverleibt, den auch die nächste Generation übernimmt. Die einzige Frage: Wie tauchen Revolutionen in der Wissenschaft auf? muß auf diese Weise neu formuliert werden, und sie gibt Anlaß zu zwei verschiedenen Gruppen von Problemen. Man muß nämlich auf der einen Seite fragen: Welche Faktoren bestimmen die Anzahl und die Natur jener theoretischen Varianten, die in irgendeiner Wissenschaft in einer gegebenen Periode vorgeschlagen werden? – Diese Frage ist das Gegenbeispiel zur genetischen Frage über den Ursprung der Mutationsformen in der biologischen Evolution. – Und ebenso muß man auf der anderen Seite fragen: Durch welche Faktoren und Überlegungen wird bestimmt, welche intellektuellen Varianten angenommen bzw. in jenen Bestand der Ideen eingebaut werden, der Ausgangspunkt für die nächste Runde der Variationen wird? Diese letztere Frage ist ein Gegenbeispiel zu den biologischen Fragen über die Selektion.

Wie in anderen historischen Disziplinen, so kann auch auf diesem Gebiete das Problem der historischen Veränderung mit Vorteil als Problem der Variation und des selektiven Beständig-Bleibens neu formuliert werden. Ich kann die Vorteile dieser Neuformulierung

[3] Siehe eine kurze Analyse in meiner [1966]. Ausführlich erörtert wird das Problem in einem späteren Buch über die begriffliche Entwicklung und über das Problem des 'menschlichen Verstehens'.

des Problems hier nicht in allen ihren Einzelheiten auseinandersetzen, aber es wird sich doch
lohnen, mindestens eine Tatsache hervorzuheben. Diese Tatsache wird uns nicht nur dabei
behilflich sein, daß wir jene Zweideutigkeit lokalisieren können, die in der Debatte zwischen
Kuhn und Popper zu Mißverständnissen geführt hatte; die Zweideutigkeit entstand nämlich
dadurch, daß die Wissenschaftsphilosophie sich vor allem dafür interessiert, welche Art von
Überlegungen über die Auswahl der neuen Varianten entscheiden *sollten*, während die Soziologie und die Psychologie der Wissenschaft sich mit jenen Überlegungen beschäftigen, die *in
Wirklichkeit* bei der Wahl entscheidend waren. Ich glaube, dieselbe Tatsache kann auch bei
der Lösung mancher solcher Probleme behilflich sein, die das gegenseitige Verhältnis der äußeren und der inneren Faktoren in der Entwicklung einer intellektuellen Tradition betreffen.
Behandelt man die wissenschaftliche Veränderung als einen speziellen Fall der viel allgemei-
neren Erscheinung, nämlich der 'begrifflichen Entwicklung', so kann man mindestens drei
verschiedene Aspekte dieser Entwicklung unterscheiden. Die aktuelle Masse oder die *Quantität* der Neuerung, die auf einem gegebenen Gebiete zu irgendeiner Zeit im Gange ist, kann
von jener *Richtung* unterschieden werden, in welche diese Neuerung vorwiegend strebt; auf
der anderen Seite lassen sich wieder diese beiden von jenen *Kriterien der Auswahl* unterscheiden, die bestimmen, welche Varianten in der Tradition beständig bleiben.

    Hat man diese Unterscheidungen klar und eindeutig genug festgelegt, so wird es
wünschenswert, getrennt zu untersuchen, inwiefern für jeden Aspekt der wissenschaftlichen
Veränderung irgendeiner der inneren oder der äußeren Faktoren verantwortlich ist; es wäre
naiv anzunehmen, daß die beiden Gesichtspunkte unbedingt einander widersprechen müßten.
Man denke z. B. an folgendes: Das Ausmaß der Neuerung, die in irgendeiner Wissenschaft vor
sich geht, hängt vermutlich von jenen Gelegenheiten ab, die durch soziale Zusammenhänge
gesichert werden, damit die Forschungsarbeit auf dem betreffenden wissenschaftlichen Gebiete extensiv betrieben werden kann; darum wird die Anzahl der Neuerungen in der betreffenden Wissenschaft weitgehend von solchen Faktoren abhängig, die außerhalb der Wissenschaft liegen. Auf der anderen Seite werden die Kriterien der Auswahl – wie die begrifflichen
Neuerungen in der Wissenschaft zu bewerten sind – weitgehend eine professionelle und
darum eine interne Angelegenheit; manche Wissenschaftler würden sogar erwarten, daß dies
bloß eine interne, professionelle Angelegenheit sein darf; aber in der Praxis ist dies nur ein
Ideal, das man nicht vollkommen verwirklichen kann. Und schließlich wird die Richtung der
Neuerung in jeder Wissenschaft von einer komplexen Mischung der äußeren und inneren
Faktoren abhängig sein: Die Quellen der neuen Hypothesen sind sehr verschiedenartig, und
diese sind solchen Einflüssen und Analogien ausgesetzt, die sehr entfernt von den fraglichen
Problemen sind.

    Die ausführlichere Verzweigung einer 'evolutionistischen' Theorie der wissen-
schaftlichen Veränderung (als Kontrast zu Kuhns 'Katastrophentheorie') soll bei einer anderen Gelegenheit eingehender behandelt werden. Einstweilen möchte ich meinen Beitrag mit
zwei Fragen beenden, die uns ermöglichen werden, den Übergangscharakter von Kuhns gegenwärtigem Standpunkt genauer zu bestimmen: 1) Wie weit sollen die begrifflichen Inkongruenzen zwischen den Ideen einer älteren und einer jüngeren Wissenschaftler-Generation
gehen, damit der Übergang – im Sinne von Kuhns gegenwärtigem Standpunkt – als 'wissenschaftliche Revolution' bezeichnet werden kann? (Ich vermute, daß bisher überhaupt gar
keine Inkongruenz weitgehend genug war, um sein ursprüngliches Kriterium zu befriedigen;
darum brauchen wir jetzt statt dessen ein neues Kriterium.) 2) Wenn *überhaupt irgendeine* Be-

griffsverschiebung in den Theorien der aufeinanderfolgenden Generationen, die geeignet ist, unter ihnen ein Nicht-Verstehen hervorzurufen, als 'revolutionär' gelten darf, sind wir dann nicht berechtigt, eine Rechenschaftsablage über die Rolle von *allen* solchen Begriffsverschie- bungen in der Entwicklung des wissenschaftlichen Denkens zu verlangen? Mit einem Wort: Dürfen wir diese 'Mikro-Revolutionen' nicht als Gegenbeispiele zu den 'Mikro-Katastro- phen' von Agassiz und von den späteren Geologen der Katastrophentheorie behandeln? Und wenn dies in der Tat der Fall ist, sind wir dann nicht schon lange über das hinaus, was der Ter- minus 'Revolution' impliziert? Die Gelehrten der politischen Geschichte sind schon längst darüber hinaus, sich irgendwie naiv auf die Idee der 'Revolution' zu verlassen. Habe ich recht und sind die 'Mikro-Revolutionen' in Kuhns gegenwärtiger Auffassung Einheiten jeder wis- senschaftlichen Neuerung, dann wird die Idee der 'wissenschaftlichen Revolution' denselben Weg hinter sich bringen müssen, den die Idee der 'politischen Revolutionen' schon hinter sich gebracht hatte. Das heißt: Man wird einsehen müssen, daß das Etikett 'wissenschaftliche Re- volution' im Grunde ebenso nichts erklärt, wie auch das andere ('politische Revolution') gar nichts zu erklären vermag.

Literatur

Collingwood [1940]: *An Essay on Metaphysics*, 1940.
Crombie (*ed.*) [1963]: *Scientific Change*, 1963.
Toulmin [1966]: 'Conceptual Revolutions in Science', in Cohen-Wartofsky (*eds.*): *Boston Studies in the Philosophy of Science*, **3**, 1967, pp. 331–347.

Normalwissenschaft, wissenschaftliche Revolutionen und die Geschichte der Wissenschaft

L. Pearce Williams
Cornell University

Ich möchte sehr kurz zu der Streitfrage zwischen Popper und Kuhn über die *wesentliche* Natur der Wissenschaft und das Entstehen der wissenschaftlichen Revolutionen beitragen. Verstehe ich Sir Karl Popper richtig, so ist die Wissenschaft grundsätzlich und ständig *potentiell* am Rande der Revolution. Eine Widerlegung, mindestens wenn sie groß genug ist, macht ja eine solche Revolution aus. Dagegen behauptet Kuhn auf der anderen Seite, daß die *meiste* Zeit, die dem Betreiben der Wissenschaft gewidmet wird, aus dem besteht, was er als 'Normalwissenschaft' bezeichnet, und dies ist Problemlösung oder Ausarbeiten von solchen Gedankenketten, die durch ein vorangehendes Werk impliziert werden. So kommt nach Kuhn eine wissenschaftliche Revolution nur selten vor, denn die *meisten* Menschen versuchen ja *nicht,* gültige Theorien zu widerlegen. Beide Parteien haben ihre Auffassungen sehr eingehend geschildert, aber ich habe den Eindruck, daß in beiden Theorien eine wichtige Lücke vorhanden ist. Das heißt einfach: Woher wissen wir überhaupt, was Wissenschaft ist? Meine Frage mag überraschend naiv klingen, aber ich werde gleich versuchen, sie zu rechtfertigen.

Es gibt im Grunde zwei beachtenswerte gelehrte Möglichkeiten, auf die vorige Frage zu antworten. Die eine Möglichkeit ist die soziologische; man darf die wissenschaftliche Gemeinschaft wie jede andere Gemeinschaft behandeln und sie soziologisch analysieren. Man beachte: Dies ist wohl *möglich,* aber es ist noch nie gemacht worden. Um es anders zu formulieren: Die meiste wissenschaftliche Tätigkeit *mag* sich auf Widerlegung oder auf 'Problemlösung' konzentrieren, aber wir wissen eben nicht, ob es wirklich so ist. Ich möchte hier nebenbei bemerken: Die Beobachtung von Miß Masterman hat mich nicht beeindruckt, daß nämlich Forscher auf solchen Gebieten wie Computer-Wissenschaft und Sozial-Wissenschaften das Paradigma gierig ergreifen würden. Schließlich kennt ja doch ein jeder das Bild vom Ertrinkenden und vom Strohhalm. Ich glaube auch nicht, daß Dr. Kuhn seine Analyse auf Embryo-Wissenschaften hätte einschränken wollen, und auch mich interessiert es mehr, was die Forscher der reifen Wissenschaften tun. Um mich zu wiederholen: Wir besitzen eben keine Information in dieser Hinsicht. Die Schwierigkeiten auf dem Wege, das Material zusammenzutragen, sind enorm. Brauchen wir bloß eine Mustersammlung? Ist das, was die *meisten* Wissenschaftler wirklich tun, in der Tat auf lange Sicht die Wissenschaft selber? Sollen wir der Meinung, sagen wir, von einem Peter Debye dieselbe Bedeutung beimessen wie derjenigen des Mannes, der nukleare Durchschnitte genau mißt? Ich bin kein Soziologe, aber ich habe den Eindruck, daß wir einen sehr dornenvollen Weg wählen würden, wenn wir das Problem über die Soziologie in Angriff nehmen wollten.

Doch es soll hier sogleich bemerkt werden, daß sowohl Kuhn wie auch Popper ihre Systeme auf so etwas gründen. Kuhn spricht darüber, was die Wissenschaftler *tun,* ohne uns auch in jener Hinsicht zu überzeugen, daß diese wirklich Wissenschaft betreiben. Dagegen behandelt Popper, was die Wissenschaftler tun *sollten,* aber er gibt sehr wenig Beispiele, die uns überzeugen könnten, daß dies in der Tat auch richtig ist. Sowohl Kuhn wie auch Popper bauen ihre Ansichten von der Struktur der Wissenschaft auf die Geschichte der Wissenschaft, und mein Haupteinwand ist hier, daß die Geschichte der Wissenschaft so viel Last eben nicht tragen kann. Unsere Kenntnisse genügen noch lange nicht, um eine philosophische Struktur auf historischer Grundlage zu errichten. Es kann z.B. gar keine bessere Illustration für die 'Normalwissenschaft' geben als die experimentellen Untersuchungen von M. Faraday über die Elektrizität in den 1830er Jahren. Angefangen mit dem 'zufälligen' Entdecken der elektromagnetischen Induktion i. J. 1831 scheint hier jeder neue Schritt klar aus dem vorangehenden zu folgen. Es gab hier mehr als genug des Rätsellösens. Das ist die traditionelle Ansicht über Faraday, den Meister im Experimentieren, der – wenn man Tyndall oder sogar Thompson liest – nie in seinem Leben eine theoretische *Idee* gehabt haben soll. Doch begnügt man sich nicht bloß mit den veröffentlichten Arbeiten, sondern greift man auch zum *Tagebuch*, zu den handschriftlichen Aufzeichnungen und zu den Briefen, so taucht vor uns ein ganz anderer Faraday auf. Seit 1821 hat er immer wieder grundlegende Hypothesen über die Natur der Materie und der Kraft *getestet*. Wieviele 'Normalwissenschaftler' (so definiert auf Grund ihrer veröffentlichten Arbeiten) waren insgeheim und in ihrem Herzen echte Revolutionäre? Hoffentlich wird eines Tages die Geschichte der Wissenschaft auch diese Frage beantworten können, aber heute wissen wir darüber noch sehr wenig.

Bevor ich allzu viel Wasser auf die Mühle der Popper-Anhänger gieße, möchte ich sie an die Geschichte der Spektroskopie zwischen 1870 und 1900 erinnern. Ich glaube, man darf diese Periode mit vollem Recht als die Epoche der Kartenaufnahmen bezeichnen; zu dieser Zeit wurden die Spektra der Elemente mit immer größerer Präzision beschrieben. Von 'Widerlegung' war in dieser Zeit herzlich wenig die Rede. Aber man wird doch nicht leugnen wollen, daß Ångström ein echter Wissenschaftler war. Auch wird man nicht vergessen dürfen, daß einer der erfolgreichsten Problemlöser in der Geschichte der Wissenschaft, Max Planck, der zögerndste Revolutionär aller Zeiten war.

Als Historiker muß ich sowohl Popper wie auch Kuhn mit ein wenig neidischen Augen betrachten. Sie beide haben ja Probleme von grundlegender Bedeutung gestellt; beide gaben uns auch tiefe Einsichten in die Natur der Wissenschaft; aber keiner von ihnen hat genügend Beweise angehäuft, die mich überzeugen könnten, daß das Wesen der wissenschaftlichen Forschung erfaßt wurde. Ich werde mich auch in der Zukunft in meinen eigenen Untersuchungen durch sie beide führen lassen, aber ich werde dabei nie die Bemerkung von Lord Bolingbroke vergessen, wonach 'Geschichte Philosophie-Unterricht in Beispielen' ist. Wir brauchen eben viel mehr Beispiele.

Die Normalwissenschaft und ihre Gefahren

Karl Popper
London School of Economics

Die Kritik, die Professor Kuhn meinen Ansichten über die Wissenschaft zukommen ließ, ist eine der interessantesten, denen ich bisher begegnet bin. Allerdings gibt es dabei einige mehr oder weniger wichtige Punkte, in denen er mich nicht versteht oder falsch interpretiert. So zitiert Kuhn z. B. mit Mißbilligung eine Passage vom Anfang des ersten Kapitels in meinem Buch *The Logic of Scientific Discovery* [= Logik der Forschung]. Ich möchte nun eine andere Passage dazu zitieren, die Kuhn übersehen hat, aus dem Vorwort zur ersten Auflage. (In der ersten Auflage stand diese Passage unmittelbar vor derjenigen, die Kuhn zitiert; später fügte ich das Vorwort zur englischen Ausgabe zwischen diese beiden Passagen ein.) Die kurzen Sätze, die Kuhn zitiert, mögen nun, außerhalb des Zusammenhanges, den Eindruck erwecken, als ob ich die Tatsache vergessen hätte, die Kuhn betont, daß nämlich die Wissenschaftler ihre Ideen notwendigerweise innerhalb eines bestimmten theoretischen Rahmens entwickeln; doch die ursprüngliche Fassung aus dem Jahre 1934 klingt beinahe wie die Vorwegnahme dieses zentralen Gedankens von Kuhn.

Nach den beiden Mottos, genommen von Schlick und von Kant, begann mein Buch mit den folgenden Worten: „Eine einzelwissenschaftliche, etwa eine physikalische Untersuchung kann ohne weitere Umschweife mit der Bearbeitung ihres Problems beginnen. Sie kann sozusagen mit der Tür ins Haus fallen; es ist ja ein 'Haus' da: ein wissenschaftliches Lehrgebäude, eine allgemein anerkannte Problemsituation. Der Forscher kann es deshalb auch dem Leser überlassen, die Arbeit in den Zusammenhang der Wissenschaft einzuordnen." Dann fuhr ich fort: Der Philosoph befindet sich in einer anderen Lage.

Es scheint nun ziemlich klar zu sein, daß die zitierten Worte die 'normale' Situation des Wissenschaftlers auf eine sehr ähnliche Weise wie Kuhn beschreiben: Es gibt da ein Gebäude, eine organisierte Struktur der Wissenschaft, die die allgemein anerkannte Problemsituation dem Wissenschaftler zur Verfügung stellt; er kann sein eigenes Werk in diese Problemsituation einpassen. Dies scheint einem Hauptgedanken von Kuhn sehr ähnlich zu sein: Die 'Normalwissenschaft', wie er sie nennt, oder das 'normale' Werk des Wissenschaftlers setzt eine organisierte Struktur der Annahmen, eine Theorie oder ein Forschungsprogramm voraus; die Gemeinschaft der Wissenschaftler hat dies nötig, um ihr Werk rational diskutieren zu können.

Die Tatsache nun, daß Kuhn diese wesentliche Übereinstimmung zwischen uns aus den Augen verlor und sich daran klammerte, was unmittelbar danach kam und worin er einen Gegensatz zwischen uns zu erblicken meinte, scheint mir bedeutend zu sein. Sie zeigt nämlich, daß man ein Buch nur mit bestimmten Erwartungen im Sinn lesen und verstehen kann. Dies mag auch als eine der Konsequenzen meiner These gelten, daß wir nämlich *an alles im Lichte einer vorgefaßten Theorie herantreten*. So ist es auch im Falle eines Buches. Infolgedessen kann man auch nicht anders, als daß man Dinge herauspickt, die man mag oder die man nicht mag oder die man aus irgendeinem Grunde im Buch finden möchte; und so las auch Kuhn mein Buch.

Aber trotz dieser Kleinigkeiten versteht mich Kuhn doch sehr gut, besser als meine meisten Kritiker, die ich kenne; und in zwei Punkten ist seine Kritik auch sehr wichtig.

Der erste Punkt dieser Kritik besteht kurz darin, daß ich völlig übersehen habe, was Kuhn als 'Normalwissenschaft' bezeichnet, und daß mein Interesse ausschließlich nur der Beschreibung dessen galt, was Kuhn als 'außerordentliche Forschung' oder als 'außerordentliche Wissenschaft' ansieht.

Ich meine, daß die Unterscheidung dieser beiden Arten des Unternehmens vielleicht nicht so scharf ist, wie Kuhn glaubt; doch ich bin gern bereit zuzugeben, daß ich mir dieser Unterscheidung höchstens verschwommen bewußt war; ferner daß die Unterscheidung etwas hervorhebt, was sehr wichtig ist.

Nachdem es sich nun so verhält, ist es verhältnismäßig weniger wichtig, ob Kuhns Bezeichnung 'Normalwissenschaft' und 'außergewöhnliche Wissenschaft' die Sache nicht als erwiesen ansieht und ob sie nicht (in Kuhns Sinne) 'ideologisch' ist. Ich glaube, daß man diese beiden Fragen bejahen müßte; aber ich fühle mich Kuhn gegenüber doch zu Dank verpflichtet, daß er auf diese Unterscheidung hingewiesen hat und daß er auf diese Weise meine Augen sozusagen geöffnet hat, eine Reihe von Problemen zu erblicken, die ich früher nicht ganz klar gesehen hatte.

Es gibt in der Tat eine 'Normalwissenschaft', wie sie Kuhn schildert. Es ist die Tätigkeit des nicht-revolutionären oder genauer: des nicht allzu kritischen Professionellen: des angehenden Wissenschaftlers, der das vorherrschende Dogma des Tages akzeptiert; der das Dogma nicht bezweifeln will; der eine neue revolutionäre Theorie nur dann akzeptiert, wenn sozusagen schon ein jeder bereit ist, sie zu akzeptieren, und wenn es Mode wird, sie zu akzeptieren, nachdem allzu viel Propaganda um sie herum gemacht wurde. Man braucht vielleicht ebensoviel Mut, einer neuen Mode Widerstand zu leisten, als man Mut dazu brauchte, die neue Mode einzuführen.

Sie werden vielleicht sagen, daß ich, indem ich Kuhns 'Normalwissenschaft' so beschreibe, ihn implizite und insgeheim auch kritisiere. Darum werde ich nun wieder nachdrücklich betonen: Das, was Kuhn beschrieben hat, existiert in der Tat, und die Historiker der Wissenschaft müssen dies auch beachten. Daß ich diese Erscheinung nicht mag (weil ich in ihr eine Gefahr für die Wissenschaft erblicke), während Kuhn dieselbe Erscheinung ganz gut leiden kann (darum bezeichnet er sie ja als 'normal'), das ist eine andere Frage, allerdings eine sehr wichtige.

Meiner Ansicht nach ist ein solcher 'normaler' Wissenschaftler, wie ihn Kuhn beschreibt, eine bemitleidenswerte Person. (Nach Kuhns Ansichten über die Wissenschaftsgeschichte waren manche großen Wissenschaftler 'normal'; da ich jedoch gar kein Mitleid mit ihnen habe, glaube ich nicht, daß Kuhns Ansichten in dieser Beziehung völlig richtig sind.) Der 'normale' Wissenschaftler wurde, meiner Ansicht nach, schlecht unterrichtet. Ich glaube, und mit mir glauben es noch viele andere, daß jeder Unterricht auf dem Niveau der Universität (und womöglich auch schon auf einem niedrigeren Niveau) Training und Ermutigung zum kritischen Denken sein müßte. Der 'Normalwissenschaftler', wie ihn Kuhn schildert, wurde schlecht unterrichtet. Man hat ihn in einem dogmatischen Geiste erzogen; er ist ein Opfer der Unterweisung, die ihm zuteil wurde. Er hat sich die Technik angeeignet, die man anwenden darf, ohne nach den Gründen zu fragen (besonders in der Quantenmechanik). Infolgedessen ist er sozusagen zu einem *angewandten Wissenschaftler* geworden – im Unterschied zu einem solchen, den ich als *reinen Wissenschaftler* bezeichnen würde. Wie Kuhn sagt, begnügt er sich damit, 'Rätsel' zu lösen.[1]) Die Wahl dieser Bezeichnung scheint zu verraten, daß Kuhn betonen möchte: Es ist kein grundlegendes Problem, womit der Normalwissenschaftler fertig werden möchte; es ist eher ein Routineproblem, ein Problem der Anwendung dessen, was man gelernt hat: Kuhn schildert es als ein Problem, in dem die herrschende Theorie (das 'Paradigma', wie Kuhn es nennt) zur Anwendung kommt. Der Erfolg des 'Normalwissenschaftlers' besteht bloß darin, daß gezeigt wird: Die geltende Theorie kann sauber und befriedigend angewendet werden, um eine Lösung des fraglichen Rätsels zu finden.

Kuhns Schilderung des 'Normalwissenschaftlers' erinnert mich lebhaft an ein Gespräch, das ich mit meinem ehemaligen Freund, Philip Frank, um 1933 herum geführt habe. Frank hat sich zu dieser Zeit erbittert darüber beklagt, daß die Mehrzahl seiner Ingenieur-Studenten ohne Kritik an die Wissenschaft herantritt. Sie wollen nur 'Tatsachen' kennenlernen. Unerwünscht sind ihnen die problematischen, nicht 'allgemein akzeptierten' Theorien oder Hypothesen; sie finden diese beunruhigend. Diese Studenten wollten nur solche Dinge, solche Tatsachen kennenlernen, die sie mit gutem Gewissen, ohne Kopfzerbrechen, brauchen können.

Ich gebe zu, diese Haltung existiert; ja, sie existiert nicht bloß unter Ingenieuren, sondern auch unter Leuten, die als Wissenschaftler trainiert wurden. Ich kann nur sagen, daß ich eine sehr große Gefahr darin erblicke, und besonders darin, daß diese Haltung die gewöhnliche wird (ebenso wie ich auch eine sehr große Gefahr in der zunehmenden Spezialisierung erblicke, die ebenfalls eine unleugbare historische Tatsache ist). Das ist eine Gefahr für die Wissenschaft, ja auch für unsere Zivilisation. Darum halte ich es für so wichtig, daß Kuhn die Existenz dieser Art von Wissenschaft hervorgehoben hat.

Aber ich glaube, Kuhn hat einen Irrtum begangen, indem er behauptet, daß seine 'Normalwissenschaft' in der Tat normal sei.

Es fällt mir natürlich nicht ein, einen Streit über eine terminologische Frage zu beginnen. Aber ich möchte doch die Ansicht vertreten, daß wenige Wissenschaftler – wenn überhaupt irgendwelche –, die man aus der Geschichte der Wissenschaften kennt, jemals in Kuhns Sinne 'normal' waren. Mit anderen Worten: Ich bin mit Kuhn nicht einverstanden, weder hinsichtlich einiger historischer Fragen noch in bezug auf das Problem, was eigentlich für die Wissenschaft charakteristisch ist.

Nehmen wir als ein Beispiel Ch. Darwin vor der Veröffentlichung seines Werkes: *The Origin of Species* [= Der Ursprung der Arten]. Selbst nach der Veröffentlichung dieses Buches war er eher ein 'zögernder Revolutionär', um diesen schönen Ausdruck von Professor Pearce Williams über Max Planck zu gebrauchen; vor diesem Ereignis war er überhaupt kaum ein Revolutionär. Es gibt gar nichts bewußt Revolutionäres in seiner Schilderung *The Voyage of the Beagle* [= Reise auf der „Beagle"]. Aber es ist voll von Problemen; von echten, neuen und grundlegenden Problemen, und von genialen Vermutungen – Vermutungen, die sich manchmal im Wettstreit miteinander befinden – in bezug auf mögliche Lösungen.

---

[1]) Ich weiß nicht, ob Kuhns Gebrauch des Ausdruckes 'Rätsel' etwas mit dem zu tun hat, wie Wittgenstein denselben Ausdruck gebraucht hat. Wittgenstein gebrauchte dieses Wort selbstverständlich deswegen, weil es seiner Ansicht nach *gar keine echten Probleme* in der Philosophie gibt, nur Rätsel, d. h. Pseudoprobleme, infolge eines falschen Sprachgebrauches. Was auch der Ursprung des Kuhnschen Ausdruckes 'Rätsel' sein mag: Die Wahl dieses Wortes verrät auf alle Fälle den Wunsch, daß man die so bezeichneten Probleme nicht als sehr ernst oder als sehr tief ansehen möchte.

Es gibt kaum noch eine weniger revolutionäre Wissenschaft als die beschreibende Botanik. Und doch muß der beschreibende Botaniker immer wieder echte und interessante Probleme ins Auge fassen: Probleme der Distribution, der Ökologie, der Spezies- und Subspezies-Differenzierung, Probleme wie z. B. Symbiose, charakteristische Feinde, charakteristische Krankheiten, widerstandsfähige Gattungen, mehr oder weniger fruchtbare Gattungen usw. Mehrere von diesen Problemen zwingen den Botaniker auf einen experimentellen Standpunkt; und dies führt dann zur Pflanzen-Physiologie und so zu einer eher theoretischen und experimentellen und nicht bloß 'beschreibenden' Wissenschaft. Die verschiedenen Stufen dieser Übergänge tauchen beinahe unmerklich auf, und auf jeder Stufe treten eher echte Probleme als bloß 'Rätsel' auf.

Aber vielleicht bezeichnet Kuhn mit 'Rätsel' dasselbe, was ich 'Problem' nennen möchte. Ich will hier natürlich nicht über Worte streiten. Darum möchte ich lieber im allgemeinen über Kuhns Typologie der Wissenschaftler sprechen.

Ich behaupte, es gibt viele Übergänge zwischen dem 'Normalwissenschaftler' von Kuhn und seinem 'außergewöhnlichen Wissenschaftler'; und es muß sie auch geben. Nehmen wir z. B. Boltzmann: Es gibt nur wenige größere Wissenschaftler. Aber seine Größe bestand wohl nicht darin, daß er eine größere Revolution inauguriert hätte; denn er war ja sehr weitgehend ein Nachfolger von Maxwell. Aber er war doch sehr weit davon entfernt, ein 'Normalwissenschaftler' zu sein: Er war ein mutiger Kämpfer, der der herrschenden Mode seiner Zeit Widerstand leistete – einer Mode übrigens, die nur auf dem Kontinent vorherrschend war und nur wenige Anhänger in England hatte.

Ich glaube, daß Kuhns Gedanke – die Wissenschaftler und die wissenschaftlichen Perioden zu typologisieren – sehr wichtig ist, aber daß dieser Gedanke dennoch eingeschränkt werden muß. Es scheint, daß sein Schema – 'normale' Perioden, in denen je *eine* vorherrschende Theorie ('Paradigma', wie Kuhn sie bezeichnet) die führende Rolle hat und wonach ausnahmsweise Revolutionen vorkommen – auf die Astronomie ziemlich gut paßt. Aber es paßt z. B. nicht auf die Theorie der Materie; oder auf die biologischen Wissenschaften, sagen wir seit Darwin und Pasteur. Wir hatten, insbesondere im Zusammenhang mit dem Problem der Materie, mindestens drei vorherrschende Theorien im Wettstreit miteinander seit der Antike: die Kontinuitätstheorien, die atomistischen Theorien und jene Theorien, die diese beiden miteinander zu kombinieren versuchten. Außerdem hatten wir eine Zeitlang Machs Berkeley-Variante, jene Theorie, wonach 'Materie' eher ein metaphysischer und kein wissenschaftlicher Begriff sein sollte; daß es auch gar keine physikalische Theorie über die Struktur der Materie gäbe; und daß die phänomenologische Theorie der Wärme *das einzige Paradigma* aller physikalischen Theorien sein sollte. (Ich gebrauche hier das Wort 'Paradigma' in einem Sinne, der sich von demjenigen von Kuhn ein wenig unterscheidet; es bezeichnet also in diesem Zusammenhang keine *vorherrschende Theorie*, sondern eher ein *Forschungsprogramm* – eine Art von Erklärung, die manche Wissenschaftler für so befriedigend halten, daß sie die allgemeine Anerkennung derselben Erklärung verlangen.)

Obwohl ich jene Entdeckung von Kuhn, die er als 'Normalwissenschaft' bezeichnet, für sehr wichtig halte, bin ich nicht der Ansicht, daß die Geschichte der Wissenschaft einen wichtigen Punkt seiner Auffassung erhärten würde, der für seine Theorie der rationalen Kommunikation so wesentlich ist. Nach seiner Auffassung hätten wir nämlich auf jedem wissenschaftlichen Gebiete *eine* vorherrschende Theorie, ein 'Paradigma'; die Geschichte der Wissenschaft bestünde aus der Aufeinanderfolge der vorherrschenden Theorien; unter ihnen kämen von Zeit zu Zeit revolutionäre Perioden der 'außergewöhnlichen' Wissenschaft vor; in diesen letzteren Perioden hörte nach seiner Schilderung die Kommunikation unter den Wissenschaftlern auf, da es in diesen Zeiten keine vorherrschende Theorie gäbe.

Dieses Bild von der Geschichte der Wissenschaft widerspricht den Tatsachen — mindestens wie ich sie sehe. Denn es gab ja seit der Antike immer eine ununterbrochene und fruchtbare Auseinandersetzung zwischen den vorherrschenden Theorien der Materie, die sich im Wettstreit miteinander befanden.

Nun scheint Kuhn in seiner vorliegenden Untersuchung die These zu vertreten, daß die Logik der Wissenschaft für den Historiker der Wissenschaft sehr wenig Interesse hätte und gar nichts für ihn zu erklären vermöchte.

Es scheint mir, daß diese These von Kuhn ungefähr ebenso paradox ist wie Newtons These, die er in seiner Optik niederschrieb: Ich gebrauche keine Hypothesen. Denn ebenso wie Newton trotz allem Hypothesen gebrauchte, so bedient sich auch Kuhn der Logik — und zwar nicht nur in seinen Argumenten, sondern auch genau in demselben Sinne, in dem ich von der *Logik der Forschung* rede. Aber er bedient sich dennoch einer Logik der Forschung, die sich in einigen Punkten radikal von der meinigen unterscheidet. Kuhns Logik ist nämlich die Logik des *historischen Relativismus.*

Zunächst möchte ich einige Punkte erwähnen, in denen wir einig sind. Ich glaube, daß Wissenschaft ihrem Wesen nach kritisch ist; sie besteht aus kühnen Vermutungen, die durch Kritik kontrolliert werden, und darum darf man sie als eine revolutionäre Tätigkeit schildern. Dabei habe ich jedoch immer auch die Notwendigkeit eines gewissen Dogmatismus betont: Dem dogmatischen Wissenschaftler fällt eine wichtige Rolle zu. Würde man allzu schnell der Kritik den Platz überlassen, dann würde man nie ausfindig machen können, worin die reale Kraft unserer Theorien liegt.

Aber Kuhn verlangt nicht diese Art Dogmatismus. Er glaubt an die Herrschaft eines führenden Dogmas über beträchtliche Perioden hinweg; und er glaubt nicht, daß die Methode der Wissenschaft, unter normalen Umständen, aus kühnen Vermutungen und aus Kritik bestünde.

Was sind seine Hauptargumente? Sie entstammen nicht der Psychologie oder der Geschichte, sondern der Logik: Kuhn behauptet nämlich, daß die Rationalität der Wissenschaft einen gemeinsamen Rahmen voraussetzt. Er behauptet, daß diese Rationalität von so etwas *abhängig* ist wie einer gemeinsamen Sprache und einer gemeinsamen Menge von Annahmen. Er behauptet, daß rationale Auseinandersetzung und rationale Kritik erst dann möglich werden, wenn wir uns über die Grundlagen geeinigt haben.

Dies ist eine weitverbreitete These, die in Mode ist: die These des *Relativismus;* sie entstammt der *Logik.*

Ich halte sie für eine irrige These. Ich gebe natürlich zu, daß es viel leichter ist, innerhalb eines akzeptierten Rahmens [framework] über Rätsel zu diskutieren und durch die Welle einer neuen herrschenden Mode in einen neuen Rahmen hineingerissen zu werden, als über die Grundlagen, d.h. über den eigentlichen Rahmen unserer Annahmen selbst zu diskutieren. Aber die relativistische These, wonach der Rahmen nicht kritisch besprochen werden kann, läßt sich ihrerseits kritisch besprechen, und sie hält der Kritik nicht stand.

Ich habe dieser These den Namen gegeben: *Der Mythos des Rahmens,* und ich habe sie aus verschiedenen Anlässen besprochen. Ich halte sie für einen logischen und philosophischen Fehler. (Ich erinnere mich, daß Kuhn meinen Gebrauch von 'Fehler' nicht mag; auch das gehört mit zu seinem Relativismus.)

Ich möchte nur kurz andeuten, warum ich kein Relativist bin:[2]) Ich glaube an die 'absolute' oder 'objektive' Wahrheit im Sinne Tarskis (wobei ich natürlich kein 'Absolutist' in dem Sinne bin, als ob ich dächte, daß ich oder irgend jemand die Wahrheit in seiner Tasche haben könnte). Ich zweifle nicht daran, daß gerade darin der tiefste Unterschied zwischen unseren Ansichten besteht; und dies ist eine Frage der Logik.

Ich gebe zu, daß wir zu jeder Zeit Gefangene im Rahmen unserer Theorien, unserer Erwartungen, unserer früheren Erfahrungen und unserer Sprachen sind. Aber wir sind Gefangene in einem Pickwickschen Sinne: Versuchen wir, so können wir zu jeder Zeit aus unserem Rahmen ausbrechen. Zugegeben, wir werden uns wieder in einem Rahmen befinden, aber dieser wird doch besser und geräumiger sein; und wir können auch aus diesem letzteren zu jeder Zeit wieder ausbrechen.

Der springende Punkt ist, daß die kritische Auseinandersetzung und der Vergleich der verschiedenen Rahmen immer möglich ist. Es ist nur ein Dogma – und dazu noch ein sehr gefährliches –, daß die verschiedenen Rahmen sich zueinander wie ineinander unübersetzbare Sprachen verhalten. Tatsache ist, daß auch völlig unterschiedliche Sprachen (wie Englisch und Hopi oder Chinesisch) sich ineinander übersetzen lassen; es gibt viele Hopis oder Chinesen, die ausgezeichnet das Englische zu beherrschen gelernt haben.

Der Mythos des Rahmens ist heutzutage das zentrale Bollwerk des Irrationalismus. Meine Gegenthese heißt, daß man in diesem Fall die Schwierigkeit übertrieben hat, als ob sie Unmöglichkeit wäre. Man muß zugeben, daß es nicht leicht ist für Menschen, die in verschiedenen Rahmen erzogen wurden, sich gegenseitig zu verstehen. Aber eben diese Art von Auseinandersetzung ist am fruchtbarsten; das Aufeinanderprallen verschiedener Kulturen hat die größten intellektuellen Revolutionen hervorgerufen.

Gewiß, die intellektuelle Revolution sieht oft wie eine religiöse Bekehrung aus. Eine neue Einsicht mag uns ebenso beeindrucken wie das Aufleuchten eines Blitzes. Aber das heißt keineswegs, daß wir unsere früheren Ansichten im Lichte der neueren nicht auswerten könnten.

Es wäre z. B. einfach falsch zu behaupten, der Übergang von Newtons Gravitationstheorie zu derjenigen von Einstein sei ein irrationaler Sprung gewesen und die beiden seien rational nicht miteinander zu vergleichen. Im Gegenteil, es gibt zwischen ihnen mehrere Berührungspunkte (z. B. die Rolle der Poisson-Gleichung) und Vergleichspunkte: Es folgt aus Einsteins Theorie, daß die Newtonsche Theorie eine ausgezeichnete Approximation bietet (ausgenommen die Planeten und Kometen, die sich auf elliptischen Bahnen mit bedeutenden Exzentrizitäten bewegen).

In der Wissenschaft ist also – im Gegensatz zur Theologie – der Vergleich der Theorien und der Rahmenwerke, die sich im Wettstreit miteinander befinden, immer möglich. Das Bezweifeln dieser Möglichkeit ist ein Irrtum. In der Wissenschaft (und nur in der Wissenschaft) können wir behaupten, daß wir einen echten Fortschritt erzielt haben: Wir wissen mehr, als wir früher gewußt haben.

Auf diese Weise geht der Unterschied zwischen Kuhn und mir im Grunde auf die Logik zurück. Und das gilt auch für Kuhns ganze Theorie. Auf seinen Vorschlag: 'Eher die

---

[2]) Siehe z. B. Kap. 10 meines Buches *Conjectures and Refutations* [= Vermutungen und Widerlegungen] und das erste Addendum zur vierten (1962) und zu den späteren Auflagen des Bandes II. von meinem Buch *Open Society* [= Offene Gesellschaft].

Psychologie als die Logik der Forschung' können wir antworten: Alle seine Argumente gehen auf die These zurück, daß der Wissenschaftler *logisch gezwungen* ist, einen Rahmen zu akzeptieren, da die rationale Auseinandersetzung zwischen den verschiedenen Rahmen nicht möglich sei. Aber das ist doch eine logische These – auch wenn sie falsch ist.

Ich habe in der Tat bei einer anderen Gelegenheit schon erklärt, daß die 'wissenschaftliche Erkenntnis' als subjektlos gelten darf.[3]) Sie darf als ein System von Theorien gelten, an dem wir wie die Maurer an einer Kathedrale arbeiten. Erstrebt wird, Theorien zu finden, die im Lichte der kritischen Auseinandersetzung der Wahrheit näher kommen. Erstrebt wird also, daß wir den Wahrheitsgehalt unserer Theorien vermehren (was wir nur so erreichen können, wie ich es anderswo gezeigt habe,[4]) daß wir ihren Gehalt vermehren).

Ich kann meine Ausführungen nicht schließen, ohne darauf hinzuweisen, daß für mich der Gedanke: wir sollten uns, was die Ziele der Wissenschaft und ihren möglichen Fortschritt betrifft, an die Soziologie oder an die Psychologie (oder wie Pearce Williams empfahl: an die Geschichte der Wissenschaft) wenden, überraschend und enttäuschend ist.

In der Tat sind die Soziologie und die Psychologie, im Vergleich zur Physik, voll von Moden und von nicht-kontrollierten Dogmen. Die Vermutung, daß wir in diesen beiden (Soziologie und Psychologie) so etwas wie eine 'objektive, reine Beschreibung' finden könnten, ist falsch. Außerdem: Wie könnte uns die Zuflucht zu diesen häufig unechten Wissenschaften in dieser besonderen Schwierigkeit behilflich sein? Ist es nicht die soziologische (oder psychologische oder historische) *Wissenschaft,* an die man appellieren möchte, um jene Frage zu entscheiden: Was ist *Wissenschaft*? oder: Was ist in der Tat normal in der Wissenschaft? Denn wir wollen doch sicher nicht an den soziologischen (psychologischen oder historischen) Spinner [lunatic fringe] appellieren? Und bei welchem wollen wir Rat holen? Bei dem 'normalen' Soziologen (Psychologen oder Historiker) oder bei dem 'außergewöhnlichen'?

Darum finde ich nun den Gedanken, wir sollten uns an den Soziologen oder Psychologen wenden, überraschend. Und ich finde ihn enttäuschend, weil er zeigt, daß alles, was ich gegen die soziologistischen und psychologistischen Tendenzen, besonders in der Geschichte, gesagt habe, umsonst war.

Nein, das ist nicht der Weg, wie bloße Logik beweisen kann. Und darum heißt meine Antwort auf Kuhns Frage – ob 'Logik der Forschung' oder ob 'Psychologie der wissenschaftlichen Arbeit': Die Logik der Forschung kann von der Psychologie der wissenschaftlichen Arbeit nicht sehr viel lernen, während die letztere von der ersteren um so mehr lernen soll.

---

[3]) Siehe jetzt meinen Vortrag 'Epistemology Without a Knowing Subject' [= Epistemologie ohne erkennendes Subjekt] in *Proceedings of the Third International Congress for Logic, Methodology and Philosophy of Science,* Amsterdam 1968.
[4]) Siehe meine Arbeit 'A Theorem on Truth-Content' [= Ein Theorem über Wahrheitsgehalt], in der Feigl-Festschrift *Mind, Matter, and Method,* herausg. von P. K. Feyerabend und Grover Maxwell, 1966.

Die Natur eines Paradigmas[1])

Margaret Masterman
Cambridge Language Research Unit

1. Die Anfangsschwierigkeit: Kuhns vielfache Definitionen eines Paradigmas.
2. Die Originalität von Kuhns soziologischem Begriff eines Paradigmas: Das Paradigma ist etwas, was auch dann funktionieren kann, wenn die Theorie nicht vorhanden ist.
3. Die philosophische Konsequenz von Kuhns Insistieren auf der zentralen Rolle der Normalwissenschaft: Philosophisch gesehen ist das Paradigma etwas künstlich Hergestelltes [artefact], das zur Rätsellösung angewendet werden kann; es ist keine metaphysische Weltbetrachtung [world-view].
4. Das Paradigma muß ein analog gebrauchtes, konkretes 'Bild' sein, weil es eine Art von Sehen [a 'way of seeing'] sein muß.
5. Konklusion: Vorschau auf die logischen Charakteristika eines Paradigmas.

Zweck und Ziel dieser Arbeit ist, T. S. Kuhns Begriff eines Paradigmas zu erhellen; sie ist in der Annahme geschrieben worden, daß T. S. Kuhn ein hervorragender Wissenschaftstheoretiker unserer Zeit ist.

Es ist merkwürdig, daß bisher kein Versuch unternommen wurde, diesen Begriff des Paradigmas zu erhellen, der für Kuhns ganze Wissenschaftsbetrachtung in [1962] so zentral ist.[2]) Es kommt vielleicht daher, daß dieses Buch nur wissenschaftlich klar, aber philosophisch dunkel ist. Es wird weit und breit gelesen und immer mehr geschätzt, zumindest von solchen, die in den Naturwissenschaften tätig sind, so daß es (bis zu einem gewissen Grade) wissenschaftlich klar sein muß. Dagegen wird es von Philosophen sehr verschieden interpretiert, so daß man es wohl mit Recht für philosophisch dunkel hält. Meiner Ansicht nach kommt diese doppelte Reaktion daher, daß Kuhn in der Tat die aktuelle Wissenschaft auf mehreren Gebieten berücksichtigt hat, statt seine Lektüre auf die Geschichte und Philosophie der Wissenschaft, also auf ein einziges Gebiet, zu beschränken. Insofern darum sein Material den tätigen Wissenschaftlern wiedererkennbar und bekannt ist, fällt es ihnen leicht, seine Denkweise

---

[1]) Die vorliegende Arbeit ist eine spätere Variante einer früheren Untersuchung, die ich zu schreiben aufgefordert wurde, als man eine allgemeine Diskussion über T. S. Kuhns Werk im Rahmen dieses Colloquiums geplant hatte. Diese frühere Variante konnte ich jedoch nie fertigbringen, da ich inzwischen an Hepatitis erkrankte. Darum widme ich diese neue Variante den Doktoren, Krankenschwestern und dem Personal des Blocks 8, Norwich Hospital, die mir erlaubten, einen Kuhn-Index im Krankenbett zusammenzustellen.
Es wurde versucht, die vorliegende Arbeit so ähnlich wie nur möglich jenem anderen Vortrag zu halten, den ich in rekonvaleszentem Zustand anläßlich des Colloquiums tatsächlich gehalten habe.
[2]) Die in dieser Arbeit behandelte Ansicht geht auf Kuhn [1962] zurück und nicht auf seine übrigen veröffentlichten Arbeiten. Auch alle Seitenzahlen im Text beziehen sich auf Kuhn [1962].

zu verstehen. Und insofern dasselbe Material den Wissenschaftstheoretikern fremd und weniger bekannt ist, finden diese seine darauf gebaute Denkweise unklar. Doch Kuhns Denkweise ist in Wirklichkeit nicht unklar, sondern komplex; denn sie spiegelt, philosophisch gesagt, die Komplexität ihres Materials wider. Auf analoge Weise hat Lakatos in seinen *Proofs and Refutations* [= Beweise und Widerlegungen][3]) eine neue Komplexität und einen neuen Realismus in unsere Denkweise über die Mathematik eingeführt, weil er genauer ins Auge gefaßt hat, was in Wirklichkeit die Mathematiker tun, wenn sie ihre Gedanken und Kunstgriffe verfeinern und untereinander austauschen. Darum sollen wir als Philosophen über jenen neuen 'Punkt des Realismus' weiter hinauskommen, den diese beiden für die Wissenschaft festgelegt haben, und uns nicht davon zurückziehen. Und als Wissenschaftler müssen wir die Werke dieser beiden Denker sehr genau untersuchen; denn sie können uns von aktueller Hilfe innerhalb der Wissenschaft sein, wenn auch nur als allgemeiner Leitfaden.

Diese Arbeit wurde mehr unter wissenschaftlichem als unter philosophischem Gesichtspunkt geschrieben; obwohl ich sogleich vorausschicken möchte, daß ich nicht in den physikalischen, sondern in den Computer-Wissenschaften arbeite. Da dies so ist, bin ich weit davon entfernt, Kuhns 'Normalwissenschaft' zu bezweifeln; ich nehme sie an. Man braucht dafür überhaupt nicht das Zeugnis der Geschichte. Daß es eine Normalwissenschaft gibt und daß sie eben so ist, wie Kuhn sie schildert, ist eine klare, schlagende und offenkundige Tatsache; dieser Tatsache begegnet jeder Philosoph, er wird von ihr getroffen, wenn er praktisch oder technisch irgendeine wissenschaftliche Forschung betreiben will. Der Umstand, daß Kuhn zuletzt diese zentrale Eigenschaft jeder realen Wissenschaft (grundlegende, angewandte oder technologische Forschung sind in dieser Hinsicht alle gleich) herausgestellt hat – daß nämlich die Wissenschaft unter normalen Umständen eine gewohnheitsgelenkte, rätsellösende Tätigkeit ist, nicht eine umstürzende, falsifizierende (also mit anderen Worten: nicht eine *philosophische*) Tätigkeit –, hat dazu geführt, daß die heutigen Wissenschaftler immer mehr Kuhn lesen statt Popper: Das geht so weit, daß in einigen neuen Wissenschaften schon 'Paradigma' und nicht 'Hypothese' das meistgebrauchte Wort ist. Darum ist es wissenschaftlich so dringend und philosophisch so wichtig zu klären, was ein Kuhnsches Paradigma ist.

Da mein Gesichtspunkt vor allem wissenschaftlich ist, setzt diese Arbeit voraus, daß die Wissenschaft so, wie sie gemacht wird – d. h. also Wissenschaft im großen und ganzen, wie Kuhn sie beschreibt –, in der Tat auch die Wissenschaft ist, wie sie gemacht werden soll. Gäbe es nämlich gar keinen selbstkorrigierenden Mechanismus, der innerhalb der Wissenschaft selbst tätig ist, dann könnte man auch nicht hoffen, daß – um wissenschaftlich zu sprechen – die Dinge jemals in Ordnung kommen könnten, wenn sie einmal schief gehen. Denn eines ist sicher: Tätige Wissenschaftler würden ihre Denkweise beim Betreiben von Wissenschaft nicht *ex more philosophico* ändern, bloß deswegen, weil Popper und Feyerabend wie Gottheiten des 18. Jahrhunderts ihre Hohenpriester sind; besonders weil beide, Popper und Feyerabend, ihre Hohepriesterwürde noch länger als das 18. Jahrhundert tragen.[4])

---

[3]) Lakatos [1963–1964].
[4]) Feyerabend [1962], S. 60. (Dieser mehr als prophetische Ausbruch beinhaltet selbst einen Meta-Ausbruch gegen die gegenwärtige Oxforder Sprachphilosophie.) Siehe auch kürzer Watkins im gegenwärtigen Symposium.

Ich fürchte, dieses Vorwort ist ein klein wenig aggressiv; schuld daran sind die Gedrängtheit des Materials und die Unzufriedenheit mit dem, was ich als 'ätherische Höhe der Wissenschaftstheorie' in dieser Arbeit bezeichnen werde. Auf alle Fälle wird ein wenig Aggressivität im Interesse Kuhns – besonders angesichts der letzten von Watkins gebrauchten Worte[5]) – in diesem Symposium nicht schaden.

1. Die Anfangsschwierigkeit: Kuhns vielfache Definitionen eines Paradigmas

Zwei lebenswichtige Schwierigkeiten ergeben sich für denjenigen, der Kuhns 'neues Bild der Wissenschaft'[6]) ernst nimmt. Die erste ist sein Begriff der Verifikation in der Erfahrung (oder das Fehlen einer solchen); in dieser Hinsicht bin ich mit ihm nicht einverstanden, und mir scheint, daß in diesem Punkt die Welt der philosophischen Empiristen ihm gegenüber recht hat. Doch im zweiten Punkt, was seine Konzeption des Paradigmas betrifft, hat er ihnen gegenüber einen Vorteil. Denn meiner Ansicht nach ist Kuhns Paradigma nicht nur ein grundlegender und neuer Gedanke in der Wissenschaftstheorie und darum ein solcher, der die Prüfung verdient; sondern auch – obwohl Kuhns ganze allgemeine Ansicht von der Natur der wissenschaftlichen Revolutionen davon abhängt –, weil keiner von denen, die ihn bekämpfen, sich die Mühe genommen hat herauszubekommen, was ein Paradigma ist. Statt dessen nimmt man entweder ohne Fragen an, daß das Paradigma eine 'grundlegende Theorie' oder daß es ein 'allgemeiner metaphysischer Gesichtspunkt' sei; ich denke dagegen, daß es in der Tat sehr leicht ist zu zeigen, daß das Paradigma in seinem ursprünglichen Sinne gar nichts derartiges sein kann.

Natürlich macht Kuhn in seinem halb-poetischen Stil das Paradigma-Erklären für den oberflächlichen Leser wirklich schwer. Nach meiner Zählung benützt er das Wort 'Paradigma' in nicht weniger als 21 verschiedenen Bedeutungen in seiner [1962]; es ist möglich, daß bei ihm dieser Ausdruck noch mehr Bedeutungen hat, aber keineswegs weniger. So beschreibt er das Paradigma folgendermaßen:
1) als eine allgemein anerkannte wissenschaftliche Errungenschaft (S. x): „Ich halte (die Paradigmen) für allgemein anerkannte wissenschaftliche Leistungen, die für eine gewisse Zeit Problem- und Lösungs-Modelle für eine Gemeinschaft von Fachleuten zur Verfügung stellen."

---

[5]) Siehe z. B. den Vergleich zwischen Kuhns Ansicht von einer 'wissenschaftlichen Gemeinschaft, die im Grunde eine geschlossene Gemeinschaft sein soll, die zeitweise durch kollektive nervöse Zusammenbrüche geschüttelt und dann geistig wieder geheilt wird'; nach Poppers Ansicht soll sie dagegen eine offene Gesellschaft sein; vgl. in diesem Band Watkins, S. 26, Anmerkung 2 und 3, und S. 29 f. An der letzteren Stelle wird auch Kuhns Ansicht grob entstellt. Wiederholt wird diese Entstellung auch auf den folgenden Seiten, wo Kuhn auch noch vorgeworfen wird, daß er in der Wissenschaft angeblich eine Religion der Wissenschaftler sehen soll. Es sei nur erwähnt, daß Watkins sich auch zweimal wegen seines unnötig heftigen Stils entschuldigt und mit Recht sich selbst einer gewissen bewußten Unredlichkeit beschuldigt und einmal seine Maliziosität gesteht. Es ist jedoch nicht nur erwähnenswert, sondern auch überraschend, daß ein Philosoph seines Ranges sich soviel Oberflächlichkeit und Ungenauigkeit in der Kritik und einen so heftigen Stil erlaubt.
[6]) Kuhn [1962], S. 1 und 3.

2) Als einen Mythos (S. 2): „Gleichzeitig sehen sich dieselben Historiker wachsenden Schwierigkeiten gegenüber, wenn sie zwischen dem 'wissenschaftlichen' Bestandteil vergangener Beobachtungen und Anschauungen und dem, was ihre Vorgänger so bereitwillig mit 'Irrtum' und 'Aberglauben' bezeichnet hatten, unterscheiden sollen. Je sorgfältiger sie z. B. Aristotelische Dynamik, phlogistische Chemie oder kalorische Thermodynamik studieren, desto sicherer sind sie, daß jene einmal gültigen Anschauungen über die Natur, als Ganzes gesehen, nicht weniger wissenschaftlich oder mehr das Produkt menschlicher Idiosynkrasie sind als die heutigen. Wenn man diese veralteten Anschauungen Mythen nennen will, dann können Mythen durch die gleichen Methoden erzeugt und für die gleichen Vernunftgründe gehalten werden, die heute zu wissenschaftlicher Erkenntnis führen. Wenn man sie hingegen Wissenschaft nennen will, dann hat die Wissenschaft Glaubenselemente eingeschlossen, die mit den heute vertretenen völlig unvereinbar sind."

3) Als eine 'Philosophie' oder Konstellation von Fragen (S. 4–5): „(Keine) Gruppe von Wissenschaftlern könnte ihren Beruf ohne eine Reihe anerkannter Überzeugungen ausüben. Es macht auch die besondere Konstellation, der die Gruppe zu einer gegebenen Zeit tatsächlich verbunden ist, nicht weniger folgenschwer. Eine wirksame Forschungsarbeit beginnt selten, bevor eine wissenschaftliche Gemeinschaft überzeugt ist, auf Fragen wie die folgenden gesicherte Antworten zu haben: Welches sind die fundamentalen Entitäten, aus denen sich das Universum zusammensetzt? Wie wirken sie aufeinander und auf die Sinne ein? Welche Fragen können sinnvoll über solche Entitäten gestellt und welche Techniken bei der Suche nach Lösungen angewandt werden?"

4) Als ein Handbuch oder als ein klassisches Werk (S. 10): „In diesem Essay bedeutet 'normale Wissenschaft' eine Forschung, die fest auf einer oder mehreren wissenschaftlichen Leistungen der Vergangenheit beruht, Leistungen, die von einer bestimmten wissenschaftlichen Gemeinschaft eine Zeitlang als Grundlagen für ihre weitere Arbeit anerkannt werden. Heute werden solche Leistungen in wissenschaftlichen Lehrbüchern, für Anfänger und für Fortgeschrittene, im einzelnen geschildert, wenn auch selten in ihrer ursprünglichen Form. Diese Lehrbücher interpretieren den Grundstock einer anerkannten Theorie, erläutern viele oder alle ihrer erfolgreichen Anwendungen und vergleichen diese Anwendungen mit exemplarischen Beobachtungen und Experimenten. Bevor solche Bücher Anfang des 19. Jahrhunderts (und bei den neu entstandenen Wissenschaften sogar noch später) populär wurden, erfüllten viele der berühmten Klassiker der Wissenschaft eine ähnliche Funktion. Die *Physica* von Aristoteles, der *Almagest* von Ptolemäus, Newtons *Principia* und *Opticks*, Franklins *Electricity*, Lavoisiers *Chemistry*, Lyells *Geology* – diese und viele andere Werke dienten eine Zeitlang dazu, für nachfolgende Generationen von Fachleuten die anerkannten Probleme und Methoden eines Forschungsgebietes zu bestimmen. Sie vermochten dies, da sie zwei wesentliche Eigenschaften gemeinsam hatten. Ihre Leistung war beispiellos genug, um eine beständige Gruppe von Anhängern anzuziehen, fern von den wetteifernden Verfahren wissenschaftlicher Tätigkeit, und gleichzeitig war sie noch offen genug, um der neubestimmten Gruppe von Fachleuten alle möglichen Probleme zur Lösung zu überlassen.

Leistungen mit diesen beiden Merkmalen werde ich von nun an als 'Paradigmen' bezeichnen, ein Ausdruck, der eng mit dem der 'normalen Wissenschaft' zusammenhängt."

5) Als eine ganze Tradition und in gewissem Sinne als ein Modell (S. 10–11): „. . . Gewisse akzeptierte Beispiele für konkrete wissenschaftliche Praxis – Beispiele, die Gesetz, Theorie, Anwendung und Hilfsmittel einschließen – geben Modelle ab, aus denen bestimmte festgefügte Traditionen wissenschaftlicher Forschung erwachsen. Das sind die Traditionen, die der Historiker unter Rubriken wie 'Ptolemäische Astronomie' (oder 'Kopernikanische'), 'Aristotelische Dynamik' (oder 'Newtonsche'), 'Korpuskular-Optik' (oder 'Wellen-Optik') und so weiter beschreibt. Das Studium der Paradigmen, natürlich auch solcher, die weit mehr als die soeben genannten spezialisiert sind, ist für den Studierenden die wichtigste Vorbereitung für die Mitgliedschaft in einer bestimmten wissenschaftlichen Gemeinschaft, mit der er später arbeiten will."

6) Als eine wissenschaftliche Errungenschaft (S. 11): „Da in diesem Essay der Begriff Paradigma oft anstelle einer Anzahl wohlbekannter Ausdrücke stehen wird, muß noch mehr über die Gründe für seine

Einführung gesagt werden. Warum rangiert die konkrete wissenschaftliche Leistung als Ort fachwissenschaftlicher Bindung vor den verschiedenen Begriffen, Gesetzen, Theorien und Standpunkten, die von ihr abstrahiert werden können? In welchem Sinne ist das gemeinsame Paradigma eine grundlegende Einheit für den, der eine wissenschaftliche Entwicklung studiert, eine Einheit, die nicht völlig auf logisch letzte Bestandteile reduzierbar ist, die dann an ihrer Stelle fungieren könnten?"

7) Als eine Analogie (S. 14): „Eine Anzahl früher Theorien, die dem Verfahren des 17. Jahrhunderts folgten, sah die Anziehungskraft und die Reibungserzeugung als die fundamentalen elektrischen Phänomene. Sie neigten dazu, die Abstoßung als einen Sekundäreffekt aufgrund eines gewissen mechanischen Rückpralls zu behandeln, und auch dazu, die Diskussion sowie eine systematische Erforschung des von Gray neu entdeckten Effekts, der elektrischen Leitung, solange wie möglich hinauszuschieben. Andere 'Elektriker' (der Ausdruck stammt von ihnen selbst) nahmen Anziehungskraft und Abstoßung als gleichermaßen elementare Erscheinungen der Elektrizität und modifizierten ihre Theorien und Forschungen entsprechend. (Tatsächlich ist diese Gruppe bemerkenswert klein – sogar Franklins Theorie erklärte niemals restlos die gegenseitige Abstoßung zweier negativ geladener Körper.) Sie hatten aber nicht weniger Schwierigkeiten als die erste Gruppe, gleichzeitig auch nur die einfachsten Leitungseffekte zu erklären. Diese Effekte boten jedoch den Ausgangspunkt für eine dritte Gruppe, die dazu neigte, von der Elektrizität als von einer 'Flüssigkeit' zu sprechen, die durch Leitungen laufen konnte, und nicht als von einer 'Ausdünstung', die von Nichtleitern ausging."

8) Als eine erfolgreiche metaphysische Spekulation (S. 17–18): „... In den frühen Stadien der Entwicklung jeder Wissenschaft beschreiben und interpretieren verschiedene Leute, die sich dem gleichen Bereich von Phänomenen, aber gewöhnlich nicht alle den gleichen Phänomenen gegenüber sehen, sie auch auf unterschiedliche Art und Weise. Was allerdings überraschend ist und vielleicht auch einmalig im Ausmaß seiner Wirkung auf die Gebiete, die wir Wissenschaft nennen, ist die Tatsache, daß solche anfänglichen Abweichungen jemals weitgehend verschwinden können. ... Um als Paradigma angenommen zu werden, muß eine Theorie besser erscheinen als die mit ihr im Wettstreit liegenden, sie braucht aber nicht – und tut es tatsächlich auch niemals – alle Tatsachen, mit denen sie konfrontiert wird, zu erklären."

9) Als ein akzeptiertes Muster im gemeinsamen Gesetz (S. 23): „In seinem herkömmlichen Gebrauch ist ein Paradigma ein anerkanntes Modell oder Schema, und dieser Aspekt seiner Bedeutung macht es mir möglich, hier die Bezeichnung 'Paradigma' zu gebrauchen, da ein besseres Wort fehlt. Es wird sich aber bald zeigen, daß der Sinn von 'Modell' und 'Schema', den wir im Auge haben, nicht ganz der sonst für die Definition von 'Paradigma' übliche ist. In der Grammatik beispielsweise ist 'amo, amas, amat' ein Paradigma, da es das Schema darstellt, nach dem eine große Anzahl von lateinischen Verben konjugiert wird, so daß beispielsweise 'laudo, laudas, laudat' herauskommt. Bei dieser normalen Anwendung fungiert das Paradigma, indem es die Wiederholung von Beispielen gestattet, von denen jedes einzelne es grundsätzlich ersetzen könnte. In einer Wissenschaft hingegen ist ein Paradigma selten ein Objekt der Wiederholung. Es ist vielmehr, einer anerkannten juristischen Entscheidung im allgemeinen Recht ähnlich, ein Objekt für weitere Präzisierung und Spezifizierung unter neuen oder strengeren Voraussetzungen."

10) Als eine Quelle von Werkzeugen (S. 37): „... die begrifflichen und instrumentellen Werkzeuge, die das Paradigma zur Verfügung stellt."

11) Als eine maßgebende Illustrierung (S. 43): „Die genaue historische Untersuchung eines bestimmten Spezialgebiets zu einem bestimmten Zeitpunkt enthüllt eine Reihe sich wiederholender und gleichsam maßgebender Erläuterungen verschiedener Theorien in ihren Anwendungen in bezug auf Begriffsbildung, Beobachtung und Instrumentation. Das sind die Paradigmen der Gemeinschaft, wie sie in ihren Lehrbüchern, Vorlesungen und Laborversuchen zutage treten. Durch deren Studium und den Umgang mit ihnen lernen die Mitglieder der betreffenden Gemeinschaft ihr Fach. Der Historiker entdeckt natürlich darüber hinaus ein Gebiet im 'Halbschatten', in welchem Leistungen liegen, deren Status noch zweifelhaft ist, auch wenn der Kern der gelösten Probleme und die Verfahrensweisen gewöhnlich klar sind. Trotz gelegentlicher Zweideutigkeiten können die Paradigmen einer entwickelten wissenschaftlichen Gemeinschaft relativ leicht bestimmt werden."

12) Als ein Plan oder als ein Typus der Ausrüstung (S. 59–60): „Im weiteren Verlauf machten sie früheren paradigmatischen Instrumentationen das Recht auf diese Bezeichnung streitig.

Kurz, ob bewußt oder nicht, die Entscheidung, einen bestimmten Apparat in einer bestimmten Weise zu verwenden, setzt die Überzeugung voraus, daß nur gewisse Umstände eintreten werden. Es gibt instrumentale und theoretische Erwartungen, und sie haben in der wissenschaftlichen Entwicklung oft eine entscheidende Rolle gespielt. Eine derartige Erwartung gehört zum Beispiel zu der Geschichte der verspäteten Entdeckung des Sauerstoffs. Unter Verwendung eines Standardtests für 'die Güter der Luft' mischten Priestley und Lavoisier zwei Einheiten ihres Gases mit einer Einheit Stickstoffoxydul, schüttelten die Mischung über Wasser und maßen dann das Volumen des gasförmigen Rückstandes. Durch ihre frühere Erfahrung, aus der dieses Standardverfahren hervorgegangen war, hatten sie die Gewißheit, daß bei atmosphärischer Luft der Rückstand ein bestimmtes Volumen haben werde und daß er bei jedem anderen Gas (oder bei verunreinigter Luft) größer sein werde. Bei den Sauerstoffexperimenten fanden beide einen Rückstand, der dicht an ein bestimmtes Volumen herankam, und sie identifizierten das Gas entsprechend. Erst sehr viel später und zum Teil durch einen Zufall wechselte Priestley das Verfahren und versuchte Stickstoffoxydul mit seinem Gas in einem anderen Verhältnis zu mischen. Er fand dann heraus, daß bei einem vierfachen Volumen des Stickstoffoxyduls fast kein Rückstand übrig blieb. Seine Bindung an das ursprüngliche Testverfahren – ein durch langjährige Erfahrung sanktioniertes Verfahren – war gleichzeitig eine Bindung an die Nichtexistenz von Gasen, die sich wie Sauerstoff verhalten konnten.

Beispiele dieser Art ließen sich häufen. Man könnte etwa auf die verspätete Identifizierung der Uranspaltung verweisen. Ein Grund, warum sich diese nukleare Reaktion als besonders schwierig zu erkennen erwies, war dieser: Diejenigen, die wußten, was bei einer Bombardierung von Uran zu erwarten war, wählten chemische Tests, die in der Hauptsache die Elemente vom oberen Ende der periodischen Tabelle betrafen. Sollten wir aus der Häufigkeit, mit der solche instrumentalen Bindungen sich als irreführend erwiesen, den Schluß ziehen, daß die Wissenschaft sich von Standardtests und Standardinstrumenten abwenden müsse? Das würde zu einer undenkbaren Forschungsmethode führen. Paradigmaverfahren und -anwendungen sind für die Wissenschaft so wichtig wie Paradigmagesetze und -theorien, und sie haben die gleiche Wirkung."

13) Als ein anomales Päckchen von Karten.[7])

14) Als eine Werkzeugmaschinen-Fabrik (S. 76): „Solange die von einem Paradigma gelieferten Hilfsmittel sich als fähig erweisen, die von ihm definierten Probleme zu lösen, schreitet die Wissenschaft dann am schnellsten voran und dringt am tiefsten ein, wenn diese Hilfsmittel voll Überzeugung gebraucht werden. Der Grund ist klar. Wie bei der Fabrikation, so auch in der Wissenschaft – ein Wechsel der Ausrüstung ist eine Extravaganz, die auf die unbedingt notwendigen Fälle beschränkt bleiben soll. Die Bedeutung von Krisen liegt in dem von ihnen gegebenen Hinweis darauf, daß der Zeitpunkt für einen solchen Wechsel gekommen ist."

15) Als eine Gestalt-Figur [gestalt figure], die auf zwei verschiedene Weisen gesehen werden kann (S. 85): „... Die Zeichen auf dem Papier, die erst als Vogel gesehen wurden, werden jetzt als Antilope gesehen, oder umgekehrt. Diese Parallele kann irreführend sein. Wissenschaftler sehen nicht das eine *für* das andere an, sie *sehen* es einfach. Wir haben bereits einige der Probleme untersucht, die dadurch entstanden sind, daß gesagt wurde, Priestley habe Sauerstoff als entphlogistizierte Luft gesehen. Außerdem bewahrt das Objekt des Wissenschaftlers nicht die Freiheit, zwischen verschiedenen Sehweisen hin und her zu wechseln. Trotzdem ist der Gestaltwechsel, besonders, da er heute so bekannt ist, ein nützlicher elementarer Prototyp dessen, was bei einer vollständigen Paradigmaverschiebung geschieht."

16) Als eine Reihe von politischen Institutionen (S. 92): „... nur eine Krise vermag die Rolle der politischen Institutionen zu schwächen, und – wie wir schon gesehen haben – nur eine Krise schwächt die Rolle der Paradigmen."

---

[7]) Vgl. Kuhns Besprechung des Bruner-Postman-Experimentes, Kuhn [1962], S. 62–63.

17) Als ein 'Maßstab', angewendet auf Quasi-Metaphysik (S. 102): „Und wie die Probleme sich ändern, so ändert sich häufig auch der Maßstab, wonach sich eine echt wissenschaftliche Lösung von einer bloß metaphysischen Spekulation, einem Wortspiel oder einem mathematischen Spiel unterscheidet."
18) Als ein organisatorisches Prinzip, das selbst die Wahrnehmung beherrschen kann (S. 112): „Überblickt man die reichhaltige experimentelle Literatur, von der diese Beispiele genommen wurden, so schöpft man den Verdacht, daß so etwas wie ein Paradigma für die Wahrnehmung selbst eine unerläßliche Vorbedingung ist."
19) Als ein allgemeiner epistemologischer Gesichtspunkt (S. 120): „... ein philosophisches Paradigma, das durch Descartes angeregt und gleichzeitig als Newtonsche Dynamik entwickelt wurde."
20) Als eine neue Art zu sehen (S. 121): „Wissenschaftler ... sprechen häufig von 'einer Binde, die von den Augen fällt', oder von einer 'blitzartigen Erleuchtung', die das frühere dunkle Rätsel sozusagen 'fortschwemmt' und die ermöglicht, die Komponenten des Rätsels in einem neuen Licht zu sehen ..."
21) Als etwas, was weite Bereiche der Realität definiert (S. 128): „Die Paradigmen determinieren gleichzeitig auch weite Gebiete der Erfahrung."

Offenbar sind nicht alle diese Bedeutungen von 'Paradigma' miteinander inkonsistent; manche mögen sogar Erklärungen für andere sein. Aber es ist, angesichts der Unterschiede, offenbar sinnvoll zu fragen: Gibt es etwas Gemeinsames zwischen allen diesen Bedeutungen? Um philosophisch zu sprechen: Gibt es etwas Definitives oder Allgemeines im Begriff des Paradigmas, was Kuhn klarzumachen versucht? Oder ist er eben nur ein Historiker-Dichter, der verschiedene Vorkommnisse schildert, die sich im Laufe der Geschichte der Wissenschaft ereignet haben, und verweist er etwa auf diese, indem er das Wort 'Paradigma' benützt?

Provisorische Versuche, diese Frage durch Textkritik zu beantworten, machen es klar, daß Kuhns einundzwanzig Bedeutungen von 'Paradigma' in drei Hauptgruppen zerfallen. Denn wenn er 'Paradigma' gleichsetzt mit einer Reihe von Glaubenssätzen (S. 4), einem Mythos (S. 2), einer erfolgreichen metaphysischen Spekulation (S. 17), einem Maßstab (S. 102), einer neuen Art zu sehen (S. 117–121), einem Organisationsprinzip, das selbst die Wahrnehmung beeinflußt (S. 120), einer Landkarte (S. 108) und etwas, was ein weites Gebiet der Realität determiniert (S. 128), so redet er offenbar über ein metaphysisches Prinzip oder Wesen und nicht über einen wissenschaftlichen Begriff. Darum werde ich diese Paradigmen philosophischer Art als *metaphysische Paradigmen* oder als *Metaparadigmen* bezeichnen; diese Gruppe bildet die einzige Art von Paradigmen, auf die, meines Wissens, Kuhns philosophische Kritiker reagiert haben. Aber eine zweite Bedeutung des Begriffs 'Paradigma' ergibt sich bei Kuhn aus einer anderen Gruppe; und diese andere Bedeutung ist soziologisch. So definiert er das 'Paradigma' als eine allgemein anerkannte wissenschaftliche Errungenschaft (S. x), als eine konkrete wissenschaftliche Errungenschaft (S. 10–11), als sozusagen eine Reihe von politischen Institutionen (S. 91) und als so etwas wie eine akzeptierte Gerichtsentscheidung (S. 23). Ich werde diese Paradigmen soziologischer Art als *soziologische Paradigmen* bezeichnen. Und schließlich benutzt Kuhn das Wort 'Paradigma' auch noch auf eine konkretere Weise, im Sinne eines aktuellen Handbuchs oder eines klassischen Werkes (S. 10), als etwas, was Werkzeuge zur Verfügung stellt (S. 37 und 76), als eine aktuelle Instrumentation (S. 59, 60); mehr sprachlich als ein grammatikalisches Paradigma (S. 23); auf illustrative Weise als eine Analogie (z.B. auf S. 14); und mehr psychologisch als eine Gestalt-Figur [gestalt figure] und als ein anomales Päckchen von Karten (S. 63 und 85). Ich werde die Paradigmen dieser letzteren Art als *künstlich hergestellte Paradigmen* [artefact paradigms] oder als *konstruierte Paradigmen* bezeichnen.

Ich werde von nun an annehmen (obwohl mit einiger Entschuldigung den Wissenschaftlern gegenüber), daß eine textkritische Untersuchung des Werkes von Kuhn uns am Ende nur metaphysische, soziologische und konstruierte Paradigmen bietet; zunächst werde ich den soziologischen Sinn von 'Paradigma' untersuchen.

2. Die Originalität von Kuhns soziologischem Begriff eines Paradigmas: Das Paradigma ist etwas, was auch dann funktionieren kann, wenn die Theorie nicht vorhanden ist

Soziologisch betrachtet (ein Gegensatz dazu wäre: philosophisch betrachtet) ist das Paradigma eine Reihe von wissenschaftlichen Gewohnheiten. Indem man diese befolgt, kann die Problemlösung mit Erfolg betrieben werden; diese Gewohnheiten können intellektuell, verbal, verhaltensmäßig, mechanisch oder technisch sein; einige von diesen oder alle diese zusammen; es hängt davon ab, welcher Art das Problem ist, dessen Lösung erstrebt wird. In der Tat beschreibt die einzige explizite Definition, die Kuhn für das 'Paradigma' gibt, eben solche Gewohnheiten, obwohl er alle diese unter einen Hut nimmt, indem er ihnen den Namen einer konkreten wissenschaftlichen Errungenschaft gibt: 'Normalwissenschaft' bedeutet, wie er sagt (S. 10), „Forschung auf Grund einer oder mehrerer Errungenschaften der Vergangenheit; Errungenschaften, die eine besondere wissenschaftliche Gemeinschaft eine Zeitlang als Grundlage für ihre weitere Praxis anerkennt." Diese Errungenschaften sind (I) „in genügendem Maße neu, um eine ausdauernde Gruppe von Anhängern von den rivalisierenden Arten wissenschaftlicher Tätigkeit abzuberufen", und (II) „sie sind genügend offengeblieben, um allerlei Probleme für eine neuorganisierte Gruppe zur Lösung übrigzulassen. Errungenschaften, die diese beiden Merkmale besitzen, werde ich von nun an als *Paradigmen* bezeichnen." Indem nun Kuhn in der realen Wissenschaft der konkreten Errungenschaft den zentralen Platz einräumt und nicht der abstrakten Theorie, löst er jene Verlegenheit auf, in die die tätigen Wissenschaftler angesichts der professionellen Wissenschaftstheorie gerieten; denn sie mußten sich ja früher fragen: Wie kann ich mich einer Theorie bedienen, die überhaupt nicht da ist?

Ja mehr noch, Kuhn selber zweifelt nicht daran, daß seine soziologisch definierten Paradigmen früher da sind als die Theorien. (Das ist teilweise auch der Grund dafür, warum er ein anderes Wort als 'Theorie' braucht, um diese Paradigmen zu beschreiben). Ja, er fragt sich auch (S. 11): Warum ist das Paradigma oder die wissenschaftliche Errungenschaft, „als ein Locus der professionellen Verpflichtung, früher da als die übrigen Begriffe, Gesetze, Theorien und Gesichtspunkte, die sich von ihm abstrahieren lassen?" Unglücklicherweise (und das ist typisch) stellt Kuhn zwar diese hochwichtige Frage, aber er gibt keine Antwort darauf; es wird dem Leser überlassen, eine Antwort darauf für sich zu finden, wenn er kann. Aber soviel wird zumindest für Kuhn klargemacht, daß etwas soziologisch Beschreibbares und Konkretes in der aktuellen Wissenschaft schon auf frühen Stufen, wo noch gar keine Theorie da ist, existiert.

Es ist auch beachtenswert, daß Kuhn, selbst in der Hitze der Debatte, wenn er nach Synonymen sucht, das Paradigma in keiner der wichtigsten Bedeutungen dieses Ausdruckes einer 'wissenschaftlichen Theorie' gleichsetzt. Denn sein Metaparadigma ist etwas Umfassenderes als eine Theorie, und es ist ideologisch früher da als die Theorie; d.h. es ist eine ganze *Weltanschauung**). Sein soziologisches Paradigma geht, wie wir gesehen haben, der Theorie voran, und es unterscheidet sich auch von der Theorie, da es etwas Konkretes und Beobachtbares ist: d.h. es ist eine Reihe von Gewohnheiten. Und sein konstruiertes Paradigma ist weniger als eine Theorie; denn es kann auch etwas so wenig Theoretisches wie ein Stück eines Apparates sein: d.h. etwas, das aktuelles Rätsellösen hervorrufen kann.

Demnach ist jene weitverbreitete Ansicht falsch, wonach Kuhn in Wirklichkeit nichts Neues sagt; oder daß – insofern er überhaupt ein Philosoph ist – seine Ansichten im Grunde mit denjenigen von Feyerabend identisch sind; oder daß er wohl dieselben Dinge zu sagen versuchte wie Popper (nachdem ja Popper zuerst alles gesagt hat, was in der Wissenschaftstheorie wahr ist); oder daß er dieselben Dinge wie Popper nicht sehr wirkungsvoll und nicht mit der richtigen Betonung sagt. Es kann nun auf Grund einer Untersuchung des Textes von Kuhn gezeigt werden, daß alle diese Urteile falsch sind.[8]) In der Tat sind es eben die Unterschiede zwischen Kuhns 'neuem Bild der Wissenschaft' (ich werde dies von nun an als die 'Paradigma-Ansicht der Wissenschaft' bezeichnen) und allen übrigen mir bekannten Philosophien der Wissenschaft, denen es zu verdanken ist, daß Kuhns Buch in dem Maße weit und breit gelesen wird und auch ich die vorliegende Untersuchung schreibe.

Ich will darum versuchen, im nächsten Abschnitt zu sagen, was – meiner Meinung nach – an der Paradigma-Theorie die ätherische Philosophizität der Popperschen 'falsifizierbaren Metaphysik' erfolgreich bekämpft, indem es die Wissenschaftlichkeit der Wissenschaft mit Erfolg begründet. Dann will ich versuchen, etwas auch über jene Wirkung zu sagen, die die Kuhnsche Paradigma-Ansicht auf die ältere und festere 'hypothetico-deduktive Ansicht' ausübt; denn – das mag zwar überraschend sein, aber – mir scheint die Paradigma-Ansicht der letzteren näherzukommen als der ersteren. Am Schluß werde ich auch noch darauf hinweisen, was meiner Ansicht nach die unterscheidenden und revolutionären logischen Merkmale von Kuhns Paradigma sind, wenn man nämlich dieses einmal seiner soziologischen Umgebung entkleidet und allgemein und philosophisch ansieht. Ich werde alle diese logischen Merkmale von der grundlegenden Eigenschaft des Paradigmas ableiten, die ich als seine Konkretheit oder 'Roheit' [crudeness] bezeichnen werde.

Aber bevor ich dies alles beginne, will ich – um diesen Abschnitt abzurunden – auf eine impressionistische Weise skizzieren, worin sich meiner Meinung nach Kuhns Ansicht von der Wissenschaft von derjenigen Feyerabends unterscheidet. Dafür habe ich zwei Gründe: erstens ist Feyerabend jener Philosoph, der bisher Kuhn am nächsten kam; und zweitens hat er am meisten Kuhns Werk studiert.[9]) Ich glaube, der Hauptunterschied liegt darin, daß infolge seiner allgemeinen soziologischen Neigung die Interessen von Kuhn inklusiver

---

*) Auch im engl. Original steht das dt. Wort 'Weltanschauung'. [Anm. des Übersetzers]

[8]) Ich könnte all dies dokumentieren, doch ich möchte es nicht.

[9]) Feyerabend [1962], S. 32. Das ist ein sehr hochmütiger Bericht über Feyerabends Arbeit. Ich muß mich dafür entschuldigen, denn ich vermittle ja einen positiven und zusammenfassenden Bericht von einer Reihe von negativen Ergebnissen.

sind als diejenigen von Feyerabend. Kuhn ist sowohl am Aufstieg als auch am Verfall der Wissenschaft interessiert, am ganzen Prozeß der menschlichen Wesen, die eine wissenschaftliche Erklärung zu erringen versuchen. Feyerabend ist nur am Verfall interessiert; alle seine Analysen beschäftigen sich in jenem Sinne mit der Erklärung, in dem diese mit der Reduktion synonym ist; Feyerabend setzt z. B. voraus, daß mindestens eine voll entwickelte Theorie existiert. Dagegen setzt Kuhn nichts voraus; nicht einmal seine Paradigmen.[10]) Er untersucht die wirkliche Geschichte, und er brütet darüber; er liest wissenschaftliche Lehr- und Handbücher, und er wundert sich. Untersucht man also Kuhns Originalität, so ist dies zugleich eine Untersuchung der rohen Formen und frühen Stadien einer Wissenschaft.

Und es ist vor allem eben dies, was sein Werk für Wissenschaftler, die auf neuen Gebieten arbeiten, so anziehend macht; ich denke dabei natürlich vor allem an Wissenschaftler der Sozialwissenschaften und an diejenigen der experimentellen Psychologie. Einer der Gründe, weswegen die professionelle Wissenschaftstheorie zur Zeit auf die aktiven Forscher einen so ätherischen Eindruck macht, besteht darin, daß die modernen Wissenschaftstheoretiker, als eine Gruppe genommen, rückwärts gearbeitet hatten. Man hatte zunächst die hypothetico-deduktive Betrachtungsart, deren Datum das einzelne, offensichtlich all-inklusive, konsistente, voll entfaltete, komplette und fest interpretierte deduktive System ist; das ist ein Ideal, das keine Wissenschaft erreicht, dem sich aber, wenn Kuhn recht hat, jedes Lehr- und Handbuch einer fortgeschrittenen, harten Wissenschaft anzunähern versucht.[11]) Darauf folgend hatten wir Feyerabends neuere Konzeption (in Poppers Fußstapfen) der Stufe, die der eben angedeuteten vorangeht: d. h. die Konzeption zweier jüngerer Theorien, die weniger vollständig sind und sich im Wettstreit miteinander befinden, um – in einem Pickwickschen Sinne – 'dasselbe Feld' zu bedecken. Kein moderner Wissenschaftstheoretiker ist bis heute weiter zurückgegangen; zu den Stadien, in denen es entweder überhaupt keine Theorien gibt, worauf ich im nächsten Abschnitt zu sprechen kommen werde, oder viel zu viele Theorien ('Theorie' im metaphysischen oder umgangssprachlichen Sinne gebraucht) und keinen klaren Gegenstandsbereich. Angesichts der gängigen Vermehrung der angeblich neuen Wissenschaften ist es schon überfällig, daß, wenn die Wissenschaftstheorie endlich ein nützlicher Leitfaden für aktive Forscher werden soll, irgendein philosophischer Schritt auch rückwärts getan werde.

Meiner Ansicht nach hat Kuhn einen solchen Schritt getan, oder er hat es zumindest versucht.

3.   Die philosophische Konsequenz von Kuhns Insistieren auf der zentralen Rolle der Normalwissenschaft: Philosophisch gesehen ist das Paradigma etwas künstlich Hergestelltes [artefact], das zur Rätsellösung angewendet werden kann; es ist keine metaphysische Weltbetrachtung [world-view]

Es könnte vorkommen, daß diejenigen, die durch den analytischen Primat beeindruckt sind, den Kuhn der Soziologie vor der Philosophie zuerkennt, weil seiner Ansicht nach

---

[10]) Ehe er seinen gegenwärtigen Standpunkt eingenommen hatte, durchlief Kuhns Entwicklung mehrere Stadien, und er hat mindestens sechs Stufen durchgemacht (siehe seine [1962], Vorwort S. VII–X).
[11]) Kuhn [1962], S. 1; 1–2; 10; 135 ff. S. XI; siehe auch Abschnitt IV, unten.

die Soziologie die Schlüssel zur Begründung der realen Wissenschaft bietet, schon fragen: „Warum reitest du immer noch so sehr auf dem Begriff des 'Paradigmas' herum? Das ist eben der Name, den Kuhn einer Reihe von Gewohnheiten gibt, und nichts anderes. Es gibt diese, zweifellos; aber diese Tatsache hat doch keine philosophische Wichtigkeit."

Das ist nicht richtig, auch Kuhn gegenüber nicht. Außer seinen soziologischen Paradigmen (Bedeutung 2) gibt es bei ihm auch metaphysische Paradigmen (Bedeutung 1) und ebenso auch künstlich hergestellte oder konstruierte Paradigmen (Bedeutung 3). Es ist leicht zu zeigen, daß er zumindest diese Paradigmen vertritt. Aber völlig abgesehen davon, was Kuhn (als Philosoph) über die Paradigmen wirklich gesagt hat, gibt es auch einen tieferen und unmittelbareren Grund dafür, weswegen man sich mit dem bloß soziologischen Sinn von 'Paradigma' nicht begnügen darf; und dieser besteht darin, daß jede Definition des Paradigmas zirkulär sein muß. Denn, um die zeitliche Priorität des Paradigmas gegenüber der Theorie in der wissenschaftlichen Handlung festzulegen, müssen wir es soziologisch als eine *schon bekannte* konkrete wissenschaftliche Errungenschaft, als eine schon festgelegte Reihe von Gewohnheiten definieren. Aber wie macht der Wissenschaftler selber in einer neuen Wissenschaft ausfindig, daß das, was er befolgt, eine konkrete wissenschaftliche Errungenschaft wird? Er muß es also schon wissen, daß das, was er befolgt, ein Paradigma ist. Kein Zweifel, hier liegt ein circulus vitiosus vor: Zuerst definieren wir ein Paradigma als eine schon beendete Errungenschaft; und dann beschreiben wir, von einem anderen Gesichtspunkt aus, die Errungenschaft, wie sie sich um ein schon existierendes Paradigma herum aufbaut.

Man könnte natürlich so argumentieren: Wenn wir die ausführliche Soziologie, die aus der Beobachtung von frischen, zeitgenössischen, neuen Wissenschaften gewonnen wird, ernsthaft in Angriff nehmen würden, statt uns auf die ausführliche Geschichte zu beschränken, die nachträglich aus den alten Wissenschaften gewonnen wird, so könnte der circulus vitiosus für praktische Zwecke durchbrochen werden; denn, gäbe es Paradigmen, so könnten wir sie in ihrem Entstehungsprozeß beobachten. Aber woher wüßten wir auch in diesem Falle, daß es *Paradigmen* sind, die wir gesucht haben, und nicht irgend etwas anderes, es sei denn, wir wissen nicht-soziologisch schon, was ein Paradigma war? Der primäre Sinn des Paradigmas muß natürlich philosophisch sein; und das Paradigma muß früher als die Theorie existieren. Ist dies einmal festgelegt, so können wir dem Mann, der fragt: „Was ist in der Tat dieses 'Paradigma', dieses Wesen?", antworten, daß er darauf achten soll, was auf einem neuen wissenschaftlichen Gebiet vor sich geht. Denn es ist so gut wie sicher, daß in einer neuen Wissenschaft keine formale Theorie vorhanden ist; vielmehr richtet sich ein großer Teil potenter wissenschaftlicher Tätigkeit darauf, den treffenden Augenblick zu finden, in dem es sich lohnt, eine solche zu konstruieren. Die Alternative lautet: „Weitermachen wie bisher"; das heißt mit einem Kunstgriff, einer embryonalen Technik oder einem Bild *und der Einsicht, daß dies auf dem betreffenden Gebiet anwendbar ist.* Und es ist dieser Kunstgriff, zusammen mit dieser Einsicht, die ein Paradigma konstituieren. Die explizite Metaphysik (was der Wissenschaftler selbst als 'die Philosophie' oder als 'das Gas' bezeichnet), die vollere mathematisierende Neuerung, die entwickelteren experimentellen Prozeduren – alle jene Dinge, die zusammen genommen später die 'konkrete, etablierte wissenschaftliche Errungenschaft' bilden, – kommen beinahe immer nach jenem anfänglichen praktischen Kunstgriff, der genug für die Auswahl leistet, um eine potentielle Einsicht zu verkörpern, d. h. also nach dem ersten Ausprobieren des Paradigmas. In der Tat muß in der wahren und lebendigen Wissenschaft die An-

strengung selbst, eine 'konkrete wissenschaftliche Errungenschaft' festzulegen, sich selbst
rechtfertigen. Denn die resultierende Theorie (und mit ihr zusammen auch die exaktere und
kostspieligere Technik) muß, damit sie annehmbar sei, das Erreichen solcher Ergebnisse ermöglichen, die sonst nicht zu erreichen wären. Kein guter Wissenschaftler wird verlangen,
eine solche Errungenschaft bloß darum festzulegen, damit diese später in die Bücher über die
Wissenschaftstheorie aufgenommen werde. Und noch weniger wird derselbe Wissenschaftler
verlangen, daß sein Gegenstand theoretisch bereinigt werde um den Preis, daß aus der bis dahin benützten umgangssprachlichen Beschreibung der Tatsachen jede mögliche Analyse der
realen Schwierigkeitszentren entfernt werde. Darum besteht das wirkliche Problem, eine Philosophie einer neuen Wissenschaft zu gewinnen, darin, philosophisch jenen Kunstgriff oder
jene Einrichtung zu beschreiben, der bzw. die die Grundlage des soziologischen Paradigmas
(im Sinne einer Reihe von Gewohnheiten) bildet.

Berücksichtigt man all dies, so ist es aufschlußreich, wieder zu Kuhns 'Paradigma'
– im ersten und im dritten Sinn dieses Ausdruckes bei ihm – zurückzukommen. Wie gesehen,
bringt eben Kuhns Gewohnheit einer vielfachen Definition die Schwierigkeit, wenn man
fragt: was *ist* eigentlich ein Kuhnsches Paradigma? Fragt man jedoch statt dessen, was ein Paradigma *leistet*, so wird es sogleich klar (wenn man dabei natürlich immer die Existenz der
Normalwissenschaft voraussetzt), daß der konstruierte Sinn des 'Paradigmas' und nicht sein
metaphysischer Sinn (also nicht das Metaparadigma) das grundlegende ist. *Denn man kann ja
nur mit etwas künstlich Hergestelltem* [artefact] *Rätsel lösen.* Und obwohl Kuhn uns anfänglich
versichert hatte (S. 36), daß er das Wort 'Rätsel' [puzzle] nur im genauesten, gewöhnlichen, im
Wörterbuch registrierten Sinne gebrauchen will, so wird er später dennoch schwach und redet
(S. 42) über die „Metapher, die die Normalwissenschaft mit der Rätsellösung in Verbindung
bringt", doch im allgemeinen hat er eine feste, wörtliche und sehr konkrete Vorstellung davon, was er meint, wenn er von der rätsel-lösenden Tätigkeit der Normalwissenschaft redet.
Ein normalwissenschaftliches Rätsel hat immer eine Lösung (S. 36), die durch das Paradigma
garantiert wird, doch auch Begabung und Findigkeit verlangt. Es ist typisch (S. 35), daß die
Lösung im voraus bekannt ist; doch nicht bekannt ist der Weg, der Schritt für Schritt zur Lösung führt. Der Normalwissenschaftler ist ein leidenschaftlicher Rätsellöser (S. 37); in diesem
Rätsellösen – nicht im Problem-Lösen, sondern im *Rätsel*-Lösen – besteht prototypisch die
Normalwissenschaft. Aber das Rätsel ist etwas künstlich Hergestelltes. Es ist sehr einfach zu
sagen, daß das Paradigma die Werkzeuge zur Verfügung stellt (S. 37 und 76), oder etwas ver-
schwommener zu formulieren, daß es die Problemlösung ermöglicht. Aber es bleibt wahr, daß
zu jedem Rätsel, das wirklich ein unter Benutzung eines Paradigmas lösbares Rätsel ist, dieses
Paradigma etwas Konstruiertes, ein künstlich Hergestelltes, ein System, ein Werkzeug sein
muß; zusammen mit einem Handbuch, das die Instruktionen enthält, wie das Werkzeug erfolgreich gebraucht werden kann, und in dem man auch die Interpretationsmethode dafür findet, wie es funktioniert.

Stimmt es jedoch, daß bei Kuhn das konstruierte Paradigma – und nicht die beiden anderen Hauptarten des Paradigmas – den philosophischen Schlüssel dazu bietet, was in
Wirklichkeit in einer neuen Wissenschaft die Paradigmen sind, indem das konstruierte Paradigma auf jenen Kunstgriff oder auf jene Einrichtung hinweist, womit eine neue Wissenschaft
beginnt; ist das alles so, warum hielten dann alle Wissenschaftstheoretiker (außer mir) für
evident, daß Kuhn unter 'Paradigma' eine metaphysische Weltbetrachtung [a metaphysical

world-view] versteht, daß die ursprüngliche Bedeutung von 'Paradigma' Bedeutung 1, und nicht Bedeutung 3 war? Die unmittelbare Erklärung dafür ist leicht. Man hat Kuhns Bericht über die Normalwissenschaft nicht ernst genommen. Doch man könnte denken, daß ich – indem ich dies behaupte – alles das ablehnen möchte, was die Wissenschaftstheoretiker immer wieder behaupten, daß nämlich die Wissenschaft aus der Metaphysik emportaucht (das ist die Betrachtungsart der 'falsifizierbaren Metaphysik'); oder daß ich außer acht lasse, was Kuhn selber über die vorparadigmatische Wissenschaft sagt;[12] oder auch, daß ich ein Gesetz im marxistischen Sinne aufstelle, wonach jede neue Wissenschaft technologisch ist. Dem ist nicht so. Es ist offenbar, daß eine der Wurzeln der wissenschaftlichen Errungenschaft metaphysisch ist, wie dies Popper, Kuhn selber und auch viele andere betont haben. Aber die übliche philosophische Neigung ist so weit gegangen in der Prüfung dessen, was begrifflich ist, daß die Philosophen – indem sie sich Gedanken über die Natur der Wissenschaft machten – die praktische Seite einfach vergessen hatten. So hat Kuhn z. B., indem er das Problem der Verifikation erörterte, die Wichtigkeit der finalen technologischen Anwendung gar nicht gesehen.[13] Und so hat auch Popper, indem er das Entstehen der Wissenschaft aus der Metaphysik und aus der Philosophie erörterte, gar nicht die Wichtigkeit dessen gesehen, daß jede neue Wissenschaft mit einem technischen Kunstgriff beginnt. Obwohl er sicher den alten Spruch gehört haben wird, wonach die Wissenschaft die Ehe der Metaphysik mit der Technologie darstellt, fragt sich Popper nie, wie diese Verkoppelung zustande kommt. Daher kommt die fatale Schwäche der Popperschen Betrachtungsart über die Wissenschaft, daß nämlich Poppers Anhänger keine Antwort auf die Frage wissen: Ist ein wissenschaftliches System seinem Wesen nach ein metaphysisches System, das falsifizierbar ist, wie kann dann die Metaphysik selbst als Modell benützt und einer Überprüfung unterworfen werden?

Dies bringt mich zu meinem versprochenen Vergleich von Kuhn und Popper, oder genauer: zu einem Vergleich der sogenannten paradigmatischen und der Popperschen Betrachtungsart der neuen Wissenschaft zurück. Denn die grobe *Lücke*, die meiner Ansicht nach für die Poppersche Betrachtungsart charakteristisch ist – daß nämlich Popper gar nicht darüber Rechenschaft ablegen kann, wieso plötzlich eine neue Forschungslinie beginnt – ist nicht darauf zurückzuführen, was manchmal Zyniker behaupten, daß die Popperschen Wissenschaftstheoretiker die Technologie gar nicht verstehen können oder daß die Technologen gar nicht auf Poppersche Weise über die Wissenschaftstheorie denken können. Keine von diesen Behauptungen ist zutreffend, und beide sind irrelevant. Meines Erachtens kam das Durcheinander dadurch zustande, daß man sich allzusehr auf Newton verlassen hatte. Die Newtonsche Mechanik, eben weil sie so lange gegolten hat, ist unter den wissenschaftlichen Theorien in der einzigartigen Lage, daß man sie sowohl als Quasi-Metaphysik als auch als den echten Prototyp der deduktiven Theorie oder auch (heutzutage) als Technologie gelten lassen kann, je nachdem, unter welchem Gesichtspunkt man sie betrachtet. Ja, außerdem ist das Sich-Verlassen auf die Newtonsche Mechanik in dem Sinne, daß man in jeder Krise auf sie hinweisen könnte als auf *die* Wissenschaft, auch noch sklavisch. Wo wäre die Wissenschaftstheorie, hätten alle

---

[12] Ich war in der Tat in jener Hinsicht hochmütig, was Kuhn über die vorparadigmatische Wissenschaft sagt; ebenso wie ich früher auch Feyerabend gegenüber hochmütig war. Doch siehe die Besprechung am Ende dieses Abschnittes.

[13] Kuhn [1962], S. XII, 19, 69 und 166–167; nach Kuhns Denkweise fiele die Technologie aus der Sphäre der Wissenschaftstheorie heraus.

Wissenschaftstheoretiker, die ihre Disziplin von Kant herleiten, nicht die Wissenschaft mit der Newtonschen Mechanik gleichsetzen können? In der Tat erblickt auch Popper selber in seinem Werk *Conjectures and Refutations* [= Vermutungen und Widerlegungen] eine große Schwierigkeit in dieser Gleichsetzung. Aber während Popper meint, die Schwierigkeit bestehe darin (für uns, aber nicht für Kant), daß wir Newtons Theorie „als eine Hypothese ansehen müßten, deren Wahrheit problematisch geworden ist", nachdem „Einstein gezeigt hat, daß es möglich ist, von grundlegenden Prinzipien auszugehen, die weit entfernt von denjenigen Newtons sind und dennoch die volle Reihe der Erfahrungstatsachen befriedigend erklären",[14] besteht in der Tat die Schwierigkeit mit der Newtonschen Mechanik eher darin, daß sie so vollkommen funktioniert, daß sie auch jetzt noch zu einem Bestandteil der Technologie geworden ist, d. h. jener Technologie, die Raumfahrzeuge von der Erde aussendet. Darum ist die Newtonsche Mechanik nach Kuhnschen Prinzipien, und ich glaube auch nach Popperschen Prinzipien, kein Teil der Wissenschaftstheorie mehr.

Nachdem er Newton verloren hat, kann Popper nur viel ärmlicher darüber Rechenschaft ablegen, was das schöpferische Denken in der Wissenschaft ist. Er sagt: „Wir erfinden unsere Mythen und unsere Theorien und stellen sie auf die Probe."[15] Worauf man nur erwidern kann: Wieso? Wann? Wo? „Man sieht", fährt er fort, „daß die Theorien die freien Schöpfungen unseres Verstandes sind; sozusagen Ergebnisse einer poetischen Intuition."[16] Die kurze Antwort heißt: Wer sieht sie denn so? „Wir versuchen nicht, unsere Theorien zu beweisen…, sondern… wir versuchen, sie zu widerlegen."[17] Die einzige Antwort darauf ist: Tun wir es wirklich? Ja, Popper verwandelt bei der nächsten Gelegenheit die wissenschaftlichen Theorien in philosophische Theorien, um dann glänzend zu analysieren, ob nicht auch diese auf eine direktere Weise zu widerlegen wären. Und dann fehlt nur eine Haaresbreite, um diese nicht den wissenschaftlichen Theorien gleichzusetzen.[18] Ja, man hat den Verdacht, daß – auch von Newton abgesehen – Popper insgeheim gerade an diese Theorien und nicht an die wirkliche Wissenschaft gedacht hat, wie sie in Wahrheit ist.

Es ist diese virtuelle Gleichsetzung der wissenschaftlichen Denkweise (ausgenommen Newton) mit einem spekulativen philosophischen Denken, die mehr als alles andere das entstehen läßt, was ich am Anfang als 'ätherische Wissenschaftstheorie' bezeichnet habe. Im Gegensatz zu dieser Abstraktheit ist es Kuhn gelungen – indem er die soziologische Wichtigkeit jener aktuellen Reihe von Gewohnheiten betont, die in der Tat jede neue Wissenschaft charakterisieren und die jeder Theorie-Formulierung vorangehen –, in das Zentrum seiner Philosophie jene Konkretheit zu stellen, die für die Wissenschaft bezeichnend ist. Er hat damit nur jene Distinktion wiederholt, die auch der Wissenschaftler nicht vergißt, wenn er das 'Bild' oder das 'Modell' einerseits und die 'Philosophie' andrerseits unterscheidet. Dieses 'Modell' (sein Funktionieren habe ich früher als einen Kunstgriff oder als eine Einrichtung beschrieben, womit jede neue Wissenschaft oder Forschungslinie beginnt) wird für Kuhn sein konstruiertes Paradigma (Paradigma, Bedeutung 3), dessen Gebrauch das Rätsellösen der Normalwissenschaft ermöglicht. Eben die Tatsache, daß für Kuhn der konstruierte Sinn und nicht der

---

[14] Popper [1963], S. 191.
[15] Ebenda, S. 192.
[16] Ebenda.
[17] Ebenda.
[18] Ebenda, S. 199–200.

metaphysische Sinn des Paradigmas das Primäre ist, ermöglicht es ihm, eine gegenseitige Beziehung zwischen dem Gebrauch des Modells und der Metaphysik herzustellen. Statt zu fragen: Wie kann ein metaphysisches System als Modell gebraucht werden? – statt jener Frage also, von der ich vorhin sagte, daß die Popperianer sie nicht beantworten können –, stellt Kuhn die andere Frage: Wie ist es möglich, daß eine rätsellösende Konstruktion (d. h. Paradigma, Bedeutung 3) auch metaphysisch gebraucht werden kann? Wie kann das konstruierte Paradigma auch zu einer Art des Sehens werden?

Die Überlegung dieser Frage zwingt uns scharf zurück von der Popperschen Impression von Wissenschaft im allgemeinen zu einer raffinierteren Wiederbewertung der hypothetico-deduktiven Konzeption der exakten Funktion der wissenschaftlichen Theorie. Denn schließlich ist ein hypthetico-deduktives System – wenn man ein solches überhaupt konstruieren kann – seiner Natur nach etwas künstlich Hergestelltes, das Probleme löst [a problemsolving artefact]. Bevor wir an dieses herantreten, müssen wir eine Verwirrung aufklären. Was sagt Kuhn selber über die Natur einer neuen, vorparadigmatischen Wissenschaft in ihrem Anfangsstadium? Ich sagte vorhin, daß eine Untersuchung der Originalität Kuhns auch eine Untersuchung der Ursprünge und frühen Stadien jeder Wissenschaft sei. Ich habe diese Behauptung dadurch erhärtet, daß ich Gründe dafür namhaft machte – was auch Kuhn selber denkt –, daß Paradigmen auch dann schon existieren, wenn es noch gar keine Theorie gibt. Aber dies führt sogleich auch schon zur weiteren Frage: Was, meint Kuhn, gibt es vor dem Paradigma?

Das ist ein Punkt, in dem ich mit Kuhn nicht einverstanden bin. Ich halte seine allgemeine Ansicht über die vorparadigmatische Wissenschaft für verworren und für nicht vollständig analysiert. Mir scheint, daß er versäumt, drei Zustände auseinanderzuhalten; ich werde diese der Reihe nach mit den folgenden Namen bezeichnen: *nicht-paradigmatische Wissenschaft, mehrfach-paradigmatische Wissenschaft* und *zwei-paradigmatische Wissenschaft.* Die *nicht-paradigmatische Wissenschaft* ist der Stand der Dinge sogleich am Anfang des Denkensprozesses über jeden beliebigen Aspekt der Welt, d. h. in jenem Zustand, in dem es noch gar kein Paradigma gibt. Kuhn sagt von diesem Zustand (S. 15), daß in diesem nur die leicht zugänglichen Tatsachen gesammelt werden und auch diese sozusagen nur nebenbei, abgesehen von dem Fall, daß irgendwelche versteckteren Tatsachen durch eine Technologie zugänglich gemacht werden. Eben deswegen sehen auf dieser Stufe so gut wie alle Tatsachen gleichermaßen relevant aus; verschiedene, aber sich überdeckende Tatsachen werden metaphysisch unterschiedlich, quasi-launisch interpretiert. Ferner sagt Kuhn (S. 11), daß „eine Art von Wissenschaft auch ohne Paradigmen möglich sei...", daß aber diese keine esoterische Wissenschaft sei; daß in einer derartigen Forschung diejenigen, die auf den einzelnen Gebieten tätig sind, zwar Wissenschaftler heißen, aber das reine Ergebnis ihrer Tätigkeit noch keine Wissenschaft sei (S. 13, 100 und 163). Ferner bemerkt er (S. 20), daß in solchen Situationen das Buch (im Gegensatz zum Aufsatz) noch in derselben Beziehung zur professionellen Errungenschaft steht wie auf den übrigen Gebieten der schöpferischen Tätigkeit; daß jeder einzelne Wissenschaftler die Arbeit wieder von vorne beginnt (S. 13); daß es eine Menge von Schulen gibt, die sich im Wettstreit miteinander befinden und deren Veröffentlichungen sich gegeneinander richten (S. 25); daß eine ständige philosophische Diskussion über die Gründe im Gange ist (S. 159) und daß es keinen Fortschritt gibt (S. 159 und 163). Kurz und gut: die nicht-paradigmatische Wissenschaft läßt sich von der 'Philosophie des betreffenden Gegenstandes' kaum unterscheiden; die Poppersche Analyse gilt für sie vollkommen.

Aber dieser vorwissenschaftliche und philosophische Stand der Dinge steht doch in einem scharfen Kontrast zu der *mehrfach-paradigmatischen Wissenschaft;* in dieser letzteren gibt es viele Paradigmen. (Vorherrschend ist diese Situation heute in den psychologischen, sozialen und in den Informationswissenschaften.) Hier kann in den einzelnen Unterabteilungen, die durch je eine paradigmatische Technik definiert werden, die Technologie schon sehr fortschrittlich sein; auch die normale, rätsellösende Forschung kann vorwärtsgehen. Aber jede Unterabteilung, wie sie durch ihre Technik definiert wird, ist offenbar trivialer und enger als das ganze Gebiet, das nur durch Intuition definiert wird; auch die verschiedenen, bloß durch die Techniken gelieferten Definitionen sind einander widersprechend; die Diskussion über die Grundlagen hört nicht auf, und ein großangelegter Fortschritt (im Gegensatz zum lokalen Fortschritt) findet nicht statt. Ein Ende nimmt dieser Zustand, wenn jemand ein tieferes, wenn auch roheres Paradigma findet (S. 23); dieses Paradigma sichert dann eine zentralere Einsicht in die Natur des ganzen Forschungsgebietes, das dann eingeengt wird, während die Forschung selber strenger, esoterischer und präziser wird (S. 18 und 37). Das siegreiche Paradigma (S. 16) bringt die rivalisierenden, oberflächlicheren Paradigmen zu Fall, oder es erobert und annektiert sie irgendwie, so daß die fortgeschrittene wissenschaftliche Arbeit mit einem einzigen totalen Paradigma beginnen kann. Die mehrfach-paradigmatische Wissenschaft ist also auch nach Kuhns eigenen Kriterien eine vollgültige Wissenschaft, bloß mit der Beschränkung, daß die Kriterien nur auf die einzelnen Unterabteilungen anwendbar sind.

Aber in der Periode einer Krise, unmittelbar vor einer wissenschaftlichen Revolution, setzen wieder, wie Kuhn sagt (S. 84 und 86), manche Eigentümlichkeiten der vorparadigmatischen Wissenschaft ein; aber die Streitfrage der rivalisierenden Schulen ist kleiner und definierter. Während einer solchen Periode kämpfen immer zwei rivalisierende Paradigmen um die Vorherrschaft (S. 75 und 91); darum gebe ich dieser Periode den Namen *zwei-paradigmatische Wissenschaft.*

Die Tatsache, daß Kuhn versäumt, die nicht-paradigmatische von der mehrfach-paradigmatischen Wissenschaft genügend zu unterscheiden und darum die mehrfach-paradigmatische Wissenschaft mit der zwei-paradigmatischen richtig zu verbinden, ist teilweise auf eine Konfusion zurückzuführen. Nachdem er nämlich gesagt hat, daß eine Art der wissenschaftlichen Forschung auch ohne Paradigmen möglich sei, fügt er hinzu: ,,oder mindestens ohne solche eindeutigen und bindenden Paradigmen wie die obengenannten" (S. 11), als ob diese beiden Zustände identisch wären. Sie ist auch nur teilweise auf jene ungenügende Bedeutung zurückzuführen, die er innerhalb der Wissenschaft der Technologie zuerkennt; sehr häufig, ja manchmal übertrieben häufig, ist dies der Fall in der mehrfach-paradigmatischen Wissenschaft, aber nur beiläufig – wenn überhaupt jemals – in der nicht-paradigmatischen Wissenschaft.

Im Gegensatz zu dieser komplizierten und verworrenen Paradigmen-Übersicht von Kuhn habe ich (indem ich seine Erörterung über die Normalwissenschaft ernst nahm) die Lage vereinfacht und geradheraus gesagt: Wenn die 'Normalwissenschaft' *irgendwo* beginnt, haben wir dort Wissenschaft; wo sie nicht einsetzt, dort haben wir Philosophie oder irgend etwas anderes, aber nicht Wissenschaft. Die Normalwissenschaft beginnt immer mit einem konstrukt-gebrauchenden, rätsellösenden Kunstgriff. Diese Behauptung setzt mich zweierlei Angriffen aus. Man kann mir erstens vorwerfen, daß ich nicht fähig sei, eine einzelne neue Forschungslinie von einer vollkommen neuen Wissenschaft zu unterscheiden (siehe z.B. oben den Abschnitt, in dem ich die beiden einander gleichgesetzt habe). Eben deswegen könnte ich auch in der eben angedeuteten Terminologie die mehrfach-paradigmatische Wissenschaft von der reifen, bloß einzel-paradigmatischen Wissenschaft nicht unterscheiden. Dieser Angriff ist berechtigt. Meiner Ansicht nach kann man diese beiden nur in einer Rückschau voneinander unterscheiden, wenn man am Ende sieht, daß eine vollkommen neue Wissenschaft mit einem mächtigen Paradigma infolge der Konvergenz von mehreren, durch Paradigmen geführten Forschungslinien entstand, wobei die verschiedenen Forschungslinien sich gegenseitig beleuchten. Der zweite mögliche Angriff gegen mich würde heißen: Wenn ich die 'Wissenschaft' von der 'Philosophie' nur insofern unterscheide, als innerhalb der Wissenschaft irgendwo immer die Normalwissenschaft auftaucht, was soll man dann über den umgekehrten Fall sagen, wenn nämlich die 'Normalwissenschaft' frühzeitig und unberechtigt einsetzt? Es kann nämlich vorkommen, daß in einer Gruppe von Wissenschaftlern der eine aus Mode beginnt; den anderen nachzuahmen, ohne daß man das Paradigma im voraus richtig auf die Probe gestellt hätte (d. h. also ohne eine angebliche Einsicht, daß ein gewisses Paradigma für ein bestimmtes Feld als die wahre Einsicht relevant ist)? Meine Antwort darauf heißt nur: Was denn? Sehen wir nicht in der Tat, daß frühzeitige 'Normalwissenschaft' (als 'Afterwissenschaft' oder als 'Pseudowissenschaft' bezeichnen diese manchmal die erbitterten Kritiker) überall um uns herum in bedrückender Weise emporschießt, besonders in den neueren Wissenschaften, in denen die Computer großartig benützt werden können, um den falschen Eindruck einer echten wissenschaftlichen Leistungsfähigkeit zu erwecken? Aber die Tatsache, daß eine neue Wissenschaft sehr schlecht sein kann, verhindert nicht, daß sie doch eine (schlechte) *Wissenschaft* sei (ein Gegenstück zur schlechten Philosophie, zum schlechten Gemälde oder zu sonst etwas Schlechtem). Am Ende stürzen doch die afterwissenschaftlichen Normalforschungslinien zusammen, oder sie führen zu keinen Ergebnissen, fallen um, verflüchtigen sich – oder so hofft man es mindestens; so war es auch in der Vergangenheit (z. B. im Falle der Astrologie, die – wie Watkins behauptet – in einer gewissen Hinsicht überaus normal war).

Nachdem wir alles Erdenkliche getan haben, um nicht-soziologisch ein Kuhnsches Paradigma als einen wahren, einsichtsvollen, rätsellösenden Kunstgriff oder als ein Schema erscheinen zu lassen, wollen wir jetzt die Natur dieses Schemas weiter prüfen und, wenn möglich, auch die Natur der Einsicht untersuchen.

4. Das Paradigma muß ein analog gebrauchtes, konkretes 'Bild' sein, weil es eine Art von Sehen [a 'way of seeing'] sein muß

Wenn das Paradigma bloß eine erklärbare Konstruktion oder etwas künstlich Hergestelltes wäre, dessen Gebrauch eine festgesetzte soziale Institution geworden ist, dann wäre es nicht leicht, Kuhns Paradigma-Betrachtungsart der Wissenschaft von einer soziologisch raffinierten hypothetico-deduktiven Betrachtungsart zu unterscheiden; um so weniger, als m. E. gezeigt werden kann, daß Kuhns Paradigma-Betrachtungsart der Wissenschaft mehr Gemeinsames mit der hypothetico-deduktiven Betrachtungsart hat, als man nach einer oberflächlichen Lektüre seines Buches denken würde. Denn trotz seines scheinbar unsicheren und poetischen Stils wollen sowohl er als auch die Hypothetico-Deduktiven etwas über die Entwicklung jener Wissenschaft sagen, die exakt ist. Doch das unterscheidet die beiden Betrachtungsarten voneinander, daß das rätsellösende Paradigma, anders als ein rätsellösendes hypothetico-deduktives System, auch eine konkrete Art des Sehens [a concrete 'way of seeing'] sein muß.

Wir wollen, mit hypothetico-deduktiver System-Schöpfung im Sinne, ins Auge fassen, was Kuhn sagt. Er vergleicht mehrmals das Umschalten von einem wissenschaftlichen Paradigma zum anderen mit jener Operation, die als ein neues Ins-Auge-Fassen einer zweideutigen Gestalt-Figur bezeichnet werden könnte[19]) bzw. mit einem Ausgesetzt-Sein an ein gestalt-psychologisches Experiment.[20]) Man beachte darum, daß eine jede von diesen ein vollkommen spezifizierbares, künstlich hergestelltes Etwas ist, das eben mit dem Zweck konstruiert wurde, selbst eine Art des Sehens zu sein; genauer, zwei alternative Arten des Sehens. Vergleichen wir jedoch das Paradigma selbst mit einer Gestalt-Figur, so wird der Vergleich trivial; denn stellen wir uns jetzt die Frage: Was ist eine Gestalt-Figur, die nur eine einzige Art des Sehens repräsentiert, so bekommen wir die triviale Antwort: Eine solche Figur ist ein ganz gewöhnliches Bild von einem einfachen, konkreten Gegenstand. Ja mehr noch: der Vergleich mit einer Gestalt-Figur versagt auch in einer anderen Hinsicht; denn eine zweideutige Gestalt-Figur kann, im Gegensatz zu einem Paradigma, nicht erweitert und entwickelt werden; denn jede Einzelheit, die man zu der Gestalt-Figur addiert, erlaubt nur die eine oder nur die andere Interpretation.[21])

Redet Kuhn über ein 'künstlich hergestelltes Etwas', was gleichzeitig auch eine 'Art des Sehens' sei, so bezieht sich seine Behauptung nicht auf die Natur dieses Gebildes, sondern auf seinen Gebrauch: Es ist nämlich das Bild eines Dinges, aber es wird gebraucht, um ein anderes Bild darzustellen; so ist z. B. das geometrische Modell aus Draht und aus Perlen vor allem ein wohlbekanntes Kinderspielzeug; aber in der Wissenschaft benützt man dasselbe, um ein Protein-Molekül zu repräsentieren.

Es sind in der Tat künstlich hergestellte, analog gebrauchte Gebilde, worauf es Kuhn ankommt, und für die sich schon so viele Wissenschaftstheoretiker, von Norman Campbell bis Hesse, interessiert haben. Aber Kuhns Gebilde kann nicht – so wie das von Hesse[22]) – einfach eine Vier-Punkt-Analogie und auch keine materiale Analogie sein; es muß eine organisierte, rätsellösende Gestalt*) sein, ein Bild von einem *A*, das auch eine neue Art des Sehens für etwas anderes, *B*, zur Verfügung stellt.

Aber anders als Kuhns zwei-wegige Gestalt-Figur [= two-way gestalt-figure] braucht sein Paradigma nicht sowohl zweideutig als auch in seiner Anwendung nicht-offenbar zu sein; wie jede andere Analogie kann es auch vorsichtig entwickelt werden. Aber es stellt sich hart die Frage: *wie* soll es entwickelt werden? Und gibt es einen realen Sinn, in dem eine Analogie – im Gegensatz zu einem Modell oder zu einem mathematischen System – ein künstlich hergestelltes Gebilde sein kann?

---

[19]) Kuhn [1962], S. 85, 110, 113, 116, 119, 121, 125 und 149.
[20]) Ebenda, S. 62, 64, 111, 112 und 125.
[21]) Besonders klar ersieht man dies, wenn man die wahrnehmungsmäßig doppeldeutigen Gestalt-Figuren in Gregory [1966] untersucht.
[22]) Hesse [1963], S. 70–73.
*) Auch im engl. Original steht das dt. Wort 'Gestalt'. [Anm. des Übersetzers]

Bevor wir diese Frage in der Konklusion besprechen, muß hier noch mehr darüber gesagt werden, wie sich Kuhns Paradigma von einer wissenschaftlichen hypothetico-deduktiven Theorie infolge der Tatsache unterscheidet, daß es eine Art des Sehens darstellt. Es genügt nicht zu sagen, daß es ein konkretes, konstruiertes 'Bild' oder ein Kunstgriff für analogen Gebrauch sei. Denn man könnte darauf erwidern, daß selbst ein mathematisches System, auch wenn nicht interpretiert, eine sehr abstrakte 'Art des Sehens' ist. Denn man könnte denjenigen, der es besonders in einer neuen Wissenschaft benützt, immer fragen: Warum gebrauchen Sie eben *dieses* mathematische System und nicht ein anderes?, oder: Sind Sie sich dessen sicher, daß das mathematische Bild, das Sie aufbauen, eben jene Art Raum zur Verfügung stellen wird, den Sie brauchen, wenn später Ihre experimentelle Evidenz schärfer organisiert wird? Außerdem ist die Mathematik, die in der Wissenschaft gebraucht wird, im Sinne der hypothetico-deduktiven Betrachtungsart nicht uninterpretiert. Sie ist gefärbt – 'leicht schattiert' wäre eine bessere Umschreibung, denn der Färbungsmechanismus ist nie genügend klar gemacht worden – durch die noch mehr gefärbten konkreten Wahrheiten, die die niedrigeren, partikuläreren Teile des Systems bilden. Man denkt sich nach dieser Betrachtungsart, daß die Konkretheit und die Interpretation durchsickern, irgendwie zurück und hinauf von den konkreteren, niedrigeren Teilen zu den höheren, abstrakteren und ätherischen Teilen; und auf diese Weise machen sie aus dem ganzen hypothetico-deduktiven Gebäude ein künstlich hergestelltes Gebilde, das in der Tat für eine 'Art des Sehens' *par excellence* gehalten werden kann.

Aber Kuhns Paradigma als 'Art des Sehens' unterscheidet sich wirklich von diesem – und nicht nur deswegen, weil, wie schon früher behauptet wurde, das Paradigma auch dann schon existiert, wenn noch gar keine Theorie da ist. Es unterscheidet sich, weil sein Paradigma ein konkretes 'Bild' von einem *A* ist, das als eine Analogie gebraucht wird, um ein anderes konkretes Etwas, *B*, zu beschreiben. (Das ist der Kunstgriff, von dem ich früher sagte, daß mit ihm jede neue Wissenschaft beginnt: Eine bekannte Konstruktion, ein künstlich hergestelltes Gebilde wird ein 'Forschungsvehikel'; und wenn es erfolgreich ist, wird es zur selben Zeit zu einem Paradigma, nachdem es auf neues Material und auf eine nicht-offenbare Weise angewendet wird.) Auf diese Weise hat es zwei Konkretheiten, nicht bloß eine: die Konkretheit, die es mit sich gebracht hat als ein 'Bild' von *A*; und *die zweite Konkretheit, die es nun dadurch erworben hatte, daß es auf B angewandt wurde.* Diese zweite Art von Konkretheit ist diejenige, über die die hypothetico-deduktive Betrachtungsart der Wissenschaft Rechenschaft abzulegen versucht; aber über die erste kann die hypothetico-deduktive Betrachtungsart gar nicht Rechenschaft ablegen. Komplizieren wir jedoch die hypothetico-deduktive Betrachtungsart, indem wir sagen – was Campbell wirklich tut,[23]) aber was Hesse meiner Ansicht nach nicht tut[24]) –, daß immer eine Analogie oder ein konkretes Modell im Herzen jeder in der Wissenschaft benützten Mathematik steckt und daß dieses Modell nicht bloß etwas nachträg-

---

[23]) Campbell [1920]; siehe besonders S. 129–130.

[24]) Hesse äußert sich zwiespältig zu der Frage, ob die Analogie zum zentralen Teil einer Theorie gehört, wie Campbell behauptet, oder ob sie lediglich ein Hilfsmittel darstellt. In ihrem Buch [1963] argumentiert sie tatsächlich in brillanter Weise für Campbells Ansicht; aber in ihrem Buch [1964] sagt sie lediglich, daß „das deduktive Modell der wissenschaftlichen Erklärung modifiziert und ergänzt werden sollte durch die Auffassung, daß theoretische Explanation eine metaphorische Umschreibung der Domäne des Explikandums darstellt" (S. 1), wobei sie immer noch den mathematischen Karren vor das metaphorische Pferd spannt.

lich Angehängtes ist, das heuristisch oder als eine mechanische Hilfe benützt werden soll; und sagen wir ferner – wie Campbell es in der Tat mehrmals sagt –, daß diese Analogie die Artikulierung der Theorie leitet und beschränkt, indem sie – um sie aufzubewahren – die sonst übertriebenen Möglichkeiten jener abstrakten Entwicklung ausschneidet und entfernt, der jede Mathematik ihrer Natur nach fähig ist, dann wird über die erste Art Konkretheit (nennen wir diese Konkretheit A) ebenso wie über die zweite Art Konkretheit (nennen wir diese Konkretheit B) Rechenschaft abgelegt. Denn die Konkretheit A wird jetzt diejenige, die die Analogie aus jener Zeit mit sich in die Mathematik bringt, in der sie noch keine Analogie, bloß das 'Bild' von A war; während Konkretheit B diejenige wird, die von der Anwendung her zurück in die Mathematik sickert. Die abstrakten Wesenheiten, die infolgedessen als Ergebnis in der Theorie entstehen, können doppelt erklärt werden – wie sie in der Tat in einer neuen Wissenschaft erklärt werden müssen: zunächst auf die Weise A, in den Termini der erzeugenden Analogie, und zweitens in der Weise B (d. h. operational und wie die Theorie sich entwickelt) in den Termini jener Daten, die von dem Gebiet genommen werden, worauf die Theorie angewendet wurde.

Man sieht sogleich, daß es ganz offenbar und tatsächlich sowohl A-Komponenten als auch B-Komponenten in den wissenschaftlichen Theorien gibt, wenn die Wissenschaftstheoretiker in den neuen Wissenschaften Umschau halten und nicht nur auf die alten Wissenschaften zurückblicken; oder wenn sie in einem betrübten Versuch, zeitgemäß zu sein, angesichts des immer größer werdenden Chaos der theoretischen Quantenmechanik ein Auge zudrücken. Das für mich bekannte schlagendste Beispiel für die Distinktion ergibt der genetische Kode. Gegeben ist in diesem die anfängliche A-Konkretheit durch ein sprachliches 'Bild', das jetzt in dem Sinne erweitert wurde, daß es nicht nur 'Buchstaben' und 'Wörter', sondern auch 'Sätze' und 'Interpunktion' enthält; dabei ist die operationale B-Neu-Interpretation in den Termini der operationalen Prozeduren biochemisch.

Ich gehe von nun an von folgender Festlegung aus: Es gibt zwei operationale Komponenten, die A-Komponente und die B-Komponente, selbst in einer idealisierten wissenschaftlichen Theorie; dabei erlaubt die hypothetico-deduktive Betrachtungsart nur die zweite, während Kuhns Paradigma-Betrachtungsart die erste betont. Beide sind zu unterscheiden von ihrem gemeinsamen mathematischen Kleid: Man findet weitere Überlegungen, die diese Distinktion erleichtern, weiter unten in der Konklusion. Es wurde jedoch genug gesagt, um behaupten zu können: innerhalb des allgemeinen Wirkungsbereiches der Wissenschaftstheorie wird nun das primäre Unternehmen, die philosophische Natur eines Kuhnschen Paradigmas zu entdecken, zur Aufgabe, aus der A-Komponente einer entwickelten Theorie das Paradigma, aus der B-Komponente die mathematische Hülle zu entnehmen.[25]

---

[25]) Es ist wichtig darauf hinzuweisen, daß gemäß dieser Ansicht die Sphäre des philosophischen oder rohen Paradigmas eingeschränkter ist als die des soziologischen oder allgemeinen Paradigmas, historisch und im nachhinein gesehen. Denn dies zweite schließt alles ein, dessen Verfahrensweise zur Gewohnheit wird, einschließlich – im Idealfall – des mathematischen Sektors und des B-Experimentierens eines hypothetico-deduktiven Systems.

5. Konklusion: Vorschau auf die logischen Charakteristika eines Paradigmas

Muß das Paradigma die Eigenschaft der 'Konkretheit' oder der 'Roheit' haben, so bedeutet dies, daß es entweder wörtlich ein Modell, ein Bild, eine Analogie-vorzeichnende Sequenz von Wortgebräuchen in einer natürlichen Sprache oder eine Kombination von diesen sein muß.

Ich möchte auf alle Fälle sagen, daß ein Paradigma 'eine rohe Analogie' zeichnet; ferner möchte ich die rohe Analogie als eine solche Analogie definieren, die die folgenden logischen Kennzeichen besitzt:
a) eine rohe Analogie ist in ihrer Ausdehnbarkeit beschränkt;
b) sie ist mit keiner anderen rohen Analogie vergleichbar;
c) sie ist ausdehnbar nur mit einem folgernden Prozeß der 'Nachbildung' [replication], die man unter Anwendung der Computer-Programmierungstechnik der nicht-exakten Anpassung [inexact matching] prüfen kann, aber nicht mit den normalen Methoden der Folgerungsprüfung.

Das Problem, etwas Philosophisches und doch Exaktes über ein solches Paradigma zu sagen (was jetzt zu dem anderen Problem wird, etwas Allgemeines und Exaktes über die Natur und Methoden der Operation eines konkreten Gebildes, konstruiert aus Pigmenten, Draht oder Sprache zu sagen), kann im Rahmen dieser Untersuchung nicht in Angriff genommen werden; auch darum nicht, weil m. E. dies dasselbe Problem ist, das Black in Angriff zu nehmen versucht, wenn er die Natur eines Archetypus entdecken will[26]) oder wenn er sich fragt, wie er die 'Wechselwirkungsbetrachtungsart' der in der Sprache benützten Metapher formalisieren soll.[27]) Meiner Ansicht nach ist die neue Art des Sehens, die durch Blacks metaphorische 'Wechselwirkung' hervorgerufen wird, eine alternative Form von Kuhns 'gestalt switch'.

Ich will hier in der Konklusion nur darauf hinweisen, daß, wenn einmal die Konkretheit oder 'Roheit' eines anfänglichen Paradigmas zugestanden ist, in manchen Gebieten der Wissenschaftstheorie eine große Vereinfachung erreicht werden kann. Behauptet z. B. Kuhn, daß seine Paradigmen auf direkte Weise nicht miteinander vergleichbar sind, so ist sein Wort dafür 'inkommensurabel'; und es geht aus dem Zusammenhang hervor, daß er an eine fortgeschrittene Wissenschaft denkt. Aber versucht man einen allgemeinen und exakten Begriff dieser Inkommensurabilität zu konstruieren, wie es Feyerabend tut, so kann gezeigt werden, daß dieser Versuch zu großen philosophischen Schwierigkeiten führt und aus der realen Wissenschaft eine *reductio ad absurdum* macht. Und faßt man bloß ein konkretes Paradigma ins Auge, das eine rohe Analogie entwirft, so wird sie, insofern sie wirklich eine rohe ist, mit keiner andern rohen Analogie vergleichbar sein. (Wie kann man z. B. 'Der Mensch, das höchste der Tiere' vergleichen mit 'Mann, dieser Wolf!'?) [Anm. des Übers.: 'Wolf' ist auf englisch doppeldeutig; die zweite Bedeutung von 'Wolf' ist ein Mann, der viel mit Frauen flirtet.] Man beachte auch, daß diese Nicht-Vergleichbarkeit, worüber man einig ist, mit der Roheit zusammenhängt. Aber dasselbe gilt nicht, wenn das fragliche Paradigma in eine mathematische

---

26) Black [1962], Kapitel XIII.
27) Ebenda, Kapitel III.

Form eingebettet ist, ausgenommen, es stellt eine A-Komponente und nicht eine B-Komponente dar. Denn die A-Komponente, als eine konkrete, entwirft eine rohe Analogie, während die B-Komponente, als eine mathematische und operationale, bestenfalls eine mathematische Analogie entwirft; und Analogien zwischen mathematischen Teilen sind nicht inkommensurabel, sondern im Gegenteil miteinander vergleichbar.

Die Eigenschaft der Roheit erlaubt eine vergleichbare Vereinfachung von Kuhns Behauptungen, daß ein Paradigma in seiner Ausdehnbarkeit endlich sein soll. Denn insofern eine rohe Analogie, die von einem Paradigma entworfen wurde, nicht bloß einer durch einen Sprecher in einer natürlichen Sprache entworfenen Analogie *ähnlich* ist, sondern in der Tat eine Analogie *ist*, gilt auch als allgemein bekannt, daß sie sich nicht allzu weit entwickeln läßt (alle Dichter wissen dies); man denkt sich im Gegensatz die mathematische Ausdehnbarkeit als eine, die durch Zunahme immer unendlich weitergehen kann.

Ich muß bei dieser Gelegenheit gestehen, daß auch ich (durch Feyerabend inspiriert) mit jener Vereinfachung nicht zufrieden war, die das Postulat der Paradigma-Roheit hervorruft; ich versuchte statt dessen, einen abstrakt-allgemeinen Begriff der Nicht-Ausdehnbarkeit zu konstruieren. Ich begann mit dem traditionellen verallgemeinernden Analogiekunstgriff der Logistiker – wie dieser etwa durch Jevons dargestellt wird[28] –, und dann versuchte ich, die Endlichkeit der Ausdehnbarkeit nachzuweisen, indem ich mich der Logik der Termini bediene. Um dies machen zu können, muß man sich sagen, daß die Analogie-Art, wie wir sie wünschen, d. h. diejenige, die die Anwendung einer ganzen A-Organisation auf ein B-Feld bewirkt, als ein Beispiel der Qualifikation eines allgemeinen Namens oder eines 'Hauptwortes' durch ein komplexes 'Adjektiv' gilt. Wenn wir dies erlauben könnten, so könnten wir sagen, daß das Gesetz der Intension-Extension der Logik der Termini auch auf diesen Fall passen würde, und zwar in der folgenden Form: Wird die Bedeutung-in-Intension eines solchen 'Adjektiv-Hauptwortes' unbeschränkt dadurch gesteigert, daß man weitere Adjektive addiert, so wird die Bedeutung-in-Extension dementsprechend vermindert. Darum ist es einerlei, welche Schwelle oder Null-Grenze der verständlichen Bedeutung man auch annimmt; es kommt ein Zustand, bei dem die sich ununterbrochen erweiternde Sequenz über diesen Wert hinausgeht; dadurch kommt das Phänomen des 'Todes durch tausend Qualifikationen' zustande. Aber ich denke nicht, daß die Entwicklung der Paradigma-Analogie, die eintritt, wenn eine gute neue wissenschaftliche Forschungslinie beginnt, als eine einfache Extra-Terminus-Qualifikation gelten kann; denn die ganze Bedeutung davon besteht ja darin, daß ein neues Anwendungsgebiet entdeckt wird, das man nie ohne die paradigmatische Analogie entdeckt hätte, und daß auf diese Weise die Bedeutung-in-Extension der ganzen Terminus-Sequenz *gesteigert* wird.

So versagte mein Versuch, in bezug auf die Paradigma-Ausdehnung abstrakt zu sein, und ich fand mich der unentrinnbaren Eigenschaft der Roheit gegenüber, indem ich *ignotum per ignotius* erklären wollte, d. h. ein logisch nicht bekanntes Wesen, ein Paradigma, mit Hilfe einer noch weniger bekannten logischen Eigenschaft, der Roheit, beleuchten wollte. Der Kern des Problems ist, daß man eine rohe Analogie, die in zweifelhaften Worten aufgestellt wird, als ein künstliches Gebilde ins Auge fassen soll; Bilder und Drahtmodelle lassen sich verhältnismäßig leicht einfügen, wenn erst dieses zentrale Problem gelöst ist. Und dies

---

[28]) Jevons [1873]: siehe *Analogie* im Index; und auch Kapitel II, über die Logik der Termini, und besonders S. 25–27.

muß doch ins Auge gefaßt werden. Denn es ist ja eine evidente Tatsache, daß der Wissenschaftler, der in einer neuen Wissenschaft arbeitet, *unter Benutzung des Sprechens* – mit oder ohne Inanspruchnahme eines mechanischen Apparates oder der Mathematik – eine rohe Analogie konstruiert und erweitert. Und verfährt er in der Tat so, dann ist die Tatsache selber, daß er dies tut, zum 'toten Hund' der logisch-philosophischen Theorie geworden. Dies ist besonders deswegen so, weil sich in der Literatur immer mehr Arbeiten mit 'Semantik' oder mit 'Bedeutungen' innerhalb der Wissenschaft beschäftigen; und da sie die Doppeldeutigkeit des Wortes als Problem gar nicht berücksichtigen, sagen sie manchmal sonderbare Dinge.[29]

Kuhns eigener Bericht über die Grenzen und über die Ausdehnbarkeit eines Paradigmas ist skizzenhaft und fehlerhaft; er selber entschuldigt sich auch dafür.[30] Auf der anderen Seite ist die Art, wie er das Versagen eines Paradigmas beschreibt – so nämlich, daß innerhalb des Paradigmas eine Anomalie auftaucht, die sich zur Krise vertieft –, sehr erhellend und realistisch, wenn man diese Beschreibung auf eine neue Wissenschaft anwendet. Sein wesentlicher Gedanke ist, daß die Anomalie eine Unwahrheit ist oder ein Problem, das lösbar sein sollte, aber nicht lösbar ist, oder ein verwandtes, aber nicht willkommenes Ergebnis, oder ein Widerspruch, oder eine Absurdität, *die dadurch aufgeworfen wird, daß das Paradigma*

---

[29] Siehe nicht bloß Feyerabends [1962], sondern auch Brodbeck [1962] und Putnam [1962]; und die frühere Ryle-Toulmin-Scriven-Bibliographie, worauf sie Bezug nehmen.
Mir scheint Feyerabends Irrtum philosophisch zu sein: indem er ohne Distinktion gegen die Sprachphilosophen donnert, versäumt er es, die *Truismen* und die kombinatorischen Quellen der natürlichen Sprache zu unterscheiden. Brodbeck behauptet, daß die informelle Unterhaltung der Physiker elliptisch, anspielend, lakonisch, kontextgebunden sei, während ihre offiziellen Berichte explizit, verständlich, logisch vollständig und kontextfrei wären; oder wenn das alles nicht stimmen sollte, so sei schuld daran nur, daß sie jenen idealen platonischen Physiker-Bericht nicht erreichten, den sie eigentlich hätten schreiben können (S. 237–238). Sie macht auch vernünftige Bemerkungen derart, daß die Philosophen der ordinary language zu Recht kritisiert haben, daß ein Ausdruck wie 'Es ist notwendig, daß weiße Pferde weiß sind' eine Feststellung aus normaler englischer Prosa sei, während sie doch tatsächlich entweder ein offenkundiges Beispiel aus einem Logikbuch ist oder ein zwar unwahrer, aber blendender poetischer Hinweis, der sich auf Wogen, Gasthäuser, beliebte Schriftsteller und engelhafte Beförderung bezieht ebenso wie auf natürliche Tiere (S. 238). Sie stellt ferner fest, daß die Sprache der Logiker nützlich für die Philosophen ist „genau deshalb und nur insofern, als sie eine Rekonstruktion eines großen Teils der Sprache darstellt, die wir sprechen" (ebenda). Putnam setzt sich gründlich auseinander mit Quines Beispielsatz 'Alle Junggesellen sind unverheiratet'; aber im Verlauf dieser Untersuchung stellt er nicht nur fest, daß 'Junggeselle' kontextfrei ist (wobei er die Knöpfe von Junggesellen, bachelors of art, Knappen mittelalterlicher Ritter – und Fodor und Katz vergißt); sondern auch, daß es nicht gesetzgebunden ist (wobei er gleichfalls die Auswirkung auf den Gebrauch des Wortes 'männlich' in Testeron-Experimenten und Chromosomen-Abirrungen von Zwischengeschlechtlichen vergißt). In ähnlicher Weise – obwohl in einem aufregend interessanten Artikel – begnügt er sich mit der rohen Bemerkung (S. 362), daß es keine Synonymien und Analytizitäten gibt, die der Sprache zugrundeliegen (demzufolge könnte Strawson recht haben); weiterhin kommt er zu der falschen Feststellung, Linguisten wüßten, wie man eine natürliche Sprache mit Hilfe einer Menge von Regeln beschreibt (S. 389–390).
Machen hervorragende Denker derartige Bemerkungen, so sind offenbar neue Einsichten in den ganzen Gegenstand notwendig.
[30] Kuhn [1962], S. 86 und 89. Nur an einem Punkt argumentiert Kuhn dafür, daß die Paradigmen nicht-ausdehnbar sein *müssen* (S. 95–96); meistens zieht er sich in die Geschichte zurück, und er sagt, daß sie es sind.

allzu weit getrieben wird.[31]) Es handelt sich also nicht um ein zufälliges Gegenargument zur Theorie, um eine unangenehme Tatsache, die Kuhn mit Recht als bloß 'ärgerlich' charakterisiert.[32]) Es ist auch keine außerparadigmatische Neuheit[33]) und auch nicht ein Problem, das innerhalb des betreffenden Gebietes auf einer früheren Stufe schon existierte, das aber die Erfinder des Paradigmas unterdrückten und unsichtbar machten, weil es mit der 'grundlegenden Verpflichtung'[34]) des Paradigmas unvereinbar ist. Damit die Anomalie eine wahre sei, muß sie innerhalb des Paradigmas selbst entstehen; so daß, wenn das Paradigma als eine rohe Analogie aufgefaßt werden soll, dann die Anomalie in ihrer einfachsten und rohesten Form der neutralen Analogie von Hesse entspricht, von der gilt, daß sie eine negative Analogie ist;[35]) d. h. also, sie entspricht einer Reihe von Behauptungen (oder Gesetzen), entwickelt innerhalb der Analogie selbst, die wahr sein sollten, wenn die Analogie sich so weitgehend halten könnte, die jedoch nicht wahr sind, da die Analogie nicht so weit gültig ist. Unvermeidlich werden in dieser einfachen Situation Versuche unternommen, die Analogie anzupassen. In einer komplexeren, mathematisierten Situation werden Versuche unternommen, um entweder die Mathematik zu erweitern, zu komplizieren, um Varianten der Theorie hervorzubringen oder um die grundlegenden Annahmen der Theorie auszugraben, um die Analogie wieder daran anzupassen.[36]) Die Anomalie vertieft sich zu einer Krise, wenn diese Versuche versagen; wenn z. B. die Komplexität der Theorie schneller als ihre Genauigkeit zunimmt;[37]) das Gebiet der Störung wird nicht kleiner, sondern größer, bis auch die Grundlagen des Paradigmas fraglich werden;[38]) oder es gelingt einigen Außenstehenden, mit einem völlig anderen Gesichtspunkt und mit einer primitiven Technik jenes Hauptproblem leicht zu lösen, das die

[31]) Kuhn [1962], S. 65 (siehe auch S. 5, 52 und 78).

[32]) Kuhn [1962], S. 78–79. Kuhn selber sagt: „wenig aufregend" [minor irritant].

[33]) Ebenda, Anm. 2; besonders S. 5 über die Unterdrückung der fundamentalen Neuheit; und alle anderen Passagen, die in einem Kuhn-Index (wenn es einen solchen Index gäbe) unter dem Stichwort 'Neuheit' erscheinen würden. Siehe auch den Begriff 'Anomalie' in demselben imaginären Kuhn-Index.

[34]) Kuhn [1962], S. 5 (zum Begriff der 'grundsätzlichen Verpflichtung'); S. 102: „… die Aufnahme eines neuen Paradigmas macht manchmal die neue Definition der entsprechenden Wissenschaft unumgänglich. Manche alten Probleme müssen auf einmal anderen Wissenschaften überlassen werden, oder sie müssen für völlig 'unwissenschaftlich' erklärt werden." S. 37: „… Eines der Dinge, das eine wissenschaftliche Gemeinschaft mit einem Paradigma gewinnt, ist ein Kriterium für die Problemwahl: Welche Probleme haben vermutlich Lösungen, solange man am Paradigma festhält? Meistens sind es die einzigen Probleme, die die Gemeinschaft als wissenschaftliche zuläßt oder ihren Mitgliedern zumutet. Andere Probleme, darunter auch manche solche, die früher als maßgeblich galten, werden als metaphysische Fragen abgelehnt oder als Fragen anderer Disziplinen; manchmal erklärt man derartige Fragen auch für allzu problematisch, um mit ihnen Zeit zu verlieren." Beispiele für grundlegende Probleme, die später 'unsichtbar' wurden, siehe S. 103–107; für eine allgemeine Besprechung der 'Unsichtbarkeit' siehe auch das ganze Kapitel 'Revolutions as Changes in World View' [= Revolutionen als Wandlungen in der Weltbetrachtung].

[35]) Hesse [1963], S. 9ff.

[36]) Kuhn [1962], S. 90: „Die Vermehrung der konkurrierenden Artikulationen, die Bereitschaft, alles zu probieren, der Ausdruck der Unzufriedenheit, die Zuflucht zur Philosophie und zur Debatte über die Grundlagen – all dies sind Symptome des Überganges von der normalen zur außergewöhnlichen Forschung." Siehe auch den Vergleich der Krisis-Wissenschaft mit der vorparadigmatischen Wissenschaft (S. 84).

[37]) Ebenda, S. 68–70.

[38]) Ebenda, S. 65.

ganze Störung verursacht hatte, so daß jetzt das ganze Paradigma mit allen seinen Verpflichtungen, Derivationen und Annahmen wie ein schlechter Traum aussieht. Formulieren wir es allgemeingültiger: Es handelt sich nicht bloß darum, daß ein voll ausgebreitetes Paradigma oder eine Theorie einen Punkt erreicht, bei dem der Erfolg sich verringert. Die Situation ist noch schlimmer. Das Paradigma selbst hat einen schlechten Einfluß auf den Wissenschaftler, wenn es allzuweit getrieben wird: Es führt zu begrifflicher Inkonsistenz, Absurdität, zu falschen Erwartungen, Unordnung, Komplexität und Konfusion, genau so, wie es im Falle einer rohen Analogie ist, wenn die Analogie, sagen wir in einem Gedicht, allzusehr gezwungen wird; ganz anders ist der Fall in einem System der reinen Mathematik; ein solches führt nämlich zu unentscheidbaren Formeln oder zu Widersprüchen, oder es gibt keine Beweise; es ist also in diesen letzteren Fällen feststellbar, wo der Fehler begangen wurde.

Kein Wissenschaftstheoretiker vor Kuhn hat diese Verschlechterung geschildert. Alle haben bisher nur das stufenweise Zusammenstürzen der verschiedenen wissenschaftlichen Theorien auf Grund jener Tatsache getadelt, daß die Theorien am Ende in der Erfahrung doch falsifiziert wurden; z. B. wurden neue Tatsachen bekannt; die Natur hat die Kooperation sozusagen gekündigt. Aber keiner hat diese Theorien auf Grund jener Tatsache getadelt, daß diese – da sie in ihren Herzen sozusagen konkrete analoge Paradigmen enthalten müssen, die ihre grundlegenden Verpflichtungen definieren, und da der Effekt dieser Paradigmen darin besteht, daß sie ihre Anwendungsgebiete drastisch beschränken – selbstverständlich zusammenstürzen müssen, wenn sie allzusehr ausgebreitet werden. Dahin führt ihre Entwicklung selbst, ohne daß die Natur gegen sie einschreiten müßte.

Und jetzt kommen wir schließlich zum Kern der Frage: Wir fassen nämlich die rohe Analogie als ein künstlich hergestelltes Gebilde ins Auge. Der Kern dieser Überlegung besteht in der Frage: Wie erweitert sich ein rohes Paradigma? oder: Was versteht Kuhn (wenn überhaupt etwas) unter 'Nachbildung' [replication]?

Ich will mit der zweiten Frage beginnen, da sie zur ersten zurückführt. Ein Zeichen dafür, daß Kuhn den Gedanken ernst nimmt, daß die Normalwissenschaft aus Rätsellösen besteht (und darum das Paradigma ein künstlich hergestelltes Gebilde sein muß), findet man darin, daß er sich unmittelbar danach fragt (S. 38): „Wenn man es mit Rätsellösen zu tun hat, wo sind dann die Regeln dafür?", und dann muß er sich plötzlich mit der Tatsache abfinden (S. 42–46), daß drei Viertel der Zeit gar keine Regeln da sind. Angesichts der eigenen Unfähigkeit, irgendwelche Regeln zu finden, versucht Kuhn zwei verschiedene Wege, die miteinander unvereinbar sind. Der erste Weg wäre (S. 42–44), stur zu behaupten, es seien gar keine Regeln nötig. Der zweite Weg wäre (S. 38–39) zu behaupten, daß die 'Regel' eigentlich gar keine 'Regel', sondern eher ein 'Vorurteil' oder ein 'festgelegter Gesichtspunkt' sei. Dieser zweite Vorschlag genügt natürlich nicht, um das Rätsellösen zu erklären; denn die Regeln sind entweder Regeln, oder sie sind keine Regeln. Daß auch Kuhn sich dessen völlig bewußt ist, geht auch daraus hervor, daß er von dieser Stelle ab, ja auch überall in seinem Buch, an seinem ersten Vorschlag festhält; er bemüht sich ununterbrochen, dahinterzukommen, wieso eigentlich die Paradigmen ohne Regeln funktionieren. Seine Vorschläge dafür sind die folgenden: Es ist möglich, daß die Paradigmen sich so entwickeln, daß sie ein 'Netzwerk von Überschneidungen', die sog. 'Familienähnlichkeiten' (im Sinne von Wittgenstein, S. 45) ausnützen; jede Ähnlichkeit ist nur in bezug auf gewisse Eigenschaften und zwischen einigen Teilen gültig. Oder vielleicht „beziehen sich (die Paradigmen), was die Ähnlichkeit und was die Modellierung betrifft, auf den einen oder anderen Teil jenes wissenschaftlichen Corpus, das die fragliche Gemeinschaft schon zu ihren festen Errungenschaften rechnet ..." (S. 45). Früher, bei der Definition des 'Paradigmas' (S. 23), sprach er über eine exakte grammatikalische 'Nachbildung-Beziehung', die jedoch, wie er behauptet, „selten für ein Paradigma und seine Exemplifizierungen gilt". Ein anderes Mal (S. 32 ff.) sprach er über die 'Artikulierung' oder 'Reformulierung' eines Paradigmas als über einen Prozeß, der, wenn er in einer qualitativen Wissenschaft vorkommt, sich in den Termini eines normalen mathematischen Schließens nicht beschreiben läßt. Es ist natürlich möglich, daß alle diese Kuhnschen Ähnlichkeits-Relationen kein *Genus* bilden; sie können sich alle voneinander unterscheiden; aber selbst wenn dies der Fall ist (vgl. oben meine Besprechung der verschiedenen Bedeutungen des Paradigma-Begriffs), sagt Kuhn, philosophisch gesprochen, eigentlich nichts Bestimmtes. Aber wenn diese doch ein Genus bilden und wenn sie – wie ich es von nun an annehmen möchte – auf verschiedenen Wegen dasselbe besagen, dann behauptet Kuhn etwas, was philosophisch vollkommen neu ist.

Nach dieser Auslegung behauptet nämlich Kuhn, daß die Paradigmen sich innerhalb der Normalwissenschaft auf zwei verschiedene Weisen ausbreiten und entwickeln können. Sie entwickeln sich auf einem mathematischen oder auf einem anderen regel-gelenkten Wege des Schließens; einzig und allein eine solche Art ermöglicht das Rätsellösen. Aber sie können sich ursprünglich auch durch intuitive 'Artikulierung' ('Familienähnlichkeiten', 'direkte Modellierung', 'Nachbildung', in einem erweiterten Sinne – oder alle diese zusammen) entwickeln. Dieser zweite Vorgang ist auch im erweiterten Sinne von 'folgern' eine Form von Schlußfolgerung – in dem Sinne nämlich, in dem 'folgern' buchstäblich jede Art von Erlaubnis bedeutet, von einer Einheit oder Folge von Einheiten bzw. Sachverhalten zu einer anderen Einheit oder Folge von Einheiten bzw. Sachverhalten überzugehen –, aber das geschieht intuitiv, nicht nach Regeln.

Und dies führt uns zu unserer vorigen Frage zurück: Wie erweitert sich ein rohes Paradigma? Heißt die Antwort: durch intuitive Folgerung, dann fragen wir weiter: Was ist diese intuitive Folgerung? Ist sie wirklich eine intuitive? Gibt es nämlich eine Operation, die überhaupt nicht intuitiv ist, die sich vollkommen mechanisieren läßt, so ist diese gerade das Herstellen einer Nachbildung B' nach einem ursprünglichen B. Es kann aber bei Kuhn wohl nicht von dieser Art Nachbildung die Rede sein. Er denkt vielmehr, daß, wenn B' eine Nachbildung von B ist, B' für ein Ziel P die *Hauptzüge* von B reproduziert. Wird z. B. ein mathematisches Modell M einem rohen Paradigma C auf die beschriebene Weise 'angehängt', so reproduziert M für irgendwelche P die *Hauptzüge* von C. M. Black[39]) sagt über diesen Fall bei der Beschreibung dieser Modell-Original-Form der Beziehung: Es kann vorkommen, daß manche Eigenschaften, die, oberflächlich gesehen, Hauptzüge von M darstellen – z. B. sein Maßstab –, irrelevant sind, wenn man die Nachbildung zwischen M und C aufbaut; sie sind in der Zielsetzung von P nicht mit inbegriffen. Aber es müssen zwischen M und C gewisse entsprechende Hauptzüge vorhanden sein; sonst könnten wir nicht behaupten, daß M ein Modell von C ist.

Es gibt nun zwei Formen des formalen Denkens, die unter dem Gesichtspunkt der Nachbildung der Hauptzüge relevant sind; beide Formen sind den Computer-Wissenschaften zu verdanken. Die erste von diesen, über die es jetzt schon eine ganze Literatur

---

[39]) Black [1962], S. 219–223. Black weist darauf hin, daß die Modell-Original-Formel in Wirklichkeit gewöhnlich komplizierter ist, als ich es hier definiert habe.

gibt,[40]) ist die Mathematik der Klassifikation oder der 'Gruppen' [clumps], d.h. die Formalisierung des Prozesses, Wittgenstein-Familien zu finden. Die zweite ist diejenige, über die es so gut wie gar keine Literatur gibt, abgesehen von der allgemeinen Literatur über die mechanisierte Muster-Erkenntnis;[41]) diese besteht aus einer Reihe von Vorschriften, wie ein digitaler Computer eine 'nicht-exakte Anpassung' [inexact match] zwischen zwei solchen Formeln herstellen soll, die einander sehr ähnlich, aber miteinander nicht identisch sind.

Nach diesen beiden Methoden sollen die Konglomerate der fraglichen Angaben mit Hinweis auf eine Reihe von Eigenschaften charakterisiert werden, bei deren Berücksichtigung sich immer eine Antwort auf die Frage erteilen läßt: Besitzt dieses Konglomerat diese Eigenschaft oder nicht? Wenn ja, dann schreibt man *1*, und wenn nicht, dann schreibt man *0* zu den Charakteristiken. Am Ende der Charakterisierung werden gleichlange, aus zwei Einheiten bestehende Zahlen für alle Konglomerate der Angaben produziert; und für alle Angaben, die nach der Charakterisierung als genau dieselben erscheinen, erscheinen auch die aus zwei Einheiten bestehenden Zahlen als gleich. Doch kann man in jenen anderen Fällen, in denen – wie wir sagen – 'irgendeine Ähnlichkeit', aber keine vollständige Gleichheit vorhanden ist, zweierlei tun: *a)* In der Mathematik der Gruppen kann ein Ähnlichkeitskriterium formuliert werden,[42]) nach dem alle Konglomerate, die sich in der Untersuchung als ähnlich erwiesen, in dieselbe Familie gehören; oder *b)* man belastet einige Eigenschaften der Angaben oder einige Kombinationen der Eigenschaften von Angaben als 'Hauptzüge' der Angaben derartig, daß nur eine einzige Antwort auf die Frage möglich ist: Welche von allen Reihen der Konglomerate der Angaben $D_1 \ldots D_n$ ist 'in ihren Hauptzügen am ähnlichsten' einem anderen Konglomerat von Angaben D', das außerhalb der vorigen Reihe ist, d.h. welches D 'paßt nicht-exakt' zu D'? Dieser letzte Vorgang läßt sich außerordentlich schwer auf eine Programm-Form bringen (nicht als ob das Programmieren in der Mathematik überhaupt leicht wäre); in der Tat ist er so schwer, daß er der wohlbekannte Schreck des nicht-numerischen Programmierers ist.[43]) Aber nichtsdestoweniger läßt sich *prima facie* der Standpunkt vertreten, daß diese 'nicht-exakte Anpassung' [= inexact matching], wenn sie sich überhaupt verwirklichen läßt, gerade jene 'Nachbildungsrelation' ist, die wir suchen. Es ist nicht sicher, in welchem Sinne dies eine Relation ist: sie ist z.B. reflexiv und symmetrisch, aber nicht transitiv (aus der Tat-

---

[40]) Parker-Rhodes und Needham [1960]; Parker-Rhodes [1961]; Needham [1961*a*] und [1961*b*]; Needham [1963]; Needham und Spärck-Jones [1964] und Needham [1965].
[41]) Siehe z.B. Barus [1962].
[42]) Es werden verschiedene Ähnlichkeits-Kriterien in den Untersuchungen erwähnt, die ich in Anm. 40 genannt habe. Am frühesten formuliert wurde dasjenige von Tanimoto [1958]. Siehe auch Sneath und Sokal [1963].
[43]) Man kann einen falschen regressus ad infinitum auf die folgende Form bringen:
I) Die Tests für Ähnlichkeit der Hauptzüge lassen sich jenseits einer gewissen Schwelle nicht anwenden, solange Tests dafür, daß es sich in der Tat um Hauptzüge handelt, nicht angewendet wurden.
II) Die Tests dafür, daß es sich in der Tat um Hauptzüge handelt, lassen sich nicht anwenden, bevor man sie nicht geordnet hat, nachdem es sich herausgestellt hatte, daß sie nicht voneinander unabhängig sind. Es muß darum ein dritter Calculus eingeführt werden, damit man die Kriterien überhaupt ordnen kann.
III) Die Überlegungen des Ordnens selber sind von anderen Überlegungen abhängig, was man ausklammern soll … (etc.).
Mit anderen Worten: die Komplexität nimmt schneller zu als die Mittel, mit den Komplexitäten fertig zu werden.

sache, daß die Hauptzüge von *A* denjenigen von *B* ähnlich sind und die Hauptzüge von *B* denjenigen von *C*, folgt keineswegs, daß die Hauptzüge von *A* den Hauptzügen von *C* ähnlich sind; dazu müßte noch jede Abbildung auch ein identisches *P* besitzen). Auf diese Weise ist die Nachbildungslogik in ihrem rohen Zustand eine Ein-Schritt-zu-einer-Zeit-Logik, die ihren Grund nie verliert; eine Logik, in der die ganze vermeintliche Anstrengung darin besteht zu sehen, unter welchen Bedingungen, unter welcher Belastung, unter welcher Zurückschaltung der Information, um die Belastung zu verändern, und um welchen Preis in bezug auf die Fülle und Vollständigkeit des Charakterisierungsschemas eine beschränkte Summe der Rekursivität unter gewissen Sequenz-Mustern der Nachbildungen festgelegt werden kann. Ein Zug dieser Logik ist immer transitiv, nämlich die zeitliche Aufeinanderfolge: denn wenn A in der Nachbildungssequenz früher auftaucht als B und B früher als C, dann taucht A früher auf als C. Und dies könnte wichtig sein, wenn der Untersuchungsgegenstand die stufenweise Akzentuierung eines im voraus gewählten Hauptmerkmals durch eine Folge von Replikations-Sequenzen ist, von denen jede ihren Output mit einem anderen rückkoppelt.

Es ist nicht einmal sicher, ob die Nachbildung im strengsten Sinne des Wortes eine Form des Folgerns ist. Ich sehe z. B. überhaupt nicht ein, wie man von ihr aus irgendein Theorem des Folgerns beweisen könnte. In der Tat: kontrastiert man die Nachbildung und die Kontrollnachbildungen mit einfacher normaler Deduktion, so sind diese früheren logisch entsetzlich. Doch bringt das menschliche Gehirn in seinem nicht-bewußten Erkennensprozeß, wie es scheint, gerade dies am leichtesten zustande; die künstlichen Intelligenzen haben zuletzt diese Frage in ein neues Licht gerückt.[44] Und ich glaube, das Paradigma von Kuhn erweitert sich gerade auf diese Weise. Einige sehr einfache Replikations-Systeme sind gegenwärtig ausgearbeitet worden; z. B. gilt auf dem Gebiete der Wiederauffindung von Information jeder Wiederauffindungsalgorithmus, dem ein 'scale-of-relevant-procedure' zugeordnet ist, als ein Replikationssystem innerhalb der Beschreibung, die ich gegeben habe; das gleiche gilt für jedes Suchverfahren, das Hauptmerkmale [features] unterscheidet und das in Form eines 'character-reader' entwickelt ist. Aber über solche Verfahren ist noch nicht allgemein nachgedacht worden, so daß keine allgemeine Analyse der Operation 'Wiedererkennen von Hauptmerkmalen' bis jetzt gemacht worden ist.

Angesichts der offensichtlichen Schwierigkeiten, mit so etwas wie Kuhns rohem Paradigma zu arbeiten, auch mit einer Maschine (unter der Bedingung, daß ich Kuhns Paradigma richtig interpretiert habe), und angesichts jenes offensichtlichen Skeptizismus, den selbst jener Vorschlag hervorrufen muß, daß man Kuhns Paradigma ernst und philosophisch nehmen muß, wird es sich lohnen, uns in einem letzten Abschnitt daran zu erinnern, was passiert, wenn wir Kuhns Gedanken *nicht* folgen, ja, wenn wir seinen ganzen Paradigma-Gedanken fallen lassen.

Es mag schwer sein, Kuhns Gedanken zu ermitteln und ihn zu entwickeln; aber tun wir dies nicht, so scheint es mir, daß wir in eine sehr unangenehme Situation geraten. Denn mögen wir auch noch so sehr Kuhns Konklusionen im einzelnen bekritteln: wir werden als Historiker nicht dorthin zurückgehen können, wo wir vor Kuhn und seinen unmittelbaren Vorgängern waren. Ihr Protest gegen die unbewußte Unehrlichkeit und gegen die Flut von Vorurteilen, mit denen die Geschichte der Wissenschaft in den wissenschaftlichen Handbüchern behandelt wird, geht allzu tief und bedingt auch ihre heftige Stellungnahme gegen die allzu einfa-

---

[44]) Siehe besonders den Begriff der 'Regenerierung' in Good [1965].

che und verzerrte akkumulative Betrachtungsart der Wissenschaft, die ein Ergebnis dessen ist, daß man die Handbücher so liest, als stellten diese die wirkliche Geschichte dar. Auf der anderen Seite: Führt eine bessere Rekonstruktion der Wissenschaftsgeschichte zu keinen adäquateren Ansichten über die Wissenschaft selbst, wozu betreibt man dann überhaupt Wissenschaftsgeschichte? Ist es vielleicht ein esoterisches Steckenpferd der Wissenschaftler? Die Geschichte der Wissenschaft soll ihrer Natur nach – als ein Teil der Geschichte der Ideen – eine solche Disziplin sein, die eine tiefere Einsicht der Wissenschaftler in die wirkliche Natur ihrer eigenen Wissenschaft fördert. Wenn sie dies nicht leistet, so wird sie trivial; eine Aktivität, die darin besteht, daß man eine pädagogische Sammlung nicht sehr wichtiger Tatsachen zusammenstellt. Ziehen wir uns also zurück und untersuchen wir gar nicht weiter Kuhns neues Bild von der Wissenschaft, so setzen wir uns der Gefahr aus, den neuen Stil, realistisch Wissenschaftsgeschichte zu betreiben, von der Philosophie alten Stils völlig zu trennen, was eine Katastrophe wäre.

Wenn wir vorangehen und wenn ich mit meiner Analyse recht habe, so müssen wir von neuem untersuchen, was von der Analogie wahr ist im Lichte dessen, was nach Kuhns Analysen am Paradigma wahr ist.

Literatur

Barus [1962]: 'A Scheme for Recognizing Patterns for an Unspecified Class', in Fischer, Pollock, Raddack and Stevens *(eds.): Optical Character Recognition,* 1962.

Black [1962]: *Models and Metaphors,* 1962.

Brodbeck [1962]: 'Explanation, Prediction and „Imperfect Knowledge" ', in Feigl and Maxwell *(eds.): Minnesota Studies in the Philosophy of Science,* **3**, pp. 231–272.

Campbell [1920]: *Foundations of Science,* 1920.

Feyerabend [1962]: 'Explanation, Reduction and Empiricism', in Feigl and Maxwell *(eds.): Minnesota Studies in the Philosophy of Science,* **3**, pp. 28–97.

Good [1965]: *Speculations Concerning the First Ultra-Intelligent Machine,* 1965.

Gregory [1966]: *Eye and Brain,* 1966.

Hesse [1963]: *Models and Analogies in Science,* 1963.

Hesse [1964]: 'The Explanatory Function of Metaphor', in Bar-Hillel *(ed.): Logic, Methodology, and Philosophy of Science,* 1966, pp. 249–259.

Jevons [1873]: *The Principles of Science,* 1873.

Kuhn [1962]: *The Structure of Scientific Revolutions,* 1962.

Lakatos [1963–1964]: 'Proofs and Refutations', *The British Journal for the Philosophy of Science,* **14**, pp. 1–25, 120–139, 221–243 and 296–342.

Needham [1961a]: 'The Theory of Clumps, II', *Cambridge Language Research Unit Working Papers,* **139**.

Needham [1961b]: 'Research on Information Retrieval, Classification and Clumping, 1957–1961' *Ph. D. Thesis,* Cambridge, 1961.

Needham [1963]: 'A Method for Using Computers in Information Classification', in *Information Process 62: Proceedings of the International Federation for Information Processing Congress, Amsterdam,* 1962.

Needham and Spärk-Jones [1964]: 'Keywords and Clumps', *Journal of Documentation,* **20**, no. 1.

Needham [1965]: 'Applications of the Theory of Clumps', *Mechanical Translation,* **8**, pp. 113–127.

Parker-Rhodes and Needham [1960]: 'The Theory of Clumps', *Cambridge Language Research Unit Working Papers,* **126**.

Parker-Rhodes [1961]: 'Contributions to the Theory of Clumps', *Cambridge Language Research Unit Working Papers,* **138**.

Popper [1963]: *Conjectures and Refutations,* 1963.

Putnam [1962]: 'The Analytic and the Synthetic', in Feigl and Maxwell *(eds.): Minnesota Studies in the Philosophy of Science,* **3**, pp. 358–397.

Sneath and Sokal [1963]: *Principles of Numerical Taxonomy,* 1963.

Tanimoto [1958]: 'An Elementary Mathematical Theory of Classification and Prediction', *I.B.M. Research,* 1958.

Falsifikation und die Methodologie wissenschaftlicher Forschungsprogramme[1])

Imre Lakatos
London School of Economics

1. Die Wissenschaft: Vernunft oder Religion?

2. Fallibilismus versus Falsifikationismus

   a) Der dogmatische (oder naturalistische) Falsifikationismus.
      Die empirische Basis

   b) Der methodologische Falsifikationismus. Die 'empirische Basis'

   c) Raffinierter versus naiver Falsifikationismus.
      Progressive und degenerative Problemverschiebungen

3. Eine Methodologie wissenschaftlicher Forschungsprogramme

   a) Negative Heuristik; der 'harte Kern' der Programme

   b) Positive Heuristik; die Konstruktion des 'Schutzgürtels' und die
      relative Autonomie der theoretischen Wissenschaft

   c) Zwei Illustrationen: Prout und Bohr

      c1) Prout: Fortschritt eines Forschungsprogramms inmitten eines
          Ozeans von Anomalien

      c2) Bohr: Fortschritt eines Forschungsprogramms auf kontradiktorischer
          Grundlage

   d) Ein neuer Blick auf entscheidende Experimente: das Ende der Sofort-
      rationalität

      d1) Das Michelson-Morley-Experiment

      d2) Die Lummer-Pringsheim-Experimente

      d3) Beta-Zerfall versus Erhaltungssätze

      d4) Schluß. Die Bedingung ständigen Wachstums

4. Poppersches versus Kuhnsches Forschungsprogramm

   Appendix: Popper, der Falsifikationismus und die 'Duhem-Quine-These'

---

[1]) Dieser Aufsatz ist eine sehr verbesserte Fassung von [1968b]. Teile daraus sind hier mit Zustimmung des Herausgebers der *Proceedings of the Aristotelian Society* unverändert wiedergegeben. Bei der Vorbereitung der neuen Fassung wurde ich wirksam unterstützt von Tad Beckman, Colin Howson, Clive Kilmister, Larry Laudan, Eliot Leader, Alan Musgrave, Michael Sukale, John Watkins und John Worrall.

1.   Die Wissenschaft: Vernunft oder Religion?

Jahrhundertelang verstand man unter Wissen bewiesenes Wissen – bewiesen entweder durch die Kraft der Vernunft oder durch die Evidenz der Sinne. Es galt als ein Gebot der Weisheit und der intellektuellen Redlichkeit, sich unbewiesener Behauptungen zu enthalten und die Kluft zwischen bloßer Spekulation und begründetem Wissen, sogar im Denken, auf ein Mindestmaß zu beschränken. Wohl wurde die beweisende Kraft des Verstandes und der Sinne schon vor mehr als zwei Jahrtausenden von den Skeptikern in Frage gestellt, aber sie wurden durch den Triumphzug der Newtonschen Physik mit Verwirrung geschlagen. Einsteins Ergebnisse haben die Situation dann wieder auf den Kopf gestellt, und heute gibt es nur noch wenig Philosophen und Wissenschaftler, die der Ansicht wären, wissenschaftliche Erkenntnis sei oder könnte bewiesenes Wissen sein. Aber fast niemand sieht ein, daß damit auch das ganze klassische Gebäude intellektueller Werte zusammenbricht und durch etwas Neues ersetzt werden muß: Man kann das Ideal bewiesener Wahrheit nicht einfach *verdünnen* – etwa zum Ideal 'wahrscheinlicher Wahrheit'[2]), wie es einige logische Empiristen tun, oder zur 'Wahrheit aufgrund [wechselnder] Übereinstimmung'[3]), die wir bei einigen Wissenssoziologen finden.

Poppers Verdienst besteht vor allem darin, daß er die Folgen des Zusammenbruches der bestbewährten wissenschaftlichen Theorie aller Zeiten, nämlich der Newtonschen Mechanik und Gravitationstheorie, voll und ganz verstanden hat. Lobenswert ist seiner Ansicht nach nicht das vorsichtige Vermeiden von Irrtümern, sondern ihre erbarmungslose Beseitigung. Kühnheit im Vermuten auf der einen Seite und Strenge im Widerlegen auf der anderen: das ist Poppers Rezept. Die intellektuelle Redlichkeit besteht nicht darin, daß man versucht, seine Position fest zu verankern oder sie durch Beweis (oder 'wahrscheinlich machen') zu begründen – die intellektuelle Redlichkeit besteht vielmehr darin, daß man jene Bedingungen genau festlegt, unter denen man gewillt ist, die eigene Position aufzugeben. Engagierte Marxisten und Freudianer weigern sich, solche Bedingungen anzugeben; daran erkennt man ihre intellektuelle Unredlichkeit. Sich einem *Glauben* hinzugeben, mag eine leider unvermeidliche biologische Schwäche sein, die durch Kritik kontrolliert werden muß; ein *Engagement* aber ist in Poppers Augen ein glattes Verbrechen.

Ganz anders Kuhn. Auch er verwirft die Idee, daß der Fortschritt der Wissenschaft in der Akkumulation ewiger Wahrheiten bestünde.[4]) Auch er schöpft seine wichtigste

---

[2]) Der Hauptvertreter des Ideals der 'Wahrscheinlichkeit' ist heute Rudolf Carnap. Zum historischen Hintergrund und zur Kritik dieser Position vgl. Lakatos [1968*a*].

[3]) Die zeitgenössischen Hauptvertreter des Ideals der 'Wahrheit kraft Konsens' sind Polanyi und Kuhn. Zum historischen Hintergrund und zur Kritik dieser Ideen vgl. Musgrave [1969*a*] und [1969*b*].

[4]) Er beginnt in der Tat seine Arbeit [1962] mit Argumenten gegen die Akkumulationstheorie des wissenschaftlichen Wachstums. Aber intellektuell ist er mehr Koyré als Popper verpflichtet. Koyré hat gezeigt, daß der Positivismus den Wissenschaftshistoriker in die Irre führt, weil die Geschichte der Physik nur im Rahmen einer Aufeinanderfolge von 'metaphysischen' Forschungsprogrammen verstanden werden kann. Wissenschaftliche Veränderungen sind also mit kataklysmischen metaphysischen Revolutionen verbunden. Kuhn entwickelt und illustriert diese Botschaft Burtts und Koyrés, und der große Erfolg seines Buches ist zum Teil auf seine schlagende und direkte Kritik der rechtfertigungsorientierten Geschichtsschreibung zurückzuführen. Es entstand daher eine Sensation unter jenen Wissenschaftlern und Wissenschaftshistorikern, die von Burtt, Koyré (oder Popper) noch nichts gehört hatten. Leider hatte Kuhns Botschaft autoritäre und irrationale Obertöne.

Inspiration aus Einsteins Überwindung der Newtonschen Physik. Auch sein Hauptproblem ist die *wissenschaftliche Revolution*. Aber während nach Popper Wissenschaft 'Revolution in Permanenz' und Kritik der Kern des wissenschaftlichen Unternehmens ist, stellt nach Kuhn eine Revolution eine Ausnahme, ja etwas Außerwissenschaftliches dar, und Kritik ist in 'normalen' Zeiten Anathema. In der Tat bezeichnet für Kuhn der Übergang von Kritik zum Engagement jenen Punkt, wo der Fortschritt – und die 'Normalwissenschaft' – beginnt. Für ihn ist der Gedanke, daß man nach der 'Widerlegung' einer Theorie ihre Verwerfung und Eliminierung fordern kann, ein 'naiver' Falsifikationismus. Kritik an der herrschenden Theorie und Vorschläge neuer Theorien sind nur in den seltenen Zeiten einer 'Krise' erlaubt. Diese letzte These von Kuhn ist mehrfach kritisiert worden,[5]) und ich gehe nicht auf sie ein. Was mich beschäftigt, ist der Umstand, daß Kuhn, der erkannt hat, daß weder die Rechtfertigungsphilosophie noch der Falsifikationismus das Wachstum der Wissenschaft auf rationale Weise begreifen können, nun in den Irrationalismus zurückzufallen scheint.

Für Popper ist der Wandel der Wissenschaft rational – oder zumindest rational rekonstruierbar – und fällt in den Bereich der *Logik der Forschung*. Nach Kuhn ist der Wandel der Wissenschaft – von einem 'Paradigma' zum anderen – ein Akt mystischer Bekehrung, der von Vernunftregeln weder gelenkt wird noch gelenkt werden kann und der völlig dem Bereich der *(Sozial-) Psychologie der Forschung* angehört. Mit anderen Worten: der Wandel der Wissenschaft ist eine Art religiösen Wandels.

Der Konflikt zwischen Popper und Kuhn betrifft nicht eine bloß fachtechnische Frage der Erkenntnistheorie. Er betrifft unsere zentralen intellektuellen Werte und hat Folgen nicht nur für die theoretische Physik, sondern auch für die unterentwickelten Sozialwissenschaften, ja selbst für die Ethik und die politische Philosophie. Wenn man selbst in der Naturwissenschaft eine Theorie nur auf Grund der Anzahl, des Glaubens und der Lautstärke ihrer Anhänger beurteilen kann, so trifft das noch viel mehr auf die Sozialwissenschaften zu: Wahrheit läge dann in der Macht. So rechtfertigt die Position Kuhns – ohne Zweifel gegen seine Absicht – das grundlegende politische Credo der religiösen Irren von heute (der 'Studentenrevolutionäre').

Ich zeige in diesem Aufsatz zunächst, daß in Poppers Logik der Forschung zwei verschiedene Positionen miteinander vermengt sind. Von ihnen versteht Kuhn nur eine, nämlich den 'naiven Falsifikationismus' (ich bevorzuge die Bezeichnung: 'naiver methodologischer Falsifikationismus'). Mir scheint Kuhns Kritik dieser Doktrin zutreffend, und ich werde sie sogar verschärfen. Aber Kuhn versteht nicht eine andere und mehr raffinierte Position, deren Rationalität nicht mehr auf einem 'naiven' Falsifikationismus beruht. Ich werde versuchen, diese stärkere Poppersche Position zu erklären – und weiter zu erhärten. Diese Position, so scheint es mir, kann sich den Einwänden Kuhns entziehen, und es gelingt ihr vielleicht, wissenschaftliche Revolutionen nicht als religiöse Bekehrungen, sondern als rationalen Fortschritt darzustellen.

2. Fallibilismus versus Falsifikationismus

Um die gegensätzlichen Thesen greifbarer zu machen, müssen wir die Problemsituation in der Wissenschaftstheorie nach dem Zusammenbruch des Rechtfertigungsdenkens rekonstruieren.

---

[5]) Vgl. z.B. die Beiträge von Watkins und Feyerabend in diesem Buch.

Für 'Rechtfertigungsdenker' besteht die Wissenschaft aus bewiesenen Aussagen.
Nachdem sie erkannt hatten, daß streng logische Deduktionen nur ein Schließen (ein Übertragen der Wahrheit), nicht aber ein Beweisen (ein Begründen der Wahrheit) ermöglichen, waren sie sich uneinig darüber, welcher Art jene Sätze (Axiome) sein sollten, deren Wahrheit mit nichtlogischen Mitteln bewiesen werden kann. Die *klassischen Intellektualisten* (oder 'Rationalisten' im engen Sinne des Wortes) haben sehr verschiedene – und wirkungsvolle – nicht-logische 'Beweisarten' (Offenbarung, intellektuelle Intuition, Erfahrung) zugelassen. Diese ermöglichten es ihnen, unter Zuhilfenahme der Logik wissenschaftliche Aussagen jeglicher Art zu beweisen. Die *klassischen Empiristen* akzeptierten als Axiome nur eine verhältnismäßig kleine Menge von 'Tatsachenaussagen', die 'harte Tatsachen' ausdrückten. Ihr Wahrheitswert wurde durch die Erfahrung begründet, und sie bildeten die *empirische Basis* der Wissenschaft. Um wissenschaftliche *Theorien* bloß auf Grund der schmalen empirischen Basis beweisen zu können, brauchten sie eine weitaus stärkere Logik als die deduktive Logik der klassischen Intellektualisten – die *'induktive Logik'*. Alle Vertreter des Rechtfertigungsdenkens, Intellektualisten wie auch Empiristen, waren sich darüber einig, daß eine singuläre Aussage, die eine 'harte Tatsache' ausdrückt, eine universelle Theorie widerlegen kann;[6] aber nur wenige von ihnen dachten, daß eine endliche Konjunktion von Tatsachenaussagen zum 'induktiven' *Beweis* einer universellen Theorie genüge.[7]

Das Rechtfertigungsdenken, d. h. die Gleichsetzung von Wissen und bewiesenem Wissen, war zu allen Zeiten die vorherrschende Tradition des rationalen Denkens. Der Skeptizismus hat das Rechtfertigungsdenken nicht in Frage gestellt; er behauptete lediglich, daß es kein bewiesenes Wissen gäbe (und geben könne) und daß eine Erkenntnis *aus diesem Grunde* überhaupt unmöglich sei. Für die Skeptiker war 'Wissen' nichts als animalischer Glaube. So hat der Skeptizismus der Rechtfertigungsdenker das objektive Denken verhöhnt und dem Irrationalismus, Mystizismus und Aberglauben Tür und Tor geöffnet.

Diese Situation erklärt die enormen Anstrengungen der klassischen Rationalisten bei ihrem Versuch, die synthetischen A-priori-Prinzipien des Intellektualismus zu retten, und der klassischen Empiristen bei ihrem Versuch, die Sicherheit einer empirischen Basis und die Gültigkeit des induktiven Schließens zu retten. Sie alle verstanden unter *wissenschaftlicher Redlichkeit die Forderung, nichts Unbewiesenes zu behaupten.* Aber beide Schulen wurden zu Fall gebracht: die Kantianer von der nicht-euklidischen Geometrie und der nicht-Newtonschen Physik, die Empiristen von der logischen Unmöglichkeit, eine empirische Basis zu eta-

---

[6]) Die Anhänger des Rechtfertigungsdenkens haben wiederholt diese Asymmetrie zwischen singulären Tatsachenaussagen und universellen Theorien hervorgehoben. Vgl. z. B. Popkins Diskussion von Pascal in seiner Arbeit [1968], S. 14, und Kants gleichsinnige Feststellung, die als neues *Motto* in der dritten deutschen Ausgabe von Poppers *Logik der Forschung* i. J. 1969 erscheint. (Die Tatsache, daß Popper diesen altehrwürdigen Eckpfeiler der elementaren Logik als Motto zur Neuausgabe seines klassischen Werkes gewählt hat, zeigt sein Hauptanliegen: den Kampf gegen den *Probabilismus,* in dem diese Asymmetrie irrelevant wird; denn probabilistische Theorien können fast ebenso gut begründet werden wie Tatsachensätze.)

[7]) Und selbst von diesen wenigen haben manche, dem Vorbild von Mill folgend, das offenbar unlösbare Problem des induktiven Beweises (allgemeiner Sätze aus partikulären Sätzen) stillschweigend in das nicht ganz so offenbar unlösbare Problem des Beweises von *partikularen* Tatsachenaussagen aus anderen ebenso *partikularen* Tatsachenaussagen verwandelt.

blieren (wie die Kantianer zeigten, können Tatsachen Sätze nicht beweisen) und eine induktive Logik aufzubauen (keine Logik kann Gehalt unfehlbar vermehren). Es stellte sich heraus, daß *alle Theorien gleichermaßen unbeweisbar sind.*

Es dauerte geraume Zeit, bis die Philosophen dies erkannten. Die Gründe sind klar: Die Vertreter des klassischen Rechtfertigungsdenkens befürchteten, daß ihr Eingeständnis der Unbeweisbarkeit aller theoretischen Wissenschaft den Schluß nach sich ziehen müsse, daß sie Sophisterei, Illusion, unredlicher Schwindel sei. Die philosophische Bedeutung des *Probabilismus* (oder der '*neuen Rechtfertigungsphilosophie*') liegt darin, daß er die Notwendigkeit einer solchen Schlußfolgerung bestreitet.

Der Probabilismus wurde von einer Gruppe von Cambridge-Philosophen entwickelt, die der Ansicht waren, daß wissenschaftliche Theorien, obwohl gleichermaßen unbeweisbar, dennoch verschiedene Grade von Wahrscheinlichkeit (im Sinne des Wahrscheinlichkeitskalküls) in bezug auf die vorhandene empirische Evidenz besäßen.[8]) *Wissenschaftliche Redlichkeit verlangt demnach weniger, als man gedacht hatte: Sie besteht darin, daß man nur hochwahrscheinliche Theorien vorbringt oder, noch bescheidener, daß man für jede wissenschaftliche Theorie die Erfahrungsdaten und die Wahrscheinlichkeit der Theorie im Lichte dieser Daten spezifiziert.*

Das Ersetzen von Beweis durch Wahrscheinlichkeit war natürlich ein großer Rückzug für das Rechtfertigungsdenken. Aber es hat sich herausgestellt, daß selbst dieser Rückzug nicht genügt. Es wurde bald gezeigt, vor allem durch Poppers hartnäckige Bemühungen, daß unter sehr allgemeinen Bedingungen und für beliebige Evidenz alle Theorien die Wahrscheinlichkeit Null haben; *Theorien sind nicht nur gleich unbeweisbar, sie sind auch gleich unwahrscheinlich.*[9])

Für viele Philosophen hat das Scheitern selbst einer probabilistischen Lösung des Induktionsproblems noch immer die Folge, daß wir „fast alles über Bord werfen, was von Wissenschaft und Commonsense als Erkenntnis angesehen wird".[10]) Man muß an diesen Hintergrund denken, um den dramatischen Wandel ermessen zu können, den der Falsifikationismus in der Bewertung von Theorien und ganz allgemein in den Maßstäben für wissenschaftliche Redlichkeit herbeiführt. Der Falsifikationismus war in einem gewissen Sinne ein neuer, beträchtlicher Rückzug für das rationale Denken. Aber da der Rückzug im Aufgeben utopischer Maßstäbe bestand, beseitigte er Heuchelei und wirres Denken und war also im Grunde ein Fortschritt.

a) Der dogmatische (oder naturalistische) Falsifikationismus. Die empirische Basis

Ich werde erst eine sehr wichtige Variante des Falsifikationismus besprechen, nämlich den dogmatischen (oder 'naturalistischen'[11])) Falsifikationismus. Der dogmatische

---

[8]) Die Urväter des Probabilismus waren Intellektualisten; Carnaps spätere Bemühungen, eine empiristische Fassung des Probabilismus aufzubauen, sind gescheitert. Vgl. Lakatos [1968*a*], S. 367 und auch S. 361, Anm. 2.

[9]) Eine ausführliche Diskussion findet sich in Lakatos [1968*a*], besonders S. 353 ff.

[10]) Russell [1943], S. 683. Zu einer Besprechung der Rechtfertigungsideen von Russell siehe Lakatos [1962], besonders S. 167 ff.

[11]) Zur Erklärung dieses Ausdrucks siehe unten, Anm. 17.

Falsifikationismus gibt die Fallibilität *aller* wissenschaftlichen Theorien vorbehaltlos zu, hält aber an einer Art unfehlbarer empirischer Basis fest. Er ist streng empiristisch, ohne induktivistisch zu sein: Er bestreitet, daß sich die Sicherheit der empirischen Basis auf Theorien übertragen läßt. *Der dogmatische Falsifikationismus ist also die schwächste Variante des Rechtfertigungsdenkens.*

Es ist ungemein wichtig zu betonen, daß die Zulassung (verstärkter) empirischer Evidenz als entscheidende Instanz gegen eine Theorie einen noch nicht zu einem dogmatischen Falsifikationisten stempelt. Jeder Kantianer oder Induktivist würde eine solche Instanz anerkennen. Aber während der Kantianer wie auch der Induktivist sich dem Urteil eines negativen experimentum crucis fügen, geben sie auch Bedingungen an, die es ihnen erlauben sollen, eine unwiderlegte Theorie besser als eine andere zu begründen und zu verankern. Die Kantianer waren der Ansicht, daß die euklidische Geometrie und die Newtonsche Mechanik mit Sicherheit begründet seien. Die Induktivisten schrieben ihnen Wahrscheinlichkeit 1 zu. Für den dogmatischen Falsifikationisten ist aber die empirische Evidenz *gegen* eine Theorie die *einzige* Instanz, die sie zu beurteilen vermag.

Das entscheidende Merkmal des dogmatischen Falsifikationismus ist also die Einsicht, daß alle Theorien gleichermaßen Vermutungen sind. Die Wissenschaft kann keine einzige Theorie *beweisen.* Aber obwohl die Wissenschaft nicht *beweisen* kann, kann sie doch *widerlegen:* Sie kann „mit voller logischer Sicherheit das Falsche verwerfen".[12] Mit anderen Worten: es gibt eine absolut sichere empirische Basis von Tatsachen, die man zur Widerlegung von Theorien benutzen kann. Die Falsifikationisten liefern neue − wenn auch sehr bescheidene − Maßstäbe wissenschaftlicher Redlichkeit. Sie sind bereit, einen Satz nicht nur dann als 'wissenschaftlich' gelten zu lassen, wenn er eine bewiesene Tatsachenaussage ist, sondern selbst dann, wenn er nichts mehr ist als eine falsifizierbare Aussage, d. h. wenn es zur Zeit experimentelle und mathematische Verfahren gibt, die gewisse Sätze als potentielle Falsifikatoren kennzeichnen.[13]

Die wissenschaftliche Redlichkeit besteht demnach darin, daß man im voraus ein Experiment angibt, dessen Fehlschlagen uns zwingt, die Theorie aufzugeben.[14] Der Falsifikationist verlangt, daß es nach der Widerlegung eines Satzes kein Zögern gäbe: Der Satz ist bedingungslos zu verwerfen. Mit den (nicht-tautologischen) nicht-falsifizierbaren Aussagen macht der dogmatische Falsifikationismus kurzen Prozeß: Er erklärt sie für 'metaphysisch' und spricht ihnen den wissenschaftlichen Rang ab.

Dogmatische Falsifikationisten ziehen eine scharfe Grenze zwischen dem Theoretiker und dem Experimentator: Der Theoretiker schlägt vor, der Experimentator schlägt ab − im Namen der Natur. Wie Weyl schrieb: „Vor der Arbeit des Experimentators und seinem Ringen um deutbare Tatsachen in unmittelbarer Berührung mit der unbeugsamen Natur, die zu unseren Theorien so kräftig *nein* und so undeutlich *ja* zu sagen versteht, bezeuge ich ein für

---

[12] Medawar [1967], S. 144. Vgl. auch unten, S. 175, Anm. 341.

[13] Diese Diskussion zeigt schon, wie wichtig eine Abgrenzung zwischen beweisbaren Tatsachensätzen und unbeweisbaren theoretischen Sätzen für den dogmatischen Falsifikationisten ist.

[14] *Kriterien der Widerlegung* müssen im vorhinein angegeben werden; man muß sich einigen, welche beobachtbaren Situationen im Falle ihrer Beobachtung die Theorie falsifizieren (Popper [1963], S. 38, Anm. 3).

allemal meinen tiefsten Respekt."[15]) Braithwaite gibt eine besonders klare Darstellung des dogmatischen Falsifikationismus. Er wirft das Problem der Objektivität der Wissenschaft auf: „Inwieweit soll ein gesichertes wissenschaftliches System als freie Schöpfung des menschlichen Geistes gelten, und inwieweit soll man es als einen objektiven Bericht über Tatsachen der Natur auffassen?" Seine Antwort ist: „Die Form der Behauptung einer wissenschaftlichen Hypothese und ihr Gebrauch zum Ausdrücken eines Allgemeinsatzes sind menschliche Konstruktion; der Natur gehören die beobachtbaren Tatsachen an, die die Hypothese widerlegen oder nicht widerlegen... [In der Wissenschaft] überlassen wir der Natur die Aufgabe zu entscheiden, ob eine der kontingenten Schlußfolgerungen niedrigster Stufe falsch ist. Dieser objektive Falschheitstest macht das deduktive System, bei dessen Konstruktion wir große Freiheit haben, zu einem deduktiven System von wissenschaftlichen Hypothesen. Der Mensch schlägt ein System von Hypothesen vor: Die Natur entscheidet über dessen Wahrheit oder Falschheit. Der Mensch erfindet ein wissenschaftliches System, und dann entdeckt er, ob es mit den beobachteten Tatsachen übereinstimmt oder nicht."[16])

Nach der Logik des dogmatischen Falsifikationismus besteht der Wachstumsprozeß der Wissenschaft im wiederholten Verwerfen von Theorien auf Grund harter Tatsachen. Nach dieser Ansicht wurde z.B. die Wirbel-Theorie der Gravitation von Descartes widerlegt – und eliminiert – durch die *Tatsache,* daß sich die Planeten auf elliptischen Bahnen und nicht auf Cartesianischen Kreisen bewegen. Newtons Theorie hingegen erklärte erfolgreich die damals zur Verfügung stehenden Tatsachen, und zwar sowohl jene, die von der Theorie Descartes' erklärt worden waren, wie auch jene, die diese Theorie widerlegten. Darum ersetzte Newtons Theorie die von Descartes. Newtons Theorie wurde dann nach Auffassung der Falsifikationisten auf ähnliche Weise widerlegt – als falsch erwiesen –, und zwar von der Anomalie des Merkurperiheliums, während Einstein auch dieses erklärte. So schreitet die Wissenschaft fort durch kühne Spekulationen, die nie bewiesen und nicht einmal wahrscheinlich gemacht werden, die man später oft durch harte, endgültige Widerlegungen eliminiert und dann durch noch kühnere, neue und zumindest am Anfang unwiderlegte Spekulationen ersetzt.

Aber der dogmatische Falsifikationismus ist unhaltbar. Er beruht auf zwei falschen Annahmen und auf einem allzu engen Abgrenzungskriterium zwischen ʻwissenschaftlichʼ und ʻnicht-wissenschaftlichʼ.

Die *erste Annahme* besagt, daß es eine natürliche, *psychologische* Grenze gibt zwischen theoretischen, spekulativen Sätzen auf der einen Seite und empirischen oder Beobachtungssätzen (oder ʻBasissätzenʼ) auf der anderen. Das ist natürlich ein Bestandteil des ʻnaturalistischen Vorgehensʼ in der Methodologie.[16a])

---

[15]) Zitiert in Popper [1934], Abschnitt 85; und vgl. besonders die englische Ausgabe, S. 280, mit Poppers Bemerkung: „Ich stimme völlig zu."

[16]) Braithwaite [1953], S. 367–368. Für die ʻNicht-Korrigierbarkeitʼ der beobachteten Tatsachen Braithwaites vgl. Braithwaite [1938]. Während Braithwaite im zitierten Abschnitt eine eindrucksvolle Antwort zum Problem der wissenschaftlichen Objektivität gibt, weist er in einem anderen Abschnitt darauf hin, daß „abgesehen von den direkten Verallgemeinerungen beobachtbarer Tatsachen... eine vollständige Widerlegung ebenso unmöglich ist wie ein vollständiger Beweis", [1953], S. 19. Vgl. auch unten, S. 111, Anm. 86.

[16a]) Vgl. Popper [1934], Abschnitt 10.

Die *zweite Annahme* besagt, daß ein Satz, der das psychologische Kriterium der Faktizität oder des Beobachtungscharakters (Basischarakters) befriedigt, auch wahr ist; man kann sagen, daß er durch Tatsachen *bewiesen* wurde. (Ich werde dies *die Doktrin des Beobachtungsbeweises* oder *des experimentellen Beweises* nennen.)[17])

Diese beiden Annahmen sichern für die letalen Widerlegungen des dogmatischen Falsifikationisten eine empirische Basis, von der aus bewiesene Falschheit mit Hilfe der deduktiven Logik auf die zu prüfende Theorie übertragen werden kann.

Ergänzt werden diese beiden Annahmen durch ein *Abgrenzungskriterium:* nur jene Theorien sind 'wissenschaftlich', die gewisse beobachtbare Sachverhalte verbieten und die darum durch Tatsachen widerlegbar sind. Anders ausgedrückt: *'wissenschaftlich' ist eine Theorie nur dann, wenn sie eine empirische Basis hat.*[18])

Aber beide Annahmen sind falsch. Die Psychologie zeugt gegen die erste, die Logik gegen die zweite Annahme, und schließlich zeugen methodologische Überlegungen gegen das Abgrenzungskriterium. Ich werde sie der Reihe nach diskutieren.

1) Schon ein kurzer Blick auf einige charakteristische Beispiele erschüttert die *erste Annahme.* Galileo behauptete, daß er Berge auf dem Mond und Flecken auf der Sonne 'beobachten' könne und daß diese 'Beobachtungen' die altehrwürdige Theorie widerlegten, nach der die Himmelskörper fehlerlose Kristallbälle sind. Aber seine 'Beobachtungen' waren nicht 'Beobachtungen' im Sinne einer Untersuchung mit dem – unbewaffneten – Auge: ihre Zuverlässigkeit hing ab von der Zuverlässigkeit seines Teleskops – und von der optischen Theorie des Teleskops –, und diese wurde von den Zeitgenossen heftig bezweifelt. Es handelte sich nicht um einen Konflikt zwischen Galileos – reinen und untheoretischen – *Beobachtungen* und der Aristotelischen *Theorie,* sondern um einen Konflikt zwischen Galileos 'Beobachtungen', gesehen im Lichte seiner optischen Theorie, und den 'Beobachtungen' der Aristoteliker, gesehen im Lichte *ihrer* Theorie des Himmels.[19]) Das gibt uns zwei einander widersprechende Theorien, und beide stehen prima facie auf gleicher Stufe. Einige Empiristen konzedieren diesen Punkt und geben zu, daß Galileos 'Beobachtungen' nicht echte Beobachtungen waren. Sie behaupten aber noch immer, daß es eine 'natürliche Abgrenzung' gäbe zwischen Sätzen, die einem leeren und passiven Verstand unmittelbar durch die Sinne aufgezwungen werden – nur aus diesen bestünde das wahre 'unmittelbare Wissen' –, und anderen Sätzen, die aus unreinen, theoriegeladenen Sinneswahrnehmungen hervorgehen. In der Tat müssen *alle* Arten des Rechtfertigungsdenkens, die die Sinne als Quelle der Erkenntnis ansehen (gleichgültig, ob als

---

[17]) Zu diesen Annahmen und ihrer Kritik vgl. Popper [1934], Abschnitt 4 und 10. Diese Annahmen sind der Grund, warum ich – Popper folgend – diese Variante des Falsifikationismus 'naturalistisch' nenne. Poppers 'Basissätze' sollten mit den in diesem Abschnitt diskutierten Basissätzen nicht verwechselt werden; vgl. unten, Anm. 46.
Es ist wichtig, darauf zu verweisen, daß diese zwei Annahmen auch von zahlreichen Rechtfertigungsphilosophen getroffen werden, die keine Falsifikationisten sind: die experimentellen Beweise ergänzen sie durch 'intuitive Beweise' (Kant) oder 'induktive Beweise' (Mill). Unser Falsifikationist akzeptiert *nur* experimentelle Beweise.
[18]) Die empirische Basis einer Theorie ist die Menge ihrer potentiellen Falsifikatoren, d. h. die Menge jener Beobachtungssätze, die sie widerlegen können.
[19]) Nebenbei erwähnt: Galileo hat – mit Hilfe seiner Optik – auch gezeigt, daß ein fehlerlos kristallin-kugelförmiger Mond unsichtbar sein müsse (Galileo [1632]).

eine oder als *die* Erkenntnisquelle schlechthin), auch eine *Psychologie der Beobachtung* enthalten. Solche Psychologien spezifizieren den 'rechten', 'normalen', 'gesunden', 'vorurteilsfreien', 'sorgfältigen' oder 'wissenschaftlichen' Zustand der Sinne – oder vielmehr des Bewußtseins als Ganzem, in welchem wir die nackte Wahrheit erkennen. So hielten z. B. Aristoteles und die Stoiker den rechten Verstand für den im medizinischen Sinne gesunden. Moderne Denker erkannten, daß bloße 'Gesundheit' nicht ausreicht. Descartes' rechter Verstand ist im Feuer skeptischen Zweifels gestählt, das nichts als die letzte Vereinsamung des Cogito übrigläßt, in der das Ego wiederhergestellt und Gottes leitende Hand zur Erkenntnis der Wahrheit gefunden werden kann. Alle Schulen des modernen Rechtfertigungsdenkens lassen sich durch die besondere *Psychotherapie* kennzeichnen, mit deren Hilfe sie den Geist auf den Empfang der Gnade bewiesener Wahrheit durch mystische Kommunion vorbereiten. Für die klassischen Empiristen im besonderen ist der rechte Verstand eine Tabula rasa, entleert von jedem ursprünglichen Inhalt und befreit von allem Vorurteil der Theorie. Aber aus dem Werke Kants und Poppers – sowie aus dem Werk der von ihnen beeinflußten Psychologen – geht hervor, daß eine solche empiristische Psychotherapie nie zum Erfolg führen kann. Denn es gibt und kann keine Wahrnehmung geben, die nicht von Erwartungen durchsetzt ist, und deshalb gibt es auch *keine natürliche (d. h. psychologische) Abgrenzung zwischen Beobachtungssätzen und theoretischen Sätzen.* [20])

2) Doch selbst wenn es eine solche natürliche Abgrenzung gäbe, würde doch die Logik die *zweite Annahme* des dogmatischen Falsifikationismus zerstören. Denn über den Wahrheitswert der 'Beobachtungssätze' kann nicht zweifelsfrei entschieden werden: *Keine Tatsachenaussage kann jemals auf Grund eines Experiments bewiesen werden.* Sätze lassen sich nur aus anderen Sätzen herleiten, aus Tatsachen folgen sie nicht: Erfahrungen können einen Satz ebensowenig beweisen ,,wie ein Faustschlag auf den Tisch". [21]) Dies ist ein grundlegender Punkt der elementaren Logik, aber einer, der auch heute noch von nur wenigen Leuten verstanden wird. [22])

Sind nun Tatsachenaussagen unbeweisbar, dann sind sie auch fehlbar. Wenn sie fehlbar sind, dann sind Zusammenstöße zwischen Theorien und Tatsachenaussagen keine Falsifikationen, sondern lediglich Widersprüche. Unsere Phantasie mag zwar bei der Formulierung von 'Theorien' eine größere Rolle spielen [23]) als bei der Formulierung von 'Tatsachen-

---

[20]) Zugegeben – die meisten Psychologen, die sich gegen die Idee eines rechtfertigungsorientierten Sensualismus wandten, taten dies unter dem Einfluß von Pragmatisten wie William James, der die Möglichkeit jeder Art von objektivem Wissen bestritt. Dennoch spielte Kants Einfluß durch Oswald Külpe und Franz Brentano und Poppers Einfluß durch Egon Brunswick und Donald Campbell eine Rolle in der Gestaltung der modernen Psychologie; und wenn die Psychologie jemals den Psychologismus aufgibt, dann wird dies auf ein zunehmendes Verständnis der Kant-Popperschen Hauptströmung der objektivistischen Philosophie zurückzuführen sein.

[21]) Vgl. Popper [1934], Abschnitt 29.

[22]) Der erste Philosoph, der dies betonte, scheint Fries im Jahre 1837 gewesen zu sein (vgl. Popper [1934], Abschnitt 29, Anm. 3). Natürlich ist dies nur ein Spezialfall der allgemeinen These, daß logische Beziehungen – wie logische Wahrscheinlichkeit oder Widerspruchsfreiheit – sich auf *Sätze* beziehen. So ist z. B. der Satz 'die Natur ist widerspruchsfrei' falsch (oder, wenn man will, sinnlos), denn die Natur ist kein Satz (und auch keine Konjunktion von Sätzen).

[23]) Nebenbei gesagt: sogar dies ist fragwürdig. Vgl. unten, S. 124 ff.

aussagen', aber sie sind *beide* fehlbar. *Also können wir Theorien weder beweisen noch widerlegen.* [24]) Die Abgrenzung zwischen den weichen, unbewiesenen 'Theorien' und der harten, bewiesenen 'empirischen Basis' existiert nicht: *alle* Sätze der Wissenschaft sind theoretisch und unheilbar fallibel. [25])

3) Und schließlich, selbst wenn es eine naturalistische Abgrenzung zwischen Beobachtungssätzen und Theorien gäbe und selbst wenn sich der Wahrheitswert der Beobachtungsaussagen zweifelsfrei festlegen ließe, würde es dem dogmatischen Falsifikationismus doch nicht gelingen, die wichtigsten wissenschaftlichen Theorien zu eliminieren. Denn selbst wenn Experimente zum Beweis von Experimentalberichten hinreichten, wäre ihre Widerlegungskraft noch immer jämmerlich eingeschränkt: *gerade die am meisten bewunderten wissenschaftlichen Theorien sind einfach nicht imstande, beobachtbare Sachverhalte zu verbieten.*

Um diese letzte Behauptung zu erhärten, erzähle ich zunächst eine kleine Geschichte und bringe dann ein allgemeines Argument vor.

Die Geschichte betrifft einen imaginären Fall planetarischer Unart. Ein Physiker in der Zeit vor Einstein nimmt Newtons Mechanik und sein Gravitationsgesetz N sowie die akzeptierten Randbedingungen A und berechnet mit ihrer Hilfe die Bahn eines eben entdeckten kleinen Planeten p. Aber der Planet weicht von der berechneten Bahn ab. Glaubt unser Newtonianer, daß die Abweichung von Newtons Theorie verboten war und daß ihr Beweis die Theorie N widerlegt? – Keineswegs. Er nimmt an, daß es einen bisher unbekannten Planeten p' gibt, der die Bahn von p stört. Er berechnet Masse, Bahn etc. dieses hypothetischen Planeten und ersucht dann einen Experimentalastronomen, seine Hypothese zu überprüfen. Aber der Planet p' ist so klein, daß selbst das größte vorhandene Teleskop ihn nicht beobachten kann: Der Experimentalastronom beantragt einen Forschungszuschuß, um ein noch größeres Teleskop zu bauen. [26]) In drei Jahren ist das neue Instrument fertig. Wird der unbekannte Planet p' entdeckt, so feiert man diese Tatsache als einen neuen Sieg der Newtonschen Wissenschaft. – Aber man findet ihn nicht. Gibt unser Wissenschaftler Newtons Theorie und seine Idee des störenden Planeten auf? – Nicht im mindesten! Er mutmaßt nun, daß der gesuchte

---

[24]) Wie Popper schrieb: ,,Ein zwingender logischer Beweis für die Unhaltbarkeit eines Systems kann ja nie erbracht werden... Wer in den empirischen Wissenschaften strenge Beweise verlangt [oder strenge Widerlegungen], wird nie durch Erfahrung eines Besseren belehrt werden können" ([1934], Abschnitt 9).

[25]) Sowohl Kant wie auch sein englischer Anhänger Whewell waren sich darüber im klaren, daß alle wissenschaftlichen Sätze – ob a priori oder a posteriori – gleichermaßen theoretisch sind; aber sie hielten sie auch für gleich beweisbar. Die Kantianer erkannten klar, daß die Sätze der Wissenschaft theoretisch sind in dem Sinne, daß sie nicht durch Sinneswahrnehmungen auf die Tabula rasa eines leeren Bewußtseins geschrieben werden, und daß sie auch nicht aus solchen Sätzen deduziert oder induziert werden können. Eine Tatsachenaussage ist nur eine besondere Art theoretischer Aussage. Hier stand Popper mit Kant gegen die empiristische Fassung des Dogmatismus. Aber Popper ging einen Schritt weiter: seiner Ansicht nach sind die Sätze der Wissenschaft nicht nur theoretisch, sondern auch *fehlbar* und behalten daher für immer den Charakter von Vermutungen.

[26]) Sollte das winzige vermutete Planetchen selbst für das größtmögliche optische Teleskop unerreichbar sein, so könnte der Physiker mit einem vollkommen neuen Instrument (etwa mit einem Radioteleskop) Versuche anstellen, um es zu 'beobachten', d. h. um die Natur, wenn auch nur indirekt, über es zu befragen. (Die neue 'Beobachtungstheorie' mag dabei nicht vollkommen ausgearbeitet, geschweige denn streng überprüft sein; aber unser Physiker wird dadurch genauso wenig beunruhigt werden wie seinerzeit Galileo.)

Planet durch eine kosmische Staubwolke vor unseren Augen verborgen wird. Er berechnet Ort und Eigenschaften dieser Wolke und beantragt ein Forschungsstipendium, um einen Satelliten zur Überprüfung seiner Berechnungen abzusenden. Vermögen die Instrumente des Satelliten (darunter völlig neue, die auf wenig geprüften Theorien beruhen) die Existenz der vermuteten Wolke zu registrieren, dann erblickt man in diesem Ergebnis einen glänzenden Sieg der Newtonschen Wissenschaft. Aber die Wolke wird nicht gefunden. Gibt unser Wissenschaftler Newtons Theorie, seine Idee des störenden Planeten und die Idee der Wolke, die ihn verbirgt, auf? – Nein! Er schlägt vor, daß es im betreffenden Gebiet des Universums ein magnetisches Feld gibt, das die Instrumente des Satelliten gestört hat. Ein neuer Satellit wird ausgesandt. Wird das magnetische Feld gefunden, so feiern Newtons Anhänger einen sensationellen Sieg. – Aber das Resultat ist negativ. Gilt dies als eine Widerlegung der Newtonschen Wissenschaft? – Nein. Man schlägt entweder eine neue, noch spitzfindigere Hilfshypothese vor, oder... die ganze Geschichte wird in den staubigen Bänden der wissenschaftlichen Annalen begraben, vergessen und nie mehr erwähnt.[27]

Diese kleine Geschichte legt den Schluß nahe, daß selbst eine hochgeschätzte wissenschaftliche Theorie wie Newtons Dynamik und Gravitationstheorie nicht imstande zu sein braucht, einen beobachtbaren Sachverhalt zu verbieten.[28] In der Tat *verbieten manche wissenschaftlichen Theorien ein Ereignis in einem wohlbestimmten endlichen Raum-Zeit-Bereich (kurz, ein 'singuläres Ereignis') nur unter der Bedingung, daß kein anderer Faktor* (der in einer entlegenen und nicht-spezifizierten Raum-Zeit-Ecke des Weltalls versteckt sein mag) *seinen Einfluß geltend macht.* Aber dann *geraten solche Theorien, für sich allein genommen, nie mit einem Basissatz in Widerspruch:* Sie widersprechen höchstens der Konjunktion eines Basissatzes, der einen raum-zeitlich singulären Vorgang beschreibt, mit einem universellen Es-gibt-nicht-Satz, der behauptet, daß keine andere relevante Ursache irgendwo im Weltall mitwirkt. Und der dogmatische Falsifikationist kann sicher nicht behaupten, daß solche universellen Nichtexistenz-Aussagen zur empirischen Basis gehören, daß man sie beobachten und durch Erfahrung beweisen kann.

Man kann sich auch anders ausdrücken, indem man sagt, daß die Interpretation gewisser wissenschaftlicher Theorien normalerweise eine Ceteris-paribus-Klausel enthält.[29] In solchen Fällen ist es immer eine spezifische Theorie *zusammen* mit dieser Klausel, die von der Widerlegung betroffen wird. Aber eine derartige Widerlegung hat keine Folgen für die *spezifische* Theorie, die man überprüft, denn das Ersetzen der Ceteris-paribus-Klausel durch eine andere gestattet die Beibehaltung der *spezifischen* Theorie, was immer auch das Ergebnis der Prüfung sein mag.

---

[27] Zumindest bis ein neues Forschungsprogramm das Programm Newtons überholt, das fähig ist, dieses bisher unzugängliche Phänomen zu erklären. In diesem Fall wird das Phänomen wieder ausgegraben und als ein 'entscheidendes Experiment' inthronisiert; vgl. unten, S. 150ff.

[28] Popper fragt: „Welche klinischen Reaktionen würden die Psychoanalyse selbst, und nicht nur eine besondere Diagnose, zur Zufriedenheit des Analytikers widerlegen?" ([1963], S. 38, Anm. 3). Aber welche Art von Beobachtung würde die Newtonsche Theorie selber, und nicht nur eine besondere Fassung von ihr, zur Zufriedenheit des Newtonianers widerlegen?

[29] [In den Fahnen hinzugefügt:] Diese Ceteris-paribus-Klausel braucht im Normalfall nicht als eine separate Prämisse interpretiert zu werden. Eine Diskussion findet sich unten, S. 180.

Unter diesen Umständen bricht der 'unerbittliche' Widerlegungsprozeß des dogmatischen Falsifikationismus in den erwähnten Fällen *auch dann* zusammen, wenn es eine
festbegründete empirische Basis gibt, die als Ausgangspunkt für den Pfeil des Modus tollens
dienen kann: Das Hauptziel bleibt hoffnungslos unerreichbar. [30]) Und es stellt sich heraus, daß
gerade die wichtigsten, die 'reifen' Theorien in der Geschichte der Wissenschaft auf diese
Weise prima facie unwiderlegbar sind. [31]) Auch alle probabilistischen Theorien gehören nach
den Maßstäben des dogmatischen Falsifikationismus in diese Kategorie: denn keine endliche
Stichprobe kann jemals eine universelle probabilistische Theorie *widerlegen;* [32]) probabilistische Theorien, wie Theorien mit einer Ceteris-paribus-Klausel, haben keine empirische Basis.
Das heißt aber, daß der dogmatische Falsifikationist die *nach seiner eigenen Konzession* wichtigsten wissenschaftlichen Theorien in die Metaphysik verweist, wo eine rationale Diskussion,
die nach seinen Maßstäben aus Beweisen und Widerlegungen besteht, nicht vorkommt, denn
eine metaphysische Theorie kann man weder beweisen noch widerlegen. Das Abgrenzungskriterium des dogmatischen Falsifikationismus ist also noch immer stark antitheoretisch.

(Außerdem kann man leicht zeigen, daß Ceteris-paribus-Klauseln in der Wissen-
schaft nicht die Ausnahme, sondern die Regel sind. Die Wissenschaft muß ja schließlich von einem Kuriositätenladen unterschieden werden, in dem interessante lokale oder kosmische
Merkwürdigkeiten gesammelt und zur Schau gestellt sind. Die Behauptung, daß 'zwischen
1950 und 1960 alle Briten an Lungenkrebs starben', ist logisch möglich und vielleicht sogar
wahr. Aber wenn es sich nur um das Eintreffen eines Ereignisses mit winziger Wahrscheinlichkeit handelt, dann hat sie zwar Seltenheitswert für einen exzentrischen Tatsachensammler und
auch einen makabren Unterhaltungswert, aber wissenschaftlicher Wert kommt ihr nicht zu.
Man könnte sagen, daß eine Aussage nur dann wissenschaftlich ist, wenn sie das Ziel hat, einen kausalen Zusammenhang auszudrücken: ein Zusammenhang, wie der zwischen Tod an
Lungenkrebs und britischer Abstammung, braucht nicht einmal beabsichtigt zu sein. Ebenso
wäre die Behauptung: 'Alle Schwäne sind weiß' auch im Falle ihrer Wahrheit eine bloße Kuriosität, es sei denn, sie enthält die Behauptung, daß das Schwan-Sein das Weiß-Sein *verur-*
sacht. Aber dann widerlegt ein schwarzer Schwan den Satz nicht, denn er zeigt ja vielleicht nur,
daß auch *andere Ursachen* am Werk sind. Die Aussage: 'Alle Schwäne sind weiß' ist also entweder eine Kuriosität und leicht widerlegbar oder ein wissenschaftlicher Satz mit einer Ceteris-paribus-Klausel und daher unwiderlegbar. *Die Zähigkeit einer Theorie gegen empirische*
Evidenz wäre also ein Argument für und nicht gegen ihren 'wissenschaftlichen' Charakter. 'Un-
widerlegbarkeit' würde zum wichtigsten Merkmal der Wissenschaft. [33]))
Zusammenfassend: Das klassische Rechtfertigungsdenken duldete nur bewiesene Theorien, das neoklassische Rechtfertigungsdenken nur wahrscheinliche; die dogmati-

---

[30]) Man könnte übrigens den dogmatischen Falsifikationisten vielleicht überzeugen, daß sein Abgrenzungskriterium ein sehr naiver Irrtum war. Wenn er das Kriterium aufgibt, aber seine beiden Grundannahmen beibehält, dann muß er Theorien aus der Wissenschaft verbannen und das Wachstum der Wissenschaft als eine Anhäufung von bewiesenen Basissätzen ansehen. Das ist auch wirklich die letzte Stufe des
klassischen Empirismus, nachdem die Hoffnung sich verflüchtigt hatte, daß die Tatsachen Theorien beweisen oder wenigstens widerlegen könnten.
[31]) Das ist kein Zufall; vgl. unten, S. 168 ff.
[32]) Vgl. Popper [1934], Kap. VIII.
[33]) Für einen *viel* stärkeren Fall vgl. unten, Abschnitt 3.

schen Falsifikationisten erkannten, daß Theorien in beiden Fällen aus der Wissenschaft ausgeschlossen werden. Sie beschlossen, Theorien zuzulassen, vorausgesetzt, sie sind widerlegbar – widerlegbar von einer endlichen Anzahl von Beobachtungen. Aber selbst wenn es solche widerlegbaren Theorien gäbe – Theorien, die mit einer endlichen Anzahl von beobachtbaren Tatsachen in Widerspruch treten können –, wären sie logisch doch noch immer zu nahe an der empirischen Basis. Nach den Bedingungen des dogmatischen Falsifikationisten kann z. B. eine Theorie wie: 'Alle Planeten bewegen sich auf elliptischen Bahnen' durch fünf Beobachtungen widerlegt werden; darum hält sie der dogmatische Falsifikationist für wissenschaftlich. Eine Theorie wie: 'Alle Planeten bewegen sich auf Kreis-Bahnen' kann durch vier Beobachtungen widerlegt werden; darum hält sie der dogmatische Falsifikationist für noch wissenschaftlicher. Den Höhepunkt der Wissenschaftlichkeit bildet eine Theorie wie: 'Alle Schwäne sind weiß', die durch eine einzige Beobachtung widerlegt werden kann. Auf der anderen Seite verwirft er alle probabilistischen Theorien zusammen mit den Theorien von Newton, Maxwell und Einstein als unwissenschaftlich, denn eine endliche Anzahl von Beobachtungen reicht zu ihrer Widerlegung nicht aus.

Akzeptiert man das Abgrenzungskriterium des dogmatischen Falsifikationismus *und* die Idee, daß Tatsachen 'Tatsachen'sätze beweisen können, dann muß man feststellen, daß die wichtigsten, wenn auch nicht alle Theorien, die im Laufe der Wissenschaftsgeschichte jemals vorgeschlagen wurden, metaphysisch sind, daß fast aller, wenngleich nicht aller Fortschritt, nur Schein-Fortschritt ist, daß die meiste, wenn auch nicht alle geleistete Arbeit, irrational ist. Wenn wir aber, noch immer auf Grund des Abgrenzungskriteriums des dogmatischen Falsifikationismus, bestreiten, daß Aussagen Tatsachen beweisen können, so landen wir sicher in völligem Skeptizismus: In diesem Fall ist die ganze Wissenschaft ohne Zweifel irrationale Metaphysik und muß verworfen werden. *Wissenschaftliche Theorien sind alle nicht nur gleichermaßen unbeweisbar und unwahrscheinlich, sondern sie sind auch alle gleichermaßen unwiderlegbar.* Die Einsicht aber, daß nicht nur theoretische Sätze, sondern *alle* Sätze der Wissenschaft fehlbar sind, bedeutet den völligen Zusammenbruch *aller* Formen des dogmatischen Rechtfertigungsdenkens als Theorien wissenschaftlicher Rationalität.

b) Der methodologische Falsifikationismus. Die 'empirische Basis'

Der Zusammenbruch des dogmatischen Falsifikationismus unter dem Gewicht fallibilistischer Argumente bringt uns in die Ausgangsstellung zurück. Wenn *alle* wissenschaftlichen Behauptungen fehlbare Theorien sind, dann kann man sie nur wegen ihrer Widersprüche kritisieren. Aber in welchem Sinn ist dann die Wissenschaft empirisch, und ist sie überhaupt empirisch? Wenn wissenschaftliche Theorien weder bewiesen noch wahrscheinlich gemacht, noch widerlegt werden können, dann scheinen die Skeptiker schließlich doch recht zu haben: Die Wissenschaft ist nichts als leere Spekulation, und es gibt keinen Fortschritt der wissenschaftlichen Erkenntnis. Können wir dem Skeptizismus trotzdem entgegentreten? *Können wir die wissenschaftliche Kritik vor dem Fallibilismus retten?* Ist eine fallibilistische Theorie des wissenschaftlichen Fortschrittes überhaupt möglich? Und insbesondere: auf welcher Grundlage kann man eine Theorie je eliminieren, wenn die wissenschaftliche Kritik selbst fallibel ist?

Eine sehr bemerkenswerte Antwort erteilt auf diese Fragen der *methodologische Falsifikationismus.* Der methodologische Falsifikationismus ist eine Abart des Konventionalismus. Um ihn zu verstehen, müssen wir zuerst den Konventionalismus im allgemeinen diskutieren.

Es gibt eine wichtige Abgrenzung zwischen *'passivistischen' und 'aktivistischen'*
Erkenntnistheorien. Die 'Passivisten' sind der Ansicht, daß wahres Wissen aus dem Eindruck
der Natur auf einen völlig trägen Verstand besteht: Geistige *Tätigkeit* kann nur zu Vorurteil
und zu Verzerrung führen. Die einflußreichste passivistische Schule ist der klassische Empirismus. Die 'Aktivisten' sind der Ansicht, daß wir das Buch der Natur ohne geistige Tätigkeit,
ohne eine Interpretation im Lichte unserer Erwartungen und Theorien nicht lesen können.[34]
Konservative 'Aktivisten' behaupten dabei, daß wir mit unseren grundlegenden Erwartungen
geboren werden; mit ihrer Hilfe verwandeln wir die Welt in 'unsere Welt', aber wir müssen für
immer im Gefängnis unserer Welt leben. Die Idee, daß wir im Gefängnis unseres 'begrifflichen Rahmens' oder 'begrifflichen Gerüsts' leben und sterben, wurde vor allem von Kant entwickelt; pessimistische Kantianer hielten die wirkliche Welt eben infolge dieses Gefängnisses
für ewig unerkennbar, während optimistische Kantianer der Ansicht waren, daß Gott unseren
begrifflichen Rahmen in Übereinstimmung mit der wirklichen Welt erschaffen habe.[35] *Revo-*
lutionäre Aktivisten glauben aber, daß begriffliche Gerüste entwickelt und auch durch neue,
bessere Gerüste ersetzt werden können; *wir* sind es, die unsere 'Gefängnisse' bauen, und wir
können sie auch durch Kritik zerstören.[36]

Neue Schritte vom konservativen zum revolutionären Aktivismus wurden von
Whewell und dann von Poincaré, Milhaud und Le Roy vollzogen. Whewell war der Ansicht,
daß Theorien durch Versuch und Irrtum entwickelt werden – 'in den Präludien zu den induktiven Epochen'. Die besten von ihnen werden dann – im Laufe der 'induktiven Epochen' – 'bewiesen', durch eine lange und vorwiegend *apriorische* Überlegung, die er 'progressive Intuition' nannte. Nach den 'induktiven Epochen' kommen die 'Nachfolger induktiver Epochen',
in denen Hilfstheorien kumulativ entwickelt werden.[37] Poincaré, Milhaud und Le Roy konnten sich mit der Idee eines *Beweises* durch progressive Intuition nicht befreunden und zogen es
vor, den dauernden historischen Erfolg der Newtonschen Mechanik aus einem *methodologi-*
schen Entschluß der Wissenschaftler zu erklären: Nach einer langen Periode anfänglicher empirischer Erfolge fassen die Wissenschaftler u. U. den *Entschluß,* eine Widerlegung der Theorie nicht zu gestatten. Nach diesem Entschluß lösen sie (oder lösen sie auf) scheinbare Anomalien mit Hilfshypothesen oder mit anderen 'konventionalistischen Wendungen'.[38] Dieser

---

[34] Diese Abgrenzung – und auch die Terminologie – geht auf Popper zurück; vgl. besonders Popper
[1934], Abschnitt 19, und [1945], Kap. 23 und Anm. 3 zu Kap. 25.

[35] Keine Fassung des konservativen Aktivismus hat erklärt, warum Newtons *Gravitations*theorie unver-
letzbar sein sollte. Die Kantianer beschränken sich auf die Erklärung der Beharrlichkeit der Euklidischen
Geometrie und der Newtonischen *Mechanik*. Newtons *Gravitations*theorie und *Optik* (und andere Wis-
senszweige) behandelten sie auf zweideutige und gelegentlich induktivistische Weise.

[36] Ich rechne Hegel nicht zu den 'revolutionären *Aktivisten*'. Für Hegel und seine Anhänger ist ein Wandel im begrifflichen Rahmen ein prädeterminierter, unvermeidlicher Prozeß, in dem individuelle Schöp-
ferkraft oder rationale Kritik keine wesentliche Rolle spielen. Wer vorauseilt, begeht nach dieser 'Dialektik' ebenso einen Fehler wie der, der zurückbleibt. Der kluge Mann ist nicht jener, der ein besseres 'Gefängnis' erbaut oder der das alte kritisch zerstört, sondern jener, der mit der Geschichte immer Schritt
hält. So erklärt die Dialektik einen Wandel ohne Kritik.

[37] Vgl. Whewell [1837], [1840] und [1858].

[38] Vgl. insbesondere Poincaré [1891] und [1902]; Milhaud [1896]; Le Roy [1899] und [1901]. Konventionalisten brachten die Tatsache ans Licht, daß jede Theorie durch 'konventionalistische Wendungen'
vor der Widerlegung gerettet werden kann. Darin liegt eines ihrer philosophischen Hauptverdienste. (Der
Terminus 'konventionalistische Wendung' kommt von Popper, vgl. die kritische Besprechung von Poincarés Konventionalismus in [1934], besonders Abschn. 19 und 20.)

konservative Konventionalismus hat aber den Nachteil, daß wir nach der ersten Periode von Versuchen und Irrtümern und vor allem nach der großen Entscheidung unfähig werden, uns aus unserem selbstgebauten Gefängnis zu befreien. Das Problem der Beseitigung von Theorien, die lange erfolgreich waren, kann er nicht lösen. Im konservativen Konventionalismus können Experimente stark genug sein, um junge Theorien zu widerlegen; alte, etablierte Theorien widerlegen sie nicht: *Mit dem Wachstum der Wissenschaft vermindert sich die Kraft der empirischen Evidenz.* [39])

Poincarés Kritiker haben sich geweigert, seine Idee zu akzeptieren, daß Wissenschaftler zwar ihre begrifflichen Gerüste bauen, daß sich die Gerüste aber später in Gefängnisse verwandeln, die nicht zerstört werden können. Diese Kritik führte zu zwei konkurrierenden Schulen des *revolutionären Konventionalismus:* zu Duhems Simplizismus und zu Poppers methodologischem Falsifikationismus. [40])

Duhem akzeptiert die konventionalistische Position, daß eine physikalische Theorie niemals bloß unter dem Gewicht von 'Widerlegungen' zerfällt, behauptet aber, daß sie unter dem Gewicht 'fortwährender Reparaturen und verfilzter Halteoperationen' zerfallen kann, wenn 'die wurmstichigen Säulen' nicht länger imstande sind, 'den schwankenden Bau' zu stützen; [41]) das ist dann der Moment, wo die Theorie ihre ursprüngliche Einfachheit verliert und ersetzt werden muß. Aber die Falsifikation wird hier dem subjektiven Geschmack oder im besten Fall der wissenschaftlichen Mode überlassen, und dem dogmatischen Festhalten an einer bevorzugten Theorie bleibt zuviel Spielraum. [42])

Popper setzte sich das Ziel, ein Kriterium zu finden, das sowohl objektiver als auch schlagender ist. Die Entmannung des Empirismus, die sich selbst bei Duhem findet, konnte er nicht akzeptieren, und er entwarf eine Methodologie, in der Experimente ihre Kraft selbst in einer 'reifen' Wissenschaft bewahren. Der methodologische Falsifikationismus Poppers ist sowohl konventionalistisch als auch falsifikationistisch, aber er „unterscheidet sich von den [konservativen] Konventionalisten dadurch, daß es *nicht* [raum-zeitlich] allgemeine, sondern [raum-zeitlich] singuläre Sätze sind, über die [er] Festsetzungen mach[t]"; [43]) und er un-

[39]) Poincaré hat seinen Konventionalismus zunächst für die Geometrie ausgearbeitet (vgl. [1891]). Dann haben Milhaud und Le Roy den Gedanken von Poincaré verallgemeinert und auf alle Zweige der damals gültigen physikalischen Theorie ausgedehnt. Poincarés Arbeit [1902] beginnt mit einer kräftigen Kritik des Bergsonianers Le Roy, gegen den er den empirischen (falsifizierbaren oder 'induktiven') Charakter der ganzen Physik –*ausgenommen* Geometrie und Mechanik – verteidigt. Duhem kritisierte dann Poincaré: seiner Ansicht nach ließe sich auch Newtons Mechanik stürzen.

[40]) Die Loci classici sind Duhems [1905] und Poppers [1934]. Duhem war kein *konsequenter* revolutionärer Konventionalist. Ganz wie Whewell hielt er begriffliche Änderungen nur für *Vorbereitungen* der endgültigen – wenn vielleicht sehr fernen – 'natürlichen Klassifikation': „Je mehr eine Theorie vervollkommnet wird, um so besser verstehen wir, daß die logische Ordnung, in die sie experimentelle Gesetze bringt, die Widerspiegelung einer ontologischen Ordnung ist." Insbesondere wollte er nicht zugeben, daß Newtons Theorie *tatsächlich* 'im Zerfall begriffen war', und er charakterisierte Einsteins Relativitätstheorie als „eine verrückte, hektische Jagd in Verfolgung eines neuen Gedankens", in der „die Physik zum Chaos wird, die Logik ihren Weg verliert und der normale Verstand sich verzweifelt flüchtet" (Vorwort – im Werk [1914] – zur zweiten Auflage von [1905]).

[41]) Duhem [1905], Kap. VI, Abschnitt 10.

[42]) Zu einer weiteren Besprechung des Konventionalismus vgl. unten, S. 178–182.

[43]) Popper [1934], Abschnitt 30.

terscheidet sich vom dogmatischen Falsifikationisten durch seine Annahme, daß der Wahrheitswert solcher Sätze zwar von Tatsachen nicht bewiesen, aber in einigen Fällen durch Übereinkunft entschieden werden kann.[44])

Der Duhemsche *konservative Konventionalist* (oder, wenn man will: der 'methodologische Rechtfertigungsdenker') erklärt gewisse (raum-zeitlich) universelle Theorien, die sich durch ihre erklärende Kraft, Einfachheit oder Schönheit auszeichnen, durch Fiat für unwiderlegbar. Unser Popperscher *revolutionärer Konventionalist* (oder 'methodologischer Falsifikationist') macht durch Fiat gewisse (raum-zeitlich) singuläre Behauptungen unwiderlegbar, die durch den Umstand ausgezeichnet sind, daß „jeder, der die Technik des betreffenden Gebietes beherrscht", imstande ist zu entscheiden, ob der Satz 'annehmbar' ist.[45]) Man kann einen solchen Satz einen 'Beobachtungssatz' oder einen 'Basissatz' nennen – aber nur in Anführungszeichen.[46]) In der Tat, schon die Auswahl solcher Sätze ist Sache einer Entscheidung, die nicht auf psychologischen Überlegungen allein beruht. Dieser Entscheidung folgt dann eine andere, die die Menge *akzeptierter* Basissätze von den übrigen trennt.

Diese *zwei Entscheidungen* entsprechen den *zwei Annahmen* des dogmatischen Falsifikationismus. Aber es gibt da wichtige Unterschiede. Vor allem ist der methodologische Falsifikationist kein Rechtfertigungsdenker; er hat keine Illusionen über 'experimentelle Beweise', und er sieht in voller Klarheit die Fehlbarkeit seiner Entscheidungen und das Risiko, das er auf sich nimmt.

Der methodologische Falsifikationist sieht ein, daß die 'experimentellen Techniken' des Wissenschaftlers fehlbare Theorien involvieren,[47]) 'in deren Lichte' er die Tatsachen interpretiert. Er 'wendet' aber diese Theorien trotzdem 'an', er betrachtet sie im gegebenen Zusammenhang nicht als Theorien, die überprüft werden sollen, sondern als *unproblematische Hintergrundkenntnisse,* „die wir (probeweise) als unproblematisch akzeptieren, während wir die Theorie überprüfen".[48]) Er wird vielleicht diese Theorien – und die Sätze, deren Wahrheitswert er in ihrem Lichte entscheidet – 'Beobachtungssätze' nennen, aber das ist nur eine Redensart, die er vom naturalistischen Falsifikationismus übernommen hat.[49]) Der methodologische Falsifikationist *benutzt unsere erfolgreichsten Theorien als eine Erweiterung unserer Sinne,* und er dehnt den Bereich der Theorien, die bei einer Überprüfung benutzt werden können, weit über den Bereich der vom dogmatischen Falsifikationisten zugelassenen Beobachtungstheorien im strengen Sinn aus. Nehmen wir zum Beispiel an, daß ein großer Radio-Stern mit Hilfe eines Systems von Radio-Stern-Satelliten entdeckt wird, die sich um ihn bewegen. Wir wollen eine Gravitationstheorie an diesem Planetensystem überprüfen – eine Sache von großem Interesse. Man stelle sich nun vor, daß es Jodrell Bank gelingt, Raum-Zeit-Koordinaten der Planeten zu beschaffen, die der Theorie widersprechen. Wir werden diese Basis-

[44]) *In diesem Abschnitt bespreche ich die 'naive' Fassung von Poppers methodologischem Falsifikationismus. Darum bedeutet im ganzen Abschnitt 'methodologischer Falsifikationismus' soviel wie 'naiver methodologischer Falsifikationismus'; zu dieser 'Naivität'* vgl. unten, S. 112–113.

[45]) Popper [1934], Abschnitt 27.

[46]) Ebenda, Abschnitt 28. Dazu, daß diese methodologischen 'Basissätze' keine Basis sind, vgl. z. B. Popper [1934], passim, und Popper [1959a], S. 35, Anm. *2.

[47]) Vgl. Popper [1934], das Ende des Abschnitts 26, und auch seine [1968c], S. 291–292.

[48]) Vgl. Popper [1963], S. 390.

[49]) In der Tat setzt Popper 'Beobachtungs-' sorgfältig in Anführungszeichen; vgl. [1934], Abschnitt 28.

sätze als potentielle Falsifikatoren auffassen. Natürlich sind diese Basissätze nicht Beobachtungssätze im üblichen Sinn; sie sind bloß 'Beobachtungs'sätze. Sie beschreiben Planeten, die weder dem menschlichen Auge noch den üblichen optischen Instrumenten zugänglich sind. Ihr Wahrheitswert ergibt sich auf Grund einer 'experimentellen Technik'. Diese 'experimentelle Technik' beruht auf der 'Anwendung' einer wohlbewährten Theorie der Radio-Optik. Bezeichnet der methodologische Falsifikationist diese Sätze als 'Beobachtungssätze', so besagt dies nur soviel, daß er im Zusammenhang seines Problems, d.h. während der Überprüfung unserer Gravitationstheorie, die Radio-Optik kritiklos als 'Hintergrundkenntnis' ['background knowledge'] benutzt. *Das Bedürfnis für Entscheidungen, die die zu prüfende Theorie von unproblematischen Hintergrundkenntnissen trennen, ist ein charakteristischer Zug dieser Variante des methodologischen Falsifikationismus.*[50]) (In Wirklichkeit unterscheidet sich diese Situation gar nicht von Galileos 'Beobachtung' der Satelliten des Jupiter. Ja, einige Zeitgenossen Galileos haben mit Recht bemerkt, daß er sich auf eine praktisch nichtvorhandene optische Theorie verließ, welche damals weniger bewährt, ja weniger artikuliert war als die Radio-Optik von heute. Wenn wir andererseits die Berichte des menschlichen Auges 'Beobachtungs'berichte nennen, so zeigt das nur, daß wir uns auf eine vage physiologische Theorie des menschlichen Sehens 'verlassen'.[51]))

Diese Überlegung zeigt das konventionelle Element unserer Entscheidung, einer Theorie – in einem gegebenen Zusammenhang – (methodologisch) den Charakter eines 'Beobachtungs'satzes zu verleihen.[52]) In ähnlicher Weise enthält auch die Entscheidung über den tatsächlichen Wahrheitswert eines Basissatzes, die wir nach der Auswahl geeigneter 'Beobachtungstheorien' treffen, ein beträchtliches konventionelles Element. Eine einzelne Beobachtung kann das zufällige Ergebnis eines trivialen Irrtums sein: um solche Risiken zu vermindern, verordnen die methodologischen Falsifikationisten gewisse Sicherheitskontrollen. Die einfachste Kontrolle dieser Art ist die Wiederholung des Experimentes (die Anzahl der Wiederholungen ist eine Sache der Konvention); eine andere Kontrolle besteht in der 'Erhärtung' eines potentiellen Falsifikators durch eine wohlbewährte 'falsifizierende Hypothese'.[53])

Der methodologische Falsifikationist verweist auch darauf, daß diese Konventionen de facto institutionalisiert und von der Gemeinschaft der Wissenschaftler unterschrieben werden; die Liste der 'akzeptierten' Falsifikatoren wird vom Urteilsspruch der Experimentalwissenschaftler geliefert.[54])

So also etabliert der methodologische Falsifikationist seine 'empirische Basis'. (Er benutzt Anführungszeichen, um dem Terminus 'ironischen Nachdruck zu verleihen'.[55])) Diese 'Basis' ist kaum eine 'Basis' im Sinn der Maßstäbe des Rechtfertigungsdenkers: Nichts

---

[50]) Diese Abgrenzung spielt sowohl im *ersten* wie auch im *vierten* Typus der Entscheidungen des methodologischen Falsifikationisten eine Rolle. (Zum *vierten* Typus der Entscheidung vgl. unten, S. 107–108.)

[51]) Eine fesselnde Diskussion findet sich in Feyerabend [1969].

[52]) Man fragt sich, ob es nicht besser wäre, die Terminologie des naturalistischen Falsifikationismus aufzugeben und Beobachtungstheorien in *'Prüfsteintheorien'* umzutaufen.

[53]) Vgl. Popper [1934], Abschnitt 22. Viele Philosophen haben Poppers wichtige Einschränkung außer acht gelassen, daß ein Basissatz ohne Hilfe wohlkorroborierter falsifizierender Hypothesen nichts zu widerlegen vermag.

[54]) Vgl. Popper [1934], Abschnitt 30.

[55]) Popper [1963], S. 387.

in ihr ist bewiesen – sie besteht aus „Pfeilern, [die] sich von oben her in [einen] Sumpf senken".[56]) In der Tat: wenn diese 'empirische Basis' mit einer Theorie in Konflikt gerät, dann kann man die Theorie wohl 'falsifiziert' *nennen*, aber sie ist nicht falsifiziert in dem Sinn, daß sie widerlegt wäre. Die methodologische 'Falsifikation' ist von der dogmatischen Falsifikation sehr verschieden. Wenn eine Theorie falsifiziert ist, dann ist damit ihre Falschheit erwiesen; eine 'falsifizierte' Theorie kann aber noch immer wahr sein. Folgt dieser Art von 'Falsifikation' die 'Beseitigung' einer Theorie auf dem Fuße, so kann dies wohl die Beseitigung der wahren und die Annahme einer falschen Theorie nach sich ziehen (eine Möglichkeit, die für einen altmodischen Rechtfertigungsdenker einfach schauderhaft ist).

Das ist aber genau, was der methodologische Falsifikationist von uns verlangt. Der methodologische Falsifikationist ist sich darüber im klaren, daß eine Versöhnung des Fallibilismus mit einer (nicht rechtfertigungsgebundenen) Rationalität *nur dann* möglich ist, wenn wir einen Weg finden, *einige* Theorien zu eliminieren. Gelingt dies nicht, dann ist das Wachstum der Wissenschaft nichts als wachsendes Chaos.

Der methodologische Falsifikationist behauptet also, „daß die Methode der Auswahl durch Elimination nur dann funktioniert und das Überleben bloß der geeignetsten Theorien nur dann garantiert, wenn ihr Lebenskampf schwer gemacht wird"[57]). Ist eine Theorie einmal falsifiziert, dann muß sie trotz des Risikos beseitigt werden: „Wir arbeiten mit den Theorien nur, solange sie die Überprüfungen bestehen".[58]) Die Beseitigung muß methodologisch endgültig sein: „Wir betrachten... im allgemeinen... eine intersubjektiv nachprüfbare Falsifikation als endgültig... Ein historisch späteres Bewährungsurteil... kann zwar anstelle eines positiven Bewährungswertes einen negativen setzen, nie aber umgekehrt."[59]) So erklärt der methodologische Falsifikationist, wie wir ein Stagnieren vermeiden: „Es ist immer wieder das Experiment, das uns davor bewahrt, unfruchtbare Wege zu verfolgen."[60])

Der methodologische Falsifikationist trennt Beseitigung und Widerlegung, die der dogmatische Falsifikationist vermengt hatte.[61]) Er ist ein Fallibilist, aber sein Fallibilismus schwächt nicht seine kritische Pose: Er macht fehlbare Sätze zur 'Basis' einer harten Politik. Auf dieser Grundlage schlägt er ein *neues Abgrenzungskriterium* vor: Nur jene Theorien – d. h. also Nicht-'Beobachtungs'sätze –, die gewisse 'beobachtbare' Sachverhalte verbieten und

---

[56]) Popper [1934], Abschnitt 30. Vgl. auch Abschnitt 29: „Die Relativität der Basissätze".

[57]) Popper [1957*b*], S. 134. Popper betont anderswo, daß seine Methode das Überleben des Passendsten nicht 'sicherstellen' kann. Die natürliche Auswahl kann auch falsch ausschlagen: Passendes kann zugrundegehen, während Monstren überleben.

[58]) Popper [1935].

[59]) Popper [1934], Abschnitt 82.

[60]) Ebenda.

[61]) Anders als die dogmatische Falsifikation (Widerlegung) ist diese Art der methodologischen 'Falsifikation' eine pragmatische, methodologische Idee. Aber was sollen wir dann darunter verstehen? Nach Popper – dessen Antwort ich verwerfen werde – zeigt eine methodologische 'Falsifikation' ein „dringendes Bedürfnis, eine falsifizierte Hypothese durch eine bessere zu ersetzen" (Popper [1959*a*], S. 87, Anm. *1). Das ist eine ausgezeichnete Illustration eines Prozesses, den ich in meiner Arbeit [1963–1964] beschrieben habe und in dessen Verlauf die kritische Diskussion das ursprüngliche *Problem* verschiebt, ohne dabei notwendigerweise auch die alten *Worte* zu verändern. Die Nebenprodukte solcher Prozesse sind *Sinnverschiebungen*. Für eine weitere Besprechung siehe unten, S. 119, Anm. 126, und S. 152, Anm. 245.

daher 'falsifiziert' und beseitigt werden können, sind 'wissenschaftlich'; oder kurz gesagt: *Eine Theorie ist 'wissenschaftlich' (oder: 'annehmbar'), wenn sie eine 'empirische Basis' hat.* Dieses Kriterium hebt den Unterschied zwischen dem dogmatischen und dem methodologischen Falsifikationismus scharf hervor.[62]

Dieses methodologische Abgrenzungskriterium ist viel liberaler als das dogmatische. Der methodologische Falsifikationismus eröffnet neue Wege der Kritik: Eine viel größere Zahl von Theorien kann als 'wissenschaftlich' gelten. Wir haben bereits gesehen, daß es mehr 'Beobachtungs'theorien als Beobachtungstheorien[63] gibt und daher auch mehr 'Basis'-sätze als Basissätze.[64] Ferner: probabilistische Theorien können nun als 'wissenschaftlich' gelten: Sie sind zwar nicht falsifizierbar, aber sie können leicht 'falsifizierbar' gemacht werden mit Hilfe einer *zusätzlichen Entscheidung (dritter Art),* die der Wissenschaftler trifft, indem er gewisse Beseitigungsregeln angibt, die einen 'Widerspruch' zwischen statistisch interpretierter Evidenz und der probabilistischen Theorie herbeiführen können.[65]

Aber selbst diese drei Entscheidungen genügen nicht, um eine Theorie zu 'falsifizieren', die ohne eine Ceteris-paribus-Klausel nichts 'Beobachtbares' erklären kann.[66] Zur 'Widerlegung' einer solchen Theorie reicht eine endliche Zahl von 'Beobachtungen' nicht aus. Wenn dies aber der Fall ist, wie kann man dann vernünftigerweise eine Methodologie verteidigen, die behauptet, daß „Naturgesetze ('Theorien') ... als 'teilentscheidbare' (d. h. aus logischen Gründen zwar nicht verifizierbare, wohl aber *einseitig falsifizierbare)* echte Wirklichkeitsaussagen [anzusehen sind]"?[67] Wie können wir Theorien wie Newtons Dynamik- und Gravitationstheorie als 'einseitig entscheidbar' interpretieren?[68] Wie können wir in solchen Fällen „versuchen, falsche Theorien auszujäten, die schwachen Punkte einer Theorie zu finden, damit sie – wenn sie durch Überprüfung falsifiziert wird – verworfen werde"?[69] Wie können wir sie in den Bereich rationaler Diskussion einbeziehen? Der methodologische Falsifikationist löst das Problem durch eine weitere *Entscheidung (Typus vier):* Wenn er eine

---

[62] Das Abgrenzungskriterium des dogmatischen Falsifikationisten hieß: eine Theorie ist 'wissenschaftlich', wenn sie eine empirische Basis hat (siehe oben, S. 96).

[63] Siehe oben, S. 96–97.

[64] Popper scheint in seiner Arbeit [1934] diesen Punkt übrigens nicht klar erkannt zu haben. Er schreibt: „Man könnte meinen, daß durch die Forderung der Beobachtbarkeit doch ein psychologistisches Element in unsere Überlegungen Einlaß findet. Daß das nicht der Fall ist, sieht man daran, daß wir den Begriff 'beobachtbar' zwar auch psychologistisch erläutern können, aber, wenn wir wollten, statt von einem 'beobachtbaren Vorgang' auch von einem 'Bewegungsvorgang an (makroskopischen) physischen Körpern' sprechen könnten." (Abschnitt 28). Im Lichte unserer Diskussion könnten wir z. B. ein Positron, das zur Zeit t_0 durch eine Wilson-Kammer hindurchgeht, trotz seines nichtmakroskopischen Charakters als ein 'beobachtbares' Ereignis ansehen.

[65] Popper [1934], Abschnitt 68. In der Tat ist dieser methodologische Falsifikationismus die philosophische Basis hochinteressanter Entwicklungen in der modernen Statistik. Die Neyman-Pearson-Prozedur beruht völlig auf einem methodologischen Falsifikationismus. Vgl. auch Braithwaite [1953], Kap. VI. (Leider interpretiert Braithwaite Poppers Abgrenzungskriterium als eine Abgrenzung des Sinnvollen vom Sinnlosen und nicht wissenschaftlicher Sätze von unwissenschaftlichen.)

[66] Vgl. oben, S. 98–101.

[67] Popper [1933], nachgedruckt in Popper [1969], S. 254–256.

[68] Popper [1933].

[69] Popper [1957b], S. 133.

Theorie zusammen mit einer Ceteris-paribus-Klausel überprüft und findet, daß diese Konjunktion widerlegt worden ist, dann muß er *entscheiden,* ob die Widerlegung auch als Widerlegung der spezifischen Theorie aufgefaßt werden soll. Er kann z. B. das 'anomale' Perihelium des Merkur als eine Widerlegung der dreifachen Konjunktion (N_3) von Newtons Theorie, der bekannten Anfangsbedingungen und der Ceteris-paribus-Klausel akzeptieren. Dann überprüft er 'streng'[70]) die Anfangsbedingungen, und er entschließt sich vielleicht, sie den nichtproblematischen Hintergrundkenntnissen einzuverleiben. Diese Entscheidung impliziert die Widerlegung der zweifachen Konjunktion (N_2) von Newtons Theorie und der Ceteris-paribus-Klausel. Nun steht er vor dem entscheidenden Entschluß: soll er auch die Ceteris-paribus-Klausel dem Vorrat 'unproblematischer Hintergrundkenntnisse' einverleiben? Er fällt diesen Entschluß, wenn er findet, daß die Ceteris-paribus-Klausel wohlbewährt ist.

Wie kann man eine Ceteris-paribus-Klausel streng überprüfen? Indem man annimmt, daß es andere beeinflussende Faktoren *gibt,* indem man solche Faktoren spezifiziert und die spezifischen Annahmen überprüft. Wenn sie in großer Zahl widerlegt werden, dann gilt die Ceteris-paribus-Klausel als bewährt.

Die Entscheidung, eine Ceteris-paribus-Klausel zu 'akzeptieren', ist aber wegen ihrer gewichtigen Konsequenzen sehr riskant. Wenn man sich entscheidet, sie als Teil solcher Hintergrundkenntnisse zu akzeptieren, dann verwandeln sich die Sätze, die das Perihelium des Merkur beschreiben, aus der empirischen Basis von N_2 in die empirische Basis von Newtons spezifischer Theorie N_1, und was früher in bezug auf N_1 bloße 'Anomalie' war, wird jetzt entscheidende Evidenz gegen diese Theorie und damit ihre Falsifikation. (Ein Vorgang, der durch einen Satz *A* beschrieben wird, heiße eine '*Anomalie* in bezug auf eine Theorie *T*', wenn *A* eine Falsifikationsmöglichkeit der Konjunktion von *T* und einer Ceteris-paribus-Klausel ist; er wird eine Falsifikationsmöglichkeit von *T* selbst, wenn entschieden wurde, die Ceteris-paribus-Klausel den 'nichtproblematischen Hintergrundkenntnissen' einzuverleiben.[71]) Da Falsifikationen für unseren unbändigen Falsifikationisten methodologisch endgültig sind,[72]) hat der schicksalsschwere Entschluß die methodologische Beseitigung von Newtons Theorie zur Folge und macht dadurch jede weitere Arbeit an ihr irrational. Schreckt der Wissenschaftler vor solchen kühnen Entscheidungen zurück, sieht er „seine Aufgabe etwa darin, ein System zu verteidigen, bis seine Unhaltbarkeit logisch *zwingend bewiesen* ist", so „wird [er] nie durch Erfahrung eines Besseren belehrt werden können".[73]) Er entartet, er wird zu einem Apologeten, der immer behaupten kann, „... der Widerspruch zwischen den experimentellen Ergebnissen und dem System sei nur ein scheinbarer und werde sich mit Hilfe neuer Ansichten beheben lassen."[74]) Aber für den Falsifikationisten bedeutet das, daß er „nicht als empirischer Forscher in unserem Sinn" verfährt,[75]) sein Vorgehen ist unzulässig. Denn nach einem Lieblingsausdruck des methodologischen Falsifikationisten muß die Theorie „gezwungen werden, ihr Leben aufs Spiel zu setzen" ["must be made to stick its neck out"].

---

[70]) Eine Besprechung dieses wichtigen Begriffes der Popperschen Methodologie findet sich in Lakatos [1968a], S. 397 ff.

[71]) Eine bessere 'Explikation' siehe unten auf S. 154, Anm. 251.

[72]) Vgl. oben, S. 106, Text zu den Anmerkungen 58 und 59.

[73]) Popper [1934], Abschnitt 9.

[74]) Ebenda.

[75]) Ebenda.

Schwer wird die Lage des methodologischen Falsifikationisten, wenn es darauf ankommt zu entscheiden, wo die Grenze zwischen dem Problematischen und dem Nicht-Problematischen verlaufen soll. (Das gilt selbst für einen wohldefinierten Zusammenhang.) Die Lage wird dramatisch, wenn er eine Entscheidung über Ceteris-paribus-Klauseln treffen muß, wenn er eines von Hunderten von 'anomalen Phänomenen' zu einem 'entscheidenden Experiment' befördern soll und wenn er entscheiden soll, daß das Experiment 'kontrolliert' war.[76])

So ist es unserem methodologischen Falsifikationisten mit Hilfe dieser Entscheidung vierten Types[77]) endlich gelungen, selbst Theorien wie die Newtons als 'wissenschaftlich' zu interpretieren.[78])

In der Tat, es gibt keinen Grund, warum er nicht noch weiter gehen sollte. Warum sollte er nicht beschließen, daß eine Theorie, die selbst nach diesen vier Entscheidungen noch nicht empirisch falsifizierbar ist, durch Konflikt mit einer weiteren Theorie widerlegt wird, die wissenschaftlich ist im Sinne der oben angegebenen Gründe und die auch in hohem Grad bewährt ist?[79]) Denn wenn wir eine Theorie verwerfen, weil eine ihrer Falsifikationsmöglichkeiten im Lichte einer Beobachtungstheorie als wahr erscheint, warum sollte es dann nicht möglich sein, eine andere Theorie zu verwerfen, weil sie einer Theorie *direkt* widerspricht, die den unproblematischen Hintergrundkenntnissen einverleibt werden kann? So könnten wir, mit Hilfe einer *Entscheidung fünften Typs,* selbst 'syntaktisch metaphysische' Theorien eliminieren, d. h. Theorien, die infolge ihrer *logischen Form* keine raum-zeitlich singulären Falsifikationsmöglichkeiten haben können (Beispiel: 'All-Existenzsätze' und reine Existenzsätze[80])).

Zusammenfassend: der methodologische Falsifikationist bietet eine interessante Lösung für das Problem einer Vereinigung von harter Kritik und Fallibilismus. Er bietet nicht nur eine philosophische Basis für die Falsikation an – nachdem der Fallibilismus dem dogmatischen Falsifikationisten den Boden unter den Füßen weggezogen hatte –, sondern er erweitert auch ganz beträchtlich den Wirkungsbereich einer solchen Kritik. Indem er die Falsifikation in

[76]) Das Problem des '*kontrollierten Experimentes*' ist nichts anderes als das Problem, wie man experimentelle Bedingungen einrichten muß, um das Risiko solcher Entscheidungen auf ein Minimum herabzudrücken.

[77]) Eine Entscheidung dieses Typs gehört, in einem wichtigen Sinne, zur selben Kategorie wie die erste Entscheidung: sie trennt, durch einen Entschluß, problematische Kenntnisse von unproblematischen Kenntnissen. Vgl. oben, S. 105, Text zur Anm. 50.

[78]) Unsere Darstellung zeigt sehr klar die Komplexität der Entscheidungen, die nötig sind, um den 'empirischen Gehalt' einer Theorie, d. h. die Menge ihrer Falsifikationsmöglichkeiten, zu definieren. Der 'empirische Inhalt' hängt ab von unserer *Entscheidung* darüber, was 'Beobachtungstheorien' sind und welche Anomalien wir zu Gegenbeispielen promovieren. Versucht man, den empirischen Gehalt verschiedener wissenschaftlicher Theorien zu vergleichen, um zu sehen, welche Theorie 'wissenschaftlicher' ist, so gerät man in ein enorm kompliziertes und darum hoffnungslos willkürliches System von Entscheidungen über die Klassen 'relativ atomarer Sätze' und ihrer 'Anwendungsfelder'. (Zum Sinne dieser (sehr) technischen Termini siehe Popper [1934], Abschnitt 38.) Aber ein solcher Vergleich ist nur dann möglich, wenn eine Theorie eine andere überholt (vgl. Popper [1959*a*], S. 401, Anm. 7). Und selbst dann mag man Schwierigkeiten begegnen (welche sich jedoch nicht zu einer unheilbaren 'Inkommensurabilität' auftürmen).

[79]) Dies war ein Vorschlag von J. O. Wisdom: vgl. Wisdom [1963].

[80]) Zum Beispiel: 'Alle Metalle haben ein Lösungsmittel'; oder 'Es gibt eine Substanz, die alle Metalle in Gold verwandeln kann'. Für die Besprechung solcher Theorien siehe besonders Watkins [1957] und Watkins [1960]. Doch vgl. unten, S. 123–124 und S. 176–178.

einen neuen Rahmen setzt, rettet er den attraktiven Ehrenkodex des dogmatischen Falsifikationisten, für den die wissenschaftliche Redlichkeit darin besteht, daß man im vorhinein ein Experiment angibt, dessen Fehlschlag uns zwingt, die Theorie aufzugeben.[81])

Der methodologische Falsifikationismus ist ein großer Schritt sowohl über den dogmatischen Falsifikationismus wie auch über den konservativen Konventionalismus hinaus. Er empfiehlt riskante Entscheidungen. Aber das Risiko ist gewagt bis an die Grenze des Leichtsinns, und es erhebt sich die Frage, ob es nicht möglich ist, es zu vermindern.

Fassen wir zunächst dieses Risiko näher ins Auge.

Entscheidungen spielen eine Schlüsselrolle in dieser Methodologie wie in jeder Variante des Konventionalismus. Aber Entscheidungen können uns katastrophal irreführen. Der methodologische Falsifikationist wird dies vorbehaltlos zugeben. Das ist eben der Preis, den wir für die Möglichkeit des Fortschritts zahlen müssen.

Man kann nicht umhin, die Kühnheit des methodologischen Falsifikationisten zu bewundern. Er fühlt sich als ein Held, der angesichts zweier verhängnisvoller Alternativen den Mut hat, relative Vorzüge kühl zu erwägen, und der das geringere Übel wählt. Die eine Alternative war der skeptische Fallibilismus mit seiner Haltung des 'anything goes', das verzweifelte Aufgeben aller intellektuellen Maßstäbe und damit auch der Idee des wissenschaftlichen Fortschritts. Nichts kann begründet, nichts verworfen, nichts mitgeteilt werden: Der Fortschritt der Wissenschaft ist bloß ein Auswuchs des Chaos, ein wahrhaftes Babel. Zweitausend Jahre lang haben Wissenschaftler und wissenschaftlich eingestellte Philosophen verschiedene Illusionen des Rechtfertigungsdenkens gewählt, nur um diesem Alpdruck zu entrinnen. Einige gebrauchten das Argument, daß *man gezwungen ist, zwischen dem induktivistischen Rechtfertigungsdenken und dem Irrationalismus zu wählen:* „Ich sehe keinen Ausweg aus der dogmatischen Behauptung, daß wir das induktive Prinzip oder ein Äquivalent von ihm kennen; die einzige Alternative ist, so gut wie alles über Bord zu werfen, was Wissenschaft und Commonsense als Wissen ansehen."[82]) Unser methodologischer Falsifikationist lehnt einen solchen Eskapismus stolz ab: Er hat den Mut, die Konsequenzen des Fallibilismus voll und ganz in Kauf zu nehmen und doch dem Skeptizismus durch eine gewagte und riskante konventionalistische Politik ohne Dogmen zu entgehen. Er ist sich der Risiken voll bewußt, doch er besteht darauf, daß *man zwischen einem methodologischen Falsifikationismus und dem Irrationalismus zu wählen hat.* Er bietet uns ein Glücksspiel, in dem unsere Chancen sehr gering sind, und behauptet, es sei besser zu spielen als aufzugeben.[83])

Jene Kritiker des naiven Falsifikationismus, die keine alternative Methode der Kritik anzubieten haben, werden unvermeidlich in die Arme des Irrationalismus getrieben. So hat z. B. das verworrene Argument von Neurath, daß sich die Falsifikation und die darauffolgende Eliminierung einer Hypothese wohl als 'ein Hemmnis der Wissenschaftsentwicklung'[84]) erweisen könne, solange kein Gewicht, als das Chaos die einzige Alternative ist, die uns angeboten wird. Hempel hat zweifellos recht, wenn er betont, daß „die Wissenschaft ver-

---

[81]) Siehe oben, S. 94.
[82]) Russell [1943], S. 683.
[83]) Ich bin sicher, daß einige Philosophen den methodologischen Falsifikationismus als eine 'existentialistische' Wissenschaftsphilosophie begrüßen werden.
[84]) Neurath [1935], S. 356.

schiedene Beispiele bietet, [in denen] sich der Konflikt zwischen einer hochbewährten Theorie und einer gelegentlichen widerspenstigen Experimentalaussage durch Widerruf der letzten, nicht also durch Opfern der ersten lösen läßt";[85]) er gibt aber nichtsdestoweniger zu, daß er keinen anderen 'grundlegenden Maßstab' empfehlen kann als den des naiven Falsifikationismus.[86]) Neurath und anscheinend auch Hempel verwerfen den Falsifikationismus als einen 'Pseudo-Rationalismus';[87]) aber wo ist der 'wahre Rationalismus'? Popper hat schon im Jahre 1934 gewarnt, daß Neuraths permissive Methodologie (oder eher sein Mangel an Methodologie) die Wissenschaft unempirisch und darum irrational machen müsse. Wir brauchen ein „Verfahren, das die Willkür der 'Streichungen' [und auch des 'Annehmens' von Protokollsätzen] einschränkt; Neurath, der das unterläßt, wirft damit, ohne es zu wollen, den Empirismus über Bord... *Jedes* System kann vertreten werden, wenn man Protokollsätze, die einem nicht passen, einfach streichen kann."[88]) Popper stimmt mit Neurath darin überein, daß alle Sätze fehlbar sind; doch er hebt nachdrücklich den wichtigen Punkt hervor, daß Fortschritt unmöglich ist, außer wir haben eine entschiedene rationale Strategie, die uns leitet, wenn sie miteinander in Konflikt geraten.[89])

Aber ist nicht die entschiedene Strategie der hier besprochenen Variante des methodologischen Falsifikationismus *allzu entschieden?* Müssen nicht die Entscheidungen, die sie empfiehlt, *allzu willkürlich* ausfallen? Ja, man könnte sogar der Ansicht sein, daß der methodologische Falsifikationist sich vom dogmatischen Falsifikationisten einzig und allein darin unterscheidet, daß *er ein Lippenbekenntnis für den Fallibilismus ablegt!*

Es ist gewöhnlich sehr schwer, eine Theorie der Kritik zu kritisieren. Der naturalistische Falsifikationismus ließ sich relativ leicht widerlegen, denn er ruhte auf einer empirischen Psychologie der Wahrnehmung: Man konnte zeigen, daß er einfach *falsch* war. Aber wie kann der methodologische Falsifikationismus falsifiziert werden? Keine Katastrophe kann je eine Theorie der Rationalität widerlegen, die dem Rechtfertigungsdenken nicht entspricht. Ja, noch mehr: wie kann man je eine erkenntnistheoretische Katastrophe erkennen? Wir haben keine Möglichkeit zu beurteilen, ob die Wahrheitsnähe aufeinanderfolgender Theorien zunimmt oder abnimmt.[90]) Im gegenwärtigen Stadium der Diskussion besitzen wir noch keine

---

[85]) Vgl. Hempel [1952], S. 621. Agassi folgt in [1966] Neurath und Hempel; besonders S. 16 ff. Es ist köstlich, daß Agassi dabei glaubt, seine Waffen gegen die ganze 'Literatur über die Methoden der Wissenschaft' zu erheben.
In der Tat, viele Wissenschaftler waren sich der Schwierigkeiten bewußt, die in einer 'Konfrontation von Theorie und Tatsachen' liegen. (Vgl. Einstein [1949], S. 27.) Einige Philosophen, die mit dem Falsifikationismus sympathisierten, haben mit Nachdruck hervorgehoben, daß der Prozeß „der Widerlegung einer wissenschaftlichen Hypothese komplizierter ist, als es auf den ersten Blick scheint". (Braithwaite [1953], S. 20). Aber nur Popper hat eine konstruktive, rationale Lösung vorgeschlagen.

[86]) Hempel [1952], S. 622. Hempels kurzgefaßte 'Thesen über empirische Sicherheit' wärmen nur alte Argumente von Neurath – und einige von Popper – wieder auf (wohl gegen Carnap); aber leider erwähnt er weder seine Vorgänger noch seine Gegner.

[87]) Neurath [1935].

[88]) Vgl. Popper [1934], Abschnitt 26.

[89]) Neuraths Arbeit [1935] zeigt, daß er das einfache Argument von Popper nie verstanden hat.

[90]) Ich benutze hier den Terminus 'Wahrheitsnähe' in Poppers Sinn der Differenz zwischen dem Wahrheitsgehalt und dem Falschheitsgehalt einer Theorie. Zu den Risiken einer Abschätzung vgl. Lakatos [1968a], besonders S. 395 ff.

allgemeine Theorie der Kritik für wissenschaftliche Theorien, und schon gar nicht für Theorien der Rationalität[91]): Der Versuch, unseren methodologischen Falsifikationismus zu falsifizieren, muß also unternommen werden, noch bevor wir eine Theorie besitzen, die uns zeigen könnte, wie wir vorgehen sollen.

Wenn wir uns die Wissenschaftsgeschichte näher ansehen, wenn wir sehen wollen, wie gefeierte Falsifikationen zustandegekommen sind, dann werden wir zur Schlußfolgerung gezwungen, daß einige von ihnen entweder völlig irrational waren oder Rationalitätsprinzipien entsprachen, die sich von den eben diskutierten radikal unterscheiden. Erstens muß sich unser Falsifikationist wegen der Tatsache beklagen, daß hartnäckige Theoretiker häufig gegen das experimentelle Verdikt eine Berufung einlegen und seine Umkehrung bewirken. In der falsifikationistischen Konzeption von wissenschaftlichem 'Gesetz' und wissenschaftlicher 'Ordnung', so wie wir sie bisher geschildert haben, ist kein Raum für erfolgreiche Berufungen dieser Art. Weitere Schwierigkeiten entstehen aus der Falsifikation von Theorien mit einer Ceteris-paribus-Klausel.[92]) Ihre Falsifikation, so wie sie in der wirklichen Geschichte erfolgt, ist nach den Maßstäben unseres Falsifikationisten prima facie irrational. Nach seinen Maßstäben scheinen die Wissenschaftler oft irrational langsam zu sein: Es verstrichen z. B. 85 Jahre zwischen der Anerkennung des Merkurperihels als Anomalie und seiner Anerkennung als einer Falsifikation von Newtons Theorie, und das trotz der Tatsache, daß die Ceteris-paribus-Klausel wohlbewährt war. Auf der anderen Seite scheinen die Wissenschaftler oft irrational voreilig zu sein: Galileo und seine Schüler akzeptierten die heliozentrische Himmelsmechanik des Kopernikus trotz der reichlichen Evidenz gegen die Rotation der Erde; Bohr und seine Schüler akzeptierten eine Theorie der Lichtemission, obwohl sie der wohlbewährten Theorie von Maxwell widersprach.

Es ist nicht schwer, mindestens zwei entscheidende Merkmale zu entdecken, die sowohl dem dogmatischen als auch unserem methodologischen Falsifikationismus zukommen und die sich mit der Geschichte der Wissenschaften nicht vereinbaren lassen: 1) *ein Test ist – oder muß sein – ein zweiseitiger Kampf zwischen Theorie und Experiment, und in der abschließenden Konfrontation stehen nur diese beiden einander gegenüber;* 2) *das einzig interessante Ergebnis einer solchen Konfrontation ist eine (endgültige) Falsifikation: ,,[die einzigen echten] Entdeckungen sind Widerlegungen von wissenschaftlichen Hypothesen.''*[93]) Die Wissenschaftsgeschichte legt aber den Gedanken nahe, daß (1') Tests zumindest dreiseitige Kämpfe sind zwischen theoretischen Rivalen und dem Experiment; und daß (2') einige der interessantesten Experimente prima facie zu einer Bewährung und nicht zu einer Falsifikation führen.

Wenn nun die Wissenschaftsgeschichte – wie es der Fall zu sein scheint – unsere Theorie der wissenschaftlichen Rationalität nicht bestätigt, so haben wir zwei Alternativen vor uns. Die eine Alternative besteht darin, daß wir uns nicht mehr bemühen, eine rationale Erklärung für den Erfolg der Wissenschaft zu geben. In diesem Fall verschwindet die wissen-

---

[91]) Ich versuchte eine solche allgemeine Theorie der Kritik in [1971a], [1971b] und [1971c] zu entwickeln.

[92]) Die Falsifikation von Theorien hängt vom hohen Bewährungsgrad der Ceteris-paribus-Klausel ab. Solche Bewährung ist aber oft nicht vorhanden. Darum wohl ermahnen uns methodologische Falsifikationisten, uns auf unseren 'wissenschaftlichen Instinkt' (Popper [1934], Abschnitt 18, Anm. 2) oder auf unsere 'Vermutungen' zu verlassen (Braithwaite [1953], S. 20).

[93]) Agassi [1959]; er nennt Poppers Idee der Wissenschaft eine *scientia negativa* (Agassi [1968]).

schaftliche Methode (oder die 'Logik der Forschung') als eine Disziplin rationaler Bewertung von wissenschaftlicher Theorie und von Kriterien des *Fortschritts*. Man kann natürlich noch immer versuchen, die *Veränderungen* von 'Paradigmen' in sozialpsychologischen Begriffen zu erklären.[94] Das ist der Weg von Polanyi und Kuhn.[95] Die andere Alternative besteht in dem Versuch, das konventionelle Element im Falsifikationismus (das wir sicher nicht eliminieren können) zumindest zu *reduzieren* und die *naiven* Formen des methodologischen Falsifikationismus – für die die obigen Thesen 1) und 2) charakteristisch sind – durch eine *raffinierte* Form zu ersetzen, die neue *Vernunftgründe* für die Falsifikation angibt und damit die Methodologie und die Idee des wissenschaftlichen *Fortschritts* rettet. Das ist Poppers Weg und der Weg, dem auch ich folgen möchte.

c) Raffinierter versus naiver Falsifikationismus.
Progressive und degenerative Problemverschiebungen

Der raffinierte Falsifikationismus unterscheidet sich vom naiven Falsifikationismus durch seine Regeln des *Akzeptierens* (oder das 'Abgrenzungskriterium') und seine Regeln des *Falsifizierens* oder Eliminierens.

Für den naiven Falsifikationisten ist jede Theorie, die sich als experimentell falsifizierbar interpretieren läßt, 'akzeptabel' oder 'wissenschaftlich'.[96] Für den raffinierten Falsifikationisten ist eine Theorie 'akzeptabel' oder 'wissenschaftlich' nur dann, wenn sie einen bewährten empirischen Gehaltsüberschuß über ihren Vorgänger (oder Rivalen) besitzt, d. h., wenn sie zur Entdeckung von neuen Tatsachen führt. Diese Bedingung läßt sich in zwei Klauseln aufspalten: die neue Theorie hat einen Überschuß an empirischem Gehalt *('Akzeptabilität'$_1$)*, und ein Teil dieses Überschusses ist verifiziert *('Akzeptabilität'$_2$)*. Die erste Klausel kann sofort durch eine a priori logische Analyse nachgeprüft werden;[97] die zweite läßt sich nur empirisch prüfen, und dies kann eine unbestimmt lange Zeit in Anspruch nehmen.

Für den naiven Falsifikationisten wird eine Theorie *falsifiziert* durch einen ('erhärteten'[98]) 'Beobachtungs'satz, der ihr widerspricht (oder den er als widersprechend zu in-

[94] Es mag hier erwähnt werden, daß der Kuhnsche Skeptiker noch immer mit einem Problem belastet ist, das ich das *'Dilemma des wissenschaftlichen Skeptikers'* nennen würde: ein wissenschaftlicher Skeptiker versucht doch noch immer, die Änderungen in den Glaubensansichten zu erklären, und er hält seine eigene Psychologie für eine Theorie, die mehr ist als bloße Überzeugung und die in gewissem Sinne doch 'wissenschaftlich' ist. Hume versuchte zwar, die Wissenschaft mit Hilfe seiner Reiz-Reaktion-Theorie des Lernens als ein bloßes System von Glaubensansichten zu erweisen, aber er hat sich nie gefragt, ob seine Theorie des Lernens auch für seine eigene Theorie des Lernens gilt. Zur Gegenwart zurückkehrend könnte man wohl fragen, ob die Popularität von Kuhns Philosophie bedeutet, daß ihre *Wahrheit* erkannt wurde? In diesem Fall wäre sie widerlegt. Oder bedeutet diese Popularität, daß man sie für eine neue, anziehende Mode hält? In diesem Fall wäre sie 'verifiziert'. Würde aber Kuhn *diese* 'Verifikation' willkommen heißen?

[95] Feyerabend, der in seiner Unschuld mehr als irgend jemand für die Verbreitung von Poppers Ideen getan hat, scheint jetzt ins Lager der Gegner übergegangen zu sein. Vgl. seine kuriose Abhandlung [1970].

[96] Vgl. oben, S. 107.

[97] Aber vgl. unten, S. 150–152.

[98] Vgl. oben, S. 105, Anm. 53.

terpretieren sich entscheidet). Für den raffinierten Falsifikationisten ist eine wissenschaftliche Theorie *T falsifiziert* dann, und nur dann, wenn eine andere Theorie *T'* mit den folgenden Merkmalen vorgeschlagen wurde: 1) *T'* besitzt einen Gehaltsüberschuß im Vergleich zu *T*, d. h. *T'* sagt *neuartige* Tatsachen voraus, Tatsachen, die im Lichte von *T* nicht wahrscheinlich, ja verboten waren;[99]) 2) *T'* erklärt den früheren Erfolg von *T*, d. h. der ganze nicht-widerlegte Gehalt von *T* ist (innerhalb der Grenzen des Beobachtungsirrtums) im Gehalt von *T'* enthalten; und 3) ein Teil des Gehaltsüberschusses von *T'* ist bewährt.[100])

Um diese Definitionen richtig einschätzen zu können, müssen wir ihren Problemhintergrund und ihre Konsequenzen verstehen. Erstens müssen wir uns an die methodologische Entdeckung der Konventionalisten erinnern, die besagt, daß kein experimentelles Ergebnis je eine Theorie töten kann: Jede Theorie kann von Gegenbeispielen entweder durch eine Hilfshypothese oder durch eine geeignete Umdeutung ihrer Termini gerettet werden. Naive Falsifikationisten lösen dieses Problem, indem sie – in entscheidenden Zusammenhängen – die Hilfshypothesen dem Bereich der nicht-problematischen Hintergrundkenntnisse einverleiben, sie aus dem deduktiven Modell der Überprüfungssituation eliminieren und dadurch die gewählte Theorie in eine logische Isolierung *zwingen*, in der sie dann zu einem ruhenden Ziel für den Angriff der Überprüfungsexperimente wird. Aber da diese Prozedur keinen zuverlässigen Leitfaden für die rationale Rekonstruktion der Wissenschaftsgeschichte geliefert hat, können wir unser Vorgehen ohne weiteres ganz umdenken. Warum sollte Falsifikation um jeden Preis unser Ziel sein? Warum soll man nicht vielmehr den theoretischen Adjustierungen, mit denen man eine Theorie retten darf, gewisse Bedingungen auferlegen? Solche Bedingungen sind ja in der Tat seit Jahrhunderten wohlbekannt, und sie finden Ausdruck in uralten Redensarten gegen Ad-hoc-Erklärungen, leeres Herumreden und linguistische Drehs.[101]) Wir haben bereits gesehen, daß Duhem solche Bedingungen mit Hilfe von Begriffen wie 'Einfachheit' und 'Plausibilität' umschrieben hat.[102]) Aber *wann* erreicht der Mangel an 'Einfachheit' im Schutzgürtel theoretischer Adjustierungen den Punkt, wo die Theorie aufgegeben werden muß?[103]) Und in welchem Sinne war z. B. die Kopernikanische Theorie 'einfacher' als die Ptolemäische?[104]) Wie naive Falsifikationisten mit Recht bemerkt haben, über-

---

[99]) Ich verwende 'Vorhersage' in einem weiten Sinn, in dem 'Rücksage' – d. h. Ableitung von Sätzen über vergangene Ereignisse – eingeschlossen ist.

[100]) *Eine eingehende Besprechung dieser Regeln des Akzeptierens und Verwerfens sowie Hinweise auf Poppers Werk* finden sich in Lakatos [1968a], S. 375–390. Einige Einschränkungen (betreffend Kontinuität und Widerspruchslosigkeit als regulative Prinzipien) finden sich unten, S. 128–129 und S. 137–142.

[101]) Zum Beispiel hat Molière die Ärzte seines *Malade Imaginaire* lächerlich gemacht, die die Virtus dormitiva des Opiums als Antwort auf die Frage einführten, warum das Opium Schlaf produziere. Man könnte sogar geltend machen, daß Newtons famoses Diktum 'hypotheses non fingo' eigentlich gegen Ad-hoc-Erklärungen gerichtet war wie etwa seine eigene Erklärung von Gravitationskräften auf Grund von Äthermodellen, die die Einwände der Cartesianer beantworten sollte.

[102]) Siehe oben, S. 103.

[103]) Duhem stimmte Bernard zu, daß Experimente allein ohne Einfachheitsüberlegungen das Schicksal physiologischer Theorien entscheiden können. In der Physik ist das aber nach seiner Ansicht nicht der Fall ([1905], Kap. VI, Abschnitt 1).

[104]) Köstler bemerkt ganz richtig, daß erst Galileo den Mythos von der Einfachheit der Kopernikanischen Theorie schuf (Köstler [1959], S. 476); tatsächlich „[hatte] die Bewegung der Erde zur Vereinfachung der alten Theorien nicht viel beigetragen; die fragwürdigen Equanten waren zwar verschwunden, das System strotzte aber noch immer vor Hilfskreisen" (Dreyer [1906], Kap. XIII).

läßt der verschwommene Begriff Duhemscher 'Einfachheit' die Entscheidung in hohem Grade dem Geschmack und der Mode.[105])

Kann man das Vorgehen Duhems verbessern? Popper hat genau das getan. Seine Lösung – eine raffiniertere Fassung des methodologischen Falsifikationismus – ist objektiver und strenger. Popper gesteht den Konventionalisten zu, daß Theorien sich durch Hilfshypothesen immer mit Tatsachenaussagen in Einklang bringen lassen; er gibt zu, daß das Problem in der Abgrenzung zwischen wissenschaftlichen und pseudo-wissenschaftlichen *Adjustierungen*, zwischen rationalen und irrationalen *Änderungen* der Theorie liegt. Nach Popper ist die Rettung einer Theorie durch Hilfshypothesen, die bestimmte, wohldefinierte Bedingungen befriedigen, ein wissenschaftlicher Fortschritt; aber die Rettung einer Theorie durch Hilfshypothesen, die solchen Bedingungen nicht genügen, ist Entartung. Popper nennt unzulässige Hilfshypothesen Ad-hoc-Hypothesen, sprachliche Kunstgriffe, 'konventionalistische Wendungen'.[106]) Das heißt, daß jede wissenschaftliche Theorie zusammen mit ihren Hilfshypothesen, Anfangsbedingungen etc. und insbesondere zusammen mit ihren Vorgängern beurteilt werden muß, damit wir sehen, welche Art von *Veränderung* sie hervorgebracht hat. Aber dann beurteilen wir natürlich eine *Reihe von Theorien* und nicht isolierte *Theorien*.

Wir können nun leicht verstehen, warum wir die Kriterien des Annehmens und Verwerfens im raffinierten methodologischen Falsifikationismus in der eben beschriebenen Weise formuliert haben.[107]) Doch es wird sich lohnen, diese Formulierung leicht zu ändern, indem wir sie ausdrücklich auf *Reihen von Theorien* beziehen.

Wir beginnen mit einer Reihe von Theorien T_1, T_2, T_3, ... Jedes neue Glied entsteht dadurch, daß man der vorangehenden Theorie Hilfsklauseln hinzufügt (oder sie semantisch uminterpretiert), um sie an eine Anomalie anzupassen, wobei jede Theorie einen Gehalt besitzt, der dem nicht-widerlegten Gehalt des Vorgängers entweder gleicht oder ihn übertrifft. Wir nennen eine solche Reihe von Theorien *theoretisch progressiv* (die Reihe '*bildet eine theoretisch progressive Problemverschiebung*'), wenn jede neue Theorie einen empirischen Gehaltsüberschuß ihrer Vorläuferin gegenüber besitzt, d. h. wenn sie eine neue, bis dahin unerwartete Tatsache voraussagt. Wir nennen eine theoretisch progressive Reihe von Theorien auch *empirisch progressiv* (die Reihe '*bildet eine empirisch progressive Problemverschiebung*'), wenn sich ein Teil dieses empirischen Gehaltsüberschusses auch bewährt, d. h. wenn jede neue Theorie uns wirklich zur Entdeckung einer *neuen Tatsache* führt.[108]) Und schließlich heiße eine Problemverschiebung *progressiv*, wenn sie sowohl theoretisch als auch empi-

---

[105]) Siehe oben, S. 103.

[106]) Popper [1934], Abschnitt 19 und 20.
Ich habe solche Strategeme als 'Monstersperre', 'Ausnahmesperre', 'Monsteradjustierung' in ihrer Rolle in der informalen, quasi-empirischen Mathematik im Detail diskutiert; vgl. Lakatos [1963–1964].

[107]) Vgl. oben, S. 116.

[108]) Wenn ich P_1 = 'Schwan A ist weiß' bereits kenne, dann ist P_ω = 'Alle Schwäne sind weiß' kein Fortschritt, denn dieser Satz kann nur zur Entdeckung weiterer ähnlicher Tatsachen wie P_2 = 'Schwan B ist weiß' führen. Sogenannte 'empirische Verallgemeinerungen' stellen keinen Fortschritt dar. Eine *neue* Tatsache muß im Licht vorhergehender Kenntnisse unwahrscheinlich oder sogar unmöglich sein. Vgl. oben, S. 113, und unten, S. 150ff.

risch progressiv ist, und *degenerativ*, wenn das nicht der Fall ist.[109]) Wir 'akzeptieren' Problemverschiebungen als 'wissenschaftlich' nur dann, wenn sie zumindest theoretisch progressiv sind; sind sie das nicht, dann *'verwerfen'* wir sie als 'pseudo-wissenschaftlich'. Fortschritt wird gemessen an dem Grad, in dem eine Problemverschiebung progressiv ist, an dem Grad, in dem die Reihe von Theorien uns zur Entdeckung neuer Tatsachen führt. Wir betrachten eine Theorie in der Reihe als 'falsifiziert', wenn sie durch eine Theorie mit höherem bewährtem Gehalt überholt wird.[110])

Diese Abgrenzung zwischen progressiven und degenerativen Problemverschiebungen wirft neues Licht auf die Bewertung *wissenschaftlicher – oder eher, progressiver – Erklärungen.* Wenn wir zur Lösung eines Widerspruchs zwischen einer früheren Theorie und einem Gegenbeispiel eine neue Theorie so vorschlagen, daß sie eine gehaltvermindernde (linguistische) *Umdeutung,* nicht aber eine gehaltvermehrende (wissenschaftliche) *Erklärung* bietet, dann wird der Widerspruch bloß semantisch und nicht wissenschaftlich gelöst. *Eine gegebene Tatsache ist wissenschaftlich erklärt nur dann, wenn auch eine neue Tatsache mit ihr zusammen erklärt wird.*[111])

Der raffinierte Falsifikationismus verwandelt also das Problem der Bewertung von *Theorien* in das Problem der Bewertung von *Theorienreihen.* Nicht eine isolierte *Theorie,* sondern nur eine Reihe von Theorien kann wissenschaftlich oder unwissenschaftlich genannt werden; wendet man die Bezeichnung 'wissenschaftlich' auf eine *einzelne* Theorie an, so begeht man einen Kategorien-Irrtum.[112])

Das altehrwürdige, empirische Kriterium für eine befriedigende Theorie war Übereinstimmung mit den beobachteten Tatsachen. Unser empirisches Kriterium für eine

---

[109]) Man mag bezweifeln, ob der Ausdruck 'Problemverschiebung' nicht eher auf eine Reihe von Theorien statt auf eine Reihe von Problemen paßt. Ich wählte ihn teils, weil ich nichts Besseres fand – 'Theorienverschiebung' klingt schrecklich – teils, weil Theorien immer problematisch sind, sie lösen nie alle Probleme, deren Lösung sie sich vornahmen. Jedenfalls wird in der zweiten Hälfte des Aufsatzes der natürlichere Ausdruck 'Forschungsprogramme' den Ausdruck 'Problemverschiebungen' an den meisten relevanten Stellen ersetzen.

[110]) Zur 'Falsifikation' gewisser Theorienreihen (von 'Forschungsprogrammen') im Gegensatz zur 'Falsifikation' einer einzelnen Theorie der Reihe vgl. unten, S. 150 ff.

[111]) Im ursprünglichen Manuskript [1968a] habe ich geschrieben: „Eine Theorie ohne Exzeßbewährung hat keinen Überschuß an erklärendem Potential; *daher stellt sie nach Popper kein Wachstum dar und ist also nicht 'wissenschaftlich';* sie hat, wie wir es ausdrücken sollten, kein erklärendes Potential" (S. 386). Unter dem Druck meiner Kollegen ließ ich die kursive Hälfte des Satzes weg, der in ihren Ohren zu exzentrisch klang. Dies bereue ich nun.

[112]) Popper vermengte 'Theorien' und 'Theorienreihen' und wurde dadurch gehindert, die grundlegenden Ideen des naiven Falsifikationismus mit größerem Erfolg dem Verständnis zuzuführen. Sein zweideutiger Wortgebrauch führte zu verwirrenden Formulierungen wie „der Marxismus [als der Kern einer Reihe von Theorien oder eines 'Forschungsprogramms'] ist unwiderlegbar" und, zur gleichen Zeit, „der Marxismus [als eine besondere Konjunktion dieses Kerns und wohlbestimmter Hilfshypothesen, Anfangsbedingungen und der Ceteris-paribus-Klausel] ist widerlegt" (vgl. Popper [1963]). Es ist natürlich kein Fehler zu sagen, daß eine isolierte, einzelne Theorie 'wissenschaftlich' ist, wenn sie einen Fortschritt über ihren Vorläufer darstellt, vorausgesetzt, man sieht ein, daß wir in dieser Formulierung die Theorie als das Ergebnis und im Kontext einer bestimmten historischen Entwicklung beurteilen.

Reihe von Theorien ist die Produktion neuer Tatsachen. *Die Idee des Wachstums und der Begriff des empirischen Charakters werden so in eins verschmolzen.*

Diese revidierte Form des methodologischen Falsifikationismus hat viele neue Züge. Erstens bestreitet sie, daß „im Falle einer wissenschaftlichen Theorie unsere Entscheidung von den Ergebnissen der Experimente abhängt. Wenn diese die Theorie bestätigen, dann dürfen wir sie akzeptieren, bis wir eine bessere finden. Wenn sie der Theorie widersprechen, dann verwerfen wir sie".[113] Sie bestreitet, daß 'das Ergebnis der Prüfung, d. h. die Festsetzung der Basissätze' für das 'Schicksal der Theorie' 'entscheidend' ist.[114] Im Gegensatz zum naiven Falsifikationismus *kann kein Experiment, kein Experimentalbericht, kein Beobachtungssatz und keine wohlbestätigte falsifizierende Hypothese niederer Stufe für sich allein zu einer Falsifikation führen.*[115] *Es gibt keine Falsifikation vor dem Auftauchen einer besseren Theorie.*[116] Aber damit verschwindet der ausgesprochen negative Charakter des naiven Falsifikationismus; die Kritik wird schwerer und auch positiv und konstruktiv. Aber wenn die Falsifikation vom Auftauchen besserer Theorien abhängt, von der Erfindung von Theorien, die neue Tatsachen antizipieren, dann ist sie natürlich *nicht* einfach eine Relation zwischen einer Theorie und der empirischen Basis, sondern eine vielstellige Relation zwischen konkurrierenden Theorien, der ursprünglichen 'empirischen Basis' und dem empirischen Wachstum, zu dem der Wettstreit der Theorien führt. Man kann also sagen, daß die Falsifikation einen '*historischen Charakter*' hat.[117] Außerdem werden manche Theorien, die eine Falsifikation herbeiführen, oft erst *nach* der 'Gegenevidenz' vorgeschlagen. Für naive Falsifikationisten klingt das ziemlich paradox. Und diese epistemologische Theorie der Beziehung von Theorie und Experiment unterscheidet sich wirklich auf grundlegende Weise von der Erkenntnistheorie des naiven Falsifikationismus. Der Begriff 'Gegenevidenz' selbst ist aufzugeben, denn kein experimentelles Ergebnis darf direkt als 'Gegenevidenz' interpretiert werden. Wollen wir diesen altehrwürdigen Terminus dennoch beibehalten, dann müssen wir ihn folgendermaßen neu definieren: 'Gegenevidenz in bezug auf T_1' ist eine bewährende Instanz von T_2, die T_1 entweder widerspricht oder von ihr unabhängig ist (*vorausgesetzt*, T_2 ist eine Theorie, die den empirischen Erfolg von T_1 befriedigend erklärt). Dies zeigt, daß man '*entscheidende Gegenevidenz*'

---

[113] Popper [1945], Bd. II, S. 233. Poppers raffiniertere Einstellung kommt zur Oberfläche in der Bemerkung, daß „konkrete und praktische Konsequenzen sich vom Experiment auf *mehr* direkte Weise überprüfen lassen" (ebenda, Hervorhebung von mir).

[114] Popper [1934], Abschnitt 30.

[115] Zum *pragmatischen* Charakter einer methodologischen 'Falsifikation' vgl. oben, S. 106, Anm. 61.

[116] „In den meisten Fällen haben wir vor der Falsifikation einer Hypothese eine andere auf Lager" (Popper [1959a], S. 87, Anm. *1). Aber unser Argument zeigt, daß wir eine haben *müssen*. Oder, wie Feyerabend schreibt: „Die beste Kritik kommt von jenen Theorien, die die von ihnen beseitigten Rivalen ersetzen können" ([1965], S. 227). Er bemerkt, daß Alternativen in *manchen* Fällen „unabkömmlich sind zum Zweck der Widerlegung" (ebenda, S. 254). Aber nach unserem Argument *zeigt eine Widerlegung ohne Alternativen nur das Unvermögen unserer Vorstellungskraft, eine rettende Hypothese bereitzustellen.* Vgl. auch unten, S. 119, Anm. 122.

[117] Vgl. Lakatos [1968a], S. 387 ff.

9 Lakatos

oder 'entscheidende Experimente' als solche nur im nachhinein unter den Dutzenden von Anomalien erkennen kann, und zwar im Lichte einer überholenden Theorie.[118])

Das entscheidende Element in der Falsifikation liegt also darin, daß die neue
Theorie in Vergleich zum Vorgänger neue, überschüssige Information bereitstellt und daß ein
Teil dieses Informationsüberschusses bewährt ist. Rechtfertigungsdenker schätzten die 'bewährenden' Instanzen einer Theorie; naive Falsifikationisten betonten 'widerlegende' Instanzen; für den methodologischen Falsifikationisten sind die – eher seltenen – bewährenden Instanzen des Informationsüberschusses entscheidend; alle Aufmerksamkeit lenkt sich auf sie.
Wir haben kein Interesse mehr an den Tausenden trivialen verifizierenden Instanzen und auch
nicht an den Hunderten von leicht zugänglichen Anomalien: ausschlaggebend sind die wenigen entscheidenden Überschuß-verifizierenden Instanzen.[119]) Diese Überlegung rehabilitiert
den alten Spruch Exemplum docet, exempla obscurant und gibt ihm einen neuen Sinn.

'Falsifikation' im Sinne des naiven Falsifikationismus (bewährte Gegenevidenz)
ist keine hinreichende Bedingung für die Beseitigung einer spezifischen Theorie: trotz Hunderter von bekannten Anomalien gilt eine Theorie immer noch nicht als falsifiziert (d. h. als
beseitigt), solange wir an ihrer Stelle keine bessere besitzen.[120]) Noch ist eine 'Falsifikation'
im naiven Sinne notwendig für eine Falsifikation im raffinierten Sinne: eine progressive Problemverschiebung braucht nicht mit 'Widerlegungen' vermengt zu sein. Die Wissenschaft
kann wachsen, ohne daß ihr 'Widerlegungen' den Weg weisen. Naive Falsifikationisten befürworten ein lineares Wachsen der Wissenschaft in dem Sinn, daß auf Theorien kräftige Widerlegungen folgen, die sie eliminieren; und diesen Widerlegungen folgen dann neue Theorien.[121]) Es ist sehr wohl möglich, daß Theorien in so schneller Aufeinanderfolge 'progressiv'
vorgeschlagen werden, daß die 'Widerlegung' der nten Theorie nur als die Bewährung der
n + 1ten erscheint. Das Problem-Fieber der Wissenschaft wird erhöht durch das Proliferieren
von konkurrierenden Theorien und nicht durch Gegenbeispiele und Anomalien.

Dies zeigt, daß die Parole von der Proliferation von Theorien für den raffinierten
Falsifikationismus viel wichtiger ist als für den naiven Falsifikationismus. Für den naiven Fal

---

[118]) Im verzerrenden Spiegel des naiven Falsifikationismus sind die neuen Theorien, die die alten und widerlegten Theorien ersetzen, bei ihrer Geburt selbst unwiderlegt. Man glaubt daher nicht, daß ein relevanter Unterschied besteht zwischen Anomalien und entscheidender Gegenevidenz. Das Wort Anomalie
gilt als ein unredlicher Euphemismus für Gegenevidenz. Aber in der wirklichen Geschichte werden neue
Theorien widerlegt geboren: sie erben zahlreiche Anomalien der alten Theorie. Außerdem ist es oft nur
die neue Theorie, die dramatisch jene Tatsache voraussagt, welche dann als entscheidende Gegenevidenz
gegen den Vorläufer fungiert, während die 'alten' Anomalien oft als 'neue' Anomalien verbleiben.
All dies wird klarer werden, wenn wir die Idee eines 'Forschungsprogramms' einführen: siehe unten, S.
131 und S. 170ff.
[119]) Der raffinierte Falsifikationismus adumbriert eine neue Theorie des Lernens; siehe unten, S. 120.
[120]) Es ist klar, daß die Theorie T' einen Überschuß an bewährtem Gehalt über eine andere Theorie T haben kann, selbst wenn T und T' widerlegt sind. Empirischer Gehalt hat mit Wahrheit oder Falschheit
nichts zu tun. Bewährte Gehalte lassen sich auch ohne Rücksicht auf den widerlegten Gehalt vergleichen.
Das zeigt die Rationalität einer Elimination von Newtons Theorie zugunsten von Einsteins Theorie, obwohl man sagen kann, daß die Theorie Einsteins – wie die Newtons – 'widerlegt' geboren wurde. Wir
brauchen nur in Erinnerung zu bringen, daß 'qualitative Bewährung' ein Euphemismus ist für 'quantitative Erschütterung'. (Vgl. Lakatos [1968c], S. 384–386.)
[121]) Vgl. Popper [1934], Abschnitt 85, S. 279 der englischen Übersetzung [1959a).

sifikationisten wächst die Wissenschaft auf Grund wiederholter experimenteller Widerlegungen von Theorien; neue theoretische Konkurrenten, die vor solchen Widerlegungen vorgeschlagen werden, können das Wachstum beschleunigen, aber sie sind nicht absolut notwendig;[122] fortwährendes Proliferieren von Theorien wird empfohlen, aber nicht gefordert. Für den raffinierten Falsifikationisten kann das Proliferieren nicht warten, bis die akzeptierten Theorien 'widerlegt' sind (oder bis ihre Protagonisten in eine Kuhnsche Vertrauenskrise geraten).[123] Während der naive Falsifikationismus die 'Dringlichkeit' betont, 'eine *falsifizierte* Hypothese durch eine bessere zu ersetzen',[124] betont der raffinierte Falsifikationismus die Dringlichkeit, *jede* Hypothese durch eine bessere zu ersetzen. Die Falsifikation ist kein Umstand, der 'den Fortschritt erzwingt'[125]), und zwar einfach darum, weil die Falsifikation der besseren Theorie nicht vorangehen kann.

Die Problemverschiebung vom naiven zum raffinierten Falsifikationismus ist mit einer semantischen Schwierigkeit verbunden. Für den naiven Falsifikationisten ist eine 'Widerlegung' ein experimentelles Ergebnis, das kraft seiner Entscheidungen mit der zu prüfenden Theorie in Konflikt gebracht wird. Im raffinierten Falsifikationismus darf man aber solche Entscheidungen erst dann treffen, wenn die angeblich 'widerlegende Instanz' die bewährende Instanz einer neuen, besseren Theorie geworden ist. Darum müssen wir jedes Mal, wenn wir auf Ausdrücke wie 'Widerlegung', 'Falsifikation' oder 'Gegenbeispiel' stoßen, untersuchen, ob sie nach den Beschlüssen des naiven oder des raffinierten Falsifikationisten angewendet werden.[126]

Der *raffinierte methodologische Falsifikationismus* bietet uns neue Maßstäbe intellektueller Redlichkeit. Die Redlichkeit des Rechtfertigungsdenkers verlangt die Annahme allein des Bewiesenen und die Verwerfung alles Unbewiesenen. Redlichkeit im Sinne des Neo-Rechtfertigungsdenkens verlangt die Angabe der Wahrscheinlichkeit jeder Hypothese im Lichte der vorhandenen empirischen Evidenz. Die Redlichkeit des naiven Falsifikationismus verlangt die Überprüfung des Falsifizierbaren und die Verwerfung des Unfalsifizierbaren

---

[122] Es ist wahr, daß einem gewissen Typus der *Proliferation konkurrierender Theorien* eine zufällige heuristische Rolle bei der Falsifikation zugestanden wird. In vielen Fällen hängt die Falsifikation heuristisch von der Bedingung ab, „daß eine genügende Anzahl genügend verschiedener Theorien geboten wird" (Popper [1940]). Wir können zum Beispiel eine Theorie T haben, die scheinbar nicht widerlegt ist. Aber es kann geschehen, daß eine neue Theorie T' vorgeschlagen wird, die T widerspricht und auf die Tatsachen ebensogut paßt: die Unterschiede sind geringer als der Bereich der Beobachtungsfehler. In solchen Fällen regt uns der Widerspruch an, unsere 'experimentellen Techniken' zu verbessern und so die 'empirische Basis' zu verfeinern, so daß man nun entweder T oder T' (oder beide) falsifizieren kann: „Wir brauchen [eine] neue Theorie, um zu entdecken, wo die alte Theorie fehlerhaft war" (Popper [1963], S. 246). Aber die Rolle dieser Proliferation ist *zufällig* in dem Sinn, daß der Kampf nach Verfeinerung der empirischen Basis zwischen dieser Basis und der geprüften Theorie T stattfindet; der Rivale T' wirkte nur als Katalysator. (Vgl. auch oben, S. 117, Anm. 116.)
[123] Vgl. auch Feyerabend [1965], S. 254–255.
[124] Popper [1959*a*], S. 87, Anm. *1.
[125] Popper]1934], Abschnitt 30.
[126] Vgl. auch oben, S. 106, Anm. 61. [In den Fahnen hinzugefügt:] Vielleicht ist es in Zukunft besser, diese Worte ganz abzuschaffen, genau wie wir Worte wie 'induktiver (experimenteller) Beweis' abgeschafft haben. Wir können dann (naive) 'Widerlegungen' Anomalien und (raffiniert) 'falsifizierte' Theorien 'überholte' nennen. Unsere 'gewöhnliche' (Alltags-) Sprache ist voll nicht nur von 'induktivistischem', sondern auch von falsifikationistischem Dogmatismus. Eine Reform ist längst fällig.

und des Falsifizierten. Und schließlich verlangt die Redlichkeit des raffinierten Falsifikationismus, daß man versuche, die Dinge von verschiedenen Seiten her ins Auge zu fassen, daß man neue Theorien vorschlage, die neue Tatsachen antizipieren, und daß man Theorien verwerfe, die durch andere, stärkere Theorien überholt worden sind.

Der *raffinierte methodologische Falsifikationismus* verbindet verschiedene Traditionen. Von den Empirikern hat er die Entschlossenheit geerbt, vor allem aus der Erfahrung zu lernen. Von den Kantianern übernimmt er die aktivistische Einstellung zur Erkenntnistheorie. Von den Konventionalisten lernt er die Wichtigkeit von Entscheidungen in der Methodologie.

Ich möchte hier ein weiteres, bezeichnendes Merkmal des raffinierten methodologischen Empirismus hervorheben: die entscheidende Rolle eines Bewährungsüberschusses. Ein Induktivist informiert sich über eine neue Theorie, indem er lernt, wieviel bewährende Evidenz sie unterstützt; über widerlegte Theorien *lernt* er nichts (lernen heißt ja schließlich, auf bewiesenem oder wahrscheinlichem *Wissen* aufbauen). Ein dogmatischer Falsifikationist informiert sich über eine Theorie, indem er lernt, ob sie widerlegt ist oder nicht; über bewährte Theorien lernt er nichts (man kann nichts beweisen oder wahrscheinlich machen); über widerlegte Theorien lernt er, daß sie widerlegt sind.[127] Ein raffinierter Falsifikationist informiert sich über eine Theorie, indem er vor allem lernt, welche neuen Tatsachen sie antizipiert hat: für den Popperianischen Empirismus, den ich befürworte, ist die einzig relevante Evidenz die von der Theorie antizipierte, und *Erfahrungscharakter (wissenschaftlicher Charakter) und theoretischer Fortschritt sind untrennbar miteinander verbunden.*[128]

Diese Idee ist nicht völlig neu. Leibniz z. B. schrieb in seinem berühmten Brief an Conring im Jahre 1678: „Die beste Empfehlung für eine Hypothese ist (neben [bewiesener] Wahrheit), wenn man mit ihrer Hilfe Aussagen auch über nicht probierte Phänomene oder Experimente machen kann."[129] Die Ansicht von Leibniz wurde von Wissenschaftlern weitgehend akzeptiert. Aber da vor Popper die Bewertung einer wissenschaftlichen Theorie mit der Bewertung ihres Grades der Rechtfertigung zusammenfiel, hielten einige Logiker diese Position für unhaltbar. Mill z. B. erhebt im Jahre 1843 voll Schrecken die Klage, „daß man zu denken scheint, eine Hypothese sei begrüßenswerter, wenn sie nicht nur alle früher bekannten Tatsachen erklärt, sondern auch noch zur Antizipierung und Voraussage anderer geführt hat, die dann später durch die Erfahrung verifiziert wurden".[130] Mills Vorwurf war nicht unbegründet: eine solche Bewertung widersprach sowohl dem Rechtfertigungsdenken als auch dem Probabilismus: warum sollte ein Ereignis, das von der Theorie antizipiert wurde, mehr *beweisen* als ein schon früher bekanntes? Solange der *Beweis* das einzige Kriterium des wissenschaftlichen Charakters einer Theorie war, konnte Leibnizens Kriterium nur irrelevant er-

---

[127] Zur Verteidigung dieser Theorie des 'Lernens aus der Erfahrung' vgl. Agassi [1969].

[128] *Diese Bemerkungen zeigen, daß das 'Lernen aus der Erfahrung' eine normative Idee ist; darum verfehlen alle rein 'empirischen' Theorien des Lernens den Kern des Problems.*

[129] Vgl. Leibniz [1678]. Der Ausdruck in Klammern zeigt, daß Leibniz dieses Kriterium für das zweitbeste hielt und daß er der Ansicht war, daß die besten Theorien die bewiesenen sind. Leibnizens Position – wie auch die Theorie Whewells – ist also vom vollentwickelten raffinierten Falsifikationismus weit entfernt.

[130] Mill [1843], Bd. II, S. 23.

scheinen.[131]) Auch die *Wahrscheinlichkeit* einer Theorie auf Grund der Evidenz kann, wie Keynes bemerkt hat, sicher nicht davon beeinflußt sein, *wann* die Evidenz produziert wurde: Die Wahrscheinlichkeit einer Theorie auf Grund der Evidenz kann nur von der Theorie und von der Evidenz abhängen[132]) und nicht davon, ob die Evidenz vor oder nach der Theorie produziert wurde.

Trotz dieser überzeugenden Kritik von seiten der Rechtfertigungsdenker überlebte das Kriterium unter einigen der besten Wissenschaftler, denn es formulierte ihre starke Abneigung gegen bloße Ad-hoc-Erklärungen, „die zwar [die zu erklärenden Tatsachen] richtig ausdrücken, die aber durch keine anderen Phänomene bestätigt werden".[133])

Doch erst Popper erkannte, daß der Prima-facie-Widerspruch zwischen den wenigen, gelegentlichen und beiläufigen Bemerkungen gegen Ad-hoc-Hypothesen einerseits und dem mächtigen Gebäude der Erkenntnisphilosophie des Rechtfertigungsdenkens andrerseits gelöst werden muß, indem man das Rechtfertigungsdenken zerstört und neue, gegen Ad-hoc-Hypothesen gerichtete Kriterien zur Abschätzung wissenschaftlicher Theorien einführt, die nicht mehr auf dem Rechtfertigungsdenken beruhen.

Betrachten wir einige Beispiele. Einsteins Theorie ist nicht darum besser als Newtons Theorie, *weil* Newtons 'widerlegt' wurde, Einsteins Theorie aber nicht: auch Einsteins Theorie hat viele bekannte 'Anomalien'. Einsteins Theorie ist besser als – d. h. sie stellt einen Fortschritt dar im Vergleich mit – Newtons Theorie von 1916 (d. h. mit Newtons Gesetzen der Dynamik, seinem Gravitationsgesetz, den bekannten Anfangsbedingungen 'minus' der Liste bekannter Anomalien wie des Merkurperihels), *weil* sie alles erklärt, was Newtons Theorie erfolgreich erklärt hat, weil sie bekannte Anomalien *bis zu einem gewissen Grade* erklärt und weil sie zusätzlich Ereignisse verbietet wie etwa die geradlinige Fortpflanzung des Lichts in der Nähe großer Massen, über die Newtons Theorie nichts ausgesagt hatte, die aber von anderen wohlbewährten zeitgenössischen Theorien zugelassen waren; außerdem wurde *zumindest ein Teil* des unerwarteten Einsteinschen Gehaltsüberschusses auch wirklich *bewährt* (z. B. durch die Sonnenfinsternis-Experimente).

Andrerseits war Galileos Theorie des kreisförmigen Charakters der natürlichen Bewegung irdischer Gegenstände nach diesen raffinierten Maßstäben zirkelhaft, sie führte keine Verbesserung ein, denn sie verbot nichts, was nicht von den relevanten Theorien, die er verbessern wollte (d. h. von der Aristotelischen Physik und der Kopernikanischen Himmelsmechanik) auch schon verboten wurde. Diese Theorie war also ad hoc und – vom heuristischen Gesichtspunkt aus – wertlos.[134])

[131]) Das war J. S. Mills Argument (ebenda). Er richtete es gegen Whewell, der glaubte, daß eine 'Übereinstimmung von Induktionen' oder die erfolgreiche Vorhersage unwahrscheinlicher Ereignisse eine Theorie *verifiziert* (d. h. *beweist*). Whewell [1858], S. 95–96). *Der grundlegende Fehler sowohl in Whewells wie auch in Duhems Wissenschaftsphilosophie besteht zweifellos darin, daß sie Voraussagepotential und bewiesene Wahrheit vermengen. Popper hat beide voneinander getrennt.*

[132]) Keynes [1921], S. 305. Aber vgl. Lakatos [1968*a*], S. 394.

[133]) Das ist Whewells kritischer Kommentar zu einer Ad-hoc-Hilfshypothese in Newtons Licht-Theorie (Whewell [1857], Bd. II, S. 317.)

[134]) In der Terminologie meiner Arbeit [1968*a*] hieß diese Theorie 'ad hoc₁' (vgl. Lakatos [1968*a*], S. 389, Anm. 1); das Beispiel wurde ursprünglich von Paul Feyerabend als Paradigma einer *wertvollen Ad-hoc-Theorie* vorgeschlagen. Doch vgl. unten, S. 138, besonders Anm. 194.

Ein schönes Beispiel für eine Theorie, die nur den ersten Teil des Popperschen Fortschritts-Kriteriums (Gehaltüberschuß), aber nicht auch den zweiten Teil desselben (bewährten Gehaltüberschuß) befriedigt, ist von Popper selbst angegeben worden; es handelt sich um die Bohr-Kramers-Slater-Theorie aus dem Jahre 1923. Diese Theorie wurde in *allen* ihren neuen Voraussagen widerlegt.[135])

Überlegen wir am Ende noch, wieviel Konventionalismus der raffinierte Falsifikationismus noch enthält. Sicherlich *weniger* als der naive Falsifikationismus. Wir brauchen *weniger* methodologische Entscheidungen. Die *'Entscheidung des vierten Typs'*, die für die naive Fassung[136]) wesentlich war, ist völlig überflüssig geworden. Um dies zu zeigen, brauchen wir nur einzusehen, daß der Widerspruch zwischen einer wissenschaftlichen Theorie (die aus 'Naturgesetzen', Anfangsbedingungen, Hilfstheorien – aber ohne Ceteris-paribus-Klausel – besteht) und einigen Tatsachensätzen uns nicht zwingt zu entscheiden, welcher – explizite oder 'verborgene' – Teil nun ersetzt werden soll. Wir können versuchen, *jeden* Teil zu ersetzen; den 'widerlegten' Komplex entfernen wir aber erst, wenn wir eine Erklärung der Anomalie mit Hilfe einer gehaltsvermehrenden Änderung (oder einer Hilfshypothese) gefunden haben, die dann von der Natur bestätigt wird. So ist eine raffinierte Falsifikation ein langsamer, aber möglicherweise sicherer Prozeß als eine naive Falsifikation.

Nehmen wir ein Beispiel. Nehmen wir an, daß die Bahn eines Planeten sich von der vorhergesagten unterscheidet. Einige schließen daraus, daß dies die verwendete Dynamik und Gravitationstheorie widerlegt: die Anfangsbedingungen und die Ceteris-paribus-Klausel sind auf geistreiche Weise bestätigt worden. Andere ziehen den Schluß, daß dies die in den Berechnungen verwendeten Anfangsbedingungen widerlegt: die Dynamik und die Gravitationstheorie haben sich in den letzten zweihundert Jahren auf hervorragende Weise bewährt, und alle Vorschläge, die weitere Faktoren im Spiel betrafen, sind mißlungen. Wieder andere schließen, daß dies die zugrunde gelegte Annahme widerlegt, wonach keine anderen Faktoren neben den bereits berücksichtigten mitspielten; die Vertreter dieses Einwandes sind vielleicht vom metaphysischen Prinzip motiviert, daß jede Erklärung wegen der unendlichen Komplexität der ein Einzelereignis determinierenden Faktoren nur approximativ sein kann. Sollen wir die ersten als *'kritisch'* loben, die zweiten als *'Schund'* rügen und die dritten als *'apologetisch'* verurteilen? – Nein. Wir brauchen bei einer solchen 'Widerlegung' überhaupt keine Schlüsse zu ziehen. Wir verwerfen eine spezifische Theorie nie einfach durch ein Fiat. Wenn wir einem Widerspruch wie dem erwähnten begegnen, dann brauchen wir nicht zu entscheiden, welche Bestandteile der Theorie als problematisch und welche als nicht-problematisch gelten sollen: Im Lichte des widersprechenden akzeptierten Basissatzes sehen wir alle Bestandteile als problematisch an, und wir versuchen, sie alle zu ersetzen. Gelingt es uns, einen Bestandteil auf 'progressive' Weise zu ersetzen (d. h. hat der Ersatz größeren bewährten empirischen Gehalt als das Original), dann nennen wir ihn 'falsifiziert'.

Auch die *Entscheidung des fünften Typs*[136a]) des naiven Falsifikationisten ist überflüssig. Werfen wir, um dies nachzuweisen, noch einen Blick auf das Problem der Beurteilung (syntaktisch) metaphysischer Theorien – und auf das Problem ihrer Beibehaltung oder

---

135) In der Terminologie meiner Arbeit [1968a] hieß diese Theorie nicht 'ad hoc$_1$', sondern 'ad hoc$_2$' (vgl. Lakatos [1968a], S. 389, Anm. 1). Ein einfaches, aber künstliches Beispiel findet sich ebenda, S. 387, Anm. 2. Für 'ad hoc$_3$' vgl. unten, S. 169, Anm. 323.

136) Vgl. oben, S. 107–108.

136a) Vgl. oben, S. 109.

Elimination. Die 'raffinierte' Lösung ist klar. Wir behalten eine syntaktisch metaphysische Theorie so lange bei, bis die problematischen Instanzen sich durch gehaltvermehrende Änderungen in den ihr angehängten Hilfshypothesen erklären lassen.[137]) Nehmen wir z. B. die Cartesianische Metaphysik *C*: 'es gibt in *allen* natürlichen Vorgängen einen Uhrwerk-Mechanismus, der durch (a priori) belebende Prinzipien reguliert wird'. Diese Aussage ist syntaktisch unwiderlegbar: sie kann keinem – raum-zeitlichen singulären – 'Basissatz' widersprechen. Sie kann natürlich einer widerlegbaren Theorie widersprechen wie etwa der Theorie *N*: 'die Gravitation ist eine Kraft, gleich fm_1m_2/r^2, *die in die Ferne wirkt*'. Aber *N* widerspricht *C* nur dann, wenn 'Fernwirkung' wörtlich und außerdem als *letzte* Wahrheit interpretiert wird, die sich auf keine noch tiefer liegende Ursache zurückführen läßt. (Popper würde dies eine 'essentialistische' Interpretation nennen.) Aber wir können eine 'Fernwirkung' auch als eine vermittelte Ursache ansehen. Dann interpretieren wir 'Fernwirkung' bildlich als einen verkürzten Ausdruck für einen verborgenen Nahwirkungsmechanismus. (Man kann dies eine 'nominalistische' Interpretation nennen.) In diesem Fall können wir versuchen, *N* durch *C* zu erklären; Newton selbst und einige französische Physiker des 18. Jahrhunderts haben dies versucht. Produziert eine Hilfstheorie, die diese Erklärung (oder, wenn man will, 'Reduktion') leistet, neue Tatsachen (d. h. ist sie 'unabhängig überprüfbar'), dann sollte man die Cartesianische Metaphysik als eine gute, wissenschaftliche und empirische Metaphysik ansehen, die zu einer progressiven Problemverschiebung führt. Eine progressive (syntaktisch) metaphysische Theorie produziert eine nachhaltige progressive Verschiebung im Schutzgürtel ihrer Hilfshypothesen. Wenn die Reduktion der Theorie auf den 'metaphysischen' Rahmen keinen neuen empirischen Gehalt produziert – um von neuen Tatsachen gar nicht zu sprechen –, dann ist die Reduktion eine degenerative Problemverschiebung, eine rein sprachliche Übung. Die Versuche der Cartesianer, ihre 'Metaphysik' zum Zweck der Erklärung von Newtons Gravitation aufzubauschen, ist ein hervorragendes Beispiel für eine solche rein sprachliche Reduktion.[138])

Im Gegensatz zum naiven Falsifikationismus eliminieren wir also eine (syntaktisch) metaphysische Theorie auch dann nicht, wenn sie einer wohlbewährten Theorie widerspricht. Wir eliminieren sie, wenn sie auf weite Sicht zu einer degenerativen Problemverschiebung führt und wenn es zur gleichen Zeit auch eine bessere, konkurrierende Metaphysik gibt, die sie ersetzen kann. Die Methodologie eines Forschungsprogramms mit 'metaphysischem' Kern unterscheidet sich also nicht von der Methodologie eines Programms mit 'widerlegbarem' Kern, außer vielleicht auf der logischen Stufe der Widersprüche, die das Programm vorwärtstreiben.[139])

---

[137]) *Wir können diese Bedingung mit voller Klarheit nur auf Grund einer Methodologie von Forschungsprogrammen formulieren, so wie sie unten in Abschn. 3 erklärt wird: wir behalten eine (syntaktisch) metaphysische Theorie als den 'harten Kern' der Forschungsprogramme so lange bei, als die assoziierte positive Heuristik eine progressive Problemverschiebung im 'Schutzgürtel' der Hilfshypothesen produziert. Vgl. unten, S. 133–134.*

[138]) Whewell hat dieses Phänomen in einer schönen Arbeit beschrieben [1851]; aber er konnte es methodologisch nicht erklären. Statt den Sieg des *progressiven* Newtonschen Programms über das *entartende* Cartesianische Programm zu erkennen, glaubte er, es handle sich hier um den Sieg bewiesener Wahrheit über die Falschheit. Eine allgemeine Besprechung der Abgrenzung zwischen progressiver und entartender Reduktion findet sich in Popper [1969].

[139]) Vgl. oben, Anm. 137.

(Man muß jedoch mit Nachdruck hervorheben, daß schon die Wahl der logischen Form einer Theorie weitgehend von unserer methodologischen Entscheidung abhängig ist. Statt z.B. die Cartesianische Metaphysik als einen 'Für-alle-gibt-es'-Satz zu formulieren, kann man sie auch als einen Allsatz formulieren: 'Alle natürlichen Vorgänge sind Uhrwerke'. Ein 'Basissatz', der dieser Behauptung widerspricht, hieße: 'a ist ein natürlicher Vorgang und kein Uhrwerk'. Es fragt sich, ob 'x ist kein Uhrwerk' sich mit den zeitgenössischen 'experimentellen Techniken' oder vielmehr mit den zeitgenössischen interpretativen Theorien 'begründen' läßt. So hängt die rationale Wahl der logischen Form einer Theorie vom Stande unseres Wissens ab. Ein metaphysischer 'Für-alle-gibt-es'-Satz von heute kann z.B. auf Grund einer Veränderung des Niveaus der Beobachtungstheorien zu einem wissenschaftlichen 'Allsatz' von morgen werden. Ich habe bereits darauf verwiesen, daß nur Reihen von Theorien und nicht einzelne Theorien als wissenschaftlich bzw. als nicht-wissenschaftlich klassifiziert werden sollen; jetzt habe ich gezeigt, daß selbst die logische Form einer Theorie nur auf Grund einer kritischen Bewertung des Standes der sie umgebenden Forschungsprogramme rationell gewählt werden kann.)

Entscheidungen des ersten, zweiten und dritten Typs lassen sich aber nicht vermeiden,[140] aber man kann zeigen, daß das konventionelle Element in der zweiten Entscheidung – und auch in der dritten – ein wenig reduziert werden kann. Wir können die Entscheidung nicht vermeiden, welche Sätze als 'Beobachtungssätze' und welche als 'theoretische' Sätze gelten sollen. Wir können auch die Entscheidung über den Wahrheitswert einiger 'Beobachtungssätze' nicht vermeiden. Diese Entscheidungen sind lebenswichtig für die Entscheidung darüber, ob eine Problemverschiebung empirisch progressiv oder degenerativ ist.[141] Aber der raffinierte Falsifikationist kann die Willkür dieser zweiten Entscheidung zumindest dadurch mildern, daß er ein *Berufungsverfahren* zuläßt.

Naive Falsifikationisten legen kein solches Berufungsverfahren vor. Sie akzeptieren einen Basissatz, wenn er von einer wohlbewährten falsifizierenden Hypothese gestützt wird,[142] und sie erlauben, daß er die zu überprüfende Theorie überstimmt, auch wenn sie sich des Risikos voll bewußt sind.[143] Doch es gibt keinen Grund, warum wir eine falsifizierende Hypothese – und den Basissatz, den sie unterstützt – nicht als ebenso problematisch ansehen sollten wie eine falsifizierte Hypothese. Aber wie können wir die Fragwürdigkeit eines Basissatzes aufweisen? Auf welcher Grundlage können die Protagonisten der 'falsifizierten' Theorie appellieren und siegen?

Man könnte vorschlagen, mit der Überprüfung des Basissatzes (oder der falsifizierenden Hypothese) 'auf Grund ihrer deduktiven Konsequenzen' so lange fortzufahren, bis sich Übereinstimmung herstellt. Im Laufe dieser Überprüfung leiten wir – im gleichen deduktiven Modell – weitere Konsequenzen aus dem Basissatz ab, und zwar entweder mit Hilfe der zu überprüfenden Theorie oder mit Hilfe einer anderen Theorie, die wir als unproblematisch ansehen. Diese Prozedur hat zwar 'kein natürliches Ende', aber wir kommen immer zu einem Punkt, an dem kein Konflikt mehr vorliegt.[144]

---

[140] Vgl. oben, S. 104 und S. 106–107.
[141] Vgl. oben, S. 115.
[142] Popper [1934], Abschnitt 22.
[143] Vgl. z.B. Popper [1959a], S. 107, Anm. *2. Vgl. auch oben, S. 109–111.
[144] Dieses Argument bei Popper [1934], Abschnitt 29.

Aber wenn der Theoretiker eine Berufung gegen das Verdikt des Experimentators einlegt, dann unterzieht die Berufungsinstanz den Basissatz gewöhnlich keinem direkten Kreuzverhör, sondern befragt eher die *interpretative Theorie*, in deren Licht sein Wahrheitswert festgelegt worden war.

Ein typisches Beispiel für eine Reihe erfolgreicher Berufungen ist der Kampf der Anhänger Prouts gegen ungünstige experimentelle Evidenz der Jahre 1815 bis 1911. Jahrzehnte hindurch standen die Theorie Prouts *T* ('alle Atome sind Verbindungen von Wasserstoffatomen, und die 'Atomgewichte' aller chemischen Elemente müssen sich in ganzen Zahlen ausdrücken lassen') und falsifizierende 'Beobachtungs'hypothesen wie z. B. die 'Widerlegung' *R* von Stas ('das Atomgewicht des Chlor ist 35.5') einander gegenüber. Wie bekannt, hat schließlich *T* über *R* die Oberhand gewonnen.[145])

Jede ernste Kritik einer wissenschaftlichen Theorie beginnt damit, daß man ihre logische, deduktive Artikulation rekonstruiert und verbessert. Tun wir dies mit der Theorie von Prout vis-à-vis der Widerlegung von Stas. Erstens müssen wir einsehen, daß *T* und *R* in der eben zitierten Formulierung einander *nicht* widersprechen. (Physiker artikulieren ihre Theorien nur selten in einem Ausmaß, das es dem Kritiker erlaubt, sie festzulegen und einzufangen.) Um sie als widerspruchsvoll zu erweisen, müssen wir sie in die folgende Form bringen. *T:* 'das Atomgewicht aller reinen (homogenen) chemischen Elemente ist ein Vielfaches des Atomgewichts des Wasserstoffs'; und *R:* 'Chlor ist ein chemisch reines (homogenes) Element, und sein Atomgewicht ist 35.5'. Der letzte Satz hat die Form einer falsifizierenden Hypothese, und wenn diese wohlbewährt ist, dann erlaubt sie uns, Basissätze der Form *B:* 'Chlor *x* ist ein chemisch reines (homogenes) Element, und sein Atomgewicht ist 35.5' zu verwenden – und dabei ist *x* der Eigenname eines 'Stücks' Chlor, determiniert z. B. durch seine Raum-Zeit-Koordinaten.

Aber wie gut ist *R* bewährt? Die erste Komponente hängt ab von *R*₁: 'Chlor *x* ist ein chemisch reines Element'. Dies war der Urteilsspruch des experimentierenden Chemikers nach einer strengen Anwendung der zeitgenössischen 'experimentellen Techniken'.

Fassen wir die Feinstruktur von R_1 näher ins Auge. R_1 ist de facto eine Konjunktion von zwei längeren Behauptungen: T_1 und T_2. Die erste Behauptung T_1 könnte heißen: 'Unterwirft man ein Gas siebzehn chemischen Reinigungsprozessen: $p_1, p_2, ..., p_{17}$, so bleibt reines Chlor zurück'. T_2 heißt dann: '*x* wurde den siebzehn Reinigungsprozessen ($p_1, p_2, ..., p_{17}$) unterworfen'. Der sorgfältige 'Experimentator' hat alle siebzehn Prozeduren sorgfältig ausgeführt: T_2 muß akzeptiert werden. Aber der Schluß, daß die verbleibende Substanz daher reines Chlor sein muß, ist eine 'harte Tatsache' nur auf Grund von T_1. Bei der Prüfung von *T* hat der Experimentator T_1 *angewendet*. Er *interpretierte*, was er sah, im Lichte von T_1: das Ergebnis war R_1. *Und doch ist diese interpretierende Theorie im monotheoretischen deduktiven Modell der Prüfungssituation nicht zu finden.*

---

[145]) Nach Agassi zeigt dieses Beispiel, daß wir „an einer Hypothese trotz bekannter Tatsachen in der Hoffnung festhalten können, daß die Tatsachen sich eher der Theorie fügen würden als umgekehrt" ([1966], S. 18). Aber *wie* können sich die Tatsachen 'fügen'? Unter welchen *besonderen* Bedingungen soll die Theorie die Oberhand gewinnen? Agassi gibt keine Antwort.

Aber was geschieht, wenn T_1, die interpretierende Theorie, falsch ist? Warum 'wendet' man nicht T statt T_1 'an' und erklärt, daß Atomgewichte ganze Zahlen sein *müssen*? Dann wird eben *dies* eine 'harte Tatsache' im Lichte von T, und T_1 wird verworfen. Vielleicht müssen weitere neue Reinigungsprozesse erfunden und angewendet werden.

Das Problem besteht also *nicht* darin, wann wir an einer *'Theorie'* angesichts *'bekannter Tatsachen'* festhalten sollen und wann der umgekehrte Weg angebracht ist. Das Problem besteht *nicht* in der Frage, was man tun soll, wenn 'Theorien' mit 'Tatsachen' zusammenstoßen. Ein solcher 'Zusammenstoß' wird einzig vom *'monotheoretischen deduktiven Modell'* nahegelegt. Ob ein Satz im Zusammenhang einer Prüfungssituation eine *'Tatsache'* oder eine *'Theorie'* ist, hängt von unserer methodologischen Entscheidung ab. Die 'empirische Basis einer Theorie' ist ein monotheoretischer Begriff; sie ist *bezogen auf* eine monotheoretisch deduktive Struktur. Sie ist brauchbar als eine erste Annäherung; aber im Falle einer 'Berufung' von seiten des Theoretikers müssen wir ein *pluralistisches Modell* verwenden. Im pluralistischen Modell findet der Zusammenstoß nicht zwischen Theorien und Tatsachen statt, sondern zwischen zwei Theorien hoher Stufe: zwischen einer *interpretativen Theorie*, die die Tatsachen bietet, und einer *explanatorischen Theorie*, die sie erklärt; und die interpretative Theorie kann auf ebenso hoher Stufe stehen wie die explanatorische Theorie. Der Konflikt findet also nicht mehr statt zwischen einer Theorie von logisch höherer Stufe und einer falsifizierenden Hypothese von niederer Stufe. Das Problem sollte nicht in der Frage bestehen, ob eine *'Widerlegung'* real ist oder nicht. Das Problem ist, wie sich eine *Inkonsistenz* zwischen der geprüften 'explanatorischen Theorie' und den – expliziten oder verhüllten – 'interpretativen' Theorien reparieren läßt. Oder, wenn man will, *das Problem ist, welche Theorie als die interpretative Theorie gelten soll, die die 'harten Tatsachen' liefert, und welche als die 'explanatorische Theorie', die diese Tatsachen 'tentativ' erklärt.* In einem monotheoretischen Modell sehen wir die Theorie höherer Stufe als eine *explanatorische Theorie an, die durch 'Tatsachen' beurteilt werden muß,* und diese Tatsachen liefert der autoritative Experimentator von außen: ergibt sich ein Konflikt, dann verwerfen wir die Erklärung.[146]) In einem pluralistischen Modell können wir uns andrerseits entschließen, die Theorie höherer Stufe als eine *interpretative Theorie zur Beurteilung von 'Tatsachen'* anzusehen, die wieder von außen geliefert werden: ergibt sich ein Konflikt, dann können wir die 'Tatsachen' als 'Monstren' verwerfen. In einem pluralistischen Testmodell sind mehrere Theorien – mehr oder weniger deduktiv organisiert – miteinander verschmolzen.

Schon dieses Argument allein zeigt die Richtigkeit der Schlußfolgerung, die wir bereits aus einem früheren Argument gezogen haben, daß Experimente Theorien nicht einfach über den Haufen werfen und daß keine Theorie vorher angegebene Umstände verbie-

---

[146]) Die Entscheidung, ein monotheoretisches Modell zu benutzen, ist offenbar lebenswichtig für den naiven Falsifikationisten; sie ermöglicht es ihm, eine Theorie *einzig* auf Grund der experimentellen Evidenz zu verwerfen. *Sie entspricht dem Umstand, daß es für ihn notwendig ist, zumindest in einer Prüfsituation den Leib der Wissenschaft scharf in zwei Teile zu teilen: Problematisches und Unproblematisches.* (Siehe oben, S. 104.) *In seinem deduktiven Modell der Kritik artikuliert er dann nur jene Theorie, die bei dieser Teilung als problematisch bezeichnet wird.*

tet.[147]) Es ist nicht so, daß wir eine Theorie vorschlagen, und die Natur ruft vielleicht NEIN; wir schlagen ein Netz von Theorien vor, und die Natur ruft vielleicht INKONSISTENT.[148])

So *verschiebt sich* das Problem vom alten Problem der Ersetzung einer durch 'Tatsachen' widerlegten Theorie zum neuen Problem der Auflösung von Widersprüchen zwischen eng verbundenen Theorien. Welche der einander widersprechenden Theorien soll eliminiert werden? Der raffinierte Falsifikationist kann diese Frage leicht beantworten: man versucht, zuerst die eine, dann die andere, dann möglicherweise beide Theorien zu ersetzen, und man entscheidet sich für jene neue Situation, die den größten Zuwachs an bewährtem Gehalt und die progressivste Problemverschiebung bietet.[149])

So haben wir ein Berufungsverfahren vorgeschrieben für den Fall, daß der Theoretiker das negative Verdikt des Experimentators zu bezweifeln wünscht. Der Theoretiker darf verlangen, daß der Experimentator seine 'interpretative Theorie' genau angibt,[150]) und er darf sie – zum Ärger des Experimentators – durch eine bessere ersetzen, in deren Licht seine zunächst 'widerlegte' Theorie eine positive Beurteilung erhalten kann.[151])

Aber selbst dieses Berufungsverfahren kann die übliche Entscheidung nur *aufschieben*. Denn auch das Verdikt des Berufungsgerichts ist nicht unfehlbar. Wenn wir entscheiden, ob die Ersetzung der 'interpretativen' oder der 'explanatorischen' Theorie neue

---

[147]) Vgl. oben, S. 98.

[148]) Ich möchte hier auf einen möglichen Einwand antworten: 'Sicher brauchen wir nicht die Natur, um uns mitzuteilen, daß eine Klasse von Theorien *widerspruchsvoll* ist. Im Gegensatz zur Falschheit läßt sich Inkonsistenz ohne Hilfe der Natur feststellen.' Aber das 'NEIN' der Natur in einer monotheoretischen Methodologie hat die Form eines 'potentiellen Falsifikators', d. h. eines Satzes, der in unserer Redeweise von der Natur geäußert wird und der *unsere Theorie negiert*. Und das 'INKONSISTENT' der Natur in einer pluralistischen Methodologie hat die Form eines 'Tatsachen'-Satzes, der im Licht einer der involvierten Theorien formuliert wurde, die in unserer Redeweise von der Natur geäußert wird und die, den vorgeschlagenen Theorien hinzugefügt, ein *inkonsistentes* System ergibt.

[149]) So kann man in unserem früheren Beispiel versuchen (vgl. oben, S. 104 ff.), die Gravitationstheorie durch eine neue Theorie zu ersetzen, und man kann auch versuchen, die Radio-Optik mit einer anderen zu vertauschen: wir wählen jenen Weg, der das auffallendere Wachstum und die progressivere Problemverschiebung verspricht.

[150]) Die Kritik *nimmt* nicht eine voll artikulierte deduktive Struktur *an*: sie schafft sie. (Nebenbei, das ist die wichtigste Botschaft meiner Arbeit [1963–1964].)

[151]) Ein klassisches Beispiel für dieses Pattern ist Newtons Beziehung zu Flamsteed, dem ersten Königlichen Astronomen Englands. Newton besuchte z. B. Flamsteed am 1. September 1694, als er selbst seine ganze Zeit seiner Mond-Theorie widmete; er wies Flamsteed an, einige Daten umzudeuten, da sie seiner Theorie widersprachen; und er erklärte genau, wie die Änderung durchzuführen sei. Flamsteed gehorchte Newton, und er schrieb am 7. Oktober: „Seitdem Sie nach Hause gegangen sind, habe ich die Beobachtungen überprüft, die ich gebrauchte, um die größten Gleichungen der Erdbahn zu bestimmen, unter Berücksichtigung der Mondstellen zu denselben Zeiten... Ich finde, daß Sie *(wenn die Erde sich nach der Seite des Mondes neigt, wie Sie andeuten)* etwa 20″ abschlagen dürfen..." So hat Newton Flamsteeds Beobachtungstheorien fortwährend kritisiert und korrigiert. Newton hat z. B. Flamsteed eine bessere Theorie der refraktiven Wirkung der Atmosphäre gelehrt; Flamsteed nahm die Theorie an und korrigierte seine ursprünglichen 'Daten'. Man versteht die fortwährende Demütigung und den langsam zunehmenden Zorn dieses großen Beobachters, dessen Daten von einem Mann kritisiert und verbessert wurden, der, nach eigenem Geständnis, selbst keine Beobachtungen angestellt hatte. Ich habe den Verdacht, daß es dieses Gefühl war, das am Ende zu einer bösartigen persönlichen Kontroverse führte.

Tatsachen produziert, so müssen wir wieder einen Beschluß fassen über die Annahme oder über das Verwerfen von Basissätzen. Aber dann haben wir die Entscheidung eben nur *aufgeschoben* — und vielleicht *verbessert* —, wir haben sie nicht *vermieden*.[152]) Die Schwierigkeiten der empirischen Basis, denen der 'naive' Falsifikationismus begegnete, können auch vom 'raffinierten' Falsifikationisten nicht vermieden werden. Selbst wenn wir eine Theorie als 'faktisch' ansehen, d. h. selbst wenn unsere langsame und beschränkte Phantasie keine Alternativen vorschlagen kann (wie Feyerabend sich auszudrücken pflegte), so müssen wir doch zumindest gelegentlich und vorübergehend Entscheidungen über ihren Wahrheitswert treffen. *Auch dann bleibt immer noch die Erfahrung in einem wichtigen Sinne der 'unvoreingenommene Richter'*[153]) *wissenschaftlicher Streitfragen.* Wir können uns vom Problem der 'empirischen Basis' nicht befreien, wenn wir aus der Erfahrung lernen wollen:[154]) aber wir können unser Lernen weniger dogmatisch und auch weniger schnell und weniger dramatisch gestalten. Wir machen unsere Methodologie biegsamer, indem wir einige Beobachtungstheorien als problematisch hinstellen: aber wir können nicht *alle* 'Hintergrundkenntnisse' (oder 'Hintergrundunkenntnisse') in unser kritisch deduktives Modell einbeziehen. Dieser Prozeß läßt sich nur Schritt für Schritt ausführen, und konventionelle Linien müssen zu jedem Zeitpunkt gezogen werden.

Es gibt einen Einwand auch gegen die raffinierte Fassung des methodologischen Falsifikationismus, der sich nicht ohne eine gewisse Konzession an den 'Simplizismus' Duhems beantworten läßt. Dieser Einwand ist das sogenannte 'Klebeparadox' [*tacking paradox*]. Nach unserer Definition kann die Hinzufügung isolierter Hypothesen niederer Stufe zu einer Theorie eine 'progressive Verschiebung' darstellen. Es ist schwer, solche künstlichen Verschiebungen zu vermeiden, außer man fordert, daß die „zusätzlichen Behauptungen mit der widersprechenden Behauptung *inniger* verbunden sein müssen als durch bloße Konjunktion".[155]) Dies ist natürlich eine Art Einfachheitsforderung, die die Kontinuität in der Reihe jener Theorien garantieren würde, von denen man sagen kann, daß sie *eine* Problemverschiebung bilden.

Dies führt uns zu weiteren Problemen. Denn einer der entscheidenden Züge des raffinierten Falsifikationismus besteht darin, daß er den Begriff der *Theorie* als grundlegenden Begriff in der Logik der Forschung durch den Begriff der *Theorienreihe* ersetzt. *Es ist eine Aufeinanderfolge von Theorien und nicht eine gegebene Theorie, die als wissenschaftlich oder scheinwissenschaftlich bewertet wird.* Aber die Glieder solcher Theorien-Reihen sind gewöhnlich durch eine bemerkenswerte *Kontinuität* verbunden, die sie zu *Forschungsprogrammen* verschmilzt. Diese *Kontinuität*, die an Kuhns 'Normalwissenschaft' erinnert, spielt eine wichtige Rolle in der Wissenschaftsgeschichte; die Hauptprobleme der Logik der Forschung können nur im Rahmen einer *Methodologie von Forschungsprogrammen* befriedigend behandelt werden.

---

[152]) Dasselbe gilt für die Entscheidung des dritten Typus. Verwerfen wir eine stochastische Hypothese nur für eine, die sie in unserem Sinne überholt, dann wird die genaue Form der 'Verwerfungsregeln' *weniger* wichtig.

[153]) Popper [1945], Bd. II, Kap. 23, S. 218.

[154]) Darum hat Agassi mit seiner These Unrecht, daß „Beobachtungsberichte als falsch akzeptiert werden können, womit das Problem der empirischen Basis erledigt ist" (Agassi [1966], S. 20).

[155]) Feyerabend [1965], S. 226.

3.   Eine Methodologie wissenschaftlicher Forschungsprogramme

Ich habe das Problem der objektiven Bewertung des wissenschaftlichen Wachstums auf Grund progressiver und degenerativer Problemverschiebungen in Reihen wissenschaftlicher Theorien diskutiert. Die wichtigsten dieser Reihen in der Entwicklung der Wissenschaft sind durch eine gewisse *Kontinuität* charakterisiert, die ihre Glieder verbinden. Diese Kontinuität entwickelt sich aus einem echten Forschungsprogramm, das am Anfang skizziert wird.[156]) Das Programm besteht aus methodologischen Regeln: Einige dieser Regeln beschreiben Forschungswege, die man vermeiden soll *(negative Heuristik)*, andere geben Wege an, denen man folgen soll *(positive Heuristik)*.

Auch die Wissenschaft als Ganzes kann als ein riesiges Forschungsprogramm aufgefaßt werden mit Poppers oberster heuristischer Regel: 'Erfinde Vermutungen, die höheren empirischen Gehalt besitzen als ihre Vorläufer'. Solche methodologischen Regeln können, wie Popper bemerkt hat, als metaphysische Prinzipien formuliert werden.[157]) So läßt sich z. B. die *universelle* antikonventionalistische Regel gegen die Beseitigung von Ausnahmen *[exception-barring]* als das metaphysische Prinzip: 'Die Natur erlaubt keine Ausnahmen' formulieren. Das ist der Grund, warum Watkins solche Regeln 'einflußreiche Metaphysik' genannt hat.[158])

Ich aber denke im Augenblick nicht an die Wissenschaft als Ganzes, sondern eher an *besondere* Forschungsprogramme, wie z. B. an jenes, das als 'Cartesianische Metaphysik' bekannt ist. Die Cartesianische Metaphysik, d. h. die mechanistische Theorie des Weltalls — nach der das Universum ein riesiges Uhrwerk (und ein System von Wirbeln) ist und der Stoß die einzige Ursache der Bewegung —, wirkte als ein mächtiges heuristisches Prinzip. Sie behinderte die Arbeit an wissenschaftlichen Theorien, wie [der 'essentialistischen' Fassung von] Newtons Theorie der Fernwirkung, die ihr widersprachen *(negative Heuristik)*. Aber sie förderte auch die Entwicklung von Hilfshypothesen zur Rettung vor scheinbarer Gegenevidenz wie etwa den Keplerschen Ellipsen *(positive Heuristik)*.[159])

a) Negative Heuristik; der 'harte Kern' der Programme

Man kann alle wissenschaftlichen Forschungsprogramme durch ihren *'harten Kern'* charakterisieren. Die negative Heuristik des Programms verbietet uns, den Modus tol-

---

[156]) Es mag darauf verwiesen werden, daß die negative und positive Heuristik zusammen eine rohe (implizite) Definition des 'begrifflichen Rahmens' (und infolgedessen der Sprache) liefern. Die Einsicht, daß die Geschichte der Wissenschaft eher eine Geschichte von Forschungsprogrammen als eine Geschichte von Theorien ist, mag darum mindestens als eine teilweise Rechtfertigung der Ansicht gelten, daß die Geschichte der Wissenschaft die Geschichte von Begriffswelten oder wissenschaftlichen Sprachen ist.

[157]) Popper [1934], Abschnitt 11 und 70. Ich benutze das Wort 'metaphysisch' als einen Fachausdruck des naiven Falsifikationismus: ein kontingenter Satz ist 'metaphysisch', wenn er keine 'potentiellen Falsifikatoren' hat.

[158]) Watkins [1958]. Watkins warnt uns, daß „die logische Kluft zwischen Feststellungen und Vorschriften auf metaphysisch-methodologischem Gebiet durch die Tatsache illustriert wird, daß man eine [metaphysische] Doktrin in ihrer deskriptiven Form ablehnen kann, während man ihrer präskriptiven Fassung zustimmt" (ebenda, S. 356–357).

[159]) Zu diesem Cartesianischen Forschungsprogramm vgl. Popper [1958] und Watkins [1958], S. 350–351.

lens gegen diesen 'harten Kern' zu richten. Statt dessen müssen wir unseren Scharfsinn einsetzen, um 'Hilfshypothesen' zu artikulieren, ja selbst zu erfinden, die dann einen Schutzgürtel um den Kern bilden. Und wir müssen den Modus tollens auf sie umlenken. Es ist dieser Schutzgürtel von Hilfshypothesen, der dem Stoß der Überprüfungen standhalten, der geordnet und wiedergeordnet, ja sogar völlig ersetzt werden muß, um den so gehärteten Kern zu verteidigen. Ein Forschungsprogramm ist erfolgreich, wenn all dies zu einer progressiven Problemverschiebung führt; erfolglos ist es dagegen, wenn es zu einer degenerativen Problemverschiebung führt.

Das klassische Beispiel für ein erfolgreiches Forschungsprogramm, vielleicht das erfolgreichste aller Zeiten, ist Newtons Gravitationstheorie. Anfangs, als es aufgestellt wurde, versank es in einem Ozean von 'Anomalien' (oder, wenn man will: von 'Gegenbeispielen'[160])) und stand im Gegensatz zu Beobachtungstheorien, die diese Anomalien unterstützten. Aber mit glänzender Zähigkeit und Erfindungskraft verwandelten Newtons Nachfolger ein Gegenbeispiel nach dem anderen in bewährende Instanzen, vor allem dadurch, daß sie die ursprünglichen Beobachtungstheorien über den Haufen warfen, in deren Licht diese 'Gegenevidenz' begründet worden war. Im Laufe dieses Prozesses haben sie selber neue Gegenbeispiele produziert, die sie dann wiederum auflösten. "Sie verwandelten jede neue Schwierigkeit in einen neuen Sieg ihres Programmes."[161])

In Newtons Programm verlangt die negative Heuristik, daß wir den Modus tollens von Newtons drei Gesetzen der Dynamik und von seinem Gravitationsgesetz ablenken. Dieser 'Kern' des Programms ist 'unwiderlegbar' auf Grund der methodologischen Entscheidung seiner Protagonisten: Anomalien dürfen nur im 'Schutzgürtel' von Hilfshypothesen, 'Beobachtungshypothesen' und Anfangsbedingungen zu Veränderungen führen.[162])

Ich habe weiter oben ein künstliches Mikro-Beispiel für eine progressive Newtonsche Problemverschiebung angeführt.[163]) Seine Analyse zeigt, daß jedes folgende Glied in diesem Übungsbeispiel eine neue Tatsache voraussagt; jeder Schritt repräsentiert einen Zuwachs an empirischem Gehalt: Das Beispiel ist eine *konsequent progressive theoretische Verschiebung*. Auch wird jede Vorhersage am Ende verifiziert, obwohl vorübergehend in drei aufeinanderfolgenden Fällen 'Widerlegungen' vorzuliegen scheinen.[164]) Während der 'theoretische Fortschritt' (im hier geschilderten Sinne) sogleich verifiziert werden kann,[165]) gilt dasselbe für den 'empirischen Fortschritt' nicht, und in einem Forschungsprogramm können wir durch eine lange Reihe von 'Widerlegungen' enttäuscht werden, bis dann geniale und gelungene gehaltvermehrende Hilfshypothesen eine Kette von Niederlagen — *im nachhinein* — in eine ruhmreiche Erfolgsgeschichte verwandeln, und zwar entweder durch die Revision fal-

---

[160]) Zur Klärung der Begriffe 'Gegenbeispiel' und 'Anomalie' vgl. oben, S. 107–108, und besonders unten, S. 154, Anm. 251.

[161]) Laplace [1796], Buch IV, Kapitel II.

[162]) Der harte Kern eines Programms springt in Wirklichkeit nicht vollgerüstet an den Tag wie Athene aus dem Haupt des Zeus. Er entwickelt sich langsam, auf dem Wege eines langen, vorläufigen Prozesses von Versuch und Irrtum. In der vorliegenden Arbeit wird dieser Vorgang nicht besprochen.

[163]) Vgl. oben, S. 98–99.

[164]) Die 'Widerlegung' wurde jedesmal erfolgreich auf 'verborgene Lemmata' abgelenkt; d. h. auf Hilfssätze, die gewissermaßen aus der Ceteris-paribus-Klausel hervorgingen.

[165]) Aber vgl. unten, S. 150–152.

scher 'Tatsachen' oder die Hinzufügung neuer Hilfshypothesen. Wir können also verlangen, daß jeder Schritt des Forschungsprogrammes konsequent gehaltvermehrend sei: Jeder Schritt muß eine *konsequent progressive theoretische Problemverschiebung* darstellen. Die einzige weitere Forderung ist, daß der Zuwachs an Gehalt sich zumindest gelegentlich im nachhinein bewähre: Das Programm als Ganzes soll auch eine *gelegentlich progressive empirische Verschiebung* aufweisen. Wir verlangen nicht, daß jeder Schritt *sogleich* eine *beobachtete* neue Tatsache produziere. Der Ausdruck 'gelegentlich' gibt genügend *rationalen* Spielraum für ein dogmatisches Festhalten an einem Programm, auch angesichts von prima facie 'widerlegenden' Instanzen.

Der Gedanke der 'negativen Heuristik' eines wissenschaftlichen Forschungsprogrammes rationalisiert den klassischen Konventionalismus in beträchtlichem Maße. Wir können uns rational entschließen, den 'Widerlegungen' eine Übertragung der Falschheit auf den harten Kern so lange nicht zu gestatten, als der bewährte empirische Gehalt des Schutzgürtels von Hilfshypothesen zunimmt. Unser Vorgehen unterscheidet sich aber insofern vom rechtfertigungsdenkerischen Konventionalismus Poincarés, als wir behaupten, daß der harte Kern eines Programms, das keine neuen Tatsachen mehr antizipiert, schließlich aufgegeben werden muß: d. h. *unser* harter Kern kann im Gegensatz zu dem Poincarés unter gewissen Bedingungen zerbröckeln. In diesem Sinn stehen wir auf der Seite Duhems, der glaubte, daß man mit einer solchen Möglichkeit rechnen müsse;[166]) aber für Duhem ist der Grund des Zusammenbruchs rein *ästhetisch;*[167]) für uns ist er vor allem *logisch und empirisch.*

b) Positive Heuristik; die Konstruktion des 'Schutzgürtels' und die relative Autonomie der theoretischen Wissenschaft

Forschungsprogramme werden neben ihrer negativen Heuristik auch durch ihre positive Heuristik charakterisiert.

Auch die schnellsten und progressivsten Forschungsprogramme können ihre 'Gegenevidenz' nur stückweise verdauen: die Anomalien werden nie ganz erschöpft. Aber man soll nicht denken, daß die noch unerklärten Anomalien – die 'Rätsel', in der Sprache Kuhns – in unregelmäßiger Reihenfolge vorgenommen werden und daß der Schutzgürtel eklektisch, ohne eine im voraus bestimmte Ordnung aufgebaut wird. Die Ordnung wird gewöhnlich im Arbeitszimmer des Theoretikers entschieden, unabhängig von den *bekannten* Anomalien. Nur wenige theoretische Wissenschaftler, die sich mit einem Forschungsprogramm befassen, widmen den 'Widerlegungen' allzu große Aufmerksamkeit. Sie besitzen eine Forschungsstrategie auf weite Sicht, die die Widerlegungen vorwegnimmt. Diese Forschungsstrategie oder Forschungsordnung wird – mehr oder weniger eingehend – in der *positiven Heuristik* des Forschungsprogramms dargelegt. Die negative Heuristik spezifiziert den 'harten Kern' des Programms, der, infolge der methodologischen Entscheidung seiner Protagonisten, 'unwiderlegbar' ist; die positive Heuristik besteht aus einer partiell artikulierten Reihe von Vorschlägen oder Hinweisen, wie man die 'widerlegbaren Fassungen' des Forschungsprogramms verändern und entwickeln soll und wie der 'widerlegbare' Schutzgürtel modifiziert und raffinierter gestaltet werden kann.

---

[166]) Vgl. oben, S. 103.
[167]) Ebenda.

Die positive Heuristik des Programms bewahrt den Wissenschaftler davor, daß er durch den Ozean der Anomalien verwirrt wird. Die positive Heuristik skizziert ein Programm, das eine Kette immer komplizierter werdender *Modelle* zur Simulierung der Wirklichkeit darstellt: die Aufmerksamkeit des Wissenschaftlers konzentriert sich auf den Bau seiner Modelle nach Instruktionen, die im positiven Teil seines Programms niedergelegt sind. Er ignoriert die *aktuellen* Gegenbeispiele, die vorhandenen *'Daten'*. [168]) Newton hat sein Programm zuerst für ein Planetensystem mit einer feststehenden punktförmigen Sonne und mit einem einzigen punktförmigen Planeten ausgearbeitet. An diesem Modell hat er sein Gesetz der quadratischen Abnahme für Keplers Ellipse abgeleitet. Aber dieses Modell war von Newtons eigenem dritten Gesetz der Dynamik verboten und mußte darum durch ein anderes ersetzt werden, in dem sowohl die Sonne wie auch der Planet um ihren gemeinsamen Schwerpunkt kreisten. Diese Änderung war von keiner Beobachtung motiviert (die Daten verrieten hier keine 'Anomalie'), sondern von einer theoretischen Schwierigkeit bei der Entwicklung des Programms. Dann hat Newton sein Programm für mehrere Planeten unter Vernachlässigung interplanetarischer Kräfte ausgearbeitet. Hierauf folgt die Behandlung von Sonne und Planeten nicht als Massen*punkte*, sondern als Massen*kugeln*. Auch für diese Änderung bedurfte es keiner beobachteten Anomalie; unendliche Dichte war von einer nicht-artikulierten Prüfsteintheorie verboten, also *mußten* die Planeten ausgedehnt sein. Diese Änderung war mit beträchtlichen mathematischen Schwierigkeiten verbunden, sie hielt Newtons Arbeit auf und verzögerte die Veröffentlichung der *Principia* um mehr als ein Jahrzehnt. Nach Lösung dieses 'Rätsels' begann er mit der Arbeit an *rotierenden Kugeln* und an ihren Schwankungen. Noch später führte er interplanetarische Kräfte ein und begann mit der Ausarbeitung von *Störungen*. Hier zog er die Tatsachen eingehender in Betracht. Zahlreiche Tatsachen wurden in seinem Modell (qualitativ) schön erklärt, zahlreiche Tatsachen widerstanden der Erklärung. Es war an diesem Punkt, daß er mit der Arbeit an *ausgebauchten* statt an runden Planeten begann, und so weiter.

Newton hatte keine Achtung für Forscher, die, wie Hooke, in ein erstes naives Modell hineinstolperten, aber weder die Beharrlichkeit noch die Fähigkeit besaßen, es zu einem Forschungsprogramm zu entwickeln, und die eine erste Fassung, eine beiläufig hingeworfene Bemerkung schon für eine 'Entdeckung' hielten. Er veröffentlichte nichts, bis sein Programm eine beachtenswerte progressive Verschiebung erreicht hatte.[169])

[168]) Wenn ein Wissenschaftler (oder Mathematiker) eine positive Heuristik besitzt, dann weigert er sich, in Beobachtungen verwickelt zu werden. Er „legt sich auf seinen Diwan, schließt seine Augen und vergißt alle Daten". (Vgl. Lakatos [1963–1964], besonders S. 300ff., wo man auch eine ausführliche Fallstudie eines solchen Programms findet.) Gelegentlich wird er natürlich eine schlaue Frage an die Natur richten: dann ermutigt ihn das JA der Natur, ihr NEIN aber entmutigt ihn nicht.
[169]) Reichenbach gibt – nach Cajori – eine andere Erklärung für die verzögerte Publikation von Newtons *Principia*: „Er fand zu seiner Enttäuschung, daß die Beobachtungsergebnisse mit seinen Berechnungen nicht übereinstimmten. Statt eine Theorie, sei sie auch noch so schön, vor die Tatsachen zu setzen, legte Newton das Manuskript seiner Theorie in die Schublade. Etwa zwanzig Jahre später, nachdem der Umfang der Erde durch eine französische Expedition neu vermessen worden war, sah Newton, daß die Zahlen, auf welche er seine Prüfung gegründet hatte, falsch waren und daß die verbesserten Zahlen mit seiner theoretischen Berechnung übereinstimmten. Erst nach diesem Test hat er sein Gesetz veröffentlicht... Die Geschichte Newtons ist eine schlagende Illustration für die Methode der modernen Wissenschaft." (Reichenbach [1951], S. 101–102.) Feyerabend kritisiert Reichenbachs Bericht (Feyerabend [1965], S. 229), gibt aber keinen alternativen Vernunftgrund.

Die meisten – wenn auch nicht alle – Newtonschen 'Rätsel', die zu einer Reihe neuer und einander überholender Fassungen führten, konnten schon zur Zeit von Newtons erstem, naivem Modell vorhergesehen werden, und zweifellos haben Newton und seine Kollegen sie auch in der Tat vorhergesehen: Newton muß sich der offenkundigen Falschheit seiner ersten Fassungen bewußt gewesen sein. Nichts beweist klarer die Existenz einer positiven Heuristik eines Forschungsprogramms als diese Tatsache; darum spricht man auch von 'Modellen' in einem Forschungsprogramm. Ein '*Modell*' ist eine Menge von Anfangsbedingungen (womöglich zusammen mit einigen Beobachtungstheorien); man weiß, daß man diese Bedingungen im Laufe der weiteren Entwicklung des Programmes sicher durch andere wird ersetzen *müssen*, und man weiß sogar mehr oder weniger, wie. So zeigt sich wieder einmal, wie irrelevant 'Widerlegungen' einer spezifischen Fassung in einem Forschungsprogramm sind: Sie werden erwartet, und man hat sogar die positive Heuristik als die Strategie, die sie vorhersagt (produziert) und verdaut. In der Tat, wenn die positive Heuristik einmal klar formuliert ist, dann sind die Schwierigkeiten des Programms eher mathematischer als empirischer Art.[171]

Man kann die 'positive Heuristik' eines Forschungsprogrammes als ein 'metaphysisches' Prinzip formulieren. Man kann z. B. Newtons Programm so formulieren: 'die Planeten sind wesentlich gravitierende Kreisel von annähernd kugeliger Form'. Diese Idee wurde niemals *starr* aufrechtgehalten: Die Planeten sind nicht *nur* gravitierende Körper, sie haben z. B. auch elektromagnetische Eigenschaften, die ihre Bewegung beeinflussen können. Eine positive Heuristik ist also im allgemeinen biegsamer als eine negative Heuristik. Es kommt auch gelegentlich vor, daß ein Forschungsprogramm, das in eine degenerative Phase gerät, durch eine kleine Revolution oder eine *schöpferische Verschiebung* in seiner positiven Heuristik wieder gefördert wird.[172] Es ist also besser, wenn man den 'harten Kern' von den biegsameren metaphysischen Prinzipien trennt, die die positive Heuristik zum Ausdruck bringen.

Unsere Überlegungen zeigen, daß die positive Heuristik fast ohne jede Rücksicht auf 'Widerlegungen' vorstößt: Man hat den Eindruck, daß die '*Verifikationen*'[173] und nicht die Widerlegungen die Berührung mit der Wirklichkeit herstellen. Obwohl man hervorheben muß, daß jede 'Verifikation' der $n+1$ten Fassung des Programms eine Widerlegung der $n$ten Fassung ist, kann man doch nicht leugnen, daß *manche* Niederlagen der späteren Fassungen immer vorausgesehen werden: Es sind die 'Verifikationen', die das Programm in Gang halten, trotz aller widerspenstigen Instanzen.

Wir können Forschungsprogramme auch nach ihrer 'Eliminierung', in bezug auf ihr *heuristisches Potential*, bewerten: wie viele neue Tatsachen haben sie produziert, wie groß war 'ihre Fähigkeit, Widerlegungen im Verlauf ihres Wachstums zu erklären'?[174]

---

[171] Zu diesem Punkt vgl. Truesdell [1960].

[172] Soddys Beitrag zu Prouts Programm oder Paulis Beitrag zu Bohrs Programm (alte Quantentheorie) sind typische Beispiele für solche schöpferischen Verschiebungen.

[173] Eine 'Verifikation' ist die Bewährung des Gehaltsüberschusses im sich ausdehnenden Programm. Aber eine 'Verifikation' kann natürlich ein Programm nicht *verifizieren:* sie zeigt nur sein heuristisches Potential.

[174] Vgl. Lakatos [1963–1964], S. 324–330. Leider habe ich in den Jahren 1963–1964 Theorien und Forschungsprogramme terminologisch noch nicht klar unterschieden, und das hat meiner Darstellung eines Forschungsprogramms in der nichtformalen, quasi-empirischen Mathematik geschadet. Solche Fehler kommen in [1975] seltener vor.

(Wir können sie auch nach den Anregungen beurteilen, die sie der Mathematik geben. Für den Theoretiker sind die wirklichen Schwierigkeiten eher *mathematische Schwierigkeiten* des Programms als Anomalien. Die Großartigkeit des Newtonschen Programms kommt teilweise auch daher, daß Newtons Anhänger die klassische Infinitesimalanalyse entwickelt haben, die eine entscheidende Vorbedingung seines Erfolges wurde.)

So erklärt die Methodologie wissenschaftlicher Forschungsprogramme die *relative Autonomie der theoretischen Wissenschaft:* eine historische Tatsache, deren Rationalität die früheren Falsifikationisten nicht zu erklären vermochten. Die Probleme, die Wissenschaftler, welche rational an mächtigen Forschungsprogrammen arbeiten, zur Behandlung auswählen, werden bestimmt durch die positive Heuristik des Programms und nicht durch psychologisch beunruhigende (oder technologisch dringende) Anomalien. Die Anomalien werden zwar registriert, aber beiseitegeschoben in der Hoffnung, daß sie sich nach einer Weile in Bewährungen des Programms verwandeln werden. Nur jene Wissenschaftler, die sich entweder in Trial-and-error-Übungen ergehen[175]) oder die in einer degenerierenden Phase des Programms arbeiten, wenn der positiven Heuristik der Atem ausgeht, sind gezwungen, ihre Aufmerksamkeit auf Anomalien festzulegen. (Für naive Falsifikationisten klingt das alles abscheulich; für sie ist es ja irrational [oder unredlich], eine [nach *ihren* Regeln] experimentell 'widerlegte' Theorie weiter zu entwickeln: man muß die alte, 'widerlegte' Theorie durch eine neue, nicht widerlegte ersetzen.)

c) Zwei Illustrationen: Prout und Bohr

Die Dialektik der positiven und negativen Heuristik eines Forschungsprogramms läßt sich am besten durch Beispiele beleuchten. Darum will ich nun einige Aspekte von zwei auffallend erfolgreichen Forschungsprogrammen skizzieren: Prouts Programm,[176]) das von der Idee ausgeht, daß alle Atome aus Wasserstoffatomen zusammengesetzt sind, und Bohrs Programm, das von der Idee ausgeht, daß die Lichtemission auf Elektronensprüngen zwischen verschiedenen Bahnen im Atom beruht.

(Die Abfassung einer historischen Fallstudie sollte meiner Ansicht nach so verlaufen: 1) man gibt eine rationale Rekonstruktion; 2) man versucht, diese rationale Rekonstruktion mit der wirklichen Geschichte zu vergleichen, indem man sowohl die rationale Rekonstruktion wegen Mangels an Historizität als auch die wirkliche Geschichte wegen Mangels an Rationalität kritisiert. Jeder historischen Studie muß also eine heuristische Studie vorangehen: Wissenschaftsgeschichte ohne Wissenschaftsphilosophie ist blind. In der vorliegenden Untersuchung habe ich nicht die Absicht, ernstlich auf das zweite Stadium einzugehen.)

c1) Prout: Fortschritt eines Forschungsprogramms inmitten eines Ozeans von Anomalien

Prout hat 1815 in einer anonymen Untersuchung behauptet, daß die Atomgewichte aller reinen chemischen Elemente ganze Zahlen seien. Die Fülle der Anomalien war ihm wohlbekannt, aber er sagte, daß diese in der *Unreinheit* der chemischen Substanzen in ihrem

---

[175]) Vgl. unten, S. 169.
[176]) Schon oben erwähnt, S. 125–126.

natürlichen Zustand ihren Ursprung hätten: die relevanten zeitgenössischen 'experimentellen Techniken' seien unzuverlässig, oder, in unserer Terminologie, die zeitgenössischen 'Beobachtungs'theorien, in deren Licht die Wahrheitswerte der Basissätze seiner Theorie etabliert wurden, seien falsch.[177]) Die Verfechter der Proutschen Theorie begannen daher ein weitreichendes Unternehmen: Sie versuchten, jene Theorien zu stürzen, die die Gegenevidenz für ihre These lieferten. Dazu mußten sie die orthodoxe analytische Chemie revolutionieren, und sie mußten die experimentellen Techniken revidieren, mit denen reine Elemente abgeschieden werden konnten.[178]) In der Tat hat Prouts Theorie der Reihe nach alle Theorien geschlagen, die früher bei der Reinigung chemischer Substanzen verwendet wurden. Trotzdem wurden einige Chemiker des Forschungsprogramms müde und gaben es auf, denn die Erfolge waren immer weit davon entfernt, sich zu einem endgültigen Sieg zusammenzufügen. So schloß z. B. Stas im Jahre 1860, enttäuscht durch einige störrische, widerspenstige Fälle, daß Prouts Theorie 'unbegründet' sei.[179]) Andere Forscher wurden mehr vom Fortschritt ermutigt, als vom Mangel eines völligen Erfolgs entmutigt. Marignac z. B. erwiderte sofort, er sei von der „Exaktheit der Experimente von Monsieur Stas [überzeugt, sehe aber keinen Beweis dafür], daß die beobachteten Unterschiede zwischen seinen Ergebnissen und den von Prouts Gesetz geforderten nicht durch die Unvollkommenheit der experimentellen Methoden erklärt werden könnten".[180]) Crookes hat die Situation im Jahre 1886 so dargestellt: „Nicht wenige Chemiker von zugestandener Eminenz sind der Ansicht, daß wir hier [in Prouts Theorie] einen Ausdruck der Wahrheit vor uns haben, verhüllt durch Rest- oder Randphänomene, deren Beseitigung uns noch nicht gelungen ist."[181]) Das heißt: es müssen noch *weitere* falsche Annahmen in den 'Beobachtungs'theorien verborgen sein, auf denen die experimentellen Techniken für die Abscheidung chemisch reiner Substanzen beruhen und mit deren Hilfe Atomgewichte berechnet werden: Crookes glaubte noch im Jahre 1886, daß „manche... Atomgewichte bloß einen Mittelwert darstellten".[182]) Ja, er ging dazu über, diesen Gedanken in eine wissenschaftliche (gehaltvermehrende) Form zu bringen: Er schlug konkrete neue Theorien der 'Fraktionierung' und einen neuen 'Sortierungsdämon' vor.[183]) Aber seine neuen Beobach-

---

[177]) Das ist leider eine rationale Rekonstruktion und nicht wirkliche Geschichte. Prout hat die Existenz von Anomalien geleugnet. Er behauptete z. B., das Atomgewicht des Chlors sei genau 36.

[178]) Prout bemerkte einige grundlegende methodologische Züge seines Programms. Zitieren wir die ersten Zeilen seines Werkes [1815]: „Der Verfasser legt die folgende Untersuchung der Öffentlichkeit mit der größten Skepsis vor... Er vertraut jedoch darauf, daß ihre Wichtigkeit gesehen werden wird und daß jemand die Aufgabe auf sich nehmen wird, sie zu überprüfen und so ihre Konklusionen zu verifizieren oder zu widerlegen. Stellen sich diese als irrtümlich heraus, so können doch neue Tatsachen ans Licht kommen oder alte durch die Untersuchung besser bestätigt werden; sollten sie aber verifiziert werden, dann würde dies ein neues und interessantes Licht auf die ganze Wissenschaft der Chemie werfen."

[179]) Clerk Maxwell war auf der Seite von Stas: er hielt die Existenz von zwei Arten von Wasserstoff für unmöglich, „denn wenn einige [Moleküle] von etwas größerer Masse wären als die anderen, dann haben wir die Mittel, eine Trennung von Molekülen verschiedener Masse herbeizuführen, wobei die eine etwas dichter sein würde als die andere. Dies kann nicht getan werden, also müssen wir zugeben [, daß alle gleich sind]" (Maxwell [1871]).

[180]) Marignac [1860].

[181]) Crookes [1886].

[182]) Ebenda.

[183]) Crookes [1886], S. 491.

tungstheorien waren leider ebenso falsch wie kühn, sie konnten keine neuen Tatsachen antizipieren und wurden also aus der (rational rekonstruierten) Wissenschaftsgeschichte eliminiert. Eine Generation später fand man, daß alle diese Forscher an einer sehr tiefliegenden verborgenen Annahme scheiterten, nämlich, daß es immer möglich sein müsse, zwei reine Elemente mit *chemischen* Methoden zu trennen. Die Idee, daß sich zwei verschiedene reine Elemente in allen *chemischen* Reaktionen gleich verhalten könnten, daß es aber möglich sei, sie mit *physikalischen* Methoden zu trennen, erforderte eine Änderung, eine '*Dehnung*' des Begriffs 'reines Element', die eine Veränderung – eine *begriffsdehnende Expansion* – des Forschungsprogramms selbst darstellte.[184]) Diese revolutionäre und in höchstem Grade *schöpferische Verschiebung* wurde erst von Rutherfords Schule durchgeführt[185]) und so wurde 'die Hypothese, die Prout, ein Edinburger Arzt, im Jahre 1815 mit so leichter Hand formuliert hatte, nach vielen Wechselfällen und den überzeugendsten scheinbaren Widerlegungen schließlich zum Eckpfeiler moderner Theorien der Atomstruktur.'[186]) Doch war dieser schöpferische Schritt in Wirklichkeit bloß ein Nebenergebnis des Fortschritts in einem anderen und entfernten Forschungsprogramm; ohne diesen *äußeren* Stimulus hätten die Anhänger von Prout nicht einmal im Traum versucht, zum Beispiel mächtige Zentrifugalmaschinen zur Trennung von Elementen zu bauen.

(Wenn eine 'Beobachtungs'theorie oder eine 'interpretative' Theorie schließlich eliminiert wird, dann erscheinen die 'präzisen' Messungen, die im Rahmen des verworfenen Programms ausgeführt wurden, nachträglich oft ziemlich albern. Soddy verspottete die um ihrer selbst willen erstrebte 'experimentelle Genauigkeit': „Das Schicksal, das das Lebenswerk jener glänzenden Versammlung von Chemikern des 19. Jahrhunderts überholt hat – ein Werk, das die Zeitgenossen mit Recht als den Gipfel präziser wissenschaftlicher Messung verehrten, ist sicher der Tragödie verwandt, wenn es sie auch nicht transzendiert. Ihre in harter Arbeit gewonnenen Ergebnisse erscheinen uns, zumindest im gegenwärtigen Augenblick, ebenso uninteressant und unwichtig wie die Bestimmung des Durchschnittsgewichts einer Sammlung von Flaschen, einige voll, einige mehr oder weniger leer."[187])

Es sei hervorgehoben, daß es im Lichte der hier vorgeschlagenen Methodologie von Forschungsprogrammen nie einen rationalen Grund gab, Prouts Programm zu *eliminieren*. Im Gegenteil, das Programm produzierte eine schöne, progressive Verschiebung, auch wenn es zwischendurch beträchtliche Schwierigkeiten[188]) gab. Unsere Skizze zeigt, wie ein Forschungsprogramm eine beträchtliche Masse akzeptierter wissenschaftlicher Kenntnisse in Frage stellen kann; es ist gleichsam in eine feindliche Umgebung verpflanzt, die es Schritt für Schritt überwuchern und umformen kann.

---

184) Zur 'Begriffsdehnung' vgl. Lakatos [1963–1964], Teil IV.
185) Vorweggenommen wurde diese Verschiebung in der reizvollen Arbeit von Crookes [1888], wo er andeutet, daß die Lösung in einer neuen Abgrenzung zwischen 'physikalisch' und 'chemisch' gesucht werden soll. Aber die Vorwegnahme blieb philosophisch; erst Rutherford und Soddy haben sie nach 1910 zu einer wissenschaftlichen Theorie entwickelt.
186) Soddy [1932], S. 50.
187) Ebenda.
188) Diese Schwierigkeiten führen viele individuelle Forscher unvermeidlich dazu, daß sie das Programm beiseite schieben oder auch völlig aufgeben und andere Programme wählen, deren positive Heuristik zur Zeit zufällig billigere Erfolge verspricht: ohne Mobpsychologie kann die Wissenschaftsgeschichte nicht *ganz* verstanden werden. (Vgl. unten, S. 171–174.)

Die tatsächliche Geschichte des Programms von Prout illustriert auch nur zu gut, wie sehr der Fortschritt der Wissenschaft durch das Rechtfertigungsdenken und durch den naiven Falsifikationismus behindert und verlangsamt wurde. (Die Opposition gegen die Atomtheorie im 19. Jahrhundert wurde von beiden genährt.) Eine Bearbeitung dieses besonderen Einflusses schlechter Methodologie auf die Wissenschaft wäre ein lohnendes Forschungsprogramm für einen Historiker der Wissenschaften.

c2) Bohr: Fortschritt eines Forschungsprogramms auf kontradiktorischer Grundlage

Eine kurze Skizze von Bohrs Forschungsprogramm der Lichtemission (in der älteren Quantenphysik) wird unsere These weiter illustrieren und ausarbeiten.[189])

Die Story von Bohrs Forschungsprogramm läßt sich charakterisieren durch: 1) sein Ausgangsproblem; 2) seine negative und positive Heuristik; 3) die Probleme, die es im Laufe seiner Entwicklung zu lösen versuchte; 4) seinen Entartungspunkt (oder wenn man will: seinen 'Sättigungspunkt') und schließlich 5) durch das Programm, das es am Ende überholte.

Das Hintergrundproblem war das Rätsel der Stabilität von Rutherfords Atomen (d.h. winzigen Planetensystemen mit Elektronen, die einen positiven Kern umkreisen): Nach der wohlbewährten Theorie des Elektromagnetismus von Maxwell/Lorentz sollten diese Systeme in sich zusammenfallen. Aber auch Rutherfords Theorie war wohlbewährt. Bohr schlug vor, den Widerspruch vorläufig zu ignorieren und ganz bewußt ein Forschungsprogramm zu entwickeln, dessen 'widerlegbare' Fassungen der Theorie von Maxwell/Lorentz widersprachen.[190]) Er schlug fünf Postulate als den *harten Kern* seines Programms vor: „1) Daß die Energiestrahlung [innerhalb des Atoms] nicht kontinuierlich emittiert (oder absorbiert) wird, wie man es in der gewöhnlichen Elektrodynamik annimmt, sondern nur während der Übergänge des Systems zwischen verschiedenen 'stationären' Zuständen. 2) Daß das dynamische Gleichgewicht des Systems in den stationären Zuständen den gewöhnlichen Gesetzen der Mechanik gehorcht, während diese Gesetze nicht für die Übergänge des Systems zwischen den verschiedenen Zuständen gelten. 3) Daß die während des Übergangs eines Systems zwischen zwei stationären Zuständen emittierte Strahlung homogen ist und daß das Verhältnis zwischen der Frequenz v und der Gesamtsumme der ausgestrahlten Energie E durch die Formel $E = hv$ gegeben wird, wobei h die Plancksche Konstante ist. 4) Daß die verschiedenen stationären Zustände eines einfachen Systems, das aus einem um einen positiven Kern kreisenden Elektron besteht, durch die Bedingung bestimmt wird, daß das Verhältnis zwischen der Gesamtenergie, die während des Zustandekommens der Konfiguration emittiert wird, und der Umlaufsfrequenz des Elektrons ein ganzzahliges Mehrfaches von $\frac{1}{2} h$ ist. Nimmt man an, daß die Bahn des Elektrons kreisförmig ist, dann ist diese Annahme damit gleichbedeutend,

---

[189]) Dieser Abschnitt wird dem Historiker wieder mehr als eine Karikatur denn als eine Skizze erscheinen, aber ich hoffe, er erfüllt seinen Zweck. (Vgl. oben, S. 134.) Einige Behauptungen sind nicht *cum grano salis*, sondern eher *cum mole salis* zu verstehen.

[190]) Dies ist natürlich ein weiteres Argument gegen die These von J. O. Wisdom, daß sich metaphysische Theorien durch widersprechende wohlbewährte wissenschaftliche Theorien widerlegen lassen. (Wisdom [1963]. Vgl. auch oben, S. 109, Text zur Anm. 79, und S. 123–124.

daß der Drehimpuls des Elektrons um den Kern ein ganzzahliges Vielfaches von $h/2\pi$ ist. 5) Daß der 'permanente' Zustand eines Atomsystems, d. h. der Zustand, in dem die ausgestrahlte Energie maximal ist, durch die Bedingung festgelegt ist, daß der Drehimpuls jedes Elektrons um das Zentrum seiner Bahn gleich $h/2\pi$ ist."[191])

Übersehen wir nicht den entscheidenden methodologischen Unterschied zwischen der Inkonsistenz von Prouts Programm und der Inkonsistenz, die von Bohrs Programm eingeführt wird! Prouts Forschungsprogramm war eine Kriegserklärung an die analytische Chemie seiner Zeit: Seine positive Heuristik wurde gebaut, um sie zu verwerfen und zu ersetzen. Aber Bohrs Forschungsprogramm enthielt keinen analogen Plan; selbst im Fall eines vollständigen Erfolges wäre der Widerspruch mit der Maxwell-Lorentz-Theorie in seiner positiven Heuristik ungelöst geblieben.[192]) Ein solcher Gedanke erforderte größeren Mut als selbst der Gedanke Prouts; Einstein zog ihn vorübergehend in Betracht, fand ihn aber unannehmbar und verwarf ihn.[193]) In der Tat – *einige der wichtigsten Forschungsprogramme in der Geschichte der Wissenschaften wurden älteren Programmen aufgepfropft, denen sie ganz offenkundig widersprachen.* So wurde z. B. die Kopernikanische Astronomie der Aristotelischen Physik 'aufgepfropft' und Bohrs Programm dem von Maxwell. Solche 'Aufpfropfungen' sind sowohl für den Rechtfertigungsdenker wie auch für den naiven Falsifikationisten irrational; keiner von beiden kann einen Fortschritt auf kontradiktorischer Grundlage dulden. Sie werden darum gewöhnlich durch Ad-hoc-Strategeme (wie z. B. Galileos Theorie der zirkulären Trägheit, Bohrs Korrespondenzprinzip und, später, Bohrs Komplementaritätsprinzip) verhüllt, die allein den Zweck haben, die 'Mängel' unsichtbar zu machen.[194]) Später, wenn das junge aufgepfropfte Programm an Kraft gewinnt, hört das friedliche Nebeneinander auf, aus der Symbiose wird ein Wettstreit, und die Vorkämpfer des neuen Programms versuchen, das alte Programm völlig zu ersetzen.

Es ist sehr gut möglich, daß Bohr später durch den Erfolg seines 'aufgepfropften Programmes' zur Ansicht verführt wurde, daß solche tiefliegenden Widersprüche in Forschungsprogrammen *im Prinzip* geduldet werden können und müssen, daß sie kein ernstes Problem darstellen und daß man sich nur an sie zu gewöhnen braucht. Im Jahre 1922 versuchte Bohr, die Ansprüche an eine wissenschaftliche Kritik zu vermindern; er schrieb: ,,Von einer Theorie [d. h. einem Programm] kann man *höchstens* verlangen, daß die [von ihr eingeführte] Klassifikation weit genug getrieben werden kann, um durch Vorhersage *neuer* Phänomene zur Entwicklung des Beobachtungsfeldes beizutragen."[195])

(Diese Behauptung von Bohr gleicht der d'Alemberts angesichts des Widerspruchs in den Grundlagen der Infinitesimaltheorie: *'Allez en avant et la foi vous viendra'*. Nach Margenau ,,ist es verständlich, daß man in der Aufregung über ihren Erfolg eine Mißbildung in der Architektur der Theorie übersah; denn Bohrs Atom saß wie ein Barockturm auf

---

191) Bohr [1913a], S. 874.
192) Bohr glaubte zu dieser Zeit, daß die Maxwell-Lorentz-Theorie *am Ende* werde ersetzt werden müssen (Einsteins Photonentheorie hatte bereits diese Notwendigkeit angedeutet).
193) Hevesy [1913]; vgl. auch oben, S. 132, Text zur Anm. 169.
194) In unserer Methodologie besteht kein Bedürfnis für solche Ad-hoc-Verfahren. Andrerseits sind sie harmlos, solange man sie klar als Probleme und nicht als Lösungen ansieht.
195) Bohr [1922]; Hervorhebungen von mir.

der gotischen Basis der klassischen Elektrodynamik".[196]) In Wirklichkeit hat man jedoch die 'Mißbildung' nicht übersehen: Man kannte sie, aber man ignorierte sie – mehr oder weniger – während der progressiven Phase des Programmes.[197]) Unsere Methodologie der Forschungsprogramme zeigt die Rationalität dieses Verhaltens, aber sie zeigt auch die Irrationalität der Verteidigung solcher 'Mißbildungen' nach dem Abklingen der progressiven Phase des Programmes.

Es sollte hier erwähnt werden, daß Bohr in den dreißiger und vierziger Jahren seine Forderung nach 'neuen Phänomenen' fallen ließ und bereit war, „mit der unmittelbaren Aufgabe des Koordinierens der mannigfaltigen Evidenz betreffs atomarer Erscheinungen fortzufahren, die sich von Tag zu Tag in der Erforschung dieses neuen Wissensgebietes angehäuft hat".[198]) Das zeigt, daß Bohr zu dieser Zeit auf das bloße 'Retten der Phänomene' zurückgefallen war, während Einstein sarkastisch betonte, daß „jede Theorie wahr ist, vorausgesetzt, man verbindet ihre Symbole auf passende Weise mit beobachteten Quantitäten".[199])

Aber *Widerspruchsfreiheit* – in einem strengen Sinne dieses Wortes[200]) – *muß* (neben der Forderung progressiver Problemverschiebungen) *ein wichtiges regulatives Prinzip bleiben;* und Widersprüche (und Anomalien) *müssen* als Probleme angesehen werden. Der Grund ist einfach. Erstrebt die Wissenschaft die Wahrheit, dann muß sie die Widerspruchsfreiheit erstreben; verzichtet sie auf die Widerspruchsfreiheit, so verzichtet sie auch auf die Wahrheit. Die Behauptung, „daß wir in unseren Ansprüchen bescheiden sein müssen",[201]) daß wir uns mit – schwachen oder starken – Widersprüchen abfinden müssen, ist nach wie vor ein methodologisches Laster. Andrerseits heißt das nicht, daß die Entdeckung eines Widerspruchs – oder einer Anomalie – die Entwicklung eines Programmes *sofort* zum Stillstand bringen muß: Es kann rational sein, den Widerspruch einstweilen unter eine vorübergehende Ad-hoc-Quarantäne zu stellen und an der positiven Heuristik des Programms weiterzuarbei-

---

[196]) Margenau [1950], S. 311.

[197]) Sommerfeld hat dies mehr als Bohr ignoriert: vgl. unten, S. 146, Anm. 227.

[198]) Bohr [1949], S. 206.

[199]) Zitiert in Schrödinger [1958], S. 170.

[200]) Zwei Sätze sind inkonsistent, wenn ihre Konjunktion kein Modell besitzt, d. h. wenn es keine Interpretation ihrer deskriptiven Termini gibt, in der die Konjunktion wahr ist. Aber in nicht-formaler Rede verwenden wir eine größere Zahl von formativen Begriffen als in formalem Diskurs: einige deskriptive Begriffe erhalten eine feste Interpretation. In diesem nicht-formalen Sinne können zwei Sätze in der Standardinterpretation einiger charakteristischer Termini einander (schwach) widersprechen, obwohl es formell eine nicht intendierte Interpretation gibt, in der sie miteinander vereinbar sind. So widersprachen z. B. die ersten Theorien des Elektron-Spins der speziellen Relativitätstheorie, vorausgesetzt, 'Spin' erhielt seine ('strenge') Standardinterpretation und wurde also als ein formativer Begriff verwendet; aber der Widerspruch verschwindet, wenn man 'Spin' als einen uninterpretierten, deskriptiven Begriff behandelt. Der Grund, warum wir Standardinterpretationen nicht allzu leicht aufgeben sollten, liegt darin, daß eine solche Kastration des Sinnes auch die positive Heuristik des Programmes kastrieren kann. (Andrerseits können derartige Bedeutungsverschiebungen in einigen Fällen auch progressiv sein: vgl. oben, S. 123.)

Zur wechselnden Abgrenzung zwischen formativen und deskriptiven Begriffen in informaler Rede vgl. Lakatos [1963–1964], 9(b), insbesondere S. 335, Anm. 1.

[201]) Bohr [1922], letzter Paragraph.

ten. So hat man es selbst in der Mathematik gemacht, wie die Beispiele des frühen Infinitesi-malkalküls und der naiven Mengenlehre zeigen.[202])

(So gesehen spielte Bohrs 'Korrespondenzprinzip' eine interessante Doppelrolle in seinem Programm. Auf der einen Seite funktionierte es als ein wichtiges heuristisches Prin-zip, das zu vielen neuen wissenschaftlichen Hypothesen anregte, die dann ihrerseits zu neuen Tatsachen führten, insbesondere auf dem Gebiet der Intensität von Spektrallinien.[203]) Auf der anderen Seite funktionierte es auch als ein Schutzmechanismus, der „die weitgehendste Ausnützung der Begriffe der klassischen Theorien der Mechanik und der Elektrodynamik an-strebte, trotz des Kontrastes zwischen diesen Theorien und dem Wirkungsquantum",[204]) statt die Dringlichkeit eines einheitlichen Programmes zu betonen. In dieser zweiten Rolle hat das Korrespondenzprinzip den Problemgehalt des Programmes reduziert.[205])

Natürlich war das Forschungsprogramm der Quantentheorie als ein Ganzes ein 'aufgepfropftes Programm' und stieß daher Physiker mit tief-konservativen Ansichten wie Planck ab. Bezüglich aufgepfropfter Programme gibt es zwei extreme und gleich irrationale Positionen.

Die *konservative Position* stoppt das neue Programm, bis der grundlegende Wi-derspruch mit dem alten Programm irgendwie in Ordnung gebracht ist: es ist irrational, auf kontradiktorischer Grundlage zu arbeiten. Die 'Konservativen' lenken ihre Kräfte auf das Eli-minieren des Widerspruchs, indem sie die Postulate des neuen Programms (approximativ) mit Hilfe des alten Programms erklären: sie halten es für irrational, das neue Programm ohne eine erfolgreiche *Reduktion* dieser Art weiterzuentwickeln. Planck selber hat diesen Weg gewählt. Der Erfolg blieb ihm trotz zehnjähriger harter Arbeit verwehrt.[206]) Darum ist Laues Bemer-kung, daß der Vortrag von Planck am 14. Dezember 1900 'der Geburtstag der Quantentheo-rie' gewesen sei, nicht ganz wahr: dieser Tag war der Geburtstag von Plancks Reduktionspro-

---

[202]) Naive Falsifikationisten sind geneigt, in diesem Liberalismus eine *Sünde gegen die Vernunft* zu erblik-ken. Ihr Hauptargument lautet etwa so: „Wenn man Widersprüche in Kauf nimmt, dann muß man jede Art von wissenschaftlicher Tätigkeit aufgeben: dies würde den völligen Zusammenbruch der Wissen-schaft bedeuten. Das läßt sich zeigen, indem man beweist, daß die *Zulassung von zwei widersprechenden Sätzen die Zulassung jeder Behauptung nach sich zieht;* denn aus einem Paar einander widersprechender Behauptungen läßt sich jede Behauptung gültig herleiten... Eine Theorie, die einen Widerspruch invol-viert, ist somit *als Theorie* völlig unbrauchbar" (Popper [1940]). Um Popper gerecht zu werden, muß man betonen, daß er hier gegen die Hegelsche Dialektik argumentiert, in der der Widerspruch zu einer *Tugend* wird; und er hat völlig recht, wenn er ihre Gefahren aufzeigt. Aber Popper hat niemals Modelle empiri-schen (oder nichtempirischen) Fortschritts auf inkonsistenter Grundlage analysiert; in der Tat, in Ab-schnitt 24 seiner [1934] macht er Konsistenz und Falsifizierbarkeit zu unabdinglichen Forderungen jeder wissenschaftlichen Theorie.

[203]) Vgl. z.B. Kramers [1923].

[204]) Bohr [1923].

[205]) Born gibt in [1954] eine lebendige Darstellung des Korrespondenzprinzips, die diese doppelte Be-wertung nachdrücklich unterstützt. „Die Kunst, richtige Formeln zu erraten, die von den klassischen ab-weichen, doch diese als Grenzfälle enthalten, ... wurde zu großer Vollkommenheit entwickelt."

[206]) Fesselnd beschrieben wird diese lange Reihe frustrierender Mißerfolge bei Whittaker [1953], S. 103–104. Planck selbst gibt eine dramatische Schilderung dieser Jahre: „Meine vergeblichen Versuche, das Wirkungsquantum irgendwie in die klassische Theorie einzugliedern, erstreckte sich auf eine Reihe von Jahren und kosteten mich viel Arbeit. Manche Fachgenossen haben darin eine Art Tragik erblickt." (Planck [1947, S. 30]).

gramm. Den Entschluß, *neue* Schritte auf vorläufig inkonsistenter Grundlage zu unternehmen, hat Einstein im Jahre 1905 gefaßt, aber selbst er schwankte im Jahre 1913, als Bohr wieder vorwärtsstrebte.

Die *anarchistische Position* hinsichtlich aufgepfropfter Programme verherrlicht eine Anarchie in den Grundlagen als eine Tugend und erblickt in (schwachen) Widersprüchen entweder eine fundamentale Eigenschaft der Natur oder eine letzte Beschränkung des menschlichen Wissens, wie das einige Anhänger von Bohr taten.

Die *rationale Position* wird am besten von Newton verkörpert, der sich in gewisser Hinsicht in einer ähnlichen Situation befand. Die Cartesianische Stoßmechanik, der Newtons Programm ursprünglich aufgepfropft wurde, befand sich in (schwachem) Widerspruch mit Newtons Gravitationstheorie. Newton arbeitete sowohl an seiner positiven Heuristik (mit Erfolg) *als auch* an einem reduktionistischen Programm (ohne Erfolg), und er tadelte sowohl Cartesianer, die wie Huyghens ihre Zeit nicht an 'unverständliche' Programme verschwenden wollten, als auch einige seiner voreiligen Schüler, die wie Cotes die Widersprüche für kein Problem hielten.[207]

Die rationale Position in bezug auf 'aufgepfropfte' Programme besteht also darin, daß man ihr heuristisches Potential ausbeutet, ohne sich mit dem fundamentalen Chaos abzufinden, auf dem es wächst. Im großen und ganzen beherrschte diese Einstellung die ältere Quantentheorie vor 1925. In der neuen Quantentheorie nach 1925 wurde die 'anarchistische' Position vorherrschend, und die moderne Quantentheorie ist in ihrer 'Kopenhagener Deutung' zum Bannerträger des philosophischen Obskurantismus geworden. In der *neuen* Theorie inthronisierte Bohrs berüchtigtes 'Komplementaritätsprinzip' (schwache) Widersprüche als einen grundlegenden, faktisch endgültigen Zug der Natur und verschmolz einen subjektivistischen Positivismus, eine antilogische Dialektik und selbst die Philosophie der Alltagssprache zu einer unheiligen Allianz. Nach 1925 haben Bohr und seine Verbündeten eine neue beispiellose Niveausenkung kritischer Maßstäbe für wissenschaftliche Theorien herbeigeführt. Dies führte zu einer Niederlage der Vernunft in der modernen Physik und zu einer anarchistischen Kultivierung von unverständlichem Chaos. Einstein protestierte: „Die Heisenberg-Bohrsche Beruhigungsphilosophie – oder Religion? – ist so fein ausgeheckt, daß sie dem Gläubigen einstweilen ein sanftes Ruhekissen liefert, von dem er nicht so leicht sich aufscheuchen läßt."[208] Auf der anderen Seite waren es wohl Einsteins *allzu hohe* Maßstäbe, die ihn

---

[207] Natürlich ist ein reduktionistisches Programm nur dann wissenschaftlich, wenn es mehr erklärt, als es ursprünglich erklären wollte; sonst ist die Reduktion *nicht* wissenschaftlich (vgl. Popper [1969]). Produziert die Reduktion keinen neuen empirischen Gehalt, um von neuen Tatsachen gar nicht zu sprechen, dann ist sie eine degenerierende Problemverschiebung, eine rein sprachliche Übung. Die Bestrebungen der Cartesianer, ihre Metaphysik aufzubauschen, um Newtons Gravitation in ihren Begriffen interpretieren zu können, ist ein hervorragendes Beispiel für eine solche rein sprachliche Reduktion. Vgl. oben, S. 123, Anm. 138.

[208] Einstein [1928]. Unter den Kritikern der Kopenhagener 'Anarchie' müssen wir – außer Einstein – Popper, Landé, Schrödinger, Margenau, Blokhinzev, Bohm, Fényes und Jánossy erwähnen. Eine Verteidigung der Kopenhagener Interpretation liefert Heisenberg [1955]; eine schlagende neue Kritik findet sich bei Popper [1967]. Feyerabend benutzt in [1968–1969] einige Inkonsequenzen und Schwankungen in Bohrs Position zu einer rohen apologetischen Falsifikation von Bohrs Philosophie. Feyerabend verdreht Poppers, Landés und Margenaus kritische Einstellung zu Bohr, betont nur ungenügend die Opposition von Einstein und scheint völlig vergessen zu haben, daß er in einigen früheren Schriften in diesen Dingen Popper selbst überpoppert hat.

hinderten, das Bohr-Modell und die Wellenmechanik zu entdecken (oder vielleicht nur zu veröffentlichen).

Einstein und seine Verbündeten haben die Schlacht nicht gewonnen. Textbücher der Physik sind heutzutage voll von Behauptungen wie dieser: „Die beiden Gesichtspunkte, Quanten und elektromagnetische Feldstärken, sind komplementär im Sinne von Bohr. Diese Komplementarität ist eine der großen Errungenschaften der Naturphilosophie, durch die die Kopenhagener Interpretation der Epistemologie der Quantentheorie den uralten Konflikt zwischen der korpuskularen und der Wellentheorie des Lichts gelöst hat. Beginnend mit den Eigenschaften der Reflexion und geradlinigen Ausbreitung Herons von Alexandrien im ersten Jahrhundert unserer Zeitrechnung tobte dieser Streit bis zu den Interferenz- und Welleneigenschaften von Young und Maxwell im neunzehnten Jahrhundert. Die Quantentheorie der Strahlung der letzten fünfzig Jahre hat die Dichotomie in auffallend Hegelscher Weise *völlig* gelöst.“[209])

Kehren wir nun zur Logik der Forschung der *alten* Quantentheorie zurück, und wenden wir unsere Aufmerksamkeit vor allem auf ihre *positive Heuristik.* Bohr plante zunächst, die Theorie des Wasserstoffatoms auszuarbeiten. Sein erstes Modell sollte auf einem festen Protonkern mit einem einzigen Elektron in kreisförmiger Bahn beruhen; in seinem zweiten Modell wollte er eine elliptische Bahn in einer festen Ebene berechnen; dann beabsichtigte er, die offenbar künstlichen Einschränkungen eines festen Kerns und einer festen Ebene zu beseitigen; hierauf wollte er den möglichen 'Spin' des Elektrons in Betracht ziehen,[210]) und noch später hoffte er, sein Programm auf die Struktur komplizierter Atome und Moleküle sowie auf den Effekt elektromagnetischer Felder auszudehnen usw. usw. All dies war von Anfang an geplant: Die Idee einer Analogie zwischen Atomen und Planetensystemen umschrieb ein langes, schweres, aber optimistisches Programm und zeigte deutlich die zu verwendende Forschungsstrategie.[211]) „Es schien zu dieser Zeit – im Jahre 1913 –, als sei der

---

[209]) Power [1964], S. 31 (meine Hervorhebungen). '*Völlig*' ist hier wörtlich gemeint. Wie man in *Nature* (**222**, 1969, S. 1034–1035) liest: „Es ist undenkbar, daß ein grundlegendes Element der [Quanten]theorie falsch sein könnte... Das Argument, daß wissenschaftliche Ergebnisse immer provisorisch sind, läßt sich nicht halten. Es sind die Gedankengänge der *Philosophen* über die moderne Physik, die provisorisch sind, denn sie haben noch nicht eingesehen, wie tief die Entdeckungen der Quantenphysik die ganze Erkenntnistheorie affizieren... Die Behauptung, daß die Alltagssprache die allerletzte Quelle der Unzweideutigkeit physikalischer Beschreibungen sei, wird durch die Beobachtungsbedingungen in der Quantenphysik auf höchst überzeugende Weise verifiziert.“

[210]) Dies ist eine rationale Rekonstruktion. In Wirklichkeit akzeptierte Bohr diesen Gedanken erst in [1926].

[211]) Es gab außer dieser Analogie noch einen anderen grundlegenden Gedanken in Bohrs positiver Heuristik: 'das Korrespondenzprinzip'. Dieses wurde von ihm schon 1913 angedeutet (vgl. das zweite seiner fünf Postulate, zitiert oben, S. 138), aber er entwickelte es erst später, als er es als ein Leitprinzip zur Lösung einiger Probleme der späteren raffinierten Modelle (Intensitäten und Polarisationszustände) benutzte. Die Eigentümlichkeit dieses zweiten Teils seiner positiven Heuristik liegt darin, daß Bohr nicht an seine metaphysische Fassung glaubte: er hielt das Prinzip für eine provisorische Regel bis zum Ersetzen der klassischen Elektromagnetik (und möglicherweise der klassischen Mechanik).

richtige Schlüssel zu den Spektren bereits gefunden, als seien nur noch Zeit und Geduld nötig, um ihre Rätsel vollständig zu lösen."[212])

Bohrs berühmte erste Abhandlung von 1913 enthielt den Anfang seines Forschungsprogramms. Sie enthielt sein erstes Modell (ich nenne es M_1), und dieses sagte bereits Tatsachen voraus, die keine frühere Theorie vorausgesagt hatte: die Wellenlängen im Emissionsspektrum des Wasserstoffs. Wohl waren einige dieser Wellenlängen vor 1913 bekannt – Beispiele sind die Balmer-Serie (1885) und die Paschen-Serie (1908) –, aber Bohrs Theorie sagte viel mehr voraus als diese beiden bekannten Serien. Und Prüfungen bestätigten bald den neuen Gehalt: eine weitere Bohr-Serie wurde im Jahre 1914 von Lyman, eine andere von Brackett im Jahre 1922 und noch eine dritte von Pfund im Jahre 1924 entdeckt.

Da die Balmer- und Paschen-Serien schon vor 1913 bekannt waren, stellen einige Historiker diese Story als ein Beispiel eines Baconschen 'induktiven Aufstiegs' dar: *1)* das Chaos der Spektrallinien, *2)* ein 'empirisches Gesetz' (Balmer), *3)* die theoretische Erklärung (Bohr). Dies sieht in der Tat den drei 'Stockwerken' von Whewell sehr ähnlich. Aber der Fortschritt der Wissenschaft wäre ohne die lobenswerten Versuche und Irrtümer des erfinderischen Schweizer Schullehrers kaum verzögert worden: die spekulative Hauptlinie der Wissenschaft, vorwärtsgetrieben von den kühnen Gedanken Plancks, Rutherfords, Einsteins und Bohrs, hätte Balmers Ergebnisse auch ohne seine sogenannte 'Pionier-Arbeit' rein deduktiv und als Prüfungssätze ihrer Theorien gezeigt. In der rationalen Rekonstruktion der Wissenschaft erhalten die Bemühungen der Entdecker 'naiver Konjekturen'[213]) nur geringen Lohn.

In Wirklichkeit war Bohrs Problem nicht die Erklärung der Serien von Balmer und Paschen, sondern die Erklärung der paradoxen Stabilität des Rutherfordschen Atoms. Außerdem schrieb Bohr die erste Fassung seiner Arbeit, ohne von diesen Formeln auch nur gehört zu haben.[214])

Nicht der ganze neue Gehalt von Bohrs erstem Modell M_1 wurde bestätigt. Bohrs M_1 wollte zum Beispiel alle Linien im Emissionsspektrum des Wasserstoffs vorhersagen. Aber es gab experimentelle Evidenz für eine Wasserstoffserie an Stellen, an denen nach Bohrs M_1 keine solche Serie hätte auftreten dürfen. Die anomale Serie war die Ultraviolettserie von Pickering-Fowler.

Pickering entdeckte diese Serie im Jahre 1896 im Spektrum des Stern ζ Puppis. Fowler entdeckte die erste Linie der Serie im Jahre 1898 auch in der Sonne und produzierte

---

[212]) Davisson [1937]. Eine ähnliche Euphorie erlebte auch MacLaurin 1748 anläßlich von Newtons Programm: „Da [Newtons] Philosophie auf Experiment und Beweis beruht, kann sie nicht scheitern, solange sich weder die Vernunft noch die Natur der Dinge ändert ... [Newton] überließ der Nachwelt wenig mehr als die Beobachtung des Himmels und die Berechnung nach seinen Modellen" (MacLaurin [1748], S. 8).

[213]) Ich benutze hier den Ausdruck 'naive Konjektur' als einen Fachausdruck im Sinne von Lakatos [1963–1964]. Eine Fallstudie und eine eingehende Kritik des Mythos der 'induktiven Basis' der Wissenschaft (der Naturwissenschaft wie auch mathematischen Wissenschaft) findet man ebenda, Abschnitt 7, besonders S. 298–307. Ich zeige, daß die 'naive Vermutung' von Descartes und Euler, wonach für alle Polyeder $V - E + F = 2$ für die spätere Entwicklung irrelevant und überflüssig war; man könnte auch erwähnen, daß die Anstrengungen Boyles und seiner Nachfolger, $pv = RT$ zu begründen, für die spätere theoretische Entwicklung (abgesehen von der Entwicklung einiger experimenteller Techniken) irrelevant waren, wie auch Keplers drei Gesetze für Newtons Theorie der Gravitation überflüssig gewesen sein mögen. Eine weitere Diskussion dieser Frage findet sich unten, S. 169.

[214]) Vgl. Jammer [1966], S. 77 ff.

dann die ganze Serie in einer Entladungsröhre, die Wasserstoff und Helium enthielt. Man konnte natürlich einwenden, daß die Monsterlinie mit Wasserstoff nichts zu tun hätte, denn die Sonne und ζ Puppis enthalten schließlich viele Gase, und die Entladungsröhre enthielt auch Helium. Es stellte sich auch heraus, daß die Linie in einer reinen Wasserstoffröhre *nicht* erzeugt werden konnte. Aber Pickerings und Fowlers 'experimentelle Technik', die zu einer falsifizierenden Hypothese des Balmerschen Gesetzes führte, hatte einen plausiblen, wenn auch nie streng geprüften theoretischen Hintergrund: a) ihre Serie hatte dieselbe Konvergenz-Zahl wie die Balmer-Serie und wurde daher für eine Wasserstoffserie gehalten; und b) Fowler gab eine plausible Erklärung, warum Helium sicher nicht für die Serie verantwortlich sein könnte.[215])

Bohr war jedoch von den 'autoritativen' experimentellen Physikern nicht sehr beeindruckt. Er bezweifelte nicht ihre 'experimentelle Präzision' oder die 'Zuverlässigkeit ihrer Beobachtungen'; er bezweifelte ihre Beobachtungstheorie. Ja, er schlug eine Alternative vor. Er entwickelte zunächst ein neues Modell (M_2) seines Forschungsprogramms: das Modell des ionisierten Heliums mit einem doppelten Protonkern, umkreist von einem Elektron. Dieses Modell sagt eine Ultraviolettserie im Spektrum des ionisierten Heliums voraus, die mit der Pickering-Fowler-Serie zusammenfällt. Damit war eine konkurrierende Theorie gegeben. Hierauf schlug er ein 'entscheidendes Experiment' vor: er sagte voraus, daß Fowlers Serie, möglicherweise mit noch stärkeren Linien, auch in einer mit einer Mischung von Chlor und Helium gefüllten Röhre produziert werden könne. Außerdem erklärte Bohr den Experimentatoren die katalysierende Rolle des Wasserstoffs in Fowlers Experiment und des Chlors in seinem eigenen, ohne auch nur einen Blick auf ihren Apparat zu werfen.[216]) Und er hatte recht.[217]) So verwandelte sich die erste scheinbare Niederlage des Forschungsprogrammes in einen glänzenden Sieg.

Der Sieg wurde jedoch sofort in Frage gestellt. Fowler gab zu, daß seine Serie keine Wasserstoff-, sondern eine Helium-Serie war. Aber er zeigte, daß Bohrs Monsteradjustierung[218] noch immer versagte: die Wellenlängen der Fowler-Serie unterschieden sich si-

---

[215]) Fowler [1912]. Seine 'Beobachtungstheorie' wurde übrigens von 'Rydbergs theoretischen Untersuchungen' bereitgestellt, die er „mangels streng experimenteller Beweise als eine Begründung [seiner experimentellen] Konklusion ansah" (S. 65). Aber sein theoretischer Kollege, Professor Nicholson, beschrieb drei Monate später Fowlers Resultate als 'Laboratoriumsbestätigungen von Rydbergs theoretischer Deduktion' (Nicholson [1913]). Diese kleine Story, glaube ich, spricht für meine Lieblingsthese, daß die meisten Wissenschaftler die Wissenschaft kaum besser verstehen als Fische die Hydrodynamik. Im Bericht des Rates der 93. Jährlichen Generalversammlung der Royal Astronomical Society wird Fowlers „Beobachtung in Laboratoriumsexperimenten [von neuen] Wasserstofflinien, die den Bemühungen der Physiker solange entgangen sind", als ein 'höchst interessanter Fortschritt' und als ein 'Triumph wohlgelenkter experimenteller Arbeit' beschrieben.

[216]) Bohr [1913b].

[217]) Evans [1913]. Ein anderes Beispiel eines theoretischen Physikers, der einen auf Widerlegung erpichten Experimentator belehrt, was er – der Experimentator – wirklich gesehen hat, ist bereits angegeben worden; vgl. oben, S. 127, Anm. 151.

[218]) 'Monsteradjustierung': das Verwandeln eines Gegenbeispiels im Lichte einer neuen Theorie in ein Beispiel. Vgl. Lakatos [1963–1964], S. 127ff. Aber Bohrs 'Monsteradjustierung' war empirisch 'progressiv': sie sagte eine neue Tatsache voraus (das Erscheinen der Linie 4686 in Röhren, die keinen Wasserstoff enthielten).

gnifikant von den in Bohrs M_2 vorausgesagten Werten. So widerlegt die Serie zwar nicht M_1, aber doch M_2, und sie unterminiert M_1 infolge der nahen Verbindung zwischen M_1 und M_2![219])

Bohr schob Fowlers Argument ab: *selbstverständlich* hatte er M_2 nie allzu ernst genommen. Seine Werte beruhten auf einer rohen Berechnung, bei der das Elektron einen fixen Kern umkreiste; aber *selbstverständlich* bewegt es sich um den gemeinsamen Schwerpunkt und *selbstverständlich* muß man, wie im Falle eines Zwei-Körper-Problems, die Masse durch die reduzierte Masse ersetzen: $m'_e = m^e/[1 + (m_e/m_n)]$.[220]) Dieses modifizierte Modell war Bohrs M_3. Und selbst Fowler mußte zugeben, daß Bohr wieder recht hatte.[221])

Die scheinbare Widerlegung von M_2 wurde zu einem Sieg für M_3; und es war klar, daß M_2 und M_3 – ja vielleicht auch M_{17} und M_{20} – innerhalb des Forschungsprogramms und *ohne jede* Anregung durch Beobachtung und Experiment entstanden sein würden. Einstein meinte dieses Stadium, als er von Bohrs Theorie sagte: „Das ist eine der größten Entdeckungen."[222])

Bohrs Forschungsprogramm entwickelte sich dann wie geplant. Der nächste Schritt war die Berechnung elliptischer Bahnen. Dies geschah durch Sommerfeld im Jahre 1915, doch mit dem (unerwarteten) Ergebnis, daß die erhöhte Anzahl der möglichen stabilen Bahnen die Anzahl der möglichen Energiestufen *nicht* vermehrte; ein entscheidendes Experiment zwischen der elliptischen Theorie und der Kreistheorie schien also nicht möglich zu sein. Doch Elektronen umkreisen den Kern mit sehr großer Geschwindigkeit, und wenn die Einsteinsche Mechanik wahr ist, dann muß sich eine Massenänderung bei Beschleunigung beobachten lassen. Sommerfeld berechnete die relativistischen Korrekturen und erhielt in der Tat eine neue Reihe von Energiestufen und damit auch die 'Feinstruktur' des Spektrums.

Der Übergang zu diesem neuen relativistischen Modell verlangte weitaus mehr an mathematischer Geschicklichkeit und mathematischem Talent als die Entwicklung der ersten wenigen Modelle. Sommerfelds Leistung war vorwiegend mathematischer Art.[223])

Merkwürdigerweise waren die Dubletten des Wasserstoffspektrums schon im Jahre 1891 von Michelson entdeckt worden.[224]) Moseley bemerkte sogleich nach Bohrs erster Veröffentlichung, daß „sie die zweite schwächere Linie, die man in jedem Spektrum findet, nicht zu erklären vermag".[225]) Bohr war nicht beunruhigt: er war überzeugt, daß die positive Heuristik seines Forschungsprogramms Michelsons Beobachtungen *am Ende* doch erklären, ja auch noch korrigieren würde.[226]) Und das war auch in der Tat der Fall. Natürlich widersprach

[219]) Fowler [1913*a*].

[220]) Bohr [1913*c*]. Auch diese Monsteradjustierung war 'progressiv': Bohr sagte eine leichte Ungenauigkeit von Fowlers Beobachtungen und eine Feinstruktur der Rydberg-'Konstante' voraus.

[221]) Fowler [1913*b*]. Doch er bemerkte skeptisch, daß Bohrs Programm die Spektrallinien des *nicht-ionisierten*, gewöhnlichen Heliums noch nicht erklärt hätte. Seine Skepsis gab er aber bald auf, und er schloß sich dem Forschungsprogramm von Bohr an (Fowler [1914]).

[222]) Vgl. Hevesy [1913]: „Als ich ihm vom Fowler-Spektrum erzählte, da wurden Einsteins große Augen noch größer, und er sagte zu mir: 'Dann ist es eine der größten Entdeckungen.'"

[223]) Für die wichtigen mathematischen Aspekte von Forschungsprogrammen siehe oben, S. 133–134.

[224]) Michelson [1891–1892], besonders S. 287–289. Michelson erwähnt Balmer überhaupt nicht.

[225]) Moseley [1914].

[226]) Sommerfeld [1916], S. 68.

Sommerfelds Theorie den ersten Fassungen Bohrs; die Feinstruktur-Experimente – verbunden mit den alten Beobachtungen in korrigierter Form! – brachten die entscheidende Evidenz zu ihren Gunsten. Viele Niederlagen der ersten Modelle Bohrs wurden von Sommerfeld und seiner Münchener Schule in Siege für Bohrs Forschungsprogramm verwandelt.

Es ist interessant zu sehen, daß Bohr im Jahre 1916 besorgt wurde und sein Tempo verlangsamte, wie auch Einstein im Jahre 1913 inmitten des glänzenden Fortschritts der Quantenphysik besorgt geworden war und sein Tempo verlangsamt hatte; und wie Bohr 1913 die Initiative von Einstein übernommen hatte, so übernahm 1916 Sommerfeld die Initiative von Bohr. Der Unterschied zwischen der Atmosphäre der Bohr-Schule in Kopenhagen und der Sommerfeld-Schule in München war offenkundig: „In München formulierte man konkreter und war damit verständlicher; man hatte mit der Systematik der Spektren und mit dem Vektormodell Erfolge gehabt. In Kopenhagen glaubte man überhaupt noch keine angemessene Sprache für das Neue zu haben, war man zurückhaltend gegen zu bestimmte Formulierungen, drückte man sich sehr allgemein und vorsichtig aus und war damit schwerer verständlich!"[227]

Unsere Skizze zeigt, wie eine progressive Verschiebung einem inkonsistenten Programm Glaubwürdigkeit – und einen *Vernunftgrund* – geben kann. Born hat diesen Prozeß in seinem Nachruf auf Planck eindrucksvoll geschildert: „Natürlich bedeutet das bloße Einführen des Wirkungsquantums noch keineswegs, daß eine *wahre* Quantentheorie aufgestellt worden ist… Die Schwierigkeiten, denen die Einführung des Wirkungsquantums in die wohlbegründete klassische Theorie von Anfang an begegnete, sind bereits angedeutet worden. Sie haben allmählich zugenommen, anstatt sich zu vermindern; und obwohl die Forschung in ihrem Marsch nach vorne in der Zwischenzeit manche von ihnen übergangen hat, sind die verbleibenden Lücken in der Theorie für den gewissenhaften theoretischen Physiker nur um so schlimmer. In der Tat, was in Bohrs Theorie als Grundlage der Wirkungsgesetze diente, besteht aus gewissen Hypothesen, die eine Generation früher zweifellos jeder Physiker glatt verworfen hätte. Daß im Atom gewisse quantisierte Bahnen (d. h. Bahnen, die vom Quantum-Prinzip ausgewählt sind) eine besondere Rolle spielen sollen, konnte wohl zugestanden werden; etwas weniger leicht annehmbar ist die weitere Annahme, daß die Elektronen, die sich auf diesen krummlinigen Bahnen, und darum beschleunigt, bewegen, keine Energie ausstrahlen. Daß jedoch die scharf definierte Frequenz eines emittierten Lichtquantums sich von der Frequenz des emittierenden Elektrons unterscheiden sollte, das würde jeder in der klassischen Schule aufgewachsene Theoretiker für monströs und fast unbegreiflich halten. Aber Zahlen [oder, eher, *progressive Problemverschiebungen*] entscheiden, und so hat sich das Blatt gewendet. Während das Problem ursprünglich darin bestand, ein neues und seltsames Element mit so wenig Spannung wie nur möglich in ein vorhandenes System einzufügen, das allgemein als entschieden galt, *hat der Eindringling nach Gewinnen einer gesicherten*

---

[227] Hund [1961]. Dies wird einigermaßen ausführlich in Feyerabend [1968–1969], S. 83–87, besprochen. Aber Feyerabends Arbeit ist sehr voreingenommen. Hauptziel seiner Abhandlung ist, Bohrs methodologischen Anarchismus zu unterspielen und zu zeigen, daß Bohr die Kopenhagener Deutung des *neuen* Quantum-Programms (nach 1925) *bekämpfte*. Zu diesem Zweck hebt Feyerabend einerseits Bohrs Unbehagen mit der Inkonsistenz des *alten* Quanten-Programms (vor 1925) übermäßig hervor, während er andrerseits zu großes Gewicht auf die Tatsache legt, daß Sommerfeld den Problemcharakter der Widersprüche in den Grundlagen des alten Programms weniger ernst nahm als Bohr.

Position nunmehr die Offensive übernommen; und es scheint nun sicher, daß er nahe daran ist, das alte System an einem Punkte zu sprengen. Die einzige Frage ist, wo und in welchem Ausmaße dies eintreffen wird."[228])

Eine der wichtigsten Lehren, die man aus einem Studium von Forschungsprogrammen ziehen kann, ist, daß nur wenige Experimente wirklich wichtig sind. Die heuristische Führung, die der theoretische Physiker aus Tests und 'Widerlegungen' erhält, ist gewöhnlich so trivial, daß Überprüfungen im großen Maßstab – und selbst zu große Beachtung vorhandener Daten – wohl bloßer Zeitverlust sind. In den meisten Fällen brauchen wir keine Widerlegungen, um zu wissen, daß die Theorie dringend ersetzt werden muß: Die positive Heuristik des Programmes treibt uns ohnehin weiter. Auch ist es gefährliche methodologische Grausamkeit, wenn man einer noch kaum flüggen Fassung eines Programms eine strenge 'widerlegbare Interpretation' aufzwingt. Die ersten Fassungen 'gelten' vielleicht nur für nichtexistente 'ideale' Fälle; dann braucht es vielleicht Jahrzehnte an theoretischer Arbeit, um die ersten neuartigen Tatsachen zu gewinnen, und noch mehr Zeit, um *interessant prüfbare* Fassungen des Forschungsprogramms zu erhalten, und das auf einer Stufe, wenn Widerlegungen nicht mehr im Lichte des Programms selbst vorhergesehen werden können.

Die Dialektik von Forschungsprogrammen ist also nicht unbedingt eine alternierende Reihe von spekulativen Konjekturen und empirischen Widerlegungen. Die Wechselwirkung zwischen der Entwicklung des Programms und den empirischen Kontrollen kann sehr verschiedene Gestalt annehmen; welches Pattern dabei verwirklicht wird, hängt nur vom historischen Zufall ab. Betrachten wir drei typische Möglichkeiten.

1) Stellen wir uns vor, daß jede der ersten drei aufeinanderfolgenden Fassungen H_1, H_2, H_3 einige neue Tatsachen erfolgreich, aber andere erfolglos voraussagt, d. h., jede Fassung wird sowohl bestätigt *als auch* widerlegt. Schließlich schlägt man H_4 vor, und H_4 sagt neue Tatsachen voraus, hält aber auch den strengsten Überprüfungen stand. Die Problemverschiebung ist progressiv, und wir haben auch einen schönen Popperschen Wechsel von Konjekturen und Widerlegungen.[229]) Man wird dies als ein klassisches Beispiel der Zusammenarbeit von Theorie und Experiment bewundern.

2) Ein anderes Pattern wäre ein einsamer Bohr (womöglich ohne Balmer als Vorläufer), der H_1, H_2, H_3 und H_4 ausarbeitet, aber selbstkritisch erst H_4 publiziert. Dann wird H_4 überprüft: die ganze Evidenz erscheint nun in der Form von Bestätigungen für H_4, der ersten und einzigen veröffentlichten Hypothese. Man sieht hier, wie der Theoretiker an seinem Arbeitstisch dem Experimentator weit voranarbeitet: wir haben eine Periode relativer Autonomie des theoretischen Fortschritts.

3) Stellen wir uns nun vor, daß die *gesamte* empirische Evidenz, die in diesen drei Pattern genannt wird, bereits zur Zeit der Erfindung von H_1, H_2, H_3 und H_4 vorliegt. In diesem Fall stellen H_1, H_2, H_3 und H_4 keine empirisch progressive Problemverschiebung dar, und der Wissenschaftler muß weiterarbeiten, um den wissenschaftlichen Wert seines Programmes nachzuweisen, obwohl alle Evidenz seine Theorien unterstützt.[230]) Eine solche Situation ent-

---

[228]) Born [1948], S. 180; meine Hervorhebung.

[229]) In den ersten drei Modellen vermeiden wir Komplikationen wie z. B. erfolgreiche Berufungen gegen das Urteil der Experimentalwissenschaftler.

[230]) Dies zeigt, daß genau dieselben Theorien und dieselbe Evidenz, in verschiedener Zeitordnung rekonstruiert, ebensogut eine progressive wie eine degenerative Verschiebung darstellen können. Vgl. auch Lakatos [1968a], S. 387.

steht entweder, wenn ein älteres Forschungsprogramm (das dem zu H_1, H_2, H_3 und H_4 führenden Forschungsprogramm entgegentritt) schon alle diese Tatsachen produziert hat oder wenn zuviel Regierungsgeld zur Datensammlung über Spektrallinien zur Verfügung steht, so daß zweitrangige Wissenschaftler rein zufällig über alle erwähnten Daten stolpern können. Der letzte Fall ist aber sehr unwahrscheinlich, denn, wie Cullen zu sagen pflegte: „die Anzahl der falschen Tatsachen, die sich in der Welt herumtreiben, übertrifft unendlich diejenige der falschen Theorien";[231]) in den meisten Fällen dieser Art wird das Forschungsprogramm mit den erreichbaren 'Tatsachen' kollidieren, der Theoretiker wird die 'experimentellen Techniken' des Experimentators überprüfen, wird seine Beobachtungstheorien stürzen und ersetzen und wird dann seine Tatsachen korrigieren und damit *neue* produzieren.[232])

Kehren wir nach diesem methodologischen Exkurs zu Bohrs Programm zurück! Nicht alle Entwicklungen im Programm wurden vorausgesehen und geplant, als die Skizze der positiven Heuristik zuerst ausgearbeitet wurde. Als sich einige merkwürdige Lücken in Sommerfelds komplizierten Modellen meldeten (einige der vorausgesagten Linien traten niemals auf), schlug Pauli eine tiefgreifende Hilfshypothese vor (sein 'Ausschließungsprinzip'), das nicht nur die bekannten Lücken erklärte, sondern auch der Schalentheorie des periodischen Systems der Elemente eine neue Form gab und bis dahin nicht bekannte Tatsachen vorwegnahm.

Ich will hier keine ausführliche Darstellung der Entwicklung von Bohrs Programm geben. Aber eine eingehende Untersuchung dieses Programms ist von einem methodologischen Gesichtspunkt aus betrachtet eine wahre Goldgrube: sein wunderbar rascher Fortschritt – auf inkonsistenter Grundlage! – war atemberaubend; die Schönheit, Originalität und der empirische Erfolg seiner Hilfshypothesen, vorgeschlagen von Wissenschaftlern von Brillanz, ja Genius, war beispiellos in der Geschichte der Physik.[233]) Gelegentlich verlangte eine spätere Fassung des Programms eine bloß triviale Verbesserung wie das Ersetzen der Masse durch die reduzierte Masse. Gelegentlich brauchte man jedoch eine neue raffinierte Mathematik, wie die Mathematik des Viel-Körper-Problems, oder neue raffinierte physikalische Hilfshypothesen. Die zusätzliche Mathematik oder Physik wurde entweder aus schon früher vorhandenen Kenntnissen (wie z. B. der Relativitätstheorie) in die Theorie hineingezogen, oder sie wurde erfunden (wie Paulis Ausschließungsprinzip). Im letzten Fall haben wir eine 'schöpferische Verschiebung' in der positiven Heuristik.

---

[231]) Vgl. McCulloch [1825], S. 21. Ein kräftiges Argument für die extreme Unwahrscheinlichkeit eines solchen Patterns findet sich unten, S. 151–152.

[232]) Es sollte vielleicht erwähnt werden, daß manisches Datensammeln – und 'allzu große' Genauigkeit – das Formulieren selbst naiver 'empirischer' Hypothesen, wie der von Balmer, verhindert. Hätte Balmer auch dann seine Formel gefunden, wenn er die Feinstruktur von Michelson gekannt hätte? Oder wäre es jemals möglich gewesen, Keplers elliptisches Gesetz aufzustellen, wenn Tycho Brahes Angaben genauer gewesen wären? Dasselbe gilt auch für die naive erste Fassung des allgemeinen Gasgesetzes u. ä. m. Die Descartes-Euler-Konjektur über Polyeder war nur wegen der Knappheit von Daten möglich; vgl. Lakatos [1963–1964], S. 298 ff.

[233]) „Zwischen dem Erscheinen von Bohrs großer Trilogie von 1913 und dem Advent der Wellenmechanik von 1925 erschien eine große Anzahl von Arbeiten, die Bohrs Gedanken zu einer eindrucksvollen Theorie atomischer Erscheinungen entwickelten. Es war eine kollektive Bemühung, und die Namen der Physiker, die dazu beitrugen, machen eine imponierende Liste aus: Bohr, Born, Klein, Rosseland, Kramers, Pauli, Sommerfeld, Planck, Einstein, Ehrenfest, Epstein, Debye, Schwarzschild, Wilson..." (Ter Haar [1967], S. 43).

Aber selbst dieses großartige Programm kam zu einem Punkt, an dem sich sein heuristisches Potential erschöpfte. Die Zahl der Ad-hoc-Hypothesen nahm zu, und sie konnten nicht durch gehaltvermehrende Erklärungen ersetzt werden. Bohrs Theorie der molekularen (Banden) Spektra sagte z. B. die folgende Formel für zweiatomige Moleküle voraus:

$$\nu = \frac{h}{8\pi^2 I}[(m+1)^2 - m^2]$$

Aber die Formel wurde widerlegt. Bohrs Anhänger ersetzten m^2 durch $m(m+1)$. Das paßte auf die Tatsachen, war aber in betrüblichem Ausmaß ad hoc.

Dann kam das Problem unerklärter Dubletten in den Alkali-Spektren. Landé erklärte sie im Jahre 1924 durch eine ad hoc 'relativistische Aufspaltungsregel', Goudsmit und Uhlenbeck im Jahre 1925 durch den Elektron-Spin. Landés Erklärung war ad hoc, die Erklärung von Goudsmit und Uhlenbeck war außerdem auch noch inkonsistent mit der speziellen Relativitätstheorie: Oberflächenpunkte des ziemlich großen Elektrons mußten sich schneller bewegen als das Licht, und das Elektron mußte größer sein als das ganze Atom.[234]) Es bedurfte großen Mutes, um einen solchen Vorschlag zu machen. (Kronig hatte die Idee vorher, aber er veröffentlichte sie nicht, denn er hielt sie für unzulässig.[235]))

Aber Verwegenheit im Vorschlagen wilder Widersprüche führte nicht mehr zu lohnenden Ergebnissen. Das Programm blieb hinter dem Entdecken neuer 'Tatsachen' zurück. Unverdaute Anomalien überschwemmten das Feld. Mit den immer sterileren Inkonsistenzen und mit den immer leereren Ad-hoc-Hypothesen setzte die degenerative Phase des Forschungsprogramms ein; das Programm begann – um einen Lieblingsausdruck Poppers zu gebrauchen – 'seinen empirischen Charakter zu verlieren'.[236]) Es war auch hoffnungslos, die Lösung gewisser Probleme (wie der Störungstheorie) im Rahmen des Programms zu erwarten. Bald erschien ein konkurrierendes Forschungsprogramm: die Wellenmechanik. Das neue Programm hat – schon in seiner allerersten Fassung (de Broglie, 1924) – nicht nur Plancks und Bohrs Quantenbedingungen erklärt, es führte auch zu einer aufregenden neuen Tatsache, dem Davisson-Germer-Experiment. In seinen späteren, noch raffinierteren Fassungen bot es Lösungen für Probleme, die für Bohrs Forschungsprogramm unerreichbar gewesen waren, und es erklärte die späteren Ad-hoc-Theorien des Programms mit Hilfe von Theorien, die hohen methodologischen Maßstäben genügten. Die Wellenmechanik hat das Programm von Bohr bald eingeholt, besiegt und ersetzt.

Die Arbeit von de Broglie erschien, als Bohrs Programm degenerierte. Aber dies war bloße Koinzidenz. Man fragt sich, was geschehen wäre, wenn de Broglie seine Arbeit schon 1914 und nicht erst im Jahre 1924 geschrieben und veröffentlicht hätte.

[234]) Eine Anmerkung ihrer Abhandlung lautet: „Man beachte, daß [nach unserer Theorie] die peripherische Geschwindigkeit des Elektrons die Lichtgeschwindigkeit bedeutend übertreffen würde" (Uhlenbeck und Goudsmit [1925]).

[235]) Jammer.[1966], S. 146–148 und 151.

[236]) Eine lebhafte Schilderung dieser degenerativen Phase von Bohrs Programm findet sich bei Margenau [1950], S. 311–313.

In der progressiven Phase eines Programms kommt der größte heuristische Stimulus von der positiven Heuristik: die Anomalien werden weitgehend ignoriert. In der degenerativen Phase versickert das heuristische Potential des Programms. In der Abwesenheit eines konkurrierenden Programms kann sich diese Situation in der Psychologie der Wissenschaftler als eine ungewöhnliche Hypersensitivität gegenüber Anomalien und als das Gefühl einer Kuhnschen 'Krise' spiegeln.

d) Ein neuer Blick auf entscheidende Experimente: das Ende der Sofortrationalität

Es wäre falsch anzunehmen, daß man an einem Forschungsprogramm festhalten muß, bis sein gesamtes heuristisches Potential erschöpft ist, und daß man ein konkurrierendes Programm erst dann einführen darf, wenn alle Beteiligten zugeben, daß der Degenerationspunkt wahrscheinlich schon erreicht ist. (Man kann aber den Ärger eines Physikers verstehen, dem inmitten der progressiven Phase eines Forschungsprogramms das Proliferieren vager, metaphysischer Theorien begegnet, die keine Anregung zu empirischem Fortschritt bieten.[237])) Ein Forschungsprogramm darf niemals zu einer *Weltanschauung* werden, die sich als Schiedsrichter aufspielt in der Frage, was eine Erklärung und was keine Erklärung ist, wie die mathematische Strenge sich als Schiedsrichter aufspielt in der Frage, was man als Beweis und was man nicht als Beweis gelten lassen darf. Leider neigt Kuhn dazu, gerade diesen Standpunkt zu empfehlen: Seine 'Normalwissenschaft' ist ja in der Tat nichts anderes als ein Forschungsprogramm, das eine Monopolstellung erlangt hat. Aber in Wirklichkeit haben Forschungsprogramme eine völlige Monopolstellung nur selten erreicht und auch dann nur für verhältnismäßig kurze Perioden – trotz der Anstrengungen gewisser Cartesianer, Newtonianer und Bohrianer. *Die Geschichte der Wissenschaften war und sollte eine Geschichte des Wettstreits von Forschungsprogrammen (oder, wenn man will, 'Paradigmen') sein; aber sie war nicht eine Aufeinanderfolge von Perioden normaler Wissenschaft, und sie darf auch nicht zu einer solchen Aufeinanderfolge werden: Je früher der Wettstreit beginnt, desto besser ist es für den Fortschritt.* Ein 'theoretischer Pluralismus' ist besser als ein 'theoretischer Monismus': An diesem Punkt haben Popper und Feyerabend recht, und Kuhn hat unrecht.[238])

Die Idee eines Wettstreits wissenschaftlicher Forschungsprogramme führt uns zum Problem: *wie werden Forschungsprogramme eliminiert?* Aus unseren bisherigen Überlegungen geht hervor, daß eine degenerative Problemverschiebung zur Eliminierung eines Forschungsprogramms nicht mehr hinreicht als eine altmodische 'Widerlegung' oder eine Kuhnsche 'Krise'. *Ist es möglich, einen objektiven* (im Gegensatz zu einem sozio-psychologischen) *Grund für die Beseitigung eines Programms anzugeben, d. h. für die Elimination seines harten Kerns und seines Programms zur Konstruktion von Schutzgürteln?* In großen Zügen ist unsere Antwort, daß ein solcher objektiver Grund in einem konkurrierenden Forschungsprogramm besteht, das den früheren Erfolg des Rivalen erklärt und ihn durch eine weitere Schaustellung von *heuristischem Potential*[239]) überholt.

[237]) Dies ist es, was Newton am 'skeptischen Proliferieren von Theorien' der Cartesianer besonders irritiert haben muß.

[238]) Nichtsdestoweniger ist es nicht unangebracht, wenn zumindest *einige* Leute an einem Forschungsprogramm festhalten, bis es seinen 'Sättigungspunkt' erreicht; ein neues Programm muß dann den vollen Erfolg des alten erklären. Man kann dagegen nicht einwenden, daß der Rivale schon am Anfang den ganzen Erfolg des ersten Programms erklärt haben mag; das Wachstum eines Forschungsprogramms läßt sich nicht voraussagen – es kann zu wichtigen, unvorhersehbaren Hilfshypothesen eigener Prägung anregen. Weiterhin, wenn eine Fassung A_n eines Forschungsprogramms P_1 mathematisch äquivalent ist mit einer Version A_m des Rivalen P_2, dann sollte man beide entwickeln: ihr heuristisches Potential kann immer noch sehr verschieden sein.

[239]) Ich gebrauche hier den Ausdruck *'heuristisches Potential'* als einen Fachausdruck, um die Fähigkeit des Forschungsprogramms zur Antizipation theoretisch neuartiger Tatsachen im Verlauf seines Wachstums zu charakterisieren. Natürlich könnte ich ebensogut den Ausdruck *'explanatorisches Potential'* verwenden: vgl. oben, S. 116, Anm. 111.

Aber das Kriterium des 'heuristischen Potentials' hängt weitgehend davon ab, wie wir die *'Neuartigkeit von Tatsachen'* auslegen. Wir haben bisher angenommen, daß die Neuartigkeit der von einer neuen Theorie vorausgesagten Tatsachen sich sofort feststellen läßt.[240]) Aber die *Neuartigkeit eines Tatsachensatzes kann oft erst nach einer langen Zeitspanne gesehen werden.* Um dies zu zeigen, beginne ich mit einem Beispiel.

Die Balmer-Formel für Wasserstofflinien war eine logische Folge von Bohrs Theorie.[241]) War dies eine neue Tatsache? Man hätte versucht sein können, dies zu bestreiten, denn Balmers Formel war schließlich wohlbekannt. Aber das ist nur die halbe Wahrheit. Balmer 'beobachtete' bloß B_1: daß *die Wasserstoff-Linien der Balmer-Formel gehorchen.* Bohr sagte B_2 voraus: daß *die Unterschiede der Energiestufen verschiedener Bahnen des Wasserstoff-Elektrons der Balmer-Formel gehorchen.* Man könnte nun sagen, daß B_1 schon den ganzen 'Beobachtungs'gehalt von B_2 enthält. Aber eine solche Behauptung setzt voraus, daß es eine reine 'Beobachtungsstufe' gibt, unbefleckt von jeder Theorie und unempfindlich für jede theoretische Veränderung. In Wirklichkeit wurde B_1 nur darum akzeptiert, weil die optischen, chemischen und anderen Theorien, die Balmer *angewandt* hatte, wohlbestätigt und als interpretative Theorien akzeptiert waren; und diese Theorien konnten immer in Frage gestellt werden. Man könnte geltend machen, daß wir selbst B_1 von seinen theoretischen Voraussetzungen 'reinigen' können, daß wir dann erhalten, was Balmer wirklich 'beobachtet' hat und daß sich dieser Sachverhalt durch den mehr bescheidenen Satz B_0 ausdrücken läßt: *daß die Linien, die in gewissen Röhren unter gewissen wohlbestimmten Umständen (oder im Verlauf eines 'kontrollierten Experiments'[242])) ausgestrahlt werden, der Balmerschen Formel gehorchen.* Nun zeigen einige der Argumente Poppers, daß wir auf diese Weise niemals auf einen harten 'Beobachtungs'grund stoßen; es läßt sich leicht zeigen, daß B_0 Beobachtungstheorien involviert.[243]) Andrerseits würde eine lange progressive Entwicklung von Bohrs Programm, die sein heuristisches Potential im besten Licht zeigt, den harten Kern dieses Programms in hohem Grade bestätigt[244]) und seine Brauchbarkeit als 'Beobachtungs'theorie oder interpretative Theorie erwiesen haben. Aber in diesem Fall gilt B_2 nicht als eine bloß theoretische Umdeutung von B_1, sondern als eine selbständige *neue Tatsache.*

Diese Überlegungen machen aufs neue klar, daß viele unserer Bewertungen erst im nachhinein gegeben werden können, und sie führen zu einer weiteren Liberalisierung unse-

---

[240]) Vgl. oben, S. 113, Text zu Anm. 97, und S. 130, Text zu Anm. 165.

[241]) Vgl. oben, S. 143.

[242]) Vgl. oben, S. 109, Anm. 76.

[243]) Eines von Poppers Argumenten ist besonders wichtig: „Es ist ein verbreitetes Vorurteil, daß der Satz: 'Ich sehe, daß der Tisch hier weiß ist' gegenüber dem Satz: 'Der Tisch hier ist weiß' irgendwelche erkenntnistheoretischen Vorzüge aufweist; aber deshalb, weil er etwas über 'mich' behauptet, kann der erste Satz vom Standpunkt einer objektiven Prüfung aus nicht als sicherer angesehen werden als der zweite Satz, der etwas über den 'Tisch hier' behauptet" ([1934], Abschnitt 27). Diese Stelle veranlaßt Neurath zu einer charakteristisch dickköpfigen Bemerkung: „Für uns haben solche Protokollsätze den Vorteil *größerer Stabilität.* Man kann den Satz: 'Die Menschen sahen im 16. Jahrhundert feurige Schwerter am Himmel' beibehalten, während man den Satz 'Am Himmel waren feurige Schwerter' schon streichen würde" (Neurath [1935], S. 362).

[244]) *Diese Bemerkung definiert übrigens einen 'Bewährungsgrad' für die 'unwiderlegbaren' harten Kerne von Forschungsprogrammen. Newtons Theorie hatte (isoliert) keinen empirischen Gehalt, doch sie war, in diesem Sinne, in hohem Grade bewährt.*

rer Maßstäbe. Ein neues Forschungsprogramm, das eben erst in den Wettstreit eingetreten ist, mag damit beginnen, daß es 'alte Tatsachen' auf neue Weise erklärt, aber es kann lange Zeit in Anspruch nehmen, bevor man ihm die Produktion 'wirklich neuer' Tatsachen zugesteht. Zum Beispiel *schien* die kinetische Theorie der Wärme Jahrzehnte hindurch hinter den Ergebnissen der phänomenologischen Theorie herzuhinken, bis sie sie mit der Einstein-Smoluchowski-Theorie der Brownschen Bewegung im Jahre 1905 schließlich überholte. Was früher als eine spekulative Umdeutung alter Tatsachen (über die Wärme etc.) erschien, erwies sich jetzt als eine Entdeckung neuartiger Tatsachen (über Atome).

Es ist darum nicht ratsam, ein in frühem Wachstum begriffenes Forschungsprogramm schon darum beiseite zu schieben, weil es ihm nicht gelungen ist, einen mächtigen Rivalen zu überholen. Wir dürfen es nicht aufgeben, wenn es in Abwesenheit seines Rivalen eine progressive Problemverschiebung dargestellt hätte. [245] *Und eine neu interpretierte Tatsache muß ganz sicher als eine neue Tatsache gelten, ohne Rücksicht auf die unverschämten Prioritätsansprüche amateurhafter Tatsachensammler. Ein junges Forschungsprogramm, das sich rational als eine progressive Problemverschiebung rekonstruieren läßt, sollte für eine Weile vor einem mächtigen etablierten Rivalen geschützt werden.* [246]

Diese Überlegungen betonen im großen und ganzen die Wichtigkeit methodologischer Toleranz; sie lassen die Frage der Beseitigung von Forschungsprogrammen noch immer unbeantwortet. Ja, der Leser mag den Verdacht schöpfen, daß diese starke Betonung der Fallibilität unsere Maßstäbe so weitgehend liberalisiert oder vielmehr aufweicht, daß wir bei einem radikalen Skeptizismus landen. Selbst die berühmten 'entscheidenden Experimente' haben dann keine Kraft, ein Forschungsprogramm umzustürzen; *anything goes.* [247]

Aber dieser Verdacht ist unbegründet. *Innerhalb* eines Forschungsprogramms sind *'kleinere Entscheidungsexperimente'* zwischen aufeinanderfolgenden Fassungen an der Tagesordnung. Experimente 'entscheiden' leicht zwischen der $n$ten und der $n + 1$ten wissenschaftlichen Fassung, denn die $n + 1$te Fassung ist nicht nur inkonsistent mit der $n$ten, sondern sie überholt sie auch. Wenn die $n + 1$te Variante im Lichte *desselben* Programms und im Lichte *derselben* wohlbewährten Beobachtungstheorien höheren bewährten Gehalt besitzt, dann ist die Eliminierung der $n$ten Variante eine relative Routineangelegenheit (relativ, denn selbst hier kann gegen die Entscheidung Berufung eingelegt werden). Auch Berufungsverfahren lassen sich gelegentlich leicht durchführen: In vielen Fällen ist die angegriffene Beobachtungstheorie überhaupt nicht wohlbewährt, sondern unartikuliert, naiv und 'verborgen'; erst der Angriff enthüllt die Existenz dieser verborgenen Annahme und führt zu ihrer Artikulation, Prüfung und zu ihrem Sturz. Es kommt aber wiederholt vor, daß die Beobachtungstheorien selber in einem Forschungsprogramm eingebettet sind, und dann führt das Berufungsverfahren zu einem Zusammenstoß zwischen zwei Forschungsprogrammen: In solchen Fällen mag ein *'größeres Entscheidungsexperiment'* nötig sein.

[245] In der Methodologie von Forschungsprogrammen wird übrigens der pragmatische Sinn einer 'Verwerfung' [eines Programms] kristallklar: es ist *die Entscheidung, nicht mehr an ihm weiterzuarbeiten.*

[246] Man könnte – mit Vorsicht – diese geschützte Periode der Entwicklung als *'vorwissenschaftlich'* (oder 'theoretisch') ansehen und erst dann bereit sein, seinen wahrhaft *wissenschaftlichen* (oder 'empirischen') Charakter anzuerkennen, wenn es beginnt, 'wirklich neue' Tatsachen zu produzieren; aber in diesem Fall muß die Anerkennung rückwirkend geschehen.

[247] *Dieser Konflikt zwischen Fehlbarkeit und Kritik kann übrigens mit Recht als das Hauptproblem – und die Triebkraft – des Popperschen Forschungsprogramms in der Erkenntnistheorie bezeichnet werden.*

Wenn zwei Forschungsprogramme miteinander in Wettstreit treten, dann befassen sich ihre ersten 'idealen' Modelle gewöhnlich mit verschiedenen Aspekten des Anwendungsbereichs (z.B. beschrieb das erste Modell von Newtons semi-korpuskularer Optik die Lichtbrechung, das erste Modell von Huyghens Wellenoptik die Interferenz des Lichtes). Die Expansion der Programme bringt es dann mit sich, daß sie allmählich ihre Grenzen überschreiten, und die $n$te Version des ersten Programms wird der $m$ten Version des zweiten ganz offenkundig und dramatisch widersprechen.[248] Ein Experiment wird wiederholt ausgeführt mit dem Ergebnis, daß das erste Programm *diese Schlacht* verliert, während das zweite gewinnt. Aber *der Krieg* ist noch nicht vorbei: Jedem Forschungsprogramm sind einige solche Niederlagen erlaubt. Für ein Comeback braucht man nur eine $n+1$te oder $n+k$te gehaltsvermehrende Fassung zu konstruieren und die Verifikation eines Teils von diesem neuen Gehalt.

Tritt ein solches Comeback selbst nach standhafter Bemühung nicht ein, dann ist der Krieg verloren, und das ursprüngliche Experiment wird *im nachhinein* als 'entscheidend' angesehen. Wenn aber das geschlagene Programm ein junges, sich schnell entfaltendes Programm ist und wenn wir beschließen, seine 'vorwissenschaftlichen' Erfolge hinreichend in Betracht zu ziehen, dann lösen sich angeblich entscheidende Experimente der Reihe nach im Verlauf seines stürmischen Fortschritts auf. Ja, selbst ein altes, etabliertes und 'müdes' Programm, nahe an seinem 'natürlichen Sättigungspunkt',[249] kann doch lange Zeit hindurch Widerstand leisten und mit ingeniösen, gehaltvermehrenden Neuerungen aushalten, auch wenn diese nicht mit empirischem Erfolg belohnt werden. Es ist sehr schwer, ein Forschungsprogramm zu schlagen, das von begabten und einfallsreichen Wissenschaftlern unterstützt wird. Auch können die hartnäckigen Verteidiger des geschlagenen Programms Ad-hoc-Erklärungen für die Experimente oder eine schlaue Ad-hoc-'Reduktion' des siegreichen Programms auf das geschlagene vorschlagen. Aber solche Versuche sollte man als unwissenschaftlich verwerfen.[250]

Unsere Überlegungen erklären, warum der entscheidende Charakter von entscheidenden Experimenten erst nach Jahrzehnten erkannt wird. Nach Newton waren Keplers Ellipsen entscheidende Evidenz für ihn und gegen Descartes; aber es dauerte etwa hundert Jahre, bevor diese Behauptung allgemein akzeptiert wurde. Die Anomalie des Merkur-Perihels war jahrzehntelang als eine der vielen noch ungelösten Schwierigkeiten in Newtons Programm bekannt; aber erst die Tatsache, daß Einsteins Theorie sie besser erklärte, verwandelte eine trübe Anomalie in eine glänzende 'Widerlegung' des Newtonschen Forschungspro-

---

[248] Ein besonders interessanter Fall eines solchen Wettstreits ist die *kompetitive Symbiose,* die dann eintritt, wenn ein neues Programm einem ihm widersprechenden alten Programm aufgepfropft wird; vgl. oben, S. 138.

[249] Es gibt keinen *natürlichen* 'Sättigungspunkt'; in meiner Abhandlung [1963–1964], besonders auf S. 327–328, war ich mehr Hegelianer, und ich dachte damals, daß es einen solchen gäbe. Heute gebrauche ich den Ausdruck mit ironischer Emphase. Es gibt keine voraussagbare oder feststellbare Begrenzung der menschlichen Einbildungskraft, neue gehaltvermehrende Theorien zu erfinden, oder der *List der Vernunft,* sie mit empirischem Erfolg zu belohnen, und das selbst dann, wenn die Theorien falsch sind oder wenn eine neue Theorie weniger Wahrheitsnähe – in Poppers Sinn – besitzt als ihr Vorgänger.

[250] Für ein Beispiel siehe oben, S. 123, Anm. 138.

gramms.[251]) Young hielt sein Zweispaltenexperiment des Jahres 1802 für ein entscheidendes Experiment zwischen dem korpuskularen Programm und dem Wellenprogramm der Optik; aber sein Anspruch wurde erst viel später anerkannt, als Fresnel das Wellenprogramm auf 'progressive' Weise weiterentwickelt hatte und als es klar wurde, daß die Newtonianer dem heuristischen Potential dieses Programms nichts Vergleichbares an die Seite stellen konnten. Die seit Jahrzehnten bekannte Anomalie erhielt den Ehrentitel einer Widerlegung, das Experiment erhielt den Ehrentitel eines *'entscheidenden Experiments'* erst nach einer langen Periode wechselnder Entwicklung der beiden konkurrierenden Programme. Die Brownsche Bewegung stand fast ein Jahrhundert lang im Zentrum des Schlachtfeldes, bis man dann *sah*, daß sie das phänomenologische Forschungsprogramm besiegte und den Krieg zugunsten der Atomisten entschied. Michelsons 'Widerlegung' der Balmer-Reihe wurde eine Generation lang ignoriert, bis sie dann in Bohrs triumphierendem Forschungsprogramm Unterstützung fand.

Es mag sich lohnen, im Detail einige Beispiele von Experimenten zu diskutieren, deren 'entscheidender' Charakter erst im nachhinein klar wurde. Als erstes Beispiel erörtere ich das berühmte Michelson-Morley-Experiment aus dem Jahre 1887, das angeblich die Äther-Theorie falsifiziert und 'zur Relativitätstheorie geführt' hat; dann kommen die Experimente von Lummer-Pringsheim, die angeblich die klassische Theorie der Strahlung falsifiziert und 'zur Quantentheorie geführt' haben.[252]) Und zum Schluß bespreche ich ein Experiment, von dem viele Physiker glaubten, es würde eine Entscheidung gegen die Erhaltungsgesetze herbeiführen, das aber schließlich in ihrer triumphierendsten Bestätigung endete.

d1) Das Michelson-Morley-Experiment

Während seines Besuchs am Institut von Helmholtz in Berlin im Jahre 1881 ersann Michelson ein Experiment, das den Zweck hatte, Fresnels und Stokes widersprechende Theorien über den Einfluß der Erdbewegung auf den Äther zu überprüfen.[253]) Nach Fresnels Theorie bewegt sich die Erde durch einen ruhenden Äther, aber der Äther innerhalb der Erde wird von ihr *teilweise* mitgeschleppt; die Geschwindigkeit des Äthers außerhalb der Erde relativ zu ihr ist also positiv (Fresnels Theorie impliziert die Existenz eines 'Ätherwindes'). Nach der Theorie von Stokes wird der Äther von der Erde mitgeschleppt, und die Geschwindigkeit des Äthers an der Oberfläche der Erde ist der der Erde gleich: die relative Geschwindigkeit ist also gleich Null (kein Ätherwind an der Oberfläche). Stokes hielt beide Theorien ursprünglich für äquivalent, was Beobachtungen betrifft: Zum Beispiel erklärten beide Theorien mit geeigneten Hilfsannahmen die Aberration des Lichtes. Michelson dagegen behauptete, daß sein Experiment von 1881 ein entscheidendes Experiment in bezug auf beide Theorien sei und daß

---

[251]) *Eine Anomalie in einem Forschungsprogramm ist also ein Phänomen, das wir mit Hilfe des Programms zu erklären wünschen. Allgemeiner können wir, nach Kuhn, von 'Rätseln' sprechen: ein 'Rätsel' eines Programms ist ein Problem, das wir als eine Herausforderung an dieses bestimmte Programm ansehen. Ein 'Rätsel' kann auf dreifache Weise gelöst werden: man löst es innerhalb des ursprünglichen Programms (aus der Anomalie wird ein Beispiel); man neutralisiert es, d. h. man löst es in einem unabhängigen, anderen Programm (die Anomalie verschwindet); oder schließlich, man löst es innerhalb eines konkurrierenden Programms (aus der Anomalie wird ein Gegenbeispiel).*

[252]) Vgl. Popper [1934], Abschnitt 30.

[253]) Vgl. Fresnel [1818], Stokes [1845] und [1846]. Für eine hervorragende kurze Darstellung vgl. Lorentz [1895].

es die Theorie von Stokes *beweise*.[254]) Er behauptete, daß die Geschwindigkeit der Erde relativ zum Äther weit unter dem Fresnelschen Wert liege. In der Tat, er schloß, daß sich aus seinem Experiment „die *notwendige Konklusion* ergibt, daß die Hypothese [eines stationären Äthers] irrtümlich ist. Diese Konklusion steht in direktem Widerspruch mit der Erklärung des Phänomens der Aberration, die voraussetzt, daß sich die Erde durch den Äther bewegt, wobei der letztere in Ruhe bleibt".[255]) Wie so oft wurde dann Michelson, der Experimentator, von einem Theoretiker eines Besseren belehrt. Lorentz, der führende theoretische Physiker der Zeit, zeigte 'in einer tiefschürfenden Analyse ... des ganzen Experimentes'[256]), daß Michelson die Fakten 'falsch interpretiert' hatte und daß seine Beobachtungen der Hypothese des stationären Äthers in Wirklichkeit *nicht* widersprachen. Lorentz zeigte, daß Michelsons Berechnungen verfehlt waren; Fresnels Theorie sagte nur die Hälfte des Effektes voraus, den Michelson berechnet hatte. Lorentz kam zu dem Schluß, daß Michelsons Experiment Fresnels Theorie *nicht* widerlegte und daß es sicherlich auch die Theorie von Stokes nicht bewies. Lorentz zeigte weiterhin die Inkonsistenz von Stokes Theorie: Die Theorie behauptete, daß der Äther an der Erdoberfläche relativ zu dieser ruhe, verlangte aber auch, daß die relative Geschwindigkeit ein Potential besitze; diese beiden Bedingungen sind unvereinbar. Aber selbst wenn Michelson *eine* Theorie des stationären Äthers widerlegt *hätte*, wäre das Programm noch immer unberührt: Varianten des Ätherprogramms, die sehr kleine Werte für den Ätherwind voraussagen, lassen sich leicht konstruieren, und Lorentz produzierte sofort eine. Die Theorie war prüfbar, und Lorentz unterwarf sie stolz dem Verdikt des Experimentes.[257]) Michelson, zusammen mit Morley, nahm die Herausforderung an. Die relative Geschwindigkeit von Erde und Äther schien wieder gleich Null zu sein, im Gegensatz zur Theorie von Lorentz. Aber diesmal war Michelson schon viel vorsichtiger in der Auslegung seiner Daten und dachte sogar an die Möglichkeit, daß sich das Sonnensystem als Ganzes in einer zur Erde entgegengesetzten Richtung bewegt haben könnte; darum beschloß er, das Experiment „in Abständen von je drei Monaten zu wiederholen und so alle Ungewißheit zu vermeiden".[258]) In seiner zweiten Arbeit ist nicht mehr die Rede von 'notwendigen Konklusionen' und 'direkten Widersprüchen'. Statt dessen „scheint es nach dem Vorhergehenden *ziemlich sicher* zu sein, daß eine relative Bewegung zwischen der Erde und dem lichttragenden Äther nur *klein* sein kann; klein genug, um *Fresnels* Erklärung der Aberration völlig zu widerlegen".[259]) Michelson behauptet also in dieser Abhandlung noch immer, Fresnels Theorie (und auch die neue Theorie von Lorentz) widerlegt zu haben; aber wir hören kein Wort von seiner alten (1881) Behauptung, er hätte 'die Theorie des stationären Äthers' im allgemeinen widerlegt. (In der Tat, er glaubte, daß eine solche Widerlegung eine Prüfung des Ätherwindes auch in großen Höhen erfordern würde, „zum Beispiel auf der Spitze eines isolierten Berges"[260]).)

[254]) Dies geht indirekt aus dem letzten Abschnitt seiner [1881] hervor.
[255]) Michelson [1881], S. 128. Meine Hervorhebung.
[256]) Michelson und Morley [1887], S. 335.
[257]) Lorentz [1886]. Zur Inkonsistenz der Theorie von Stokes vgl. auch Lorentz [1892b].
[258]) Michelson und Morley [1887], S. 341. Aber Pearce Williams bemerkt, daß er es nie getan hatte (Pearce Williams [1968], S. 34).
[259]) Ebenda, S. 341. Meine Hervorhebung.
[260]) Michelson und Morley [1887]. Diese Bemerkung zeigt, daß Michelson die Übereinstimmung seines Experiments von 1887 mit der Vorstellung eines Ätherwindes in größerer Höhe bemerkte. Max Born behauptet 33 Jahre später, „wir *müssen* [aus dem Experiment von 1887] schließen, daß es den Äther-Wind nicht gibt". (Hervorhebung von mir)

Während einige Äther-Theoretiker – wie Kelvin – die 'experimentelle Geschicklichkeit' von Michelson bezweifelten,[261]) wies Lorentz darauf hin, daß selbst das *neue* Experiment trotz Michelsons naiver Behauptung „keine Evidenz für die Frage liefert, um derentwillen es unternommen wurde".[262]) Man kann in Fresnels Theorie mit vollem Recht eine *interpretative* Theorie erblicken, die die Tatsachen deutet, aber nicht von ihnen widerlegt werden kann; in diesem Fall liegt nach Lorentz „die Bedeutung des Michelson-Morley-Experiments eher in dem Umstand, daß es uns über *Veränderungen in den Dimensionen* belehren kann":[263]) Die Dimensionen der Körper werden von ihrer Bewegung durch den Äther beeinflußt. Lorentz hat diese 'schöpferische Verschiebung' innerhalb des Fresnelschen Programms mit großer Erfindungskraft ausgearbeitet, und er behauptete, damit „den Widerspruch zwischen Fresnels Theorie und Michelsons Ergebnis entfernt" zu haben.[264]) Aber er gab zu, daß „wir die Natur der molekularen Kräfte überhaupt nicht kennen, so daß es unmöglich ist, die Hypothese zu testen";[265]) *zumindest vorläufig* vermochte diese Hypothese keine neuen Tatsachen vorauszusagen.[266])

Mittlerweile, im Jahre 1897, führte Michelson sein langgeplantes Experiment aus, die Geschwindigkeit des Ätherwindes auf Bergspitzen zu messen. Er fand keine. Da er früher gedacht hatte, daß er Stokes Theorie eines Ätherwindes in großer Höhe bewiesen hätte, war er nun sprachlos. War Stokes Theorie noch immer richtig, dann mußte der Gradient der Äthergeschwindigkeit sehr klein sein. Michelson war gezwungen zu schließen, daß „der Einfluß der Erde auf den Äther sich bis zu Entfernungen von der Größenordnung des Erddurchmessers erstrecke".[267]) Er hielt dies für ein 'unwahrscheinliches' Ergebnis und entschied, daß er im Jahre 1887 den falschen Schluß aus seinem Experiment gezogen hatte: Es

[261]) Kelvin sagte am Internationalen Physikalischen Kongreß von 1900, daß „die einzige Wolke am klaren Himmel der [Äther]theorie das Nullergebnis des Michelson-Morley-Experiments" wäre (vgl. Miller [1925]) und überredete sogleich Morley und Miller, die anwesend waren, das Experiment zu wiederholen.
[262]) Lorentz [1892*a*].
[263]) Ebenda. Meine Hervorhebung.
[264]) Lorentz [1895].
[265]) Lorentz [1892*b*].
[266]) Zur gleichen Zeit produzierte Fitzgerald, unabhängig von Lorentz, eine prüfbare Version dieser 'schöpferischen Verschiebung', die durch die Experimente von Trouton, Rayleigh und Brace schnell widerlegt wurde: sie war theoretisch, aber nicht empirisch progressiv. Vgl. Whittaker [1947], S. 53, und Whittaker [1953], S. 28–30.
Es ist eine verbreitete Ansicht, daß Fitzgeralds Theorie ad hoc war. Was zeitgenössische Physiker meinten, war, daß sie ad hoc$_2$ war (vgl. oben, S. 122, Anm. 135): es gab '*keine unabhängige [positive] Evidenz*' für die Theorie. (Vgl. z. B. Larmor [1904], S. 624.) Später wurde der Terminus 'ad hoc' unter Poppers Einfluß hauptsächlich im Sinne von 'ad hoc$_1$' benutzt, d. h. *kein unabhängiger Test* war möglich. Aber die widerlegenden Experimente zeigen, daß es ein Irrtum ist, zu behaupten – wie dies Popper tut –, Fitzgeralds Theorie sei ad hoc$_1$ (vgl. Popper [1934], Abschnitt 20). Dies zeigt wieder, wie wichtig es ist, 'ad hoc$_1$' und 'ad hoc$_2$' zu unterscheiden.
Als Grünbaum in [1959*a*] auf Poppers Irrtum hinwies, hat Popper den Irrtum zugegeben, aber entgegnet, Fitzgeralds Theorie sei sicher mehr ad hoc als die Theorie Einsteins (Popper [1959*b*]), was ein weiteres „... ausgezeichnetes Beispiel für 'Grade der Ad-hoc-heit' wäre und [damit] für eine der Hauptthesen [seines] Buches, daß Grade von Ad-hoc-heit in umgekehrtem Verhältnis zu Graden der Testbarkeit und Signifikanz stehen". Aber der Unterschied ist *nicht* einfach eine Sache von Graden einer einzigartigen Ad-hoc-heit, die durch Prüfbarkeit gemessen werden kann. Siehe auch unten, S. 169.
[267]) Michelson [1897], S. 478.

war Stokes Theorie, die man verwerfen, und Fresnels Theorie, die man akzeptieren mußte; und er beschloß, *jede* vernünftige Hilfshypothese zu akzeptieren, die sie retten konnte, eingeschlossen Lorentz' Theorie von 1892.[268]) *Jetzt* schien er die Fitzgerald-Lorentz-Kontraktion vorzuziehen, und seine Kollegen in Case begannen um 1904, die Materialabhängigkeit dieser Kontraktion zu untersuchen.[269])

Während die meisten Physiker versuchten, Michelsons Experimente im Rahmen des Ätherprogramms zu interpretieren, kam Einstein, ohne Kenntnis von Michelson, Fitzgerald und Lorentz, aber angeregt vor allem von Machs Kritik an Newtons Mechanik, auf ein neues, progressives Forschungsprogramm.[270]) Dieses neue Programm hat nicht nur das Ergebnis des Michelson-Morley-Experimentes 'vorhergesagt' und erklärt, es hat auch eine beträchtliche Reihe von Tatsachen vorhergesagt, die man sich früher nicht einmal erträumt hätte, und alle diese Tatsachen wurden dramatisch bestätigt. *Erst jetzt*, 25 Jahre später, sah man im Michelson-Morley-Experiment 'das größte negative Experiment der Wissenschaftsgeschichte'.[271]) Das war nicht sofort möglich. Das Experiment war zwar negativ – aber negativ *wofür*? Außerdem dachte Michelson 1881, daß es auch *positiv* sei: Er war der Ansicht, daß er Fresnels Theorie *widerlegt*, aber Stokes Theorie *verifiziert* hätte. Michelson selber und dann Fitzgerald und Lorentz erklärten das Ergebnis auch *positiv* im Rahmen des Ätherprogrammes.[272]) Wie bei allen experimentellen Ergebnissen wurde seine negative Rolle für das alte Programm *erst später* festgestellt, und zwar durch die allmähliche Anhäufung von Ad-hoc-Versuchen, es im Rahmen des degenerierenden alten Programms zu erklären, und durch die allmähliche Etablierung eines neuen *progressiven* und siegreichen Programms, in dem es dann die Rolle einer positiven Instanz spielte. Aber die Möglichkeit der Rehabilitation eines Teils des 'degenerierenden' alten Programms konnte rational nie ausgeschlossen werden.

Nur ein äußerst schwerer und (unbestimmt) langer Prozeß kann entscheiden, daß ein Forschungsprogramm seinen Rivalen überholt hat; und es ist unklug, den Ausdruck 'entscheidendes Experiment' *(experimentum crucis)* allzu voreilig zu verwenden. Selbst wenn ein Forschungsprogramm ganz offenkundig von seinem Vorgänger verdrängt wird, wird es nicht durch ein 'entscheidendes Experiment' verdrängt; und selbst wenn ein solches entscheidendes Experiment später in Zweifel gezogen wird, kann das neue Forschungsprogramm doch nicht ohne einen kräftigen progressiven Aufschwung des alten Programms aufgehalten werden.[273])

---

[268]) Lorentz bemerkte sogleich: ,,Während [Michelson] einen so weitreichenden Einfluß der Erde für unwahrscheinlich hält, würde ich ihn im Gegenteil *erwarten*" (Lorentz [1897]; meine Hervorhebung).

[269]) Morley und Miller [1904].

[270]) Es gibt eine umfangreiche Kontroverse über den historisch-heuristischen Hintergrund von Einsteins Theorie, in deren Licht sich diese Behauptung als falsch erweisen mag.

[271]) Bernal [1965], S. 530. Es war für Kelvin i.J. 1905 'nur eine Wolke am klaren Himmel', vgl. oben, S. 156, Anm. 261.

[272]) In der Tat, Chwolsons ausgezeichnetes Textbuch der Physik behauptete i.J. 1902, daß die Wahrscheinlichkeit der Äther-Hypothese an Sicherheit grenze. (Vgl. Einstein [1909], S. 817.)

[273]) Polanyi erzählt uns mit Vergnügen, wie Miller i.J. 1925 in seiner Präsidentenrede vor der Amerikanischen Physikalischen Gesellschaft verkündete, er hätte trotz der Berichte von Michelson und Morley 'überwältigende Evidenz' für einen Ätherwind; und doch hielten die Zuhörer an Einsteins Theorie fest. Polanyi zieht den Schluß, daß kein 'objektivistischer Rahmen' die Annahme oder Ablehnung von Theorien durch Wissenschaftler erklären kann (Polanyi [1958], S. 12–14). Aber meine Rekonstruktion macht die Zähigkeit des Einsteinschen Forschungsprogramms angesichts angeblich widersprechender Evidenz zu einem völlig *rationalen* Phänomen und untergräbt damit die 'postkritisch'-mystische Botschaft von Polanyi.

Die Negativität – und die Wichtigkeit – des Michelson-Morley-Experimentes liegt vor allem
in der progressiven Verschiebung des *neuen* Forschungsprogramms, das es kräftig unterstützt,
und seine 'Größe' ist bloß der Reflex der Größe der zwei involvierten *Programme*.

Es wäre interessant, jene konkurrierenden Verschiebungen eingehend zu analysieren, die mit dem schwindenden Glück der Äther-Theorie verbunden waren. Aber unter
dem Einfluß des naiven Falsifikationismus wird die interessanteste degenerative Phase der
Äther-Theorie nach Michelsons 'entscheidendem Experiment' von den meisten Anhängern
Einsteins einfach vernachlässigt. Für sie hat das Michelson-Morley-Experiment die Äther-
Theorie ganz allein gestürzt, und die Zähigkeit dieser Theorie beruhte einzig auf dem Konser-
vativismus von Dunkelmännern. Auf der anderen Seite wird diese Periode der Äther-Theorie
nach Michelson von den Gegnern Einsteins nicht *kritisch* untersucht, denn sie glauben, daß
die Äther-Theorie überhaupt keinen Rückschlag erlitten hat: Was an Einsteins Theorie gut
ist, war auch schon in der Äther-Theorie von Lorentz vorhanden, und Einsteins Sieg ist einzig
das Resultat positivistischer Mode. In Wirklichkeit bietet aber Michelsons lange Reihe von
Experimenten zwischen 1881 und 1935, die er ausführte, um aufeinanderfolgende Fassungen
des Ätherprogramms zu prüfen, ein faszinierendes Beispiel für eine degenerative Problemverschiebung.[274] (Aber Forschungsprogramme können aus Entartungstälern entkommen.
Bekanntlich läßt sich die Äther-Theorie von Lorentz so verstärken, daß sie in einem interessanten Sinn der Nicht-Äther-Theorie von Einstein äquivalent wird.[275] Der Äther kann im
Zusammenhang mit einer größeren 'schöpferischen Verschiebung' noch immer wiederkeh-
ren.[276])

Die Tatsache, daß wir Experimente nur im nachhinein bewerten können, erklärt,
warum Michelsons Experiment zwischen 1881 und 1886 in der Literatur überhaupt nicht erwähnt wurde. In der Tat, als ein französischer Physiker, Potier, Michelson auf seinen Irrtum
von 1881 aufmerksam machte, beschloß Michelson, keine Korrektur zu veröffentlichen. Den
Grund dafür erklärt er in einem Brief an Rayleigh vom März 1887: „Ich habe mehrmals ohne

[274] *Ein typisches Zeichen für die Entartung eines Programms, das in dieser Arbeit nicht behandelt wird, ist
das Proliferieren widersprechender 'Tatsachen'. Wenn man eine falsche Theorie als interpretative Theorie
benutzt, so bekommt man – ohne jeden 'experimentellen Irrtum' – widersprechende Tatsachensätze, widersprechende experimentelle Ergebnisse.* Michelson, der bis zum bitteren Ende am Äther festhielt, wurde vor
allem durch die Widersprüchlichkeit der 'Tatsachen' frustriert, die aus seinen ultra-präzisen Messungen
hervorgingen. Sein Experiment von 1887 'zeigte', daß es keinen Ätherwind auf der Erdoberfläche gibt.
Aber die Aberration 'zeigte', daß es ihn doch gab. Außerdem 'bewies' auch sein eigenes Experiment von
1925 (das entweder nie erwähnt oder wie in Jaffe [1960] falsch dargestellt wird) die Existenz eines Ätherwindes (vgl. Michelson und Gale [1925] und, für eine scharfe Kritik, Runge [1925]).

[275] Vgl. z.B. Ehrenfest [1913], S. 17–18, zitiert und besprochen bei Dorling in [1968]. Man darf jedoch
nicht vergessen, daß *zwei spezifische Theorien, die mathematisch (und auch beobachtungsmäßig) äquivalent sind, in verschiedene konkurrierende Forschungsprogramme eingebettet sein können, und das Potential
der positiven Heuristik dieser Programme kann sehr wohl verschieden sein.* Dieser Punkt wurde von den
Erfindern solcher Äquivalenzbeweise übersehen (ein gutes Beispiel ist der Äquivalenz-Beweis für Schrödingers und Heisenbergs Methode in der Quantenphysik). Siehe auch oben, S. 150, Anm. 238.

[276] Vgl. z.B. Dirac [1951]: „Untersucht man die Frage wieder im Lichte der heutigen Kenntnisse, dann
findet man, daß der Äther von der Relativitätstheorie nicht mehr ausgeschlossen wird und daß man nunmehr gute Gründe namhaft machen kann, um einen Äther zu postulieren." Vgl. auch den abschließenden
Absatz in Rabi [1961] und Prokhovnik [1967].

Erfolg versucht, meine wissenschaftlichen Freunde für dieses Experiment zu interessieren, und ich habe die Korrektur nie veröffentlicht, weil – ich schäme mich, es zu gestehen – ich durch die geringe Beachtung, die der Arbeit zuteil wurde, entmutigt war und glaubte, es würde sich nicht lohnen."[277]) Nebenbei: Dieser Brief war eine Antwort auf einen Brief von Rayleigh, in dem er Michelson auf die Arbeit von Lorentz aufmerksam machte. Dieser Brief hat das Experiment von 1887 ausgelöst. Aber auch nach 1887, und selbst nach 1905, galt das Michelson-Morley-Experiment noch nicht allgemein als ein Beweis gegen die Existenz des Äthers, und mit gutem Grund. Dies erklärt vielleicht, warum Michelson seinen Nobelpreis im Jahre 1907 nicht 'für die Widerlegung der Äther-Theorie', sondern 'für seine optischen Präzisions*instrumente* und für die mit ihrer Hilfe ausgeführten spektroskopischen und methodologischen Untersuchungen'[278]) erhielt; und warum das Michelson-Morley-Experiment in den Übergabereden nicht einmal erwähnt wurde. Michelson erwähnte es nicht in seiner *Nobelpreisvorlesung*; und er hat sich über den Umstand ausgeschwiegen, daß er seine Instrumente zwar ursprünglich zur genauen Messung der Lichtgeschwindigkeit konstruiert haben könnte, daß er aber gezwungen war, sie zur Überprüfung gewisser spezifischer Äther-Theorien zu verbessern und daß die 'Präzision' seines Experiments im Jahre 1887 hauptsächlich der theoretischen Kritik von Lorentz zu verdanken war; ein Umstand, den die zeitgenössische Standardliteratur nie erwähnt.[279])

Und schließlich ist man geneigt zu vergessen, daß Einsteins Programm auch dann hätte triumphieren können, wenn das Michelson-Morley-Experiment einen Ätherwind nachgewiesen hätte. Als Miller, ein eifriger Vorkämpfer des klassischen Äther-Programms, seine sensationelle Behauptung veröffentlichte, daß das Michelson-Morley-Experiment oberflächlich ausgeführt worden sei und daß es in Wirklichkeit doch einen Ätherwind gäbe, da krähte der Berichterstatter von *Science*, daß ,,Professor Millers Ergebnisse die Relativitätstheorie radikal zu Boden schlagen".[280]) Nach Einsteins Ansicht würde jedoch, auch wenn Miller den Stand der Dinge richtig beschriebe, '[nur] die *gegenwärtige Form* der Relativitätstheorie' aufzugeben sein.[281]) In der Tat, Synge hat gezeigt, daß Millers Resultate auch dann der Einsteinschen Theorie nicht widersprechen, wenn man sie für bare Münze nimmt: Es ist einzig Millers *Erklärung* der Resultate, die den Widerspruch hervorruft. Man kann leicht die vorhandene Hilfstheorie starrer Körper durch eine neue Gardner-Synge-Theorie ersetzen, und dann werden Millers Resultate in Einsteins Programm völlig verdaut.[282])

---

[277]) Shankland [1964], S. 29.
[278]) Meine Hervorhebung.
[279]) Einstein selbst neigte zur Annahme, daß Michelson sein Interferometer erfand, um Fresnels Theorie zu überprüfen (vgl. Einstein [1931]). Michelsons frühe Experimente über die Spektrallinien – wie [1891–1892] – waren übrigens auch für die Äther-Theorien seiner Zeit relevant. Michelson legte erst dann großen Wert auf seinen Erfolg in 'präzisen Messungen', als es ihm nicht gelang, ihre Relevanz für Theorien zu bewerten. Einstein, der die Präzision um ihrer selbst willen mißbilligte, fragte ihn einmal, warum er ihr so viel Mühe widmete. Michelson antwortete, ,,weil es ihm Spaß mache". (Vgl. Einstein [1931].)
[280]) *Science* [1925].
[281]) Einstein [1927]. Meine Hervorhebung.
[282]) Synge [1952–1954].

d2) Die Lummer-Pringsheim-Experimente

Diskutieren wir nun ein anderes, angeblich entscheidendes Experiment! Planck behauptete, daß die Experimente von Lummer und Pringsheim, die die Strahlungsgesetze von Wien, Rayleigh und Jeans um die Jahrhundertwende *'widerlegten'*, den Fortschritt zur Quantentheorie *'erzwungen'* – oder diese sogar 'herbeigeführt' hätten.[283]) Aber die Rolle dieser Experimente ist wiederum viel komplizierter und entspricht ganz unserer Auffassung. Es ist nicht einfach so, daß die Experimente von Lummer und Pringsheim der klassischen Auffassung ein Ende bereiten, während die Quantentheorie sie auf elegante Weise erklärt. Auf der einen Seite *folgt* das Wiensche Gesetz aus gewissen früheren Fassungen der Quantentheorie von Einstein, und diese Fassungen wurden also von Lummers und Pringsheims Experimenten nicht weniger widerlegt als die klassische Theorie.[284]) Andrerseits gab es verschiedene klassische Erklärungen für die Plancksche Formel. Zum Beispiel hatte die Versammlung der 'British Association for the Advancement of Science' im Jahre 1913 eine spezielle Sitzung über die Strahlung, an der u. a. Jeans, Rayleigh, J.J. Thomson, Larmor, Rutherford, Bragg, Poynting, Lorentz, Pringsheim und Bohr teilnahmen. Pringsheim und Rayleigh waren absichtlich neutral in bezug auf quantentheoretische Spekulationen, aber Professor Love ,,vertrat die älteren Ansichten und behauptete die Möglichkeit einer Erklärung der Tatsachen über die Strahlung ohne Quantentheorie. Er kritisierte die Anwendung des Gleichverteilungssatzes, auf dem ein Teil der Quantentheorie beruht. Die schwerwiegendste Evidenz für die Quantentheorie ist die Übereinstimmung der Planckschen Formel für die Ausstrahlung des schwarzen Körpers mit dem Experiment. Vom mathematischen Gesichtspunkt sind viele andere Formeln möglich, die mit den Experimenten ebensogut übereinstimmen. Eine Formel von A. Korn wurde behandelt, die Resultate in einem weiten Bereich ergab und die mit dem Experiment ungefähr gleich gut übereinstimmte wie Plancks Formel. In weiterer Verfolgung der Behauptung, daß *die Quellen der gewöhnlichen Theorie noch nicht erschöpft seien*, machte er geltend, daß die Möglichkeit bestünde, die Kalkulation der Ausstrahlungsfähigkeit einer dünnen Platte nach Lorentz auch auf andere Fälle zu erweitern. Kein einfacher analytischer Ausdruck repräsentiert die Ergebnisse dieser Kalkulation für alle Wellenlängen, und es sei wohl möglich, daß es im allgemeinen Fall keine einfache Formel gibt, die auf alle Wellenlängen anwendbar ist. Die Plancksche Formel ist vielleicht de facto nicht mehr als eine empirische Formel."[285]) Ein Beispiel klassischer Erklärungen bot Callendar: ,,Der Widerspruch zwischen Wiens wohlbekannter Formel für die Verteilung der Energie in voller Strahlung und dem Experiment erklärt sich ohne Schwierigkeit, wenn man annimmt, daß die Formel nur die innere Energie darstellt. Der entsprechende Wert des Druckes läßt sich unter Hinweis auf Carnots Prinzip leicht ableiten, wie Lord Rayleigh angedeutet hat. Die Formel, die ich vorgeschlagen habe (*Phil. Mag.*, Oktober 1913), ist einfach die Summe des so erhaltenen Drucks und der Energiedichte, und sie stimmt sehr befriedigend mit dem Experiment überein, sowohl, was die

---

[283]) Planck [1929]. Popper in [1934], Abschnitt 30, und Gamow in [1966] (S. 37) übernehmen diese Redeweise. Selbstverständlich 'führen' Beobachtungsaussagen nicht zu eindeutig bestimmten Theorien.

[284]) Ter Haar [1967], S. 18. Ein aufsprießendes Forschungsprogramm beginnt gewöhnlich mit der Erklärung schon widerlegter 'empirischer Gesetze'; dies kann man, im Lichte meines Standpunktes, *rational* als Erfolg gelten lassen.

[285]) *Nature* [1913–14], S. 306; meine Hervorhebung.

Strahlung, als auch, was die spezifische Wärme betrifft. Ich ziehe diese Formel der Planck-schen unter anderem darum vor, weil sich die letztere mit der klassischen Thermodynamik nicht vereinbaren läßt und den Begriff eines *Quantums* involviert, einer unteilbaren Einheit der Wirkung, was undenkbar ist. Die entsprechende physikalische Größe meiner Theorie, die ich an anderer Stelle ein Molekül der Wärme [*molecule of caloric*] genannt habe, ist nicht not-wendigerweise unteilbar, sondern steht in sehr einfacher Beziehung zur inneren Energie eines Atoms, was völlig ausreicht zur Erklärung der Tatsache, daß die Strahlung in speziellen Fällen in atomaren Einheiten emittiert werden kann, die Mehrfache einer besonderen Größe sind.''[286])

Diese Zitate sind vielleicht von ermüdender Länge, aber sie liefern zumindest wieder den überzeugenden Beweis der Abwesenheit instantaner Entscheidungsexperimente. Die Widerlegungen von Lummer und Pringsheim haben die klassische Prozedur der Lösung des Strahlungsproblems nicht eliminiert. Man beschreibt die Situation besser, wenn man dar-auf verweist, daß Plancks ursprüngliche Ad-hoc-Formel[287]), die den Daten von Lummer und Pringsheim angepaßt war (und sie korrigierte), innerhalb des neuen quantentheoretischen Programmes[288]) *progressiv* erklärt werden konnte, während seine Ad-hoc-Formel und ihre 'semi-empirischen' Rivalen innerhalb des klassischen Programmes nur um den Preis einer de-generativen Problemverschiebung erklärt werden konnten. Die 'progressive' Entwicklung hing übrigens mit einer 'schöpferischen Verschiebung' zusammen, nämlich mit der Einstein-schen Ersetzung der Boltzman-Maxwell-Statistik durch die Bose-Einstein-Statistik.[289]) Der progressive Charakter der neuen Entwicklung war reichlich klar: In Plancks Fassung sagte sie den Wert der Boltzman-Planckschen Konstante richtig voraus, und in Einsteins Fassung hat

---

[286]) Callendar [1914].

[287]) Ich denke an Plancks Formel, wie sie in [1900a] gegeben ist, wo er zugab, daß Wiens 'Gesetz' wider-legt wurde, nachdem er lange versucht hatte zu beweisen, daß „Wiens Gesetz *notwendig* wahr sein müßte". Darum schaltete er vom Beweis erhabener und ewiger Gesetze zur 'Konstruktion völlig willkürli-cher Ausdrücke' um. Aber natürlich ist jede physikalische Theorie vom Rechtfertigungsstandpunkt aus gesehen völlig willkürlich. Plancks willkürliche Formel widersprach der zeitgenössischen empirischen Evidenz und korrigierte sie mit Erfolg (Planck erzählt diesen Teil der Geschichte in seiner wissenschaftli-chen Autobiographie). Natürlich war Plancks *ursprüngliche* Formel in einem wichtigen Sinne 'willkür-lich', 'formal', 'ad hoc': sie war ziemlich isoliert und gehörte keinem Forschungsprogramm an (vgl. unten, S. 169, Anm. 323). Wie er selber sagte: „Aber selbst wenn man ihre absolut genaue Gültigkeit voraus-setzt, würde die Strahlungsformel lediglich in der Bedeutung eines glücklich erratenen Gesetzes doch nur eine formale Bedeutung besitzen. Darum war ich von dem Tage ihrer Aufstellung an mit der Aufgabe be-schäftigt, ihr einen wirklichen physikalischen Sinn zu verleihen..." ([1947], S. 27). Aber die hervorra-gende Bedeutung dessen, daß man „einer Formel einen physikalischen Sinn gibt" — was nicht unbedingt auch ein '*wirklicher* physikalischer Sinn' ist –, besteht gerade darin, daß eine solche Interpretation oft zu einem suggestiven Forschungsprogramm und zum *Wachstum* führt.

[288]) Zuerst von Planck selbst, in [1900b], wo er das Forschungsprogramm der Quantentheorie 'begrün-det'.

[289]) Dies hat schon Planck getan, aber unabsichtlich, gleichsam aus Versehen. Vgl. Ter Haar [1967], S. 18. In der Tat bestand eine Funktion von Pringsheims und Lummers Ergebnissen darin, daß sie die kriti-sche Analyse informaler Deduktionen in der Quantentheorie der Strahlung förderten, Deduktionen, die voll waren von lebenswichtigen 'versteckten Lemmas' und die erst im Laufe der späteren Entwicklung ar-tikuliert wurden. Ein sehr wichtiger Schritt in diesem 'Artikulierungsprozeß' war die Arbeit von Ehren-fest [1911].

sie eine erstaunliche Reihe weiterer neuer Tatsachen vorausgesagt.[290]) Aber vor der Erfindung der neuen Hilfshypothesen des alten Programms, vor der Entfaltung des neuen Programms und vor der Entdeckung der neuen Tatsachen, die eine progressive Problemverschiebung in ihm andeuteten, war die objektive Relevanz der Experimente von Lummer-Pringsheim sehr beschränkt.

d3) Beta-Zerfall versus Erhaltungssätze

Schließlich sei die Story eines Experimentes erzählt, das beinahe (aber auch nur beinahe) zum 'größten negativen Experiment in der Wissenschaftsgeschichte' wurde. Die Story illustriert wieder, wie schwer es ist zu entscheiden, *was* man eigentlich aus der Erfahrung lernt, was sie 'beweist' und was sie 'widerlegt'. Das Stück Erfahrung, das ich untersuchen will, ist Chadwicks 'Beobachtung' des Beta-Zerfalls im Jahre 1914. Die Story zeigt, wie ein Experiment zuerst als ein Routinerätsel innerhalb eines Forschungsprogramms aufgefaßt wird, wie es dann fast zum Rang eines 'entscheidenden Experiments' vorrückt, um dann wieder zu einem *(neuen)* Routine-Rätsel degradiert zu werden, und wie alle diese Dinge von der *gesamten* wechselnden theoretischen und empirischen Landschaft abhängen. Die meisten konventionellen Darstellungen sind von diesen Veränderungen verwirrt und ziehen eine Geschichtsfälschung vor.[291])

Als Chadwick im Jahre 1914 das kontinuierliche Spektrum der radioaktiven Beta-Emission entdeckte, brachte niemand dieses kuriose Phänomen mit den Erhaltungssätzen in Beziehung. 1922 schlug man zwei ingeniöse konkurrierende Erklärungen vor, beide innerhalb des Rahmens der Atomphysik jener Tage; die eine stammte von L. Meitner, die andere von C. D. Ellis. Nach Meitner waren die Elektronen teils primäre Kernelektronen, teils sekundäre Elektronen aus der Elektronenhülle. Nach Ellis waren alle Elektronen primär. Beide Theorien enthielten spitzfindige Hilfshypothesen, aber beide sagten neue Tatsachen voraus. Die vorausgesagten Tatsachen widersprachen einander, und das Zeugnis des Experiments unterstützte Ellis gegen Meitner.[292]) Meitner legte Berufung ein; die experimentelle 'Berufungsinstanz' verweigerte ihr die Unterstützung, verfügte aber, daß eine entscheidende Hilfshypothese in der Theorie von Ellis zu verwerfen sei.[293]) Das Ergebnis des Streites war ein Unentschieden.

Dennoch hätte niemand gedacht, daß Chadwicks Experiment das Erhaltungsgesetz der Energie verletzt, wären nicht Bohr und Kramers genau zur Zeit der Ellis-Meitner-Kontroverse auf den Gedanken verfallen, daß eine konsistente Theorie nur um den Preis einer Aufgabe des Prinzips der Erhaltung der Energie in einzelnen Prozessen entwickelt werden könne. Einer der wichtigsten Züge der faszinierenden Theorie von Bohr-Kramers-Slater aus dem Jahre 1924 war die Ersetzung der klassischen Erhaltungssätze für Energie und Impuls

---

[290]) Vgl. z. B. Joffé [1911], S. 547.
[291]) Eine bemerkenswerte partielle Ausnahme ist Paulis Bericht (Pauli [1958]). Im folgenden versuche ich, Paulis Bericht zu korrigieren und zu zeigen, daß seine Rationalität im Lichte unseres Standpunktes leicht gesehen werden kann.
[292]) Ellis und Wooster [1927].
[293]) Meitner und Orthmann [1930].

durch statistische Gesetze.[294]) Diese Theorie (oder vielmehr, dieses 'Programm') wurde sofort 'widerlegt', und keine ihrer Konsequenzen bewährte sich; in der Tat, es wurde niemals hinlänglich entwickelt, um den Beta-Zerfall zu erklären. Aber obgleich dieses Programm sofort aufgegeben wurde (der Grund war nicht nur die 'Widerlegung' durch die Experimente von Compton-Simon und Bothe-Geiger, sondern der Auftritt eines mächtigen Rivalen, nämlich des Programms von Heisenberg und Schrödinger[295]), hielt Bohr an seiner Überzeugung fest, daß die nicht-statistischen Erhaltungssätze am Ende doch aufgegeben werden müßten und daß die Anomalie des Beta-Zerfalls erst nach ihrer Ersetzung einer Erklärung zugänglich sein würde; dann auch würde man im Beta-Zerfall ein entscheidendes Experiment gegen die Erhaltungssätze sehen. Gamow erzählt uns, wie Bohr den Gedanken der Nicht-Erhaltung der Energie im Beta-Zerfall für eine ingeniöse Erklärung der scheinbar ewigen Energieproduktion in Sternen zu benutzen versuchte.[296]) Nur Pauli blieb in seinem mephistophelischen Drang, dem Herrn zu widerstehen,[297]) konservativ, und er konstruierte im Jahre 1930 seine Neutrino-Theorie mit dem doppelten Zweck, den Beta-Zerfall zu erklären und das Erhaltungsprinzip der Energie zu retten. Er sandte seine Idee in einem scherzhaften Brief an eine Konferenz in Tübingen, während er selbst es vorzog, an einem Ball in Zürich teilzunehmen.[298]) Zum ersten Male erwähnte er sie in einem öffentlichen Vortrag in Pasadena im Jahre 1931, aber er ließ die Publikation des Vortrages nicht zu, denn er fühlte sich der Sache 'unsicher'. Bohr glaubte zu dieser Zeit (1932) immer noch, daß man – mindestens in der Kernphysik –, „die Idee der Energiebalance selbst werde aufgegeben" müssen.[299]) Pauli beschloß schließlich, seinen Vortrag über das Neutrino, den er auf der Solvay-Konferenz von 1933 hielt, zu veröffentlichen, obwohl „der Empfang auf dem Kongreß mit Ausnahme von zwei jungen Physikern skeptisch war".[300]) Aber Paulis Theorie hatte methodologische Verdienste. Sie rettete nicht nur das Prinzip der Energieerhaltung, sondern auch das Prinzip der Erhaltung von Spin und Statistik: sie erklärte nicht nur das Spektrum des Beta-Zerfalls, sondern auch die 'Stick-

---

[294]) Slater arbeitete nur zögernd an der Aufgabe des Erhaltungsprinzips mit. Er schrieb 1964 an van der Waerden: „Wie Sie vermutet hatten, kam die Idee der statistischen Erhaltung der Energie und des Impulses durch Bohr und Kramers in die Theorie, ganz gegen mein besseres Urteil." Van der Waerden bemüht sich auf recht amüsante Weise, Slater von der entsetzlichen Sünde der Verantwortlichkeit für eine falsche Theorie zu entlasten. (Van der Waerden [1967], S. 13.)

[295]) Popper irrt, wenn er behauptet, daß diese 'Widerlegungen' genügten, um die Theorie zu stürzen (Popper [1963], S. 242).

[296]) Gamow [1966], S. 72–74. Bohr hat diese Theorie nie veröffentlicht (so wie sie vorlag, war sie einer Prüfung unzugänglich). „Aber es schien", schreibt Gamow, „daß ihre Wahrheit ihn nicht allzusehr überraschen würde". Gamow gibt kein Datum für diese unveröffentlichte Theorie, aber es scheint, daß Bohr sie in den Jahren 1928/29 in Erwägung zog, als Gamow in Kopenhagen arbeitete.

[297]) Vgl. das amüsante Stück 'Faust', das in Bohrs Institut i.J. 1932 entstand; veröffentlicht von Gamow als Anhang zu [1966].

[298]) Vgl. Pauli [1958], S. 160.

[299]) Auch Ehrenfest stand fest auf Bohrs Seite gegen das Neutrino. Die Entdeckung des Neutrons durch Chadwick i.J. 1932 hat ihre Opposition nur leicht erschüttert: sie scheuten sich noch immer vor der Idee eines Teilchens, das weder Ladung noch eine (Ruhe)masse, sondern nur einen ‚körperlosen' Spin besitzen sollte.

[300]) Wu [1966].

stoff-Anomalie'.[301]) Nach den Maßstäben Whewells hätte schon dieser 'Einklang der Induktionen' genügen müssen, um die Respektabilität von Paulis Theorie zu sichern. Aber nach unseren Kriterien war die erfolgreiche Vorhersage einer *neuen* Tatsache nötig. Auch dies wurde von Paulis Theorie geleistet. Denn Paulis Theorie hatte eine interessante beobachtbare Konsequenz: war sie richtig, dann mußten Beta-Spektren eine klare obere Grenze besitzen. Diese Frage war *damals* noch nicht entschieden, aber Ellis und Mott wurden am Problem interessiert,[302]) und ein Student von Ellis, Henderson, zeigte bald, daß die Experimente das Programm von Pauli unterstützten.[303]) Bohr war nicht beeindruckt. Er wußte, daß der wachsende Schutzgürtel der Hilfshypothesen eines in Schwung geratenen *statistischen* Programms auch mit sehr negativ aussehender Evidenz fertig werden würde.

In der Tat glaubten in diesen Jahren die meisten führenden Physiker, daß die Erhaltungsgesetze für Energie und Impuls in der Kernphysik zusammenbrechen.[304]) Den Grund hat Lise Meitner klar ausgesprochen, die sich erst im Jahre 1933 geschlagen gab: „. . . alle diese Versuche verlangen einen die Energiedifferenz kompensierenden zweiten Prozeß, wenn man an der Gültigkeit des Energiegesetzes auch für den Einzelprozeß festhalten will. [Aber] ein solcher Prozeß [war] nicht nachweisbar. . .";[305]) das heißt, das Erhaltungsprogramm für den Kern zeigte eine empirische degenerierende Problemverschiebung. Es gab mehrere ingeniöse Versuche, das kontinuierliche Beta-Emissionsspektrum ohne die Annahme eines 'Diebsteilchens' zu erklären.[306]) Diese Versuche wurden mit großem Interesse diskutiert,[307]) aber man gab sie auf, da es ihnen nicht gelang, eine progressive Verschiebung herbeizuführen.

Hier betrat Fermi die Bühne. In den Jahren 1933–1934 reinterpretierte er das Problem der Beta-Emission im Rahmen des Forschungsprogramms der neuen Quantentheorie. Er leitete auf diese Weise ein kleines neues Forschungsprogramm des Neutrinos in die Wege (das sich später zum Programm schwacher Wechselwirkungen entwickelte). Er berechnete die ersten rohen Modelle.[308]) Obwohl seine Theorie noch keine neuen Tatsachen voraussagte, machte er klar, daß dies bloß Sache weiterer Arbeit war.

Zwei Jahre vergingen, und Fermis Versprechen war noch immer nicht erfüllt. Aber das neue Programm der Quantenphysik entwickelte sich schnell, zumindest was die nicht-nuklearen Phänomene betraf. Bohr gewann die Überzeugung, daß einige grundlegende Ideen des Bohr-Kramers-Slater-Programms nun fest im neuen Quantenprogramm eingebettet waren und daß die neuen Programme die inneren theoretischen Probleme des alten Quan-

---

[301]) Eine faszinierende Diskussion der offenen Probleme des Beta-Zerfalls und der Stickstoff-Anomalie findet sich in Bohrs Faraday-Lecture von 1930, die vor Paulis Lösung gehalten, aber erst nachher veröffentlicht wurde (Bohr [1930], besonders S. 380–383).
[302]) Ellis und Mott [1933].
[303]) Henderson [1934].
[304]) Mott [1933], S. 823. In seiner berühmten Arbeit [1932], in der er das Proton-Neutron-Modell des Kerns einführte, bemerkte Heisenberg, daß „man wegen des Zusammenbruchs der Energieerhaltung im Beta-Zerfall keine eindeutige Definition der Bindungsenergie des Elektrons im Neutron geben könne" (S. 164).
[305]) Meitner [1933], S. 132.
[306]) Zum Beispiel Thomson [1929] und Kudar [1929–1930].
[307]) Eine sehr interessante Diskussion findet sich bei Rutherford, Chadwick und Ellis [1930].
[308]) Fermi [1933] und [1934].

tenprogramms lösten, ohne die Erhaltungssätze anzutasten. Darum folgte Bohr mit Sympathie Fermis Arbeit und gab ihr im Jahre 1936 in einer ungewöhnlichen Reihe von Ereignissen eine nach unseren Maßstäben allzu frühe öffentliche Unterstützung.

In diesem Jahr erdachte Shankland einen neuen Test für die konkurrierenden Theorien der Photonenstreuung. Es schien, daß seine Ergebnisse die aufgegebene Bohr-Kramers-Slater-Theorie unterstützten und die Zuverlässigkeit jener Experimente unterminierten, die die Theorie vor mehr als einem Jahrzehnt widerlegt hatten.[309] Shanklands Abhandlung war eine Sensation. Jene Physiker, die die neuen Bestrebungen verabscheuten, beeilten sich, das Experiment mit Lob zu überhäufen. Dirac z.B. begrüßte aufs neue das 'widerlegte' Bohr-Kramers-Slater-Programm, schrieb einen sehr scharfen Artikel gegen die 'sogenannte Quanten-Elektrodynamik' und verlangte „eine tiefgehende Änderung in den gängigen theoretischen Ideen, ein Abgehen von den Erhaltungssätzen eingeschlossen, [um] eine befriedigende relativistische Quantenmechanik zu erhalten".[310] Im gleichen Artikel nahm Dirac aufs neue an, daß der Beta-Zerfall wohl zur entscheidenden Evidenz gegen die Erhaltungssätze werden könnte, und er verspottete das „neue, nicht beobachtbare Teilchen, das Neutrino, das von einigen Forschern extra postuliert wird in einem Versuch, die Erhaltung der Energie formell zu bewahren, wobei man annimmt, daß das unbeobachtbare Teilchen die Differenz hinwegträgt".[311] Sogleich ergriff auch Peierls das Wort in der Diskussion. Seiner Ansicht nach könnte Shanklands Experiment am Ende selbst die statistische Erhaltung der Energie widerlegen. Er fügte hinzu: „Auch das scheint zufriedenstellend, sobald die detaillierte Erhaltung aufgegeben ist."[312]

In Bohrs Institut in Kopenhagen wurden Shanklands Experimente sofort wiederholt und verworfen. Jacobsen, ein Kollege von Bohr, berichtete darüber in einem Brief an *Nature*. Jacobsens Ergebnisse erschienen mit einem Begleitbrief von Bohr selbst, der sich energisch gegen die Rebellen wandte und das neue Quantenprogramm von Heisenberg verteidigte. Insbesondere verteidigte er das Neutrino gegen Dirac: „Es sei bemerkt, daß die Gründe für einen ernsthaften Zweifel an der strengen Gültigkeit der Erhaltungsgesetze im Problem der Emission der Beta-Strahlen aus Atomkernen jetzt weitgehend beseitigt sind durch die suggestive Übereinstimmung zwischen der rasch zunehmenden experimentellen Evidenz betreffend die Phänomene der Beta-Strahlung auf der einen Seite und die Konsequenzen der Neutrino-Hypothesen von Pauli andrerseits, die in Fermis Theorie auf so beachtenswerte Weise weiterentwickelt worden sind."[313]

Die Theorie von Fermi hatte in ihren ersten Fassungen keinen schlagenden empirischen Erfolg. Ja, selbst die vorhandenen Daten widersprachen scharf der Theorie Fermis aus dem Jahr 1933/1934, und zwar insbesondere im Fall von RaE, auf das sich die Erforschung der Beta-Emission damals konzentrierte. Fermi wollte diese Erscheinungen im zweiten Teil seiner Arbeit behandeln, der jedoch niemals veröffentlicht wurde. Selbst wenn man die Fermi-Theorie, so wie sie im Jahre 1933/1934 vorlag, als die erste Fassung eines biegsamen Programms auslegt, konnte man doch um 1936 kaum ein ernstes Zeichen einer progressiven Ver-

[309] Shankland [1936].
[310] Dirac [1936].
[311] Dirac [1936].
[312] Peierls [1936].
[313] Bohr [1936].

schiebung entdecken.[314]) Aber Bohr wollte Fermis kühne Anwendung des neuen großen Programms von Heisenberg auf den Kern mit seiner *Autorität* unterstützen; und da Shanklands Experiment sowie der Angriff von Dirac und Peierls den Beta-Zerfall ins Zentrum der Kritik des neuen großen Programms rückten, übertrieb er sein Lob des Neutrino-Programms von Fermi, das eine empfindliche Lücke auszufüllen versprach. Zweifellos hat die spätere Entwicklung Bohr vor einer dramatischen Demütigung bewahrt: die Programme, die auf den Erhaltungsprinzipien beruhten, schritten fort, während es im Lager der Konkurrenz keinen Fortschritt gab.[315])

Die Moral der Geschichte ist wieder, daß die Frage des 'entscheidenden' Charakters eines Experiments je nach dem Stand des theoretischen Wettstreits beantwortet wird, in den es eingebettet ist. Die Deutung und die Einschätzung des Experiments ändern sich mit dem wechselnden Schicksal der streitenden Lager.

Und doch ist unsere wissenschaftliche Folklore voll von Theorien instantaner Rationalität. Die Story, die ich eben erzählt habe, wird in den meisten Berichten verfälscht und auf Grund einer falschen Theorie der Rationalität rekonstruiert. Sogar die allerbesten populären Darstellungen wimmeln von solchen Fälschungen. Ich erwähne hier nur zwei Beispiele.

In einem Aufsatz über den Beta-Zerfall liest man wie folgt: „Als diese Situation zum ersten Male erkannt wurde, sahen die Alternativen sehr schlimm aus. Die Physiker mußten *entweder* ein Versagen des Energieerhaltungsgesetzes akzeptieren, *oder* sie mußten die Existenz eines neuen und ungesehenen Teilchens annehmen. Ein solches Teilchen, das beim Neutronenzerfall zusammen mit dem Proton und dem Elektron emittiert werden sollte, konnte die zentrale Stütze der Physik retten, indem es die fehlende Energie davontrug. Das geschah in den frühen dreißiger Jahren, als man neue Teilchen noch nicht so nebenher einführte, wie das heute geschieht. Nichtsdestoweniger wählten die Physiker *nach einer nur sehr kurzen Periode der Unentschlossenheit* die zweite Alternative."[316]) Natürlich waren selbst die *diskutierten* Alternativen viel mehr als bloß zwei, und die 'Periode der Unentschlossenheit' war sicher nicht 'sehr kurz'.

[314]) Verschiedene Physiker boten zwischen 1933 und 1936 Alternativen an oder schlugen Ad-hoc-Änderungen zur Theorie von Fermi vor; vgl. z. B. Becke und Sitte [1933], Bethe und Peierls [1934], Konopinski und Uhlenbeck [1934]. Wu und Moszkowski schreiben i. J. 1966, daß „die Fermi-Theorie (d. h. das Fermi-Programm) des Beta-Zerfalls *jetzt* als eine Theorie bekannt ist, die sowohl die Beziehung zwischen der Rate des Beta-Zerfalls und der Zerfallsenergie als auch die Gestalt der Beta-Spektren mit bemerkenswerter Genauigkeit voraussagt". Aber sie betonen, daß „die Fermi-Theorie zu Beginn leider einem unbilligen Test verfiel. Solange künstlich-radioaktive Kerne nicht reichlich produziert werden konnten, war *RaE* der einzige Kandidat, der zahlreiche experimentelle Forderungen als Beta-Quelle zur Untersuchung der Gestalt seines Spektrums schön erfüllte. Woher hätten wir damals wissen sollen, daß das Beta-Spektrum von *RaE* sich als ein sehr spezieller Fall entpuppen würde, das erst in jüngster Zeit dem Verständnis zugänglich wurde? Seine besondere Energieabhängigkeit widerstand den Erwartungen, die man mit der einfachen Fermi-Theorie des Beta-Zerfalls verband und verzögerte beträchtlich den Gang des ursprünglichen Fortschritts der Theorie (d. h. des Forschungsprogramms)" (Wu and Moszkowski [1966], S. 6).
[315]) Es ist sehr zweifelhaft, ob Fermis Neutrino-Programm selbst zwischen 1936 und 1950 progressiv oder degenerativ war; und was die Zeit nach 1950 betrifft, ist das Verdikt noch immer nicht kristallklar. Aber diese Frage möchte ich bei einer anderen Gelegenheit besprechen. (Nebenbei: Schrödinger verteidigte die statistische Interpretation der Erhaltungssätze – trotz der entscheidenden Rolle, die er in der Entwicklung der Quantenphysik spielte; vgl. [1958].)
[316]) Treiman [1959]; meine Hervorhebung.

In einem bekannten Textbuch der Wissenschaftstheorie liest man, daß 1) „das Gesetz (oder Prinzip) der Energieerhaltung ernstlich durch Experimente über den Beta-Zerfall gefährdet wurde, deren Resultat nicht bestritten werden konnte"; daß 2) „das Gesetz dennoch nicht aufgegeben wurde und die Existenz einer neuen Entität (genannt 'Neutrino') angenommen wurde, um das Gesetz mit den experimentellen Angaben in Einklang zu bringen"; und daß 3) „der rationale Grund für diese Annahme darin bestand, daß das Aufgeben des Erhaltungsgesetzes einen großen Teil unseres physikalischen Wissens seines systematischen Zusammenhangs berauben würde".[317] Alle die drei Punkte sind falsch. 1) ist falsch, weil kein Gesetz einfach durch Experimente 'ernstlich gefährdet werden kann'; 2) ist falsch, weil neue *wissenschaftliche* Hypothesen nicht einfach angenommen werden, um Lücken zwischen Daten und Theorie auszufüllen, sondern um neue Tatsachen vorherzusagen; und 3) ist falsch, weil es zu der Zeit schien, daß *nur* das Aufgeben des Erhaltungssatzes 'den systematischen Zusammenhang' unseres physikalischen Wissens sichern würde.

d4) Schluß. Die Bedingung ständigen Wachstums

Es gibt keine entscheidenden Experimente, zumindest nicht, wenn man darunter Experimente versteht, die ein Forschungsprogramm mit *sofortiger Wirkung* stürzen können. Wenn ein Forschungsprogramm eine Niederlage erleidet und von einem anderen überholt wird, dann kann man ein Experiment *im nachhinein* entscheidend nennen, wenn es sich herausstellt, daß es dem siegreichen Programm eine auffallende bewährende Instanz und dem geschlagenen Programm eine Niederlage geliefert hat (in dem Sinn, daß es im geschlagenen Programm niemals 'progressiv erklärt' – oder, kurz, 'erklärt'[318] – wurde). Aber natürlich beurteilen Wissenschaftler heuristische Situationen nicht immer richtig. Ein voreiliger Wissenschaftler kann *behaupten,* daß sein Experiment ein Programm geschlagen hat, und ein Teil der Gemeinschaft der Wissenschaftler kann dieser Behauptung vorschnell beipflichten. Aber wenn ein Wissenschaftler im Lager der 'Unterlegenen' einige Jahre später eine wissenschaftliche Erklärung für das angeblich 'entscheidende Experiment' vorschlägt, die im angeblich geschlagenen Programm entwickelt wurde oder die ihm doch nicht widerspricht, dann kann es geschehen, *daß der Ehrentitel zurückgenommen wird, und das 'entscheidende Experiment' verwandelt sich aus einer Niederlage in einen neuen Sieg für das Programm.*

Beispiele gibt es in Hülle und Fülle. Es ist eine historisch-soziologische Tatsache, daß es im 18. Jahrhundert viele Experimente gab, die weithin als 'entscheidende' Evidenz gegen Galileos Gesetz des freien Falls und Newtons Theorie der Gravitation akzeptiert wurden. Im 19. Jahrhundert haben mehrere 'entscheidende Experimente' die korpuskulare Theorie auf Grund von Messungen der Lichtgeschwindigkeit 'widerlegt', aber sie erwiesen sich später im Licht der Relativitätstheorie als irrtümlich. Diese 'entscheidenden Experimente' wurden später aus den Textbüchern der Rechtfertigungsdenker als Manifestationen beschämender Kurzsichtigkeit oder sogar des Neides entfernt. (Neuerdings erscheinen sie wieder in einigen neuen Textbüchern, diesmal, um die unentrinnbare Irrationalität wissenschaftlicher Moden zu illustrieren.) In jenen Fällen aber, in denen offenkundig 'entscheidende Experimente' sich

---

[317] Nagel [1961], S. 65–66.
[318] Vgl. oben, S. 116, Anm. 111.

später, infolge der Niederlage des Programms, wirklich als solche erwiesen, beschuldigten die Historiker die Opponenten der Stupidität, Eifersucht oder unberechtigter Hochachtung für den Vater des fraglichen Forschungsprogramms. (Fashionable 'Wissenssoziologen' – oder 'Wissenspsychologen' – pflegen Positionen rein sozial oder psychologisch zu erklären, die in Wirklichkeit durch Rationalitätsprinzipien bestimmt sind. Ein typisches Beispiel ist die Erklärung von Einsteins Opposition zu Bohrs Komplementaritätsprinzip auf Grund der Bemerkung, daß „Einstein im Jahre 1926 47 Jahre alt war. Siebenundvierzig mag die Blüte des Lebens sein, aber nicht für Physiker."[319]))

Im Lichte dieses Aufsatzes wird die utopische Idee einer sofort wirkenden Rationalität das hervorstechende Merkmal der meisten Erkenntnistheorien. Rechtfertigungsdenker wollten wissenschaftliche Theorien bewiesen sehen, selbst noch vor ihrer Veröffentlichung; Probabilisten hofften, daß eine Maschine den Wert einer Theorie auf Grund der Evidenz (ihren Bewährungsgrad) sofort anzeigen könnte; naive Falsifikationisten hofften, daß zumindest die Elimination einer Theorie dem Schiedsspruch des *Experiments* sofort nachfolgt.[320] Ich hoffe gezeigt zu haben, daß *alle diese Theorien instantaner Rationalität – und instantanen Lernens – versagen.* Die Fallstudien in diesem Abschnitt zeigen, daß die Rationalität viel langsamer arbeitet, als die meisten Leute glauben wollen, und daß sie selbst dann fehlbar ist. Die Eule der Minerva fliegt in der Dämmerung. Ich hoffe auch gezeigt zu haben, daß die *Kontinuität* der Wissenschaft, die *Zähigkeit* gewisser Theorien, die Rationalität eines gewissen Ausmaßes an Dogmatismus, sich nur dann erklären lassen, wenn wir die Wissenschaft als ein Schlachtfeld von Forschungsprogrammen und nicht von isolierten Theorien auffassen. Man versteht nur sehr wenig vom Wachstum der Wissenschaft, wenn unser Paradigma eines Brokkens wissenschaftlicher Erkenntnis eine isolierte Theorie ist, wie z. B. 'Alle Schwäne sind weiß', die allein dasteht, ohne in ein größeres Forschungsprogramm eingebettet zu sein. *Meine Darstellung impliziert ein neues Abgrenzungskriterium zwischen 'reifer Wissenschaft', die aus Forschungsprogrammen besteht, und 'unreifer Wissenschaft', die aus einem geflickten Pattern*

---

[319] Bernstein [1961], S. 129. Um die progressiven und degenerativen Elemente konkurrierender Problemverschiebungen bewerten zu können, muß man die relevanten *Ideen* verstehen. Aber die Wissenssoziologie dient häufig als ein erfolgreicher Deckmantel für Bildungsmangel: die meisten Wissenssoziologen verstehen Ideen nicht und machen sich nur wenig aus ihnen. Popper pflegte eine Geschichte über einen Sozialpsychologen, D. X., zu erzählen, der das Gruppenverhalten von Wissenschaftlern untersuchte. Er begab sich in ein physikalisches Seminar, um die Psychologie der Wissenschaft zu studieren. Er bemerkte das 'Auftauchen einer Führerpersönlichkeit', 'Gruppenbildung' bei den einen, 'Abwehrreaktionen' bei anderen, den Zusammenhang von aggressivem Benehmen, Alter, Geschlecht usw. (Dr. X. behauptete, spitzfindige Techniken kleiner Stichproben der modernen Statistik benutzt zu haben.) Am Ende des begeisterten Berichtes stellte Popper an Dr. X. die Frage: „Und was war das *Problem*, das die Gruppe diskutierte?" – Dr. X. war überrascht: „Warum interessiert Sie das? Ich habe nicht auf die *Worte* geachtet! Und was hat *das* mit der Psychologie des Wissens zu tun?"

[320] Es kann selbstverständlich einige Zeit in Anspruch nehmen, bis naive Falsifikationisten beim 'Verdikt des Experimentes' ankommen: das Experiment muß wiederholt und kritisch betrachtet werden. Aber wenn die Diskussion in eine Übereinstimmung zwischen den Fachleuten ausläuft, so daß dann ein 'Basissatz' 'akzeptiert' wird, und wenn es entschieden ist, welche spezifische Theorie von ihm getroffen wurde, dann hat der naive Falsifikationist nur noch wenig Geduld mit jenen, die noch immer 'Ausflüchte gebrauchen'.

von Versuch und Irrtum besteht. [321]) Wir können ja eine Vermutung haben, wir können sie widerlegen und dann mit einer Hilfshypothese retten, die nicht ad hoc ist in den früher diskutierten Bedeutungen dieses Wortes. Die Vermutung kann neue Tatsachen voraussagen, von denen einige vielleicht sogar bestätigt werden.[322]) Aber man kann einen solchen 'Fortschritt' mit einer zusammengeflickten, willkürlichen Reihe von unzusammenhängenden Theorien erzielen. Gute Wissenschaftler finden solchen Flickfortschritt wenig zufriedenstellend; es kann sogar geschehen, daß sie ihn als nicht wirklich wissenschaftlich ablehnen. Und Hilfshypothesen der erwähnten Art nennen sie bloß 'formal', 'willkürlich', 'empirisch', 'halbempirisch' oder sogar 'ad hoc'.[323])

   Die reife Wissenschaft besteht aus Forschungsprogrammen, in denen nicht nur neue Tatsachen, sondern in einem wichtigen Sinne auch neue Hilfstheorien antizipiert werden; im Gegensatz zum prosaischen Wechselspiel von Versuch und Irrtum hat die reife Wissenschaft 'heuristisches Potential'. Man vergesse nicht, daß die positive Heuristik eines mächtigen Programms von allem Anfang an eine allgemeine Skizze für den Bau der Schutzgürtel enthält: dieses heuristische Potential erzeugt *die Autonomie der theoretischen Wissenschaft.*[324])

   Diese *Bedingung ständigen Wachstums* ist meine rationale Rekonstruktion der allgemein anerkannten Forderung der 'Einheit' oder 'Schönheit' der Wissenschaft. Sie beleuchtet die Schwächen von zwei – scheinbar sehr verschiedenen – Typen des Theoretisierens. Erstens demonstriert sie die Schwäche von Programmen, die – wie z. B. der Marxismus oder die Lehre Freuds – zweifellos 'einheitlich' sind, die eine größere Skizze der Art von Hilfstheorien geben, wie sie zur Absorption von Anomalien benützen werden, die aber die wirklich verwendeten Hilfstheorien ohne Fehl im Kielwasser von Tatsachen erfinden, ohne zur gleichen Zeit andere Tatsachen zu antizipieren. (Welche *neue* Tatsache hat der Marxismus, sagen wir, seit 1917 *vorausgesagt?*) Zweitens trifft sie zusammengeflickte, phantasielose Serien von prosaischen, 'empirischen' Adjustierungen, wie z. B. in der modernen Sozialpsychologie so häufig sind. Solche Adjustierungen können mit Hilfe von sogenannten 'statistischen Techniken' manche 'neuen' Voraussagen erzielen, ja sie vermögen hie und da sogar auch ein irrelevantes Körnchen von Wahrheit hervorzuzaubern. Aber es ist in diesem Theoretisieren keine

---

[321]) Die Ausarbeitung dieser Abgrenzung in den beiden folgenden Paragraphen wurde während des Druckes verbessert – infolge sehr wertvoller Gespräche mit Paul Meehl in Minneapolis i. J. 1969.

[322]) Früher (in [1968a]) habe ich, Popper folgend, zwei Kriterien der Ad-hoc-heit unterschieden. Ich nannte Theorien 'ad-hoc₁', die keinen Überschußgehalt über ihre Vorläufer (oder Rivalen) besitzen, d. h. die keine *neuen* Tatsachen voraussagen; ich nannte Theorien 'ad hoc₂', die zwar neue Tatsachen voraussagen, aber völlig fehlschlagen: kein Teil des Gehaltsüberschusses wird bestätigt (vgl. auch oben, S. 121, Anm. 134, und S. 122, Anm. 135).

[323]) Die Strahlungsformel von Planck – in Plancks [1900a] – ist ein gutes Beispiel: vgl. oben, S. 161, Anm. 287. Hypothesen, die nicht ad hoc₁, nicht ad hoc₂, aber doch unbefriedigend sind in dem im Text spezifizierten Sinne, können wir 'ad hoc₃' nennen. Diese drei – unfehlbar pejorativen – Verwendungsweisen von 'ad hoc' könnten eine brauchbare Eintragung im *Oxford English Dictionary* darstellen. Es ist aufschlußreich zu bemerken, daß sowohl 'empirisch' als auch 'formal' als Synonyme für unser 'ad hoc₃' verwendet werden.
Meehl berichtet in seinem glänzenden Aufsatz [1967], daß in der heutigen Psychologie und besonders in der Sozialpsychologie viele angebliche 'Forschungsprogramme' in Wirklichkeit nur Ketten von solchen Ad-hoc₃-Strategemen sind.

[324]) Vgl. oben, S. 134.

vereinheitlichende Idee, kein heuristisches Potential und keine Kontinuität. Sie fügen sich zu keinem echten Forschungsprogramm zusammen, sie sind im großen und ganzen wertlos.[325])

Meine Darstellung der wissenschaftlichen Rationalität geht zwar von Popper aus, führt aber hinweg von einigen seiner allgemeinen Ideen. Ich akzeptiere bis zu einem gewissen Grade sowohl den Konventionalismus von Le Roy in bezug auf Theorien als auch Poppers Konventionalismus in bezug auf Basissätze. Nach dieser Ansicht sind Wissenschaftler (und, wie ich gezeigt habe, auch Mathematiker[326])) nicht irrational, wenn sie die Neigung haben, Gegeninstanzen – oder, wie sie sich lieber ausdrücken, 'widerspenstige' Instanzen oder 'Rest'-instanzen – zu ignorieren, wenn sie der von der positiven Heuristik ihres Programms vorge-schriebenen Reihe von Problemen folgen und ihre Theorien ohne Rücksicht auf solche Schwierigkeiten ausarbeiten und anwenden.[327]) Im Gegensatz zu Poppers falsifikatorischer Moral behaupten Wissenschaftler oft und in völlig *rationaler* Weise, daß „die experimentellen Ergebnisse... nicht zuverlässig" sind oder daß „der Widerspruch zwischen diesen und dem System... nur ein scheinbarer" ist und „sich mit Hilfe neuer Einsichten [wird] beheben las-sen".[328]) Dennoch „verfahren sie als empirische Forscher" und brauchen noch nicht „das Gegenteil jener kritischen Haltung anzunehmen, die dem Wissenschaftler eigentümlich ist".[329]) Popper hat recht, wenn er betont, daß „die dogmatische Haltung, die an einer Theorie so lange wie möglich festhält, von großer Wichtigkeit ist. Ohne sie würden wir nie ent-decken, was in einer Theorie steckt; wir würden die Theorie aufgeben, bevor wir Gelegenheit hatten, ihre Kraft zu erproben; als Ergebnis wäre keine Theorie je fähig, ihre Rolle bei der

---

[325]) Eine Lektüre von Meehl [1967] und Lykken [1968] führt zur Frage, ob die Funktion von statistischen Techniken in den Sozialwissenschaften nicht vor allem darin besteht, daß sie einen Mechanismus liefern, der Scheinbestätigungen und den Anschein 'wissenschaftlichen Fortschritts' an Stellen produziert, wo sich in Wirklichkeit nur pseudointellektueller Mist anhäuft. Meehl schreibt, daß „in den Naturwissenschaften eine Verbesserung der experimentellen Apparatur, der Instrumentierung oder der numerischen Daten-menge gewöhnlich die Schwierigkeit der 'Beobachtungshürde' vergrößert, die die physikalische Theorie erfolgreich überwinden muß, während in der Psychologie und in einigen verwandten Verhaltenswissen-schaften solche Verbesserung der experimentellen Präzision eine Verminderung der Hindernisse zur Folge hat, die die Theorie überwinden muß". Oder in der Formulierung von Lykken: „Die statistische Si-gnifikanz ist [in der Psychologie] das vielleicht unwichtigste Attribut eines guten Experimentes; sie reicht nie hin, um behaupten zu können, daß eine Theorie sich in brauchbarer Weise bewährt hat, daß eine sinn-volle empirische Tatsache festgestellt worden ist oder daß ein Experimentalbericht veröffentlicht werden sollte." Es scheint mir, daß der Großteil des Theoretisierens, das Meehl und Lykken verurteilen, ad hoc3 ist. Die Methodologie der Forschungsprogramme könnte uns also helfen, Gesetze zu formulieren zur Ein-dämmung dieser intellektuellen Pollution, die in unserer kulturellen Umgebung vielleicht noch größeren Schaden anrichten wird, als Industrie und Verkehr in unserer physischen Umgebung je anrichten können.

[326]) Vgl. Lakatos [1963–1964].

[327]) So verschwindet die *methodologische* Asymmetrie zwischen universalen und singulären Sätzen. Wir können beide auf Grund einer Konvention adoptieren: in den 'harten Kern' akzeptieren wir universelle Sätze, in die 'empirische Basis' singuläre Sätze. Fatal ist die *logische* Asymmetrie universeller und singulä-rer Sätze nur für den dogmatischen Induktivisten, der nur aus harter Erfahrung und aus der Logik lernen will. Der Konventionalist kann natürlich diese *logische* Asymmetrie 'akzeptieren': er braucht nicht auch ein Induktivist zu sein – obwohl er einer sein *kann*. Er 'akzeptiert' einige universelle Sätze, aber nicht, weil er behauptet, sie aus singulären zu deduzieren (oder zu induzieren).

[328]) Popper [1934], Abschnitt 9.

[329]) Vgl. Popper ebenda; vgl. auch die englische Übersetzung ([1959], S. 50).

Ordnung der Welt zu spielen, uns auf zukünftige Ereignisse vorzubereiten, unsere Aufmerksamkeit auf Ereignisse zu lenken, die wir ansonsten nie beobachten würden".[330]) Der 'Dogmatismus' der 'normalen Wissenschaft' verhindert also das Wachstum nicht, solange wir ihn mit der Popperschen Erkenntnis kombinieren, daß es eine gute, progressive Normalwissenschaft und auch eine schlechte, degenerative Normalwissenschaft gibt, und solange wir *entschlossen* sind, Forschungsprogramme unter gewissen, objektiv definierten Bedingungen zu eliminieren.

Kuhn hat die dogmatische Einstellung in der Wissenschaft – die ihre stabilen Perioden erklären könnte – als ein Hauptmerkmal der 'Normalwissenschaft' hingestellt.[331]) Aber Kuhns begrifflicher Rahmen für die Behandlung wissenschaftlicher Kontinuität ist sozialpsychologisch; meiner ist normativ. Ich sehe die Kontinuität in der Wissenschaft durch eine 'Poppersche Brille'. Wo Kuhn 'Paradigmen' sieht, sehe ich *auch* rationale 'Forschungsprogramme'.

4.   Poppersches versus Kuhnsches Forschungsprogramm

Fassen wir nun die Kuhn-Popper-Kontroverse zusammen.

Wir haben gezeigt, daß Kuhn recht hat, wenn er sich gegen den naiven Falsifikationismus wendet und wenn er die Kontinuität des wissenschaftlichen Wachstums und die *Zähigkeit* mancher wissenschaftlicher Theorien betont. Aber er hat unrecht, wenn er glaubt, daß die Elimination des naiven Falsifikationismus die Elimination aller Arten von Falsifikationismus bedeutet. Kuhn wendet sich gegen das gesamte Poppersche Forschungsprogramm, und er schließt *jede* Möglichkeit einer rationalen Rekonstruktion des wissenschaftlichen Fortschritts aus. Watkins zeigt in einem kurzen und klaren Vergleich von Hume, Carnap und Popper, daß der Fortschritt der Wissenschaft nach Hume induktiv und irrational, nach Carnap induktiv und rational, nach Popper nicht-induktiv und rational ist.[332]) Man kann diesen Vergleich fortsetzen, indem man hinzufügt, daß der Fortschritt der Wissenschaft nach Kuhn nicht-induktiv und irrational ist. *Nach Kuhn kann es keine Logik, sondern nur eine Psychologie der Forschung geben.*[333]) Z. B. gibt es nach Kuhns Auffassung *immer* zahlreiche Anomalien und Widersprü-

---

[330]) Popper [1940], Anm. 1. Man begegnet einer ähnlichen Bemerkung in seiner [1963], S. 49. Aber diese Bemerkungen widersprechen auf den ersten Blick einigen seiner Bemerkungen in [1934] (zitiert oben, S. 108) und lassen sich daher nur als Zeichen dafür deuten, daß sich Popper in zunehmendem Maße einer unverdauten Anomalie in seinem eigenen Forschungsprogramm bewußt wurde.

[331]) In der Tat kann mein Abgrenzungskriterium zwischen reifer und unreifer Wissenschaft als eine Poppersche Absorption des Kuhnschen Gedankens gelten, nach dem die 'Normalität' der Stempel der [reifen] Wissenschaft ist; es verstärkt auch mein früheres Argument gegen die Annahme, daß in hohem Grade falsifizierbare Sätze auch als eminent wissenschaftlich zu gelten hätten (vgl. oben, S. 100).
Diese Abgrenzung zwischen reifer und unreifer Wissenschaft erscheint übrigens in Lakatos [1961] und 1963–1964], wo ich die erste 'deduktives Vermuten' und die letzte 'naive Versuch-und-Irrtum-Methode' genannt habe. (Siehe z. B. [1963–1964], Abschnitt 7(c): 'Deduktives Vermuten gegen naives Vermuten').

[332]) Watkins [1968], S. 281.

[333]) Kuhn [1965]. Doch ist diese Position bereits implizit in [1962].

che in der Wissenschaft, aber in 'normalen' Perioden sichert das vorherrschende Paradigma ein Muster für das Wachstum, das dann am Ende von einer 'Krise' überworfen wird. Es gibt keinen besonderen, rationalen Grund für das Auftreten einer Kuhnschen 'Krise'. 'Krise' ist ein psychologischer Begriff; sie ist eine ansteckende Panik. Dann taucht ein neues 'Paradigma' auf, inkommensurabel mit seinem Vorgänger. Es gibt keine rationalen Maßstäbe für den Vergleich der beiden. Jedes Paradigma enthält seine eigenen Maßstäbe. Die Krise fegt nicht nur die alten Theorien und Regeln, sondern auch jene Maßstäbe fort, auf deren Grundlage wir sie respektieren. Das neue Paradigma bringt eine vollkommen neue Rationalität mit sich. Es gibt keine über-paradigmatischen Maßstäbe. Der Wandel ist eine Sache der Mode. So ist *nach Kuhns Ansicht die wissenschaftliche Revolution irrational, eine Angelegenheit der Massenpsychologie* [mob psychology].

Die Reduktion der Wissenschaftstheorie auf die Wissenschaftspsychologie hat nicht mit Kuhn begonnen. Eine frühere Welle des 'Psychologismus' folgte dem Zusammenbruch des Rechtfertigungsdenkens. Für viele Wissenschaftler war das Rechtfertigungsdenken die einzig mögliche Form der Rationalität: das Ende des Rechtfertigungsdenkens bedeutete das Ende der Rationalität. Der Zusammenbruch der These, daß wissenschaftliche Theorien beweisbar sind, daß der Fortschritt der Wissenschaft kumulativ ist, versetzte die Rechtfertigungsdenker in Panikstimmung. Wenn 'entdecken beweisen heißt', aber nichts bewiesen werden kann, dann gibt es keine Entdeckungen, sondern nur Entdeckungs-Behauptungen. Enttäuschte Rechtfertigungsdenker – Exjustifikationisten – hielten also die Entwicklung rationaler Maßstäbe für ein hoffnungsloses Unternehmen, und sie glaubten, daß man nur noch den Geist der Wissenschaft, so wie er in berühmten Wissenschaftlern auftritt, studieren – und imitieren – könne. Nach dem Zusammenbruch der Newtonschen Physik hat Popper neue, nicht rechtfertigungsmäßige kritische Maßstäbe entwickelt. Nun lernten einige Denker, die bereits vom Zusammenbruch der Rechtfertigungsrationalität wußten, Poppers bunte Schlagworte meist nur vom Hörensagen kennen – und diese Schlagworte legten einen naiven Falsifikationismus nahe. Man fand sie unhaltbar und identifizierte den Fall des naiven Falsifikationismus mit dem Ende der Rationalität selbst. Die Entwicklung rationaler Maßstäbe galt wieder als ein hoffnungsloses Unternehmen; das beste, was man tun kann, so dachte man wieder, ist das Studium des Geistes der Wissenschaft.[334] Die kritische Philosophie war durch eine 'postkritische' Philosophie (Polanyi) zu ersetzen. Aber das Kuhnsche Forschungsprogramm enthält einen neuen Zug: man studiert nicht den Geist des individuellen Wissenschaftlers, sondern den Geist der Wissenschaftlichen Gemeinschaft. Individualpsychologie wird nun durch Sozialpsychologie ersetzt; die Nachahmung der großen Wissenschaftler weicht der Unterwerfung unter die kollektive Weisheit der Gruppe.

Aber Kuhn übersah Poppers raffinierten Falsifikationismus und das Forschungsprogramm, das er in Gang setzte. Popper hat das Zentralproblem der klassischen Rationalität, *das alte Problem der Begründung,* durch das *neue Problem des fehlbar-kritischen Wachstums* ersetzt und hat begonnen, objektive Maßstäbe für dieses Wachstum zu entwickeln. Im vorlie-

---

[334]) Ebenso wie ehemalige Rechtfertigungsdenker die Welle des skeptischen Irrationalismus eingeleitet haben, so leiten jetzt ehemalige Falsifikationisten die *neue* Welle des skeptischen Irrationalismus und der Anarchie ein. Das beste Beispiel ist Feyerabend [1970].

genden Aufsatz habe ich versucht, sein Programm einen Schritt weiterzuentwickeln. Ich glaube, diese kleine Entwicklung genügt, um Kuhns Einwänden zu entkommen.[335])

Die Rekonstruktion des wissenschaftlichen Fortschritts als Proliferation von konkurrierenden Forschungsprogrammen und progressiven und degenerativen Problemverschiebungen gibt uns ein Bild der Wissenschaft, das sich in mancher Hinsicht von seiner Rekonstruktion als eine Aufeinanderfolge von kühnen Theorien und ihren dramatischen Verwerfungen unterscheidet. Die wichtigsten Aspekte dieses Bildes wurden aus Poppers Ideen und besonders aus seinem Verbot 'konventionalistischer', d. h. gehaltvermindernder Strageme, entwickelt. Der Hauptunterschied gegenüber Poppers ursprünglicher Fassung besteht meiner Ansicht nach darin, daß die Kritik in meiner Konzeption nicht so schnell tötet und töten darf, wie Popper es sich vorgestellt hat. *Rein negative, destruktive Kritik, wie z. B. 'Widerlegung' oder Nachweis einer Inkonsistenz, eliminiert ein Programm noch nicht. Die Kritik eines Programms ist ein langer und oft frustrierender Prozeß, und man muß knospende Programme mit Geduld und Nachsicht behandeln.*[336]) Man kann natürlich die Entartung eines Forschungsprogramms aufdecken, aber wirklicher Erfolg wird nur durch *konstruktive Kritik* mit Hilfe konkurrierender Forschungsprogramme erzeugt; und dramatische und auffallende Ergebnisse werden sichtbar erst im nachhinein und auf Grund einer rationalen Rekonstruktion.

Kuhn hat zweifellos gezeigt, daß die Wissenspsychologie wichtige und in der Tat traurige Wahrheiten enthüllen kann. Aber die Psychologie der Wissenschaft ist nicht autonom; denn das – rational rekonstruierte – *Wachstum der Wissenschaft findet wesentlich in der Welt der Ideen, in Platos und Poppers 'dritter Welt' statt, in der Welt artikulierten Wissens, die unabhängig ist von den wissenden Subjekten.*[337]) *Poppers Forschungsprogramm* zielt auf eine

---

[335]) In der Tat kann, wie ich schon erwähnt hatte, *meine Konzeption eines 'Forschungsprogrammes' (research programme) als eine objektive Rekonstruktion von Kuhns sozialpsychologischer Konzeption des 'Paradigmas' in der 'dritten Welt' aufgefaßt werden:* so läßt sich der Kuhnsche 'Gestalt-Sprung' (Gestaltswitch) ohne Abnahme der Popperschen Brille vollziehen. (Die Behauptung von Kuhn und Feyerabend, daß sich Theorien wegen der 'Inkommensurabilität' von Rivalen nicht aus objektiven Gründen eliminieren lassen, wird hier nicht behandelt. Inkommensurable Theorien sind weder miteinander inkonsistent noch im Gehalt vergleichbar. Doch wir können sie, auf Grund eines Wörterbuches, inkonsistent und ihrem Gehalt vergleichbar *machen.* Wollen wir ein Programm eliminieren, dann brauchen wir methodologische Entschlossenheit. Diese Entschlossenheit ist das Herz des methodologischen Falsifikationismus: z. B. widerspricht kein Resultat statistischer Stichproben jemals einer statistischen Theorie, außer wir *schaffen* den Widerspruch mit Hilfe Popperscher Verwerfungsregeln; vgl. oben, S. 104–105.)

[336]) Die Abneigung, die Ökonomen und andere Sozialwissenschaftler gegenüber Poppers Methodologie an den Tag legten, ging vielleicht zum Teil auf den destruktiven Effekt zurück, den der naive Falsifikationismus auf junge Forschungsprogramme haben muß.

[337]) Die *erste* Welt ist die materielle Welt, die *zweite* ist die Welt des Bewußtseins, die *dritte* ist die Welt von Sätzen, Wahrheiten, Maßstäben: die Welt objektiver Kenntnisse. Die modernen *loci classici* zu diesem Gegenstand sind: Popper [1968a] und Popper [1968b]; vgl. auch Toulmins eindrucksvolles Programm, wie es in [1967] dargelegt wird. Es sei hier erwähnt, daß manche Stellen in Popper [1934] und selbst noch in [1963] sich wie Beschreibungen eines psychologischen Kontrastes zwischen dem Kritischen Geist und dem Induktivistischen Geist anhören. Aber Poppers psychologisierende Termini können weitgehend in Begriffe der 'dritten Welt' umgedeutet werden: siehe Popper [1963], S. 390f.

Beschreibung dieses objektiven wissenschaftlichen *Wachstums.* [338]) *Kuhns Forschungsprogramm* scheint eine Beschreibung des *Wandels* im ('normalen') wissenschaftlichen Geist (im Individuum und in der Gemeinschaft) zum Ziel zu haben. [339]) Aber das Spiegelbild der 'dritten Welt' im Geist des individuellen – und selbst des 'normalen' – Wissenschaftlers ist gewöhnlich eine Karikatur des Originals; und eine Beschreibung dieser Karikatur, ohne Beziehung auf das Original in der dritten Welt, kann leicht zur Karikatur einer Karikatur werden. Man kann die Geschichte der Wissenschaft nicht verstehen, wenn man die Wechselwirkung der drei Welten nicht in Betracht zieht.

Appendix: Popper, der Falsifikationismus und die 'Duhem-Quine-These'

Popper begann seine Laufbahn in den zwanziger Jahren als ein dogmatischer Falsifikationist; aber er wurde sich der Unhaltbarkeit dieser Position bald bewußt, und er veröffentlichte nichts, bis er den *methodologischen Falsifikationismus* erfunden hatte. Dies war ein vollkommen neuer Gedanke in der Wissenschaftstheorie, und er beginnt klar mit Popper, der ihn als eine Lösung für die Schwierigkeiten des dogmatischen Falsifikationismus vorschlug. In der Tat ist der Konflikt der Thesen, daß die Wissenschaft sowohl kritisch wie auch fehlbar ist, ein Zentralproblem der Popperschen Philosophie. Während Popper eine zusammenhängende Formulierung und Kritik des dogmatischen Falsifikationismus gegeben hat, hat er zwischen dem naiven und dem raffinierten Falsifikationismus nie scharf unterschieden. In einer früheren Arbeit habe ich[340]) drei verschiedene Poppers unterschieden: *Popper*$_0$, *Popper*$_1$ und *Popper*$_2$. *Popper*$_0$ ist ein dogmatischer Falsifikationist, der nie ein Wort veröffentlicht hat: er

---

[338]) De facto reicht Poppers Programm über die Wissenschaft hinaus. Die Begriffe 'progressiver' und 'degenerativer' Problemverschiebungen, die Idee der Proliferation von Theorien lassen sich auf jede Art rationaler Diskussion ausdehnen und können so als Instrumente einer allgemeinen Theorie der Kritik dienen; Lakatos [1963–1964] kann als die Geschichte eines nicht-empirischen progressiven Forschungsprogramms gelesen werden; [1968a] enthält die Geschichte des nicht-empirischen degenerierenden Programms der induktiven Logik.)

[339]) *Wirkliche* Geisteszustände, Glaubenszustände u. a. m. gehören zur zweiten Welt; Zustände des *normalen* Geistes gehören zu einer Zwischenwelt zwischen der zweiten und dritten. Das Studium wirklicher wissenschaftlicher Geister gehört in die *Psychologie*; das Studium 'normaler' (oder 'gesunder' etc.) Geister gehört in die *psychologistische Wissenschaftstheorie.* Es gibt *zwei Arten psychologistischer Wissenschaftstheorie.* Nach der einen kann es keine Wissenschaftstheorie geben, sondern nur eine Psychologie individueller Wissenschaftler. Nach der anderen gibt es eine Psychologie des 'wissenschaftlichen', 'idealen' oder 'normalen' Geistes: dies verwandelt die Wissenschaftstheorie in eine Psychologie dieses idealen Geistes und bietet außerdem eine Psychotherapie zur Verwandlung gewöhnlicher Geister in ideale. Kuhn scheint die Unterscheidung nicht bemerkt zu haben.

[340]) Vgl. Lakatos [1968b].

wurde erfunden – und 'kritisiert' – zuerst von Ayer und dann von vielen anderen.[341]) Ich hoffe, daß die vorliegende Arbeit diesem Spuk ein Ende bereiten wird. Popper$_1$ ist der naive Falsifikationist und Popper$_2$ der raffinierte Falsifikationist. Der *wirkliche* Popper entwickelte sich in den zwanziger Jahren aus einem dogmatischen Falsifikationisten zu einer naiven Fassung des methodologischen Falsifikationismus; in den fünfziger Jahren stieß er auf die *'Akzeptierungsregeln' des raffinierten Falsifikationismus.* Der Übergang war dadurch gekennzeichnet, daß er der ursprünglichen Bedingung der Prüfbarkeit die 'zweite' Bedingung der 'unabhängigen Prüfbarkeit'[342]) hinzufügte und dann noch die 'dritte' Bedingung, daß einige dieser unabhängigen Prüfungen in Bewährungen auslaufen sollten.[343]) Aber der wirkliche Popper hat seine früheren (naiven) *Falsifikationsregeln* nie aufgegeben. Er fordert bis zum heutigen Tage, daß ,,*Kriterien der Widerlegung* im voraus festgelegt werden müssen: man muß sich darüber einig sein, welche beobachtbaren Situationen, wenn sie wirklich beobachtet werden, die Widerlegung der Theorie bedeuten''.[344]) Er versteht 'Falsifikation' noch immer als das Ergebnis eines Zweikampfes zwischen Theorie und Beobachtung, ohne daß eine andere, bessere Theorie *notwendigerweise* mit involviert wäre. Der wirkliche Popper hat das Berufungsverfahren, das 'akzeptierte Basissätze' eliminieren kann, nie im Detail erklärt. So besteht der wirkliche Popper aus Popper$_1$ zusammen mit einigen Elementen von Popper$_2$.

Die Idee einer Abgrenzung zwischen progressiven und degenerierenden Problemverschiebungen, so wie sie in dieser Arbeit behandelt wird, gründet sich auf Poppers Werk; diese Abgrenzung ist in der Tat fast identisch mit seinem berühmten Abgrenzungskriterium von Wissenschaft und Metaphysik.[345])

Popper berücksichtigte ursprünglich nur den *theoretischen* Aspekt von Problemverschiebungen; Andeutungen finden sich in Abschnitt 20 von [1934], sie werden in seiner

[341]) Ayer war anscheinend der erste, der den dogmatischen Falsifikationismus Popper zuschrieb. (Ayer hat auch die Legende erfunden, daß nach Popper die 'definite Widerlegbarkeit' ein Kriterium nicht bloß des empirischen, sondern auch des sinnvollen Charakters einer Behauptung wäre; vgl. [1936], Kapitel 1, S. 38 der zweiten Auflage.) Selbst heute kritisieren noch viele Philosophen (vgl. Juhos [1966] oder Nagel [1967]) den Strohmann Popper$_0$. Medawar nennt in [1967] den *dogmatischen* Falsifikationismus 'eine der stärksten Ideen' in Poppers Methodologie. Nagel kritisierte in seiner Rezension von Medawars Buch diesen für die 'Unterstützung' von 'Poppers Behauptungen', wie auch er sich ausdrückt (Nagel [1967], S. 70). Nagels Kritik überzeugte Medawar, daß ,,der Akt der Falsifikation nicht immun ist gegenüber menschlichem Irrtum''. (Medawar [1969], S. 54.) Aber sowohl Medawar als auch Nagel haben Popper mißverstanden: seine *Logik der Forschung* ist die schärfste Kritik des dogmatischen Falsifikationismus, die jemals geschrieben wurde.
Man kann mit Medawars Irrtum nachsichtig sein: selbstverständlich mußte der Falsifikationismus sogar in seiner dogmatischen Form auf glänzende Wissenschaftler, deren spekulatives Talent unter der Tyrannei einer induktivistischen Logik der Forschung litt, einen außerordentlich befreienden Einfluß haben. (Außer Medawar lernte auch ein anderer Nobel-Preisträger, Eccles, von Popper seine frühere Vorsichtigkeit mit kühner, falsifizierbarer Spekulation zu vertauschen: vgl. [1964], S. 274–275.)
[342]) Popper [1957a].
[343]) Popper [1963].
[344]) Popper [1963], S. 38, Anm. 3.
[345]) Ein Leser, der Zweifel hat an der Authentizität meiner Neuformulierung des Popperschen Abgrenzungskriteriums, möge die diesbezüglichen Stellen in Popper [1934] – unter der Anleitung von Musgrave [1968] – wiederlesen. Musgrave schrieb [1968] gegen Bartley, der in [1968] das Abgrenzungskriterium des naiven Falsifikationismus – wie es oben, S. 104, heißt – irrtümlich Popper zugeschrieben hatte.

[1957] weiterentwickelt.[346]) Eine Diskussion des *empirischen* Aspekts von Problemverschiebungen kam erst später hinzu, in seiner [1963].[347]) Aber Poppers Verbot 'konventionalistischer Strategeme' ist in einer Hinsicht zu streng, in einer anderen zu schwach. Es ist zu *streng*, weil eine neue Fassung eines progressiven Programms nach Popper *nie* ein gehaltverminderndes Strategem akzeptiert, um eine Anomalie zu absorbieren; sie sagt *niemals* Dinge wie: 'alle Körper, siebzehn anomale ausgenommen, sind Newtonisch'. Aber da unerklärte Anomalien immer in Hülle und Fülle vorkommen, lasse ich solche Formulierungen zu; eine Erklärung ist ein Schritt nach vorne (das heißt: sie ist 'wissenschaftlich'), wenn sie mindestens *einige* frühere Anomalien erklärt, die ihr Vorläufer 'wissenschaftlich' noch nicht erklärt hat. Solange Anomalien als echte (wenn auch nicht unbedingt als dringende) Probleme gelten, macht es nicht sehr viel aus, ob wir sie als 'Widerlegungen' dramatisieren oder als 'Ausnahmen' entdramatisieren; der Unterschied ist *dann* bloß ein sprachlicher. (Dieses Ausmaß an Toleranz Ad-hoc-Strategemen gegenüber erlaubt uns, selbst auf inkonsistenter Grundlage fortzuschreiten. Problemverschiebungen können trotz existierender Widersprüche progressiv sein.[348])) Aber Poppers Verbot gehaltvermindernder Strategeme ist auch zu *schwach:* zum Beispiel wird es mit dem sogenannten 'Klebeparadox' nicht fertig[349]), noch beseitigt es Ad-hoc-Strategeme.[350]) Diese lassen sich nur durch die Forderung beseitigen, daß *die Hilfshypothesen im Einklang mit der positiven Heuristik eines echten Forschungsprogramms zu formulieren sind.* Diese neue Forderung bringt uns zum Problem der *Kontinuität der Wissenschaft.*

Das Problem der *Kontinuität* der Wissenschaft wurde von Popper und seinen Anhängern schon vor langer Zeit gestellt. Als ich meine Theorie des Wachstums auf Grund der Idee des Wettstreits von Forschungsprogrammen vorschlug, folgte ich ebenfalls der Popperschen Tradition und versuchte sie zu verbessern. Popper selbst hat schon in [1934] die heuristische Bedeutung einer 'förderlichen Metaphysik' hervorgehoben;[351]) und einige Mitglieder

---

[346]) Popper war in [1934] hauptsächlich daran interessiert, *verstohlene Ad-hoc-Adjustierungen* aus der Wissenschaft zu verbannen. Er (Popper₁) verlangt, daß der Plan eines potentiellen negativen Entscheidungsexperimentes zusammen mit der Theorie präsentiert werde und daß man dann den Schiedsspruch der experimentellen Jury demütig akzeptiere. Daraus folgt, daß konventionalistische Wendungen, die die ursprüngliche Theorie *nach* dem Schiedsspruch retrospektiv verdrehen, um ihm zu entrinnen, *eo ipso* ausgeschlossen werden. Aber wenn wir die Widerlegung zugeben und die Theorie *hinterher* mit Hilfe von Ad-hoc-Wendungen reformieren, dann dürfen wir das Ergebnis als eine *'neue'* Theorie zulassen; und ist sie prüfbar, dann akzeptiert sie auch Popper für erneute Kritik: „Überdies vereinbaren wir überall, wo wir ein solches konventionalistisches Vorgehen feststellen, das betreffende System neuerlich zu überprüfen und gegebenenfalls zu verwerfen." (Popper [1934], Abschnitt 20).
[347]) Eingehender siehe Lakatos [1968a], besonders S. 388–390.
[348]) Vgl. oben, S. 138 ff. In den Textbüchern der wissenschaftlichen Methode findet man solche Toleranz nur selten, wenn überhaupt.
[349]) Vgl. oben, S. 128.
[350]) Vgl. oben, S. 169, Anm. 323.
[351]) Vgl. z. B. [1934], Ende von Abschnitt 4; vgl. auch [1968c], S. 93. Man darf nicht vergessen, daß Comte und Duhem der Metaphysik solches Gewicht absprachen. Am meisten haben Burtt, Koyré und Popper zur Umkehr der antimetaphysischen Flut in der Philosophie und der Historiographie der Wissenschaften beigetragen.

des Wiener Kreises hielten ihn für den Vorkämpfer einer gefährlichen Metaphysik.[352]) Als sein Interesse an der Rolle der Metaphysik in den fünfziger Jahren wiedererwachte, schrieb er einen höchst interessanten 'Metaphysischen Epilog' über 'metaphysische Forschungsprogramme' zu seinem *Postscript: After Twenty Years* – in Korrekturfahnen seit 1957.[353]) Aber Popper verband Zähigkeit nicht mit *methodologischer,* sondern eher mit *syntaktischer Unwiderlegbarkeit.* Unter 'Metaphysik' verstand er syntaktisch spezifizierbare Aussagen, wie All-Existenzsätze und reine Existenzsätze. Keine Basisaussage kann mit ihnen wegen ihrer logischen Form in Konflikt geraten. Der Satz: 'Es gibt für alle Metalle ein Lösungsmittel' wäre in diesem Sinne metaphysisch, Newtons Gravitationstheorie, isoliert genommen, wäre es nicht.[354]) Popper hat in den fünfziger Jahren auch das Problem gestellt, wie man metaphysische Theorien kritisieren kann, und er hat Lösungen vorgeschlagen.[355]) Auch Agassi und Watkins veröffentlichten interessante Arbeiten über die Rolle dieser Art von 'Metaphysik' in der Wissenschaft, die alle 'Metaphysik' mit der Kontinuität des wissenschaftlichen Fortschrittes verbanden.[356]) Meine Behandlung unterscheidet sich von den ihren erstens, weil ich im Verwischen der Abgrenzung zwischen [Poppers] 'Wissenschaft' und [Poppers] 'Metaphysik' viel weitergehe: ja, ich benutze den Terminus 'metaphysisch' überhaupt nicht mehr. Ich rede nur von *wissenschaftlichen* Forschungsprogrammen, deren harter Kern unwiderlegbar ist, nicht unbedingt aus syntaktischen, sondern möglicherweise aus methodologischen Gründen, die mit logischer Form nichts zu tun haben. Zweitens unterscheide ich scharf zwischen dem

[352]) Carnap und Hempel versuchten in ihren Rezensionen, Popper gegen diese Beschuldigung in Schutz zu nehmen (vgl. Carnap [1935] und Hempel [1937]). Hempel schrieb: Popper „betont andererseits stark gewisse Gemeinsamkeiten mit einigermaßen metaphysisch orientierten Denkern. Es ist zu hoffen, daß die so wertvolle Arbeit nun nicht die Mißdeutung erfährt, als wolle sie Raum schaffen für eine neue, vielleicht gar logisch begründbare, Metaphysik."

[353]) Es lohnt sich, hier eine Stelle aus diesem Postskript zu zitieren: „Der Atomismus ist ein... hervorragendes Beispiel für eine nicht-prüfbare metaphysische Theorie, deren Einfluß auf die Wissenschaft den Einfluß von vielen prüfbaren Theorien weit übertraf... Das späteste und bisher größte Programm war das Programm von Faraday, Maxwell, Einstein, de Broglie und Schrödinger, die Welt... auf Grund kontinuierlicher Felder zu verstehen... Jede dieser metaphysischen Theorien fungierte lange, bevor sie testbar geworden war, als ein Programm für die Wissenschaft. Sie gab die Richtung an, in der befriedigende erklärende Theorien der Wissenschaft gefunden werden können, und ermöglichte so etwas wie eine Bewertung der Tiefe einer Theorie. In der Biologie haben die Evolutions-Theorie, die Zellen-Theorie und die Theorie der bakteriellen Infektion eine ähnliche Rolle gespielt, zumindest für eine gewisse Zeit. In der Psychologie mögen der Sensualismus, der Atomismus (d. h. die Theorie, daß alle Erfahrung aus letzten Elementen wie z. B. Sinnesdaten besteht) und die Psychoanalyse als metaphysische Forschungsprogramme erwähnt werden... Selbst rein existentielle Behauptungen zeigten sich manchmal als suggestiv und fruchtbar für die Wissenschaftsgeschichte, obwohl sie nie zu einem echten Teil der Wissenschaft selbst geworden sind. In der Tat haben nur wenig metaphysische Theorien einen größeren Einfluß auf die Wissenschaft gehabt als die rein metaphysische Theorie: 'Es gibt eine Substanz, die niedere Metalle in Gold zu verwandeln vermag (d. h. es gibt einen Stein der Weisen)'; diese Theorie ist nicht-falsifizierbar, sie wurde nie verifiziert, und sie wird heute von niemand geglaubt."

[354]) Vgl. besonders Popper [1934], Abschnitt 66. In der Ausgabe 1959 fügte er eine erklärende Anmerkung (Anm. *2) hinzu, um zu betonen, daß in *metaphysischen* 'Alle-Es-gibt-Sätzen' der existentielle Quantifikator als 'unbeschränkt' verstanden werden muß; aber natürlich hat er dasselbe auch schon in Abschnitt 15 des ursprünglichen Textes völlig klar gemacht.

[355]) Besonders [1963], S. 198–199 (zuerst veröffentlicht in [1958]).

[356]) Vgl. Watkins [1957] und [1958] und Agassi [1962] und [1964].

deskriptiven Problem der psychologisch-historischen Rolle der Metaphysik und dem *normativen Problem* der Trennung von progressiven und degenerativen Forschungsprogrammen, und ich entwickle das letzte Problem weiter als sie.

Schließlich möchte ich noch die '*Duhem-Quine-These*' und ihr Verhältnis zum Falsifikationismus besprechen.[357])

Die 'Duhem-Quine-These' behauptet, daß ein genügendes Ausmaß an Phantasie jede Theorie, ob sie nun aus einem Einzelsatz oder aus einer endlichen Konjunktion von Sätzen besteht, für immer vor einer 'Widerlegung' retten kann, und zwar durch eine geeignete Adjustierung der Hintergrundkenntnisse, in die sie eingebettet ist. Quine formuliert die Sache so: „Jede Behauptung kann für wahr gehalten werden, was auch kommen mag, wenn wir hinreichend drastische Adjustierungen anderswo im System durchführen... Umgekehrt ist eben darum keine Behauptung vor einer Revision gesichert."[358]) Ja mehr noch, das 'System' ist nichts weniger als 'die ganze Wissenschaft'. 'Eine widerspenstige Erfahrung läßt sich in mannigfaltiger Weise durch verschiedene alternative Umwertungen in verschiedenen alternativen Teilen des Totalsystems akkomodieren [eingeschlossen die Möglichkeit einer Umwertung der widerspenstigen Erfahrung selbst]".[359])

Diese These hat zwei sehr verschiedene Interpretationen. In ihrer *schwachen Interpretation* behauptet sie nur die Unmöglichkeit eines direkten experimentellen Treffers in einem eng umschriebenen theoretischen Ziel und die logische Möglichkeit, die Wissenschaft in unbestimmt vielen verschiedenen Weisen aufzubauen. Die schwache Interpretation trifft nur den dogmatischen Falsifikationismus, nicht aber den methodologischen: sie leugnet nur die Möglichkeit der *Widerlegung* einer *getrennten* Komponente eines theoretischen Systems.

In ihrer *starken Interpretation* schließt die Duhem-Quine-These jede *rationale* Auswahl-Regel zwischen den Alternativen aus; diese Fassung läßt sich mit keiner Form des methodologischen Falsifikationismus vereinigen. Die zwei Interpretationen wurden nicht klar voneinander getrennt, obwohl der Unterschied methodologisch wichtig ist. Duhem scheint nur die schwache Interpretation vertreten zu haben: für ihn ist die Auswahl eine Sache der 'Klugheit': wir müssen immer die richtige Wahl treffen, um einer 'natürlichen Klassifikation' näher zu kommen.[360]) Andrerseits scheint Quine, in der Tradition des amerikanischen Pragmatismus von James und Lewis, einen Standpunkt zu vertreten, der der starken Interpretation sehr nahe ist.[361])

---

[357]) Dieser abschließende Teil des *Anhangs* wurde erst während des Drucks hinzugefügt.

[358]) Quine [1953], Kapitel II.

[359]) Ebenda. Die Klausel in eckigen Klammern ist meine eigene Ergänzung.

[360]) Für Duhem kann ein Experiment nie *allein* eine isolierte Theorie (wie etwa den harten Kern eines Forschungsprogrammes) verurteilen: zu einer solchen 'Verurteilung' benötigen wir *auch* 'Commonsense', 'Klugheit' und in der Tat einen guten metaphysischen Instinkt, der uns 'einer gewissen hocheminenten Ordnung' entgegenführt. (Siehe Ende des *Anhangs* in der zweiten Auflage von Duhem [1906].)

[361]) Quine spricht davon, daß Sätze 'verschiedene Entfernung von der sinnlichen Peripherie' haben, so daß sie dem Wandel mehr oder weniger ausgesetzt sind. Aber sowohl die sinnliche Peripherie als auch die Metrik sind schwer zu definieren. Nach Quine sind die „Überlegungen, die [den Menschen] bei der Anpassung seiner wissenschaftlichen Erbschaft an seine fortlaufenden sinnlichen Peripherien leiten, pragmatisch, insofern sie rational sind." (Quine [1953]). Aber 'Pragmatismus' ist für Quine wie auch für James oder Le Roy rein psychologischer Komfort; und ich finde es irrational, dies 'rational' zu nennen.

Sehen wir uns nun die schwache Duhem-Quine-These näher an. Wir nehmen eine 'widerspenstige Erfahrung', ausgedrückt in einem 'Beobachtungssatz' O', der einer Konjunktion von theoretischen (und 'beobachtbaren') Sätzen $h_1, h_2, \ldots, h_n, I_1, I_2, \ldots, I_n$ widerspricht, wobei h_i Theorien und I_i die entsprechenden Anfangsbedingungen sind. Im 'deduktiven Modell' implizieren $h_1, \ldots, h_n, I_1, \ldots, I_n$ logisch O; beobachtet wird jedoch O', was nicht-O impliziert. Wir nehmen außerdem an, daß die Prämissen unabhängig und notwendig sind zur Deduktion von O.

Wir können in diesem Fall die Konsistenz dadurch wiederherstellen, daß wir *irgendeinen* Satz in unserem deduktiven Modell ändern. Es sei z. B. h_1: 'Wenn ein Faden mit einem Gewicht belastet wird, das seine Ziehfestigkeit übersteigt, dann reißt der Faden'; es sei h_2: 'Das für die Ziehfestigkeit dieses Fadens charakteristische Gewicht ist ½ kg'; es sei h_3: 'Das Gewicht, das diesen Faden belastet hat, war 1 kg'; und schließlich sei O: 'Der in Raum-Zeit-Position P gehängte Faden wurde mit einem Eisengewicht von 1 kg belastet, und er riß nicht'. Man kann das Problem auf mancherlei Art und Weise lösen. Ich gebe einige Beispiele: 1) Wir verwerfen h_1: Wir ersetzen den Ausdruck: 'Wird mit einem Gewicht belastet', und wir sagen statt dessen: 'Wird von einer Kraft gezogen'; wir führen eine neue Anfangsbedingung ein: es war ein verborgener Magnet (oder eine bisher nicht bekannte Kraft) am Plafond des Laboratoriums tätig. 2) Wir verwerfen h_2: Wir schlagen vor, daß die Ziehfestigkeit von der Feuchtigkeit des Fadens abhängt; die Ziehfestigkeit des Fadens war 1 kg, denn er war feucht. 3) Wir verwerfen h_3: Das Gewicht war nur ½ kg; die Waage war schlecht. 4) Wir verwerfen O: Der Faden riß; es wurde nur *beobachtet*, daß er nicht riß, denn der Professor, der $h_1 \& h_2 \& h_3$ vorschlug, war ein wohlbekannter bürgerlicher Liberaler, und seine revolutionären Assistenten *sahen* regelmäßig seine Hypothesen widerlegt, obwohl sie in Wirklichkeit bestätigt wurden. 5) Wir verwerfen h_3: Der Faden war überhaupt kein 'Faden', sondern ein 'Superfaden', und 'Superfäden' reißen nie.[362] Und so könnten wir ohne Ende weitergehen. In der Tat: ist genügend Phantasie vorhanden, so gibt es unendlich viele Möglichkeiten dafür, jede der Prämissen *(im deduktiven Modell)* durch Änderung in einem entfernten Teil unserer Gesamtkenntnis *(außerhalb des deduktiven Modells)* zu ersetzen und dadurch die Konsistenz wiederherzustellen.

Dürfen wir diese triviale Beobachtung formulieren, indem wir sagen, daß *jeder Test eine Herausforderung an die Gesamtheit unseres Wissens darstellt?* – Ich sehe keinen Grund, warum wir uns nicht so ausdrücken sollten. Die Abneigung einiger Falsifikationisten[363] gegen dieses „holistische Dogma des 'globalen' Charakters aller Prüfungen" geht bloß auf eine semantische Vermischung von zwei verschiedenen Begriffen der 'Prüfung' zurück, die ein widerspenstiges experimentelles Ergebnis für unser Wissen darstellt.

Die Poppersche Interpretation einer 'Prüfung' (oder einer 'Herausforderung') besagt, daß das Ergebnis *(O)* einer finiten, wohl-spezifizierten Konjunktion von Prämissen *(T)* widerspricht (dieses 'herausfordert'): $O \& T$ kann nicht mehr wahr sein. Aber kein Vertreter der Auffassung von Duhem und Quine würde diesen Punkt bestreiten.

Die Quinesche Interpretation einer 'Prüfung' (oder einer 'Herausforderung') besagt, daß die *Ersetzung* von $O \& T$ eine Änderung auch außerhalb von O und T herbeiführen

---

[362] Für solche 'Begriff-verengende Verteidigungen' und 'begriffsdehnende Widerlegungen' vgl. Lakatos [1963–1964].

[363] Popper [1963], Kapitel 10, Abschnitt XVI.

kann. Der Nachfolger von *O & T* kann einem *H* in einem entfernten Teil unserer Kenntnisse widersprechen. Aber kein Popperianer würde diesen Punkt bestreiten.

Die Vermengung der beiden Begriffe des Prüfens hat zu manchen Mißverständnissen und logischen Fehlern geführt. Man hatte das Gefühl, daß der Modus tollens sehr entfernte Prämissen in unserer Gesamtkenntnis 'treffen' kann, und verfing sich daher in der Idee, daß die 'Ceteris-paribus-Klausel' eine Prämisse ist, die mit den offenbaren Prämissen *konjunktiv* verbunden ist. Doch der 'Treffer' ist nicht ein Werk des Modus tollens, sondern ein Ergebnis der späteren Ersetzung unseres ursprünglichen deduktiven Modells.[364])

'Quines schwache These' ist also trivial wahr. Aber 'Quines starke These' wird heftigen Widerstand erfahren, sowohl vom naiven als auch vom raffinierten Falsifikationisten.

Der naive Falsifikationist besteht darauf, daß eine widerspruchsvolle Klasse von Sätzen durch Auswahl zerlegt werden muß in 1) eine zu prüfende Theorie (die *Nuß*); 2) einen akzeptierten Basissatz (den *Hammer*); der Rest ist unbezweifelte Hintergrundkenntnis (der *Amboß*). Und um dieser Position Wirksamkeit zu verleihen, müssen wir angeben, wie der 'Hammer' und der 'Amboß' gehärtet werden können, so daß es uns gelingt, die 'Nuß' zu knacken, um damit ein 'negatives Entscheidungsexperiment' auszuführen. Aber das naive 'Vermuten', das dieser Zerlegung zugrunde liegt, ist allzu willkürlich und gibt uns kein ernsthaftes Härtungsverfahren. (Auf der anderen Seite verwendet Grünbaum Bayes Theorem, um zu zeigen, daß der 'Hammer' und der 'Amboß', zumindest in einem gewissen Sinn, hohe aposteriorische Wahrscheinlichkeit besitzen und darum 'hart' genug sind, um als Nußknacker benutzt zu werden.[365]))

Der raffinierte Falsifikationist erlaubt die Ersetzung *beliebiger* Teile des Leibes der Wissenschaft, aber nur unter der Bedingung, daß die Ersetzung in 'progressiver' Weise geschieht und also neue Tatsachen erfolgreich antizipiert. In seiner rationalen Rekonstruktion der Falsifikation spielen 'negative Entscheidungsexperimente' keine Rolle. Er hat nichts einzuwenden, wenn eine Gruppe von brillanten Wissenschaftlern konspiriert, soviel wie nur möglich in ihr Lieblingsprogramm (oder ihren 'begrifflichen Rahmen', wenn man diesen Ausdruck vorzieht) mit sakrosanktem harten Kern zu stopfen. Das können sie ohne weiteres tun, solange ihr Genius – und ihr Glück – es ihnen erlaubt, ihr Programm *'progressiv'* unter Beibehaltung des harten Kerns zu erweitern. Und wenn ein Genie sich daran macht, eine völlig unbestrittene und bewährte Theorie, die ihm aus philosophischen, ästhetischen oder persönlichen Gründen nicht liegt ('progressiv') zu *ersetzen*, dann begleiten ihn unsere guten Wünsche.

---

[364]) Der Locus classicus für diese Konfusion ist die verschrobene Kritik von Canfield und Lehrer – [1961] – über Popper; Stegmüller ([1966], S. 7) folgte ihnen in den logischen Sumpf. Coffa [1968] trug zur Klärung der Frage bei.
Leider erweckt auch meine eigene Phraseologie in diesem Aufsatz stellenweise den Eindruck, die 'Ceteris-paribus-Klausel' müsse eine unabhängige Prämisse der zu prüfenden Theorie sein. Colin Howson hat mich auf diesen leicht korrigierbaren Mangel aufmerksam gemacht.
[365]) Grünbaums Position war früher die eines dogmatischen Falsifikationisten. Unter Hinweis auf seine gedankenreichen und erregenden Fallstudien der physikalischen Geometrie behauptete er, daß wir die Falschheit wissenschaftlicher Hypothesen wohl feststellen *können* (vgl. Grünbaum [1959*b*] und [1960]). Er modifizierte seine Position in [1969] und brachte auf Kritik von Feyerabend und anderen (*e. g.* Feyerabend [1959]) weitere Qualifikationen an: „Zumindest in einigen Fällen können wir die Falschheit einer Teilhypothese in wissenschaftlich befriedigender Weise feststellen, obwohl wir sie nicht über alle Möglichkeiten nachträglicher Rehabilitation hinaus falsifizieren können." (Grünbaum [1969], S. 1092)

Wenn zwei Forschungsgruppen konkurrierende Forschungsprogramme verfolgen und miteinander in Wettstreit treten, dann wird jene mit dem größeren schöpferischen Talent höchstwahrscheinlich erfolgreich sein – es sei denn, Gott bestraft sie mit extremem Mangel an empirischem Erfolg. Die Richtung der Wissenschaft ist vor allem durch die schöpferische Phantasie bestimmt und nicht durch die Welt der Tatsachen, die uns umgibt. Die schöpferische Phantasie findet in aller Wahrscheinlichkeit neue bewährende Evidenz auch für das 'absurdeste' Programm, wenn die Suche nur mit genügend Energie betrieben wird.[366] Diese Umschau nach *neuer bewährender Evidenz* ist vollkommen zulässig. Wissenschaftler erträumen sich Phantasien und jagen dann in höchst selektiver Weise nach neuen Tatsachen, die zu diesen Phantasien passen. Man kann diesen Prozeß beschreiben, indem man sagt, daß 'die Wissenschaft ihre eigene Welt erschafft' (solange man nur nicht vergißt, daß 'Schöpfung' hier in einem provokativ-idiosynkratischen Sinne verstanden sein will). Einer brillanten Schule von Gelehrten, unterstützt von einer reichen Gesellschaft, die einige wohlgeplante Experimente finanziert, kann es gelingen, beliebig phantastische Programme vorwärtszutreiben oder, umgekehrt, falls so geneigt, eine willkürlich gewählte Stütze des 'etablierten Wissens' zu stürzen.

Ein solches Vorgehen treibt den *dogmatischen* Falsifikationisten zur Verzweiflung. Er sieht, wie sich das Gespenst von Bellarmins Instrumentalismus aus den Trümmern erhebt, unter denen es nach dem Newtonschen Erfolg 'bewiesener Wissenschaft' begraben lag. Er wirft dem raffinierten Falsifikationisten vor, daß er willkürliche Prokrustessysteme konstruiert und die Tatsachen in sie hineinzwingt. Ja, er mag ihn sogar der Wiederbelebung jener unheiligen irrationalistischen Allianz von James' rohem Pragmatismus und Bergsons Voluntarismus beschuldigen, den Russell und Stebbing so siegreich geschlagen haben.[367] Aber unser raffinierter Falsifikationismus kombiniert den 'Instrumentalismus' (oder 'Konventionalismus') mit einer streng empirischen Bedingung, die weder von mittelalterlichen 'Rettern der Phänomene' wie Bellarmin noch von Pragmatisten wie Quine, noch von Bergson-Anhängern wie Le Roy richtig eingeschätzt wurde: es ist die Bedingung von Leibniz-Whewell-Popper, daß nämlich die *wohlgeplante Konstruktion von Fächern schneller vorwärtsschreiten muß als die Aufzeichnung der Tatsachen, die in ihnen wohnen sollen.* Solange dieser Forderung Rechnung getragen wird, macht es nicht sehr viel aus, welchen Aspekt wir mehr betonen: den 'instrumentalen' Aspekt einfallsreicher Forschungsprogramme zur Auffindung neuer Tatsachen und zur Bereitstellung zuverlässiger Prognosen oder das vermeintliche Zunehmen der Popperschen 'Wahrheitsnähe' (d.h. der abgeschätzten Differenz zwischen Wahrheitsgehalt und

---

[366] Ein typisches Beispiel ist Newtons Prinzip der Gravitationsanziehung, wonach die Körper einander unmittelbar und aus unermeßlichen Entfernungen anziehen. Huyghens nannte die Idee 'absurd', Leibniz 'okkult' und die besten Wissenschaftler der Zeit „fragten sich, wie [Newton] es über sich brachte, alle diese Mühe auf so viele Untersuchungen und schwierige Berechnungen anzuwenden, die keine andere Grundlage hatten als gerade dieses Prinzip." (Vgl. Koyré [1965], S. 1/7–1/8) Ich habe früher gegen die Annahme argumentiert, daß theoretischer Fortschritt das Verdienst des Theoretikers, empirischer Erfolg aber *bloße* Glückssache sei. Wenn der Theoretiker *größere* Phantasie besitzt, dann ist es wahrscheinlicher, daß sein theoretisches Programm zumindest *einigen* empirischen Erfolg erreichen wird. Vgl. Lakatos [1968a], S. 387–390.

[367] Vgl. Russell [1914], Russell [1946] und Stebbing [1914]. Russell, ein Rechtfertigungsdenker, verachtete den Konventionalismus. „Als der Wille sich erhob, sank das Wissen. Das ist die höchst bemerkenswerte Änderung, die den Charakter der Philosophie in unserer Zeit überkommen hat. Sie wurde von Rousseau und Kant vorbereitet..." Vgl. Russell [1946], S. 787. Popper wurde natürlich mindestens teilweise von Kant und Bergson angeregt. (Vgl. [1934], Abschnitt 2 und 4.)

Falschheitsgehalt) ihrer aufeinanderfolgenden Fassungen.[368]) Der raffinierte Falsifikationismus kombiniert also die besten Elemente des Voluntarismus, des Pragmatismus und der realistischen Theorien des empirischen Wachstums.

Der raffinierte Falsifikationist steht weder auf der Seite von Galileo noch auf der Seite des Kardinals Bellarmin. Er steht nicht auf der Seite von Galileo, denn er behauptet, daß unsere grundlegenden Theorien für die göttliche Vernunft alle gleichermaßen absurd und unwahrscheinlich sein können; und er steht nicht auf der Seite Bellarmins, außer der Kardinal gibt zu, daß wissenschaftliche Theorien am Ende zu immer mehr wahren und immer weniger falschen Konsequenzen führen können und *in diesem streng technischen Sinne* zunehmende 'Wahrheitsnähe' besitzen.[369])

[368]) Zur *'Wahrheitsnähe'* vgl. Popper [1963], Kapitel 10, und die nächste Anmerkung; zu *'Vertrauenswürdigkeit'* vgl. meinen Aufsatz [1968a], S. 390–405, und auch [1971].

[369]) *'Wahrheitsnähe'* hat zwei distinkte Bedeutungen, die nicht vermengt werden dürfen. Erstens kann dieser Ausdruck verwendet werden, um die intuitive Wahrheitsähnlichkeit der Theorie zu bezeichnen; in diesem Sinne sind alle vom menschlichen Geist geschaffenen wissenschaftlichen Theorien meiner Ansicht nach gleich wahrheitsfern und 'okkult'. Zweitens kann er auch eine quasi-maßtheoretische Differenz zwischen den wahren und den falschen Konsequenzen einer Theorie bezeichnen, die wir nie kennen, über die wir aber sicher Vermutungen anstellen können. Es war Popper, der den Ausdruck der 'Wahrheitsnähe' als eine Art Fachausdruck verwendete, um diese Art von Differenz zu bezeichnen ([1963], Kapitel 10). Aber seine Behauptung, daß diese Explikation auch genau der ursprünglichen Bedeutung entspräche, ist irrig und irreführend. In der frühen, präpopperschen Verwendungsweise konnte 'Wahrheitsnähe' entweder *intuitive* Wahrheitsähnlichkeit oder eine naive Protofassung der Popperschen *empirischen* Wahrheitsähnlichkeit bedeuten. Popper gibt interessante Zitate für die letzte Bedeutung ([1963], S. 399ff.), aber keine für die erste. Aber Bellarmin könnte wohl zugestanden haben, daß die Kopernikanische Theorie hohe 'Wahrheitsnähe' in Poppers technischem Sinne besitzt, nicht aber im ersten, intuitiven Sinn. Die meisten 'Instrumentalisten' sind 'Realisten' in dem Sinne, daß sie zugeben, daß die [Poppersche] 'Wahrheitsnähe' wissenschaftlicher Theorien wahrscheinlich zunehmen wird; aber sie sind nicht 'Realisten' in dem Sinn, daß sie zum Beispiel zugeben würden, daß die Einsteinsche Feldtheorie dem Plan des Universums *intuitiv* näher ist als die Newtonsche Fernwirkung. *Das Ziel der Wissenschaft kann also die Zunahme der Popperschen 'Wahrheitsnähe' sein, braucht aber nicht auch die Zunahme der klassischen 'Wahrheitsnähe' zu sein.* Popper selbst nennt die letzte im Gegensatz zur ersten 'eine gefährlich verschwommene, metaphysische Idee' (Popper [1963], S. 231).

Poppers 'empirische Wahrheitsnähe' hat die Idee des *kumulativen Wachstums* in der Wissenschaft in einem gewissen Sinne rehabilitiert. Aber die Triebkraft des kumulativen Wachstums an 'empirischer Wahrheitsnähe' ist ein revolutionärer Konflikt in der 'intuitiven Wahrheitsähnlichkeit'.

Als Popper seinen Essay *Truth, rationality and the growth of knowledge* schrieb, hatte ich ein ungutes Gefühl über die Identifikation der beiden Begriffe der 'Wahrheitsnähe'. Ich fragte ihn: 'Können wir wirklich von einer *besseren* Korrespondenz reden? Gibt es denn *Grade* der Wahrheit? Ist es nicht gefährlich irreführend, so zu reden, als liege die Tarskische Wahrheit irgendwo in einem metrischen oder zumindest einem topologischen Raum, so daß wir von zwei Theorien – einer früheren Theorie t_1 und einer späteren Theorie t_2 – sinnvoll sagen können, daß t_2 t_1 überholt hat, über t_1 hinaus fortgeschritten ist, indem sie der Wahrheit näher kommt als t_1?' (Popper [1963], S. 232). Popper verwarf meine vagen Befürchtungen. Er fühlte – mit Recht –, daß er eine sehr wichtige neue Idee vorschlug. Aber er irrte sich in seinem Glauben, daß sein neuer Fachbegriff der 'Wahrheitsnähe' die Probleme, die ihr Zentrum in der alten, intuitiven 'Wahrheitsnähe' hatten, völlig absorbiert hätte. Kuhn schreibt: „Zu behaupten – z. B. von einer Feldtheorie –, daß sie 'der Wahrheit näher kommt' als eine ältere Stoff-und-Kraft-Theorie, sollte heißen, *wenn man die Worte nicht sehr ungewöhnlich gebraucht*, daß die letzten Bestandteile der Natur mehr wie Felder als wie Stoff-und-Kraft" sind (unten, S. 257, meine Hervorhebung). Kuhn hat in der Tat recht, außer daß Worte *gewöhnlich* 'ungewöhnlich gebraucht' werden. Ich hoffe, daß diese Bemerkung zur Klärung des Problems beiträgt.

Literatur

Agassi [1959]: 'How are Facts Discovered?', *Impulse*, **3**, No. 10, pp. 2–4.

Agassi [1962]: 'The Confusion between Physics and Metaphysics in the Standard Histories of Sciences', in the *Proceedings of the Tenth International Congress of the History of Science*, 1964, I, pp. 231–238.

Agassi [1964]: 'Scientific Problems and Their Roots in Metaphysics', in Bunge *(ed.): The Critical Approach to Science and Philosophy*, 1964, pp. 189–211.

Agassi [1966]: 'Sensationalism', *Mind*, N.S. **75**, pp. 1–24.

Agassi [1968]: 'The Novelty of Poppers's Philosophy of Science', *International Philosophical Quarterly*, **8**, pp. 442–463.

Agassi [1969]: 'Popper on Learning from Experience', in Rescher *(ed.): Studies in the Philosophy of Science*, 1969.

Ayer [1936]: *Language, Truth and Logic*, 1936; second edition 1946.

Bartley [1968]: 'Theories of Demarcation between Science and Metaphysics', in Lakatos and Musgrave *(eds): Problems in the Philosophy of Science*, 1968, pp. 40–64.

Becke and Sitte [1933]: 'Zur Theorie des ß-Zerfalls', *Zeitschrift für Physik*, **86**, pp. 105–119.

Bernal [1965]: *Science in History*, third edition, 1965.

Bernstein [1961]: *A Comprehensible World: On Modern Science and its Origins*, 1961.

Bethe and Peierls [1934]: 'The „Neutrino"', *Nature*, **133**, p. 532.

Bohr [1913a]: 'On the Constitution of Atoms and Molecules', *Philosophical Magazine*, **26**, pp. 1–25, 476–502 and 857–875.

Bohr [1913b]: Letter to Rutherford, 6.3.1913; published in Bohr [1963], pp. XXXVIII–IX.

Bohr [1913c]: 'The Spectra of Helium and Hydrogen', *Nature*, **92**, pp. 231–232.

Bohr [1922]: 'The Structure of the Atom', Nobel Lecture.

Bohr [1923]: *Über die Quantentheorie der Linienspektren*, 1923.

Bohr [1926]: Letter to *Nature*, **117**, p. 264.

Bohr [1930]: 'Chemistry and the Quantum Theory of Atomic Constitution', Faraday Lecture 1930, *Journal of the Chemical Society*, 1932/I, pp. 349–384.

Bohr [1933]: 'Light and Life', *Nature*, **131**, pp. 421–423 and 457–459.

Bohr [1936]: 'Conservation Laws in Quantum Theory', *Nature*, **138**, pp. 25–26.

Bohr [1949]: 'Discussion with Einstein on Epistemological Problems in Atomic Physics', in Schilpp *(ed.)*: *Albert Einstein, Philosopher-Scientist*, 1949, I, pp. 201–241.

Bohr [1963]: *On the Constitution of Atoms and Molecules*, 1963.

Born [1948]: 'Max Karl Ernst Ludwig Planck', *Obituary Notices of Fellows of the Royal Society*, **6**, 161–180.

Born [1954]: 'The Statistical Interpretation of Quantum Mechanics', *Nobel Lecture* 1954.

Braithwaite [1938]: 'The Relevance of Psychology to Logic', *Aristotelian Society Supplementary Volumes*, **17**, pp. 19–41.

Braithwaite [1953]: *Scientific Explanation*, 1953.

Callendar [1914]: 'The Pressure of Radiation and Carnot's Principle,' *Nature*, **92**, p. 553.

Canfield and Lehrer [1961]: 'A Note on Prediction and Deduction', *Philosophy of Science*, 1961, **28**, pp. 204–208.

Carnap [1932–1933]: 'Über Protokollsätze', *Erkenntnis*, **3**, pp. 215–228.

Carnap [1935]: Review of Popper's [1934], *Erkenntnis*, **5**, pp. 290–294.

Coffa [1968]: 'Deductive Predictions', *Philosophy of Science*, **35**, pp. 279–283.

Crookes [1886]: Presidential Address to the Chemistry Section of the British Association, *Report of British Association*, 1886, pp. 558–576.

Crookes [1888]: Report at the Annual General Meeting, *Journal of the Chemical Society*, **53**, pp. 487–504.

Davisson [1937]: 'The Discovery of Electron Waves', *Nobel Lecture*, 1937.

Dirac [1936]: 'Does Conservation of Energy Hold in Atomic Processes?', *Nature*, **137**, pp. 298–299.

Dirac [1951]: 'Is there an Aether?', *Nature*, **168**, pp. 906–907.

Dorling [1968]: 'Length Contraction and Clock Synchronisation: The Empirical Equivalence of the Einsteinian and Lorentzian Theories', *The British Journal for the Philosophy of Science*, **19**, pp. 67–69.

Dreyer [1906]: *History of the Planetary Systems from Thales to Kepler*, 1906.

Duhem [1906]: *La Théorie Physique, Son Objet et Sa Structure*, 1905. English translation of the second (1914) edition: *The Aim and Structure of Physical Theory*, 1954.

Eccles [1964]: 'The Neurophysiological Basis of Experience', in Bunge (*ed.*): *The Critical Approach to Science and Philosophy*, 1964.

Ehrenfest [1911]: 'Welche Züge der Lichtquantenhypothese spielen in der Theorie der Wärmestrahlung eine wesentliche Rolle?', *Annalen der Physik*, **36**, pp. 91–118.

Ehrenfest [1913]: 'Zur Krise der Lichtäther-Hypothese', 1913.

Einstein [1909]: 'Über die Entwicklung unserer Anschauungen über das Wesen und die Konstitution der Strahlung', *Physikalische Zeitschrift*, **10**, pp. 817–826.

Einstein [1927]: 'Neue Experimente über den Einfluß der Erdbewegung auf die Lichtgeschwindigkeit relativ zur Erde', *Forschungen und Fortschritte*, **3**, p. 36.

Einstein [1928]: Letter to Schrödinger, 31.5.1928; published in K. Przibram (*ed.*): *Briefe Zur Wellenmechanik*, 1963.

Einstein [1931]: 'Gedenkworte auf Albert A. Michelson', *Zeitschrift für angewandte Chemie*, **44**, p. 658.

Einstein [1949]: 'Autobiographical Notes', in Schilpp (*ed.*): *Albert Einstein, Philosopher, Scientist*, I, p. 2–95.

Ellis and Mott [1933]: 'Energy Relations in the ß-Ray Type of Radioactive Disintegration', *Proceedings of the Royal Society of London*, Series A, **96**, pp. 502–511.

Ellis and Wooster [1927]: 'The average Energy of Disintegration of Radium E', *Proceedings of the Royal Society*, Series A, **117**, pp. 109–123.

Evans [1913]: 'The Spectra of Helium and Hydrogen', *Nature*, **92**, p. 5.

Fermi [1933]: 'Tentativo di una teoria dell emissione dei raggi „beta"', *Ricerci Scientifica*, **4**(2), pp. 491–495.

Fermi [1934]: 'Versuch einer Theorie der ß-Strahlen, I', *Zeitschrift für Physik*, **88**, pp. 161–177.

Feyerabend [1959]: 'Comments on Grünbaum's „Law and Convention in Physical Theory"', in Feigl and Maxwell (*eds*): *Current Issues in the Philosophy of Science*, 1961, pp. 155–161.

Feyerabend [1965]: 'Reply to Criticism', in Cohen and Wartofsky (*eds*): *Boston Studies in the Philosophy of Science*, II, pp. 223–261.

Feyerabend [1968–1969]: 'On a Recent Critique of Complementarity', *Philosophy of Science*, **35**, pp. 309–331 and **36**, pp. 82–105.

Feyerabend [1969]: 'Problems of Empiricism II', in Colodny (*ed.*): *The Nature and Function of Scientific Theory*, 1969.

Feyerabend [1970]: 'Against Method', *Minnesota Studies for the Philosophy of Science*, **4**, 1970.

Fowler [1912]: 'Observations of the Principal and Other Series of lines in the Spectrum of Hydrogen', *Monthly Notices of the Royal Astronomical Society*, **73**, pp. 62–71.

Fowler [1913a]: 'The Spectra of Helium and Hydrogen', *Nature*, **92**, p. 95.

Fowler [1913b]: 'The Spectra of Helium and Hydrogen', *Nature*, **92**, p. 232.

Fowler [1914]: 'Series Lines in Spark Spectra', *Proceedings of the Royal Society of London (A)*, **90**, pp. 426–430.

Fresnel [1818]: 'Lettre à François Arago sur l'Influence du Mouvement Terrestre dans quelques Phénomènes Optiques', *Annales de Chimie et de Physique*, **9**, pp. 57 ff.

Galileo [1632]: *Dialogo dei Massimi Sistemi*, 1632.

Gamow [1966]: *Thirty Years that Shook Physics,* 1966.

Grünbaum [1959a]: 'The Falsifiability of the Lorentz-Fitzgerald Contraction Hypothesis', *British Journal for the Philosophy of Science,* **10,** pp. 48–50.

Grünbaum [1959b]: 'Law and Convention in Physical Theory', in Feigl and Maxwell (*eds*): *Current Issues in the Philosophy of Science,* 1961, pp. 40–155.

Grünbaum [1960]: 'The Duhemian Argument', *Philosophy of Science,* **II,** pp. 75–87.

Grünbaum [1969]: 'Can We Ascertain the Falsity of a Scientific Hypothesis?', *Studium Generale,* **22,** pp. 1061–1093.

Heisenberg [1932]: *Zeitschrift für Physik,* **77.**

Heisenberg [1955]: 'The Development of the Interpretation of Quantum Theory', in Pauli (*ed.*): *Niels Bohr and the Development of Physics,* 1955.

Hempel [1937]: Review of Popper's [1934], *Deutsche Literaturzeitung,* 1937, pp. 309–314.

Hempel [1952]: 'Some Theses on Empirical Certainty', *The Review of Metaphysics,* **5,** pp. 620–621.

Henderson [1934]: 'The Upper Limits of the Continuous ß-ray Spectra of Thorium C and C¹¹', *Proceedings of the Royal Society of London,* Series A, **147,** pp. 572–582.

Hevesy [1913]: 'Letter to Rutherford, 14. 10. 1913', quoted in Bohr [1963], p. XLII.

Hund [1961]: 'Göttingen, Copenhagen, Leipzig im Rückblick', in Bopp (*ed.*): *Werner Heisenberg und die Physik unserer Zeit,* Braunschweig 1961.

Jaffe [1960]: *Michelson and the Speed of Light,* 1960.

Jammer [1966]: *The Conceptual Development of Quantum Mechanics,* 1966.

Joffé [1911]: 'Zur Theorie der Strahlungserscheinungen', *Annalen der Physik,* **36,** pp. 534–552.

Juhos [1966]: 'Über die empirische Induktion', *Studium Generale,* **19,** pp. 259–272.

Keynes [1921]: *A Treatise on Probability,* 1921.

Koestler [1959]: *The Sleepwalkers,* 1959.

Konopinski and Uhlenbeck [1935]: 'On the Fermi theory of ß-radioactivity', *Physical Review,* **48,** pp. 7–12.

Koyré [1965]: *Newtonian Studies.*

Kramers [1923]: 'Das Korrespondenzprinzip und der Schalenbau des Atoms', *Die Naturwissenschaften,* **II,** pp. 550–559.

Kudar [1929–1930]: 'Der wellenmechanische Charakter des ß-Zerfalls, I–II–III', *Zeitschrift für Physik,* **57,** pp. 257–260, **60,** pp. 168–175 and 176–183.

Kuhn [1962]: *The Structure of Scientific Revolutions,* 1962.

Kuhn [1965]: 'Logic of Discovery or Psychology of Research', *this volume,* pp. 1–24.

Lakatos [1962]: 'Infinite Regress and the Foundations of Mathematics', *Aristotelian Society Supplementary Volume,* **36,** pp. 155–184.

Lakatos [1963–1964]: 'Proofs and Refutations', *The British Journal for the Philosophy of Science,* **14,** pp. 1–25, 120–139, 221–243, 296–342.

Lakatos [1968a]: 'Changes in the Problem of Inductive Logic', in Lakatos (*ed.*): *The Problem of Inductive Logic,* 1968, pp. 315–417.

Lakatos [1968b]: 'Criticism and the Methodology of Scientific Research Programmes', in *Proceedings of the Aristotelian Society,* **69,** pp. 149–186.

Lakatos, I. [1971a]: 'Popper zum Abgrenzungs- und Induktionsproblem', in H. Lenk (*ed.*): *Neue Aspekte der Wissenschaftstheorie.*

Lakatos I. [1971b]: 'History of Science and its Rational Reconstructions', in R. C. Buck and R. S. Cohen (*eds.*): *PSA 1970, Boston Studies for the Philosophy of Science,* **8** (Beitrag 10 in diesem Band).

Lakatos, I. [1971c]: 'Replies to Critics', in R. C. Buck and R. S. Cohen (*eds.*): *PSA 1970, Boston Studies for the Philosophy of Science,* **8.**

Lakatos [1975]: *Proofs and Refutations and other Essays in the Philosophy of Mathematics*.

Laplace [1796]: *Exposition du Système du Monde*, 1796.

Larmor [1904]: 'On the Ascertained Absence of Effects of Motion through the Aether, in Relation to the Constitution of Matter, and on the Fitzgerald-Lorentz Hypothesis', *Philosophical Magazine*, Series **6**, **7**, pp. 621–625.

Laudan [1965]: 'Grünbaum on „The Duhemian Argument" ', *Philosophy of Science*, **32**, pp. 295–299.

Leibniz [1678]: Letter to Conring, 19. 3. 1678.

Le Roy [1899]: 'Science et Philosophie', *Revue de Métaphysique et de Morale*, **7**, pp. 375–425, 503–562, 706–731.

Le Roy [1901]: 'Un Positivisme Nouveau', *Revue de Métaphysique et de Morale*, **9**, pp. 138–153.

Lorentz [1886]: De l'Influence du Mouvement de la Terre sur les Phénomènes Lumineux', *Versl. Kon. Akad. Wetensch. Amsterdam*, **2**, pp. 297–358. Reprinted in Lorentz: *Collected Papers*, **4**, 1937, pp. 153–218.

Lorentz [1892a]: 'The Relative Motion of the Earth and the Ether', *Versl. Kon. Akad. Wetensch. Amsterdam*, **I**, pp. 74–77. Reprinted in Lorentz: *Collected Papers*, **4**, 1937, pp. 219–223.

Lorentz [1892b]: 'Stokes' Theory of Aberration', *Versl. Kon. Akad. Wetensch. Amsterdam*, **I**, pp. 97–103. Reprinted in Lorentz: *Collected Papers*, **4**, 1937, pp. 224–231.

Lorentz [1895]: *Versuch einer Theorie der electrischen und optischen Erscheinungen in bewegten Körpern*, 1895, § 89–92.

Lorentz [1897]: 'Concerning the Problem of the Dragging Along of the Ether by the Earth', *Versl. Kon. Akad. Wetensch. Amsterdam*, **6**, pp. 266–272. Reprinted in Lorentz: *Collected Papers*, **4**, 1937, pp. 237–244.

Lorentz [1923]: 'The Rotation of the Earth and its Influence on Optical Phenomena', *Nature*, **112**, pp. 103–104.

Lykken [1968]: 'Statistical Significance in Psychological Research', *Psychological Bulletin*, **70**, pp. 151–159.

McCulloch [1825]: *The Principles of Political Economy: With a Sketch of the Rise and Progress of the Science*, 1825.

MacLaurin [1748]: *Account of Sir Isaac Newton's Philosophical Discoveries*, 1748.

Margenau [1950]: *The Nature of Physical Reality*, 1950.

Marignac [1860]: 'Commentary on Stas' Researches on the Mutual Relations of Atomic Weights', reprinted in *Prout's Hypothesis*, Alembic Club Reprints, **20**, pp. 48–58.

Maxwell [1871]: *Theory of Heat*, 1871.

Medawar [1967]: *The Art of the Soluble*, 1967.

Medawar [1969]: *Induction and Intuition in Scientific Thought*, 1969.

Meehl [1967]: 'Theory Testing in Psychology and Physics: a Methodological Paradox', *Philosophy of Science*, **34**, pp. 103–115.

Meitner [1933]: 'Kernstruktur', in Geiger-Scheel (*eds.*): *Handbuch der Physik*, Zweite Auflage, **22/I**, pp. 118–152.

Meitner and Orthmann [1930]: 'Über eine absolute Bestimmung der Energie der primären ß-Strahlen von Radium E', *Zeitschrift für Physik*, **60**, pp. 143–155.

Michelson [1881]: 'The Relative Motion of the Earth and the Luminiferous Ether', *American Journal of Science*, Ser. 3, **22**, pp. 120–129.

Michelson [1891–1892]: 'On the Application of Interference Methods to Spectroscopic Measurements, I–II', *Philosophical Magazine*, Ser. 3, **31**, pp. 338–346, and **34**, pp. 280–299.

Michelson [1897]: 'On the Relative Motion of the Earth and the Ether', *American Journal of Science*, Ser. 4, **3**, pp. 475–478.

Michelson and Gale [1925]: 'The Effect of the Earth's Rotation on the Velocity of Light', *Astrophysical Journal*, **61**, pp. 137–145.

Michelson and Morley [1887]: 'On the Relative Motion of the Earth and the Luminiferous Ether', *American Journal of Science*, Ser. 3, **34**, pp. 333–345.

Milhaud [1896]: 'La Science Rationnelle', *Revue de Métaphysique et de Morale*, **4**, pp. 280–302.

Mill [1843]: *A System of Logic, Ratiocinative and Inductive, Being a Connected View of the Principles of Evidence, and the Methods of Scientific Investigation*, 1843.

Miller [1925]: 'Ether-Drift Experiments at Mount Wilson', *Science*, **41**, pp. 617–621.

Morley and Miller [1904]: Letter to Kelvin, published in *Philosophical Magazine*, Ser. 6, **8**, pp. 753–754.

Moseley [1914]: 'Letter to Nature', *Nature*, **92**, p. 554.

Mott [1933]: 'Wellenmechanik und Kernphysik', in Geiger and Scheel (*eds.*): *Handbuch der Physik*, Zweite Auflage, **24/I**, pp. 785–841.

Musgrave [1968]: 'On a Demarcation Dispute', in Lakatos and Musgrave (*eds.*): *Problems in the Philosophy of Science*, 1968, pp. 78–88.

Musgrave [1969a]: *Impersonal Knowledge*, Ph. D. Thesis, University of London, 1969.

Musgrave [1969b]: Review of Ziman's 'Public Knowledge: An Essay Concerning the Social Dimensions of Science', in *The British Journal for the Philosophy of Science*, **20**, pp. 92–94.

Nagel [1961]: *The Structure of Science*, 1961.

Nagel [1967]: 'What is True and False in Science: Medawar and the Anatomy of Research', *Encounter*, **29**, No. 3, pp. 68–70.

Nature [1913–1914]: 'Physics at the British Association', *Nature*, **92**, pp. 305–309.

Neurath [1935]: 'Pseudorationalismus der Falsifikation', *Erkenntnis*, **5**, pp. 353–365.

Nicholson [1913]: 'A Possible Extension of the Spectrum of Hydrogen', *Monthly Notices of the Royal Astronomical Society*, **73**, pp. 382–385.

Pauli [1958]: 'Zur älteren und neueren Geschichte des Neutrinos', published in Pauli, *Aufsätze und Vorträge über Physik und Erkenntnistheorie*, 1961, pp. 156–180.

Pearce Williams [1968]: *Relativity Theory: Its Origins and Impact on Modern Thought*, 1968.

Peierls [1936]: 'Interpretation of Shankland's Experiment', *Nature*, **137**, p. 904.

Planck [1900a]: 'Über eine Verbesserung der Wienschen Spektralgleichung', *Verhandlungen der Deutschen Physikalischen Gesellschaft*, **2**, pp. 202–204; English translation in Ter Haar [1967].

Planck [1900b]: 'Zur Theorie des Gesetzes der Energieverteilung im Normalspektrum', *Verhandlungen der Deutschen Physikalischen Gesellschaft*, **2**, pp. 237–245; English translation in Ter Haar [1967].

Planck [1929]: 'Zwanzig Jahre Arbeit am Physikalischen Weltbild', *Physica*, **9**, pp. 193–222.

Planck [1947]: *Scientific Autobiography*, published posthumously in German in 1948, in English translation in 1950.

Poincaré [1891]: 'Les géométries non euclidiennes', *Revue des Sciences Pures et Appliquées*, **2**, pp. 769–774.

Poincaré [1902]: *La Science et l'Hypothèse*, 1902.

Polanyi [1958]: *Personal Knowledge, Towards a Post-critical Philosophy*, 1958.

Popkin [1968]: 'Scepticism, Theology and the Scientific Revolution in the Seventeenth Century', in Lakatos and Musgrave (*eds.*): *Problems in the Philosophy of Science*, 1968, pp. 1–28.

Popper [1933]: 'Ein Kriterium des empirischen Charakters theoretischer Systeme', *Erkenntnis*, **3**, pp. 426–427.

Popper [1934]: *Logik der Forschung*, 1935 (expanded English edition: Popper [1959a]).

Popper [1935]: 'Induktionslogik und Hypothesenwahrscheinlichkeit', *Erkenntnis*, **5**, pp. 170–172.

Popper [1940]: 'What is Dialectic?', *Mind*, N.S. **49**, pp. 403–426; reprinted in Popper [1963], pp. 312–335.

Popper [1945]: *The Open Society and its Enemies*, I–II, 1945.

Popper [1957a]: 'The Aim of Science', *Ratio*, **I**, pp. 24–35.

Popper [1957b]: *The Poverty of Historicism*, 1957.

Popper [1958]: 'Philosophy and Physics'; published in *Atti del XII Congresso Internazionale di Filosofia*, Vol. 2, 1960, pp. 363–374.

Popper [1959a]: *The Logic of Scientific Discovery*, 1959.

Popper [1959b]: 'Testability and „ad-Hocness" of the Contraction Hypothesis', *British Journal for the Philosophy of Science*, **10**, p. 50.

Popper [1963]: *Conjectures and Refutations*, 1963.

Popper [1965]: 'Normal Science and its Dangers', *this volume*, pp. 51–57.

Popper [1968a]: 'Epistemology without a Knowing Subject', in Rootselaar-Staal (*eds.*): *Proceedings of the Third International Congress for Logic, Methodology and Philosophy of Science*, Amsterdam, 1968, pp. 333–373.

Popper [1968b]: 'On the Theory of the Objective Mind', in *Proceedings of the XIV International Congress of Philosophy*, **I**, 1968, pp. 25–53.

Popper [1968c]: 'Remarks on the Problems of Demarcation and Rationality', in Lakatos and Musgrave (*eds.*): *Problems in the Philosophy of Science*, 1968, pp. 88–102.

Popper [1969]: 'A Realist View of Logic, Physics and History', in Yourgrau (*ed.*): *Logic, Physics and History*, 1969.

Power [1964]: *Introductory Quantum Electrodynamics*, 1964.

Prokhovnik [1967]: *The Logic of Special Relativity*, 1967.

Prout [1815]: 'On the Relation between the Specific Gravities of Bodies in their Gaseous State and the Weights of their Atoms', *Annals of Philosophy*, **6**, pp. 321–330; reprinted in *Prout's Hypothesis*, Alembic Club Reprints, **20**, 1932.

Quine [1953]: *From a Logical Point of View*, 1953.

Rabi [1961]: 'Atomic Structure', in G. M. Murphy and M. H. Shamos (*eds.*): *Recent Advances in Science*, 1956.

Reichenbach [1951]: *The Rise of Scientific Philosophy*, 1951.

Runge [1925]: 'Äther und Relativitätstheorie', *Die Naturwissenschaften*, **13**, p. 440.

Russell [1914]: *The Philosophy of Bergson*, 1914.

Russell [1943]: 'Reply to Critics', in Schilpp (*ed.*): *The Philosophy of Bertrand Russell*, 1943, pp. 681–741.

Russell [1946]: *History of Western Philosophy*, 1946.

Rutherford, Chadwick and Ellis [1930]: *Radiations from Radioactive Substances*, 1930.

Schlick [1934]: 'Über das Fundament der Erkenntnis', *Erkenntnis*, **4**, pp. 79–99; published in English in Ayer (*ed.*): *Logical Positivism*, 1959, pp. 209–227.

Schrödinger [1958]: 'Might perhaps Energy be merely a Statistical Concept?', *Il Nouvo Cimento*, **9**, pp. 162–170.

Shankland [1936]: 'An Apparent Failure of the Photon Theory of Scattering', *Physical Review*, **49**, pp. 8–13.

Shankland [1964]: 'Michelson-Morley Experiment', *American Journal of Physics*, **32**, pp. 16–35.

Soddy [1932]: *The Interpretation of the Atom*, 1932.

Sommerfeld [1916]: 'Zur Quantentheorie der Spektrallinien', *Annalen der Physik*, **51**, pp. 1–94 and 125–67.

Stebbing [1914]: *Pragmatism and French Voluntarism*, 1914.

Stegmüller [1966]: 'Explanation, Prediction, Scientific Systematization and Non-Explanatory Information', *Ratio*, **8**, pp. 1–24.

Stokes [1845]: 'On the Aberration of Light', *Philosophical Magazine*, Third Series, **27**, pp. 9–15.

Stokes [1846]: 'On Fresnel's Theory of the Aberration of Light', *Philosophical Magazine*, Third Series, **28**, pp. 76–81.

Synge [1952–1954]: 'Effects of Acceleration in the Michelson-Morley Experiment', *The Scientific Proceedings of the Royal Dublin Society*, New Series, **26**, pp. 45–54.

Ter Haar [1967]: *The Old Quantum Theory*, 1967.

Thomson [1929]: 'On the Waves associated with ß-rays, and the Relation between Free Electrons and their Waves', *Philosophical Magazine,* Seventh Series, **7,** pp. 405–417.

Toulmin [1967]: 'The Evolutionary Development of Natural Science', *American Scientist,* **55,** pp. 456–471.

Treiman [1959]: 'The Weak Interactions', *Scientific American,* **200,** pp. 72–84.

Truesdell [1960]: 'The Program toward Rediscovering the Rational Mechanics in the Age of Reason', *Archive of the History Exact Sciences,* **I,** pp. 3–36.

Uhlenbeck and Goudsmit [1925]: 'Ersetzung der Hypothese vom unmechanischen Zwang durch eine Forderung bezüglich des inneren Verhaltens jedes einzelnen Electrons', *Die Naturwissenschaften,* **13,** pp. 953–954.

van der Waerden [1967]: *Sources of Quantum Mechanics,* 1967.

Watkins [1957]: 'Between Analytic and Empirical', *Philosophy,* **32,** pp. 112–131.

Watkins [1958]: 'Influential and Confirmable Metaphysics', *Mind,* N.S. **67,** pp. 344–365.

Watkins [1960]: 'When are Statements Empirical?', *British Journal for the Philosophy of Science,* **10,** pp. 287–308.

Watkins [1968]: 'Hume, Carnap and Popper', in Lakatos (*ed.*): *The Problem of Inductive Logic,* 1968, pp. 271–282.

Whewell [1837]: *History of the Inductive Sciences, from the Earliest to the Present Time.* Three volumes, 1837.

Whewell [1840]: *Philosophy of the Inductive Sciences, Founded upon their History.* Two volumes, 1840.

Whewell [1851]: 'On the Transformation of Hypotheses in the History of Science', *Cambridge Philosophical Transactions,* **9,** pp. 139–147.

Whewell [1858]: *Novum Organon Renovatum.* Being the second part of the philosophy of the inductive sciences. Third edition, 1858.

Whewell [1860]: *On the Philosophy of Discovery, Chapters Historical and Critical,* 1860.

Whittaker [1947]: *From Euclid to Eddington,* 1947.

Whittaker [1953]: *History of the Theories of Aether and Electricity,* Vol. II, 1953.

Wisdom [1963]: 'The Refutability of „Irrefutable" Laws', *The British Journal for the Philosophy of Science,* **13,** pp. 303–306.

Wu [1966]: 'Beta Decay', in *Rendiconti della Scuola Internazionale di Fisica,* „Enrico Fermi", XXXII Corso.

Wu and Moszkowski [1966]: *Beta Decay,* 1966.

Kuhns Struktur wissenschaftlicher Revolutionen – ein Trostbüchlein für Spezialisten? [1])

Paul K. Feyerabend
University of California, Berkeley

„Seit Jahren schon hänge ich Leute auf, aber einen solchen Radau hab' ich noch nie erlebt." (Bemerkung Edward Miltons, des 'Erhebenden', Scharfrichter auf Halbtagsdauer in Rhodesien, anläßlich von Kundgebungen gegen die Todesstrafe. „Er war", schreibt das *Time Magazin* am 15. März 1968, „beruflich unfähig, die Aufregung zu verstehen.")

1. Einleitung

In den Jahren 1960/1961, als Kuhn ein Mitglied der philosophischen Abteilung der Universität Kalifornien in Berkeley war, hatte ich das Glück, mit ihm über verschiedene Aspekte der Wissenschaft Gespräche führen zu können. Ich habe von diesen Diskussionen eine Unmenge gelernt, und ich sehe die Wissenschaft seither in einem völlig neuen Licht. [2]) Aber während ich Kuhns *Probleme* zu erkennen glaubte und während ich versuchte, gewisse

---

[1]) Eine frühere Version dieses Essays wurde in Professor Poppers Seminar an der London School of Economics verlesen. Ich möchte Professor Popper für diese Gelegenheit und für seine ausführliche Kritik herzlich danken. Ebenso danke ich den Herren Howson und Worrall für ihre wertvolle Hilfe in Stilfragen und Fragen der Herausgabe.

[2]) Die Kritik gewisser Züge der zeitgenössischen Methodologie in meinen Aufsätzen [1969] und [1970] ist nur ein verspätetes Zeichen dieses Einflusses.

Aspekte der Wissenschaft zu verstehen, auf die er verwiesen hatte (Beispiel: die Allgegenwärtigkeit von Anomalien), war es mir ganz unmöglich, die *Wissenschaftstheorie* zu akzeptieren, die er empfahl, und die allgemeine *Ideologie,* die meiner Ansicht nach den Hintergrund seiner Überlegungen bildete, schien mir noch größeren Einwänden ausgesetzt. Diese Ideologie, so glaubte ich, war nichts anderes als eine Grundlage für ein eingebildetes und kurzsichtiges Spezialistentum. Den Fortschritt des Wissens würde sie hemmen, und sie würde auch jene antihumanitären Tendenzen stärken, die ein so beunruhigender Zug des Großteils der nachnewtonschen Naturwissenschaft sind.[3]) In allen diesen Punkten blieben meine Diskussionen mit Kuhn ergebnislos. Mehrmals unterbrach er eine lange Predigt von mir mit dem Hinweis, daß ich ihn mißverstanden hätte oder daß unsere Ansichten einander näher stünden, als ich es hätte erscheinen lassen. Wenn ich nun heute an unsere damaligen Debatten zurückdenke,[4]) so scheint es mir, daß ich mit meinen Zweifeln nicht völlig im Irrtum war. Meine Ansicht wird erhärtet durch den Umstand, daß so gut wie alle Leser von Kuhns *Struktur* das Werk in ähnlicher Weise verstehen und daß gewisse Tendenzen in der modernen Soziologie und Psychologie das Ergebnis genau dieser Interpretation sind. Ich hoffe also, daß mir Kuhn verzeihen wird, wenn ich unsere alten Probleme wieder in Angriff nehme, und daß er es mir nicht übelnehmen wird, wenn ich mich in meinem Versuch zur Kürze gelegentlich etwas schroff ausdrücke.

2.   Zweideutigkeit der Darstellung

Sooft ich Kuhn lese, macht mir die folgende Frage Schwierigkeiten: Haben wir es hier mit *methodologischen Vorschriften* zu tun, die uns anweisen, wie der Wissenschaftler vorgehen soll, oder handelt es sich um eine bloße *Beschreibung* jener Tätigkeiten, die man gewöhnlich wissenschaftlich nennt? Kuhns Schriften, so scheint es mir, lassen keine eindeutige Antwort auf diese Frage zu. Sie sind *zweideutig* in dem Sinn, daß sie beide Auslegungen gestatten und unterstützen. Diese Zweideutigkeit (deren stilistischer Ausdruck und deren geistige Wirkung an ähnliche Zweideutigkeiten bei Hegel und Wittgenstein erinnert) ist durchaus nicht von nebensächlicher Bedeutung. Sie hat einen entscheidenden Einfluß auf Kuhns Leser, und sie führt dazu, daß sie ihr eigenes Fach auf eine Weise betrachten und in einer Art behandeln, die nicht von Vorteil ist. Mehrere Sozialwissenschaftler haben mir erklärt, daß sie nun endlich gelernt hätten, wie ihr Fachgebiet in eine 'Wissenschaft' verwandelt werden könne, wobei sie natürlich meinten, daß die Verwandlung einer *Verbesserung* gleichkomme. Das Rezept besteht nach ihrer Ansicht aus den folgenden Elementen: Einschränkung der Kritik; Reduktion der Anzahl umfassender Theorien auf eine; Schaffung einer Normalwissenschaft, die diese eine Theorie als Paradigma hat.[5]) Studenten sind von Spekulation auf Grund mehrerer Theorien abzuhalten, und die mehr unruhigen Kollegen müssen auf Vordermann gebracht und zu 'ernster' Arbeit gezwungen werden. *Ist das die Situation, die Kuhn erreichen*

---

[3]) Vgl. Feyerabend [1970].
[4]) Einige dieser Debatten fanden im ehemaligen *Café Old Europe* auf der Telegraph Avenue statt und amüsierten die anderen Kunden durch ihre laute, aber freundliche Vehemenz.
[5]) Siehe z. B. Reagan [1967], S. 1385: „Wir [d. h. die Sozialwissenschaftler] sind noch in einem Zustand, der nach Kuhn als 'vorparadigmatisch' bezeichnet werden muß; Übereinstimmung über Grundbegriffe und theoretische Annahmen muß erst zustandekommen."

will?[6]) Ist es seine Absicht, eine historisch-wissenschaftliche Rechtfertigung für das wachsende Bedürfnis nach Identifikation mit einer Gruppe zu besorgen? Verlangt er, daß jede Wissenschaft den monolithischen Charakter, sagen wir, der Quantentheorie von 1930 nachahme? Glaubt er, daß eine so aufgebaute Disziplin Vorteile hat? Daß sie zu besseren, zahlreicheren, interessanteren Ergebnissen führen wird? Oder ist seine Popularität unter den Soziologen bloß ein nicht beabsichtigter Nebeneffekt einer Schrift, deren einziges Ziel es war zu berichten, *„wie es wirklich gewesen"*, ohne auch nur ein einziges Werturteil über das Berichtete zu fällen? Aber wenn das das einzige Ziel ist, woher kommen dann die Mißverständnisse? Und wozu dient der zweideutige und gelegentlich sehr moralisierende Stil?

Ich habe die Vermutung, daß die Zweideutigkeit *beabsichtigt* ist, und ich glaube, daß Kuhn ihre propagandistischen Möglichkeiten voll auszunutzen gedenkt. Auf der einen Seite sucht er nach einer soliden, 'objektiven', historischen Basis für Werturteile, die er, wie auch viele andere Denker, für willkürlich und 'subjektiv' zu halten scheint. Andrerseits sieht er sich nach einer zweiten Widerstandslinie für den Rückzug um: auf den Einwand, daß Werte sich nicht aus Tatsachen herleiten lassen, kann er entgegnen, daß keine Ableitung vorliegt, sondern nur eine Beschreibung. Meine erste Frage ist also die: Warum die Zweideutigkeit? Wie soll man sie verstehen? Was hält Kuhn von Anhängern wie den eben beschriebenen? Haben sie ihn mißverstanden? Oder sind sie rechtmäßige Vertreter einer neuen Sicht der Wissenschaft?

3.   · Rätsellösen als Kriterium der Wissenschaft

Lassen wir nun das Problem der Darstellung beiseite, und nehmen wir an, daß Kuhn in der Tat nichts anderes geben will als eine *Beschreibung* gewisser einflußreicher Ereignisse und Institutionen.

Nach dieser Deutung ist es die Existenz einer Tradition des Rätsellösens, die die Wissenschaften *de facto* von anderen Tätigkeiten unterscheidet. Die Unterscheidung ist „viel sicherer und unmittelbarer", sie ist „zugleich weniger zweideutig und mehr fundamental"[7]) als eine Unterscheidung, die sich auf andere und in der Wissenschaft ebenfalls vorhandene Eigenschaften stützt. Wenn nun die Existenz einer rätsellösenden Tradition wirklich so wichtig

---

[6]) Die Physiologie, die Neurophysiologie und gewisse Teile der Psychologie sind der zeitgenössischen Physik darin weit überlegen, daß sie die Diskussion von Grundlagen zu einem wesentlichen Teil selbst einer hochspezialisierten Untersuchung machen können. Begriffe sind nie völlig stabil, sie bleiben offen und werden bald durch die eine, bald durch die andere Theorie beleuchtet. Nichts deutet darauf hin, daß die Forschung durch die mehr 'philosophische' Einstellung behindert wird, die nach Kuhn einer solchen Prozedur zugrundeliegt (vgl. in diesem Band, S. 6 f.). (Der Mangel an Klarheit in der Idee der Wahrnehmung hat zum Beispiel zu vielen interessanten empirischen Untersuchungen geführt, von denen einige ganz unerwartete und hochwichtige Ergebnisse gezeitigt haben. Vgl. Epstein [1967], besonders S. 6–18.) Ganz im Gegenteil, man begegnet einer besseren Einsicht in die Grenzen unseres Wissens, seiner Verbundenheit mit der menschlichen Natur, und man begegnet auch einer größeren Vertrautheit mit der Geschichte des Gegenstandes. Vergangene Ideen werden nicht nur in der Geschichte des Faches *festgehalten,* sie werden auch bei der Lösung aktueller Probleme des Faches selbst *aktiv eingesetzt.* Muß man nicht zugeben, daß all das in einem günstigen Kontrast zur humorlosen Hingebung und dem konstipierten Stil einer 'Normalwissenschaft' steht?
[7]) Dieser Band, S. 8.

ist, wenn sie es ist, die eine spezifische und wohl erkennbare Disziplin vereint und charakterisiert, dann sehe ich nicht, wie es uns gelingen soll, etwa die Oxford-Philosophie oder, um ein noch extremeres Beispiel zu wählen, das *organisierte Verbrechertum* aus unseren Betrachtungen auszuschließen.

Das organisierte Verbrechertum ist ja zweifellos Rätsellösen *par excellence.* Jede Behauptung, die Kuhn über die Normalwissenschaft aufstellt, bleibt wahr, wenn wir das Wort 'Normalwissenschaft' durch die Worte 'organisiertes Verbrechertum' ersetzen; und jede Behauptung, die er über den 'individuellen Wissenschaftler' niedergeschrieben hat, paßt auch z. B. auf den individuellen Einbrecher und Tresorknacker.

Kriminelle kümmern sich sicher nur wenig um die Grundlagenforschung,[8]) obwohl es auch hier hervorragende Individuen gibt wie etwa Dillinger, die neue und revolutionäre Ideen einführen.[9]) Der Berufsverbrecher kennt die rohen Umrisse der zu erwartenden Phänomene, und so „hört er im großen und ganzen auf, ein Entdecker zu sein...; zumindest ist er kein Erforscher des Unbekannten mehr [von einem Einbrecher erwartet man ja schließlich, daß er alle Tresortypen kennt; und wenn der Durchschnittseinbrecher dieses Wissen auch nicht immer besitzt, so hat es der Fachmann ganz sicher]. Er bemüht sich vielmehr, das Bekannte zu artikulieren und zu konkretisieren [zum Beispiel, er will die individuellen Eigentümlichkeiten des besonderen Geldschrankes kennenlernen, den er vor sich hat], und er entwirft zu diesem Zwecke spezielle Apparate und spezielle Versionen der grundlegenden Theorie."[10]) Mißerfolg bedeutet mangelnde „Kompetenz... in den Augen seiner Fach-Rivalen"[11]), und es ist immer „der individuelle Wissenschaftler [der individuelle Einbrecher] und nicht die gängige Theorie [z. B. die gängige Theorie des Elektromagnetismus], die überprüft wird";[12]) „der Praktiker, nicht seine Geräte tragen die Schuld".[13]) Und so können wir Schritt für Schritt identifizieren, bis zum letzten Posten auf Kuhns Liste. Die Situation wird nicht besser, wenn man auf die Existenz von *Revolutionen* verweist. Erstens befassen wir uns ja mit der These, daß die Normalwissenschaft durch die Tradition des Rätsellösens charakterisiert wird. Zweitens gibt es keinen Grund, warum Verbrecher hinter Wissenschaftlern in der Meisterung von Schwierigkeiten zurückbleiben sollten. Und wenn der Druck, der von einer zunehmenden Zahl von Anomalien ausgeht, in der Tat zuerst zu einer Krise und dann zu einer Revolution führt, dann wird doch die Krise um so früher auftreten, je größer der Druck ist. Der Druck auf die Mitglieder einer Verbrecherbande und auf ihre 'professionellen Kumpane' ist nun sicher viel größer als der Druck auf die Wissenschaftler – die letzteren haben ja kaum je etwas mit der Polizei zu tun (was sie nicht unbedingt weniger verbrecherisch macht). Wohin wir uns auch wenden – die Unterscheidung, die wir suchen, kommt nicht zum Vorschein.

Das Ergebnis ist keinesfalls überraschend. Denn Kuhn, wie wir ihn jetzt interpretieren und wie er auch oft selbst verstanden sein will, hat ja etwas sehr Wichtiges versäumt. Er

---

[8]) Vgl. Kuhn [1961*a*], S. 357.

[9]) Dillinger hat die Technik des Bankeinbruchs dadurch bedeutend verbessert, daß er Generalproben in lebensgroßen Modellen der Zielbank, die er auf seiner Farm erbaute, abhalten ließ. Er widerlegte so Andrew Carnegie's 'Pioneering don't pay'.

[10]) Kuhn [1961*a*], S. 363.

[11]) Dieser Band, S. 10; vgl. auch S. 7 und Anm. 7 auf S. 5.

[12]) Dieser Band, S. 5.

[13]) Dieser Band, S. 7; vgl. auch Kuhn [1962], S. 79.

hat es versäumt, das *Ziel* der Wissenschaft zu diskutieren. Selbst der unbedeutendste Schwindler weiß, daß er neben Erfolg und Popularität bei seinesgleichen vor allem eines will: er will Geld. Er weiß auch, daß seine normale kriminelle Tätigkeit ihn diesem gewünschten Gegenstand näherbringt. Er weiß, daß sein Einkommen und seine Stellung auf der Rangleiter des Verbrechertums mit seiner Tüchtigkeit im Rätsellösen und seiner Anpassungsfähigkeit an die Gemeinschaft der Mitverbrecher zunimmt. Geld ist sein Ziel. Was ist das Ziel des Wissenschaftlers? Und, wenn man das Ziel betrachtet, ist die Normalwissenschaft der Weg, auf dem man es erreicht? Oder sind Wissenschaftler (und Oxford-Philosophen) weniger rational als Einbrecher und Heiratsschwindler, und „tun sie, was sie tun", [14]) ohne Rücksicht auf ein Ziel? Das sind die Fragen, die sich erheben, wenn man sich auf den rein beschreibenden Aspekt der Kuhnschen Darstellung beschränken will.

4.   Funktion der Normalwissenschaft

Um diese Fragen beantworten zu können, müssen wir jetzt nicht nur die *tatsächliche Struktur* von Kuhns Normalwissenschaft ins Auge fassen, wir müssen uns auch ihre *Funktion* überlegen. Die Normalwissenschaft, sagt Kuhn, ist eine *notwendige Voraussetzung von Revolutionen.*

Nach diesem Teil des Arguments hat die stumpfsinnige Tätigkeit, die mit der 'reifen' Wissenschaft verbunden ist, weitreichende Einflüsse sowohl auf den *Inhalt* unserer Ideen als auch auf ihre *Solidität*. Diese Aktivität, diese Beschäftigung mit 'winzigen Rätseln', führt zu einem genauen Aneinanderpassen von Theorie und Realität, und sie beschleunigt auch den Fortschritt. Sie tut das aus verschiedenen Gründen. Erstens wird der Wissenschaftler vom akzeptierten Paradigma geführt: „Ein Blick auf Baconische Naturgeschichten oder auf den vorparadigmatischen Entwicklungszustand einer Wissenschaft zeigt, daß die Natur zu kompliziert ist, um auch nur annähernd blindlings erforscht zu werden."[15]) Dieser Gesichtspunkt ist nicht neu. Der Versuch, Wissen zu schaffen, braucht eine Führung, er kann nicht mit dem Nichts beginnen. Genauer: Man braucht eine Theorie, einen Gesichtspunkt, der es dem Forscher ermöglicht, Wesentliches von Irrelevantem zu trennen, und der ihn informiert, in welchen Bereichen die Forschung am ehesten zu nennenswerten Ergebnissen führen wird.

Diesem wohlbekannten Gedanken gibt nun Kuhn eine besondere Wendung. Er verteidigt nämlich nicht nur den *Gebrauch* theoretischer Annahmen, sondern er empfiehlt darüber hinaus die *exklusive Auswahl* einer bestimmten Menge von Ideen, das monomanische Interesse an einem einzigen Gesichtspunkt. Sein Grund ist erstens, daß eine solche Prozedur in der Wissenschaft, so wie er sie sieht, eine wichtige Rolle spielt. Davon war bereits die Rede (Ambiguität: Beschreibung – Vorschrift). Aber er hat auch einen zweiten Grund, der nicht so klar ist, weil seine Voraussetzungen nicht ausdrücklich formuliert werden. Kuhn macht seinen Vorschlag, weil er glaubt, daß seine Befolgung am Ende zum Sturz genau jenes Paradigmas führen wird, auf das die Wissenschaftler sich zunächst beschränken. Wenn selbst der konzentrierteste Versuch, die Natur in die Kategorien dieses Paradigmas zu zwingen, fehlschlägt,

---

[14]) „I am doing what I am doing" – ein Lieblingswort J. L. Austins.
[15]) Kuhn [1961*a*], S. 363.

wenn die wohlbestimmten Erwartungen, die durch ein Denken in diesen Kategorien erweckt wurden, immer wieder enttäuscht werden, dann sind wir *gezwungen,* uns nach neuen Ideen umzusehen. Und wir sind gezwungen nicht von einer abstrakten Diskussion von Möglichkeiten, die keine Berührung mit der Wirklichkeit hat, vielmehr nur von unseren Sympathien und Antipathien gelenkt wird,[16]) sondern von Prozeduren, die einen engen Kontakt mit der Natur hergestellt haben und die darum der Natur selbst eine Chance geben, uns zu korrigieren. Die Debatten der *Vorwissenschaft* mit ihrer universellen Kritik und ihrer hemmungslosen Vermehrung von Ideen wenden sich „ebenso oft gegen die Mitglieder anderer Schulen als... an die Natur selbst."[17]) Die *reife Wissenschaft,* besonders in den ruhigen Perioden unmittelbar vor dem Ausbruch des Sturmes, scheint ihre Fragen an die Natur selbst zu richten und hat daher das Recht, eine bestimmte *und objektive* Antwort zu erwarten. Zu einer solchen Antwort braucht man mehr als eine Sammlung regellos aufgelesener Tatsachen. Man braucht aber auch mehr, als eine ewig anhaltende Diskussion verschiedener Ideologien. Was man braucht, ist das Konzentrieren auf *eine* Theorie und der energische Versuch, die Natur dem Schema dieser Theorie anzupassen. Dies, glaube ich, ist der wichtigste Grund, warum Kuhn die Ablehnung eines schrankenlosen Kampfes zwischen alternativen Weltansichten, die seiner Ansicht nach von der reifen Wissenschaft getroffen wird, nicht nur als eine *historische Tatsache,* sondern auch als einen *vernünftigen Schritt* verteidigen würde. Ist diese Verteidigung akzeptabel?

5.   Drei Schwierigkeiten des funktionellen Arguments

Kuhns Verteidigung ist akzeptabel, *vorausgesetzt,* daß Revolutionen wünschenswert sind, und vorausgesetzt auch, daß jener besondere Weg, auf dem die Normalwissenschaft zu Revolutionen führt, wünschenswert ist.

Nun ist es nicht leicht zu sehen, wie Kuhn die Erwünschtheit von Revolutionen begründen könnte. Revolutionen verursachen einen Wechsel von Paradigmen. Aber wenn wir die Beschreibung akzeptieren, die Kuhn von einem solchen Wechsel oder 'Gestalt-switch' gibt, dann ist es nicht möglich zu sagen, daß der Wechsel die Lage *verbessert* hat. Prä- und postrevolutionäre Paradigmen sind ja oft inkommensurabel.[18]) Dies ist die erste Schwierigkeit des funktionellen Arguments, vorausgesetzt, man verwendet es zusammen mit dem Rest von Kuhns Philosophie.

Zweitens müssen wir untersuchen, was Lakatos die 'Feinstruktur' des Übergangs von Normalwissenschaft zur Revolution genannt hat. Diese Feinstruktur mag Elemente enthüllen, die wir nicht billigen können. Solche Elemente würden uns zwingen, andere Zufahrten zu Revolutionen in Betracht zu ziehen. Es ist ja sehr wohl denkbar, daß Wissenschaftler ein Paradigma aufgeben, weil sie enttäuscht sind, und nicht, weil sie Argumente besitzen. (Umbringen der Vertreter des Status-quo wäre eine weitere Möglichkeit, ein Paradigma zu beseiti-

---

[16]) „Wenn man Vermutungen über die Wahrheit der Dinge bloß auf Grund von Hypothesen vorschlägt, dann sehe ich nicht ein, wie man auch das geringste Ausmaß an Sicherheit in der Wissenschaft erreichen kann; denn es ist immer möglich, Hypothesen auszudenken, eine nach der anderen, die dann wieder zu neuen Schwierigkeiten führen." (Newton [1672])

[17]) Kuhn [1962], S. 13.

[18]) Vgl. unten, Abschnitt 9.

gen.[19])) Wie gehen Wissenschaftler *wirklich* vor? Und welches Vorgehen ist *wünschenswert?* Eine Untersuchung dieser Fragen führt zu einer zweiten Schwierigkeit des funktionellen Arguments.

Um diese Schwierigkeit so klar wie nur möglich nachzuweisen, werde ich zunächst die folgenden *methodologischen Probleme* ins Auge fassen: Kann man Gründe finden für jene Verfahren, die nach Kuhn die Normalwissenschaft charakterisieren, d. h.: Festhalten an einer Theorie angesichts von prima facie widerlegenden Beobachtungen, logischen und mathematischen Gegenargumenten? Und angenommen, wir finden solche Gründe – ist es dann möglich, die Theorie aufzugeben, ohne ihnen zu widersprechen?

Der Vorschlag, aus einer Anzahl von Theorien jene auszuwählen, die die fruchtbarsten Ergebnisse verspricht und sie trotz beträchtlicher Schwierigkeiten festzuhalten, sei im folgenden das *Prinzip der Beharrlichkeit* genannt.[20]) Das Problem ist, wie dieses Prinzip begründet werden kann und wie man Allianzen mit Paradigmen ändert, ohne es zu verletzen. Man vergesse nicht, daß es sich hier um ein *methodologisches* Problem handelt und nicht um die Frage, wie die Wissenschaft *de facto* vorgeht. Wir behandeln das Problem, weil wir hoffen, daß seine Diskussion unsere historische Wahrnehmung schärfen und uns zu interessanten historischen Entdeckungen führen wird.

---

[19]) Das ist die Weise, in der *religiöse* oder *politische* Lehren verdrängt werden. Das Prinzip existiert auch heute noch, nur ist der Mord nicht mehr die akzeptierte Methode. Der Leser sollte auch Plancks Bemerkung in Betracht ziehen, daß Theorien verschwinden, weil ihre Verteidiger sterben, und nicht, weil sie widerlegt worden sind.

[20]) Diese Formulierung des Prinzips geht auf einen Einwand von Isaac Levi gegen eine frühere Version dieses Aufsatzes zurück.

Das Prinzip der Beharrlichkeit, wie es oben im Text formuliert wird, darf nicht mit Putnams *Regel der Beharrlichkeit* (Putnam [1963], S. 772) verwechselt werden. Putnams Regel verlangt, daß eine Theorie beibehalten werde, „*solange* sie den Daten nicht widerspricht"; dagegen verlangt Kuhns Prinzip (und ihm folgend auch das meine), *daß man an einer Theorie auch dann festhält, wenn es Daten gibt, die ihr widersprechen.* Diese stärkere Version stellt Probleme, die in Putnams Methodologie gar nicht auftauchen und die sich meiner Ansicht nach nur dann lösen lassen, wenn man bereit ist, *zu jeder Zeit der Entwicklung unserer Kenntnisse* eine Mehrzahl von einander widersprechenden Theorien zu verwenden. Es scheint, daß weder Putnam noch Kuhn diesen Schritt machen wollen. Aber während Kuhn das Bedürfnis für Alternativen sieht (siehe unten), verlangt Putnam, daß ihre Zahl immer entweder auf eins oder auf Null reduziert werde (ebd., S. 770).

Lakatos unterscheidet sich von der im Text gegebenen Darstellung in zwei Punkten. Erstens trennt er *Theorien* und *Forschungsprogramme.* Zweitens wendet er das Prinzip der Beharrlichkeit nur auf Forschungsprogramme an.

Nun gebe ich zu, daß diese Unterscheidung und die Art, in der sie Lakatos verwendet, die Klarheit vermehren kann, aber ich bin doch geneigt, meinen eigenen und mehr vagen Begriff einer 'Theorie' beizubehalten (eine teilweise Erklärung findet sich in Anmerkung 5 meines Essays [1965a]), der sowohl Lakatos' Idee einer Theorie als auch seine Idee eines Forschungsprogrammes umfaßt, *ihn* mit Beharrlichkeit zu verbinden und die einfacheren Formen der Falsifikation völlig zu eliminieren. Ein Grund für meine Wahl findet sich bei Lakatos selbst, der gezeigt hat, daß selbst die einfachsten Widerlegungen eine Pluralität von Theorien voraussetzen (siehe besonders seine Arbeit in diesem Band, S. 118ff.). Ein anderer Grund ist meine Überzeugung, daß sich Fortschritt nur durch aktive Wechselwirkung verschiedener 'Theorien' herbeiführen läßt, und das setzt natürlich voraus, daß die Forschungsprogrammkomponente nicht nur gelegentlich auftritt, *sondern immer vorhanden ist* (s. auch unten, Abschn. 9).

Die Lösung ist denkbar einfach. Das Prinzip der Beharrlichkeit ist vernünftig, weil Theorien entwicklungsfähig sind, man kann sie verbessern, und weil sie am Ende vielleicht geradezu jene Schwierigkeiten lösen können, deren Erklärung ihnen zunächst nicht gelang. Außerdem ist es keineswegs klug, sich allzusehr auf experimentelle Ergebnisse zu verlassen. In der Tat, es wäre sehr überraschend, ja geradezu verdächtig, wenn es sich herausstellen sollte, daß alle verfügbare Evidenz eine einzige Theorie unterstützt, selbst dann, wenn die Theorie wirklich wahr sein sollte. Verschiedene Experimentatoren sind geneigt, verschiedene Irrtümer zu begehen, und es nimmt gewöhnlich beträchtliche Zeit in Anspruch, alle Experimente auf einen gemeinsamen Nenner zu bringen.[21]) Diesen Argumenten zugunsten der Beharrlichkeit würde Kuhn noch hinzufügen, daß eine Theorie auch *Kriterien* der Vortrefflichkeit, des Versagens und der Rationalität zur Verfügung stellt und daß man eine Theorie auch im Interesse rationaler Diskussion so lange wie nur möglich beibehalten soll. Der wichtigste Punkt ist jedoch der folgende. Es kommt kaum je vor, daß 'Theorie' und 'Tatsachen' unmittelbar verglichen werden. Was als relevante Evidenz gilt und was nicht, das hängt nicht allein von der Theorie, sondern auch von anderen Disziplinen ab, die man 'Hilfswissenschaften' nennen könnte (Lakatos verwendet den treffenden Ausdruck 'Prüfstein-Theorien'[22])). Hilfswissenschaften fungieren als zusätzliche Prämissen bei der Ableitung prüfbarer Behauptungen. Sie können aber auch die Beobachtungssprache selbst infizieren und genau jene Begriffe zur Verfügung stellen, die bei der Formulierung experimenteller Resultate verwendet werden. So braucht eine Überprüfung der Kopernikanischen Theorie einerseits Annahmen über die irdische Atmosphäre und den Einfluß der Bewegung auf bewegte Körper (Dynamik); andrerseits bedient man sich gewisser Vermutungen über die Beziehung zwischen Sinneswahrnehmung und 'Welt' (Erkenntnistheorien, Theorien teleskopischen Sehens einbegriffen).

Die Annahmen der ersten Art haben die Funktion von Prämissen, während die der zweiten Art darüber entscheiden, welche Sinneseindrücke der Wahrheit entsprechen. Diese letzten Annahmen ermöglichen also nicht bloß die *Auswertung* unserer Beobachtungen, sie *bauen* sozusagen diese Beobachtungen *auf*. Nun haben wir keine Garantie dafür, daß ein grundlegender Wechsel in unserer Kosmologie, wie zum Beispiel der Wechsel vom geostatischen zum heliostatischen Standpunkt, von einer Verbesserung aller relevanten Hilfswissenschaften begleitet sein wird. Wer würde zum Beispiel erwarten, daß der Erfindung des Kopernikanischen Weltbildes und des Teleskops sogleich die zugehörige physiologische Optik folgen wird? Grundlegende Theorien und Hilfsdisziplinen sind nur selten 'in Phase'. Als Ergebnis erhalten wir widerlegende Instanzen, die nicht die neue Theorie verdammen, sondern bloß andeuten, daß sie sich im Augenblick dem Rest der Wissenschaft nur mit Schwierigkeit einfügt. Unter diesen Umständen müssen Wissenschaftler Methoden entwickeln, die es ihnen erlauben, Theorien angesichts klarer und eindeutig widerlegender Tatsachen beizubehalten, und das selbst dann, wenn prüfbare Erklärungen für den Widerspruch nicht sogleich bei der

---

[21]) Man brauchte etwa 25 Jahre, bevor die Störungen in der Wiederholung des Michelson-Morley-Experiments durch D. C. Miller befriedigend erklärt wurden. H. A. Lorentz hatte schon lange vor diesem Zeitpunkt die Hoffnung auf eine Lösung aufgegeben.
[22]) Vgl. seine Abhandlung [1968a].

Hand sind. Das Prinzip der Beharrlichkeit (das ich nur aus mnemotechnischen Gründen ein Prinzip nenne) ist ein erster Schritt beim Ausbau solcher Methoden.[23])

Wenn wir uns das Prinzip der Beharrlichkeit zu eigen machen, dann können wir selbst eindeutige und sonnenklare Tatsachen nicht mehr zur Widerlegung einer Theorie T verwenden. Aber wir können *andere* Theorien verwenden, T', T'', T''', etc., die die Schwierigkeiten von T hervorheben und gleichzeitig auch Mittel für ihre Lösung versprechen. In diesem Fall wird die Elimination von T vom Prinzip der Beharrlichkeit selbst gefordert.[24]) Wenn also die Änderung von Paradigmen unser Ziel ist, dann müssen wir bereit sein, Alternativen zu T einzuführen und zu artikulieren, oder, wie wir es auch ausdrücken werden, wir müssen bereit sein, ein *Prinzip des Proliferierens* zu akzeptieren. Das Vorgehen im Sinne eines solchen Prinzips ist *eine* Methode, Revolutionen hervorzurufen. Es ist eine *rationale* Methode. Ist es die Methode, deren sich die Wissenschaft *de facto* bedient? Oder halten Wissenschaftler an ihren Paradigmen bis zum bitteren Ende fest, bis Ekel, Frustrierung, Langeweile das Weiterschreiten vereiteln? Was geht wirklich am Ende einer normalen Periode vor? Wir sehen, unser kleines methodologisches Märchen schärft unseren Blick für die Geschichte und hilft uns, detaillierte Fragen zu stellen.

Leider muß ich sagen, daß ich Kuhns Ausführungen an dieser Stelle ganz unzureichend finde. Auf der einen Seite betont er beharrlich die dogmatischen,[25]) autoritären[26]) und engstirnigen[27]) Züge der Normalwissenschaft, die Tatsache, daß die Normalwissenschaft das Denken vorübergehend einengt,[28]) daß der Wissenschaftler, der an ihr teilnimmt, „im großen und ganzen aufhört, ein Entdecker oder zumindest ein Entdecker von etwas Unbekanntem zu sein; er bemüht sich vielmehr, das Bekannte zu artikulieren und zu konkretisieren...[29]), denn es ist [beinahe immer] der individuelle Wissenschaftler und nicht [die rätsellösende Tradition oder] die gängige Theorie, die überprüft wird".[30]) „Der Praktiker, nicht seine Geräte tragen die Schuld" am Mißlingen einer Untersuchung.[31]) Kuhn vergißt natürlich nicht, daß eine spezielle Naturwissenschaft wie zum Beispiel die Physik mehr als eine rätsellösende Tradition enthalten mag, aber er betont die 'Quasi-Unabhängigkeit' dieser Traditionen, und er behauptet, daß eine jede „von ihren eigenen Paradigmen geleitet wird und ihre eigenen Probleme verfolgt".[32]) Eine einzelne Tradition beruht auf einem Paradigma, nicht auf mehreren. Das ist eine Seite der Geschichte.

Auf der anderen Seite verweist Kuhn darauf, daß das Rätsellösen durch mehr 'philosophische' Argumente ersetzt wird, sobald es nur eine Wahl „zwischen miteinander konkurrierenden Theorien" gibt.[33])

[23]) Details über den 'Phasenunterschied' zwischen Theorien und Hilfswissenschaften findet man in meinem Aufsatz [1969]. Der Gedanke liegt schon bei Lakatos [1963–1964] vor; für Lenin und Trotzki ist er ein Gemeinplatz (vgl. meinen Aufsatz [1969]).

[24]) Das ist natürlich nicht die ganze Geschichte – aber die Skizze genügt für unsere Zwecke. Man beachte, daß auch Kuhns Argument für die Beharrlichkeit (das Bedürfnis nach einem rationalen Hintergrund für Argumente) nicht verletzt wird, da die bessere Theorie natürlich auch bessere Maßstäbe der Rationalität mit sich bringt.

[25]) Kuhn [1961a], S. 349.

[26]) Ebenda, S. 393.

[27]) Ebenda, S. 350.

[28]) Ebenda, S. 393.

[29]) Ebenda, S. 363.

[30]) Dieser Band, S. 5.

[31]) Dieser Band, S. 7.

[32]) Kuhn [1961a], S. 388.

[33]) Dieser Band, S. 7.

Wenn nun die Normalwissenschaft de facto so monolithisch ist, wie Kuhn sie erscheinen läßt, woher kommen dann die konkurrierenden Theorien? Und warum sollte Kuhn sie ernst nehmen und es ihnen gestatten, den Stil der Argumentation aus einem 'wissenschaftlichen' ('rätsellösenden') in einen 'philosophischen' zu verwandeln?[34] Ich erinnere mich sehr gut, wie Kuhn Bohm dafür kritisiert hat, daß er die Einförmigkeit der zeitgenössischen Quantentheorie stört. Bohms Theorie darf also den Argumentationsstil *nicht* verändern. Aber Einstein, den Kuhn im obigen Zitat erwähnt, *hat* dieses Recht, und zwar wohl darum, weil seine Theorie zur Zeit fester verschanzt ist als die Bohms. Bedeutet dies, daß die Vermehrung von Theorien nur dann erlaubt ist, wenn die konkurrierenden Alternativen bereits ein solider Bestandteil der Tradition geworden sind? Aber die Vorwissenschaft, die genau diesen Zug besitzt, gilt als der Wissenschaft unterlegen. Außerdem: die Physik des 20. Jahrhunderts *kennt* ja eine Tradition, die die allgemeine Relativitätstheorie vom Rest der Physik isoliert und sie auf sehr große Bereiche einschränken will. Warum unterstützt Kuhn nicht *diese* Tradition, die mit seiner Ansicht von der 'Quasi-Unabhängigkeit' gleichzeitiger Paradigmen so gut übereinstimmt? Und umgekehrt: wenn die Existenz konkurrierender Theorien einen Wechsel im Stil des Argumentierens mit sich führt, müssen wir dann nicht diese angebliche Quasi-Unabhängigkeit bezweifeln? Es ist mir nicht gelungen, in Kuhns Schriften eine befriedigende Antwort auf solche Fragen zu finden.

Verfolgen wir nun dieses Problem ein wenig weiter! Kuhn hat nicht bloß *zugegeben*, daß die Existenz einer Mehrzahl von Theorien den Stil des Argumentierens verändert. Er hat auch einem solchen Pluralismus eine wohlbestimmte *Funktion* zugeschrieben. Mehr als einmal hat er darauf verwiesen[35] – und zwar in voller Übereinstimmung mit unseren kurzen methodologischen Bemerkungen –, daß Widerlegungen ohne die Hilfe von Alternativen nicht möglich sind. Ja mehr noch – er hat ziemlich eingehend geschildert, wie Anomalien von Alternativen vergrößert werden, und er hat erklärt, wie eine solche Vergrößerung am Ende Revolutionen herbeiführt.[36] Er hat also im Grunde zugegeben, daß Wissenschaftler Revolutionen im Einklang mit unserem kleinen methodologischen Modell kreieren und nicht, indem sie ein Paradigma erbarmungslos der Welt aufzwingen und dann plötzlich aufgeben, wenn die Probleme allzu groß werden.

Dies alles führt nun sogleich zu Schwierigkeit Nummer drei, zum Verdacht nämlich, daß die normale oder 'reife' Wissenschaft so, wie sie Kuhn beschreibt, *nicht einmal eine historische Tatsache ist.*

6.   Gibt es eine Normalwissenschaft?

Fassen wir nun die Behauptungen zusammen, denen wir bisher bei Kuhn begegnet sind. Erstens wurde behauptet, daß Theorien *nur* mit der Hilfe von Alternativen widerlegt werden können. Dann hieß es, daß der Pluralismus von Theorien auch eine *historische Rolle*

---

[34] 'Philosophisch' in Kuhns Sinn und in Poppers Sinn, aber *nicht* im Sinne, sagen wir, der zeitgenössischen linguistischen Philosophie.

[35] Vgl. Kuhn [1961*b*] und auch mein [1962], S. 32.

[36] Eine kleine Störung, der Behandlung im Rahmen des gegebenen Paradigmas noch leicht zugänglich, „mag von einem anderen Gesichtspunkt aus als ein Gegenbeispiel und damit als die Quelle einer Krise gelten" (Kuhn [1962], S. 79). „Der astronomische Vorschlag des Kopernikus... *schuf* eine wachsende Krise für... das Paradigma, aus dem er hervorgegangen war" (ebenda, S. 74, meine Hervorhebung).

beim Stürzen von Paradigmen spielt: Paradigmen wurden gestürzt, weil Alternativen die bestehenden Anomalien vergrößert haben. Und schließlich hat Kuhn noch geltend gemacht, daß es Anomalien zu jeder Zeit in der Geschichte von Paradigmen gibt.[37]) Der Gedanke, daß Theorien Jahrzehnte, ja sogar Jahrhunderte hindurch fehlerlos sind, bis dann eine große Widerlegung auftaucht und sie kaltstellt – dieser Gedanke, behauptet Kuhn, ist reiner Mythos. Nun, wenn dies zutrifft, warum dürfen wir dann nicht *sogleich* mit der Vermehrung von Theorien beginnen und *nie* erlauben, daß eine normale Wissenschaft zustandekommt? Und setzen wir zuviel voraus, wenn wir annehmen, daß auch Wissenschaftler dieser Ansicht waren und daß normale Perioden, wenn es solche überhaupt jemals gab, nie sehr lange gedauert haben können und sich nicht auf allzu große Gebiete erstreckt haben können? Ein kurzer Blick auf ein Beispiel, nämlich auf das vorige Jahrhundert, scheint zu zeigen, daß dies in der Tat der Fall war.

Im zweiten Drittel des vorigen Jahrhunderts gab es zumindest drei verschiedene und einander ausschließende Paradigmen. Diese waren: 1) das *mechanistische Weltbild*, das in der Astronomie, in der kinetischen Theorie, in den verschiedenen mechanischen Modellen der Elektrodynamik und auch in den biologischen Wissenschaften zum Ausdruck kam, besonders in der Medizin (hier war Helmholtz' Einfluß ein entscheidender Faktor); 2) eine Gruppe von Ideen, die mit der Entdeckung einer unabhängigen und phänomenologischen *Wärmelehre* zusammenhing und von der man später fand, daß sie der Mechanik widerspricht; 3) ein dritter Standpunkt, der implizit in Faradays und Maxwells *Elektrodynamik* vorhanden war, und der durch Hertz von mechanischen Anhängseln befreit wurde.

Diese verschiedenen Paradigmen waren nun durchaus nicht 'quasi unabhängig'. Ganz im Gegenteil! Es war ihre *aktive Wechselwirkung*, die den Zusammenbruch der 'klassischen' Physik herbeiführte. Die Schwierigkeiten, die später die spezielle Relativitätstheorie hervorbrachten, hätten ohne die Spannung, die zwischen Maxwells Theorie und Newtons Mechanik bestand, gar nicht erscheinen können (Einstein hat die Situation schön und einfach in seiner Autobiographie beschrieben; Weyl gibt einen gleich kurzen, wenn auch mehr technischen Bericht in seinem Werk *Raum, Zeit, Materie;* Poincaré beschreibt sie schon im Jahre 1899 und dann wieder 1904 in seinem St.-Louis-Vortrag). Noch konnte man das Phänomen der Brownschen Bewegung zu einer direkten Widerlegung der phänomenologischen Theorie verwenden.[38]) Die kinetische Theorie mußte von Anfang an in die Berechnungen eingeführt werden. Auch hier hat Einstein, Boltzmann folgend, den Weg gewiesen. Die Untersuchungen, die zur Entdeckung des Wirkungsquantums führten, vereinigten so verschiedene, unvereinbare, ja zum Teil sogar inkommensurable Disziplinen wie die Mechanik (die kinetische Gastheorie, so wie sie in Wiens Ableitung seines Strahlungsgesetzes auftritt), die Thermodynamik (Boltzmanns Gleichverteilungsprinzip) und die Wellenoptik. Ein Ernstnehmen der 'Quasi-Unabhängigkeit' dieser Disziplinen hätte zum Zusammenbruch der Untersuchungen geführt. Selbstverständlich nahmen nicht alle Wissenschaftler der Epoche an der Debatte teil, und eine Mehrzahl der Gelehrten mag sich auch weiterhin mit 'kleinen Rätseln' beschäftigt haben. Wenn man aber Kuhns eigene Arbeit ernst nimmt, dann war es nicht *diese* Kleinarbeit, die den Fortschritt bewirkte, sondern die Tätigkeit der pluralistisch denkenden Minderheit (sowie natürlich auch die Tätigkeit jener Experimentatoren, die die Probleme dieser Minderheit ver-

---

[37]) Kuhn [1962], S. 80 ff. und 145.
[38]) Vgl. meine Besprechung in Abschnitt VI von [1965*b*].

folgten und ihre merkwürdigen Voraussagen untersuchten). Und man kann wohl die Frage stellen, ob die Mehrheit das Lösen alter Rätsel nicht inmitten der Revolutionen und selbst nachher noch fortsetzt. Ist diese Annahme wahr, dann fällt Kuhns Darstellung, die pluralistische und monistische Perioden *zeitlich trennt,* zur Gänze in sich zusammen.[39])

7.   Plädoyer für den Hedonismus

Es scheint also, daß das Wechselspiel zwischen Beharrlichkeit und Proliferieren, das wir in unserem kurzen methodologischen Märchen beschrieben haben, einen wesentlichen Zug auch der tatsächlichen Entwicklung der Wissenschaften bildet. Nicht die rätsellösende Tätigkeit allein scheint für das Wachstum unseres Wissens verantwortlich zu sein, sondern das aktive Wechselspiel verschiedener, hartnäckig verteidigter Ansichten. Es ist das Erfinden von neuen Ideen und der Versuch, ihnen einen würdigen Platz im Wettstreit zu sichern, das zum Sturz der alten und vertrauten Paradigmen führt. Neue Ideen treten ständig auf. Aber nur während der Revolutionen richtet sich die Aufmerksamkeit auf sie. Dieses Schwanken der Aufmerksamkeit drückt keinen tiefen strukturellen Wandel aus (wie etwa einen Übergang von Rätsellösen zu philosophischer Spekulation und Grundlagenforschung). Es ist nichts anderes als ein psychologischer Wechsel des Interesses und ein soziologischer Wechsel der öffentlichen Meinung.

Das ist also das Bild der Wissenschaft, das aus unserer kurzen Analyse hervorgeht. Ist es ein attraktives Bild? Zeigt es, daß das Studium der Wissenschaft die Mühe wert ist, die man auf es verwendet? Ist das Vorhandensein einer Lebensform wie der Wissenschaft, die Tatsache, daß wir mit ihr leben, daß wir sie studieren und verstehen müssen, ein Vorteil? Oder hat die Wissenschaft die Tendenz, unser Verständnis zu verderben und unsere Glückseligkeit zu vermindern?

Es ist heutzutage sehr schwer, solche Fragen im richtigen Lichte zu sehen. Was lobenswert ist und was nicht, hängt in solchem Ausmaße von existierenden Institutionen und Lebensformen ab, daß wir kaum je zu einer richtigen Bewertung dieser Institutionen und dieser Lebensformen selbst kommen.[40]) Besonders die Wissenschaften sind von einer Aura der

---

[39]) Man könnte einwenden, daß die rätsellösende Tätigkeit zwar *nicht genügt,* um eine Revolution herbeizuführen, daß sie aber sicher *notwendig ist,* denn sie schafft das Material, das dann am Ende zu den Schwierigkeiten führt: das Rätsellösen ist für einige der Bedingungen verantwortlich, von denen der wissenschaftliche Fortschritt abhängt. Dieser Einwand wird von den Vorsokratikern widerlegt, die Fortschritte erzielten (ihre Theorien haben sich nicht bloß *geändert,* sie sind auch *besser geworden*), ohne kleinen Rätseln die geringste Aufmerksamkeit zu schenken. Natürlich haben sie nicht das Pattern Normalwissenschaft-Revolution-Normalwissenschaft etc. produziert, in dem professionelle Stupidität regelmäßig durch philosophische Ausbrüche unterbrochen wird, um dann auf 'höherer Stufe' wiederzukehren. Aber das ist kein Nachteil, denn wir können nun zu jeder Zeit aufgeschlossen sein und nicht nur inmitten einer Katastrophe. Außerdem – ist nicht die Normalwissenschaft voll von 'Tatsachen' und 'Rätseln', die nicht dem gängigen Paradigma, sondern einem früheren Vorgänger angehören? Und ist es nicht der Fall, daß Anomalien oft von den Kritikern eines Paradigmas *eingeführt* werden, statt von ihnen als Ausgangspunkte der Kritik *benützt* zu werden? Aber wenn das wahr ist, folgt dann nicht, daß es die Proliferation ist und nicht das Muster Proliferation-Normalität-Proliferation etc., das die Wissenschaft charakterisiert? So daß Kuhns Position nicht nur methodologisch unhaltbar, sondern auch historisch falsch wäre?

[40]) Moderne analytische Philosophen versuchen zu zeigen, daß eine solche Bewertung auch aus *logischen Gründen* unmöglich ist. Darin folgen sie nur Hegel, ohne daß sie sein Wissen, seine umfassende Bildung und seinen Humor besäßen.

Vortrefflichkeit umgeben, die jede Untersuchung ihrer Vorteile oder Nachteile hemmt. Phrasen wie 'Suche nach der Wahrheit' oder 'höchstes Ziel der Menschheit' werden großzügig verteilt. Es besteht kein Zweifel, daß solche Phrasen ihren Gegenstand veredeln – aber sie entfernen ihn auch aus dem Bereich kritischer Diskussion. (Kuhn ist hier noch einen Schritt weitergegangen; selbst dem langweiligsten und stumpfsinnigsten Teil der Wissenschaft – der Normalwissenschaft – schreibt er eine gewisse Würde zu.) Aber warum sollte ein Produkt der menschlichen Einfallskraft jene Fragen verbieten, denen es die eigene Existenz verdankt? Warum sollte die bloße Existenz dieses Produkts uns hindern, die allerwichtigste Frage zu stellen, nämlich die Frage, ob und inwieweit die menschliche Glückseligkeit und die Freiheit seit dem Aufstieg der modernen Wissenschaften zugenommen hat? Fortschritt ist immer dadurch erreicht worden, daß man wohlverschanzte und wohlbegründete Lebensformen an unpopulären und grundlosen Werten gemessen hat. So hat sich der Mensch schrittweise von Furcht und von der Tyrannei ungeprüfter Systeme befreit. Unsere Frage heißt darum: welche Werte wählen *wir*, um die Wissenschaften *von heute* auf ihre Brauchbarkeit zu untersuchen?

Es scheint mir, daß die Glückseligkeit und die volle Entfaltung individueller menschlicher Wesen auch heute noch den höchstmöglichen Wert darstellt. Dieser Wert schließt andere Werte nicht aus, die aus institutionalisierten Lebensformen folgen (Beispiele sind Wahrheit, Mut, Selbstverleugnung und so weiter). Er kann auch diese anderen Werte fördern, aber nur in dem Ausmaß, in dem sie zum Fortschritt des Individuums beitragen. Ausgeschlossen wird der Mißbrauch institutionalisierter Werte zur Verurteilung und vielleicht gar zur Elimination jener Menschen, die ihr Leben anders einrichten wollen. Ausgeschlossen wird auch der Versuch, kleine Kinder so zu 'erziehen', daß sie ihre vielfachen Talente verlieren und auf ein enges Gebiet des Denkens, des Handels, des Fühlens eingeschränkt werden. Der Grundwert menschlicher Glückseligkeit und Selbstvervollkommnung fordert also eine Methodologie und eine Reihe von Institutionen, die uns befähigen, so wenig wie nur möglich von unseren Fähigkeiten zu verlieren und unsere eigenen Neigungen so weit wie nur möglich zu verwirklichen.

Nun besagt das kleine methodologische Märchen, das wir in Abschnitt 6 skizziert haben, daß eine Wissenschaft, die unsere Ideen zu entfalten versucht und die rationale Mittel zur Beseitigung auch der fundamentalsten Vermutungen verwendet, ein Prinzip der Beharrlichkeit zusammen mit einem Prinzip des Proliferierens verwenden wird. Es muß erlaubt sein, Ideen angesichts von Schwierigkeiten *beizubehalten*, und es muß auch erlaubt sein, neue Ideen *einzuführen*, selbst wenn die populären Ansichten voll gerechtfertigt und ganz fehlerlos zu sein scheinen. Wir haben auch gefunden, daß die Wissenschaft, so wie sie wirklich vorliegt – oder zumindest jener Teil der Wissenschaft, der für Wandel und Fortschritt verantwortlich ist –, sich nicht allzusehr von dem Ideal unterscheidet, das wir im Märchen angedeutet haben. Aber das ist doch eine glückliche Koinzidenz! Wir befinden uns in vollem Einklang mit unseren eben ausgedrückten Wünschen! Proliferieren: das heißt, daß auch das ausgefallenste Erzeugnis menschlicher Gehirne nicht unterdrückt zu werden braucht. Ein jeder darf seinen Meinungen nachgehen, und die Wissenschaft, als kritisches Unternehmen aufgefaßt, profitiert von solcher Tätigkeit. Beharrlichkeit: das heißt, daß man ermutigt wird, nicht nur den eigenen Neigungen zu *folgen,* sondern auch sie *weiter zu entwickeln*, sie mit Hilfe von Kritik (was einen Vergleich vorhandener Alternativen einschließt) auf eine höhere Stufe der Artikulation zu erheben, so daß ihre Verteidigung auf einer höheren Stufe des Bewußtseins stattfindet. Das Zusammenspiel von Proliferieren und Beharrlichkeit bedeutet auch die Fortsetzung, auf höherer Stufe, der biologischen Entwicklung der Arten, und es mag sogar die Tendenz zu nützlichen *biologischen* Mutationen fördern. Ja, ein solches Zusammenspiel ist vielleicht das einzige Mittel, das unsere Spezies vor dem Stagnieren bewahren kann. Dies halte ich für das letzte und wichtigste Argument gegen eine 'reife' Wissenschaft, so wie sie Kuhn beschreibt. Dieses Unternehmen ist nicht nur schlecht ausgedacht und nicht existent; seine Verteidigung ist auch unvereinbar mit einer humanitären Einstellung.

8. Eine Alternative: das Lakatos-Modell wissenschaftlicher Veränderung

Stellen wir nun das Bild der Wissenschaft, das meiner Ansicht nach die Kuhnsche Darstellung ersetzen soll, in seiner Gänze vor!

Dieses Bild ist eine Synthese der folgenden zwei Entdeckungen. Erstens enthält es die Entdeckung Poppers, daß die Wissenschaft durch eine kritische Diskussion alternativer Ansichten gefördert wird. Zweitens enthält es Kuhns Entdeckung der Funktion der Beharrlichkeit, die er – meiner Ansicht nach irrtümlich – durch Einführung beharrlicher *Perioden* ausgedrückt hat. Die Synthese besteht in der Behauptung von Lakatos (entwickelt in seinen eigenen Bemerkungen zu Kuhn), daß Proliferieren und Beharrlichkeit nicht *aufeinander folgen*, sondern immer *zugleich vorhanden sind.* [41])

Wenn ich von 'Entdeckungen' rede, so will ich damit nicht sagen, daß die erwähnten Ideen neu sind oder daß sie nun in neuer Form erscheinen. Ganz im Gegenteil! Einige der Ideen sind uralt. Die Idee, daß Wissen durch einen Kampf von Alternativen fortschreitet und daß es von einem Ideenpluralismus abhängt, wurde, wie Popper selbst betont, von den Vorsokratikern eingeführt; Mill (besonders in *On Liberty*) hat diese Idee dann zu einer allgemeinen Philosophie entwickelt. Die Idee, daß der Kampf der Alternativen auch in der *Wissenschaft* entscheidend ist, findet sich, nach Mill, vor allem bei Mach *(Erkenntnis und Irrtum)* und Boltzmann *(Populärwissenschaftliche Vorlesungen)*, die beide unter dem Einfluß des Darwinismus stehen. Beharrlichkeit betonen jene dialektische Materialisten, die extreme 'idealistische' Gedankenflüge nicht ausstehen können. Und die Synthese ist das Wesen des dialektischen Materialismus, so wie er in den Schriften von Engels, Lenin und Trotzky formuliert vorliegt. Unter 'analytischen' oder 'empirischen' Philosophen von heute, die immer noch allzusehr unter dem Einfluß des Wiener Kreises stehen, sind diese Dinge nur wenig bekannt. *Für sie* handelt es sich also in der Tat um echte, wenn auch sehr verspätete 'Entdeckungen'.

Nach Kuhn ist die reife Wissenschaft eine *Aufeinanderfolge* von normalen Perioden und Revolutionen. Normale Perioden sind monistisch: Wissenschaftler versuchen, Rätsel zu lösen, die sich daraus ergeben, daß man die Welt mit Hilfe eines einzelnen Paradigmas verstehen will. Revolutionen sind pluralistisch, bis dann ein neues Paradigma auftaucht, das genügend Unterstützung erhält, um als Grundlage einer neuen normalen Periode zu dienen.

Diese Darstellung läßt die Frage offen, wie der Übergang von einer normalen Periode zu einer Revolution zustandekommt. In Abschnitt 6 haben wir gesehen, wie man den

---

[41]) Die Analyse von Lakatos läßt sich verbessern, wenn man die Unterscheidung von Theorien und Forschungsprogrammen aufgibt (vgl. oben, S. 197, Anm. 20), Inkommensurabilität zuläßt (oder Sprünge von Quantität zu Qualität in der Sprache des dialektischen Materialismus). So verbessert, wird sie zu einer wahrhaft dialektischen Darstellung der Entwicklung unseres Wissens.

Übergang vernünftig gestalten kann: das zentrale Paradigma wird mit alternativen Theorien verglichen. Professor Kuhn scheint diese Ansicht zu teilen. Ja, er weist darauf hin, daß sich die Wissenschaft auch tatsächlich so entwickelt. Der Pluralismus beginnt *vor* einer Revolution und ist eines der Mittel, das sie herbeiführt. Aber das heißt, daß die ursprüngliche Darstellung fehlerhaft ist. Man proliferiert nicht erst *im Verlaufe* einer Revolution, man proliferiert schon *vorher*. Ein wenig Nachdenken und ein bißchen mehr historisches Studium zeigt uns dann, daß das Proliferieren der Revolution nicht nur *unmittelbar vorhergeht,* sondern *zu jeder Zeit* stattfindet. Die Wissenschaft, so wie wir sie kennen, ist nicht eine zeitliche Aufeinanderfolge von normalen Perioden und Perioden des Pluralismus, sie ist ihre *Juxtaposition.*

So gesehen besteht der Übergang von der Vorwissenschaft zur reifen Wissenschaft nicht in der *Ersetzung* hemmungslosen Proliferierens und universeller Kritik durch eine Tradition des Rätsellösens, sondern in der *Ergänzung* jener Tätigkeiten durch diese; oder, besser ausgedrückt, die reife Wissenschaft *vereinigt* in sich zwei sehr verschiedene Traditionen, die oft voneinander getrennt sind, die Tradition einer pluralistischen philosophischen Kritik und eine mehr praktische (und weniger humanitäre – siehe Abschnitt 6) Tradition, die die Möglichkeiten eines gegebenen Materials (einer Theorie, eines Stücks Materie, eines Gehirns) erforscht, ohne durch Schwierigkeiten abgeschreckt zu werden und ohne Rücksicht auf alternative Weisen des Denkens (und des Handelns). Wir haben von Grote, Burnet und Popper gelernt, daß die erste Tradition eng mit der Kosmologie der Vorsokratiker verbunden ist. Das beste Beispiel für die zweite Tradition ist die Art, in der sich die Mitglieder einer geschlossenen Gesellschaft zu ihrem grundlegenden Mythos verhalten. Kuhn hat vermutet, daß die reife Wissenschaft in der *Aufeinanderfolge* dieser beiden Denk- und Handlungsmuster besteht. Er hat insofern recht, als er das normale oder konservative oder antihumanitäre Element bemerkt hat. Das ist eine echte Entdeckung. Doch er hat auch unrecht, denn er stellt das Verhältnis dieses Elements zu den mehr philosophischen Prozeduren falsch dar. Ich schlage vor, in Übereinstimmung mit dem Modell von Lakatos, daß das wahre Verhältnis ein Verhältnis der *Gleichzeitigkeit* und der *Wechselwirkung* ist. Darum spreche ich im folgenden von der normalen *Komponente* und der philosophischen *Komponente* der Wissenschaft und nicht von normalen oder revolutionären *Perioden.*

Es scheint mir, daß eine solche Darstellung zahlreiche Schwierigkeiten sowohl logischer als auch faktischer Art überwindet, die Kuhns Standpunkt so faszinierend, aber auch so unbefriedigend machen. [42]) Zieht man sie in Betracht, so darf man sich durch den Umstand nicht beirren lassen, daß die normale Komponente beinahe immer eindrucksvoller ist als der philosophische Teil. Wir untersuchen ja nicht die *Größe* der Elemente der Wissenschaft, sondern ihre *Funktion* (ein Staubkorn kann eine ganze Fabrik zum Stillstand bringen, und ein

---

[42]) Nehmen wir nur ein Beispiel. Kuhn schreibt (in diesem Band, S. 6): „Auch die Fachleute werden für die Normalwissenschaft und nicht für die außergewöhnliche Wissenschaft ausgebildet und trainiert. Wenn sie dennoch bei der Verschiebung und Ersetzung von Theorien, auf denen die normale Wissenschaft beruht, höchst erfolgreich sind, so ist dies eine Merkwürdigkeit, die erklärt werden muß." Dieser Erfolg ist sicher eine Merkwürdigkeit in Kuhns Darstellung. Nach unserem Schema brauchen wir nur darauf zu verweisen, daß Revolutionen meistens von Mitgliedern der philosophischen Komponente herbeigeführt werden, die nicht nur die normale Praxis kennen, sondern die die Fähigkeit nicht verloren haben, auch auf andere Weise zu denken. (In Einsteins Fall war die von ihm selbst zugegebene Fähigkeit, seinem normalen Training zu entrinnen, eine wesentliche Voraussetzung für seine Entdeckungen.)

Zwerg kann eine ganze Epoche revolutionieren). Auch darf uns die Tatsache nicht zu sehr beeindrucken, daß die meisten Wissenschaftler die 'philosophische' Komponente als etwas ansehen, das außerhalb ihrer Wissenschaft liegt, und daß sie diese Ansicht durch Hinweis auf ihre
philosophische Unbildung kräftig *unterstützen* können. Denn nicht *sie* sind es, die fundamentale Verbesserungen herbeiführen, sondern jene Denker, die die *aktive Wechselwirkung* der
normalen und der philosophischen Komponente fördern (diese Wechselwirkung besteht fast
immer in der Kritik des Wohlverschanzten und Unphilosophischen durch das Periphere und
Philosophische). Nun, alle diese Dinge zugegeben, warum scheint es, daß der Zustand der
Wissenschaft so klar erkennbaren Schwankungen unterworfen ist? Wenn die Wissenschaft
aus der *ständigen* Wechselwirkung eines normalen und eines philosophischen Teils besteht,
wenn es diese Wechselwirkung ist, die sie weitertreibt, warum werden dann ihre revolutionären Elemente nur so selten sichtbar? Genügt nicht dieser Umstand allein schon, um Kuhns
Darstellung der meinen gegenüber zu unterstützen? Ist es nicht typisch philosophische Sophisterei, eine so offenbar historische Tatsache bestreiten zu wollen?

Ich glaube, daß die Antwort auf diese Frage auf der Hand liegt. Die normale
Komponente ist groß und wohlverschanzt. Eine Änderung in der normalen Komponente fällt
also auf. Dasselbe gilt für den Widerstand, den die normale Komponente möglichen Änderungen entgegensetzt. Dieser Widerstand tritt in den Vordergrund und wird besonders stark
in jenen Perioden, in denen eine größere Umwälzung unmittelbar bevorzustehen scheint. Er
richtet sich gegen die philosophische Komponente, und er lenkt die Aufmerksamkeit auf sie.
Die jüngere Generation, immer begierig, neue Dinge kennenzulernen, stürzt sich auf das neue
Material und studiert es mit Hingabe. Journalisten, immer auf der Ausschau nach Schlagzeilen
– je absurder, desto besser –, veröffentlichen die neuen Entdeckungen (und das sind jene Elemente der philosophischen Komponente, die den gängigen Ideen in einem bestimmten Fach
und im Alltagsdenken radikal widersprechen, die aber doch eine gewisse Plausibilität und
vielleicht sogar einige Unterstützung in den Tatsachen haben). Das sind einige Gründe für den
Unterschied, den man wahrnimmt. Ich glaube nicht, daß wir uns nach tieferen Gründen umzusehen brauchen.

Was nun die Veränderung der normalen Komponente selbst betrifft, so haben wir
keinen Grund zu erwarten, daß sie einem klar erkennbaren und logisch durchsichtigen
Schema folgen wird. Kuhn, wie auch schon andere Philosophen vor ihm (ich denke vor allem
an Hegel), nimmt an, daß eine gewaltige historische Änderung ihre eigene Logik haben muß
und daß die Veränderung einer *Idee* vernünftig sein muß in dem Sinn, daß ein Zusammenhang
besteht zwischen der *Tatsache* der Veränderung und dem *Inhalt* der sich verändernden Idee.
Das wäre eine plausible Annahme, wenn man es mit vernünftigen Leuten zu tun hätte: Veränderungen in der *philosophischen* Komponente lassen sich höchstwahrscheinlich als Ergebnisse klarer und eindeutiger Argumente erklären. Aber anzunehmen, daß Leute, die dem
Wechsel aus reiner Gewohnheit Widerstand leisten, die jede Kritik liebgewordener Dinge mit
finsterem Blick aufnehmen, deren höchstes Ziel es ist, kleine Rätsel auf einer Grundlage zu lösen, die weder bekannt noch verstanden ist, anzunehmen, daß Menschen von diesem Schlag
ihre Allianzen auf vernünftige Weise ändern werden, das heißt doch, den Optimismus und die
Suche nach Vernunftgründen zu weit treiben. Die normalen Elemente, jene Elemente also,
die von der Mehrheit unterstützt werden, ändern sich vielleicht, weil der jüngeren Generation
nichts mehr daran liegt, ihren Vorfahren zu folgen, weil ein Meinungsbildner plötzlich neue
Ideen hat, weil ein einflußreiches Mitglied des Establishments gestorben ist und (vielleicht we-

gen seiner argwöhnischen Natur) keine einflußreiche Schule hinterlassen hat oder aber, weil eine mächtige nicht-wissenschaftliche Institution das Denken in eine bestimmte Richtung gelenkt hat.[43] Revolutionen sind Manifestationen einer Veränderung der normalen Komponente, die nicht auf Grund von Ideen allein erklärt werden kann. Sie sind Stoff für *Anekdoten*, obgleich sie die rationalen Elemente der Wissenschaft vergrößern und uns so lehren, was die Wissenschaft *sein könnte*, wenn es nur mehr vernünftige Menschen in ihr gäbe.

9.   Die Rolle des rationalen Denkens in der Wissenschaft

1) Bisher habe ich Kuhn von einem Standpunkt aus *kritisiert*, der mit dem von Lakatos fast identisch ist. (Es gibt zwar kleine Unterschiede wie meine Weigerung, Theorien und Forschungsprogramme voneinander zu trennen,[44] aber diese dürfen jetzt außer acht bleiben. Wenn ich von 'Theorien' spreche, so verstehe ich darunter immer beides, Theorien wie auch Forschungsprogramme.) In diesem Abschnitt möchte ich Kuhn gegen Lakatos *verteidigen*. Genauer: ich möchte zeigen, daß die Wissenschaft irrationaler *ist*, als Lakatos und Feyerabend₁ (der Popper₃'sche Verfasser der vorhergehenden Abschnitte und des Aufsatzes 'Problems of Empiricism') zugeben wollen,[45] und daß sie auch irrationaler *sein muß*.

---

[43] Es ist plausibel anzunehmen, daß *einer* der Gründe für den Übergang zur reifen Wissenschaft mit ihren verschiedenen 'quasi-unabhängigen' Traditionen im Dekret der römisch-katholischen Kirche gegen die kopernikanische Weltanschauung zu suchen ist. „Dieses muß beachtet werden, wenn man, wie noch neuerdings, die Sonderentwicklung der Einzelwissenschaften ohne sicheren und bewußten philosophischen Untergrund und Zweck als eine Eigentümlichkeit der italienischen Kultur des 17. Jahrhunderts deutet, die in keinem Zusammenhang mit der Verurteilung Galileos steht. [Benedetto Croce, La Critica Band XXVI, 1926, 133 ff.] Eine solche Auffassung hängt von der irrigen Anschauung ab, daß sie ein bloß *äußerer* Druck war, der die Entwicklung geistiger Anlagen nicht stören konnte. Indessen wurde das römische Urteil als ein Gewissenszwang empfunden, von dem man sich nur um den Preis des Lebens und des Heils befreien durfte. In der frommen und unterwürfigen Welt, die im Sinne der Gegenreformation erzogen und geleitet wurde, empfand niemand die Not und den Mut einer so gewaltsamen Aufgabe teuerster Güter und strenger Gewohnheiten des Gefühls. Die Pflege der Einzeldisziplinen wurde freigegeben. Niemandem wurde verwehrt, den Himmel zu durchforschen, die physikalischen Erscheinungen zu ergründen, mathematisch zu denken, naturgeschichtlich zu forschen und alle Ergebnisse dieser regen Geistestätigkeit in den Dienst der materiellen Kultur zu stellen. Geistliche und Orden, selbst die am Schicksal Galileos mitverantwortlichen Jesuiten, gingen mit Eifer und Hingabe diesen Einzelaufgaben nach. Aber sowohl das Gewissen der einzelnen wie die überallhin wirkenden 'directeurs de conscience', die Behörden und die Schulen, die Kirche und die Staaten überwachten mit Argusaugen diesen nunmehr leichten Kampf um das Wissen, damit niemand sich erkühne, seine Ergebnisse auf die geheiligten Gebiete der philosophischen Spekulation, der Moral oder der Theologie zu verpflanzen. Deshalb hob Galileos Verurteilung den alten und unmöglichen Ausweg der doppelten Wahrheit nicht auf, sondern sanktionierte ihn für die Ewigkeit." (Leonardo Olschki [1927], S. 400; vgl. auch Wohlwill [1926], Kapitel IX, mit einer ausführlichen Skizze der Entwicklung nach Galileos Tod). *So kam die 'reife' Wissenschaft zustande,* zumindest in den römisch-katholischen Ländern.

[44] Vgl. oben, S. 197, Anm. 20.

[45] Die Indizes sind eine ironische Kritik von Lakatos [1968*b*], wo die Aufspaltung eines Denkers in zwei, drei zum ersten Male eingeführt wird (vgl. auch diesen Band, S. 174). Die Praxis hat zu mancher Konfusion geführt und den Versuch der Philosophen, die schwachen Punkte des kritischen Rationalismus zu finden, bedeutend erschwert.

Dieser Übergang von Kritik zu Verteidigung bedeutet nicht, daß ich meinen Standpunkt verändert habe. Noch läßt er sich aus meinem (ziemlich weit entwickelten) Zynismus gegenüber dem Business Wissenschaftstheorie allein erklären. Er hängt eher mit der Natur der Wissenschaft selbst zusammen, mit der Tatsache, daß sie viele verschiedene Aspekte hat, daß sie sich nicht leicht von der übrigen Geschichte trennen läßt, daß sie immer alle Talente und alle Narrheiten der Menschheit ausgenützt hat und weiter ausnützen wird. Ein Konflikt in der Argumentation bringt die verschiedenen Züge zum Vorschein, die sie enthält, er zwingt uns, eine Entscheidung zu treffen, er zwingt uns, dieses vielköpfige Monstrum entweder zu *akzeptieren* und von ihm verschlungen zu werden oder es nach unseren Wünschen zu *verändern*. Sehen wir also zu, welche Einwände sich gegen das Lakatos-Modell des wissenschaftlichen Wachstums erheben lassen!

2) Der naive Falsifikationismus beurteilt (d. h. akzeptiert oder verwirft) eine Theorie, sobald sie in die Diskussion eingeführt wird. Lakatos gibt einer Theorie Zeit, er erlaubt ihr, sich zu entwickeln, er erlaubt ihr, ihre verborgenen Kräfte zu zeigen, und er beurteilt sie erst 'auf lange Sicht'. Die 'kritischen Maßstäbe', die er verwendet, schaffen Raum für ein Intervall des Zögerns. Sie werden 'im Nachhinein' angewendet,[46] sie werden angewendet *nach* dem Eintreffen von 'progressiven' oder 'degenerativen' Problemverschiebungen.

Nun sieht man leicht, daß Maßstäbe dieser Art nur dann praktisch wirksam sind, wenn man sie mit einer *Zeitgrenze* verbindet (was zunächst wie eine degenerative Problemverschiebung aussieht, kann der Beginn einer viel längeren Periode des Fortschritts sein). Führt man aber eine Zeitgrenze ein, dann erhebt sich das Argument gegen den naiven Falsifikationismus in nur leicht veränderter Form. (Ist es einmal erlaubt zu warten, warum sollte man dann nicht auch etwas länger warten?) Die Maßstäbe, die Lakatos verteidigen möchte, sind also entweder *leer* – man weiß nicht, wann sie eigentlich anzuwenden sind –, oder sie können mit Gründen kritisiert werden, die sich nur sehr wenig von den Gründen unterscheiden, die zu ihnen geführt haben.

Man hat nun die beiden folgenden Möglichkeiten. Man kann aufhören, an Maßstäbe zu appellieren, die im Gesamtverlauf der Geschichte in Kraft bleiben und die *jede* Epoche der Entwicklung der Wissenschaft und *jeden* Übergang von einer Epoche zu einer anderen lenken. Oder man kann diese Maßstäbe als *verbale Ornamente* beibehalten, als ein Andenken an glücklichere Zeiten, als man noch glaubte, ein komplexes und oft katastrophales Unternehmen wie die Wissenschaft auf Grund einiger einfacher und rationaler Regeln lenken zu können. Es scheint, daß Lakatos die zweite Alternative wählen möchte.

3) Wählt man die zweite Alternative, so bedeutet das, daß man bleibende Maßstäbe zwar *de facto* aufgibt, aber *in Worten* beibehält. *De facto* scheint nun die Position von Lakatos identisch zu sein mit der von Popper, so wie sie in dem ausgezeichneten (weil selbstdestruktiven) Addendum zur vierten Auflage seiner *Open Society* zusammengefaßt vorliegt.[47] Nach Popper brauchen wir keinen 'bestimmten Bezugsrahmen für unsere Kritik', wir können selbst die fundamentalsten Regeln revidieren und die grundlegendsten Forderungen fallen lassen, wenn sich andere Maßstäbe der Vortrefflichkeit als notwendig erweisen.[48] Ist eine solche Stellungnahme irrational? Impliziert sie, daß die Wissenschaft irrational ist? *Ja und nein.*

---

[46]) Dieser Band, S. 131, 153 und 167.
[47]) Popper [1961], S. 388.
[48]) Ebenda, S. 390.

Ja — denn es gibt nun keine Reihe von Regeln mehr, die uns, entweder als Teilnehmer oder als Historiker, die den Ablauf der Ereignisse rekonstruieren wollen, durch alle Labyrinthe des Denkens und der Wissenschaft führen könnte. Man kann die Geschichte zwar immer in ein solches Muster *zwingen,* aber die Ergebnisse werden dann ärmer sein und viel weniger interessant als die wirklichen Ereignisse. *Nein* — denn jede besondere Episode ist rational in dem Sinn, daß einige ihrer Züge durch Gründe erklärt werden können, die entweder zur Zeit ihres Eintretens bereits anerkannt waren oder die doch im Laufe ihrer Entwicklung erfunden wurden. *Ja* — denn selbst diese Gründe, die sich von Zeitalter zu Zeitalter ändern, reichen nie aus, um alle wichtigen Züge einer besonderen Episode zu erklären. Wir müssen Zufälle, Vorurteile, materielle Bedingungen (wie zum Beispiel das Vorhandensein eines bestimmten Typus von Glas in einem bestimmten Lande und nicht in einem anderen), die Wechselfälle des Ehelebens, Versehen, Oberflächlichkeit, Stolz und noch viele andere Dinge mit in Betracht ziehen, um das Bild zu vervollständigen. *Nein* — denn in das Klima der untersuchten Periode versetzt und mit einer lebhaften, neugierigen Intelligenz begabt, hätten wir noch viel mehr sagen können, wir wären fähig gewesen, Versehen und Zufälle zu überwinden und selbst die launischste Ereignisreihe zu 'rationalisieren'. Aber — und damit kommen wir zu einem entscheidenden Punkt — wie wird der Übergang von gewissen Maßstäben zu anderen herbeigeführt? Genauer: was geschieht mit unseren Maßstäben (im Gegensatz zu unseren Theorien) während einer Periode der Revolution? Ändern sie sich auf Poppersche Weise, auf dem Wege einer kritischen Diskussion von Alternativen, oder gibt es Prozesse, die sich jeder rationalen Analyse entziehen? Das ist eine der von Kuhn gestellten Fragen. Sehen wir zu, wie sie beantwortet werden kann!

    4) Daß Maßstäbe nicht immer auf Grund von Argumenten akzeptiert werden, hat Popper selbst betont. Kinder, schreibt er, „lernen, andere nachzuahmen…, und sie lernen so, Verhaltensregeln als feste, 'gegebene' Regeln aufzufassen… Dinge wie Sympathie und Phantasie können eine wichtige Rolle in dieser Entwicklung spielen."[49]) Dasselbe gilt für Erwachsene, die weiterlernen wollen und die bestrebt sind, sowohl ihre Kenntnisse als auch ihre Sensibilität zu verbessern. Es ist gewiß nicht plausibel anzunehmen, daß zwar Kleinkinder auf die leiseste Anregung hin in völlig neue Verhaltensweisen hinübergleiten, daß aber dasselbe für Erwachsene nicht möglich ist und der Krone erwachsener Tätigkeit, der Wissenschaft, ganz unzugänglich wäre. Außerdem ist es sehr wahrscheinlich, daß katastrophale Veränderungen, wiederholte Enttäuschungen eingeschlossen, Krisen in der Entwicklung unseres Wissens, unsere Verhaltensschemata ändern und vielleicht sogar vervielfachen werden, wie ja auch eine ökologische Krise zu einer Vermehrung von Mutationen führt. All das kann ein völlig natürlicher Prozeß sein wie das Größenwachstum, und die einzige Funktion rationaler Auseinandersetzung liegt vielleicht darin, daß sie die geistige *Spannung* steigert, die dem Verhaltensausbruch vorangeht, *und ihn verursacht.* Nun — ist das nicht genau die Art von Veränderung, die wir in Perioden wissenschaftlicher Revolutionen erwarten dürfen? Schränkt sie nicht die Wirksamkeit von Argumenten ein? Zeigt nicht das Auftreten solcher Veränderungen, daß die Wissenschaft, die schließlich einen Teil der Evolution des Menschen ausmacht, nicht ganz rational *ist* und auch nicht ganz rational *sein kann?* Denn wenn es Ereignisse gibt, nicht unbedingt Argumente, die uns *verursachen,* neue Maßstäbe zu akzeptieren, müssen

---

[49]) Ebenda, S. 390.

dann die Verteidiger des Status-quo nicht neben Argumenten auch *konträre Ursachen* bereitstellen? Und wenn die alten Formen des Argumentierens als konträre Ursachen zu geringe Wirkung haben, ist es dann nicht nötig, entweder das Spiel aufzugeben oder stärkere und mehr 'irrationale' Mittel heranzuziehen? (Es ist sehr schwer und vielleicht ganz unmöglich, den Einfluß einer Gehirnwäsche mit Argumenten zu bekämpfen.) Auch ein höchst puritanischer Rationalist wird dann gezwungen sein, Argumente beiseite zu lassen und seine Zuflucht zu wirksameren Mitteln der Meinungsänderung wie etwa der *Propaganda* zu nehmen, und zwar nicht darum, weil seine Argumente *nicht* mehr *gültig* sind, sondern weil die *psychologischen Bedingungen* verschwunden sind, die ihnen Wirksamkeit verleihen. Und was nützt das beste Argument, wenn es den Hörer kalt läßt?

5) Ein Popperianer, der solche Fragen in Betracht zieht, wird zugeben, daß neue Maßstäbe in der Tat auf sehr irrationale Weise erfunden, akzeptiert und an andere weitergegeben werden können, aber er wird betonen, daß immer noch die Möglichkeit bleibt, sie *nach ihrer Erfindung zu kritisieren*, und daß es diese Möglichkeit ist, die die Rationalität unseres Wissens garantiert. „Worauf können wir uns… verlassen?", fragt Popper am Ende einer Umschau nach möglichen Quellen für Maßstäbe,[50] „was sollen wir akzeptieren? Die Antwort heißt: was immer wir auch akzeptieren mögen, sollen wir nur versuchsweise glauben, und wir müssen uns erinnern, daß wir auch im besten Fall nur partielle Wahrheit (oder Richtigkeit) besitzen, daß wir fortwährend… Fehler begehen und falsche Urteile fällen, nicht nur in bezug auf Tatsachen, sondern auch in bezug auf die Maßstäbe, die wir uns angeeignet haben. Zweitens sollten wir unseren Intuitionen (selbst versuchsweise) nur dann vertrauen, wenn sie als das Ergebnis vieler Proben unserer Phantasie entstanden sind, als das Ergebnis vieler Irrtümer, vieler Prüfungen, vieler Zweifel und der gründlichsten Kritik."

Dieser Hinweis auf Prüfungen und auf Kritik, der die Rationalität der Wissenschaft und vielleicht sogar unseres ganzen Lebens garantieren soll, kann nun entweder *wohldefinierte Verfahrensweisen* meinen, ohne die eine Kritik oder eine Prüfung nicht stattfinden kann, oder aber er ist rein *abstrakt*, so daß es an uns liegt, ihn bald mit diesem, bald mit jenem konkreten Inhalt auszufüllen. Der erste Fall ist eben diskutiert worden. Im zweiten Fall haben wir es wieder mit einem verbalen Ornament zu tun, genauso, wie auch Lakatos' Verteidigung seiner eigenen 'objektiven Maßstäbe' sich als ein rein verbales Ornament entpuppte. Die Fragen aus Abschnitt 4 bleiben in beiden Fällen ohne Antwort.

6) In gewisser Hinsicht wird sogar diese Situation von Popper beschrieben, der sagt, daß „der Rationalismus notwendigerweise weit davon entfernt ist, umfassend oder in sich abgeschlossen zu sein."[51] Aber die Frage, die Kuhn stellt, ist nicht, ob unser Verstand Grenzen *hat;* die Frage ist, *wo* diese Grenzen *liegen.* Liegen sie außerhalb der Wissenschaft, so daß die Wissenschaft selbst ganz rational bleibt, oder sind irrationale Veränderungen ein wesentlicher Teil selbst des angeblich rationalsten Unternehmens, das der Mensch erfunden hat? Enthält das historische Phänomen 'Wissenschaft' Bestandteile, die sich einer rationalen Analyse entziehen? Kann das abstrakte Ziel, der Wahrheit näher zu kommen, in völlig rationaler Weise erreicht werden, oder ist es vielleicht jenen unzugänglich, die den Entschluß gefaßt haben, sich nur auf Argumente zu verlassen? Das sind die Probleme, denen wir uns nun zuwenden.

---

[50] Ebenda, S. 391.
[51] Popper [1945], Kap. 24.

7) Bei der Betrachtung dieser weiteren Probleme verwerfen Popper und Lakatos die 'Psychologie der Meute'[52]) und behaupten starrsinnig die wesentliche Rationalität der *gesamten* Wissenschaft. Nach Popper kann man beurteilen, welche von zwei Theorien der Wahrheit näher kommt, selbst wenn beide Theorien durch eine katastrophale Umwälzung wie eine wissenschaftliche Revolution voneinander getrennt sein sollten. (Eine Theorie T ist näher an der Wahrheit als eine andere Theorie T', wenn die Klasse der wahren Konsequenzen von T, der sogenannte Wahrheitsgehalt von T, die Klasse der wahren Konsequenzen von T' übertrifft ohne eine Vergrößerung des Falschheitsgehalts.) Nach Lakatos tauchen die scheinbar irrationalen Züge der Wissenschaft nur in der materiellen Welt und in der Welt des (psychologischen) Denkens auf; sie fehlen in der „Welt der Ideen, in Platons und Poppers 'dritter Welt' ".[53]) Das Wachstum des Wissens findet in dieser dritten Welt statt, und hier ist auch eine rationale Beurteilung aller Aspekte der Wissenschaft möglich. Man muß aber geltend machen, daß der Wissenschaftler leider auch mit der Welt der Materie und des (psychologischen) Denkens zu tun hat und daß Regeln, die in der dritten Welt Ordnung schaffen, zum Aufbau einer Ordnung in den Gehirnen lebender Menschen möglicherweise völlig ungeeignet sind (außer man nimmt an, daß sich diese Gehirne und ihre Struktur auch in der dritten Welt befinden – ein Punkt, der aus Poppers Bericht nicht ganz klar wird.[54]) Die zahlreichen Abweichungen vom geraden und faden Pfad der Rationalität, die wir in der historisch vorliegenden Wissenschaft bemerken, sind vielleicht *notwendig,* wenn wir mit dem spröden und unverläßlichen Material, das uns zur Verfügung steht (Instrumente, Gehirne, philosophische Träume), einen Fortschritt herbeiführen wollen.

Aber wir brauchen diesen Einwand nicht weiter zu verfolgen. Wir brauchen nicht darauf zu verweisen, daß die wirkliche Wissenschaft sich von ihrem Abbild in der dritten Welt *in genau jener Hinsicht* unterscheiden dürfte, die einen Fortschritt ermöglicht.[55]) Denn das Poppersche Modell des Annäherns an die Wahrheit versagt schon im Bereich der Ideen selbst. Es versagt, weil es *inkommensurable Theorien* gibt.

8) Mit der Diskussion der Inkommensurabilität komme ich zu einem Punkt der Kuhnschen Philosophie, den ich voll und ganz akzeptiere. Ich meine seine Behauptung, daß sich aufeinanderfolgende Paradigmen nur mit Schwierigkeit bewerten lassen und daß sie vielleicht ganz unvergleichbar sind, zumindest solange wir uns auf die üblichen Maßstäbe der Vergleichung beschränken (es ist wohl möglich, daß sie sich in anderer Hinsicht vergleichen lassen). Ich weiß nicht, wer von uns beiden zuerst den Ausdruck 'inkommensurabel' in dem Sinne verwendet hat, auf den es hier ankommt. Der Ausdruck findet sich sowohl in Kuhns *Structure of Scientific Revolutions* als auch in meinem Essay 'Explanation, Reduction, and

---

[52]) Dieser Band, S. 172.

[53]) Dieser Band, S. 174.

[54]) Ich verweise auf Popper [1968a] und [1968b]. Im ersten Aufsatz werden Vogelnester in die dritte Welt versetzt (S. 341), und es wird eine Wechselwirkung zwischen der dritten Welt und den übrigen Welten angenommen. Sie werden in die dritte Welt versetzt *wegen ihrer Funktion.* Aber wenn *das* das Prinzip der Zuteilung ist, dann gibt es in der dritten Welt auch Steine und Bäche, denn ein Vogel kann auf einem Stein sitzen und in einem Bach ein Bad nehmen. Alles, was von einem Organismus wahrgenommen wird, seine ganze *Umwelt,* muß auch in der dritten Welt vorhanden sein, und diese wird also die gesamte materielle Welt, alle Irrtümer der Menschheit sowie die gesamte 'Psychologie der Meute' enthalten.

[55]) Vgl. meinen Aufsatz [1969].

Empiricism', die beide im Jahre 1962 erschienen. Ich erinnere mich deutlich, wie sehr mich diese prästabilierte Harmonie erstaunt hat, die uns veranlaßte, nicht nur ähnliche Ideen zu verteidigen, sondern diese Ideen auch mit denselben Worten auszudrücken. Die Koinzidenz ist natürlich gar nicht mysteriös. Ich hatte frühere Fassungen von Kuhns Buch gelesen und ihren Inhalt mit Kuhn diskutiert. In diesen Diskussionen waren wir beide der Ansicht, daß neue Theorien zwar oft besser und mehr detailliert sind als ihre Vorgänger, daß sie aber doch nicht immer reich genug sind, um *alle* Probleme zu behandeln, auf die die Vorgänger eine definitive und genaue Antwort gegeben hatten. Das Wachstum unserer Kenntnisse oder, genauer, die Ersetzung einer umfassenden Theorie durch eine andere, zieht Gewinne wie auch Verluste nach sich. Kuhn verglich gerne die wissenschaftliche Weltanschauung des 17. Jahrhunderts mit der Aristotelischen Philosophie, während ich jüngere Beispiele verwendete wie die Relativitätstheorie und die Quantentheorie. Wir sahen auch, daß es gelegentlich sehr schwer sein mag, aufeinanderfolgende Theorien auf die übliche Weise zu vergleichen, das heißt unter Berücksichtigung ihrer Gehaltsklassen. Das übliche Schema ist das folgende (Abb. 1): T wird von T' verdrängt. T' erklärt, warum T versagt (in F); T' erklärt auch, warum T mindestens teilweise erfolgreich war (in S); und T' macht zusätzliche Vorhersagen (in A). Dieses Schema ist nur dann brauchbar, wenn es Aussagen gibt, die sowohl aus T als auch aus T' folgen (mit oder ohne Hilfe von Definitionen, Korrelationshypothesen etc., etc.). Aber es gibt Fälle, die uns zu einem Vergleichsurteil einladen, ohne die eben erwähnten Bedingungen zu erfüllen. Die Beziehung zwischen solchen Theorien wird in Abb. 2 gezeigt.[56]) Ein Urteil, das den Vergleich von Gehaltsklassen involviert, ist nun klarerweise unmöglich. Es kann zum Beispiel nicht gesagt werden, daß T' der Wahrheit näher ist als T oder weiter von ihr entfernt.

9) Als ein Beispiel für zwei inkommensurable Theorien wollen wir kurz die klassische Himmelsmechanik (CM) und die spezielle Relativitätstheorie (SR) vergleichen. Es muß betont werden, daß die Frage 'sind CM und SR inkommensurabel?' keine vollständige Frage ist. Theorien können auf die verschiedenste Weise interpretiert werden. Sie sind inkommensurabel in einigen Interpretationen, vergleichbar in anderen. Der Instrumentalismus zum Beispiel macht alle jene Theorien kommensurabel, die auf dieselbe Beobachtungssprache bezogen sind und auf ihrer Basis interpretiert werden. Ein Realist will aber eine einheitliche Darstellung sowohl beobachtbarer als auch unbeobachtbarer Tatsachen geben, und er wird zu diesem Zweck die abstraktesten Begriffe der Theorie verwenden, mit der er sich beschäftigt.

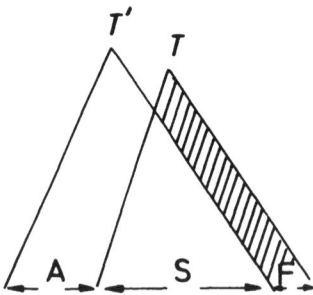

Bild 1

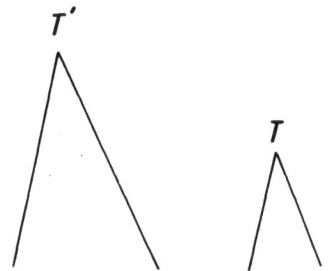

Bild 2

[56]) Das Gebiet von T' ist als *vor* oder *hinter* dem Gebiet von T liegend vorzustellen, so daß keine Überdeckung stattfindet.

Das ist eine völlig natürliche Prozedur. SR, so möchte man sagen, lädt uns nicht bloß ein, *un-beobachtbare* Länge, Masse und Dauer umzudenken; diese Theorie scheint den relationalen Charakter *aller* Längen, Massen, Dauern nach sich zu ziehen, ganz gleich, ob diese nun beobachtet, unbeobachtet, beobachtbar, unbeobachtbar sind. Die Ausdehnung der Begriffe einer neuen Theorie *T* auf alle ihre Konsequenzen, Beobachtungsberichte eingeschlossen, kann nun die Interpretation dieser Konsequenzen so sehr verändern, daß sie aus den Gehaltsklassen früherer Theorien verschwinden. Die früheren Theorien sind dann alle inkommensurabel mit *T*. Die Beziehung zwischen SR und CM ist ein ausgezeichnetes Beispiel für diesen Prozeß. Der Begriff der Länge, so wie er in SR verwendet wird, und der Begriff der Länge, den CM voraussetzt, sind verschiedene Begriffe. Sie sind zwar beide *Beziehungs*begriffe und sehr komplexe Beziehungsbegriffe (man denke zum Beispiel an die Längenbestimmung auf Grund der Wellenlänge einer vorgegebenen Spektrallinie). Aber der relativistische Begriff der Länge (oder der relativistische Begriff der Form) enthält ein Element, das im klassischen Begriff nicht vorkommt *und im Prinzip nicht vorkommen kann.*[57]) Er enthält die *relative Geschwindigkeit* des betrachteten Objekts in einem Bezugssystem, verglichen mit der absoluten Naturkonstante *c*. Es stimmt schon, daß das relativistische Schema uns häufig Zahlen gibt, die sehr nahe an den aus CM kalkulierten liegen, aber das macht die Begriffe nicht ähnlicher. Selbst der Fall $c \rightarrow \infty$ (oder $v \rightarrow 0$), der genau identische Vorhersagen ergibt, kann nicht als ein Argument dafür gelten, daß die Begriffe zumindest jetzt zusammenfallen: verschiedene Größen,

---

[57]) Man kann den Raumzeitrahmen auf diese neuen Elemente allein gründen und so alle Vermischung mit früheren Denkweisen vermeiden. Man braucht nur Entfernungen durch Lichtzeiten zu ersetzen und Zeitintervalle auf relativistische Weise zu behandeln, z. B. unter Verwendung des *k* -Kalküls (vgl. Synge [1964], Kap. II. Zum *k* -Kalkül vgl. Bondi [1967], S. 29, sowie Bohm [1965], Kap. XXVI). Die resultierenden Begriffe (der Entfernung, Geschwindigkeit, Zeit, usf.) sind ein notwendiger Teil der Relativität in dem Sinn, daß alle übrigen Ideen, wie zum Beispiel die Idee der Länge, definiert durch den Transport starrer Stäbe, geändert und an sie angepaßt werden müssen.
Marzke und Wheeler [1963] berichten eingehend, wie die Relativitätstheorie von äußeren Zutaten befreit werden kann. Sie adoptieren das Prinzip – das sie Bohr und Rosenfeld zuschreiben –, daß „jede saubere Theorie in und für sich selbst die Mittel beschaffen soll, um die Quantitäten zu definieren, von denen sie handelt". Nach diesem Prinzip darf die allgemeine Relativitätstheorie nur solche Messungen von Raum und Zeit erlauben, „die frei sind von jeder Bezugnahme auf ein Wirkungsquantum [Atomuhren und/oder minimale Entfernungen] oder auf 'starre Stäbe' (S. 48). Marzke und Wheeler konstruieren Uhren und Längenmaßstäbe, die nur die Eigenschaften des Lichts und die Bahnen träger Teilchen verwenden (S. 53–56). Die Gleichheiten, die mit solchen Uhren und mit solchen Längenmaßen gemessen werden, sind transitiv in einer relativistischen Welt, intransitiv in einer klassischen Welt. Die Ergebnisse von Entfernungsmessungen sind invariant gegenüber Translationen in einem relativistischen Universum, nicht invariant gegenüber Translationen in einem klassischen Universum. Zwei verschiedene Ereignisse sind durch endliche Entfernung getrennt in einem relativistischen Universum, aber nicht immer so getrennt in einem klassischen Universum. Die Maßeinheit ist das Intervall zwischen den beiden effektiven Äquinoktien des Jahres 1900, und sie läßt sich mit jedem (räumlichen und zeitlichen) Intervall auf invariante (gegenüber Translationen) Weise vergleichen. Kein solcher Vergleich ist im klassischen Fall möglich. Wir sehen, daß wir relativistische Raumzeitintervalle auf nicht zirkuläre Weise in den Begriffen der Relativitätstheorie selbst definieren können (S. 62). Die definierten Intervalle sind inkommensurabel mit klassischen Intervallen.
Es ist hier nicht der Raum, diesen interessanten Fall eingehender zu erörtern, aber wir hoffen, daß Freunde oder Feinde der Inkommensurabilität ihre Argumente am Werk von Marzke und Wheeler schärfen werden.

15 Lakatos

denen verschiedene Begriffe zugrundeliegen, können an ihren besonderen Skalen identische Werte ergeben, ohne darum gleiche Größen zu werden (dieselbe Bemerkung gilt für den Versuch, die klassische Masse mit der relativistischen Ruhmasse zu identifizieren).[58]) Nimmt man diese begriffliche Diskrepanz ernst, dann infiziert sie auch die 'gewöhnlichsten' Situationen; der relativistische Begriff einer bestimmten Form, wie etwa eines Tisches oder einer gewissen zeitlichen Aufeinanderfolge, wie zum Beispiel der Ereignisreihe, daß ich jetzt ja sage, wird sich ebenfalls von den entsprechenden klassischen Begriffen unterscheiden. Es ist daher vergeblich zu erwarten, daß uns genügend lange Ableitungen am Ende doch noch zu den alten Begriffen zurückführen werden.[59]) Die Konsequenzklassen von SR und CM sind wie in Abbildung 2. Ein Vergleich der Gehalte und ein Urteil über relative Wahrheitsnähe ist nicht möglich.[60])

10) Ich werde im folgenden einige Einwände besprechen, die nicht gegen diese *besondere* Analyse der Beziehung zwischen SR und CM, sondern gegen die *Möglichkeit* oder *Erwünschtheit* inkommensurabler Theorien erhoben worden sind. (Fast alle Einwände gegen die Inkommensurabilität sind von dieser *allgemeinen* Art.) Die Einwände enthalten methodologische Ideen, die wir kritisieren müssen, wenn wir unsere Freiheit den Wissenschaften gegenüber vergrößern wollen.

Ein sehr populärer Einwand geht von der Version des Realismus aus, die ich eben geschildert habe. Ich sagte: „Ein Realist will eine einheitliche Darstellung sowohl beobachtbarer als auch unbeobachtbarer Tatsachen geben, und er wird zu diesem Zweck die abstrakten Begriffe der Theorie verwenden, mit der er sich beschäftigt." Er verwendet diese Begriffe entweder, um Beobachtungssätze mit einem Sinn zu *versehen*, oder um ihre übliche Deutung durch eine andere Deutung zu *ersetzen* (z. B. verwendet er die Ideen von SR, um die gewöhnliche CM-Interpretation von Alltagsaussagen über Figuren und zeitliche Folgen etc. zu ersetzen). Im Gegensatz dazu hat man geltend gemacht, daß theoretische Ausdrücke interpretiert werden, indem man sie entweder mit einer vorher schon existierenden Beobachtungssprache oder mit einer Theorie verbindet, die mit einer solchen Beobachtungssprache in Beziehung steht, und daß sie ohne eine Verbindung dieser Art leer sind. So schreibt z. B. Carnap:[61]) „Es gibt keine unabhängige Interpretation für L_T [die Sprache, in der eine gewisse Theorie oder eine bestimmte Weltanschauung formuliert wird]. Das System T [das aus den Axiomen der Theorie und den Ableitungsregeln besteht] ist selbst ein uninterpretiertes Postulatsystem. [Seine] Ausdrücke erhalten eine indirekte und unvollständige Interpretation durch die Tatsa-

---

[58]) Zu diesem Punkt und für weitere Argumente sehe man Eddington [1924], S. 33.

[59]) Ein Einwand von John Watkins.

[60]) Für weitere Einzelheiten, besonders zum Begriff der Masse, zur Funktion von 'Brückengesetzen' oder 'Korrespondenzregeln' und zur Rolle des Zweisprachenmodells vgl. Abschnitt IV meines Aufsatzes [1965b]. Es ist klar, daß wir unter den im Text beschriebenen Umständen die klassische Mechanik nicht aus der Relativitätstheorie herleiten können, nicht einmal angenähert. (Zum Beispiel können wir das klassische Gesetz der Massenerhaltung nicht aus dem entsprechenden relativistischen Gesetz herleiten.) Doch kann man die *Formeln* der beiden Disziplinen noch immer auf eine Weise verbinden, die den reinen Mathematiker (oder einen Instrumentalisten) befriedigen wird. Für eine ähnliche Situation in der Quantenmechanik vgl. Abschnitt 3 meines Aufsatzes [1968/1969]. Für allgemeinere Gesichtspunkte vgl. auch Abschnitt 2 desselben Aufsatzes.

[61]) Vgl. Carnap [1956], S. 47.

che, daß einige von ihnen durch [Korrespondenzregeln] *C* mit Beobachtungsausdrücken verbunden sind." Wenn nun theoretische Ausdrücke keine unabhängige Interpretation haben, dann können sie auch nicht zur Korrektur der Interpretation von Beobachtungsaussagen verwendet werden, die ja die einzige und ausschließliche Quelle ihres Sinnes sind. Der Realismus, den wir beschrieben haben, ist dann eine unmögliche Doktrin.

Dieser Einwand beruht auf dem Leitgedanken, daß neue und abstrakte Sprachen nicht auf direktem Wege eingeführt werden können, sondern daß sie zuerst mit einer bereits vorhandenen und vermutlich stabilen Beobachtungssprache verbunden werden müssen.[62])

Der Leitgedanke wird widerlegt durch Hinweis auf die Art und Weise, wie Kinder ihre Muttersprache und Völkerkundler und Linguisten die Sprache eines neuentdeckten Stammes lernen.

Das erste Beispiel ist auch aus anderen Gründen lehrreich, denn die Inkommensurabilität spielt eine wichtige Rolle in den frühen Monaten der menschlichen Entwicklung. Wie Piaget und seine Schule bemerkt haben[63]), entwickelt sich die Wahrnehmung des Kindes durch verschiedene Stufen, bis sie ihre relativ stabile, erwachsene Form erreicht. Es scheint eine Stufe zu geben, auf der Gegenstände sich genau wie Nachbilder verhalten[64]), und sie werden auch als solche behandelt: das Kind folgt dem Gegenstand mit den Augen, bis er verschwindet, aber es macht nicht den leisesten Versuch, ihn wiederzufinden, obwohl der Versuch nur die geringste physische (oder intellektuelle) Anstrengung verlangt und das Kind zu dieser Anstrengung fähig ist. Es hat nicht einmal die Tendenz zu suchen — und das ist auch völlig in Ordnung, 'begrifflich' gesprochen; es wäre ja in der Tat sinnlos, nach einem Nachbild zu 'suchen'. Der 'Begriff' des Nachbildes sieht eine solche Operation nicht vor.   `

Die Ankunft des Begriffes oder des Wahrnehmungsbildes materieller Gegenstände verändert die Situation auf dramatische Weise. Wir sehen eine drastische Neuorientierung von Verhaltensweisen und, wie man vermuten kann, auch des Denkens. Nachbilder und verwandte Gegenstände existieren zwar immer noch, aber sie sind nicht leicht zu finden und müssen mit Hilfe spezieller Methoden entdeckt werden (man kann also sagen, daß die frühere visuelle Welt *buchstäblich verschwindet*). Solche Methoden gehen von einem neuen begrifflichen Schema aus (Nachbilder treten in *Menschen* auf, nicht in der physikalischen Außenwelt, und sie sind an *Menschen* gebunden), und sie können nicht zu den Phänomenen der früheren Stufe zurückführen (darum müßten diese Phänomene eigentlich auch mit einem anderen Namen bezeichnet werden wie etwa 'Pseudo-Nachbilder'). Weder Nachbilder noch Pseudonachbilder nehmen in der neuen Welt eine spezielle Position ein. Zum Beispiel behandelt man sie

---

[62]) Oft wird ein noch konservativeres Prinzip verwendet, wenn man die Logik von Sprachen diskutiert, die sich von der unseren wesentlich unterscheiden. So schreibt Stroud [1968], der das Prinzip bespricht, wenn auch nicht befürwortet, daß „es möglich sein muß, jede angeblich neue Denkweise in die Begriffswelt unseres gegenwärtigen linguistischen und begrifflichen Apparats einzufügen und auf ihrer Grundlage zu verstehen"; daraus folgt dann, daß „eine 'Alternative' entweder etwas ist, das wir schon verstehen und das daher für uns bereits sinnvoll ist, oder es handelt sich um überhaupt keine Alternative". Dabei wird übersehen, daß man eine bisher unverstandene Alternative wie eine neue und unbekannte Sprache *lernen* kann, d.h. nicht auf Grund von Übersetzungen, sondern indem man mit den Sprechern der Sprache *lebt*.

[63]) Als ein Beispiel möge der Leser Piaget [1954] konsultieren.

[64]) Piaget [1954], S. 5 ff.

nicht als *Evidenz*, auf der der neue Begriff des materiellen Gegenstandes ruht, noch kann man sie verwenden, um diesen Begriff zu *erklären*: die Nachbilder tauchen *mit ihm zusammen* auf, sie fehlen in einem Bewußtsein, das materielle Gegenstände noch nicht erkennen kann, und Pseudonachbilder verschwinden, sobald eine solche Erkenntnis stattfindet. Man muß zugeben, daß jede Stufe eine Art 'Beobachtungsbasis' besitzt, die besonders beachtet wird und von der man eine Menge von Anregungen empfängt. Aber diese Basis 1) *ändert* sich von Stufe zu Stufe; und 2) sie ist ein *Teil* des begrifflichen Apparats einer gegebenen Stufe und *nicht* die eine und ausschließliche Quelle aller Interpretationen.

Wenn man alle diese Umstände in Betracht zieht, so erhebt sich der Verdacht, daß die Familie der Begriffe, die sich unmittelbar um den Begriff des 'materiellen Gegenstandes' gruppieren, und die Familie der Begriffe, die sich um den Begriff eines 'Pseudo-Nachbildes' gruppieren, inkommensurabel sind in genau dem Sinn, der hier in Frage steht. Ist es vernünftig zu erwarten, daß begriffliche Änderungen dieser Art nur in der Kindheit vorkommen? Sollen wir die Tatsache begrüßen – falls es sich um eine Tatsache handelt –, daß ein Erwachsener in einer stabilen Begriffswelt und in einem stabilen Begriffssystem steckengeblieben ist, das er zwar auf mannigfache Weise modifizieren kann, dessen allgemeine Umrisse aber ein für allemal zum Stillstand gekommen sind? Ist die Annahme nicht viel realistischer, daß grundlegende Änderungen, die eine Inkommensurabilität nach sich ziehen, noch immer möglich sind und daß man sie fördern sollte, um den Übergang zu einer höheren Stufe des Wissens und des Bewußtseins nicht auszuschließen? Außerdem ist die Frage der Beweglichkeit des erwachsenen Stadiums ohnehin eine empirische Frage, die durch *Forschung* zu untersuchen und nicht durch methodologische *Entscheidung* zu erledigen ist. Der Versuch, die Schranken eines gegebenen Begriffssystems zu durchbrechen und dem Bannkreis 'Popperscher Brillen'[65]) zu entkommen, ist ein wesentlicher Teil einer derartigen Forschung.[66])

11) Faßt man nun das zweite Element der Widerlegung, das Gebiet anthropologischer Feldforschung ins Auge, so sieht man, daß, was hier mit gutem Recht als Anathema gilt, immer noch ein grundlegendes Prinzip der zeitgenössischen Vertreter der Philosophie des Wiener Kreises ist. Nach Carnap, Feigl, Nagel, Hempel und anderen erhalten Ausdrücke einer Theorie ihre Interpretation auf indirekte Weise, indem sie mit einem anderen Begriffssystem, das heißt entweder mit einer älteren Theorie oder mit einer Beobachtungssprache[67]) verbunden werden. Ältere Theorien und Beobachtungssprachen werden nicht wegen ihrer

---

[65]) Vgl. den Aufsatz von Lakatos im vorliegenden Band, S. 173, Anm. 335.

[66]) Zu den Bedingungen der Forschung, von denen im letzten Satz die Rede war, vgl. man Abschnitt 8 von [1965a]. Zur Rolle von Beobachtungen vgl. Abschnitt 7 desselben Aufsatzes. Zur Anwendung von Piagets Untersuchungen auf die Physik und besonders auf die Relativitätstheorie vgl. den Anhang von Bohm [1965]. Bohm und Schumacher haben auch eine Analyse der verschieden informellen Strukturen ausgeführt, die unseren Theorien unterliegen. Eines der Hauptergebnisse ihrer Arbeit ist, daß Bohr und Einstein auf der Grundlage inkommensurabler Standpunkte argumentierten. So gesehen, kann der Fall von Einstein, Podolsky und Rosen die Quantentheorie weder widerlegen noch von ihr widerlegt werden. Die Situation ist vielmehr die, daß wir zwei Theorien haben, von denen uns eine erlaubt, das Gedankenexperiment zu formulieren, während die andere uns die zu einer solchen Formulierung notwendige begriffliche Maschinerie nicht zur Verfügung stellt; die Frage, welche von beiden Theorien zu akzeptieren ist, muß also auf unabhängiger Grundlage entschieden werden. Für weitere Bemerkungen zu diesem Problem vgl. Abschnitt 9 meines Essays [1968/1969].

[67]) Zum folgenden vgl. auch meinen Aufsatz [1966].

theoretischen Vorzüge verwendet (Vorzüge haben sie sicher keine, denn sie sind gewöhnlich bereits widerlegt). Sie werden verwendet, weil sie „von einer Sprachgemeinschaft als Kommunikationsmittel benützt werden".[68] Nach dieser Methode wird z.B. die Wendung '… hat größere relativistische Masse als…' teilweise dadurch interpretiert, daß man sie mit vorrelativistischen Ausdrücken verbindet (also entweder mit klassischen oder mit Alltagsausdrücken), die 'allgemein verstanden' werden (vermutlich als Ergebnis vorhergehenden Lehrens im Zusammenhang mit rohen Meßmethoden). Das ist noch schlimmer als die einst populäre Forderung, zweifelhafte Stellen (odèr Gedanken) dadurch aufzuhellen, daß man sie ins Lateinische übersetzt. Latein wurde gewählt wegen seiner Präzision und Klarheit und weil es begrifflich reicher war als die sich langsam entwickelnden vulgären Idiome. Die Wahl einer Beobachtungssprache oder einer älteren Theorie als Basis für Interpretationen geschieht aber darum, weil sie 'bereits verstanden werden', weil sie *populär* sind. Außerdem: wenn vorrelativistische Ausdrücke, die ja der Wirklichkeit sehr fernstehen — insbesondere angesichts der Tatsache, daß sie einer falschen Theorie angehören —, direkt gelehrt werden können, zum Beispiel mit Hilfe von kruden Messungsmethoden (und wir müssen annehmen, daß sie so gelehrt werden können, oder das ganze Schema fällt in sich zusammen), warum können wir dann die relativistischen Begriffe nicht *direkt* und *ohne* Hilfe der Begriffe eines anderen Idioms einführen? Und schließlich verlangt schon der gewöhnliche Hausverstand (wenn auch nicht der Hausverstand mancher Philosophen), daß das Lehren und das Erlernen neuer und unbekannter Sprachen nicht mit irrelevantem Material belastet werde. Linguisten machen uns darauf aufmerksam, daß eine völlig befriedigende Übersetzung niemals möglich ist, selbst dann nicht, wenn man komplexe Kontextdefinitionen verwendet. Das ist der Grund für die Wichtigkeit anthropologischer *Feldstudien*, wo man eine Sprache *von Anfang an* lernt, und für die Verwerfung von Studien, die sich auf vollständige oder teilweise Übersetzung stützen. *Doch gerade was in der Linguistik als Anathema gilt, ist die Basis der Interpretationsverfahren der logischen Empiristen*, nur daß hier eine *mythische* 'Beobachtungssprache' das *wirklich vorhandene* Englisch oder Deutsch der Übersetzer einnimmt. Beginnen wir auch hier mit Feldstudien und untersuchen wir die Sprache neuer Theorien nicht in den Definitionsfabriken des Zweisprachenmodells, sondern in der Gesellschaft jener Metaphysiker, Experimentatoren, Theoretiker, Dramatiker, Kurtisanen, die neue Weltanschauungen aufgebaut haben! Damit beenden wir die Diskussion des Leitprinzips des ersten Einwandes gegen den Realismus und die Möglichkeit inkommensurabler Theorien.

12) Als nächstes kommt ein Sack voll von vermischten Bemerkungen, die nie auf systematische Weise dargestellt worden sind und die sich mit wenigen Worten erledigen lassen.

Zu Beginn ist da der Verdacht zu beruhigen, daß Beobachtungen, die auf Grund einer neuen Theorie interpretiert werden, nicht mehr fähig sind, diese Theorie zu widerlegen. Der Verdacht wird entfernt durch den Hinweis, daß die Vorhersagen einer Theorie von den Postulaten, den mit ihnen verbundenen grammatischen Regeln *sowie auch* von den Anfangsbedingungen abhängen, während der Sinn der primitiven Begriffe von den Postulaten (und den mit ihnen verbundenen grammatischen Regeln) allein abhängt. Es ist also möglich, eine Theorie durch eine Erfahrung zu widerlegen, die vollkommen in ihren Begriffen interpretiert ist.

---

[68]) Carnap [1956], S. 40. Vgl. auch Hempel [1966], S. 74 ff.

Eine andere Bemerkung, die man oft hört, ist, daß es *entscheidende Experimente* [crucial experiments] gibt, die von zwei angeblich inkommensurablen Theorien eine widerlegen und die andere erhärten. Beispiel: Das Michelson-Morley-Experiment, die Massenveränderung der Elementarteilchen, der transversale Dopplereffekt widerlegen CM und erhärten SR. Auch dieses Problem läßt sich leicht lösen: wenn wir den Standpunkt der Relativität annehmen, so finden wir, daß die Experimente, *die jetzt natürlich mit Hilfe relativistischer Begriffe beschrieben werden* (d. h. wir verwenden in allen Aussagen die relativistischen Begriffe von Länge, Dauer, Geschwindigkeit und so fort[69]), für die Theorie relevant sind, daß sie sie erhärten. Nehmen wir den klassischen Standpunkt (mit oder ohne Äther) ein, so finden wir wieder, daß die Experimente, die jetzt in den ganz anderen Begriffen der klassischen Physik beschrieben werden, ungefähr in der Weise, in der sie schon Lorentz beschrieben hatte, relevant sind, aber wir finden, daß sie den klassischen Standpunkt *unterminieren*. Warum sollten wir Begriffe besitzen, die es uns erlauben zu sagen, daß es *dasselbe* Experiment ist, das die eine Theorie erhärtet und die andere widerlegt? Aber haben wir nicht selbst solche Begriffe benützt? Nun, es ist leicht, wenn auch etwas umständlich, das eben Gesagte *ohne* Behauptung einer Identität auszudrücken. Zweitens widerspricht die Identifikation unserer These natürlich nicht, denn wir *verwenden* ja in diesem Fall weder die Begriffe der klassischen Physik noch die der Relativität, wie es während einer Prüfung geschieht, wir *reden* nur *über* sie und über ihr Verhältnis zur physikalischen Welt. Die Sprache, in der sich *diese* Diskussion vollzieht, kann klassisch, relativistisch oder Alltagssprache sein. Es nützt nichts, wenn man darauf verweist, daß sich Wissenschaftler in der beschriebenen Situation auf viel weniger komplexe Weise verhalten. Wenn sie das tun, dann sind sie entweder Instrumentalisten [siehe oben, Abschnitt 9], oder sie irren sich: viele Wissenschaftler interessieren sich heutzutage nur für *Formeln*, während wir hier *Interpretationen* diskutieren. Es ist auch möglich, daß sie CM und SR so gut beherrschen und so schnell von der einen Theorie auf die andere übergehen, daß sie sich in einem einzigen Bereich, ohne Unterteilungen, zu bewegen scheinen.

13) Ein weiterer Einwand bemerkt, daß eine Zulassung inkommensurabler Theorien uns nicht erlauben würde zu sagen, ob eine neue Theorie erklärt, was sie erklären soll, oder ob sie nicht in andere und irrelevante Gebiete abwandert. Es wäre zum Beispiel nicht möglich zu entscheiden, ob sich eine neue physikalische Theorie mit den Eigenschaften von Raum und Zeit befaßt oder ob ihr Verfasser nicht irrtümlich eine biologische Behauptung aufgestellt hat. Aber ein solches Wissen ist ganz unnötig. Gibt man die Tatsache der Inkommensurabilität einmal zu, dann verschwindet die Frage, die dem Einwurf zugrunde liegt. (Begrifflicher Fortschritt macht es oft unmöglich, gewisse Fragen zu stellen; wir können zum Beispiel nicht mehr nach der absoluten Geschwindigkeit eines Gegenstandes fragen – zumindest solange nicht, als wir die Relativitätstheorie ernst nehmen.) Aber ist das nicht ein ernster Verlust für die Wissenschaft? Keineswegs! Fortschritt wurde oft durch dasselbe 'Abwandern in andere Gebiete' erzielt, dessen Unentscheidbarkeit nun den Kritiker so sehr erregt. Aristoteles sah die Welt als einen Super*organismus*, d. h. als ein *biologisches* Wesen, während ein wesentliches Element der neuen Wissenschaft von Galileo und Descartes auf dem Gebiet der Medizin und Biologie ihre rein *mechanistische* Auffassung ist. Soll man solche Entwicklungen verbieten? Und wenn man sie nicht verbietet, was bleibt dann von dem Vorwurf übrig?

[69]) Beispiele für solche Beschreibungen bei Synge [1964].

Ein verwandter Einwand beginnt mit dem Begriff der *Erklärung* oder der *Reduktion* und betont, daß diese Begriffe eine begriffliche Kontinuität voraussetzten (andere Begriffe können mit genau demselben Argument verbunden werden). In unserem obigen Beispiel: soll die Relativität die gültigen Teile der klassischen Physik erklären, dann kann sie auch mit dieser nicht inkommensurabel sein! Die Antwort liegt wieder auf der Hand. Warum sollte ein Vertreter der Relativitätstheorie sich für das Schicksal der klassischen Mechanik interessieren, außer als Teil einer historischen Übung? Von einer Theorie kann mit Recht nur *eines* verlangt werden, nämlich daß sie die *Welt* korrekt beschreibe, d. h. die Gesamtheit von Tatsachen, *so wie sie in ihren eigenen Begriffen ausgedrückt erscheinen*. Was haben die Prinzipien der Erklärung mit dieser Forderung zu tun? Ist es nicht vernünftig anzunehmen, daß ein Standpunkt wie der Standpunkt der klassischen Mechanik, der sich schon in mancher Hinsicht als mangelhaft erwiesen hat, auch nicht ganz adäquate Begriffe besitzen wird, und ist es nicht vernünftig zu versuchen, seine Begriffe durch die Begriffe einer mehr adäquaten Kosmologie zu ersetzen? Außerdem, warum sollte man den Begriff der Erklärung mit der Forderung nach begrifflicher Kontinuität zwischen Explanans und Explanandum belasten? Dieser Begriff ist schon öfter als zu eng befunden worden (Forderung der Ableitbarkeit), und man war gezwungen, ihn zu erweitern, um partielle und statistische Verbindungen einschließen zu können. Nichts hindert uns daran, ihn nochmals zu erweitern, etwa durch Zulassung von 'Erklärungen durch Ambiguität'.

14) Inkommensurable Theorien lassen sich also unter Verwendung ihrer eignen Erfahrungen widerlegen und kontrollieren (in der Abwesenheit kommensurabler Alternativen ist diese Kontrolle allerdings sehr schwach).[70]) Ihr *Gehalt* kann nicht verglichen werden. Noch ist es möglich, ein Urteil über ihre *Wahrheitsnähe* zu fällen, außer man bleibt innerhalb der Grenzen einer bestimmten allgemeinen Theorie. Keine der Methoden, die Popper zur Rationalisierung der Wissenschaft benutzen möchte, läßt sich anwenden, und die Methode, die sich anwenden läßt, die Methode der Widerlegung, ist in ihrer Stärke sehr reduziert. Was bleibt, sind ästhetische Urteile, Geschmacksurteile, subjektive Wünsche. Heißt das, daß wir im Subjektivismus landen? Heißt das, daß die Wissenschaft willkürlich geworden ist, daß sie ein Element des allgemeinen Relativismus geworden ist, den Popper und seine Genossen bekämpfen wollen? Sehen wir uns die Sache näher an!

Zunächst scheint es mir, daß ein Unternehmen, dessen menschlichen Charakter jedermann sehen kann, beträchtliche Vorzüge besitzt gegenüber einem Unternehmen, das sich als 'objektiv' und als menschlichen Handlungen und Wünschen unzugänglich gebärdet.[71]) *Die Wissenschaften sind schließlich unser eigenes Werk*, eingeschlossen all die strengen Maßstäbe, die sie uns aufzuerlegen scheinen. Es ist gut, wenn man sich an diese Tatsache so oft wie nur möglich erinnert. Es ist gut, wenn man fortwährend an die Tatsache erinnert wird, daß die Wissenschaft, so wie wir sie heute kennen, *nicht unvermeidlich ist* und daß wir eine Welt aufbauen können, *in der sie nicht die geringste Rolle spielt* (eine solche Welt wäre meiner Ansicht nach vergnüglicher als die Welt, in der wir jetzt leben). Und was könnte uns diese Tatsache besser vor Augen führen als die Einsicht, daß die Wahl zwischen Theorien, die allgemein genug sind, um die Grundlage für ein umfassendes Weltbild abzugeben, zu einer Geschmackssa-

---

[70]) Zu diesem Punkt vgl. Abschnitt 1 meines Aufsatzes [1965*a*] sowie [1965*b*].
[71]) Zu diesem Problem der Entfremdung vgl. Marx [1844*a*] und [1844*b*].

che werden kann? Daß die Wahl unserer grundlegenden Kosmologie (Materialismus; Biologismus; Mythen persönlicher Götter) zu einer Geschmackssache werden kann?

Zweitens sind Geschmacksfragen einer argumentativen Behandlung nicht unzugänglich. Man kann Gedichte auf Grund ihrer Grammatik, ihrer Klangstruktur, ihres Bildablaufs und ihres Rhythmus miteinander vergleichen und sie auf solcher Grundlage bewerten (vgl. Ezra Pound über den Fortschritt in der Poesie[72])). Selbst die zarteste und vergänglichste Stimmung läßt sich analysieren, und sie *muß* analysiert werden, wenn man sie auf vergnügliche Weise darstellen will oder wenn ihre Darstellung zu einer Bereicherung des emotionellen (kognitiven, perzeptuellen) Inventars des Lesers führen soll. Jeder Dichter, der nicht völlig irrational ist, vergleicht, verbessert, argumentiert, bis er die richtige Formulierung dessen findet, was er sagen will.[73]) Wäre es nicht wunderbar, wenn derselbe Prozeß auch in den Wissenschaften eine grundlegende Rolle spielte?

Schließlich gibt es auch mehr prosaische und langweilige Verfahren, die weniger abstoßend sein dürften für den professionellen Wissenschaftstheoretiker. Wir können die *Länge* der Ableitung in Betracht ziehen, die von den Prinzipien einer Theorie zu ihrer Beobachtungssprache führt, und wir können unsere Aufmerksamkeit auch auf die Zahl der *Approximationen* lenken, die im Laufe der Ableitung auftreten (zu diesem Zweck müssen alle Ableitungen auf Standardform gebracht werden, so daß ein unzweideutiges Urteil über ihre 'Länge' möglich wird; diese Standardisierung betrifft die *Form*, nicht den *Inhalt* der verwendeten Begriffe). Kleinere Länge und kleinere Anzahl von Approximationen wäre vorzuziehen. Man sieht nicht leicht, wie sich diese Bedingung mit dem Wunsch nach Einfachheit und Allgemeingültigkeit vereinigen läßt, der, so scheint es, beide Parameter vergrößern muß. Wie dem auch sei – es stehen uns viele Wege offen, sobald die Tatsache der Inkommensurabilität einmal verstanden und ernstgenommen ist.

15) Ich begann meine Erörterungen mit dem Hinweis, daß die wissenschaftliche Methode in der von Lakatos aufgeweichten Form nur noch ein Ornament ist, das uns vergessen läßt, daß wir im Grunde jede Prozedur zulassen. Dann betrachtete ich das Argument, daß die Methode der Problemverschiebungen zwar in der ersten Welt versagen könnte, aber doch darüber richtige Rechenschaft gebe, was in der 'dritten Welt' vor sich geht, und es uns so ermöglicht, die 'dritte Welt' durch 'Poppersche Brillen' zu sehen. Die Antwort war hier, daß auch die dritte Welt nicht so ordentlich ist, wie es ein puritanischer Methodologe wünschen würde, und daß der Versuch, Kosmologien nach ihrem Inhalt zu beurteilen, aufgegeben werden muß. Diese Entwicklung ist alles andere als unerwünscht. Sie verwandelt die Wissenschaft

---

[72]) In seinen Vorlesungen wie auch in seinen Veröffentlichungen hat Popper mehrmals betont, daß ein Fortschritt seiner Ansicht nach nur in den Wissenschaften, nicht aber in der Kunst eintreten kann. Die Grundlage dieser Behauptung war sein Glaube, daß sich die Inhalte aufeinanderfolgender Theorien wohl vergleichen ließen und daß eine Beurteilung der Wahrheitsnähe möglich sei. Die Widerlegung dieses Glaubens beseitigt einen wichtigen, ja vielleicht sogar den einzigen Unterschied zwischen Wissenschaft und Kunst, und es wird jetzt möglich, von 'Stilen' und 'Präferenzen' in der ersten und von 'Fortschritt' in der letzten zu reden.

[73]) Vgl. Brecht [1964], S. 119. In meinen Vorlesungen über die Erkenntnistheorie bespreche ich oft die These, daß die Entdeckung einer neuen Theorie für bekannte Tatsachen der neuen Inszenierung eines bekannten Theaterstückes in vieler Hinsicht ähnlich ist; der Text hier vertritt die Tatsachen dort. Sowohl dieser als auch jene können geändert werden, um Übereinstimmung mit einer neuen Idee herbeizuführen. Zur Malerei vgl. man auch Gombrich [1960].

aus einer strengen und anspruchsvollen Herrin in eine attraktive und nachgiebige Kurtisane, die jeden Wunsch ihres Liebhabers zu erahnen versucht. Es liegt natürlich an uns, ob wir einen Drachen oder ein Miezekätzchen als Gesellschaft vorziehen. Meine eigene Wahl brauche ich wohl kaum zu erklären.

Literatur

Bohm [1965]: *The Special Theory of Relativity*, 1965.

Bondi [1967]: *Assumption and Myth in Physical Theory*, 1967.

Brecht [1964]: 'Über das Zerpflücken von Gedichten', in *Über Lyrik*, 1964.

Carnap [1956]: 'The Methodological Character of Theoretical Concepts', in Feigl and Scriven (*eds.*): *Minnesota Studies in the Philosophy of Science*, I, pp. 38–76.

Eddington [1924]: *The Mathematical Theory of Relativity*, 1924.

Epstein [1967]: *Varieties of Perceptual Learning*, 1967.

Feyerabend [1962]: 'Explanation, Reduction and Empiricism', in Feigl-Maxwell (*eds.*): *Minnesota Studies in the Philosophy of Science*, 3, pp. 28–97.

Feyerabend [1965a]: 'Reply to Criticism', in Cohen and Wartofsky (*eds.*): *Boston Studies in the Philosophy of Science*, 2, pp. 223–261.

Feyerabend [1965b]: 'Problems of Empiricism', in Colodny (*ed.*): *Beyond the Edge of Certainty*, pp. 145–260.

Feyerabend [1966]: Review of Nagel's 'Structure of Science,', *The British Journal for the Philosophy of Science*, 17, pp. 237–249.

Feyerabend [1968–1969]: 'On a Recent Critique of Complementarity', *Philosophy of Science*, 35, pp. 309–331 and 36, pp. 82–105.

Feyerabend [1969]: 'Problems of Empiricism, part 2', in Colodny (*ed.*): *The Nature and Function of Scientific Theory*, 1969.

Feyerabend [1970a]: 'Classical Empiricism', in Butts (*ed.*): *The Methodological Heritage of Newton*, 1970.

Feyerabend [1970b]: 'Against Method', *Minnesota Studies in the Philosophy of Science*, 4.

Gombrich [1960]: *Art and Illusion*, 1960.

Hempel [1966]: *Philosophy of Natural Science*, 1966.

Kuhn [1961a]: 'The Function of Dogma in Scientific Research', in Crombie (*ed.*): *Scientific Change*, 1963, pp. 347–369 and 386–395.

Kuhn [1961b]: 'Measurement in Modern Physical Science', *Isis*, 52, pp. 161–193.

Kuhn [1962]: *The Structure of Scientific Revolutions*, 1962.

Lakatos [1963–1964]: 'Proofs and Refutations', *The British Journal for the Philosophy of Science*, 14, pp. 1–25, 120–139, 221–243 and 296–342.

Lakatos [1968a]: 'Changes in the Problem of Inductive Logic', in Lakatos (*ed.*): *The Problem of Inductive Logic*, pp. 315–417.

Lakatos [1968b]: 'Criticism and the Methodology of Scientific Research Programmes', in *Proceedings of the Aristotelian Society*, 69, pp. 149–186.

Marx [1844a]: *Nationalökonomie und Philosophie*, 1932.

Marx [1844b]: 'Zur Kritik der Hegelschen Rechtsphilosophie', *Deutsch-Französische Jahrbücher*, 1844.

Marzke and Wheeler [1963]: 'Gravitation and Geometry I: the geometry of space-time and geometrodynamical standard meter', in Chiu and Hoffmann (*eds.*): *Gravitation and Relativity*, pp. 40–64.

Newton [1672]: Letter to Pardies, 10.6.1672, in Turnbull (*ed.*): *The Correspondence of Isaac Newton*, **1**, 1959, pp. 163–171.

Olschki [1927]: *Geschichte der neusprachlichen wissenschaftlichen Literatur*, **3**, *Galilei und seine Zeit*, 1927.

Piaget [1954]: *The Construction of Reality in the Child*, 1954.

Popper [1945]: *The Open Society and its Enemies*, I–II, 1945.

Popper [1961]: 'Fact, Standards, and Truth: a further criticism of relativism', *Addendum* 1 in the fourth edition of Popper [1945], vol. II. pp. 369–396, 1962.

Popper [1968*a*]: 'Epistemology without a Knowing Subject', in Rootselaar-Staal (*eds.*): *Proceedings of the Third International Congress for Logic, Methodology and Philosophy of Science*, pp. 333–373.

Popper [1968*b*]: 'On the Theory of the Objective Mind', in *Proceedings of the XIV International Congress of Philosophy*, **1**, pp. 25–53.

Putnam [1963]: '„Degree of Confirmation" and Inductive Logic', in Schilpp (*ed.*): *The Philosophy of Rudolf Carnap*, pp. 761–783.

Reagan [1967]: 'Basic and Applied Research: A Meaningful Distinction?', *Science*, **155**, pp. 1383–1386.

Stroud [1968]: 'Conventionalism and the Indeterminacy of Translation', *Synthese*, **18**, pp. 182–196.

Synge [1964]: 'Introduction to General Relativity', in de Witt and de Witt (*eds.*): *Relativity, Groups and Topology*, 1964.

Wohlwill [1926]: *Galileo und sein Kampf für die Kopernikanische Lehre*, **2**, 1926.

Bemerkungen zu meinen Kritikern[1])

Thomas S. Kuhn
Princeton University

1. Einleitung

Es ist vier Jahre her, daß Professor Watkins und ich einen für uns beide undurchdringlichen Gedankenaustausch anläßlich des Internationalen Kolloquiums über die Philosophie der Wissenschaft im Bedford College zu London hatten. Indem ich nun unsere Beiträge zusammen mit den anderen lese, die seitdem hinzugefügt worden sind, wäre ich beinahe geneigt, die Existenz von zwei Personen mit dem Namen Thomas Kuhn zu vermuten. Kuhn₁ ist der Verfasser dieses Beitrags und eines früheren Stückes in dem vorliegenden Band. Er hat auch ein Buch unter dem Titel *The Structure of Scientific Revolutions* [= *Die Struktur der wissenschaftlichen Revolutionen*] i. J. 1962 veröffentlicht, dasjenige, worüber er selber und Miss Masterman sprechen. Kuhn₂ ist der Verfasser eines anderen Buches unter demselben Titel. Dieses andere Buch wird hier mehrmals von Sir Karl Popper wie auch von den Professoren Feyerabend, Lakatos, Toulmin und Watkins zitiert. Es kann kein Zufall sein, daß beide Bücher denselben Titel führen; denn die Ansichten, die in ihnen vertreten werden, decken sich häufig, und auf alle Fälle werden sie mit denselben Worten zum Ausdruck gebracht. Doch ihre Absichten sind gewöhnlich verschieden. Wie seine Kritiker berichten (denn sein Original ist für mich, leider, unzugänglich geworden), scheint Kuhn₂ gelegentlich Behauptungen aufzustellen, die wesentliche Aspekte jenes Standpunktes umstoßen, die sein Namensvetter skizziert hat.

---

[1]) Obwohl ihnen mein Kampf mit dem Einreichungstermin so gut wie keine Zeit ließ, haben meine Kollegen C. G. Hempel und R. E. Grandy es dennoch fertiggebracht, mein Manuskript zu lesen und – sowohl, was die Abfassung, als auch, was den Stil betrifft – nützliche Besserungen vorzuschlagen. Ich bin ihnen sehr dankbar; aber verantwortlich bin ich für meine Ansichten natürlich nur alleine.

Da ich diese Einleitungs-Phantasie nicht gern weiterführen möchte, erkläre ich lieber, warum ich sie überhaupt begonnen habe. Manches im vorliegenden Band spricht dafür, was ich oben als jenen 'Gestalt-switch' bezeichnet habe, der die Leser meiner *Scientific Revolutions* in zwei Gruppen teilt. Die vorliegende Sammlung von Untersuchungen zusammen mit meinem eben erwähnten Buch gibt ein ausführliches Beispiel für das, was ich sonst als partielle oder unvollständige Kommunikation bezeichnet habe: es ist ein Aneinander-vorbei-Reden, das die Auseinandersetzung solcher Partner charakterisiert, deren Gesichtspunkte inkommensurabel sind.

Wichtig ist ein solches Versagen der Kommunikation, und es soll eingehend untersucht werden. Im Gegensatz zu Paul Feyerabend (wenigstens, wie ich und wie auch andere ihn lesen) glaube ich nicht, daß ein solches Versagen jemals vollständig und unausweichlich wäre. Wo er ganz einfach von Inkommensurabilität redet, habe ich gewöhnlich auch von partieller Kommunikation gesprochen; ich glaube auch, daß die Kommunikation beliebig verbessert werden kann, so wie es eben die Umstände verlangen und soweit unsere Geduld es erlaubt; diese Frage soll weiter unten noch erörtert werden. Aber ich glaube nicht – wie Sir Karl es tut –, daß wir nur „in einem Pickwickschen Sinne" „Gefangene im Rahmen unserer Theorien, unserer Erwartungen, unserer früheren Erfahrungen und unserer Sprachen" sind. Und ich nehme auch nicht an, daß „wir zu jeder Zeit aus unserem Rahmen ausbrechen (können)... (in einen) besser(en) und geräumiger(en)..., (aus dem wir) zu jeder Zeit wieder ausbrechen (können)."[2]) Wenn diese Möglichkeit uns routinemäßig zur Verfügung stünde, so würde es auch gar keine Schwierigkeit bereiten, sich in den Rahmen eines anderen zu versetzen, um dessen Rahmen zu bewerten. Aber die Versuche meiner Kritiker, sich in meinen Rahmen zu versetzen, legen die Vermutung nahe, daß der Wechsel des Rahmens, der Theorie, der Sprache oder des Paradigmas tiefere Probleme sowohl der Prinzipien wie auch der Praxis mit sich bringt, als dies die vorangehenden Zitate erkennen lassen. Diese Probleme sind nicht einfach diejenigen des gewöhnlichen Gesprächs, und sie lassen sich auch nicht mit denselben Techniken lösen. Wenn sie sich auf diese Weise lösen ließen oder wenn die Wechsel des Rahmens normal wären und man einen solchen Wechsel zu jeder Zeit je nach Wunsch herbeiführen könnte, so könnte man den Wechsel auch nicht – wie Sir Karl es tut – mit dem „Aufeinanderprallen verschiedener Kulturen" vergleichen, das „die größten intellektuellen Revolutionen hervorgerufen hat".[3]) Die Wichtigkeit des Problems wird auch schon durch die bloße Möglichkeit des eben angestellten Vergleichs verraten.

Ein besonders interessanter Aspekt dieses Buches besteht darin, daß es ein entwickeltes Beispiel eines kleineren kulturellen Zusammenstoßes und jener ernsthaften Kommunikationsschwierigkeiten bietet, die einen solchen Zusammenstoß charakterisieren, und dabei auch jene sprachlichen Techniken zeigt, mit denen man versucht, die Schwierigkeiten zu überwinden. Liest man es als ein Beispiel, so könnte es Gegenstand einer Untersuchung und einer Analyse sein, die konkrete Information in bezug auf eine Entwicklungsepisode bietet, über die wir sehr wenig wissen. Ich vermute, daß für manche Leser das größte Interesse dieses Buches darin bestehen wird, wie seine verschiedenen Untersuchungen über intellektuelle Gegenstände nicht aufeinander treffen können. In der Tat hat das Buch für mich auch jenes Interesse, daß die Fälle seines Versagens eine solche Erscheinung illustrieren, die gerade die

---

[2]) Dieser Band, S. 56.
[3]) Dieser Band, S. 56.

zentrale These meiner Auffassung bildet. Doch ich bin allzusehr ein Teilnehmer; allzusehr bin ich in die Probleme selber verwickelt; deswegen kann ich hier keine Analyse des Versagens der Kommunikation bieten. Statt dessen muß ich vor allem über solche Punkte reden, die meine Kritiker erwähnt haben, obwohl ich nach wie vor überzeugt bin, daß sie mehrmals an falscher Stelle gefeuert haben und die tieferen Unterschiede zwischen Sir Karls Ansichten und den meinigen häufig eher verdunkelt haben.

Diese Punkte – ausgenommen einstweilen diejenigen, die Miss Masterman in ihrem anregenden Aufsatz zu Worte gebracht hat – fallen in drei zusammenhängende Kategorien, und eine jede von diesen illustriert gerade das, was ich eben als das Versagen unserer Kommunikation bezeichnet habe. Die erste Kategorie ist, unter dem Gesichtspunkt meiner Erwiderung, der wahrnehmbare Unterschied zwischen unseren Methoden: Logik gegen Geschichte und Sozialpsychologie; normativ gegen deskriptiv. Dies sind aber, wie ich gleich zu zeigen versuche, kuriose Kontraste. Wir alle, im Gegensatz zu den Mitgliedern der vor kurzem noch wichtigsten Bewegung in der Wissenschaftsphilosophie, betreiben historische Forschung, und wir verlassen uns sowohl auf diese Forschung wie auf die Beobachtung der zeitgenössischen Wissenschaftler. So entwickeln wir unsere Gesichtspunkte. Ferner sind in diesen Gesichtspunkten das bloß Beschreibende und das Normative unlösbar miteinander verbunden. Wohl gibt es unter uns Abweichungen, was unsere Maßstäbe betrifft, und gewiß unterscheiden wir uns in dem, was wir für wesentlich halten; aber es gibt kaum Unterschiede zwischen uns in den Methoden. Als ich meiner früheren Arbeit den Titel gab: *Logik der Forschung oder Psychologie der wissenschaftlichen Arbeit?*, wollte ich damit keineswegs vorschlagen, was Sir Karl tun *soll;* ich wollte nur beschreiben, *was er tut.* Und wenn Lakatos schreibt: „Aber Kuhns begrifflicher Rahmen ... ist sozialpsychologisch, meiner ist normativ",[4] so kann ich nur denken, daß er ein Kunststück anwendet, um den philosophischen Mantel für sich zu beanspruchen. Gewiß hat Feyerabend recht, wenn er behauptet, daß mein Werk mehrmals normative Ansprüche stellt. Und ebenso besteht auch darüber kein Zweifel, obwohl dieser Punkt eingehender erörtert werden sollte, daß der Standpunkt von Lakatos sozial-psychologisch ist, wenn er sich mehrmals auf Entscheidungen verläßt, die nicht durch logische Regeln vorgeschrieben wurden, sondern durch die reife Sensibilität des geübten Wissenschaftlers. Ich unterscheide mich von Lakatos (oder von Sir Karl, Feyerabend, Toulmin und Watkins) eher in dem, was ich für wichtig halte, als was die Methode betrifft.

Um zum Wesentlichen zu kommen: der auffallendste Unterschied zwischen uns betrifft die Normalwissenschaft; ich komme zu diesem Punkt unmittelbar nach der Besprechung der Methode. Ein unverhältnismäßig großer Teil dieses Bandes wurde der Normalwissenschaft gewidmet, und dieses Thema gab zu den merkwürdigsten rhetorischen Aussagen Anlaß: es gäbe gar keine Normalwissenschaft, oder sie sei völlig uninteressant. Was diese Frage betrifft, sind wir nicht einig; aber unser Gegensatz ist nicht konsequent, und er ist auch von einer anderen Art, als meine Kritiker denken. Später, wenn ich zu diesem Gegenstand komme, werde ich ausführlicher die Schwierigkeiten behandeln, wie man die Traditionen der Normalwissenschaft in der Geschichte nachweisen kann; aber zunächst gilt mein Interesse einem logischen Problem. Die Existenz der Normalwissenschaft ist ein Korollarium zur Existenz der Revolutionen; das steht implizit in Sir Karls Aufsatz und explizit in demjenigen von Lakatos. Existierte sie nicht (oder wäre sie nicht wesentlich, nebensächlich vom Gesichts-

---

[4]) Dieser Band, S. 171.

punkt der Wissenschaft aus), so wären auch die Revolutionen in Gefahr. Aber was die Revolutionen betrifft: darüber sind meine Kritiker (ausgenommen Toulmin) mit mir einig. Die Revolutionen führen über die Kritik zur normalen Wissenschaft, ebenso wie die normale Wissenschaft über die Krisen zu Revolutionen führt. Darum ist es unvermeidlich, daß unsere Debatte sich in diesem Punkt eher um ein Mißverständnis als um einen 'Gegensatz' dreht.

Die Debatte über die Normalwissenschaft hat auch eine andere Frage gestellt, an der sich die Kritik entzündete. Diese Frage betrifft die Art und Weise des Wechsels von der einen normalwissenschaftlichen Tradition zur anderen und jene Techniken, durch welche die auftauchenden Konflikte gelöst werden. Meine Kritiker antworten auf meine diesbezüglichen Ansichten damit, daß sie mir Irrationalität, Relativismus und die Verteidigung der Mobherrschaft vorwerfen. Dies sind Etiketten, die ich kategorisch ablehne, auch wenn Feyerabend sie benützt, um mich zu verteidigen. Behauptet man, daß beim Auswählen der Theorie die Logik und die Beobachtung prinzipiell nicht zwingende Kräfte sind, so heißt das noch keineswegs, daß man die Logik und die Beobachtung ausschalten möchte; und auch nicht, daß man glaubte, es lägen keine guten Gründe für die eine oder die andere Theorie vor. Behauptet man, daß in solchen Sachen geübte Wissenschaftler die höchste Berufungsinstanz sind, so verteidigt man damit noch keine Pöbelherrschaft; ja, man behauptet damit nicht einmal so viel, daß dieselben Wissenschaftler auch eine andere Theorie hätten wählen können. Auch auf diesem Gebiete bin ich anderer Ansicht als meine Kritiker; aber wir müssen noch näher ins Auge fassen, was eigentlich unsere Streitpunkte sind.

Diese drei Problemgruppen – Methode, Normalwissenschaft und Mobherrschaft – sind diejenigen, die den größten Teil des vorliegenden Buches ausmachen; darum werden eben diese auch in meiner Antwort am ausführlichsten behandelt. Aber ich werde meine Erwiderung nicht beenden können, ohne noch einen Schritt über diese Probleme hinauszugehen und ohne die Frage der Paradigmen noch einmal ins Auge zu fassen, mit denen sich Miss Mastermans Untersuchung beschäftigt. Ich stimme ihrem Urteil zu, daß der Ausdruck 'Paradigma' auf den zentralen philosophischen Aspekt meines Buches hinweist, daß aber seine Behandlung dort sehr verworren ist. Kein Aspekt meiner Auffassung wurde seit dem Erscheinen meines Buches mehr entwickelt als dieser, und der Beitrag von Miss Masterman hat meine Arbeit auf diesem Gebiete sehr gefördert. Obwohl meine gegenwärtige Auffassung sich in mehreren Punkten von der ihrigen unterscheidet, treten wir beide an das Problem in demselben Geiste heran, und wir teilen auch die Überzeugung, daß die Philosophie der Sprache und der Metaphern in dieser Hinsicht relevant ist.

Es ist nicht möglich, alle diejenigen Probleme eingehend zu behandeln, die durch meine ursprüngliche Erörterung der Paradigmen gestellt wurden; aber zwei Gründe zwingen mich, sie zumindest zu berühren. Selbst eine kurze Besprechung wird die Isolierung jener beiden völlig verschiedenen Wege ermöglichen, wie dieser Ausdruck in meinem Buch entwickelt wird, und auf diese Weise wird es auch möglich, jene Verwirrungskonstellation zu eliminieren, die sowohl mich wie auch meine Kritiker belastet hat. Die Klärung, die so erzielt wird, erlaubt mir auch, auf die Wurzel meines einzigen grundlegenden Unterschiedes zu Sir Karls Ansichten hinzuweisen.

Er und seine Anhänger nehmen ebenso wie mehrere traditionelle Wissenschaftsphilosophen an, daß das Problem der Theoriewahl mit Techniken gelöst werden kann, die semantisch neutral sind. Zunächst werden die Beobachtungskonsequenzen beider Theorien in einem gemeinsamen grundlegenden Wortschatz festgestellt (der Wortschatz braucht nicht notwendig vollständig und permanent zu sein). Dann stellt ein vergleichendes Maß ihres Wahrheits- bzw. Falschheitswertes die Grundlage für die Wahl zwischen ihnen zur Verfügung. Auf diese Weise entstammen für Sir Karl und seine Schule ebenso wie für Carnap und Reichenbach die Maßstäbe der Rationalität ausschließlich aus den Maßstäben der logischen und der sprachlichen Syntax. Paul Feyerabend ist jene Ausnahme, die die Regel erhärtet. Nachdem er die Existenz eines Wortschatzes leugnet, der den neutralen Beobachtungsberichten adäquat sein könnte, schließt er daraus sogleich auch auf die innere Irrationalität der Theoriewahl.

Gewiß, dieser Schluß ist Pickwickisch. Einen für die wissenschaftliche Entwicklung wesentlichen Prozeß als irrational zu bezeichnen, wäre ein Mißbrauch des Ausdrucks. Darum ist es ein Glück, daß der Schluß nicht notwendig ist. Man kann leugnen – das tue ich ja ebenso wie Feyerabend –, daß es eine Beobachtungssprache gibt, die für zwei Theorien in allem gemeinsam sein könnte, und man kann dennoch hoffen, daß es gute Gründe für die Wahl zwischen ihnen gibt. Aber um dieses Ziel zu erreichen, müssen die Wissenschaftsphilosophen ebenso wie die übrigen zeitgenössischen Philosophen eingehender und tiefer prüfen, wie die Sprache auf die Welt paßt, wie die Termini sich mit der Natur verbinden, wie diese Verbindungen angeeignet und wie sie von der einen Generation auf die andere innerhalb einer Sprachgemeinschaft weitergegeben werden. Da die Paradigmen – in einer der beiden Bedeutungen – auch für meine Versuche, auf derartige Fragen zu antworten, grundlegend sind, müssen sie in dieser Untersuchung ihren Platz finden.

2.   Methodologie: die Rolle der Geschichte und der Soziologie

Zweifel darüber, ob meine Methoden geeignet sind, zu meinen Schlüssen zu kommen, verbinden mehrere Untersuchungen in diesem Band. Meine Kritiker behaupten, daß Geschichte und Sozialpsychologie keine geeignete Grundlage für philosophische Konklusionen seien. Aber die Vorbehalte meiner Kritiker sind nicht einheitlich. Darum werde ich ihre verschiedenen Formen in den Beiträgen von Sir Karl, Watkins, Feyerabend und Lakatos der Reihe nach behandeln.

Sir Karl schließt seine Arbeit mit einem Hinweis darauf, daß für ihn „der Gedanke: wir sollten uns, was die Ziele der Wissenschaft und ihren möglichen Fortschritt betrifft, an die Soziologie oder an die Psychologie (oder... an die Geschichte der Wissenschaft) wenden, überraschend und enttäuschend" sei. Er fragt: „Wie könnte uns die Zuflucht zu diesen häufig unechten Wissenschaften in dieser besonderen Schwierigkeit behilflich sein?"[5] Ich weiß nicht, worauf diese Bemerkungen hinauswollen; denn ich meine, auf diesem Gebiete gibt es ja gar keinen Unterschied zwischen Sir Karl und mir. Wenn er meint, daß die Verallgemeinerungen in Soziologie und Psychologie (und in Geschichte?), die aus übernommenen Theorien bestehen, schwache Fäden sind, um aus ihnen eine Wissenschaftsphilosophie zu weben, so kann ich ihm nur mit vollem Herzen zustimmen. Mein Werk beruht auf diesen ebensowenig wie das seinige. Bezweifelt er jedoch, daß jene Art von Beobachtungen, wie sie Historiker und Soziologen sammeln, für die Wissenschaftsphilosophie etwas zu besagen hätten, so muß ich

[5] Dieser Band, S. 57.

mich fragen, wie man sein Werk verstehen soll. Seine Arbeiten sind ja voll von historischen Beispielen und Verallgemeinerungen über wissenschaftliches Verhalten; einige von diesen habe ich in meinem früheren Aufsatz besprochen.Er schreibt über historische Themen, und er zitiert diese in seinen wichtigsten philosophischen Werken. Ein beharrliches Interesse für historische Probleme und die Bereitschaft, originelle historische Forschungen zu betreiben, unterscheidet jene Leute, die er ausgebildet hat, von den Mitgliedern jeder heute bekannten wissenschaftsphilosophischen Schule. In diesen Punkten bin ich ein unbeugsamer Popperianer.

Anders ist der Zweifel von John Watkins. Er schreibt – noch ziemlich am Anfang seiner Arbeit –, daß „das Interesse der Methodologie... der Wissenschaft in ihrer besten Form (gelte), der Weise, wie sie betrieben werden sollte, und nicht der abgedroschenen Wissenschaft";[6]) ich bin mit dieser Ansicht oder mindestens mit einer vorsichtigeren Formulierung von ihr völlig einverstanden. Dann behauptet er später, daß es abgedroschene Wissenschaft sei, was ich als Normalwissenschaft bezeichnet habe, und er fragt, warum ich „bestrebt (sei), die Normalwissenschaft aufzuwerten und die außergewöhnliche Wissenschaft abzuwerten?"[7]) Insofern diese Frage die Normalwissenschaft betrifft, möchte ich meine Antwort auf später verschieben; gleichzeitig werde ich dann auch versuchen zu enträtseln, wie Watkins meinen Standpunkt völlig verdreht hat. Aber Watkins scheint auch eine allgemeinere Frage gestellt zu haben, die unmittelbar mit jenem Thema zusammenhängt, das Feyerabend zur Sprache gebracht hat. Beide geben zu, zumindest im Interesse ihres Gedankenganges, daß die Wissenschaftler in der Tat auf jene Weise vorgehen, wie ich sie beschrieben habe (später werde ich mich auch damit beschäftigen, warum Watkins und Feyerabend mir diese Konzession gemacht haben). Dann fragen sie: Warum sollte der Philosoph oder der Methodologe die Tatsachen ernstnehmen? Denn seine Aufgabe ist ja schließlich doch nicht eine vollständige Beschreibung der Wissenschaft, sondern die Entdeckung der wesentlichen Züge dieses Unternehmens, d. h. die rationale Rekonstruktion der Wissenschaft. Mit welchem Recht und auf Grund welcher Kriterien wird der Historiker-Beobachter oder der Soziologe-Beobachter dem Philosophen sagen können, welche Tatsachen des wissenschaftlichen Lebens er in seine Rekonstruktion einverleiben muß und welche er außer acht lassen darf?

Um allzu weitgehende Erörterungen über die Philosophie der Geschichte und der Soziologie zu vermeiden, beschränke ich mich auf eine persönliche Antwort. Mich interessieren die rationale Rekonstruktion und die Entdeckung der wesentlichen Züge um gar nichts weniger, als dieselben Dinge den Wissenschaftsphilosophen interessieren. Auch ich erstrebe das Verständnis der Wissenschaft, das Verständnis der Gründe ihrer außerordentlichen Leistungsfähigkeit und des kognitiven Status ihrer Theorien. Aber im Gegensatz zu manchen Wissenschaftsphilosophen begann ich als Historiker der Wissenschaft, die Tatsachen des wissenschaftlichen Lebens genauer zu prüfen. Nachdem ich entdeckt hatte, daß manches wissenschaftliche Verhalten und darunter auch dasjenige der größten Wissenschaftler immer wieder die akzeptierten methodologischen Kanones verletzt, mußte ich mich fragen, wieso die Fälle des Versagens den Erfolg des Unternehmens doch nicht beeinträchtigen. Als ich später dahinterkam, daß manchmal eine andere Auffassung von der Natur der Wissenschaft dasselbe, was früher wie ein abnormales Benehmen aussah, in einen wesentlichen Teil der Wissenschaft umwandelte und daß eben dies den Erfolg sicherte, wurde diese Entdeckung für mich eine Quelle

---

[6]) Dieser Band, S. 27.
[7]) Dieser Band, S. 31.

des Vertrauens, auf dem richtigen Weg zu sein. Darum besteht mein Kriterium dafür, daß ich einen besonderen Aspekt des wissenschaftlichen Benehmens hervorhebe, nicht einfach darin, daß dieser Aspekt vorkommt oder daß er häufig vorkommt, sondern eben darin, daß er zu einer Erkenntnistheorie paßt. Das heißt also eben umgekehrt: Mein Vertrauen zu dieser Theorie kommt daher, daß sie den zusammenhängenden Sinn mehrerer Tatsachen enthüllt, die nach der früheren Ansicht auseinanderfielen oder irrelevant waren. Die Leser werden in meinem Argumentieren eine Art Im-Kreis-Herumgehen entdecken, aber es ist kein Circulus vitiosus und unterscheidet meine Ansichten nicht von denjenigen meiner Kritiker. Auch in dieser Beziehung benehme ich mich ebenso wie sie.

Daß meine Kriterien der Unterscheidung zwischen den wesentlichen und den nicht-wesentlichen Elementen des beobachtenden wissenschaftlichen Benehmens sehr weitgehend theoretisch sind, liefert eine Antwort auch darauf, was Feyerabend als Doppeldeutigkeit bezeichnet. Soll man Kuhns Bemerkungen über die wissenschaftliche Entwicklung als Beschreibungen oder als Vorschriften lesen? – fragt er.[8]) Die Antwort auf diese Frage heißt natürlich, daß meine Arbeit zugleich in beiderlei Sinn gelesen werden soll. Habe ich eine Theorie darüber, wie und warum die Wissenschaft funktioniert, so muß diese Theorie natürlich auch Konsequenzen dafür haben, wie sich die Wissenschaftler verhalten sollen, wenn ihr Unternehmen gedeihen soll. Die Struktur meines Gedankenganges ist einfach und, wie ich glaube, einwandfrei: Wissenschaftler verhalten sich folgendermaßen; jene Arten des Verhaltens (hier kommt die Theorie) haben die folgenden wesentlichen Funktionen; gibt es keine alternative Art, *die dieselben Funktionen* erfüllen kann, so müssen sich die Wissenschaftler im Grunde in der Tat so benehmen, wenn sie ihre wissenschaftliche Erkenntnis verbessern wollen.

Man beachte, daß in diesem Argument gar nicht vom Wert der Wissenschaft selbst die Rede ist; dementsprechend ist es auch irrelevant,[9]) daß Feyerabend den Hedonismus befürwortet. Zum Teil deswegen, weil sie meine Vorschrift irrtümlich ausgelegt haben (ein Punkt, auf den ich später noch zurückkomme), vermuten sowohl Sir Karl wie auch Feyerabend eine Gefahr in dem Unternehmen, das ich beschrieben habe. Es hat „die Tendenz, unser Verständnis zu verderben und unsere Glückseligkeit zu vermindern" (Feyerabend); es ist „eine Gefahr... auch für unsere Zivilisation" (Sir Karl).[10]) Ich bin nicht zu dieser Bewertung geführt worden, und es erging auch vielen meiner Leser nicht so; aber nichts in meinem Gedankengang hängt davon ab, ob ich recht habe. Die Erklärung, wie ein Unternehmen funktioniert, hat gar nichts damit zu tun, ob man es bejaht oder tadelt.

Lakatos' Beitrag stellt ein viertes Problem in bezug auf die Methode, und dies ist das grundlegendste. Ich habe schon zugegeben, daß ich einfach nicht verstehe, was er meint, wenn er z.B. schreibt: „Kuhns begrifflicher Rahmen ist sozialpsychologisch; meiner ist normativ". Frage ich jedoch nicht, was er will, sondern, warum er diese Art von Rhetorik für geeignet hält, so taucht ein wichtiger Punkt auf, der sozusagen explizit im ersten Paragraphen seines Abschnittes 4 vorliegt. Einige Prinzipien, die ich in meiner Wissenschaftserklärung entwickelt habe, sind nicht weiter soziologisch rückführbar, wenigstens zur Zeit. Faßt man insbe-

---

[8]) Dieser Band, S. 192. Für eine tiefere und sorgfältigere Prüfung einiger Zusammenhänge, in denen das Beschreibende und das Normative sich miteinander vereinigen, siehe Cavell [1969].
[9]) Dieser Band, S. 202.
[10]) Dieser Band, S. 202 und 53.

sondere das Problem der Theoriewahl ins Auge, so ist die Struktur meiner Antwort in groben Zügen die folgende: Man nehme eine Gruppe der erreichbar geeignetsten Leute mit der passendsten Motivierung; man trainiere sie in irgendeiner Wissenschaft und in jenen Spezialitäten, die von dem Gesichtspunkt der fraglichen Wahl aus berücksichtigt werden sollen; man pauke ihnen jenes Wertsystem und jene Ideologie ein, die in ihrer Disziplin (und weitgehend ebenso auch auf anderen wissenschaftlichen Gebieten) gültig sind; und schließlich *lasse man sie wählen.* Wenn diese Technik keine Rechenschaft über die wissenschaftliche Entwicklung, wie wir sie kennen, zu geben vermag, dann kann es überhaupt keine. Es kann keine adäquate Wahlregeln geben, die ein *individuelles* Verhalten von den Wissenschaftlern in jenen Fällen fordern, denen sie während ihrer Laufbahn begegnen mögen. Woraus auch der wissenschaftliche Fortschritt bestehen mag, wir können über ihn nur dann berichten, wenn wir die Natur der wissenschaftlichen Gruppe prüfen; wir müssen entdecken, was diese Gruppe schätzt, was sie duldet und was sie verachtet.

Dieser Standpunkt ist seinem Wesen nach soziologisch, und als solcher stellt er einen großen Rückzug im Vergleich zu jenen Erklärungsmaßstäben dar, die jene Traditionen erlauben, die bei Lakatos als Rechtfertigungsdenken und als Falsifikationismus – einerlei ob dogmatisch oder naiv – bezeichnet werden. Später werde ich diesen Gedanken noch ausführlicher erörtern. Augenblicklich interessiert mich einfach nur die Struktur dieses Standpunktes, den sowohl Lakatos als auch Sir Karl grundsätzlich ablehnen. Ich frage mich, warum müssen sie dies tun? Denn sie beide benützen ja mehrmals auch selber Argumente derselben Struktur.

Es stimmt zwar, Sir Karl tut es nicht immer. Jener Teil seines Werkes, der die anzuwendende Methode sucht, um die Wahrheitsnähe zu bestimmen, würde, wenn sie gelingt, jede Zufluchtnahme zu Gruppenwerten, zu den Urteilen von Leuten, die auf eine besondere Weise vorbereitet wurden, eliminieren. Aber wie ich schon am Ende meiner früheren Arbeit gezeigt habe, gibt es mehrere solche Teile überall in Poppers Werken, die nur als Beschreibungen von solchen Werten und Attitüden gelesen werden können, die die Wissenschaftler besitzen müssen, um – wenn es zur Entscheidung kommt – ihrem Unternehmen zum Erfolg zu verhelfen. Der raffinierte Falsifikationismus Lakatos' geht noch weiter. Abgesehen von einigen wenigen Punkten – von denen nur zwei wesentlich sind –, ist sein Standpunkt jetzt dem meinigen sehr nahe. Unter den Gesichtspunkten, über die wir einig sind – obwohl er es noch nicht sieht –, befindet sich der, daß wir beide uns solcher Erklärungsprinzipien bedienen, die in ihrer Struktur letzten Endes soziologisch oder ideologisch sind.

Lakatos' raffinierter Falsifikationismus isoliert eine Anzahl von Gegenständen, über die die Wissenschaftler, indem sie die Methode anwenden, individuell oder kollektiv entscheiden sollen. (Ich habe in diesem Zusammenhang kein Vertrauen zum Ausdruck 'Entscheidung'; denn er setzt ja eine bewußte Überlegung in bezug auf jeden Gegenstand voraus, bevor man eine Forschungsposition einnimmt. Aber ich werde diesen Ausdruck einstweilen doch benützen. Es wird bis zum letzten Abschnitt dieser Untersuchung sehr wenig davon abhängen, ob von einer Entscheidung die Rede ist oder bloß davon, daß man sich in einer Lage befindet, die das Ergebnis einer Entscheidung sein könnte.) Die Wissenschaftler müssen z. B. entscheiden, welche Behauptungen sie mit einem „Fiat" als „unwiderlegbar" und welche sie nicht als solche gelten lassen wollen.[11]) Handelt es sich aber um eine probabilistische Theorie, so müssen die Wissenschaftler über eine Wahrscheinlichkeitsschwelle entscheiden, unter der

---

[11]) Dieser Band, S. 104.

die statistische Evidenz als mit der Theorie 'inkonsistent' angesehen werden soll.[12]) Und vor allem: sieht man die Theorien als Forschungsprogramme an, die in der Zeit ausgewertet werden, so müssen die Wissenschaftler *entscheiden*, ob ein gegebenes Programm zu einer gegebenen Zeit als 'progressiv' (und darum als wissenschaftlich), oder ob es als 'degenerativ' (und darum als pseudo-wissenschaftlich) gelten soll.[13]) Im ersteren Fall soll man daran weiterarbeiten, während man dasselbe im letzteren Fall verwerfen soll.

Man beachte nun, daß die Forderung, derartige Entscheidungen zu treffen, auf zwei Arten verstanden werden kann. Man kann sie nämlich in dem Sinne auffassen, daß Entscheidungspunkte benannt oder beschrieben werden, für welche die in den konkreten Fällen anzuwendenden Prozeduren noch nachträglich ergänzt werden müssen. Versteht man die Forderung in diesem Sinne, so muß uns Lakatos noch sagen, wie die Wissenschaftler jene besonderen Aussagen auswählen sollen, die sie dann mit ihrem Fiat für unfalsifizierbar erklären; er muß ebenso auch die Kriterien namhaft machen, die sich zur fraglichen Zeit verwenden lassen, um ein degeneratives von einem progressiven Forschungsprogramm zu unterscheiden. Sonst hat er uns gar nichts mitgeteilt. Aber es gibt auch eine andere Möglichkeit; man kann nämlich seine Bemerkungen über die Notwendigkeit von besonderen Entscheidungen auch so verstehen, daß diese Bemerkungen schon vollständige Beschreibungen von Direktiven oder Maximen sind (mindestens vollständig der Form nach – ihr besonderer Gehalt mag auch provisorisch sein); es handelte sich also um Verhaltensregeln und um allgemeine Grundsätze, die der Wissenschaftler befolgen soll. Im Sinne dieser Interpretation würde die dritte Entscheidungsdirektive etwa folgendermaßen lauten: 'Als Wissenschaftler kann man die Entscheidung in jener Hinsicht nicht umgehen, ob man das eigene Forschungsprogramm für progressiv oder für degenerativ hält; und man muß auch die Konsequenzen dieser Entscheidung in Kauf nehmen, indem man nämlich das für progressiv gehaltene Programm weiterverfolgt, während man das andere verwirft.' Dementsprechend hieße die zweite Verhaltensmaßregel: 'Arbeitet man mit einer probabilistischen Theorie, so muß man sich immer fragen, ob das Ergebnis irgendeines besonderen Experimentes nicht so unwahrscheinlich ist, daß es schon als mit der Theorie inkonsistent gelten soll; und man soll als Wissenschaftler im Sinne dieser Entscheidung handeln.' Und schließlich hieße die erste Verhaltensmaßregel: 'Als Wissenschaftler muß man die Gefahr in Kauf nehmen, daß man gewisse Basisaussagen dem eigenen Werk zugrunde legt und daß man alle wirklichen und potentiellen Angriffe gegen diese mindestens so lange außer acht läßt, bis das Forschungsprogramm sich weit genug entfaltet hat.'

Die zweite Auslegung ist natürlich viel schwächer als die erste. Diese Interpretation verlangt nämlich dieselben Entscheidungen wie die andere, aber sie gibt und sie verspricht auch gar keine Regeln dafür, die Ergebnisse solcher Entscheidungen eindeutig zu bestimmen. Statt dessen assimiliert sie diese Entscheidungen eher zu Werturteilen (darüber werde ich später noch mehr sagen müssen) als – sagen wir – zu Messungen oder zu Berechnungen von Gewichten. Aber diese Verhaltensregeln, bloß als Imperative aufgefaßt, die die Wissenschaftler zu gewissen Entscheidungen verpflichten, sind immerhin stark genug, um die wissenschaftliche Entwicklung tiefgreifend zu beeinflussen. Die Mitglieder einer Gruppe, die keine Verpflichtung in sich fühlen, mit solchen Entscheidungen zu ringen (sondern die statt dessen andere betonen oder überhaupt keine), würden sich auffallend anders benehmen, und

[12]) Dieser Band, S. 107.
[13]) Dieser Band, S. 116.

auch ihre Disziplin würde sich dementsprechend ändern. Obwohl die Art, wie Lakatos seine Entscheidungsvorschriften behandelt, oft zweideutig ist, ist es, glaube ich, eben diese zweite Art von Wirksamkeit, die die Grundlage seiner Methodologie bildet. Gewiß, er spezialisiert sehr wenig jene Verfahrensweisen, nach denen die von ihm verlangten Entscheidungen zu treffen sind; ja, der Wortlaut dessen, wie er den naiven und den dogmatischen Falsifikationismus behandelt, verrät, daß er auch gar keine solche Spezifizierung für möglich hält. In diesem Fall sind jedoch seine Entscheidungsimperative – obwohl der Form nach nicht immer – in ihrem Inhalt mit den meinigen identisch. Sie spezifizieren ideologische Verpflichtungen, die allen Wissenschaftlern gemeinsam sein müssen; nur so kann ihr Unternehmen erfolgreich sein. Sie sind also darum auf nicht-zurückführbare Weise in demselben Sinne und in demselben Maße soziologisch wie meine eigenen Erklärungsprinzipien.

Unter diesen Umständen bin ich mir nicht völlig darüber im klaren, was Lakatos an mir kritisiert und auf welchem Gebiet wir, seiner Ansicht nach, nicht derselben Ansicht sind. Eine merkwürdige Anmerkung in seiner Arbeit gibt mir allerdings einen Schlüssel in die Hand:[14])

> „Es gibt *zwei Arten psychologistischer Wissenschaftstheorie*. Nach der einen kann es keine Wissenschaftstheorie geben, sondern nur eine Psychologie individueller Wissenschaftler. Nach der anderen gibt es eine Psychologie des 'wissenschaftlichen', 'idealen' oder 'normalen' Geistes: dies verwandelt die Wissenschaftstheorie in eine Psychologie dieses idealen Geistes ... Kuhn scheint diese Unterscheidung nicht bemerkt zu haben."

Verstehe ich ihn richtig, so schreibt Lakatos die erste Art psychologistischer Wissenschaftstheorie mir zu, während er die zweite für sich selbst in Anspruch nimmt. Aber er mißversteht mich. Wir sind lange nicht so weit voneinander entfernt, wie seine Beschreibung vermuten läßt; und wo wir uns voneinander doch unterscheiden, dort würde seine Stellungnahme, wörtlich genommen, den Verzicht auf unser gemeinsames Ziel verlangen.

Zum Teil verwirft Lakatos solche Erklärungen, die auf Faktoren Bezug nehmen, die einzelne Wissenschaftler individualisieren ('die Psychologie des individuellen Wissenschaftlers' gegen 'die Psychologie des normalen Geistes'). Aber das trennt uns nicht voneinander. Ich habe ausschließlich auf Sozialpsychologie Bezug genommen (ich bevorzuge 'Soziologie'); ein Gebiet, das sich völlig von der n-mal wiederholten individuellen Psychologie unterscheidet. Dementsprechend ist meine Einheit für Erklärungszwecke die normale (d. h. nicht-pathologische) wissenschaftliche Gruppe, wobei berücksichtigt wird, daß ihre Mitglieder sich unterscheiden, aber nicht, daß jedes Individuum einzigartig ist. Außerdem möchte Lakatos auch noch jene Merkmale zurückweisen, die den wissenschaftlichen Geist zum normalen menschlichen Geist machen. Offenbar sieht er gar keine andere Möglichkeit, die Methodologie einer idealen Wissenschaft zu behalten. Aber dieser Weg führt nicht zum Ziele, wenn er hofft, damit ein Unternehmen, das Menschen praktizieren, zu erklären. Es gibt keine idealen Geister, und darum ist die 'Psychologie des idealen Geistes' als eine Basis für die Erklärung unerreichbar. Auch die Art und Weise, wie Lakatos das nötige Ideal einführt, hilft ihm nicht, sein Ziel zu erreichen. Gemeinsame Ideale beeinflussen das Benehmen der Träger dieser Ideale, ohne sie zu einer idealen Gemeinschaft zu machen. Darum habe ich meine Frage so formuliert: Wie wird eine besondere Konstellation von Glaubenssätzen, Werten und Imperativen ein Gruppenbenehmen beeinflussen? Meine Erklärungen folgen aus den Antworten.

---

[14]) Dieser Band, S. 174, Anm. 339.

Ich bin nicht sicher, ob Lakatos in der Tat etwas anderes meint; und so liegt wohl gar kein Gegensatz auf diesem Gebiet zwischen uns vor.

Nachdem die soziologische Basis meines Standpunktes mißdeutet wurde, verlieren Lakatos und meine anderen Kritiker notwendigerweise jenen speziellen Aspekt aus dem Auge, der darin liegt, daß ich die normale Gruppe und nicht den normalen Geist als Einheit nehme. Wenn ein gemeinsamer, adäquater Algorithmus da ist, etwa zur individuellen Wahl zwischen konkurrierenden Theorien oder zur Identifizierung einer strengen Anomalie, dann werden alle Mitglieder einer wissenschaftlichen Gruppe dieselbe Entscheidung treffen. Das wäre auch der Fall, wenn der Algorithmus probabilistisch wäre; denn alle diejenigen, die sich dieses Algorithmus bedienen, werden die Evidenz auf dieselbe Weise auswerten. Weniger gleichförmig aber ist die Auswirkung einer gemeinsamen Ideologie; denn ihre Anwendungsweise ist nicht von derselben Art. Stellen wir uns eine Gruppe vor, deren sämtliche Mitglieder zwischen alternativen Theorien zu wählen und auch solche Werte wie Genauigkeit, Einfachheit, Reichweite usw. zu berücksichtigen verpflichtet sind, wenn sie ihre Wahl treffen, so werden die konkreten Entscheidungen der individuellen Mitglieder in den individuellen Fällen nichtsdestoweniger variieren. Das Gruppenbenehmen wird entscheidend durch die gemeinsamen Verpflichtungen beeinflußt sein, aber die individuelle Wahl wird auch eine Funktion der Persönlichkeit, der Erziehung und der früheren Muster der professionellen Forschung sein. (Diese Variablen gehören in den Bereich der Individualpsychologie.) Mehrere meiner Kritiker halten diese Veränderlichkeit für eine Schwäche meines Standpunktes. Ich werde jedoch die Ansicht vertreten, daß dies angesichts der Probleme der Krise und der Theoriewahl eher eine Stärke ist. Soll eine Entscheidung unter solchen Umständen getroffen werden, unter denen auch das vorsichtigste und überlegenste Urteil falsch sein kann, so mag es lebenswichtig sein, daß die verschiedenen Individuen auf verschiedene Weise die Wahl treffen. Wie könnte denn sonst die Gruppe auf beide Möglichkeiten wetten?[15])

3.   Normalwissenschaft: ihre Natur und ihre Funktionen

Was die von mir angewandten Methoden betrifft, sind diese nicht sehr unterschiedlich von denjenigen meiner Kritiker aus dem Lager der Popperianer. Indem wir diese Methoden anwenden, ziehen wir zweifellos etwas unterschiedliche Konklusionen daraus; aber auch diese sind lange nicht so weit voneinander entfernt, wie manche meiner Kritiker glauben. Wir sind insbesondere alle – Toulmin ausgenommen – der Ansicht, daß die zentralen Episoden im wissenschaftlichen Fortschritt – um derentwillen es sich lohnt, das Wissenschaftsspiel zu spielen und es zu studieren – die Revolutionen sind. Watkins konstruiert sich einen Gegner aus dem eigenen Stroh, indem er mir nachsagt, ich würde die wissenschaftlichen Revolutionen „abwerten"; ich hätte eine „philosophische Abneigung" gegen sie; oder daß ich

---

[15]) Wäre menschliche Motivierung daran nicht mitbeteiligt, so könnte man zu demselben Ziel dadurch kommen, daß man zunächst eine Probabilität berechnet und dann je einen gewissen Bruchteil des Faches auf die einzelnen Theorien, die sich untereinander in Wettstreit befinden, verteilt; die Größe der einzelnen Bruchteile sollte nach der probabilistischen Berechnung festgestellt werden. Dies wäre mein Standpunkt auf dem Wege einer Reductio ad absurdum.

behauptete, daß diese Revolutionen „kaum noch als Wissenschaft bezeichnet werden" könnten.[16]) Es war die Entdeckung der Rätselhaftigkeit wissenschaftlicher Revolutionen, die mich
zur Geschichte und zur Philosophie der Wissenschaft zog. So gut wie alles, was ich seitdem geschrieben habe, beschäftigt sich eben mit den wissenschaftlichen Revolutionen; auch Watkins
erinnert ja an diese Tatsache, nur läßt er sie später aus dem Auge.

Stimmen wir jedoch in so vielen Punkten überein, so können wir auch über die
Normalwissenschaft nicht völlig anderer Ansicht sein, obwohl eben dieser Aspekt meines
Werkes meine gegenwärtigen Kritiker am meisten stört. Infolge ihrer Natur selbst können die
Revolutionen nicht die ganze Wissenschaft ausmachen: zwischen den einzelnen Revolutionen
muß ja doch etwas anderes im Gange sein. Sir Karl formuliert diesen Punkt mit bewunderns-
werter Klarheit. Indem er dasselbe unterstreicht, was ich schon als unsere wichtigste Übereinstimmung anerkannt habe, betont er, daß „die Wissenschaftler ihre Ideen *notwendigerweise*
innerhalb eines bestimmten theoretischen Rahmens [framework] entwickeln" müssen.[17])
Ferner erfordern sowohl für ihn wie auch für mich die Revolutionen solche 'Rahmenwerke',
nachdem ja die Revolutionen eben daraus bestehen, daß die Rahmenwerke oder manche ihrer wichtigen Bestandteile verworfen werden. Und nachdem die Wissenschaft, die ich als normal bezeichne, eben das Forschen innerhalb des Rahmenwerkes ist, muß die Normalwissenschaft sozusagen die andere Seite der Münze sein. Kein Wunder, daß Sir Karl der Unterschied
zwischen Normalwissenschaft und Revolutionen „höchstens verschwommen" bewußt war.[18])
Dies folgt ja aus seinen eigenen Prämissen.

Aber es folgt daraus auch noch etwas anderes. Sind die Rahmenwerke für die
Wissenschaftler notwendig, ist das Herausbrechen aus dem einen unvermeidlich ein Hinein-
brechen in ein anderes – auch Sir Karl nimmt ja so etwas explizit an –, dann kann die Tatsache,
daß der Wissenschaftler an einem Rahmenwerk festhält, nicht einfach damit erledigt werden,
daß er „schlecht unterrichtet" worden sei..., „ein Opfer der Unterweisung".[19]) Man kann
die Normalwissenschaft auch nicht damit erledigen, daß man – wie das Watkins tut – auf
den großen Einfluß der Geister dritten Ranges hinweist, die nur für die „ermüdende, nicht-
kritische"[20] Arbeit geeignet wären. Wohl existieren auch diese Dinge, und sie schaden auch
sehr. Aber wenn das Rahmenwerk notwendig für die Forschung ist, so kann seine Herrschaft
über die Geister nicht bloß 'Pickwickisch' sein. Es kann auch nicht völlig richtig sein zu sagen:
„versuchen wir, so können wir zu jeder Zeit aus unserem Rahmen ausbrechen."[21]) Zu behaupten, daß etwas wesentlich und dabei auch frei entbehrlich sei, sieht schon wie ein Widerspruch aus. Meine Kritiker verwickeln sich in Widersprüche, wenn sie so etwas behaupten.

Aber ich habe das alles gar nicht gesagt, um nachweisen zu wollen: meine Kritiker
stimmen mit mir überein, sie wissen es nur nicht. Keineswegs! Ich will nur die Nebensäch-
lichkeiten aus dem Wege räumen, um zu zeigen, wo wir wirklich nicht derselben Ansicht sind.
Ich habe bisher nur argumentiert, um zu zeigen, daß Sir Karls Forderung 'Revolution in Per-

---

[16]) Vgl. dieser Band, S. 31, 32 und 29.
[17]) Dieser Band, S. 51, mit Hervorhebung ergänzt. Wenn nicht ausdrücklich erwähnt, übernehme ich in
der vorliegenden Arbeit nur die ursprünglichen Hervorhebungen der Zitate.
[18]) Dieser Band, S. 52.
[19]) Dieser Band, S. 52.
[20]) Dieser Band, S. 32.
[21]) Dieser Band, S. 56.

manenz' sich auf eine Erscheinung bezieht, die ebensowenig real ist wie die 'Quadratur des Kreises'. Die Rahmenwerke müssen erst ausgelebt und ergründet werden, bevor sie zerbrochen werden. Allerdings impliziert dies noch nicht, daß die Wissenschaftler das Immer-Wieder-Zerstören des Rahmenwerkes auch nicht erstreben sollten, auch wenn dieses Ziel nie zu erreichen wäre. 'Revolution in Permanenz' könnte der Name eines wichtigen ideologischen Imperativs sein. Gibt es eine Streitfrage zwischen Sir Karl und mir in bezug auf die Normalwissenschaft, so betrifft sie gerade diesen Punkt. Er und seine Gruppe behaupten, daß der Wissenschaftler zu jeder Zeit ein Kritiker und ein Vermehrer von alternativen Theorien sein soll. Ich behaupte dagegen, daß eine alternierende Strategie erwünscht sei, die ein solches Benehmen nur für spezielle Gelegenheiten vorsieht.

Diese Streitfrage, reduziert auf die Forschungsstrategie, ist schon enger als jene andere, die meine Kritiker ins Auge fassen wollten. Um noch klarer zu sehen, worum es sich eigentlich handelt, muß sie noch weiter eingeengt werden. Alles bisher Gesagte, obwohl es auf die Wissenschaft und auf die Wissenschaftler gemünzt war, gilt auch für eine Anzahl von anderen Gebieten. Meine methodologische Vorschrift richtet sich jedoch ausschließlich auf die Wissenschaften und unter ihnen auf jene Gebiete, die das unter dem Namen Fortschritt bekannte Entwicklungsmuster aufweisen. Sehr klar wird die Unterscheidung, an die ich denke, durch Sir Karl erfaßt. Er schreibt ja gleich am Anfang seines Beitrags: ,,Eine einzelwissenschaftliche... Untersuchung kann ohne weitere Umschweife mit der Bearbeitung ihres Problems beginnen... (es liegt ja) eine allgemein anerkannte Problemsituation (vor)... Der Forscher kann es deshalb auch dem Leser überlassen, die Arbeit in den Zusammenhang der Wissenschaft einzuordnen... Der Philosoph" – fährt er fort – ,,befindet sich in einer anderen Lage".[22] Nun verweist zwar Sir Karl auf diesen Unterschied, aber später verliert er ihn doch aus dem Auge, und er empfiehlt dieselbe Strategie sowohl dem Wissenschaftler als auch dem Philosophen. In dem Prozeß vergißt er jene Konsequenzen des ausführlichen und präzisen Forschungsplanes, mit denen, wie er sagt, das Rahmenwerk einer reifen Wissenschaft den Forscher darüber informiert, worin seine Aufgabe besteht. Bei dem Fehlen eines solchen Forschungsplans ist Sir Karls kritische Strategie sicher die beste Alternative. Diese Strategie wird zwar kein solches spezielles Entwicklungsmuster herbeiführen, wie es z. B. die Physik charakterisiert; aber auch keine andere methodologische Vorschrift erreicht dies. Ist jedoch ein Rahmenwerk gegeben, das einen solchen Plan sichert, dann werden meine methodologischen Vorschläge gelten.

Man denke z. B. für einen Augenblick an die Entwicklung der Philosophie oder an diejenige der Künste in der Renaissance. Diese Gebiete werden häufig in Kontrast zu wohlbegründeten Wissenschaften als solche Gebiete dargestellt, die keinen Fortschritt kennen. Dieser Kontrast kann natürlich keineswegs damit begründet werden, daß die Philosophie und die Künste keine Revolutionen und zwischen diesen keine Perioden der normalen Praxis kennen würden. Im Gegenteil. Schon lange, bevor noch die ähnliche Struktur der wissenschaftlichen Entwicklung erkannt worden war, schilderten die Historiker die Entfaltung der Philosophie und der Künste als eine Aufeinanderfolge von Traditionen, in der hie und da auch plötzlich revolutionäre Änderungen des künstlerischen Stils, des Geschmacks oder des philosophi-

---

[26]) Dieser Band, S. 192. Man beachte jedoch, daß die Partie, worauf Feyerabend in Anm. 5 hinweist, gar nicht besagt, was er berichtet.
[27]) Siehe S. 190 in meiner [1962].

schen Gesichtspunktes und des Zieles auftreten. Und man kann den Kontrast auch nicht dem
Fehlen der Popperschen Methodologie in der Philosophie und in den Künsten zuschreiben.
Wie Miss Masterman für die Philosophie bemerkt,[23]) ist sie gerade das Gebiet, auf dem der
Prozeß am besten exemplifiziert wird; diejenigen, die diese Tätigkeit praktizieren, finden auf
einmal die geltende Tradition steif, sie kämpfen, um mit ihr zu brechen, und sie suchen regel-
recht nach einem neuen Stil oder nach einem eigenen philosophischen Gesichtspunkt. In den
Künsten vor allem wird das Werk der Leute, denen es nicht gelungen ist, eine Neuerung einzuführen, als 'abgeleitet' [derivative] bezeichnet; das ist ein abschätziger Terminus, der bezeich-
nenderweise auf wissenschaftliche Auseinandersetzungen nie angewendet wird; man bezieht
ihn eher in der Kunst auf 'Liebhaberei'. Auf keinem dieser Gebiete, weder in den Künsten
noch in der Philosophie, hat derjenige, dem es nicht gelingt, die traditionelle Praxis zu ändern,
einen bedeutenden Einfluß auf die Entfaltung der Disziplin.[24]) Kurz und gut: dies sind die Gebiete, für welche Sir Karls Methode wesentlich ist; denn hier gäbe es ja in der Tat, ohne ständige Kritik und ohne Neuerungen in der Praxis, gar keine Revolutionen. Würde man hier
meine Methodologie statt der von Sir Karl einführen, so müßte unvermeidlich eine Stagnation
eintreten. Aber auf keine ersichtliche Weise führt seine Methodologie (in der Philosophie und
in den Künsten) zu irgendeinem Fortschritt. Man kann auf diesen Gebieten die Zustände vor
und nach den Revolutionen überhaupt nicht mit den entsprechenden Zuständen in den sogenannten entwickelten Wissenschaften vergleichen.

Meine Kritiker werden behaupten, die Gründe für den Unterschied seien offenkundig. Tätigkeiten wie die Philosophie und die Künste beanspruchen nicht, Wissenschaften
zu sein, und sie befriedigen auch nicht Sir Karls Abgrenzungskriterium. Das heißt: sie führen
nicht zu Ergebnissen, die man durch einen Punkt-für-Punkt-Vergleich mit der Natur überprüfen könnte. Dieses Argument scheint mir jedoch verfehlt zu sein. Auch wenn die in Frage stehenden Tätigkeiten das Kriterium Sir Karls für Wissenschaftlichkeit nicht befriedigen, sie
könnten dennoch Fortschritte erzielen wie die Wissenschaften. In der Antike und der Renaissance lieferten eher die Künste als die Wissenschaften die akzeptierten Paradigmen des Fortschritts.[25]) Einige Philosophen finden prinzipielle Gründe auch noch dafür, warum ihr Fach
nicht ständig vorwärtsgeht, obwohl manche es bemängeln, daß dies in der Tat nicht der Fall ist.
Auf alle Fälle: es gibt viele solche Fachgebiete – ich werde sie als Proto-Wissenschaften bezeichnen –, in denen die Praxis zu überprüfbaren Konklusionen führt, und die dennoch, ihren
Entwicklungsmustern nach, eher die Philosophie oder den Künsten als den wohlbegründeten
Wissenschaften ähnlich sind. Ich denke z. B. an die Chemie und an die Elektrizitätslehre vor
der Mitte des 18. Jahrhunderts; an die Vererbungslehre und die Lehre der Phylogenie vor der
Mitte des 19. Jahrhunderts; oder auch an manche Sozialwissenschaften von heute. Auch auf
diesen Gebieten, obwohl sie Sir Karls Abgrenzungskriterium befriedigen, sind die ständige
Kritik und die ununterbrochene Anstrengung für einen immer neuen Anfang die wichtigsten
Kräfte, und sie müssen es auch sein. Aber auch hier führen diese Kräfte ebensowenig zu einem
eindeutigen Fortschritt wie in der Philosophie und in den Künsten.

---

[23]) Dieser Band, S. 68 ff.
[24]) Für eine ausführlichere Behandlung der Unterschiede zwischen Wissenschaftler- und Künstler-Ge-
meinschaften und der entsprechenden Unterschiede in den Entwicklungsmustern siehe meine [1969].
[25]) Gombrich [1960], S. 11 ff.

Ich schließe daraus, daß in den Proto-Wissenschaften ebenso wie in den Künsten und in der Philosophie irgendein Element fehlt, das in den reifen Wissenschaften eindeutigere Formen des Fortschrittes zu erzielen ermöglicht. Aber das ist nicht etwas, was eine methodologische Vorschrift besorgen könnte. Abweichend von meinen gegenwärtigen Kritikern nahm Lakatos bei diesem Punkt auch noch hinein, daß ich keine Therapie befürworte, die die Umwandlung einer Proto-Wissenschaft in eine Wissenschaft fördern könnte, und daß ich auch gar nicht dächte, daß so etwas möglich wäre. Wenn manche Sozialwissenschaftler, wie Feyerabend behauptet, von mir die Ansicht übernehmen, daß sie den Status ihres Faches dadurch verbessern können, daß sie zunächst durch Gesetzgebung Einigkeit in bezug auf die Grundlagen herbeiführten und dann zum Rätsellösen übergehen, so mißdeuten diese Sozialwissenschaftler arg meinen Gedankengang.[26] Ein Satz, den ich einst in einer Diskussion über die spezielle Wirksamkeit der mathematischen Theorien benützt hatte, gilt mit demselben Recht auch hier: „Wie in der individuellen Entwicklung so kommen auch in einer wissenschaftlichen Gruppe diejenigen am sichersten zur Reife, die wissen, wie sie warten sollen."[27] Glücklicherweise erlangen manche Fachgebiete den Übergang zur Reife, obwohl keine Vorschrift dies zu erzwingen vermag; aber es lohnt sich, darauf zu warten und dafür zu kämpfen. Eine jede der gegenwärtig wohlbegründeten Wissenschaften war in einer verhältnismäßig wohldefinierten Periode der Vergangenheit auf einer spekulativeren Stufe ursprünglich Naturphilosophie, Medizin oder Handwerk. Zweifellos werden in der Zukunft auch andere Fachgebiete denselben Übergang erleben. Erst wenn dies zutrifft, wird der Fortschritt ein charakteristisches Merkmal auch des betreffenden Fachgebietes. Und erst dann kommen jene meiner Vorschriften ins Spiel, die meine Kritiker jetzt tadeln.

Ausführlicher geschrieben habe ich über die Natur dieser Veränderung in meinen *Scientific Revolutions* und etwas kürzer in der Diskussion über die Abgrenzungskriterien in meinem früheren Beitrag zu dem vorliegenden Band. Hier werde ich mich mit einem Auszug und mit beschreibender Zusammenfassung begnügen. Konzentrieren wir unsere Aufmerksamkeit auf solche Fachgebiete, die irgendeine Reihe von Naturerscheinungen eingehend zu erklären beanspruchen. (Wenn meine folgende Beschreibung, wie meine Kritiker behaupten, mit demselben Recht sowohl auf Theologie als auch auf Bankraub paßt, so entstehen dadurch noch keine weiteren Probleme.) Ein solches Fachgebiet kommt erst dann zur Reife, wenn es sowohl eine Theorie als auch eine Technik besitzt, die beide zusammen die folgenden vier Bedingungen erfüllen. An erster Stelle kommt Sir Karls Abgrenzungskriterium; unerläßlich dafür, daß irgendein Fachgebiet zu einer Wissenschaft wird: es sollen sich aus der Praxis des Fachgebietes konkrete Voraussagen für irgendeine Reihe von Naturerscheinungen ergeben. Zweitens: was für irgendeine interessante Unterklasse von Erscheinungen als Voraussage-Erfolg gilt, muß konsistent erreicht werden. (Die ptolemäische Astronomie hat die Planetenpositionen innerhalb weit anerkannter Fehlergrenzen immer vorhergesagt. Die Begleiterscheinung, die Astrologie, erreichte nie ähnliche Voraussagen, ausgenommen die Ebbe- und Flutzeiten sowie den Durchschnittszyklus der Menstruation.) Drittens: die Vorhersage-Techniken müssen ihre Wurzeln in einer Theorie haben, die, wenn auch metaphysisch, gleichzeitig diese Voraussagen rechtfertigt, ihren beschränkten Erfolg erklärt und zu ihrer Verbesserung –

---

[26] Dieser Band, S. 192. Man beachte jedoch, daß die Partie, worauf Feyerabend in Anm. 5 hinweist, gar nicht besagt, was er berichtet.

[27] Siehe S. 190 in meiner [1962].

sowohl bezüglich der Präzision als auch der Reichweite – Mittel vorschlägt. Und schließlich muß die Verbesserung der Voraussage-Technik eine anregende Aufgabe sein, die gelegentlich in höchstem Maße Talent und Hingabe von dem Forscher erfordert.

Diese Bedingungen sind natürlich gleichbedeutend mit einer guten wissenschaftlichen Theorie. Doch hat man einmal die Hoffnung auf eine therapeutische Vorschrift aufgegeben, so liegt kein Grund vor, etwas weniger Wichtiges zu erwarten. Ich habe behauptet – und das ist meine einzige echte Streitfrage mit Sir Karl, was das Problem der Normalwissenschaft betrifft –, daß, wenn eine solche Theorie zur Verfügung steht, die Zeit der ständigen Kritik und Theorievermehrung vorbei ist. Jetzt haben die Wissenschaftler das erste Mal eine Alternative, die nicht bloß dem nachäfft, was vorangegangen war. Jetzt können sie ihre Talente den Rätseln widmen, die in jenem Bereich liegen, den Lakatos als 'Schutzgürtel' bezeichnet. Eine ihrer Aufgaben wird darin bestehen, die Reihe der zu erklärenden Erscheinungen zu erweitern, die Präzision des vorhandenen Experiments und der Theorie zu erhöhen sowie das Zusammenpassen dieser beiden Dinge (Experiment und Theorie) zu vervollkommnen. Ein anderes Anliegen wird sein, die Konflikte zu eliminieren, sowohl, was die Konflikte zwischen den verschiedenen, in ihrem Werk angewendeten Theorien, als auch, was jene anderen Konflikte betrifft, die zwischen den verschiedenen Anwendungen derselben Theorie auftreten. (Es scheint mir jetzt, daß Watkins recht hat, wenn er sich beschwert, daß mein Buch diesen inter- und intra-theoretischen Rätseln eine allzu kleine Rolle zuweist; aber Lakatos' Versuch, die Wissenschaft auf Mathematik zu reduzieren und keine bedeutende Rolle dem Experiment übrigzulassen, geht allzu weit. Sehr groß ist auch sein Irrtum, wenn er die Balmer-Formel unter dem Gesichtspunkt der Entwicklung des Bohrschen Atommodells für irrelevant hält.[28]) Diese und derartige Rätsel machen die Haupttätigkeit der Normalwissenschaft aus. Ich kann meine Gedankenführung nicht wieder von vorne beginnen, aber diese Rätsel sind nicht – wenn Watkins gestattet – für Taglöhner; und sie sind auch nicht – wenn Sir Karl gestattet – wie die Probleme der angewandten Wissenschaft und diejenigen des Ingenieurwesens. Natürlich gehören die Menschen, die sich dafür begeistern können, zu einer besonderen Sorte; aber dazu gehören auch Philosophen und Künstler.

Selbst wenn eine Theorie vorhanden ist, die die Normalwissenschaft schon ermöglicht, so müssen die Wissenschaftler sich dennoch nicht unbedingt jenen Rätseln widmen, die ihnen durch die betreffende Theorie zur Verfügung gestellt werden. Sie können sich statt dessen benehmen wie diejenigen, die die Proto-Wissenschaften praktizieren, d. h. sie können sich potentiell schwache Punkte aussuchen – es gibt immer eine große Anzahl auch von diesen –, und sie können versuchen, um diese herum alternative Theorien aufzubauen. Die meisten meiner gegenwärtigen Kritiker denken, sie müßten auch so verfahren. Ich bin anderer Meinung, aber bloß aus strategischen Gründen. Feyerabend entstellt meinen Standpunkt auf eine Weise, die ich besonders bedaure, wenn er z. B. berichtet, daß ich „Bohm dafür kritisiert (hätte), daß er die Einförmigkeit der zeitgenössischen Quantentheorie stört".[29] Mein Ruf als Störenfried wird sich wohl nicht leicht mit diesem Bericht vereinigen lassen. In der Tat gestand ich Feyerabend, daß ich ebenso unzufrieden war wie Bohm; doch ich dachte, es wäre so gut

---

[28]) Dieser Band, S. 143, für die Bemerkungen über die Balmer-Formel. Man begegnet dieser Stellungnahme zur Rolle des Experimentes überall in der Arbeit von Lakatos. Für die tatsächliche Rolle der Balmer-Formel in Bohrs Werk siehe Heilbron und Kuhn [1969].

[29]) Dieser Band, S. 200. Man vgl. dazu meinerseits unten, S. 249 ff.

wie sicher, daß das ausschließliche Interesse, das Bohm dem fraglichen Punkt widmete, verfehlt wäre. Ich behauptete, es sei nicht wahrscheinlich, daß jemand die Paradoxien der Quantentheorie lösen könne, solange er diese nicht auf irgendein konkretes und technisches Rätsel der geltenden Physik zurückführt. In den entwickelten Wissenschaften sind es – anders als in der Philosophie – die technischen Rätsel, die die Gelegenheit und oft auch konkretes Material für die Revolution zur Verfügung stellen. Ihre Zugänglichkeit, zusammen mit der Information und mit den Signalen, die sie geben, sind weitgehend für die spezielle Natur des wissenschaftlichen Fortschrittes verantwortlich. Diejenigen, die die reifen Wissenschaften praktizieren, können eben deswegen die Natur mit einer solchen esoterischen Tiefe und mit einer sonst gar nicht denkbaren Ausführlichkeit erforschen, weil sie gewöhnlich die geltende Theorie als selbstverständlich annehmen dürfen und sie diese eher ausbeuten als kritisieren. Sie können sich darauf verlassen, daß das Vollziehen der Normalwissenschaft sie darüber informieren wird, wann und wo sie mit dem größten Nutzen zu Popperschen Kritikern werden können, da die Erforschung der Natur die wichtigen unklaren Stellen doch isolieren wird. Aber es gibt eine sehr wesentliche Rolle für Sir Karls Methodologie selbst in den entwickelten Wissenschaften. Sie ist ja die geeignete Strategie bei jenen Gelegenheiten, bei denen in der normalen Wissenschaft etwas schiefgeht und die Disziplin in eine Krise gerät.

Ich habe diese Punkte in einem anderen Zusammenhang eingehend erörtert und werde sie hier nicht wieder bearbeiten. Statt dessen möchte ich am Ende dieses Abschnittes zu jener Verallgemeinerung zurückkommen, mit der ich begonnen habe. Trotz der seitens meiner Kritiker aufgebrachten Energie glaube ich nicht, daß mein hier skizzierter Standpunkt sich allzusehr von demjenigen Sir Karls unterscheidet. In bezug auf diese Menge von Fragen unterscheiden wir uns voneinander nur in Nuancen. Ich bin der Meinung, daß in den entwickelten Wissenschaften Gelegenheiten für die Kritik nicht gesucht werden brauchen und von den meisten, die diese Tätigkeiten praktizieren, mit Absicht auch nicht gesucht werden sollen. Wenn solche Gelegenheiten gefunden werden, so ist die erste geeignete Reaktion darauf die anständige Zurückhaltung. Sir Karl betont stärker als ich die planmäßige Suche nach schwachen Stellen, obwohl auch er die Notwendigkeit einsieht, daß die angegriffene Theorie zunächst einmal verteidigt werden soll. Es ist wohl keine schwere Entscheidung, wenn man zwischen uns beiden wählen soll.

Aber warum sehen dann meine gegenwärtigen Kritiker unsere entscheidenden Unterschiede gerade hier? Einen Grund habe ich schon genannt: sie haben den Eindruck – obwohl ich ihnen nicht recht gebe und den Fall für irrelevant halte –, daß meine strategische Vorschrift eine höhere Moralität verletzt. Ein zweiter Grund, den ich im nächsten Abschnitt behandeln werde, besteht darin, daß sie nicht fähig sind, aus den historischen Beispielen herauszulesen, daß die Funktion des Versagens der Normalwissenschaft gerade darin besteht, die Bühne für die Revolution vorzubereiten. Lakatos' Fallstudien sind in dieser Hinsicht besonders interessant; denn er beschreibt ja klar den Übergang von der progressiven Phase des Forschungsprogrammes zu seiner degenerativen Phase (den Übergang von der Normalwissenschaft zur Krise), und dann leugnet er plötzlich die kritische Wichtigkeit dessen, was daraus hervorgeht. Aber einen dritten Grund muß ich hier doch näher erörtern. Er taucht in jener Kritik auf, die Watkins vertritt; aber im vorliegenden Zusammenhang dient dieser Grund einem Ziel, das keineswegs in seiner Absicht lag.

Watkins schreibt: „Im Gegensatz zu der verhältnismäßig scharfen Idee der Prüfbarkeit (ist) die Vorstellung, daß 'eine Theorie eine Tradition des Rätsellösens hinreichend zu

unterstützen aufhört', essentiell verschwommen."[30]) Den Vorwurf der Verschwommenheit
kann ich nicht ablehnen; aber es wäre ein Irrtum anzunehmen, daß diese Verschwommenheit
meinen Standpunkt von demjenigen Sir Karls unterscheidet. Präzis ist an Sir Karls Standpunkt, wie dies auch durch Watkins hervorgehoben wird, der Gedanke der Überprüfbarkeit
im Prinzip. Darauf verlasse ich mich auch sehr; denn eine Theorie, die *im Prinzip* nicht überprüfbar wäre, könnte auch nicht – wenn man sie zu wissenschaftlichem Rätsellösen anwendet
– adäquaterweise funktionieren oder zu funktionieren aufhören. Ich nehme auch Sir Karls Begriff der Asymmetrie der Falsifikation und der Bewährung in der Tat sehr ernst – obwohl dies
Watkins merkwürdigerweise nicht einsehen kann. Verschwommen und unsicher ist jedoch an
meiner Position, wann und wie die aktuellen Kriterien angewendet werden sollen. Wann handelt es sich bloß um einen Fall des Versagens seitens der Rätsellösung, und wann soll dieses
Versagen aufs Konto der grundlegenden Theorie geschrieben werden? (Denn in diesem letzteren Fall liegt ja eine ernstere Gelegenheit vor!) Diese Entscheidung ist jedoch, ihrer Art
nach, mit der Entscheidung identisch, ob das Ergebnis einer Überprüfung die Theorie selbst
falsifiziert oder nicht. Und in dieser Hinsicht muß ja Sir Karl notwendigerweise ebenso verschwommen sein wie ich. Um aus diesem Anlaß einen Keil zwischen uns treiben zu können,
transponiert Watkins die Schärfe der Überprüfbarkeit-im-Prinzip auf das bloß dämmerige
Gebiet der Überprüfbarkeit-in-Praxi. Ein Hinweis darauf, wie die Transponierung erfolgt
war, fehlt. Der Irrtum ist keineswegs beispiellos. Solche Irrtümer lassen ja Sir Karls Methodologie mehr logisch und weniger ideologisch aussehen, als sie in Wirklichkeit ist.

Kehren wir aber nun zu einem Punkt zurück, der auch am Ende des vorigen Abschnittes schon berührt wurde. Man dürfte mit Recht fragen, ob das, was Watkins als Verschwommenheit bezeichnet, in der Tat ein Nachteil ist. Es muß allen Wissenschaftlern beige-
bracht werden – das ist ja ein lebenswichtiges Element in ihrer Ideologie –, daß sie lebhaft und
verantwortlich auf das Versagen einer Theorie reagieren sollen; einerlei, ob dieses Versagen
den Namen 'schwere Anomalie' oder 'Falsifikation' führt. Außerdem müssen den Wissenschaftlern Beispiele zur Verfügung stehen, was man von ihren Theorien bei sorgfältiger und
geschickter Behandlung erwarten darf. Steht ihnen nur soviel zur Verfügung, so werden sie
natürlich in konkreten Fällen häufig zu verschiedenen Urteilen kommen. Der eine wird einen
Grund für eine Krise darin erblicken, worin ein anderer nur mangelhafte Evidenz sieht. Aber
sie werden dennoch urteilen, und die Tatsache, daß ihre Urteile abweichend sind, mag ihren
Beruf retten. Viele Urteile, wonach eine Theorie aufgehört hatte, eine rätsellösende Tradition
hinreichend zu unterstützen, erwiesen sich mit der Zeit als falsch. Wäre das Urteil von Anfang
an einstimmig gewesen, so wäre keiner geblieben, um nachzuweisen, daß die vorhandene
Theorie die nur scheinbare Anomalie dennoch zu erklären vermag. Oder wenn umgekehrt
keiner das Wagnis auf sich genommen hätte, eine alternative Theorie zu suchen, dann hätte
niemand jenen revolutionären Wandel inauguriert, wovon die wissenschaftliche Entwicklung
abhängig ist. Wie Watkins schreibt: „Es muß ein kritisches Niveau geben, bei dem eine Menge
von Anomalien, die man noch ertragen kann, in eine nicht mehr erträgliche übergeht."[31])
Aber diese Stufe braucht keineswegs für einen jeden dieselbe zu sein; und es ist auch keineswegs nötig, daß jeder einzelne die Grenzen seiner Toleranz im voraus präzisiert. Er muß nur
mit Sicherheit wissen, daß er eine solche Grenze hat und daß er durch bestimmte Arten von
Unstimmigkeiten in Richtung auf diese Grenze getrieben wird.

[30]) Dieser Band, S. 30.
[31]) Dieser Band, S. 30.

4. Normalwissenschaft: ihr Wiedergewinnen aus der Geschichte

Bisher habe ich so argumentiert: Wenn es Revolutionen gibt, dann muß es auch eine Normalwissenschaft geben. Doch man könnte mit Recht fragen, ob es wirklich Revolutionen gibt. Toulmin hat die Frage in diesem Sinne formuliert, während es meinen Popperschen Kritikern schwerfiel, aus der Geschichte eine bedeutende Normalwissenschaft zurückzuerobern, von deren Existenz die der Revolutionen abhängig ist. Toulmins Fragen sind von besonderem Wert, da eine Antwort auf sie von mir verlangt, einige echte Schwierigkeiten ins Auge zu fassen, die mein Werk *Scientific Revolutions* enthält, und meine Darstellung demgemäß zu modifizieren: Aber unglücklicherweise sind diese Schwierigkeiten nicht dieselben, die Toulmin zu sehen meint. Bevor ich jedoch diese isoliere, muß ich den aufgewirbelten Staub fortwischen.

Es gab, gewiß, wichtige Veränderungen in meinem Standpunkt in den letzten Jahren, seitdem mein Buch veröffentlicht wurde. Aber ein Rückzug in dem Sinne, als ob mein Interesse früher den Makro-Revolutionen gegolten hätte, während ich mich in der letzten Zeit auf die Mikro-Revolutionen konzentrieren würde, gehört bestimmt nicht zu diesen Veränderungen. Toulmin meint, einen Teil dieses Rückzuges dadurch nachweisen zu können, daß er eine Arbeit von mir, die ich als *Vortrag* im Jahre 1961 gehalten habe, mit meinem Buch, *veröffentlicht* im Jahre 1962, vergleicht.[32] Aber jene Arbeit wurde doch erst nach dem Buch geschrieben und veröffentlicht; die erste Anmerkung der Arbeit hebt auch diesen chronologischen Zusammenhang hervor, den Toulmin in sein Gegenteil verkehrt. – Einen anderen Beweis für den angeblichen Rückzug gewinnt Toulmin aus dem Vergleich meines Buches mit dem Manuskript meines früheren Beitrags zum vorliegenden Band.[33] Aber soviel ich weiß, hat kein anderer solche vermeintlichen Unterschiede in meinem Standpunkt beobachtet wie diejenigen, die Toulmin hervorheben möchte; im Mittelpunkt meines Buches steht auf alle Fälle eben jenes Interesse, das Toulmin erst in meinem neueren Werk erkennen will. Unter den Revolutionen, die mein Buch behandelt, findet man solche wie z. B. die Entdeckung der Röntgen-Strahlen oder des Planeten Uranus. Mein Vorwort stellt auch fest: „Zugegeben, daß die Erweiterung [des Terminus 'Revolution' auf derartige Episoden] den gewöhnlichen Wortgebrauch sehr belastet; dennoch werde ich auch von den Entdeckungen als revolutionären Tatsachen sprechen. Denn ich glaube, eben die Möglichkeit, die Struktur dieser Entdeckungen mit der Struktur, sagen wir, der Kopernikanischen Revolution zu vergleichen, macht den erweiterten Begriff so wichtig."[34] Kurz und gut, mein Interesse galt nie solchen wissenschaftlichen Revolutionen, die „in je einem Zweig der Wissenschaft nur ungefähr alle zweihundert Jahre einmal vorzukommen pflegen".[35] Im Gegenteil, mein Thema war immer schon das, was es nach Toulmin erst in der letzten Zeit geworden ist: ein wenig untersuchter Typus der begrifflichen Veränderung, die häufig in der Wissenschaft vorkommt und wesentlich zu ihrem Fortschritt beiträgt.

[32]) Dieser Band, S. 39 ff.
[33]) Siehe auch Toulmin [1967], besonders S. 471, Anm. 8. Die Veröffentlichung dieser biographischen 'Ente' vor dem Aufsatz, der die angebliche Quelle dieser irrtümlichen Behauptung sein sollte, war mir sehr unangenehm.
[34]) Vgl. meine [1962], S. 7 f. Auf S. 6 wird die Möglichkeit, den Gedanken auf Mikrorevolutionen zu erweitern, als 'eine grundlegende These' des Buches bezeichnet.
[35]) Dieser Band, S. 44.

In dieser Hinsicht eignet sich Toulmins geologische Analogie sehr gut, nur nicht
in dem Sinne, wie er sie benützen möchte. Er betont den Aspekt des Streites zwischen der
Gleichförmigkeitslehre und der Katastrophenlehre, der jene Möglichkeit behandelte, ob man
die Katastrophen auf natürliche Ursachen zurückführen darf; er behauptet nun, daß, seitdem
dieses Problem gelöst wurde, auch die 'Katastrophen' als *„einförmig* und gesetzesgelenkt (gelten), ebenso wie die übrigen geologischen und paläontologischen Tatsachen."[36]) Die Art, wie
er hier den Terminus 'einförmig' einschiebt, ist willkürlich. Außerdem hatte dieser Streit –
über das Problem der natürlichen Gründe hinausgehend – auch einen anderen zentralen
Aspekt: die Frage nämlich, ob es überhaupt Katastrophen gab; ob in der geologischen Entwicklung solchen Erscheinungen wie Erdbeben und vulkanischer Tätigkeit eine größere Rolle
zugeschrieben werden sollte; Erscheinungen, die viel schneller und zerstörender wirkten als
die Erosion und die sedimentäre Ablagerung. In diesem Teil der Debatte wurden die Anhänger der Gleichförmigkeitslehre zweifellos geschlagen. Nachdem die Debatte ausgetragen war,
mußten die Geologen erkennen, daß es zweierlei Arten von geologischer Veränderung gibt;
wohl haben beide natürliche Ursachen, aber sie sind doch unterschiedlich; die eine Art der
Veränderung wirkt stufenweise und gleichförmig, die andere plötzlich und katastrophenartig.
Selbst heute behandeln wir die Flutwellen nicht als einen speziellen Fall der Erosion.

Dementsprechend habe ich auch nicht die These vertreten, daß die Revolutionen
unergründliche Einheitsereignisse seien, sondern daß es in der Wissenschaft ebenso wie in der
Geologie zweierlei Arten von Veränderung gäbe. Die eine von diesen, die Normalwissenschaft, ist gewöhnlich ein kumulativer Prozeß, im Laufe dessen die akzeptierten Ansichten einer wissenschaftlichen Gemeinschaft ausgeschlachtet, artikuliert und erweitert werden. In der
Normalwissenschaft werden die angehenden Wissenschaftler trainiert, und die Haupttradi-
tion der englisch-sprachigen Wissenschaftsphilosophie leitet sich aus der Untersuchung jener
vorbildlichen Werke ab, in denen sich das Training der Normalwissenschaft verkörpert. Unglücklicherweise wählen jedoch die Vertreter dieser philosophischen Tradition, worauf ich in
meiner früheren Arbeit schon hingewiesen habe, ihre Beispiele gewöhnlich aus den Veränderungen der anderen Art, und diese müssen dann für ihre Zwecke zurechtgeschnitten werden.
Dies führt dann zum Ergebnis, daß das Vorherrschen jener Veränderungen verkannt wird, in
denen einige für die Praxis einiger wissenschaftlicher Fächer grundlegende begriffliche
Verpflichtungen über Bord geworfen und durch andere ersetzt werden. Natürlich durchdrin-
gen sich nach Toulmins Meinung die beiden Arten von Veränderungen; auch in der Wissenschaft sind die Revolutionen nicht vollständiger als auf den übrigen Gebieten des Lebens; aber
die Tatsache, daß man die Kontinuität auch durch die Revolutionen hindurch erkennen kann,
hat weder die Historiker noch irgend jemanden dazu gezwungen, den Begriff 'Revolution'
aufzugeben. Es war eine Schwäche meines Werkes *Scientific Revolutions,* daß es jene Erscheinung, worauf es mehrmals Bezug genommen hatte, nämlich die 'partielle Kommunikation',
nur benennen, aber nicht auch analysieren konnte. Aber die partielle Kommunikation hieß
nie, wie Toulmin meint, „gegenseitige Verständnislosigkeit"[37]). Mein Werk hat also ein Problem namhaft gemacht, worüber man arbeiten soll, aber es wollte keineswegs diesem Problem
die Unergründlichkeit zuschreiben. Lernen wir diese Erscheinung nicht näher kennen, so werden wir immer wieder nur Irrtümer in bezug auf die Natur des wissenschaftlichen Fortschrit-

---

[36]) Vgl. dieser Band, S. 43; Hervorhebung von mir.
[37]) Vgl. dieser Band, S. 37.

tes, ja vielleicht auch des Wissens überhaupt, begehen. (Ich werde einige Hinweise dazu im nächsten Abschnitt geben.) Ich habe in Toulmins Arbeit nichts gefunden, was mich davon überzeugen könnte, daß wir dem Ziele näherkommen, wenn wir von einer vermeintlichen Einheitlichkeit aller wissenschaftlichen Veränderung sprechen.

Aber seine Arbeit war für mich dennoch sehr anregend. Es fragt sich nämlich, ob man die bloßen Artikulierungen und Erweiterungen der gemeinsamen Ansichten von jenen anderen Veränderungen unterscheiden kann, die vollständige Rekonstruktion verlangen. Die Antwort auf diese Frage heißt in extremen Fällen offenbar: 'ja'. Bohrs Theorie des Hydrogen-Spektrums war revolutionär, dagegen war Sommerfelds Theorie der Hydrogen-Feinstruktur nicht revolutionär; die astronomische Theorie des Kopernikus war revolutionär; die Wärme-lehre der adiabatischen Kompression war es nicht. Doch sind diese Beispiele allzu extrem, und darum verraten sie nicht alles Wichtige: es gibt zu viele Unterschiede zwischen derartigen Theorien, die eben in Kontrast gestellt wurden, und die revolutionären Veränderungen haben zu viele Menschen berührt. Aber glücklicherweise brauchen wir uns nicht bloß auf solche zu beschränken: die Theorie von Ampère über den elektrischen Stromkreis war revolutionär (mindestens unter den französischen Fachleuten der Elektrizität), weil sie den elektrischen Strom und die elektrostatischen Effekte, die bis dahin eine einzige begriffliche Einheit gebil-det hatten, voneinander trennte. Ohms Gesetz war wieder revolutionär, und man leistete ihm dementsprechend auch Widerstand, weil es das Wiedervereinigen solcher Begriffe verlangte, die man früher getrennt auf Strom und auf Ladung anzuwenden gewohnt war.[38]) Dagegen war das Joule-Lenz-Gesetz, das das Aufwärmen des Drahtes auf den Widerstand und auf den Strom zurückführte, eine Errungenschaft der Normalwissenschaft; denn sowohl die qualita-tiven Effekte wie auch die Begriffe, die zur Quantifizierung nötig waren, lagen ja auf der Hand. Revolutionär war dagegen auf einer nicht so offenbar theoretischen Stufe die Entdek-kung des Sauerstoffs (Oxygen) durch Lavoisier (aber vielleicht nicht dieselbe durch Scheele und gewiß nicht dieselbe durch Priestley); denn im Falle von Lavoisier war diese Entdeckung untrennbar von einer neuen Theorie des Brennens und der Säuren. Aber gar nichts Revolutio-näres war an der Entdeckung des Neons; denn sowohl der Begriff des inerten Gases als auch die entsprechende vertikale Spalte in der periodischen Tabelle waren durch das Helium schon festgelegt.

Man könnte sich jedoch fragen, wie weit und wie allgemein sich dieser Prozeß der Unterscheidung treiben läßt. Man hat mich schon mehrmals gefragt, ob diese oder jene kon-krete Entwicklung als 'normal' oder als 'revolutionär' gelten soll; und gewöhnlich mußte ich gestehen, daß ich es nicht weiß. Es kommt ja auch überhaupt nicht darauf an, ob ich oder ir-gend jemand in jedem denkbaren Fall eine solche Frage beantworten kann; es wäre viel wich-tiger zu wissen, ob eine solche Unterscheidung auf eine viel größere Anzahl von Fällen als die bisher untersuchten anwendbar ist. Schwer wird die Antwort auf eine solche Frage teilweise auch deswegen, weil die Unterscheidung zwischen normalen und revolutionären Episoden eine sehr eingehende historische Untersuchung voraussetzt und bisher nur wenige Teile der Wissenschaftsgeschichte in dem Maße erforscht worden sind. Man müßte nicht bloß den Na-men der Veränderung kennen, sondern auch die Natur und die Struktur der Gruppen-Ver-pflichtungen vor und nach dem Ereignis. Um diese bestimmen zu können, müßte man häufig auch wissen, wie die fragliche Veränderung, als sie das erste Mal vorgeschlagen wurde, über-

---

[38]) Über diese Themen siehe Brown [1969] und Schagrin [1963].

haupt aufgenommen wurde. (Ich bin mir dessen bewußt, daß gerade auf diesem Gebiete noch weitere historische Forschungen unerläßlich wären; aber ich bin mit jenen Schlüssen doch nicht einverstanden, die Pearce Williams daraus zieht, und ich glaube auch nicht, daß die Ergebnisse derartiger Untersuchungen Sir Karl und mich einander näherbrächten.) Aber meine Schwierigkeit hat auch einen tieferen Aspekt. Wohl hängt manches von der weiteren Forschung ab, aber die nötigen Untersuchungen sind nicht einfach von jener Art, die oben angedeutet wurde. Ferner verdunkelt auch die Struktur des Gedankenganges in meinem Werk *Scientific Revolutions* die Natur dessen, was fehlt. Würde ich das Buch wieder schreiben, so müßte ich es weitgehend anders aufbauen.

Will man die Frage: 'normal oder revolutionär' beantworten, so darf man nicht vergessen, daß der Hauptpunkt des Problems darin besteht: 'für wen?' Manchmal ist die Antwort leicht: die kopernikanische Astronomie war für einen jeden revolutionär; die Entdeckung des Sauerstoffs war eine Revolution für die Chemiker, aber kaum für mathematische Astronomen, ausgenommen jemand wie Laplace, der auch an chemischen und thermischen Problemen interessiert war. Im allgemeinen war für die Astronomen der Sauerstoff bloß ein neues Gas; seine Entdeckung bedeutete für ihren Wissensstand bloß einen Zuwachs; aber nichts von dem, was für sie als Astronomen als wesentlich galt, mußte infolge der Entdeckung des Sauerstoffes verändert werden. Aber gewöhnlich ist es doch nicht möglich, jene Gruppen, die gemeinsame kognitive Verpflichtungen haben [share cognitive commitments], einfach dadurch zu identifizieren, daß man ihren wissenschaftlichen Gegenstand benennt, also: Astronomie, Chemie, Mathematik oder ähnliches. Und doch habe ich eben dies getan, sowohl hier wie auch in meinem früheren Buch. Manche Probleme der Wissenschaft, wie z.B. das Studium der Wärme, gehörten zu verschiedenen Zeiten in den Bereich verschiedener wissenschaftlicher Gemeinschaften; ja manchmal bildeten dieselben Probleme den gemeinsamen Gegenstand mehrerer Gemeinschaften; aber sie wurden für keine von diesen zu einer Spezialität. Außerdem: Wohl fassen die Wissenschaftler ihre Verpflichtungen viel einheitlicher auf als etwa die Fachleute der Philosophie oder der Künste; aber es gibt in der Wissenschaft doch Schulen, d.h. also Gemeinschaften, die manchmal denselben Gegenstand von sehr verschiedenen Seiten her anpacken. Die französischen Fachleute der Elektrizität bildeten in den ersten Jahrzehnten des 19. Jahrhunderts eine Schule, der kaum jemand von den britischen Fachleuten desselben Gebietes und derselben Periode angehören konnte, usw. Darum würde ich also mein Buch – wenn ich es wieder schreiben würde – mit der Erörterung der Gemeinschaftsstruktur der Wissenschaft [community structure of science] beginnen, und ich würde mich nicht darauf verlassen, daß der gemeinsame wissenschaftliche Gegenstand als kennzeichnendes Merkmal schon in sich genügt. Die Gemeinschaftsstruktur ist ein Thema, worüber zur Zeit noch sehr wenig bekannt ist; aber in der letzten Zeit haben die Soziologen immer mehr Interesse dafür und ebenso auch die Historiker.[39]

Die Forschungsprobleme, die dadurch berührt werden, sind keineswegs gewöhnlich. Die Historiker der Wissenschaft, die sich mit diesen Problemen beschäftigen, dürfen sich nicht ausschließlich auf die Techniken des Geistesgeschichtlers verlassen; sie müssen auch die Techniken des Kulturhistorikers und des Sozialhistorikers benützen. Obwohl dieses Werk noch kaum begonnen wurde, kann man mit guten Gründen erwarten, daß es erfolgreich wird,

---

[39] Man findet eine etwas ausführlichere Besprechung dieser Neuorganisation zusammen mit einer provisorischen Bibliographie in meiner [1972].

besonders in bezug auf die entwickelten Wissenschaften, die sich von ihren historischen Wurzeln in den philosophischen und medizinischen Gemeinschaften schon getrennt haben. Man würde auf diese Weise eine Liste der verschiedenen Spezialistengruppen bekommen, durch welche die Wissenschaft in den verschiedenen Perioden gefördert wurde. Die analytische Einheit bestünde aus Leuten, die irgendeine spezielle Forschung betreiben: Es gibt gemeinsame Elemente in ihrer Erziehung und Bildung; ein jeder von ihnen weiß von der Arbeit des anderen; bezeichnend ist für sie die relative Vollständigkeit der professionellen Kommunikation und die relative Einstimmigkeit des professionellen Urteils. In den reifen Wissenschaften betrachten sich gewöhnlich die Mitglieder solcher Gemeinschaften (und diese Ansicht wird von Außenstehenden geteilt) als ausschließlich verantwortlich für ihr Forschungsgebiet und für eine Reihe von Zielen einschließlich der Erziehung des Nachwuchses. Diese Forschung würde natürlich auch die Existenz von rivalisierenden Schulen erschließen. Die typischen Gemeinschaften mögen, zumindest auf der zeitgenössischen Bühne, etwa aus hundert Mitgliedern bestehen, manchmal auch aus bedeutend wenigeren. Die einzelnen Wissenschaftler, besonders die tüchtigsten, mögen auch mehreren solcher Gruppen angehören, entweder zur gleichen Zeit oder nacheinander; im letzteren Fall würden sie, wenn sie von der einen Gruppe zur anderen überwechseln, ihre Denkweise [their thinking caps] verändern oder mindestens anpassen.

Ich behaupte nun, daß derartige Gruppen als jene Einheiten angesehen werden sollen, die die wissenschaftliche Erkenntnis hervorbringen. Solche Einheiten können natürlich nur deswegen funktionieren, weil ihre Mitglieder Individuen sind; aber selbst der Gedanke, daß die wissenschaftliche Erkenntnis ein privates Produkt sein könnte, stellt dieselben inneren Probleme wie der Begriff einer privaten Sprache; eine Parallele, auf die ich noch zurückkommen werde. Weder die Erkenntnis noch die Sprache bleiben dieselbe, wenn man sie als Dinge auffaßt, die ein Individuum allein besitzen und entwickeln kann. Die Frage: 'normal oder revolutionär' soll also angesichts derartiger Gruppen gestellt werden. Viele Episoden werden dann für keine Gemeinschaften revolutionär sein; viele andere werden nur für eine kleine Gruppe als revolutionär erscheinen; wieder andere für manche Gemeinschaften und einige wenige für die ganze Wissenschaft. Stellt man die Frage auf diese Weise, so werden die Antworten – wie ich glaube – genau so präzis, wie meine Distinktion sie verlangt. Einen Grund für diese meine Auffassung werde ich sogleich illustrieren, indem ich diese Stellungnahme auf einige konkrete Fälle anwende, die meine Kritiker benützen, um die Existenz und Rolle der Normalwissenschaft zu bezweifeln. Zunächst muß ich jedoch auf einen solchen Aspekt meines gegenwärtigen Standpunktes hinweisen, der einen viel größeren Unterschied zwischen meiner Betrachtungsart und derjenigen von Sir Karl bildet als die Normalwissenschaft.

Das bisher skizzierte Programm macht die soziologische Basis meines Standpunktes noch klarer, als sie früher war. Aber es ist vielleicht noch wichtiger, daß es beleuchtet – was früher gar nicht klar war –, wie sehr ich die wissenschaftliche Erkenntnis als das innere Produkt verschiedener Spezialisten-Gemeinschaften ansehe. Sir Karl sieht „eine große Gefahr in der... Spezialisierung", und der Zusammenhang, in dem er diese Bewertung entfaltet, legt den Gedanken nahe, daß die Gefahr, die er vermutet, dieselbe sein mag, die er auch in der Normalwissenschaft erblickt.[40] Aber was die Spezialisierung betrifft, hat er die Schlacht of-

---

[40] Vgl. dieser Band, S. 53.

fenbar schon verloren. Nicht als ob man nicht gute Gründe hätte, sich der Spezialisierung zu widersetzen, und nicht als ob man damit gar nichts erreichen könnte; aber man würde mit dieser Bestrebung notwendig auch *gegen* die Wissenschaft arbeiten. Wenn Sir Karl am Anfang seiner Arbeit die Wissenschaft mit der Philosophie und am Ende derselben die Physik zu der Soziologie, Psychologie und Geschichte in Kontrast stellt, so stellt er eine esoterische, isolierte und weitgehend auf sich selbst angewiesene Disziplin zu je einer solchen in Gegensatz, die noch kommunikationsfähig ist und sich noch an eine größere Zuhörerschaft als bloß die eigenen Fachleute richtet. (Wissenschaft ist die einzige Tätigkeit, bei der diejenigen, die sie praktizieren, sich nicht nur in Gemeinschaften einteilen lassen, sondern bei der jede Gemeinschaft auch ihre exklusive eigene Zuhörerschaft und Richterin ist.[41]) Der Kontrast ist überhaupt nicht neu, und er ist auch nicht nur für Big Science und nicht bloß für die Gegenwart charakteristisch. Mathematik und Astronomie waren esoterische Gebiete schon in der Antike; Mechanik wurde zu einem solchen nach Galileo und Newton; die Elektrizität nach Coulomb und Poisson und schließlich die Ökonomie in unseren Tagen. Meistens war der Übergang des Fachwissens in den Besitz einer geschlossenen Spezialistengruppe damit verbunden, daß die betreffenden Kenntnisse zu einer reifen Wissenschaft wurden und daß auch die rätsellösende Tätigkeit ihren Anfang nahm. Es handelt sich wohl nicht um ein entbehrliches Merkmal. Vielleicht könnte die Wissenschaft – wie Sir Karl verlangt – wieder zu einem Gebiet wie die Philosophie werden; aber ich fürchte, er würde diese Wissenschaft dann weniger bewundern.

Um diesen Teil der Diskussion zu beenden, wende ich mich jetzt einigen konkreten Fällen zu, an Hand derer meine Kritiker ihre Schwierigkeiten schildern, in der Geschichte die Normalwissenschaft und ihre Funktionen zu entdecken. Ich nehme als erstes ein Problem von Sir Karl und J. Watkins. Beide haben darauf hingewiesen, daß niemals „während der langen Geschichte der Theorie der *Materie*" ein Konsens in bezug auf die grundlegenden Fragen aufgetaucht ist. „Auf diesem Gebiet habe die Debatte seit den Vorsokratikern bis zum heutigen Tage nie aufgehört, wobei diskontinuierliche Materiebegriffe (die zu verschiedenen Atomtheorien geführt haben) und kontinuierliche Materiebegriffe (die zu verschiedenen Äther- und Feldtheorien geführt haben) sich immer gegenüberstanden."[42]) Ähnlich hat Feyerabend darauf hingewiesen, daß in der zweiten Hälfte des 19. Jahrhunderts die Probleme der Physik von verschiedenen mechanischen, phänomenologischen und feldtheoretischen Gesichtspunkten her angepackt wurden.[43]) Mit allen diesen Beschreibungen bin ich einverstanden. Aber abgesehen von den letzten dreißig Jahren kann man auf Grund des Ausdruckes 'Theorien der Materie' nicht einmal soviel feststellen, ob es sich in den einzelnen konkreten Fällen um eine wirklich wissenschaftliche oder bloß um philosophische Fragestellungen handelt; noch weniger kann davon die Rede sein, daß dieser Terminus für eine kleine Gruppe von Experten [von wirklichen Wissenschaftlern] charakteristisch wäre.

Ich behaupte natürlich nicht, daß Wissenschaftler ihren Untersuchungen keine Theorien der Materie zugrunde legten; auch nicht, daß solche Theorien gar keinen Einfluß auf ihre Arbeit gehabt hätten oder daß ihre Forschungsergebnisse derartige Theorien anderer Wissenschaftler nicht beeinflussen würden. Aber die Theorien der Materie waren für die Wis-

---

[41]) Siehe meine [1969].
[42]) Dieser Band, S. 34 ff. und 54. Watkins verweist in diesem Zusammenhang auch auf Dudley Shapere [1964]. Diesen anderen Fall behandle ich unmittelbar unten.
[43]) Dieser Band, S. 201.

senschaftler – bis zu unserem Jahrhundert – eher nur Mittel und nicht Gegenstand der Forschung. Daß die Vertreter der verschiedenen Fachgebiete verschiedene Mittel [Werkzeuge] wählten und daß die rivalisierenden Richtungen manchmal diese Wahl gegenseitig kritisierten, bedeutet nicht, daß sie keine Normalwissenschaft praktiziert hätten. Die oft gehörte Verallgemeinerung, daß vor dem Entstehen der Wellenmechanik die Physiker und die Chemiker charakteristische und miteinander unvereinbare Theorien der Materie entfaltet hätten, ist allzu simplifizierend (teilweise auch deswegen, weil es auch heute noch mit demselben Recht von verschiedenen Spezialgebieten der Chemie gesagt werden kann). Aber gerade die Möglichkeit einer solchen Verallgemeinerung verrät auch den Weg, auf dem die durch Watkins und Sir Karl gestellte Frage beantwortet werden kann. Es ist nicht unbedingt nötig, daß die Mitglieder einer gegebenen wissenschaftlichen Gemeinschaft oder einer Schule dieselbe Theorie der Materie vertreten. Ein gutes Beispiel dafür ist die Chemie in der ersten Hälfte des 19. Jahrhunderts. Obwohl viele ihrer grundlegenden Werkzeuge – konstante Proportion, vielfache Proportion, Kombinationen der Gewichte usw. – durch Daltons atomische Theorie entwickelt und zu einem gemeinsamen Besitz wurden, konnten dieselben Leute, die dies alles akzeptierten, doch sehr verschiedener Ansicht über die Natur, ja selbst die Existenz der Atome sein. Ihre Disziplin oder mindestens große Teile dieser Disziplin verlangten überhaupt kein gemeinsames Modell der Materie.

Selbst in den Fällen, in denen meine Kritiker die Existenz der Normalwissenschaft zugeben, haben sie gewöhnlich eine Schwierigkeit bei der Entdeckung der Krisen und ihrer Rolle. Watkins stellt uns dafür ein Beispiel zur Verfügung, und die Lösung dieses Beispiels folgt sogleich aus jener Art von Analyse, die oben angedeutet wurde. Watkins' erinnert uns daran, daß Keplers Gesetze und Newtons Planetentheorie unvereinbar waren, aber die Astronomen mit diesen Gesetzen vor Newton doch nicht unzufrieden waren. Der revolutionären Behandlung der Planetenbewegungen durch Newton ging also, wie Watkins daraus schließt, keine astronomische Krise voraus. Aber warum hätte es so gewesen sein sollen? Erstens muß der Übergang von den Keplerschen Bahnen zu den Newtonschen *für die Astronomen* nicht unbedingt eine Revolution gewesen sein. (Es fehlt mir die Evidenz, um hier sicher zu sein.) Die meisten Astronomen folgten Kepler und erklärten die Form der Planetenbahnen einfach in mechanischen und nicht in geometrischen Termini. (Sie bedienten sich also in der Erklärung nicht der 'geometrischen Volkommenheit' der Ellipse und auch nicht anderer Merkmale, die die Bahnen infolge der Newtonschen Perturbationen nicht haben konnten.) Obwohl der Übergang vom Kreis zur Ellipse für sie den Teil einer Revolution bildete, genügte ein kleineres Zurechtlegen des Mechanismus in Newtons Fall, um von der Elliptizität auszugehen. Wichtiger noch, das Zurechtlegen der Keplerschen Bahnen durch Newton war ein Beiwerk seiner Arbeiten auf dem Gebiet der Mechanik. Aber auf die Mechanik verwies die Gemeinschaft der Astronomen nur nebenbei, im Vorwort; in ihrem Werk selbst spielte die Mechanik nur eine globale Rolle. Und in der Mechanik, in der Newton die Revolution eingeführt hatte, war die Krise, seitdem man den Kopernikanismus akzeptiert hatte, weit und breit anerkannt. Watkins' Gegenbeispiel ist also nur Wasser auf meine Mühle.

Zum Schluß wende ich mich einer erweiterten Fallstudie Lakatos' zu, nämlich seiner Schilderung von Bohrs Forschungsprogramm; denn diese illustriert, was mich am meisten an seinem oft wunderbaren Beitrag überrascht, und sie zeigt auch, wie tief selbst der übriggebliebene Popperianismus sein kann. Wohl bedient er sich einer anderen Terminologie; aber sein analytischer Apparat kommt dem meinigen so nahe wie nur möglich: 'harter Kern',

Arbeit im 'Schutzgürtel' und 'degenerative Phase' sind enge Parallelen zu meinen Begriffen 'Paradigmen', 'Normalwissenschaft' und 'Krise'. Aber Lakatos sieht in einem wichtigen Zusammenhang doch nicht, wie diese gemeinsamen Begriffe auch dann funktionieren, wenn man sie auf etwas anwendet, was ich einen idealen Fall nennen würde. Ich möchte nun einiges davon illustrieren, was er hätte sehen und auch sagen können. Meine Variante wird – ebenso wie die seinige oder wie auch jeder historischer Bericht – eine rationale Rekonstruktion. Aber ich werde meine Leser doch nicht bitten, das von mir Gesagte statt „cum grano salis… eher cum mole salis" zu nehmen, und ich werde auch nicht Anmerkungen beifügen, die darauf hinweisen, daß das von mir im Text Gesagte falsch ist. [44])

Nehmen wir Lakatos' Bericht über den Ursprung des Bohr-Atoms. Er schreibt: „Das Hintergrundproblem war das Rätsel der Stabilität von Rutherfords Atomen… nach der wohlbewährten Theorie des Elektromagnetismus von Maxwell-Lorentz sollten diese Systeme in sich zusammenfallen." [45]) Das ist ein echt Popersches Problem (nicht ein Kuhnsches Rätsel), das daraus entstand, daß zwei in steigendem Maße wohlbegründete Teile der Physik miteinander in Konflikt gerieten. Außerdem hätte es für einige Zeit auch ein erreichbarer potentieller Kristallisierungspunkt der Kritik sein können. Dieses Problem entstand ja nicht mit Rutherfords Modell im Jahre 1911; die Strahlungsinstabilität [radiative instability] war ja ebenso eine Schwierigkeit auch für die älteren Atom-Modelle, darunter sowohl für dasjenige von Thomson wie auch für dasjenige von Nagaoka. Weiterhin ist das ein Problem, das Bohr (in gewissem Sinne) schon in seiner berühmten dreiteiligen Arbeit aus dem Jahre 1913 gelöst hatte, wodurch er eine Revolution heraufbeschworen hatte. Kein Wunder, daß es Lakatos sehr gut in seine Theorie passen würde, wenn eben dies das „Hintergrundproblem" für jenes Forschungsprogramm gebildet hätte, das die Revolution herbeiführte; aber das war überhaupt nicht der Fall. [46])

Den Ausgangspunkt bildete statt dessen ein ganz gewöhnliches Rätsel. Bohr hatte es sich zur Aufgabe gestellt, bessere physikalische Approximationen zu finden als diejenigen in einer Arbeit von C. G. Darwin über den Energieverlust der geladenen Partikel beim Durchgang durch Materie. Im Laufe dieser Arbeit machte er dann die für ihn überraschende Entdeckung, daß Rutherfords Atom sich im Gegensatz zu den übrigen geläufigen Modellen als mechanisch unstabil erwies und daß ein Planckscher Ad-hoc-Kunstgriff zur Stabilisierung

---

[44]) Dieser Band, S. 135, 137 und 142 und auch sonst. Man könnte wohl mit Recht fragen, welche beweisende Kraft die Beispiele besitzen, die nach einer solchen Qualifikation schreien. (Und ist überhaupt Qualifikation hier das richtige Wort?) Aber ich werde in einem anderen Zusammenhang doch sehr dankbar sein für diese 'Fallstudien' von Lakatos. Klarer und expliziter als irgendwelche anderen mir bekannten Beispiele illustrieren sie die Unterschiede, wie der Philosoph und wie der Historiker Geschichte betreibt. Das Problem besteht nicht darin, daß die Philosophen leicht Irrtümer begehen – Lakatos kennt die Tatsachen besser als viele Historiker, die über dieselben Themen geschrieben haben, und oft begehen auch Historiker sehr schlimme Fehler. Aber ein Historiker würde in seinem Tatsachenbericht *keine Geschichte erzählen*, von der er *weiß*, daß sie falsch ist. Und wenn er es schon getan hat, dann würde er nicht auch noch in einer Fußnote darauf aufmerksam machen. Sowohl Historiker als auch Philosophen können gewissenhaft sein, aber sie unterscheiden sich voneinander in jenem Gesichtspunkt, auf den sie erpicht sind. Ich habe manche derartigen Unterschiede in meinem bisher nicht veröffentlichten Isenberg-Vortrag behandelt: „Die Beziehungen zwischen Geschichte und Wissenschaftstheorie" (gehalten im März 1968).
[45]) Dieser Band, S. 137.
[46]) Zum folgenden siehe Heilbron und Kuhn [1969].

eine vielversprechende Erklärung für die Periodizitäten in Medelejews Tabelle ergab – also etwas ganz anderes, als was er gesucht hatte. Sein eigenes Modell war an diesem Punkt noch nicht so aufregend, und Bohr selber wollte es auch noch nicht auf atomare Spektra anwenden. Diese Schritte kamen erst, als er versuchte, sein eigenes Modell mit jenem anderen in Einklang zu bringen, das J. W. Nicholson entwickelt hatte und das mit diesem unvereinbar zu sein schien, und dann im Laufe dieser Arbeit der Balmer-Formel begegnete. Darum waren also Bohrs größte Errungenschaften im Jahre 1913 – wie auch manche andere Forschungen, die zu Revolutionen führten – Ergebnisse eines Forschungsprogrammes, das ursprünglich ganz andere Ziele anstrebte als diejenigen, die erreicht wurden. Obwohl er das Rutherford-Modell mit Quantisierung nicht hätte stabilisieren können, wenn er von jener Krisis nichts gewußt hätte, die Plancks Werk in die Physik eingeführt hatte, illustriert seine eigene Arbeit mit besonderer Klarheit die oft revolutionäre Wirkung jener normalen Forschung, die bloß mit Rätseln arbeitet.

Am Ende wollen wir noch den abschließenden Teil der Lakatos'schen Fallstudie, nämlich die degenerative Phase der alten Quantentheorie, ins Auge fassen. Zum größten Teil erzählt er die Geschichte richtig, und ich werde einfach nur darauf hinweisen. Die Physiker erkannten seit 1900 mehr und mehr, daß das Quantum von Planck eine grundlegende Inkonsistenz in die Physik eingeführt hatte. Zunächst versuchten viele Physiker, diese Inkonsistenz zu eliminieren; aber nach 1911, besonders nachdem Bohrs Atommodell aufgestellt wurde, gab man diese kritischen Bestrebungen immer mehr auf. Einstein war der einzige beachtenswerte Physiker, der ein Jahrzehnt hindurch die Anstrengungen nicht aufgab, nach einer konsistenten Physik zu suchen. Die anderen lernten, mit der Inkonsistenz zu leben, und sie versuchten statt dessen, technische Rätsel mit jenen Mitteln zu lösen, die ihnen zur Verfügung standen. Ihre Errungenschaften waren besonders auf den Gebieten der Atom-Spektra, der Atom-Struktur und der spezifischen Wärme beispiellos. Obwohl man die Inkonsistenz der physikalischen Theorie weit und breit zugab, konnten die Physiker diese Theorie dennoch ausnützen, und sie machten dabei grundlegende Entdeckungen in einem außergewöhnlichen Maße zwischen 1913 und 1921. Doch plötzlich sah man von 1922 an, daß die Erfolge selber drei dauerhafte Probleme isoliert hatten: das Heliummodell, den anomalen Zeeman-Effekt und die optische Dispersion; Probleme, die sich nach Ansicht der Physiker mit keiner der bis dahin vorhandenen Techniken lösen ließen. Demzufolge veränderten viele Physiker ihren Forschungsstandpunkt; sie versuchten mehrere und kühnere Varianten der alten Quantentheorie, sie entwarfen Modelle, und sie stellten sie auf die Probe an den drei erkannten schwachen Stellen.

Diese letzte Phase nach 1922 bezeichnet Lakatos als degeneratives Stadium von Bohrs Programm. Für mich ist es eine Beispielsammlung der Krise, die klar dokumentiert wird in Publikationen, in Briefen und in Anekdoten. Wir sehen diese Periode beinahe auf dieselbe Weise. Darum hätte Lakatos auch den übrigen Teil der Geschichte erzählen können. Für diejenigen, die diese Krise erlebt hatten, erwiesen sich von den drei Problemen – durch welche die Krise hervorgerufen wurde – zwei als in hohem Maße informativ: die Dispersion und der anomale Zeeman-Effekt. In einer Reihe von aufeinanderfolgenden Schritten, die allzu kompliziert ist, um sie hier zu skizzieren, führte die Untersuchung dieser Probleme in Kopenhagen zunächst zur Aufstellung eines Atom-Modells, in dem die sog. virtuellen Oszillatoren sich mit diskreten Quantenzuständen verbinden; dann zu einer Formel für quantentheoretische Dispersion; und schließlich zur Matrizenmechanik, die die Krise, kaum drei Jahre nach ihrem Beginn, beendete. Für diese erste Formulierung der Quantenmechanik bot die degenerative

Phase der alten Quantentheorie Gelegenheit und stellte in den Einzelheiten viele technische Hilfe zur Verfügung. Soviel ich weiß, bietet die Wissenschaftsgeschichte kein anderes so klares, eingehendes und zwingendes Beispiel für die schöpferischen Funktionen der Normalwissenschaft und der Krise wie das eben zusammengefaßte.

Lakatos läßt dagegen dieses Kapitel völlig außer acht und springt statt dessen zur Wellenmechanik, dieser zweiten und völlig unterschiedlichen Formulierung einer neuen Quantentheorie. Zuerst schildert er die degenerative Phase der alten Quantentheorie als voll von „immer sterileren Inkonsistenzen und ... immer leereren Ad-hoc-Hypothesen" (die Ausdrücke 'ad hoc' und 'Inkonsistenzen' sind am Platze; doch das Wort 'steril' ist völlig verfehlt; diese Hypothesen führten ja nicht nur zur Matrizenmechanik, sondern auch zur Entdeckung des Elektron-Spins). Dann holt er die Neuerung, die die Krise aufgelöst hatte, wie ein Zauberer den Hasen aus dem Hut hervor: „Bald erschien ein rivalisierendes Forschungsprogramm: die Wellenmechanik..., (die) das Programm von Bohr bald eingeholt, besiegt und ersetzt (hatte). Die Arbeit von de Broglie erschien, als Bohrs Programm degenerierte. *Aber dies war bloße Koinzidenz.* Man fragt sich, was geschehen wäre, wenn de Broglie seine Arbeit schon 1914 und nicht erst im Jahre 1924 geschrieben und veröffentlicht hätte."[47])

Die Antwort auf die letzte rhetorische Frage heißt: überhaupt nichts. Sowohl de Broglies Arbeit als auch der Weg von dieser zu Schrödingers Wellengleichung sind in Einzelheiten von solchen Entwicklungen abhängig, die erst nach 1914 erfolgten; unter den angedeuteten 'Entwicklungen' verstehe ich sowohl Einsteins und Schrödingers einschlägige Arbeiten, als auch die Entdeckung des Compton-Effektes 1922.[48]) Aber gesetzt, man könne dies alles nicht dokumentieren: Übertreibt man nicht den Begriff des 'zufälligen Zusammentreffens', wenn man mit diesem Ausdruck das simultane Auftauchen zweier voneinander unabhängiger und schon auf den ersten Anblick unterschiedlicher Theorien erklären will, die beide geeignet sind, jene Krise zu lösen, die überhaupt nur drei Jahre lang sichtbar war?

Doch ich möchte sehr gewissenhaft sein. Obwohl Lakatos überhaupt nicht die wesentlichen, schöpferischen Funktionen der alten Quantentheorie sieht, ist er nicht völlig im Unrecht, wenn er glaubt, daß dies etwas mit der Entdeckung der Wellenmechanik zu tun hat. Aber die Wellengleichung war nicht eine Antwort auf die Krise, die 1922 einsetzte, sondern auf jene andere, die schon 1900 mit Plancks Arbeit begann und der die meisten Physiker nach 1911 den Rücken kehrten. Hätte Einstein es nicht so hartnäckig abgelehnt, seine tiefe Unzufriedenheit mit den grundlegenden Inkonsistenzen der alten Quantentheorie abzulegen (und wenn es ihm nicht gelungen wäre, diese Unzufriedenheit mit konkreten technischen Rätseln der elektromagnetischen Schwankungserscheinungen zu verbinden – etwas, wozu er kein Äquivalent mehr nach 1925 fand), dann wäre die Wellengleichung nicht aufgetaucht – zu jener Zeit und in der Form, wie es tatsächlich erfolgt war. Der Weg der Forschung, der zur Wellengleichung führt, ist nicht derselbe wie der Weg zur Matrizenmechanik.

Aber diese beiden sind nicht unabhängig voneinander, und auch die Gleichzeitigkeit ihres Aufhörens ist kein zufälliges Zusammentreffen. Unter den mehreren Forschungsepisoden, die sie miteinander verbinden, ist z. B. Comptons überzeugender Nachweis aus dem Jahre 1922, daß das Licht Partikel-Eigenschaften hat, das Beiwerk einer hochklassigen Normalforschung über Röntgen-Strahlen-Verbreitung. Bevor die Physiker den Gedanken der

---

[47]) Dieser Band, S. 149; von mir unterstrichen.
[48]) Siehe Klein [1964] und Raman and Forman [1969].

Stoffwellen in Betracht ziehen konnten, mußten sie erst den Gedanken des Photons ernst nehmen; und dies hatten wenige von ihnen vor 1922 getan. De Broglies Werk begann als eine Photon-Theorie, die darauf abzielte, das Strahlungsgesetz von Planck mit der Partikelstruktur des Lichts in Einklang zu bringen; die Materiewellen kamen unterwegs herein. Für de Broglie selber war Comptons Entdeckung nicht nötig, um das Photon ernst nehmen zu können, aber seine französische und ausländische Zuhörerschaft brauchte dies. Obwohl die Wellenmechanik in keinem Sinne aus dem Compton-Effekt folgt, gibt es historische Verbindungen zwischen den beiden. Auf dem Wege zur Matrizenmechanik ist die Rolle des Compton-Effekts noch klarer. Das Modell des virtuellen Oszillators wurde in Kopenhagen zuerst dazu benutzt, um zu zeigen, wie dieser Effekt erklärt werden konnte, *ohne* Einsteins Photon zu berücksichtigen; es ist wohlbekannt, wie sich Bohr gegen dieses Konzept sträubte. Dasselbe Modell wurde das nächste Mal auf die Dispersion angewendet, und die Fäden zur Matrizenmechanik wurden gefunden. Darum ist der Compton-Effekt eine Brücke über die Kluft, die Lakatos unter dem Terminus 'Zusammentreffen' verhüllt.

Da ich anderswo schon viele andere Beispiele für die bedeutende Rolle der Normalwissenschaft und der Krisis aufgezählt habe, werde ich hier nicht noch weitere suchen. Auf allen Fälle könnte ich, da die dazu notwendigen Forschungen fehlen, keineswegs genug von ihnen besorgen. Werden die vorhandenen Forschungslücken gefüllt, so ist es noch nicht sicher, ob das Ergebnis mich rechtfertigen wird; aber was bisher geleistet wurde, das unterstützt meine Kritiker nicht. Sie müssen nach weiteren Gegenbeispielen suchen.

5.   Irrationalität und Theoriewahl

Ich fasse nun eine letzte Reihe von Punkten ins Auge, die meine Kritiker vorgebracht haben. Diesmal handelt es sich um solche Einwände, die auch andere Philosophen erhoben haben. Der Grund dafür liegt hauptsächlich darin, wie ich jene Prozeduren geschildert habe, die für die Wissenschaftler die Wahl zwischen konkurrierenden Theorien ermöglichen; und diese Einwände drängen sich zusammen in solche Ausdrücke wie 'Irrationalität', 'Mobherrschaft' und 'Relativismus'. In diesem Abschnitt versuche ich, jene Mißverständnisse zu beseitigen, für die teilweise zweifellos auch meine eigene Rhetorik verantwortlich ist. Im nächsten und letzten Abschnitt der vorliegenden Arbeit werde ich dann auch solche tieferen Probleme berühren, die die Frage der Theoriewahl aufwirft. Bei diesem Punkt werden die Ausdrücke 'Paradigma' und 'Inkommensurabilität', die ich bisher so gut wie vollkommen vermeiden konnte, notwendigerweise wieder in die Diskussion eintreten.

Ich schildere in meinem Werk *Scientific Revolutions* die Normalwissenschaft einmal als einen „emsigen und ergebenen Versuch, die Natur in jene begrifflichen Schachteln hineinzuzwingen, die von der fachwissenschaftlichen Erziehung zur Verfügung gestellt werden."[49] Später, bei einer Erörterung jener Probleme, die mit der Wahl zwischen konkurrierenden Schachteln, Theorien oder Paradigmen zusammenhängen, habe ich über diese noch folgendes geschrieben:[50]

[49] Vgl. meine [1962], S. 5.
[50] Ebd., S. 151.

„[Es handelt sich] um Techniken der Überredung oder um Argumente oder Gegenargumente in einer Situation, in der... es nicht auf den Beweis oder auf den Irrtum ankommt. Die Übertragung der Treue, die man früher einem Paradigma gegenüber erwiesen hatte, auf ein anderes Paradigma ist ein Erlebnis der Bekehrung, das nicht erzwungen werden kann. Lebenslänglicher Widerstand... ist nicht das Verletzen der wissenschaftlichen Maßstäbe, sondern ein Index der Natur der wissenschaftlichen Forschung selbst... Obwohl der Historiker immer Männern begegnen kann, die – wie z. B. Priestley – Unrecht hatten, solange Widerstand zu leisten, wird er nie einen Punkt finden, bei dem der Widerstand unlogisch oder unwissenschaftlich wird. Der Historiker wird höchstens sagen wollen: derjenige, der auch dann noch Widerstand leistet, wenn schon sein ganzes Fach bekehrt wurde, hat damit *ipso facto* aufgehört, Wissenschaftler zu sein."

Kein Wunder (obwohl es mich selbst sehr überrascht hat), daß derartige Partien meines Buches in gewissen Kreisen in dem Sinne ausgelegt wurden, als ob in den entwickelten Wissenschaften Macht Recht setzte. Man unterschob mir, ich hätte behauptet, die Mitglieder einer wissenschaftlichen Gemeinschaft könnten je nach Belieben alles glauben; sie sollten nur entscheiden, worüber sie einig sein wollten, und könnten dann diese Entscheidung sowohl ihren Kollegen als auch der Natur aufzwingen. Die Faktoren, die diese Entscheidung bedingen, wären im Grunde irrational, abhängig vom Zufall und vom persönlichen Geschmack. Logik, Beobachtung oder gute Gründe hätten mit der Theoriewahl nichts zu tun. Was auch die wissenschaftliche Wahrheit sei, sie sei durch und durch relativistisch.

Das sind lauter schädliche Mißverständnisse, ganz abgesehen von meiner Verantwortlichkeit für sie. Obwohl selbst nach der Beseitigung dieser Mißverständnisse immer noch eine tiefe Kluft mich von meinen Kritikern trennen wird, so ist dies dennoch die Vorbedingung dafür, daß wir unsere Meinungsverschiedenheit überhaupt verstehen. Bevor ich jedoch diese Mißverständnisse, eins nach dem anderen, behandle, dürfte eine Bemerkung von allgemeiner Art wohl hilfreich sein. Derartige Mißverständnisse wie die skizzierten kommen nur bei Philosophen vor, d. h. also nur in einer Gruppe, deren Mitglieder ähnliche Gedanken wie die meinigen im obigen Zitat schon kennen. Die Philosophen nämlich – im Gegensatz zu den Lesern, die mit derartigen Gedanken nicht vertraut sind – vermuten manchmal, daß ich mehr beabsichtigte, als was ich in Wirklichkeit will. Nun, was ich in der Tat sagen wollte, ist nur folgendes.

In einer Debatte über eine Theoriewahl hat keine Partei Zugang zu einem Argument, das wie ein Beweis in der Logik oder in der formalen Mathematik aussehen könnte. In diesen letzteren sind sowohl die Prämissen als auch die Regeln des Schließens im voraus festgesetzt. Kommt man zu einer Meinungsverschiedenheit in den Konklusionen, so können die Teilnehmer der Debatte ihre Schritte sukzessive zurückverfolgen und einen jeden an der früheren Festsetzung kontrollieren. Am Ende eines solchen Prozesses wird der eine oder der andere Teilnehmer zugeben müssen, daß er an einem isolierbaren Punkt des Argumentierens einen Fehler begangen, eine früher akzeptierte Regel verletzt oder falsch angewendet hat. Wird dies zugegeben, so hat er keine Zuflucht mehr, und der Beweis seines Gegners wird zwingend. Nur wenn statt dessen die beiden Teilnehmer dahinterkommen, daß sie in bezug auf die Bedeutung oder die Anwendbarkeit einer festgesetzten Regel verschiedener Meinung sind, daß ihr vorangegangenes Einverständnis keine genügende Basis für einen Beweis bildet, nur dann wird die darauf folgende Debatte einem solchen Fall ähnlich wie derjenige, der in der Wissenschaft unvermeidlich ist.

Diese verhältnismäßig bekannte These will überhaupt nicht behaupten, daß die Wissenschaftler nicht die Logik (und Mathematik) in ihren Argumenten *anwenden*; natürlich wenden sie sie an, selbst wenn sie ihre Kollegen dazu bewegen möchten, auf irgendeine von ihnen vertretene Theorie zu verzichten und sich einer anderen anzuschließen. Ich bin einfach sprachlos darüber, daß Sir Karl versucht, einen Selbstwiderspruch in meinem Gedankengang nachzuweisen, weil ich mich auch logischer Argumente bediene.[51] Besser gesagt heißt das: Ich erwarte nicht, daß – bloß deswegen, weil meine Argumente logisch sind – sie auch überzeugend sein müßten. Sir Karl unterstreicht ja meinen Standpunkt und nicht den seinigen, wenn er ihn als 'logisch, aber irrtümlich' beschreibt, und dann versucht er überhaupt nicht, den Irrtum zu isolieren oder seinen logischen Charakter herauszustellen. In Wirklichkeit denkt er, daß, obwohl meine Argumente logisch sind, er mit meinen Konklusionen nicht einverstanden ist. Unsere Meinungsverschiedenheit muß in den Prämissen stecken oder in der Art und Weise, wie diese Prämissen angewendet werden sollen; diese Situation ist die gewöhnlichste unter den Wissenschaftlern, wenn sie über eine Theoriewahl debattieren. Wenn diese Situation eintritt, muß man seine Zuflucht zur Überredung als dem Vorspiel zur Möglichkeit des Beweises nehmen.

Bezeichnet man die Überredung als Zuflucht des Wissenschaftlers, so behauptet man damit nicht, daß es nicht viele gute Gründe für die Wahl einer Theorie anstelle einer anderen gäbe.[52] Es sei nachdrücklich betont: es ist keineswegs meine Ansicht, „das Sich-zu-eigen-Machen einer neuen wissenschaftlichen Theorie sei eine intuitive, mystische Angelegenheit, Material eher für psychologische Beschreibung als für logische oder methodologische Kodifikation".[53] Ganz im Gegenteil! Jenes Kapitel meines Werkes *Scientific Revolutions*, dem ich das obige Zitat entnahm, leugnet ausdrücklich, daß „die neuen Paradigmen ihren Triumph letzten Endes irgendeiner mystischen Ästhetik zu verdanken hätten"; und die Seiten, die diesem Leugnen vorangehen, enthalten eine provisorische Kodifikation der guten Gründe für die Theoriewahl.[54] Ferner sind diese Gründe von derselben Art und auch ebenso maßgebend wie in der Wissenschaftstheorie: Genauigkeit, Reichweite, Einfachheit, Fruchtbarkeit und ähnliches. Es ist lebenswichtig, den Wissenschaftlern beizubringen, diese Merkmale zu schätzen; es müssen ihnen auch Beispiele zur Verfügung stehen, die dieselben Werte in der Praxis illustrieren. Hielten sie an solchen Werten nicht fest, dann würden sich ihre Disziplinen ganz anders entwickeln. Man beachte z.B., daß die Perioden, in denen die Kunstgeschichte eine Geschichte des Fortschrittes war, dieselben Perioden waren, in denen die Künstler Genauigkeit der Darstellung erstrebten. Als diese Wertschätzung aufgegeben wurde, veränderte sich drastisch auch das Entwicklungsmuster, obwohl eine sehr bedeutende Entwicklung nach wie vor fortgesetzt wurde.[55]

Ich leugne also weder die Existenz guter Gründe noch, daß diese Gründe meistens so sind, wie man sie gewöhnlich beschreibt. Aber ich bestehe darauf, daß solche Gründe eher Werte sind, die bei der Wahl berücksichtigt werden sollen als Regeln für die Wahl. Es kann dennoch vorkommen, daß die Wissenschaftler, die sich zu diesen Werten bekennen, in

---

[51] Dieser Band, S. 54–57.

[52] Für eine Variante der Ansicht, wonach Kuhn darauf besteht, daß „die Entscheidungen einer wissenschaftlichen Gruppe, sich ein neues Paradigma anzueignen, auf keinerlei guten Gründen, faktischen oder anderen, beruhen könnten", siehe Shapere [1966], besonders S. 67.

[53] Vgl. Scheffler [1967], S. 18.

[54] Vgl. meine [1962], S. 157.

[55] Gombrich [1960], S. 11 f.

derselben konkreten Situation anders wählen. Zwei Faktoren sind hier voneinander untrennbar. Erstens: in vielen konkreten Situationen schreiben die verschiedenen Werte, obwohl sie alle gute Gründe vertreten, verschiedene Konklusionen, verschiedene Wahlen vor. In solchen Fällen des Werte-Konfliktes (z. B. die eine Theorie ist einfacher, aber die andere ist genauer) kann das relative Gewicht, das durch die verschiedenen Individuen den verschiedenen Werten zugeschrieben wird, ausschlaggebend für die individuelle Wahl sein. Und was noch wichtiger ist: Obwohl alle Wissenschaftler sich auf dieselbe Weise zu diesen Werten bekennen – und sie müssen es auch in der Zukunft so machen, wenn die Wissenschaft überleben soll –, wenden sie diese Prinzipien nicht auf dieselbe Weise an. Einfachheit, Reichweite, Fruchtbarkeit und selbst Genauigkeit können durch verschiedene Personen sehr unterschiedlich beurteilt werden. Damit sage ich nicht, daß dieses Urteil auch willkürlich sein muß. Die Wissenschaftler können sich also in ihren Konklusionen voneinander unterscheiden, ohne daß sie dadurch auch eine akzeptierte Regel verletzen.

Diese Veränderlichkeit des Urteils mag – wie ich oben im Zusammenhang mit der Erkenntnis der Krisen behauptet hatte – auch wesentlich für den Fortschritt der Wissenschaft sein. Die Wahl einer Theorie, die – wie Lakatos sagt – gleichzeitig auch die Wahl eines Forschungsprogrammes bedeutet, bringt große Gefahren mit sich, besonders auf den frühzeitigen Stufen des Programms. Manche Wissenschaftler müssen infolge eines Wertsystems, das sich in seiner Anwendbarkeit vom Durchschnitt unterscheidet, frühzeitig ein Programm wählen, oder dieses entfaltet sich nicht bis zu allgemeiner Überzeugungskraft. Doch sind die Wahlen, die durch diese atypischen Wertsysteme diktiert werden, meistens falsch. Würden alle Mitglieder der Gemeinschaft die Werte auf dieselbe höchst riskante Weise anwenden, dann würde das Gruppen-Unternehmen aufhören. Mir scheint, daß Lakatos diesen letzten Punkt verfehlt und damit die wesentliche Rolle der individuellen Veränderlichkeit, worin erst verspätet die gleichförmige Entscheidung der Gruppe zum Vorschein kommt. Wie auch Feyerabend betont: Gibt man diesen Entscheidungen einen 'historischen Charakter' oder behauptet man, daß sie 'im nachhinein' getroffen wurden, so entkleidet man sie ihrer Funktion.[56] Die wissenschaftliche Gemeinschaft kann die Geschichte nicht abwarten, obwohl manche individuellen Mitglieder dies tun. Die nötigen Ergebnisse werden statt dessen auf dem Wege erreicht, daß die Gefahren, die man in Kauf nehmen muß, unter den Mitgliedern der Gruppe verteilt werden.

Wird nun durch diesen Gedankengang jener Vorwurf gerechtfertigt, daß meiner Ansicht nach die Entscheidung, die Wahl, im Sinne einer 'Mobpsychologie' getroffen werden sollte?[57] Ich glaube nicht. Im Gegenteil. Ein Merkmal des Mobs ist ja eben, daß er die Werte verwirft, die den individuellen Mitgliedern gewöhnlich gemeinsam sind. Täten dies die Wissenschaftler, so müßte das Ergebnis das Ende ihrer Wissenschaft sein, und es wäre auch zweifellos das Ende, wie der Lysenko-Fall zeigt. Aber mein Gedanke geht auch noch darüber hinaus. Denn ich betone ja, daß die Verantwortlichkeit für die Anwendung der gemeinsamen wissenschaftlichen Werte den Spezialisten-Gruppen überlassen werden soll.[58] Sie kann also nicht einmal auf alle Wissenschaftler ausgedehnt werden, noch weniger auf alle gebildeten

---

[56] Dieser Band, S. 118 und 208.
[57] Dieser Band, S. 136, Anm. 188, und S. 173.
[58] Vgl. meine [1962], S. 167.

Laien und auf keinen Fall auf den Mob. Benimmt sich eine Spezialisten-Gruppe wie der Mob, indem sie auf ihre normalen Werte verzichtet, so ist die Wissenschaft schon längst verloren.

Um es noch einmal zu betonen: Kein Teil des Gedankenganges hier oder in meinem Buch impliziert den Schluß, daß die Wissenschaftler eine beliebige Theorie wählen könnten, solange sie übereinstimmen und nach der Wahl daran festhalten.[59]) Die meisten Rätsel der Normalwissenschaft werden durch die Natur selbst gestellt, und alle diese Rätsel involvieren indirekt die Natur. Wohl hat man zu verschiedenen Zeiten verschiedene Lösungen für gültig gehalten, aber die Natur läßt sich nicht in eine Reihe von willkürlichen begrifflichen Schachteln hineinzwängen. Im Gegenteil, die Geschichte der Proto-Wissenschaft zeigt, daß die Normalwissenschaft nur mit sehr speziellen Schachteln möglich ist, und die Geschichte der entwickelten Wissenschaft zeigt, daß die Natur sich in keiner der von den Wissenschaftlern bisher konstruierten Schachteln unbeschränkt verbannen läßt. Behaupte ich manchmal, daß jede Wahl, die die Wissenschaftler auf Grund ihrer früheren Erfahrung und im Einklang mit ihren traditionellen Werten treffen, ipso facto für die Wissenschaft der eigenen Zeit gültig ist, so unterstreiche ich nur eine Tautologie. Entscheidungen, die anders erfolgen, oder Entscheidungen, die auf diese Weise nicht hätten erfolgen können, bilden keine Basis für die Wissenschaft, und sie wären auch nicht wissenschaftlich.

Übriggeblieben sind noch die Vorwürfe: Irrationalität und Relativismus. Was jedoch den ersteren betrifft, habe ich darüber schon gesprochen; denn – ausgenommen die Inkommensurabilität – habe ich schon alle jene Fragen erörtert, die Anlaß zu diesem Vorwurf gegeben hatten. Aber ich bin nicht empfindlich in dieser Hinsicht, weil ich auch früher nicht verstanden habe und auch jetzt nicht einsehe, was meine Kritiker meinen, wenn sie solche Ausdrücke wie 'irrational' und 'Irrationalität' verwenden, um damit meine Ansichten zu kennzeichnen. Diese Etiketten halte ich für bloße Schiboleths und für Sperren für ein gemeinsames Unternehmen, sei dieses nun Auseinandersetzung oder Forschung. Noch gravierender sind meine Verständnisschwierigkeiten, wenn diese Ausdrücke gebraucht werden, nicht um meinen Standpunkt zu kritisieren, sondern um ihn zu verteidigen. Es gibt zweifellos sehr vieles im letzten Teil von Feyerabends Arbeit, womit ich einverstanden bin; aber sein Versuch, mein Argument als Verteidigung der Irrationalität in der Wissenschaft hinzustellen, kommt mir nicht nur absurd, sondern auch ein wenig schamlos vor. Ich würde dasselbe Argument zusammen mit meinem eigenen als den Versuch ansehen zu zeigen, daß die vorhandenen Theorien der Rationalität nicht völlig richtig sind und daß wir sie zurechtrücken oder verändern müssen, wenn wir erklären wollen, warum die Wissenschaft funktioniert. Aber statt dessen anzunehmen, daß wir Rationalitätskriterien besitzen, die unabhängig von unserem Verständnis dessen sind, was als das Wesentliche an einem wissenschaftlichen Prozeß gelten soll, wäre gleichbedeutend damit, Tür und Tor zum Wolkenkuckucksheim zu öffnen.

---

[59]) Die folgende Anekdote mag gewissermaßen meine Überraschung und mein Bedauern dafür illustrieren, wie mein Buch manchmal gelesen wird. Bei einer Zusammenkunft sprach ich einmal eine entferntere Bekannte und Kollegin, von der ich aus einer veröffentlichten Rezension wußte, daß sie sich für mein Buch begeisterte. Sie wandte sich plötzlich zu mir und sagte: „Well, Tom, ich glaube, Ihr größtes Problem ist jetzt wohl zu zeigen, in welchem Sinne die Wissenschaft doch empirisch sein kann." Der Kiefer fiel mir 'runter – und er hängt noch immer leicht. Ich erinnere mich lebhaft an die Szene – wie an gar keine andere seit de Gaulles Einzug in Paris i. J. 1944.

Die Antwort auf den Vorwurf des Relativismus muß komplexer als die vorigen sein, weil dieser Vorwurf nicht bloß aus einem Mißverständnis entstanden ist. Es mag sein, daß ich in einem gewissen Sinne ein Relativist bin; aber in einem wesentlicheren Sinne bin ich es nicht. Ich hoffe, daß ich diese beiden Sinne hier voneinander trennen kann. Es muß schon klar sein, daß mein Bild von der wissenschaftlichen Entwicklung grundlegend evolutionistisch ist. Man stelle sich darum einen sich entfaltenden Baum vor, der die Entwicklung der wissenschaftlichen Fächer von ihrem gemeinsamen Ursprung aus, sagen wir aus der primitiven Naturphilosophie, repräsentiert. Man denke sich weiterhin eine Linie an diesem Baum entlang von der Wurzel bis hinauf zur Spitze irgendeines Zweiges, wobei diese Linie nie zurückläuft. Zwei beliebige Theorien, die entlang dieser Linie gefunden werden, haben zueinander die Beziehung der Abstammung. Man betrachte nun zwei solche Theorien, die beide von einem Punkt nicht zu nahe beim Ursprung gewählt werden. Ich glaube, es wäre leicht, eine Reihe von Kriterien zu entwerfen – darunter auch solche wie: größte Genauigkeit der Voraussagen, Grad der Spezialisierung, Anzahl (aber nicht Reichweite) der konkreten Problemlösungen –, die jedem Beobachter, der keiner der Theorien verpflichtet ist, ermöglichen würden zu sagen, welche Theorie die ältere und welche die abgeleitete ist. Darum hat die wissenschaftliche Entwicklung für mich nur eine Richtung, und sie ist irreversibel. Nicht jede Theorie ist gleichermaßen geeignet zu zeigen, was die Wissenschaftler normalerweise tun. In diesem Sinne bin ich kein Relativist.

Aber es gibt Gründe dafür, warum ich für einen solchen gehalten werde, und diese Gründe sind untrennbar von jenen Zusammenhängen, in denen ich zögere, das Etikett 'Wahrheit' zu gebrauchen. In dem vorliegenden Zusammenhang scheinen mir ihre intra-theoretischen Gebrauchsarten nicht problematisch zu sein. Die Mitglieder einer gegebenen wissenschaftlichen Gemeinschaft werden gewöhnlich darüber derselben Ansicht sein, welche Konsequenzen einer gemeinsamen Theorie die Überprüfung eines Experimentes aushalten und darum wahr sind, welche man als falsch ansehen soll und welche noch nicht überprüft worden sind. Handelt es sich um solche Theorien, die entworfen wurden, um dieselbe Reihe von Naturerscheinungen zu erklären, so bin ich vorsichtiger. Sind es historische Theorien wie diejenigen, von denen oben die Rede war, so kann ich mich Sir Karl anschließen, der behauptet, daß eine jede von diesen Theorien in einer Zeit für wahr gehalten und dann später als falsch aufgegeben wurde. Ich kann noch hinzufügen, daß die spätere Theorie als Werkzeug für die Praxis der Normalwissenschaft besser war, und ich hoffe, daß ich einiges auch darüber sagen könnte, in welchem Sinne diese spätere Theorie die wichtigsten Entwicklungsmerkmale der Wissenschaft besser garantieren konnte. Da ich so weit gehen kann, halte ich mich nicht für einen Relativisten. Aber es gibt einen anderen Schritt oder so etwas wie einen Schritt, den viele Wissenschaftstheoretiker machen wollen und den ich nicht mehr mitmache. Sie möchten nämlich die Theorien als Darstellungen der Natur, als Feststellungen darüber, 'was es da draußen in Wirklichkeit gibt', miteinander vergleichen. Sie geben zwar zu, daß, wenn man aus der Geschichte zwei Theorien nimmt, keine von diesen wahr ist; aber sie suchen dann doch nach einem solchen 'Sinn', in dem die spätere Theorie eine bessere Annäherung an die Wahrheit sein könnte. Ich glaube dagegen, daß kein solcher 'Sinn' gefunden werden kann. Aber auf der anderen Seite habe ich nicht mehr den Eindruck, als ob etwas dadurch verloren wäre; und am wenigsten glaube ich, daß man, wenn dieser Standpunkt eingenommen wird, den wissenschaftlichen Fortschritt nicht mehr erklären kann.

Es wird klar, was ich verwerfe, wenn ich auf Sir Karls Aufsatz und auf seine anderen Werke verweise. Er hat ein Kriterium der Wahrheitsnähe vorgeschlagen, das es ihm ermöglichte zu schreiben: „Eine spätere Theorie... t_2 verdrängt eine frühere t_1... dadurch, daß sie näher an die Wahrheit kommt als t_1." Auch in einer Erörterung über die Aufeinanderfolge der Rahmenwerke sagt er über jedes Glied der Reihe, daß es „besser *und geräumiger*" als die vorangehenden sei; ja, er geht so weit, daß er behauptet, der Grenzwert der Reihe, mindestens wenn sie unendlich fortgesetzt wird, sei „die 'absolute' oder die 'objektive' Wahrheit im Sinne Tarskis".[60] Dieser Standpunkt führt jedoch zu zwei Problemen; in bezug auf das erste verstehe ich nicht völlig Sir Karls Stellungnahme. Sagt man z.B. über eine Feldtheorie, daß sie 'näher an die Wahrheit herankommt', so bedeutet dies — wenn man den Ausdrücken nicht einen ganz außergewöhnlichen Sinn zuschreiben will — soviel, daß die letzten Bestandteile der Natur eher wie Felder und nicht wie Stoff und Kraft aussehen. Aber es ist mir keineswegs klar, wie in diesem ontologischen Zusammenhang der Ausdruck 'eher so aussieht... als' zu verstehen sei. Ein historischer Vergleich der aufeinanderfolgenden Theorien ergibt gar keinen Sinn dafür, daß sie 'einem Grenzwert näherkommen': in mancher grundlegenden Hinsicht ist Einsteins allgemeine Relativität der Aristotelischen Physik und nicht der Newtonschen ähnlicher. Auf alle Fälle ist die Evidenz, von der aus Schlüsse in bezug auf einen ontologischen Grenzwert zu ziehen wären, der Vergleich nicht ganzer Theorien, sondern ihrer empirischen Konsequenzen. Das ist jedoch ein großer Sprung, besonders angesichts des Theorems, daß jede endliche Reihe von Konsequenzen einer Theorie auch von einer mit ihr unvereinbaren abgeleitet werden kann.

Scharf beleuchtet wird die andere, grundlegendere Schwierigkeit dadurch, daß Sir Karl auf Tarski hinweist. Die semantische Vorstellung der Wahrheit wird gewöhnlich in einem derartigen Beispiel zusammengefaßt: 'Der Schnee ist weiß' ist wahr, wenn und nur wenn der Schnee weiß ist. Will man nun diese Wahrheitsvorstellung beim Vergleich von zwei Theorien miteinander anwenden, so muß man annehmen, daß diejenigen, die so etwas vorhaben, in bezug auf die technischen Äquivalente solcher Tatsachen wie 'ob der Schnee weiß ist' übereinstimmen. Würde diese Annahme bloß die objektive Beobachtung der Natur betreffen, so wäre sie noch keine unüberwindliche Schwierigkeit; aber diese Annahme zieht auch die andere nach sich, daß die objektiven Beobachter, von denen die Rede ist, die Behauptung 'der Schnee ist weiß' auf dieselbe Weise verstehen; aber das liegt keineswegs so einfach auf der Hand, wenn die fragliche Behauptung z.B. heißt: 'Elemente vereinigen sich in konstanten Gewichtsproportionen'. Sir Karl nimmt es als selbstverständlich an, daß diejenigen, die konkurrierende Theorien vertreten, sich einer neutralen Sprache bedienen, die dem Vergleich solcher Beobachtungsberichte adäquat ist. Dies möchte ich jedoch bestreiten. Habe ich recht, so ist der Ausdruck 'Wahrheit', ebenso wie der andere 'Beweis', nur für den intra-theoretischen Gebrauch geeignet. Solange das Problem einer neutralen Sprache für Beobachtungen nicht gelöst ist, wird die Lebensdauer der Konfusion durch diejenigen nur verlängert, die (wie Watkins in seiner Antwort auf meine sehr ähnlichen Bemerkungen anläßlich der 'Fehler'[61]) darauf hinweisen, daß dieser Terminus regulär gebraucht wird; als ob die Übertragung von intra-theoretischen Zusammenhängen auf inter-theoretische Bezüge gar nichts ausmachte.

---

[60] Popper [1963], Kapitel 10, besonders S. 232; und dieser Band, S. 56, von mir unterstrichen.
[61] Dieser Band, S. 26, Anm. 3.

6.   Inkommensurabilität und Paradigmen

Zum Schluß kommen wir zur zentralen Konstellation jener strittigen Punkte, die
mich von den meisten meiner Kritiker trennen. Ich bedauere, daß es so lange gedauert hat, zu
diesem Punkte zu kommen, aber ich übernehme nur teilweise die Verantwortung dafür,
daß zunächst so mancherlei aus dem Wege geräumt werden mußte. Unglücklicherweise hat
die Notwendigkeit, diese Streitpunkte auf das letzte Kapitel aufschieben zu müssen, auch zu
einer verhältnismäßig oberflächlichen und dogmatischen Behandlung geführt. Ich kann nur
hoffen, daß ich manche meiner Gesichtspunkte isolieren kann, die meine Kritiker übersehen
oder abgetan haben, und daß ich dadurch Anlaß zum weiteren Lesen und zur Diskussion gebe.

Der genaue Vergleich zweier aufeinanderfolgender Theorien verlangt eine Sprache, in die mindestens die empirischen Konsequenzen beider Theorien ohne Verlust und Veränderung übersetzt werden können. Es wurde weithin angenommen, daß eine solche Sprache
bereits vorläge; zumindest seit dem 17. Jahrhundert, als die Philosophen die Neutralität der
bloßen Wahrnehmungsberichte für selbstverständlich hielten und nach jenem 'universalen
Charakter' suchten, den alle Sprachen besäßen, um solche Wahrnehmungsberichte als bei jedem Individuum dieselben ausdrücken zu können. Idealiter bestünde der elementare Wortschatz einer solchen Sprache bloß aus Ausdrücken für Sinnesdaten und aus syntaktischen Verbindungen. Zur Zeit haben die Philosophen die Hoffnung schon aufgegeben, ein solches Ideal
zu erreichen; aber manche Philosophen nehmen immer noch an, daß die Theorien sich miteinander vergleichen ließen, indem man sich eines grundlegenden Wortschatzes bediente, der
völlig aus Wörtern bestünde, die auf nicht problematische Weise, im notwendigen Ausmaß
und von der Theorie unabhängig sich an die Natur anpassen würden. Das wäre der Wortschatz, in den Sir Karls grundlegende Behauptungen eingebaut werden sollten. Er braucht
dies, um die Wahrheitsnähe messen, oder um zeigen zu können, daß die eine Theorie 'geräumiger' sei als ihre Vorgängerin, ja daß sie diese andere vielleicht auch in sich selbst enthielte.
Ich habe, zusammen mit Feyerabend, ausführlicher zu begründen versucht, daß kein solcher
Wortschatz erreichbar ist. Beim Übergang von einer Theorie zur darauffolgenden verändern
die Wörter ihre Bedeutungen oder die Bedingungen ihrer Anwendbarkeit auf eine ganz sub-
tile Weise.[62]) Obwohl meistens dieselben Zeichen vor und nach der Revolution benützt werden – z.B. Kraft, Masse, Element, Zusammensetzung, Zelle –, hat sich dennoch die Art und
Weise, wie diese Zeichen auf die Natur angewandt werden, irgendwie verändert. Darum sagen wir, daß die aufeinanderfolgenden Theorien inkommensurabel sind.

Manche Leser haben unsere Wahl des terminus technicus 'inkommensurabel' be-
anstandet. Obwohl er auf dem Gebiet, von dem wir ihn übernommen haben, keineswegs 'unvergleichbar' bedeutet, bestehen die Kritiker darauf, daß wir ihn nicht wörtlich nehmen können, weil die Anhänger verschiedener Theorien miteinander kommunizieren und manchmal
auch ihre Ansichten gegenseitig austauschen.[63]) Und was noch wichtiger ist: Weil das Vorhandensein einer solchen Kommunikation beobachtet wurde – was ich auch selber unterstrichen

---

[62]) In seiner [1964] kritisiert Shapere zum Teil vollkommen mit Recht die Art und Weise, wie ich den Bedeutungswandel in meinem Buch behandle. Er fordert mich auf, genau anzugeben, was der Unterschied
zwischen einem Bedeutungswandel und der Veränderung der Anwendung eines Terminus sei. Soll ich
noch sagen, daß gegenwärtig die Unterscheidung nicht möglich ist? Mit demselben Recht können beide
Ausdrücke gebraucht werden.
[63]) Siehe z.B. dieser Band, S. 43 f.

habe –, kommen die Kritiker leicht zu dem Schluß, daß die Kommunikation auch kein wesentliches Problem sein könne. Toulmin scheint sich damit zu begnügen, daß er „begriffliche Inkongruenzen" zugibt und dann wie früher fortfährt.[64]) Lakatos spricht in Klammern von „semantischen Uminterpretationen", indem er den Vergleich der aufeinanderfolgenden Theorien behandelt, als ob dieser Vergleich eine bloß logische Operation wäre.[65]) Es ist auch besonders interessant, wie Sir Karl diese Schwierigkeit exorziert: „Es ist nur ein Dogma – und dazu noch ein sehr gefährliches –, daß die verschiedenen Rahmen sich zueinander wie ineinander übersetzbare Sprachen verhalten. Tatsache ist, daß auch völlig unterschiedliche Sprachen (wie Englisch und Hopi oder Chinesisch) sich ineinander übersetzen lassen; es gibt viele Hopis oder Chinesen, die ausgezeichnet das Englische zu beherrschen gelernt haben."[66])

Ich akzeptiere die Nützlichkeit, ja die Wichtigkeit der sprachlichen Parallele, und darum verweile ich bei ihr ein wenig. Es ist anzunehmen, daß auch Sir Karl dies akzeptiert, denn er benützt es ja doch. Akzeptiert er jedoch dies, so ist das Dogma, wogegen er protestiert, nicht die Vergleichbarkeit der Rahmen und der Sprachen, sondern der Glaube, daß Sprachen ineinander unübersetzbar wären. Aber das hat doch kein Mensch geglaubt! Man hat nur geglaubt, und eben deswegen ist die Parallele wichtig, daß die Schwierigkeiten des Erlernens einer zweiten Sprache sich von den Schwierigkeiten des Übersetzens unterscheiden; ja, die Schwierigkeiten des Sprachenlernens sind auch viel weniger problematisch als die Schwierigkeiten des Übersetzens. Gewiß, man muß mindestens zwei Sprachen kennen, um überhaupt übersetzen zu können, und zweifellos kann auch die Übersetzung bis zu einem gewissen Grade durchgeführt werden; aber diese Tätigkeit kann dennoch sehr große Schwierigkeiten bereiten, auch für die geschicktesten zweisprachigen Personen. Der Übersetzer muß die besten erreichbaren Kompromisse zwischen inkompatiblen Sachen finden. Die Schattierungen müssen beibehalten werden, aber nicht um den Preis der Sätze, nicht um den Preis der Kommunikation selbst. Wörtlichkeit ist erwünscht, aber nicht, wenn sie das Einführen von zu vielen Fremdwörtern verlangt, die dann in einem Glossar oder in einem Appendix extra behandelt werden müssen. Leute, denen sowohl die Genauigkeit als auch die treffenden Ausdrücke gleichermaßen wichtig sind, halten das Übersetzen für eine sehr schwere Aufgabe; und manche sind einer solchen Aufgabe gar nicht gewachsen.

Jede Übersetzung enthält solche Kompromisse, die die Kommunikation ändern. Der Übersetzer muß entscheiden, welche Änderungen des Sinnes man noch in Kauf nehmen kann. Um dies tun zu können, muß er wissen, welche Aspekte des Originals beibehalten werden müssen; ja, er muß einiges auch über die frühere Bildung und Erfahrung jener Leute wissen, die sein Werk lesen werden. Darum ist es gar nicht überraschend, daß es heute eine offene Frage ist, wie die vollkommene Übersetzung aussieht, inwiefern sie an das Ideal herankommen kann. Quine kam in dieser Hinsicht zuletzt zum Schluß, daß „rivalisierende Systeme analytischer Hypothesen [für die Vorbereitung von Übersetzungen] – innerhalb jeder der in Frage kommenden Sprachen – sich allen Vorschriften des Redens fügen können und dennoch in zahlreichen Fällen sehr verschiedene Übersetzungen diktieren… Zwei solche Übersetzun-

---

[64]) Dieser Band, S. 44.
[65]) Dieser Band, S. 116. Vielleicht infolge seiner außerordentlichen Kürze bietet auch der andere Hinweis von Lakatos (seine Anm. 335) wenig Hilfe.
[66]) Dieser Band, S. 56.

gen können, was ihren Wahrheitswert betrifft, einander auch noch entgegengesetzt sein".[67]
Man braucht nicht so weit zu gehen, um zu erkennen, daß der Hinweis auf die Übersetzung
jene Probleme nur isoliert, aber nicht löst, die Feyerabend und mich angeregt hatten, von Inkommensurabilität zu reden. Das Vorhandensein von Übersetzungen legt für mich nur den
Gedanken nahe, daß die Wissenschaftler, deren Theorien untereinander inkommensurabel
sind, dennoch zu einer Art von Verständigung ihre Zuflucht nehmen können. Aber das heißt
noch keineswegs, daß sie auch bloß die Konsequenzen ihrer Theorien in einer neutralen Sprache formulieren könnten. Das Problem des Theorievergleiches bleibt nach wie vor ungelöst.

Warum ist die Übersetzung, einerlei von Theorien oder von Sprachen, so schwer?
Weil die Sprachen, wie schon so oft bemerkt wurde, der Welt auf verschiedenen Wegen näherkommen und wir keinen Zugang zu irgendwelchen neutralen, subsprachlichen Mitteln des Berichtes haben. Quine hat z. B. darauf hingewiesen, daß der Linguist, der eine radikale Übersetzung erstrebt, sehr leicht entdecken kann, daß sein Eingeborener deswegen 'Gavagai' gesagt
hatte, weil er ein Kaninchen erblickte; aber es ist schon viel schwerer dahinterzukommen, wie
'Gavagai' übersetzt werden soll. Soll man dieses Wort mit irgendeinem der folgenden Ausdrücke wiedergeben: 'Kaninchen', 'Kaninchenart', 'Kaninchenteil', 'Auftauchen eines Ka-
ninchens' oder mit einem solchen Satz, an den man zunächst gar nicht denkt? – Ich erweitere
nun dieses Beispiel, indem ich annehme, daß bei der Gemeinschaft, die man eben untersucht,
die Kaninchen ihre Farbe, die Länge ihrer Haare, ihre bezeichnende Gangart usw. zur Regen-
zeit verändern und daß man unter solchen Umständen bei ihrem Anblick 'Bavagai' sagt. Soll
man nun 'Bavagai' mit 'nasses Kaninchen', 'zottiges Kaninchen', 'hinkendes Kaninchen' oder
all dies zusammen übersetzen? Oder soll der Linguist etwa schließen, daß die eingeborene Gemeinschaft nicht erkannt hätte, 'Bavagai' und 'Gavagai' wäre dasselbe Tier? Es wird erst auf
Grund weiterer Untersuchungen klar, welche Alternative man wählen soll; aber das Ergebnis
dieser weiteren Untersuchungen wird doch nur eine analytische Hypothese, die wohl auch
Hinweise für die Übersetzung von anderen Termini bietet. Und es wird nur eine Hypothese;
es ist ja gar nicht unbedingt sicher, daß irgendeine der erwähnten Möglichkeiten die richtige
ist. Irgendein Fehler kann später zu Schwierigkeiten der Kommunikation führen; und wenn
diese Schwierigkeit auftaucht, so wird gewöhnlich gar nicht sogleich klar, ob sie wirklich durch
die Übersetzung hervorgerufen wurde und wo ihre Wurzeln liegen.

Diese Beispiele legen den Gedanken nahe, daß ein Übersetzungshandbuch unvermeidlich eine Theorie enthält, die dieselben Vorteile, aber auch dieselben Gefahren wie
andere Theorien hat. Ja, für mich legen diese Beispiele auch jenen Gedanken noch nahe, daß
auch der Historiker der Wissenschaft sowie der Wissenschaftler, der die Kommunikation mit
seinem Kollegen, dem Anhänger einer anderen Theorie, versucht, der Klasse der Übersetzer
angehören.[68] (Man vergesse dabei nicht, daß die Motive und dementsprechend auch die
Empfindlichkeit des Wissenschaftlers und des Historikers sehr verschieden sind; und darum
gibt es auch systematische Unterschiede in ihren Ergebnissen.) Sie haben häufig den unschätz-
baren Vorteil, daß die in den beiden Sprachen gebrauchten Zeichen identisch oder beinahe
identisch sind; daß die meisten von ihnen in beiden Sprachen auf dieselbe Weise funktionie-

---

[67]) Quine [1960], S. 73 ff.
[68]) Mehrere von diesen Gedanken über die Übersetzung wurden in meinem Princeton-Seminar entwik-
kelt. Ich kann heute meine Beiträge von denjenigen der Studenten und der Kollegen, die anwesend waren, nicht mehr unterscheiden. Doch besonders nützlich war für mich eine Arbeit von Tyler Burge.

ren; und wenn die Funktion sich verändert hatte, dann gab es informative Gründe dafür, warum man das Zeichen beibehielt. Aber für diese Vorteile muß man manchmal sowohl in der wissenschaftlichen Auseinandersetzung als auch in der Geschichte der Wissenschaft teuer bezahlen. Es wird z. B. sehr leicht, die Veränderungen der Funktion außer acht zu lassen, was sogleich klar gewesen wäre, wenn auch das Zeichen sich verändert hätte.

Stellt man die Aufgaben des Historikers und diejenigen des Linguisten in Parallele, so wird dadurch auch ein solcher Aspekt der Übersetzung beleuchtet, den Quine gar nicht behandelt hatte (er brauchte es auch nicht), der aber für die Linguisten manche Schwierigkeit bereitet hatte.[69]) Halte ich Vorlesungen über Aristotelische Physik, so weise ich gewöhnlich darauf hin, daß die Materie (in der *Physik* und nicht in der *Metaphysik*) eben infolge ihrer Allgegenwärtigkeit und qualitativen Neutralität ein physikalisch entbehrliches Konzept ist. Bevölkert wird das Aristotelische Universum durch immaterielle 'Naturen' oder 'Essenzen'; aus diesen entsteht sowohl seine Unterschiedlichkeit wie auch seine Regelmäßigkeit; die entsprechende Parallele zur zeitgenössischen periodischen Tabelle bilden nicht die vier Aristotelischen Elemente, sondern das Viereck der vier grundlegenden Formen. Ähnlich betone ich, wenn ich über die Entwicklung von Daltons Atom-Theorie rede, daß diese auch zu einer neuen Betrachtungsart der chemischen Kombinationen führte; die Linie, die 'Mixtur' und 'Verbindung' voneinander trennte, verschob sich; die Legierungen galten vor Dalton als Verbindungen; nach ihm wurden sie zu Mixturen.[70]) Solche Bemerkungen bilden organische Teile meines Versuches, ältere Theorien in moderne Termini zu übersetzen. Und es ist auch charakteristisch, daß meine Studenten nach solchen Bemerkungen das schon ins Englische übersetzte Quellenmaterial anders lesen als vorher. Darüber hinaus: ein gutes Übersetzungs-Handbuch, besonders für die Sprache eines anderen geographischen Gebietes und einer anderen Kultur, muß auch diskursive Paragraphen enthalten, oder es soll mit solchen ergänzt sein, die illustrieren, wie die Eingeborenen der betreffenden Sprache die Welt sehen, welche ontologischen Kategorien sie besitzen. Zum Erlernen der Sprache oder der Theorie gehört auch, zu lernen, wie man in der betreffenden Sprache oder Theorie die Welt beschreibt.

Nachdem die Übersetzung eingeführt wurde, um jene Aufklärung zu beleuchten, die dadurch gewonnen werden kann, daß man eine wissenschaftliche Gemeinschaft als eine sprachliche Gemeinschaft ansieht, verlasse ich jetzt diesen Punkt für einige Zeit, um einen besonders wichtigen Aspekt dieser Parallele zu prüfen. Lernt man eine Wissenschaft oder eine Sprache, so erwirbt man den Wortschatz gewöhnlich zusammen mit mindestens einer minimalen Batterie von Verallgemeinerungen, die den Wortschatz in seiner Anwendung auf die Natur zeigen. Aber in keinem Fall verkörpern die Verallgemeinerungen mehr als bloß einen Bruchteil jener Naturkenntnisse, die im Laufe des Lernens gewonnen wurden. Vieles davon ist statt dessen in jenem Mechanismus verkörpert, welcher er auch sein mag, der gebraucht wird, um

[69]) Siehe besonders Nida [1964]. Ich bin Sarah Kuhn sehr verpflichtet, daß sie mich auf diese Arbeit aufmerksam gemacht hatte.

[70]) Dieses Beispiel macht besonders klar, wie inadäquat Schefflers Vorschlag ist, wonach die Streitfrage zwischen Feyerabend und mir verschwände, wenn man Identität-der-Referenz für Identität-der-Bedeutung einsetzte (Scheffler [1967], Kapitel 3.) Was auch die Referenz von 'Zusammensetzung' sein mag, sie ändert sich in diesem Beispiel. Doch wie die folgende Behandlung zeigen wird, ist Identität-der-Referenz in keiner der Anwendungen, die mich und Feyerabend interessieren, leichter als Identität-der-Bedeutung. Ist der Referent von 'Kaninchen' derselbe wie derjenige von 'Kaninchenart' oder von 'Kaninchenvorkommen'? Man beachte auch die Kriterien der Individualisierung und der Selbst-Identität, die auf beide Termini passen.

die Termini auf die Natur anzuwenden.[71]) Sowohl die natürliche als auch die wissenschaftliche Sprache wurden entworfen, um die Welt so zu beschreiben, wie sie ist. Wohl paßt sich die natürliche Sprache irgendeinem unerwarteten Vorkommnis viel leichter an als die wissenschaftliche Sprache; oft bezahlt man dafür mit langen Sätzen und mit einer zweifelhaften Syntax. Dinge, die nicht *sofort* in einer Sprache gesagt werden können, sind solche, von denen der Sprecher nicht erwartet, daß er sie wird sagen müssen. Wenn wir dies vergessen oder wenn wir seine Wichtigkeit unterschätzen, so kommt dies wahrscheinlich daher, daß das Umkehren der vorigen These nicht gültig ist. Wir können sehr leicht Dinge beschreiben (z. B. Einhörner), von denen wir nicht erwarten, sie eines Tages zu Gesicht zu bekommen.

Wie gewinnen wir nun eine Naturerkenntnis, die in die Sprache eingebaut ist? Meistens mit denselben Techniken, mit denen wir die Sprache erwerben, und auch zu derselben Zeit, einerlei ob von der Alltagssprache oder von einer wissenschaftlichen Sprache die Rede ist. Einige Teile des Prozesses sind wohlbekannt. Die Definitionen in einem Wörterbuch erteilen uns einige Auskunft darüber, was die Wörter bedeuten, und gleichzeitig informieren sie uns auch über die Gegenstände und über die Situationen, über die man sprechen will. Über einige von diesen Wörtern erfahren wir mehr, und über andere erfahren wir alles, was wir wissen, indem wir ihnen in einer Reihe von Sätzen begegnen. Unter diesen Umständen erwerben wir, wie Carnap gezeigt hat, die Gesetze der Natur zusammen mit der Kenntnis der Bedeutungen. Ist eine verbale Definition von zwei Tests gegeben, beide definitiv für die Anwesenheit einer elektrischen Ladung, so lernen wir sowohl etwas über den Ausdruck 'Ladung' als auch darüber, daß ein Körper, der den einen Test besteht, auch den anderen bestehen wird. Diese Prozeduren des gleichzeitigen Kennenlernens von Sprache und Natur sind jedoch rein sprachlich. Sie setzen Wörter zu anderen Wörtern in Beziehung; darum kann diese Prozedur nur dann funktionieren, wenn wir schon einen Wortschatz besitzen, der durch einen nicht-verbalen oder durch einen nicht vollständig verbalen Prozeß gewonnen wurde. Vermutlich ist dieser Teil des Lernens ein unmittelbares Anpassen von ganzen Wörtern oder Sätzen an die Natur. Wenn ich mit Sir Karl eine grundsätzliche philosophische Auseinandersetzung habe, so darüber, inwiefern diese eben geschilderte Art des Erlernens der Sprache und der Natur für die Wissenschaftstheorie aufschlußreich ist. Obwohl er weiß, daß viele Wörter, die die Wissenschaftler brauchen, besonders um Basissätze formulieren zu können, in einem solchen Prozeß erlernt werden, der nicht völlig sprachlich ist, behandelt er dennoch diese Termini und das mit ihnen zusammen erworbene Wissen als nicht-problematisch oder mindestens als nicht-problematisch im Zusammenhang mit der Theoriewahl. Ich glaube, daß er dabei den zentralen Punkt außer acht läßt, der mich veranlaßt hatte, in meinem Buch *Scientific Revolutions* den Begriff des Paradigmas einzuführen.

Spreche ich von einem in Termini und Sätze eingebetteten Wissen, das durch irgendeinen nicht-sprachlichen Prozeß[71a]) erlernt wird, so kehre ich zu demselben Punkt zurück, auf den auch mein Buch hinauswollte, als es mehrmals auf die Rolle der Paradigmen, dieser konkreten Problemlösungen, hingewiesen hatte. Spreche ich von diesem Wissen als folgenreich für Wissenschaft und Theoriekonstruktion, so identifiziere ich das, was auch Miss Masterman hervorhebt, wenn sie von den Paradigmen behauptet, daß diese „auch dann funktionieren (können), wenn die Theorie nicht vorhanden ist."[72]) Aber diese Verbindungen sind

---

[71]) Für ein entfaltetes Beispiel siehe meine [1964]. Man findet eine analytischere Diskussion in meiner [1972].

[71a]) Wie z. B. Ostension.

[72]) Dieser Band, S. 66.

wohl nicht einem jeden, der den Begriff des Paradigmas weniger ernst genommen hat als Miss Masterman, offenkundig; denn wie sie vollkommen mit Recht betont, habe ich ja diesen Terminus mehrere Male unterschiedlich benutzt. Um zu enthüllen, worauf es jetzt ankommt, muß ich hier kurz einige Verwirrungen auflösen, für die ich diesmal ganz allein verantwortlich bin.

Ich habe oben in Abschnitt 4 bemerkt, daß eine neue Variante meiner *Scientific Revolutions* mit einer Besprechung der Gemeinschaftsstruktur beginnen würde. Nach Isolierung einer individuellen Spezialistengruppe würde ich zunächst fragen, was ihren Mitgliedern gemeinsam ist, was für sie die Rätsellösung ermöglicht und was für ihre relative Einstimmigkeit in der Problemwahl und in der Auswertung der Problemlösungen verantwortlich ist. Eine Antwort, die mein Buch auf diese Fragen anbietet, heißt: 'ein Paradigma' oder 'eine Reihe von Paradigmen'. (Diesen soziologischen Sinn hat Miss Masterman dem Terminus gegeben.) Dafür möchte ich jetzt lieber eine andere Umschreibung gebrauchen; vielleicht 'disciplinary matrix': auf die 'Disziplin' möchte ich deswegen hinweisen, weil es sich um etwas handelt, was allen Vertretern einer speziellen Disziplin gemeinsam ist; und es ist von einer 'Matrix' die Rede, weil es aus geordneten Elementen besteht, die eine individuelle Spezialisierung verlangen. Alle Gegenstände der Verpflichtung, die in meinem Buch als Paradigmen, Teile von Paradigmen oder paradigmatisch beschrieben werden, würden in der 'disziplinary matrix' ihren Platz finden, aber sie sollten nicht individuell und kollektiv als Paradigmen vermengt werden. Unter diesen wären z. B. die gemeinsamen symbolischen Verallgemeinerungen wie 'f = ma' oder 'Elemente vereinigen sich nach konstanten Gewichtsverhältnissen'; gemeinsame Modelle, einerlei ob metaphysische wie der Atomismus oder heuristische wie das hydrodynamische Modell des elektrischen Stromes; gemeinsame Werte wie z. B. die Betonung der Genauigkeit der Voraussage, von denen oben die Rede war, und andere derartige Elemente. Unter den letzteren würde ich besonders die konkreten Problemlösungen hervorheben, eine Art von vorbildlichen Problemlösungen, denen die Wissenschaftler zum ersten Male in den Studentenlaboratorien begegnen; solche Probleme findet man am Ende der einzelnen Kapitel in den wissenschaftlichen Handbüchern und bei den Prüfungen. Wenn ich könnte, so würde ich jetzt diese Problemlösungen als Paradigmen bezeichnen; denn sie haben mich ja vor allem zu der Wahl meines Terminus geführt. Nachdem ich jedoch die Kontrolle über das Wort verloren habe, werde ich von nun an diese Problemlösungen als Beispiele [exemplars] bezeichnen.[73])

---

[73]) Diese Modifizierung und beinahe alles andere in dem noch übrigbleibenden Teil dieser Arbeit wird ausführlicher und mit mehr Belegmaterial in meiner [1972] behandelt. Ich verweise den Leser auf diese Arbeit auch für weitere bibliographische Angaben. Doch ist außerdem noch eine zusätzliche Bemerkung hier nötig. Der in meinem Text eben skizzierte Wandel nimmt mir die Möglichkeit, zu solchen Ausdrükken meine Zuflucht zu nehmen, wie 'vor-paradigmatische Periode' und 'nach-paradigmatische Periode', wenn ich das Reifwerden eines wissenschaftlichen Faches schildere. Es kommt mir im Rückblick vor, als hätte jede wissenschaftliche Gemeinschaft – also auch die Schulen der früher von mir als 'vor-paradigmatisch' bezeichneten Perioden – immer ein Paradigma besessen. Die Tatsache, daß ich dies früher nicht entdeckt hatte, war zweifellos auch mit daran schuld, daß das Paradigma bei mir wie ein beinahe mystisches Ding oder wie eine Eigenschaft wie das Charisma aussah, das die Infizierten verwandelt. Man beachte jedoch, daß Abschnitt 3 auch darauf hinweist, daß diese Veränderung der Terminologie überhaupt nicht meine Schilderung des Reifeprozesses verändert. Charakteristisch ist für die frühen Stufen der Entwicklung der meisten Wissenschaften das Vorhandensein von mehreren konkurrierenden Schulen. Später, gewöhnlich infolge einer beachtenswerten wissenschaftlichen Errungenschaft, verschwinden entweder alle diese Schulen, oder die meisten von ihnen; die Veränderung ermöglicht ein einflußreicheres, professionelles Benehmen für die Mitglieder der übrigbleibenden Gemeinschaft. Mir scheinen über dieses ganze Problem die Bemerkungen von Miss Masterman (oben, S. 70–72) sehr vielsagend zu sein.

Gewöhnliche Problemlösungen dieser Art gelten als bloße Anwendungen der Theorie, die schon erlernt wurde. Der Student beschäftigt sich mit diesen, um Leichtigkeit im Gebrauch dessen zu gewinnen, was er schon weiß. Zweifellos ist diese Beschreibung richtig, wenn schon genug Probleme erledigt worden sind, aber niemals zu Beginn des Problemlösens. Eher ist es so, daß das Sich-Beschäftigen mit den Problemen das Erlernen der Sprache der Theorie und das Aneignen der Kenntnis jener Natur ist, die in diese Sprache eingebettet wurde. In der Mechanik ziehen z.B. viele Probleme die Anwendung des Zweiten Newtonschen Gesetzes nach sich, das gewöhnlich heißt: '$f = ma$'. Aber dieser symbolische Ausdruck ist eher nur die Skizze des Gesetzes, nicht das Gesetz selber. Die Skizze muß für jedes physikalische Problem in einer anderen symbolischen Form geschrieben werden, bevor man logische und mathematische Deduktionen auf das Problem anwendet. Für den freien Fall wird daraus:

$$mg = \frac{md^2 s}{dt^2}$$

für das Pendel heißt es:

$$mg \sin \theta = -ml \frac{d^2\theta}{dt^2}$$

für verkoppelte harmonische Oszillatoren bekommt man zwei Formeln, von denen die eine

$$m_1 \frac{d^2 s_1}{dt^2} + k_1 s_1 = k_2 (d + s_2 - s_1)$$

geschrieben werden kann; usw.

Da mir der Platz fehlt, um den Gedankengang voll zu entwickeln, stelle ich hier nur die Behauptung auf, daß den Physikern nur wenige Regeln gemeinsam sind, durch welche sie den Übergang von der Skizze des Gesetzes zu jenen speziellen symbolischen Formen vollziehen, die für die individuellen Probleme nötig sind. Statt dessen lehrt sie die Konfrontation mit einer Reihe von exemplarischen Problemlösungen, eine Ähnlichkeit in den verschiedenen physikalischen Situationen zu erblicken; diese werden sozusagen in einer Newtonschen 'Gestalt' [auch im englischen Original steht das deutsche Wort 'Gestalt' – Anmerkung des Übersetzers] gesehen. Haben die Studenten einmal die Fähigkeit erworben, mehrere Problemsituationen auf diese Weise zu sehen, dann können sie auch improvisierend niederschreiben, wenn andere ähnliche Situationen vorkommen. Solange dies jedoch nicht angeeignet wurde, war für sie Newtons Zweites Gesetz kaum mehr als eine Reihe von nicht-interpretierten Symbolen. Auch wenn sie es kannten, wußten sie nicht, was es bedeutet, und darum sagte es ihnen wenig über die Natur. Was sie jedoch noch dazu zu lernen hatten, war nicht in zusätzlichen symbolischen Formulierungen verkörpert. Es wurde eher durch einen solchen Prozeß gewonnen wie Aufzeigen, unmittelbare Konfrontation mit einer Reihe von solchen Situationen, von denen ihnen mitgeteilt wurde, es handle sich um Newtonsche Situationen.

Die Ähnlichkeit in den Problemsituationen zu erkennen, diese als Gegenstände zu sehen, auf die ähnliche Techniken angewendet werden können, bildet auch einen wichtigen Teil der normalwissenschaftlichen Arbeit. Ein Beispiel kann sowohl illustrieren als auch unvergeßlich machen, worauf es hier ankommt. Galileo fand, daß ein Ball, der einen Abhang hinunterrollt, dabei eben genug Geschwindigkeit ansammelt, um auf dieselbe Höhe eines zweiten Abhanges hinaufzukommen; er hat auch gelernt, diese experimentelle Situation als diejenige des Pendels mit einem Massepunkt als Pendellinse anzusehen. Huyghens hat dann das Problem des Oszillationszentrums eines physikalischen Pendels gelöst, indem er sich vorstellte, daß der ausgedehnte Körper des letzteren aus Galileos Punktpendeln zusammenge-setzt ist, deren Bänder man bei jedem Schwingungspunkt freilassen könnte. Wenn die Bänder freigelassen würden, würden die individuellen Punktpendel frei schwingen, aber ihr kollekti-ves Gravitationszentrum, wenn jedes auf seinem höchsten Punkt wäre, würde nur jene Höhe erreichen, von der das Gravitationszentrum des ausgedehnten Pendels zu fallen begann. Und schließlich hat Daniel Bernoulli, immer noch ohne die Hilfe der Newtonschen Gesetze, ent-deckt, wie man den Fluß des Wassers aus einem Loch eines Sammelbeckens mit Huyghens' Pendel vergleichen kann. Man bestimme das Absinken des Gravitationszentrums im Behälter und seinen Strahl während einer infinitesimalen Periode; dann denke man sich, daß jedes Wasserteilchen nachher getrennt aufwärts zur maximalen erreichbaren Höhe mit derselben Geschwindigkeit strebt, die es am Ende des Absteige-Intervalls besaß. Der Aufstieg des Gra-vitationszentrums der getrennten Teilchen muß dann dem Abstieg des Gravitationszentrums des Wassers im Behälter gleich sein. Aus dieser Betrachtungsart des Problems folgte sofort die lange gesuchte Geschwindigkeit des Ausflusses. Diese Beispiele beleuchten auch, woran ei-gentlich Miss Masterman denkt, wenn sie das Paradigma als etwas künstlich Hergestelltes [an artefact] auffaßt, das die Probleme in Rätsel verwandelt und ihre Lösung ermöglicht, selbst wenn kein adäquater Theorie-Bau vorhanden ist.

Ist es klar, daß wir damit zum Problem der Sprache und ihrer Anpassung an die Natur zurückgekommen sind? Nur ein einziges Gesetz wurde in allen vorangegangenen Bei-spielen benützt. Bekannt als das Prinzip der Vis viva wurde es im allgemeinen etwa folgender-maßen aufgefaßt: 'Aktueller Abstieg ist einem potentiellen Aufstieg gleich'. Das Betrachten von Beispielen bildet einen wesentlichen Teil (obwohl nur einen Teil) beim Erlernen dessen, was die Worte 'individuell' und 'kollektiv' in diesem Gesetz heißen oder beim Erlernen des-sen, wie sie sich an die Natur anpassen. Ebenso bildet es einen Teil beim Erlernen dessen, wie sich die Welt verhält. Die beiden Dinge lassen sich nicht voneinander trennen. Die gleiche doppelte Rolle spielen im Handbuch die Probleme, an Hand derer der Student lernt, z. B. Masse, Kraft, Beschleunigung in der Natur zu entdecken und ausfindig zu machen, was im Prozeß 'f = ma' heißt, wie diese Formel sich an die Natur anpaßt und wie sie der Natur Gesetz gibt. Natürlich funktionieren die Beispiele in keinem dieser Fälle alleine. Der Student muß Mathematik und etwas Logik kennen, und vor allem die natürliche Sprache und die Welt, auf die er die Sprache anwendet. Aber die beiden letzten Dinge wurden in einem bedeutenden Maße auf dieselbe Weise erlernt: durch eine Reihe von Hinweisen wurde dem Lernenden bei-gebracht, die Mutter immer als sich selber gleich und als von Vater und Schwester unterschie-den anzusehen; dieselben Hinweise haben ihn auch gelehrt, die Hunde als untereinander ähn-liche und von Katzen unterschiedene Tiere anzusehen, usw. Diese Ähnlichkeits- und Nicht-Ähnlichkeitsbeziehungen sind solche, die wir jeden Tag ohne Problem entwickeln, ohne je-doch die Merkmale namhaft machen zu können, die über Gleichsetzungen und Unterschei-dungen entscheiden. Das heißt, diese Merkmale liegen voraus einer Liste von Kriterien, die – symbolisch verallgemeinert – die Definition unserer Termini ermöglichen würden. Sie bilden Teile einer sprachbedingten oder einer mit der Sprache in Beziehung gesetzten [language-cor-related] Betrachtungsart der Welt. Solange wir uns diese nicht angeeignet haben, sehen wir die Welt überhaupt nicht.

Für eine bequemere und eingehendere Darstellung dieses Aspekts der Sprache-Theorie-Parallele verweise ich den Leser auf die früher zitierte Arbeit, von der manches in diesen letzten Paragraphen zusammengefaßt wurde. Doch bevor ich noch zum Problem der

Theoriewahl zurückkomme, muß ich mindestens jenen Punkt hervorheben, den diese Arbeit vor allem verteidigen möchte. Wenn ich vom Erlernen der Sprache und der Natur durch Aufzeigen [ostension] spreche und besonders, wenn ich darüber spreche, daß man die Wahrnehmungsgegenstände in Ähnlichkeitsreihen [similarity sets] zusammenzufassen lernt, ohne auf Fragen antworten zu können wie: 'in welcher Beziehung und wozu ähnlich?', so berufe ich mich keineswegs auf einen mystischen Prozeß, der etwa unter der Etikette 'Intuition' zusammengefaßt und dann stehengelassen werden könnte. Im Gegenteil! Ich denke an einen derartigen Prozeß, der sehr gut mit einem Computer simuliert und darum mit jener gewöhnlicheren Art des Lernens verglichen werden kann, die auf Kriterien und nicht bloß auf angeeignete Ähnlichkeitsrelation Bezug nimmt. Ich verweile zur Zeit auf den frühen Stufen eines solchen Vergleichs, und ich hoffe, unter anderem etwas über die Zustände zu entdecken, unter denen beide Strategien wirkungsvoller funktionieren. In beiden Fällen wird der Computer mit einer Reihe von Stimuli (dargestellt als geordnete Mengen von ganzen Zahlen) programmiert zusammen mit dem Namen der Klasse, aus der jeder Stimulus selegiert wurde. Im Programm des Kriterienlernens wird die Maschine instruiert, jene Kriterien auszuwählen, die die Klassifikation der zusätzlichen Stimuli erlauben; danach kann man die ursprüngliche Menge entfernen, von der die Maschine gelernt hat, die Aufgabe zu erfüllen. Dagegen wird im Programm des Ähnlichkeitslernens die Maschine instruiert, alle Stimuli zu behalten und jeden neuen auf Grund eines globalen Vergleichs mit den zusammengefaßten Exemplaren, die schon vorgekommen waren, zu klassifizieren. Beide Programme werden funktionieren, doch sie ergeben nicht dieselben Ergebnisse. Sie werden sich in mancher Hinsicht unterscheiden und in manchen Fällen auch aus ähnlichen Gründen wie das Fallrecht und das kodifizierte Recht.

Eine meiner Behauptungen ist nun, daß wir allzu lange jene Art und Weise ignoriert haben, in der die Kenntnis der Natur stillschweigend in Erfahrungen verkörpert werden kann, ohne daß die Abstraktion der Kriterien und der Verallgemeinerungen sich einmischte. Diese Erfahrungen werden uns im Laufe unserer Erziehung und professionellen Ausbildung durch eine Generation vermittelt, die schon weiß, wofür diese Erfahrungen Beispiele sind. Indem wir die Beispiele in genügender Anzahl assimilieren, lernen wir, die Welt zu erkennen und mit ihr zu arbeiten, die unsere Lehrer schon kennen. Natürlich habe ich diese Forderungen bisher hauptsächlich auf die Normalwissenschaft sowie auf jene Art und Weise angewendet, in der diese durch Revolutionen verändert wird; doch es lohnt sich, hier auch noch eine zusätzliche Anwendung zu erwähnen. Erkennt man die kognitive Funktion der Beispiele, so kann dies auch jenen Flecken der Irrationalität ausmerzen, der darin bestand, daß ich in meinen früheren Bemerkungen die Entscheidungen als ideologisch begründet schilderte. Sind Beispiele dafür gegeben, was eine wissenschaftliche Theorie leistet und wie sie auf Grund gemeinsamer Werte das Funktionieren der Wissenschaft sichern soll, dann braucht man nicht auch noch Kriterien, um zu entdecken, wenn etwas schiefgeht oder um im Falle eines Konfliktes wählen zu können. Im Gegenteil, ich glaube – auch wenn ich noch keine volle Evidenz dafür besitze –, daß ein Unterschied zwischen meinen Ähnlichkeits- und Kriterienprogrammen eben darin besteht, daß die an erster Stelle genannten besonders wirkungsvoll sind.

Wir kommen schließlich vor einem solchen Hintergrund zum Problem der Theoriewahl und zu jener Hilfe zurück, die durch die Übersetzung geboten wird. Eines von den Dingen, von denen die Praxis der Normalwissenschaft abhängig ist, bildet die erlernte Fähigkeit, Gegenstände und Situationen in solche Ähnlichkeitsklassen zu gruppieren, die in dem Sinne primitiv sind, daß die Gruppierung ohne Antwort auf die Frage erfolgt: 'in welcher Hinsicht und wozu ähnlich?' Ein Aspekt jeder Revolution besteht darin, daß einige Ähnlichkeits-relationen verändert werden. Gegenstände, die in dieselbe Klasse eingereiht waren, werden nachher in verschiedene Klassen gruppiert und vice versa. Man denke z. B. an Sonne, Mond, Mars und Erde vor und nach Kopernikus; an den freien Fall, Pendel- und planetarische Bewe-gung vor und nach Galileo; an die Salze, Legierungen und Mixturen vor und nach Dalton. Während die meisten Gegenstände selbst in den veränderten Klassen nach wie vor zusam-mengruppiert werden, werden die Namen der Klassen gewöhnlich beibehalten. Aber nichts-destoweniger kann die Verschiebung einer Untergruppe die gegenseitigen Beziehungen des ganzen Netzwerks betreffen. Die Tatsache, daß die Metalle aus der Klasse der Verbindungen in die Klasse der Elemente überführt wurden, bildete einen Teil einer neuen Theorie des Brennens, der Säuren und des Unterschiedes zwischen physikalischer und chemischer Kombi-nation. Schnell verbreiteten sich diese Veränderungen über die ganze Chemie. Kommt eine solche Neuverteilung der Gegenstände zwischen den einzelnen Ähnlichkeitsklassen vor, so mag es auch passieren, daß zwei Männer, deren Gespräch vor kurzem noch in vollem Einver-nehmen stattfand, plötzlich dahinterkommen, daß sie auf denselben Stimulus mit Beschrei-bungen und Verallgemeinerungen reagieren, die miteinander unvereinbar sind. Und eben weil keiner von ihnen behaupten kann: 'ich benütze das Wort Element (oder Mixtur oder Pla-net oder freie Bewegung) auf eine Art und Weise, die durch solche und solche Kriterien be-stimmt wird', kann man auch die Quelle des Versagens ihrer Kommunikation nicht leicht iso-lieren und überwinden.

Ich will keineswegs behaupten, daß wir in solchen Situationen zu gar nichts un-sere Zuflucht nehmen können. Doch bevor ich danach frage, worin diese Zuflucht besteht, möchte ich noch betonen, wie tief derartige Unterschiede gehen können. Diese Unterschiede betreffen nicht nur die Namen und die Sprache, sondern ebenso und untrennbar auch die Na-tur. Wir können nicht einmal soviel mit einiger Sicherheit behaupten, daß zwei Menschen zwar dasselbe Ding sehen und dieselben Angaben besitzen, sie aber unterschiedlich identifi-zieren und interpretieren. Es sind Stimuli, worauf sie verschieden reagieren, und die Stimuli gehen mit vielen Nervenprozessen Hand in Hand, bevor etwas gesehen wird oder bevor die Sinnesorgane Angaben bekommen. Nachdem wir heute schon wissen (was Descartes noch nicht gewußt hatte), daß Stimulus-Wahrnehmung weder eine Eins-zu-eins-Korrelation noch etwas von der Erziehung Unabhängiges ist, dürfen wir mit Recht vermuten, daß diese Korre-lation sich auch von Gemeinschaft zu Gemeinschaft ändert; die Variation mag auch mit ent-sprechenden Unterschieden in der gegenseitigen Beziehung von Sprache und Natur zusam-menhängen. Derartige Zusammenbrüche der Kommunikation, wie sie hier zur Rede stehen, sind wohl Beweise dafür, daß die Menschen, die darin verwickelt sind, unterschiedlich auf die Stimuli reagieren, unterschiedliche Angaben bekommen und darum verschiedene Dinge se-hen oder dieselben Dinge anders auslegen. Ich selber halte es für wahrscheinlich, daß die Bün-delung von Stimuli in Ähnlichkeitsklassen ganz oder zumindest teilweise in dem Teil unseres Nervensystems stattfindet, der als Stimulus-Wahrnehmungs-Zuordner bekannt ist; daß das Erziehungsprogrammieren dieses Apparates stattfindet, wenn wir Stimuli begegnen, von de-nen es heißt, daß sie von Gliedern derselben Ähnlichkeitsklasse herrühren; und daß, wenn die Programmierung vollzogen wurde, wir etwa Katzen und Hunde erkennen (oder Kraft, Masse und Zwang auswählen) können, weil diese so aussehen, wie die Beispiele, die wir zuerst gese-hen hatten.

Aber es muß dennoch eine Zuflucht geben. Obwohl man keinen unmittelbaren Zugang dazu hat, sind die Stimuli, auf die die Teilnehmer einer versagenden Kommunikation reagieren, bei Strafe des Solipsismus identisch. Identisch ist auch ihr allgemeiner Nervenapparat, auch wenn die Programmierung sich unterscheidet. Ferner muß auch das Programmieren – abgesehen von einem kleinen, wenn auch hochwichtigen Gebiet der Erfahrung – dasselbe sein, weil die betreffenden Menschen eine gemeinsame Geschichte (abgesehen von der unmittelbaren Vergangenheit), eine gemeinsame Sprache und alltägliche Welt und meistens eine gemeinsame wissenschaftliche Welt besitzen. Nachdem sie nun soviel Gemeinsames haben, können sie manches darüber ausfindig machen, worin sie sich unterscheiden; zumindest, wenn sie genügend Willen, Geduld und Duldsamkeit angesichts der drohenden Zweideutigkeit haben; allerdings sind derartige Merkmale auf dem fraglichen Gebiet nicht unbedingt garantiert. In der Tat werden jene therapeutischen Anstrengungen, über die ich hier noch sprechen will, von den Wissenschaftlern selten weit genug getrieben.

Zuallererst und überall können die Menschen, wenn sie ein Versagen der Kommunikation erleben, durch Experimente – manchmal durch Gedankenexperimente im Arbeitszimmer – das Gebiet entdecken, auf dem das Versagen der Kommunikation aufgetaucht war. Häufig wird das sprachliche Zentrum der Schwierigkeit eine Reihe von Termini betreffen (z. B. Element und Verbindung), die beide Parteien unproblematisch entfalten, die jedoch unterschiedlich auf die Natur angewendet werden können. Für beide sind diese Ausdrücke Termini in einem grundlegenden Wortschatz, mindestens in dem Sinne, daß ihr normaler Gebrauch innerhalb der Gruppe keine Diskussion, Erklärung oder Entzweiung hervorrufen kann. Wenn man jedoch entdeckt hat, daß dieselben Worte in einer Diskussion zwischen den verschiedenen Gruppen spezielle Schwierigkeiten verursachen, mögen unsere Männer ihre Zuflucht zu ihrem gemeinsamen alltäglichen Wortschatz nehmen, um in einem weiteren Versuch ihre Probleme aufzuhellen. Das heißt, ein jeder von ihnen versucht dahinterzukommen, was der andere sehen und sagen würde, wenn er einem Stimulus begegnete, worauf die eigene visuelle und verbale Reaktion eine andere wäre. Mit der Zeit und mit einiger Geschicklichkeit könnte ein jeder von ihnen das Benehmen des anderen ziemlich gut voraussagen; etwas Ähnliches macht ja regelmäßig auch der Historiker (oder er sollte es zumindest machen), wenn er ältere wissenschaftliche Theorien behandelt.

Die Teilnehmer an einer gescheiterten Kommunikation finden also auf diese Weise eine Art von Übersetzung; sie übersetzen sich gegenseitig ihre Theorien in die eigene Sprache, und dabei versuchen sie die Welt in der übersetzten Theorie oder Sprache zu beschreiben. Es gäbe, ohne mindestens einige provisorische Schritte in dieser Richtung, gar nicht so etwas, was man als eine Theorie*wahl* beschreiben könnte. Man könnte höchstens von einer willkürlichen Bekehrung sprechen. (Ich bezweifle, daß so etwas überhaupt irgendwo im Leben existiert.) Man beachte jedoch, daß die Möglichkeit der Übersetzung den Sinn des Terminus 'Bekehrung' gar nicht widerlegt. Da keine neutrale Sprache vorhanden ist, muß die Wahl einer neuen Theorie gleichbedeutend damit sein, daß man sich entschließt, sich eine andere Eingeborenensprache anzueignen und diese in einer demgemäß verschiedenen Welt zu benützen. Dieser Übergang ist jedoch gar nicht so, daß die Ausdrücke 'Wahl' und 'Entscheidung' völlig passend wären, obwohl die Gründe dafür, nachträglich gern solche Worte anzuwenden, auf der Hand liegen. Sucht man eine alternative Theorie auf die eben geschilderte Weise, dann findet man, daß man sie sogleich auch schon benützt. (So entdeckt man plötzlich, daß man in eine fremde Sprache nicht mehr übersetzt, sondern daß man in dieser Sprache schon denkt.) An keinem Punkt war man sich dessen bewußt, daß man eine Entscheidung oder eine Wahl getroffen hatte. Diese Art von Veränderung ist nun eher eine Bekehrung; und die Techniken, die diese herbeiführen, sind wie ein 'Heilen'. Man kommt sich auch nach der Bekehrung vor, als wäre man früher 'krank' gewesen. Kein Wunder, daß man solchen Techniken anfangs Widerstand leistet und daß man nachträglich versucht, die wahre Natur der Veränderung zu verheimlichen.

Literatur

Brown [1969]: 'The Electric Current in Early Nineteenth-Century French Physics', *Historical Studies in the Physical Sciences*, **1**, pp. 61–103.

Cavell [1969]: 'Must We Mean What We Say?', in *Must We Mean What We Say?*, pp. 1–42.

Gombrich [1960]: *Art and Illusion*, 1960.

Heilbron and Kuhn [1969]: 'The Genesis of the Bohr Atom', *Historical Studies in the Physical Sciences*, **1**, pp. 211–290.

Klein [1964]: 'Einstein and the Wave-Particle Duality', *The Natural Philosopher*, **3**, pp. 1–49.

Kuhn [1961]: 'The Function of Measurement in Modern Physical Science', *Isis*, **52**, pp. 161–193.

Kuhn [1962]: *The Structure of Scientific Revolutions*, 1962. [Eine revidierte und mit einem neuen Kapitel – 'Postscript 1969' – erweiterte zweite Auflage wird 1970 als 'Phoenix paperback' von der Chicago University Press veröffentlicht.].

Kuhn [1964]: 'A Function for Thought Experiments', in Cohen and Taton (*eds.*): *Mélanges Alexandre Koyré*. Vol. 2, *L'aventure de l'esprit*, pp. 307–334.

Kuhn [1969]: 'Comment [on the relations between science and art]', *Comparative Studies in Philosophy and History*, **11**, pp. 403–412.

Kuhn [1970]: 'Second Thoughts on Paradigms', in Suppe (*ed.*): *The Structure of Scientific Theory*, 1970.

Kuhn [1972]: 'Second Thoughts on Paradigms', in Suppe (*ed.*): *The structure of Scientific Theory*, 1972.

Nida [1964]: 'Linguistics and Ethnology in Translation-Problems', in Hymes (*ed.*): *Language and Culture in Society*, pp. 90–97.

Popper [1963]: *Conjectures and Refutations*, 1963.

Quine [1960]: *Word and Object*, 1960.

Raman and Forman [1969]: 'Why Was It Schrödinger Who Developed de Broglie's Ideas?', *Historical Studies in the Physical Sciences*, **1**, pp. 291–314.

Schagrin [1963]: 'Resistance to Ohm's Law', *American Journal of Physics*, **31**, pp. 536–537.

Scheffler [1967]: *Science and Subjectivity*, 1967.

Shapere [1964]: 'The Structure of Scientific Revolutions', *Philosophical Review*, **73**, pp. 383–394.

Shapere [1966]: 'Meaning and Scientific Change', in Colodny (*ed.*): *Mind and Cosmos: Essays in Contemporary Science and Philosophy*, 1966, pp. 41–85.

Toulmin [1967]: 'The Evolutionary Development of Natural Science', *American Scientist*, **55**, pp. 456–471.

Die Geschichte der Wissenschaft und ihre rationalen Rekonstruktionen

Imre Lakatos
London School of Economics

Einleitung

„Wissenschaftsphilosophie ohne Wissenschaftsgeschichte ist leer; Wissenschaftsgeschichte ohne Wissenschaftsphilosophie ist blind." Ausgehend von dieser Paraphrase von Kants berühmtem Diktum, versucht dieser Aufsatz zu erklären, *wie* die Historiographie der Wissenschaft von der Philosophie der Wissenschaft lernen soll *und umgekehrt.* Der Zweck meiner Argumente ist zu zeigen, daß a) die Wissenschaftsphilosophie normative Methodologien bereitstellt, mit deren Hilfe der Historiker die 'interne Geschichte' eines Gebietes rekonstruiert und so den objektiven Erkenntnisfortschritt rational erklärt; b) daß sich zwei im Wettstreit befindliche Methodologien mit Hilfe einer (normativ interpretierten) Geschichte bewerten lassen; c) daß jede rationale Rekonstruktion der Geschichte der Ergänzung durch eine empirische (sozio-psychologische) 'externe Geschichte' bedarf.

Die grundsätzliche Unterscheidung zwischen dem Normativ-Internen und dem Empirisch-Externen wird in jeder Methodologie verschieden gezogen. Vereint, bestimmen die internen und externen historiographischen Theorien in weitem Ausmaß die Problemwahl des Historikers. Aber einige der entscheidendsten Probleme externer Geschichte lassen sich nur mit Hilfe der gewählten Methodologie formulieren; die so definierte interne Geschichte ist also primär und die externe Geschichte nur sekundär. Und angesichts der Autonomie der internen (aber nicht der externen) Geschichte ist die externe Geschichte für das Verständnis der Wissenschaft im Grunde irrelevant.[1])

1. Konkurrierende Methodologien der Wissenschaft; rationale Rekonstruktionen als Wegweiser der Geschichte

In der gegenwärtigen Wissenschaftstheorie schwimmen verschiedene Methodologien herum; sie unterscheiden sich alle in beträchtlichem Ausmaß von dem, was man im 17. und im 18. Jahrhundert unter 'Methodologie' verstand. Man hatte damals die Hoffnung, daß eine Methodologie einem Wissenschaftler mechanische Regeln zur Lösung von Problemen an die Hand geben würde. Diese Hoffnung ist heute aufgegeben: Moderne Methodologien oder 'Forschungslogiken' bestehen bloß noch aus einer Reihe von (nicht sehr eng geknüpften und keinesfalls mechanischen) Regeln zur *Einschätzung* [*appraisal*] fertiger, schon artikulierter Theorien.[2]) Diese Regeln oder Systeme von Bewertungen dienen oft auch als 'Theorien wissenschaftlicher Rationalität', 'Abgrenzungskriterien' oder 'Definitionen der Wissenschaft'.[3]) Außerhalb des gesetzgebenden Bereichs dieser normativen Regeln gibt es natürlich auch noch eine empirische Psychologie und Soziologie der Forschung.

Ich werde nun vier verschiedene 'Forschungslogiken' skizzieren. Jede von ihnen ist charakterisiert durch Regeln für die (wissenschaftliche) *Annahme* oder *Verwerfung* von Theorien oder Forschungsprogrammen.[4]) Diese Regeln haben eine doppelte Funktion. Erstens funktionieren sie als ein *Kode wissenschaftlicher Redlichkeit*, dessen Verletzung nicht ge-

---

Frühere Fassungen dieses Aufsatzes wurden gelesen und kritisiert von Colin Howson, Alan Musgrave, John Watkins, Elie Zahar, und insbesondere John Worrall.

Dieser Aufsatz entwickelt einige der in [1970] vorgeschlagenen Thesen weiter (s. S. 89 ff. in diesem Band). Ich habe versucht, ihn in sich abgeschlossen zu machen, auf Kosten einiger Wiederholungen.

[1]) 'Interne Geschichte' wird gewöhnlich als 'intellektuelle Geschichte' definiert, 'externe Geschichte' als Sozialgeschichte (vgl. z. B. Kuhn [1968]). Meine unorthodoxe neue Abgrenzung zwischen 'interner' und 'externer' Geschichte ist eine beträchtliche Problemverschiebung und klingt vielleicht dogmatisch. Aber meine Definitionen bilden den harten Kern eines historiographischen Forschungsprogramms; ihre Untersuchung ist ein wesentlicher Teil der Untersuchung der Fruchtbarkeit des ganzen Programms.

[2]) Dies ist eine höchst wichtige Verschiebung im Problem einer normativen Wissenschaftstheorie. Der Ausdruck 'normativ' bezeichnet nicht mehr Regeln, mit deren Hilfe man Lösungen erreicht, sondern nur noch Hinweise für die Bewertung bereits vorhandener Lösungen. So wird die *Methodologie* von der *Heuristik* getrennt, in ähnlicher Weise, wie man Werturteile von Sollsätzen trennt. (Ich verdanke diese Analogie John Watkins.)

[3]) Dieser Überfluß von Synonymen hat sich als ziemlich verwirrend herausgestellt.

[4]) Die erkenntnistheoretische Bedeutung wissenschaftlichen 'Annehmens' und 'Verwerfens' ist, wie wir sehen werden, sehr verschieden in den vier zu diskutierenden Methodologien.

duldet wird; zweitens funktionieren sie als harte Kerne *(normativer) historiographischer Forschungsprogramme*. Es ist ihre zweite Funktion, auf die ich meine Aufmerksamkeit lenken möchte.

A. Der Induktivismus

Der Induktivismus war eine der einflußreichsten Methodologien der Wissenschaft. Nach dem Induktivismus darf man nur jene Sätze in das Gebäude der Wissenschaft aufnehmen, die entweder harte Tatsachen beschreiben oder unfehlbare induktive Verallgemeinerungen von Sätzen sind, die harte Tatsachen beschreiben.[5]) Der Induktivist *akzeptiert* einen Satz der Wissenschaft, wenn seine Wahrheit bewiesen ist; er *verwirft* ihn, wenn ein solcher Beweis nicht vorliegt. Seine Vorstellung von wissenschaftlicher Strenge ist eng umschrieben: ein Satz muß entweder aus Tatsachen bewiesen sein oder – deduktiv oder induktiv – abgeleitet aus anderen bereits bewiesenen Sätzen.

Jede Methodologie hat ihre ganz spezifischen erkenntnistheoretischen und logischen Probleme. Der Induktivismus zum Beispiel muß die Wahrheit von 'Tatsachen'-('Basis'-Sätzen) und die Gültigkeit induktiver Schlüsse mit Sicherheit begründen. Es gibt Philosophen, die von ihren erkenntnistheoretischen und logischen Problemen so eingenommen sind, daß es ihnen unmöglich wird, jemals Interesse an der wirklichen Geschichte zu finden; entspricht die Geschichte ihren Maßstäben nicht, dann haben sie unter Umständen sogar die Kühnheit vorzuschlagen, daß die ganze Wissenschaft allesamt von neuem begonnen werde. Andere Denker geben sich mit groben Lösungen dieser logischen und erkenntnistheoretischen Probleme zufrieden und widmen sich einer rationalen Rekonstruktion der Geschichte, ohne die logisch-erkenntnistheoretische Schwäche (oder Unhaltbarkeit) ihrer Methodologie auch nur zu bemerken.[6])

Die Kritik der Induktivisten ist vor allem skeptischer Natur: Sie besteht in dem Hinweis, daß ein Satz unbewiesen, das heißt scheinwissenschaftlich, und nicht in dem Hinweis, daß er falsch ist.[7]) Wenn ein induktivistischer Historiker die *Vorgeschichte* einer wissenschaftlichen Disziplin schreibt, dann bedient er sich vor allem einer Kritik dieser Art. Und er erklärt das frühe Dunkel, die Zeit, in der Leute in unbewiesenen Ideen versanken, mit Hilfe 'externer' Erklärungen, zum Beispiel mit Hilfe der soziologisch-psychologischen Theorie vom retardierenden Einfluß der katholischen Kirche.

Der induktivistische Historiker kennt nur zwei Arten von *echt wissenschaftlichen Entdeckungen: harte Tatsachensätze* und induktive *Verallgemeinerungen*. Diese und nur diese sind das Rückgrat seiner *internen Geschichte*. Schreibt er Geschichte, dann sucht er nach ihnen – und es ist nicht leicht, sie zu finden. Erst wenn er sie gefunden hat, kann er mit der Konstruktion seiner wunderschönen Pyramiden beginnen. Revolutionen bestehen in der Entlarvung

---

[5]) Der 'Neo-Induktivismus' verlangt nur (beweisbar) hochwahrscheinliche Verallgemeinerungen. Im folgenden werde ich nur den klassischen Induktivismus diskutieren; aber die verwässerte neoinduktivistische Variante kann ähnlich behandelt werden.

[6]) Vgl. S. 290.

[7]) Eine detaillierte Diskussion der induktivistischen (und, allgemeiner, einer im Geiste des Rechtfertigungsdenkens verfaßten) Kritik findet sich in Lakatos [1966].

(irrationaler) Irrtümer, die dann aus der Wissenschaftsgeschichte in die Geschichte der Pseudowissenschaften vertrieben werden, in die Geschichte bloßer Glaubensansichten: echter wissenschaftlicher Fortschritt beginnt mit der letzten wissenschaftlichen Revolution in einem gegebenen Gebiet.

Jede interne Historiographie hat ihre charakteristischen siegreichen Paradigmen.[8]) Die Hauptparadigmen der induktivistischen Historiographie waren Keplers Verallgemeinerungen auf Grund der sorgfältigen Beobachtungen Tycho Brahes; Newtons Entdeckung seines Gravitationsgesetzes auf Grund weiterer induktiver Verallgemeinerung der Keplerschen 'Phänomene' planetarischer Bewegung; und Ampères Entdeckung seines Gesetzes der Elektrodynamik auf Grund einer induktiven Verallgemeinerung seiner Beobachtungen elektrischer Ströme. Auch die moderne Chemie beginnt für einige Induktivisten im Grunde mit den Experimenten von Lavoisier und mit den 'wahren Erklärungen', die er für diese Experimente fand.

Aber der induktivistische Historiker kann keine *rationale* 'interne' Erklärung dafür geben, daß gewisse Tatsachen und nicht vielmehr andere ausgewählt wurden. Das ist für ihn ein *nicht rationales, empirisches, externes* Problem. Der Induktivismus als eine 'interne' Theorie der Rationalität läßt sich mit vielen ergänzenden oder externen Theorien der Problemwahl vereinbaren. Zum Beispiel ist er vereinbar mit der vulgär-marxistischen Ansicht, daß die Wahl von Problemen von sozialen Bedürfnissen bestimmt wird;[9]) und in der Tat identifizieren einige Vulgärmarxisten wichtige Phasen in der Geschichte der Wissenschaften mit wichtigen Phasen der ökonomischen Entwicklung.[10]) Aber die Auswahl von Tatsachen braucht nicht von sozialen Faktoren abzuhängen; sie kann ebensogut durch außerwissenschaftliche intellektuelle Einflüsse bestimmt sein. Und der Induktivismus ist mit der 'externen' Theorie, daß die Wahl von Problemen vor allem von eingeborenen theoretischen ('metaphysischen') Gerüsten abhängt, ebensogut vereinbar wie mit der Theorie, daß die bestimmenden Gerüste willkürlich oder traditionell sind.

Eine radikale Version des Induktivismus verurteilt alle externen Einflüsse, seien sie nun intellektueller, psychologischer oder soziologischer Natur, als Ursprünge unzulässigen Vorurteils: radikale Induktivisten lassen nur eine (zufällige) 'Selektion' durch ein leeres Bewußtsein zu. Der radikale Induktivismus ist seinerseits ein Spezialfall eines *radikalen Internalismus*. Nach diesem zwingt uns der Nachweis eines äußeren Einflusses auf die Annahme einer wissenschaftlichen Theorie (oder einer Tatsachenfeststellung), die Theorie aufzugeben: Beweis externer Einflüsse bedeutet Ungültigkeit:[11]) Aber da es äußere Einflüsse immer gibt, ist ein radikaler Internalismus[12]) utopisch und, als Theorie der Rationalität, selbst-verheerend.

---

[8]) Ich verwende nun das Wort 'Paradigma' in seinem vor-Kuhnschen Sinn.

[9]) Diese Vereinbarkeit wurde von Agassi aufgezeigt: [1963], S. 23–27; er hat es aber versäumt, auf eine ähnliche Vereinbarkeit in seiner eigenen falsifikationistischen Historiographie zu verweisen; vgl. S. 279.

[10]) Vgl. z.B. Bernal [1965], S. 377.

[11]) Einige logische Positivisten gehören dieser Gruppe an: man erinnert sich an Hempels Entsetzen über Poppers lässige Lobpreisung gewisser externer metaphysischer Einflüsse auf die Wissenschaft (Hempel, [1937]).

[12]) Wenn deutsche Obskurantisten den 'Positivismus' verhöhnen, dann meinen sie oft einen radikalen Internalismus und, insbesondere, einen radikalen Induktivismus.

B. Der Konventionalismus

Der Konventionalismus gestattet den Aufbau beliebiger Ordnungssysteme, die die Tatsachen in ein zusammenhängendes Ganzes organisieren. Der Konventionalist beschließt, das Zentrum eines solchen Ordnungssystems so lange wie nur möglich intakt zu halten: Erheben sich Schwierigkeiten in der Form einer Invasion von Anomalien, dann ändert und kompliziert er nur die Situation an der Peripherie. Aber der Konventionalist glaubt nicht, daß ein Ordnungssystem als wahr erwiesen ist; für ihn ist es nur 'wahr auf Grund von Konventionen' (oder gegebenenfalls selbst weder wahr noch falsch). *Revolutionäre* Abarten des Konventionalismus zwingen uns nicht, ein gegebenes Ordnungssystem ein für allemal beizubehalten: man kann es verwerfen, wenn es unerträglich unbeholfen geworden ist und wenn sich ein einfacheres System findet, das es ersetzen kann.[13]) Diese Fassung des Konventionalismus ist erkenntnistheoretisch und besonders logisch viel einfacher als der Induktivismus: Man braucht keine gültigen induktiven Schlüsse. Echter *Fortschritt* der Wissenschaft ist kumulativ und findet im Erdgeschoß 'bewiesener' Tatsachen statt;[14]) die *Änderungen*, die im theoretischen Stockwerk vor sich gehen, sind bloß instrumentell. Theoretischer 'Fortschritt' ist Fortschritt an zweckdienlicher Bequemlichkeit ('Einfachheit'), nicht aber am Wahrheitsgehalt.[15]) Man kann natürlich auch im Erdgeschoß der 'Tatsachen'-Sätze einen revolutionären Konventionalismus einführen; in diesem Fall akzeptiert man 'Tatsachen'-Sätze auf Grund von Entschlüssen und nicht auf Grund von experimentellen 'Beweisen'. In diesem Fall muß aber ein Konventionalist, der an der Idee festhält, daß das Wachstum einer 'Tatsachen'-Wissenschaft irgendwie mit objektiver Tatsachenwahrheit verbunden ist, ein metaphysisches Prinzip angeben, das er dann seinen Regeln für das Spiel der Wissenschaft überlagert.[16]) Tut er das nicht, dann kann er dem Skeptizismus oder zumindest einer radikalen Form des Instrumentalismus nicht entkommen.

(Es ist wichtig, daß man sich über die *Beziehung zwischen dem Instrumentalismus und dem Konventionalismus* klar wird. Der Konventionalismus beruht auf der Einsicht, daß falsche Annahmen wahre Folgen haben können; also können falsche Theorien großes prädik-

[13]) Zu dem, was hier *revolutionärer Konventionalismus* genannt wird, vgl. Lakatos [1970], S. 105–106 und 187–189 (s. S. 103–104 und S. 180–182 in diesem Band).

[14]) Ich diskutiere hier nur eine Variante des revolutionären Konventionalismus, und zwar jene, die Agassi in [1966] 'wenig raffiniert' genannt hat: es wird angenommen, daß Tatsachensätze – ungleich Ordnungssystemen – 'bewiesen' werden können. (Duhem zum Beispiel zieht keine klare Grenze zwischen Tatsachen und Tatsachensätzen.)

[15]) Es ist wichtig zu bemerken, daß die meisten Konventionalisten zögern, induktive Verallgemeinerungen aufzugeben. Sie unterscheiden zwischen dem *'Stockwerk der Tatsachen'*, dem *'Stockwerk der Gesetze'* (d. h. induktiver Verallgemeinerungen aus 'Tatsachen') und dem *'Stockwerk der Theorien'* (oder Ordnungssysteme), die sowohl Tatsachen als auch induktive Gesetze bequem klassifizieren. (Whewell, der konservative Konventionalist, und Duhem, der revolutionäre Konventionalist, unterscheiden sich weniger, als die meisten Leute glauben.)

[16]) Man kann solche metaphysischen Prinzipien 'Induktionsprinzipien' nennen. Ein 'Induktionsprinzip', das – ungefähr gesprochen – Poppers 'Bewährungsgrad' (ein konventionalistisches Abschätzungsmittel) zum Maß der Popperschen Wahrheitsnähe macht (Wahrheitsgehalt minus Falschheitsgehalt), wird in Lakatos [1968a], S. 390–408, und Lakatos [1971], § 2, besprochen. (Ein anderes weiterverbreitetes 'Induktionsprinzip' läßt sich so formulieren: „Wahr ist, was die Gemeinschaft trainierter – oder moderner oder entsprechend gereinigter – Wissenschaftler als 'wahr' zu *akzeptieren* sich entschließt.")

tives Potential besitzen. Die Konventionalisten mußten auf das Problem stoßen, wie man konkurrierende falsche Theorien vergleicht. Die meisten vermengten Wahrheit und Wahrheitszeichen und langten schließlich bei der einen oder der anderen Variante der pragmatischen Theorie der Wahrheit an. Poppers Theorie des Wahrheitsgehalts, der Wahrheitsnähe und der Bewährung schuf schließlich die Basis für eine philosophisch makellose Variante des Konventionalismus. Andrerseits fehlte einigen Konventionalisten die nötige logische Bildung, um zu sehen, daß Sätze unbewiesen, aber doch wahr sein können, daß falsche Sätze wahre Folgen haben können und daß Sätze zugleich falsch und angenähert wahr sein können. Sie wählten den 'Instrumentalismus': sie hielten Theorien am Ende für weder wahr noch falsch, sondern für 'Instrumente' zum Zweck der Vorhersage. Der Konventionalismus, so wie er hier definiert ist, ist eine philosophisch einwandfreie Position; der Instrumentalismus ist eine entartete Variante, er beruht auf nichts anderem als auf philosophischer Verwirrung und hat zur Ursache einen Mangel an elementarer logischer Kompetenz.)

Der revolutionäre Konventionalismus kam als die Wissenschaftsphilosophie der Bergsonianer in diese Welt: freier Wille und Schöpfertum waren die Schlagworte. Der Kode wissenschaftlicher Redlichkeit, den der Konventionalist sich zu eigen macht, ist weniger streng als der des Induktivisten: unbewiesene Spekulation wird nicht verbannt, und Ordnungssysteme können um *jede* wunderliche Idee herum errichtet werden. Außerdem brandmarkt der Konventionalismus verworfene Systeme nicht mit dem Schimpfwort 'unwissenschaftlich': Für den Konventionalisten ist ein viel größerer Teil der wirklichen Geschichte der Wissenschaften rational ('intern') als für den Induktivisten.

Für den konventionalistischen Historiker bestehen größere Entdeckungen vor allem in der Erfindung neuer und einfacher Ordnungssysteme. Daher vergleicht er fortwährend auf Einfachheit hin: Die Komplikationen von Ordnungssystemen und ihre revolutionäre Ersetzung durch einfachere sind das Rückgrat seiner internen Geschichte.

Das Paradigma einer wissenschaftlichen Revolution war für den Konventionalisten die Kopernikanische Revolution.[17] Man hat sich bemüht zu zeigen, daß auch die Revolutionen von Lavoisier und Einstein in der Ersetzung ungeschickter Theorien durch einfache bestanden.

Die konventionalistische Historiographie kann nicht *rational* erklären, warum man zu Beginn gewisse Tatsachen ausgewählt hat und warum in einem Stadium, in dem die relativen Verdienste verschiedener Ordnungssysteme noch sehr wenig klar waren, gewisse besondere Ordnungssysteme und nicht andere ausprobiert wurden. Wie der Induktivismus ist also auch der Konventionalismus vereinbar mit verschiedenen ergänzenden empirisch-'externen' Programmen.

Schließlich trifft der konventionalistische Historiker wie auch sein induktivistischer Kollege oft auf das Problem des 'falschen Bewußtseins'. Für den Konventionalisten ist es zum Beispiel eine 'Tatsache', daß große Wissenschaftler ihre Theorien durch Flüge der Phan-

---

[17] Die meisten historischen Darstellungen der Kopernikanischen Revolution sind vom konventionalistischen Standpunkt aus geschrieben. Nur wenige haben behauptet, daß die Theorie des Kopernikus eine 'induktive Verallgemeinerung' einer 'Tatsachenentdeckung' darstellte; oder daß sie als eine kühne Theorie vorgeschlagen wurde mit dem Zweck, die durch ein berühmtes 'entscheidendes Experiment' widerlegte Ptolemäische Theorie zu ersetzen.
Eine weitere Diskussion der Historiographie der Kopernikanischen Revolution findet sich in Lakatos and Zahar [1975].

tasie erhalten. Warum behaupten sie dann so oft, daß sie ihre Theorien aus Tatsachen hergeleitet haben? Die rationale Rekonstruktion des Konventionalisten unterscheidet sich oft von der rationalen Rekonstruktion der großen Wissenschaftler selbst. Diese Probleme des falschen Bewußtseins weist der konventionalistische Historiker dem Externalisten zu.[18])

C. Der methodologische Falsifikationismus

Der zeitgenössische Falsifikationismus entstand als eine logisch-erkenntnistheoretische Kritik des Induktivismus und des Duhemschen Konventionalismus. Der Induktivismus wurde kritisiert, weil seine beiden Grundannahmen, die Annahme, daß sich Tatsachensätze aus Tatsachen 'herleiten' lassen, und die Annahme, daß es gültige induktive (gehaltvergrößernde) Schlüsse gibt, selbst unbewiesen und sogar beweisbar falsch sind. Duhem wurde kritisiert, weil ein Vergleich intuitiver Einfachheit nur Sache des subjektiven Geschmacks sein kann und weil seine Mehrdeutigkeit keine brauchbare Grundlage für eine schlagkräftige Kritik liefert. In seiner *Logik der Forschung* schlug Popper eine neue 'falsifikationistische' Methodologie vor.[19]) Diese Methodologie ist eine weitere Variante des revolutionären Konventionalismus: Der hauptsächliche Unterschied liegt darin, daß tatsachengebundene, raumzeitlich singuläre 'Basissätze' und nicht raumzeitlich universelle Theorien auf Grund von Konventionen akzeptiert werden. Nach dem Redlichkeitskode des Falsifikationisten ist eine Theorie wissenschaftlich nur dann, wenn man sie mit einem Basissatz in Konflikt bringen kann; und eine Theorie ist zu beseitigen, wenn sie einem akzeptierten Basissatz widerspricht. Popper hat auch eine weitere Bedingung angegeben, die eine Theorie erfüllen muß, um als wissenschaftlich gelten zu können: sie muß Tatsachen vorhersagen, die *neuartig* sind, d. h. unerwartet im Lichte vorhergehender Kenntnisse. Man verstößt also gegen den wissenschaftlichen Ehrenkode Poppers, wenn man unfalsifizierbare Theorien oder 'Ad-hoc'-Hypothesen vorschlägt (die keine *neuartigen* empirischen Vorhersagen nach sich ziehen) – genauso, wie man gegen den (klassischen) induktivistischen Ehrenkode des Wissenschaftlers verstößt, wenn man unbewiesene Theorien vorschlägt.

Poppers Methodologie ist attraktiv wegen ihrer Klarheit und ihrer überzeugenden Kraft. Poppers deduktives Modell wissenschaftlicher Kritik enthält empirisch falsifizierbare, raumzeitlich universelle Sätze, Anfangsbedingungen und ihre Folgen. Die Waffe der Kritik ist der *Modus tollens*: weder eine induktive Logik noch eine intuitive Einfachheit komplizieren das Bild.[20])

---

[18]) Zum Beispiel ist Newtons *'Hypotheses non fingo'* ein ziemlich großes Problem für den nicht induktivistischen Historiker. Duhem, der sich nicht wie die meisten Historiker in Newtonverehrung erging, hat Newtons induktivistische Methodologie als logischen Unsinn verworfen; aber Koyré, dessen zahlreiche Talente die Logik nicht einschlossen, widmete lange Kapitel der 'verborgenen Tiefe' des Newtonschen Durcheinanders.

[19]) *In diesem Aufsatz verwende ich diesen Ausdruck ausschließlich für eine Variante des Falsifikationismus, nämlich für den 'naiven methodologischen Falsifikationismus', so wie er in Lakatos [1970], S. 93–116, definiert wird (s. S. 91–113 in diesem Band).*

[20]) Da in dieser Methodologie der *Begriff* intuitiver Einfachheit keinen Platz hatte, konnte Popper den Ausdruck 'Einfachheit' anstelle von 'Falsifizierbarkeitsgrad' verwenden. Aber hinter der Einfachheit steckt mehr als das: vgl. Lakatos [1970], S. 131 ff. (s. S. 128 ff. in diesem Band).

(Der Falsifikationismus ist zwar logisch fehlerfrei, hat aber besondere erkenntnistheoretische Schwierigkeiten. In seiner 'dogmatischen' Protofassung nimmt er an, daß man
Sätze aus Tatsachen beweisen und also Theorien widerlegen kann – eine falsche Annahme.[21])
In der Popperschen 'konventionalistischen' Fassung braucht er ein [außermethodologisches]
'Induktionsprinzip', um seinen Entschlüssen betreffend die Annahme von 'Basis'-Sätzen Gewicht zu verleihen, und im allgemeinen, um seine Regeln des Wissenschaftsspiels mit Wahrheitsnähe zu verbinden.[22]))

Der Poppersche Historiker sucht nach großen, 'kühnen', falsifizierbaren Theorien und nach großen, negativen, entscheidenden Experimenten. Diese sind das Skelett seiner
rationalen Rekonstruktion. Poppersche Lieblingsparadigmata großer falsifizierbarer Theorien sind die Theorien von Newton und Maxwell, die Strahlungsformeln von Rayleigh, Jeans
und Wien, und die Einsteinsche Revolution; bevorzugte Paradigmata für entscheidende Experimente sind das Michelson-Morley-Experiment, Eddingtons Sonnenfinsternisexperiment
und die Experimente von Lummer und Pringsheim. Agassi hat versucht, diesen naiven Falsifikationismus zu einem systematischen historiographischen Forschungsprogramm weiterzuentwickeln.[23]) Insbesondere sagte er voraus (oder 'hinterher', wenn man sich so ausdrücken will),
daß hinter jeder großen experimentellen Entdeckung eine Theorie liegt, der die Entdeckung
widerspricht; die Wichtigkeit einer Entdeckung betreffend Tatsachen wird gemessen durch
die Wichtigkeit der von ihr widerlegten Theorie. Es scheint, daß Agassi die Werturteile der
Gemeinschaft der Wissenschaftler hinsichtlich der Wichtigkeit der Entdeckungen Galvanis,
Oersteds, Priestleys, Röntgens und Hertz' unverändert übernimmt; aber er bestreitet den
'Mythos', daß es sich hier um zufällige Entdeckungen gehandelt hat (wie das im Fall der ersten
vier angenommen wurde) oder um bewährende Instanzen (was Hertz von seiner eigenen Entdeckung annahm).[24]) So kam Agassi zu einer kühnen Vorhersage: Alle diese fünf Experimente waren erfolgreiche Widerlegungen – in einigen Fällen sogar *geplante* Widerlegungen –
von Theorien, die er ausgraben will und die er in der Tat in den meisten Fällen ausgegraben zu
haben glaubt.[25])

Auch die Poppersche interne Geschichte läßt sich leicht durch externe Theorien
der Geschichte ergänzen. So hat Popper selbst erklärt, daß (auf positiver Seite) 1) der wichtigste *externe* Reiz für wissenschaftliche Theorien von der unwissenschaftlichen 'Metaphysik'
und selbst von Mythen herkommt (das wurde später, vor allem von Koyré, auf bewunderns-
werte Weise illustriert); und daß (negativ) 2) Fakten *kein* solcher externer Reiz sind – Tatsachenentdeckungen gehören völlig der internen Geschichte an, sie entstehen als Widerlegungen einer wissenschaftlichen Theorie, und Fakten selbst werden nur dann bemerkt, wenn sie
einer früheren Erwartung widersprechen. Diese beiden Thesen sind Ecksteine der Popper-

---

[21]) Eine Diskussion findet sich in Lakatos [1970], insbesondere S. 99–100 (s. S. 97 in diesem Band).
[22]) Zur weiteren Diskussion vgl. S. 291–292.
[23]) Agassi [1963].
[24]) Eine experimentelle Entdeckung ist eine *Zufallsentdeckung im objektiven Sinn*, wenn sie weder eine
bewährende noch eine widerlegende Instanz einer Theorie im objektiven Leib der zeitgenössischen
Kenntnisse darstellt; sie ist eine *Zufallsentdeckung im subjektiven Sinn*, wenn ihr Entdecker sie weder als
bewährende noch als widerlegende Instanz einer Theorie macht oder anerkennt, an der er persönlich zur
Zeit festhielt.
[25]) Agassi [1963], S. 64–74.

schen Entdeckungs-*Psychologie*.[26]) Feyerabend hat eine andere interessante *psychologische* These Poppers entwickelt, nämlich, daß das Proliferieren rivalisierender Theorien die *interne* Poppersche Falsifikation *von außen* beschleunigen kann.[27])

Aber die externen supplementären Theorien des Falsifikationismus brauchen nicht auf rein intellektuelle Einflüsse eingeschränkt zu werden. Man muß betonen (*pace* Agassi), daß sich der Falsifikationismus mit einer vulgärmarxistischen Ansicht von der Natur wissenschaftsfördernder Einflüsse nicht weniger gut verträgt als der Induktivismus. Der einzige Unterschied besteht darin, daß der letztere den Marxismus zur Erklärung der Entdeckung von *Tatsachen* heranziehen kann, während der erstere ihn vielleicht darum heranzieht, um die Erfindung *wissenschaftlicher Theorien* zu erklären – die Auswahl der Tatsachen (d. h. die Auswahl der 'potentiellen Falsifikatoren') ist für den Falsifikationisten vor allem intern von den Theorien bestimmt.

Das 'falsche Bewußtsein' – 'falsch' vom Standpunkt *seiner* Theorie der Rationalität – ist ein Problem auch für den falsifikationistischen Geschichtsschreiber. Warum zum Beispiel glauben einige Wissenschaftler, daß entscheidende Experimente positiv und verifizierend sind, nicht aber negativ und falsifizierend? Es war der Falsifikationist Popper, der, um diese Probleme zu lösen, besser als irgend jemand vor ihm die abgrundtiefe Kluft zwischen objektivem Wissen (in seiner 'dritten Welt') und seinen verzerrten Spiegelungen im Bewußtsein von Individuen ausgearbeitet hat.[28]) Er eröffnete so den Weg für meine Unterscheidung zwischen interner und externer Geschichte.

D. Die Methodologie wissenschaftlicher Forschungsprogramme

Nach meiner Methodologie sind die größten wissenschaftlichen Errungenschaften Forschungsprogramme, die sich auf Grund progressiver und degenerativer Problemverschiebungen bewerten lassen; und wissenschaftliche Revolutionen bestehen darin, daß ein Forschungsprogramm ein anderes aufhebt (im Verlauf des Fortschritts überholt).[29]) Diese

---

[26]) Im Popperschen Kreis waren es vor allem Agassi und Watkins, die die Wichtigkeit unfalsifizierbarer oder kaum prüfbarer '*empirischer*' Theorien als *äußere* Reize für spätere *wissenschaftliche* Entwicklungen im eigentlichen Sinn besonders betonten. Vgl. Agassi [1964] und Watkins [1958]. Diese Idee findet man natürlich bereits in Poppers [1935] und [1960]. Vgl. Lakatos [1970], S. 184 (s. S. 178 in diesem Band). Aber die neue Formulierung des Unterschiedes zwischen ihrem Vorgehen und dem meinen, die ich im vorliegenden Aufsatz zu geben gedenke, wird, hoffe ich, viel klarer sein.

[27]) Popper hat gelegentlich – und Feyerabend systematisch – die katalytische *(externe)* Rolle alternativer Theorien bei der Herstellung sogenannter 'entscheidender Experimente' betont. Aber Alternativen sind nicht bloße Katalysatoren, die man später aus der rationalen Rekonstruktion entfernen kann, sie sind *notwendige* Teile des Falsifikationsprozesses. Vgl. Popper [1940] und Feyerabend [1965]; vgl. aber auch Lakatos [1970], insbesondere S. 121, Anm. 4 (s. S. 119, Anm. 122, in diesem Band).

[28]) Vgl. Popper [1968*a*] und [1968*b*].

[29]) Die Ausdrücke 'progressive' und 'degenerative Problemverschiebungen', 'Forschungsprogramme', 'aufheben' oder 'überholen' werden im folgenden grob definiert; für sorgfältigere Definitionen vgl. Lakatos [1968*b*] und insbesondere Lakatos [1970].

Methodologie bietet eine neue rationale Rekonstruktion der Wissenschaft. Man stellt sie am besten vor, indem man sie mit dem Falsifikationismus und dem Konventionalismus kontrastiert, denn sie borgt wesentliche Elemente von beiden.

Vom Konventionalismus borgt sich diese Methodologie die Konzession, nicht nur raumzeitlich singuläre 'Tatsachen'-Sätze, sondern auch raumzeitlich universelle Theorien auf Grund von Entschlüssen zu akzeptieren: In der Tat, darin besteht der wichtigste Anhaltspunkt für die Kontinuität des Erkenntnisfortschritts.[30]) Die Grundeinheit der Bewertung ist nicht eine isolierte Theorie oder eine Konjunktion von Theorien, sondern vielmehr ein 'Forschungsprogramm' mit einem konventionell akzeptierten (und daher vorläufig 'unwiderlegbaren') 'harten Kern' und einer 'positiven Heuristik', die Probleme definiert, die Konstruktion eines Gürtels von Hilfshypothesen skizziert, Anomalien voraussieht und sie siegreich in Beispiele verwandelt – alles nach einem vorgefaßten Plan. Der Wissenschaftler schreibt zwar Anomalien auf, aber solange sein Forschungsprogramm in Schwung bleibt, kann er sie ohne weiters beiseite schieben. *Es ist vor allem die positive Heuristik seines Programms, nicht die Masse der Anomalien, die die Wahl seiner Probleme bestimmt.* [31]) Erst wenn die treibende Kraft der positiven Heuristik nachläßt, wird man den Anomalien größere Aufmerksamkeit schenken. Die Methodologie der Forschungsprogramme kann so den *hohen Grad der Autonomie der theoretischen Wissenschaft erklären*; eine solche Erklärung bringen die zusammenhanglosen Ketten von Konjekturen und Widerlegungen, auf die sich der naive Falsifikationist stützt, nicht zustande. Was für Popper, Watkins, Agassi *externe*, einflußreiche Metaphysik ist, wird hier zum *internen* 'harten Kern' eines Programms.[32])

Die Methodologie der Forschungsprogramme gibt ein Bild vom Spiel der Wissenschaft, das sich wesentlich vom Bilde des methodologischen Falsifikationisten unterscheidet. Die beste Eröffnung des Spiels ist nicht eine falsifizierbare (und daher widerspruchsfreie) Hypothese, sondern ein Forschungsprogramm. Bloße 'Falsifikation' (im Sinne Poppers) darf nicht Verwerfung nach sich ziehen.[33]) Bloße 'Falsifikationen' (d.h. Anomalien) sind aufzuschreiben, aber sie brauchen nicht behandelt zu werden. Poppers große negative entscheidende Experimente verschwinden; 'entscheidendes Experiment' ist ein Ehrentitel, den man

---

[30]) Popper läßt das nicht zu: „Dennoch besteht zwischen unserer Auffassung und der des Konventionalismus ein großer Unterschied. Wir sehen das Charakteristikum der empirischen Methode darin, daß es nicht die allgemeinen Sätze, sondern die besonderen, die Basissätze sind, die wir durch Beschluß anerkennen, festsetzen." (Popper [1935], Abschnitt 30.)

[31]) Der Falsifikationist bestreitet das mit Hitze: „Aus der Erfahrung lernen heißt, aus einer widerlegenden Instanz lernen. Die widerlegende Instanz wird dann eine problematische Instanz." (Agassi [1964], S. 201). In [1969] schrieb Agassi Popper die Behauptung zu, daß „wir aus der Erfahrung durch Widerlegungen lernen" (S. 169), und er fügt hinzu, daß man nach Popper *nur* aus Widerlegungen, nicht aber aus Bewährungen lernen kann (S. 167). Feyerabend sagt selbst in seinem [1969], daß „*negative Instanzen für die Wissenschaft ausreichen*". Aber diese Bemerkungen deuten auf eine sehr einseitige Theorie des Lernens aus der Erfahrung. (Vgl. Lakatos [1970], S. 121, Anm. 1, und S. 123; s. S. 118–120 in diesem Band.)

[32]) Als ein unerschütterlicher Positivist in der Wissenschaftstheorie würde Duhem ohne Zweifel die meiste 'Metaphysik' als unwissenschaftlich ausschließen und würde ihr keinen Einfluß auf die Wissenschaft im eigentlichen Sinn gestatten.

[33]) Vgl. Lakatos [1968a], S. 383–386, [1968b], S. 162–167, [1970], S. 116ff. und 155ff. (s. S. 113ff. und 151ff. in diesem Band).

gewissen Anomalien natürlich verleihen kann, aber *nur viel später*, nur wenn ein Programm von einem anderen geschlagen worden ist. Nach Popper beschreibt man ein entscheidendes Experiment mit Hilfe eines akzeptierten Basissatzes, der einer Theorie widerspricht – nach der Methodologie wissenschaftlicher Forschungsprogramme gibt es keinen akzeptierten Basissatz, der *für sich allein* den Wissenschaftler berechtigt, die Theorie zu verwerfen. Ein solcher Zusammenstoß mag ein (größeres oder geringeres) Problem sein – keinesfalls ist er ein 'Sieg'. Die Natur mag uns ein lautes *Nein* entgegenschleudern, aber die menschliche Erfindungskraft ist – anders als bei Weyl und Popper[34] – immer imstande, ein noch lauteres Geschrei zu erheben. Mit genügend Einfällen und etwas Glück läßt sich jede Theorie 'progressiv' für lange Zeit verteidigen, selbst wenn sie falsch ist. Das Poppersche Muster von 'Vermutungen und Widerlegungen' (conjectures and refutations), d. h. das Muster Versuch-mit-Hypothese (trial and error), gefolgt von Irrtum-erwiesen-vom-Experiment, ist aufzugeben: Kein Experiment ist entscheidend zu der Zeit, zu der es ausgeführt wird, und schon gar nicht vorher (außer vielleicht psychologisch).

Man muß aber darauf verweisen, daß die Methodologie wissenschaftlicher Forschungsprogramme nicht so zahnlos ist wie der Konventionalismus Duhems: Statt das Urteil über die richtige Zeit der Aufgabe eines 'Rahmens' dem unartikulierten Common sense Duhems zu überlassen[35], impfe ich harte Poppersche Elemente in die Entscheidung der Frage ein, ob ein Programm fortschreitet oder degeneriert oder ob ein Programm ein anderes überholt. Das heißt, ich gebe Kriterien des Fortschritts und der Stagnation innerhalb eines Programms an sowie Regeln für die 'Elimination' ganzer Forschungsprogramme. Ein Forschungsprogramm *schreitet fort*, solange sein theoretisches Wachstum sein empirisches Wachstum antizipiert, d. h. solange es neue Tatsachen mit einigem Erfolg vorhersagt (*'progressive Problemverschiebung'*); es *stagniert*, wenn sein theoretisches Wachstum hinter seinem empirischen Wachstum zurückbleibt, d. h. wenn es nur *Post-hoc*-Erklärungen entweder von Zufallsentdeckungen oder von Tatsachen gibt, die von einem konkurrierenden Programm antizipiert und entdeckt worden sind (*degenerative Problemverschiebung*).[36] Ein Forschungsprogramm, das mehr als sein Rivale auf progressive Weise erklärt, 'hebt' diesen

[34]) Vgl. Popper [1935], Abschnitt 85.
[35]) Vgl. Duhem [1906], Teil II, Kap. VI, § 10.
[36]) Ich definiere ein Forschungsprogramm als degenerierend selbst dann, wenn es neue Tatsachen antizipiert, dies aber durch stückweises Entwickeln und nicht mit Hilfe einer kohärenten, im voraus geplanten, positiven Heuristik tut. Ich unterscheide drei Arten von *Ad-hoc*-Hilfshypothesen: jene, die keinen empirischen Gehaltsüberschuß über ihre Vorgänger haben ('*ad hoc$_1$*'); jene, die einen solchen Gehaltsüberschuß haben, aber ohne daß auch nur ein Teil von ihm bewährt wäre ('*ad hoc$_2$*'); und schließlich jene, die nicht *ad hoc* sind in diesen zwei Bedeutungen, die aber auch kein wichtiger Teil der positiven Heuristik sind ('*ad hoc$_3$*'). Beispiele für eine *Ad-hoc$_1$*-Hypothese sind die linguistischen Ausflüchte der Pseudowissenschaften, die konventionalistischen Drehs, die ich in [1963/4] diskutiere, also die 'Monstersperre', die 'Ausnahmensperre', die 'Monsteradjustierung' und dergleichen mehr. Ein berühmtes Beispiel einer *Ad-hoc$_2$*-Hypothese ist die Lorentz-Fitzgerald-Kontraktionshypothese; ein Beispiel einer *Ad-hoc$_3$*-Hypothese ist Plancks erste Korrektur der Formel von Lummer und Pringsheim (vgl. auch S. 285). Wucherungen in den gegenwärtigen Sozial-'Wissenschaften' bestehen oft aus Geweben solcher *Ad-hoc$_3$*-Hypothesen, wie Meehl und Lykken gezeigt haben. (Hinweise finden sich in Lakatos [1970], S. 175, Anm. 2 und 3; s. S. 169, Anm. 322 und 323 in diesem Band.)

Rivalen 'auf', und der Rivale kann eliminiert (oder, wenn man will, 'zur Seite gestellt') werden.[37])

(*Innerhalb* eines Forschungsprogramms wird eine Theorie nur von einer besseren
Theorie eliminiert, und das ist eine Theorie, die einen Gehaltsüberschuß hat über ihre Vorgänger und deren Gehaltsüberschuß nachher teilweise bestätigt wird. Und für diese Ersetzung
einer Theorie durch eine bessere ist es nicht einmal nötig, daß die erste Theorie 'falsifiziert'
wird in Poppers Sinn des Wortes. So zeigt sich Fortschritt in Instanzen, die Überschußgehalte
verifizieren, und nicht in falsifizierenden Instanzen;[38]) 'Falsifikation' und 'Verwerfung' werden unabhängig voneinander.[39]) Vor der Modifikation einer Theorie kann man nie wissen, auf
welche Weise sie 'widerlegt' worden ist, und einige der interessantesten Modifikationen werden von der 'positiven Heuristik' eines Forschungsprogrammes motiviert, nicht aber von den
Anomalien. Dieser Unterschied allein hat schon wichtige Folgen und führt zu einer rationalen
Rekonstruktion wissenschaftlicher Veränderung, die sich sehr von der Popperschen unterscheidet.[40]))

Da man nicht verlangen kann, daß jeder einzelne Schritt progressiv sei, kann man
nur schwer entscheiden, wann ein Forschungsprogramm hoffnungslos degeneriert ist oder
wann eines von zwei konkurrierenden Programmen einen entscheidenden Vorteil über das
andere gewonnen hat. Wie auch in Duhems Konventionalismus gibt es in dieser Methodologie
keine sofortige – und schon gar keine mechanische – Rationalität. *Weder der Nachweis eines
Widerspruchs von seiten des Logikers noch die Feststellung einer Anomalie durch den Experimentalwissenschaftler kann ein Forschungsprogramm mit einem Streich schlagen.* 'Klugheit'
gibt es nur im nachhinein.[41])

---

[37]) Die Konkurrenz zwischen zwei Forschungsprogrammen ist natürlich ein lang ausgedehnter Prozeß,
während dessen man rational an jedem der beiden Programme *(oder, wenn man kann, an beiden)* arbeiten
kann. Das zuletzt erwähnte Pattern wird zum Beispiel dann wichtig, wenn eines der konkurrierenden Programme vage ist und seine Gegner es in schärfere Form bringen wollen, um seine Schwächen zu zeigen.
Newton hat die Cartesianische Wirbeltheorie weiter entwickelt, um zu zeigen, daß sie Keplers Gesetzen
widerspricht. (Gleichzeitige Arbeit an Programmrivalen unterminiert natürlich die These von Kuhn, daß
konkurrierende Programme psychologisch inkommensurabel sind.)
Der Fortschritt eines Programms ist ein höchst wichtiger Faktor in der Degeneration des Rivalen. Wenn
das Programm P_1 fortwährend 'neuartige Tatsachen' produziert, dann werden diese definitionsgemäß
Anomalien des Rivalen P_2 sein. Gibt P_2 für diese neuartigen Tatsachen nur eine *Ad-hoc*-Erklärung, dann
degeneriert es definitionsgemäß. Je mehr P_1 fortschreitet, desto schwerer ist es also für P_2, fortzuschreiten.
[38]) Vgl. insbesondere Lakatos [1970], S. 120–121 (s. S. 116–118 in diesem Band).
[39]) Vgl. insbesondere Lakatos [1968a], S. 385 und [1970], S. 121 (s. S. 118 in diesem Band).
[40]) Ein Rivale, der als *externer* Katalysator für die Poppersche Falsifikation einer Theorie wirkt, wird
hier ein *interner* Faktor. In Poppers (und Feyerabends) Rekonstruktion kann eine solche Theorie nach der
Widerlegung der zu prüfenden Theorie aus der rationalen Rekonstruktion entfernt werden; in meiner Rekonstruktion verbleibt sie in der internen Geschichte, sonst wird die Falsifikation aufgehoben. Vgl. Anm.
27. Eine andere wichtige Folge ist der Unterschied zwischen Poppers Diskussion des Duhem-Quine-Ar-
guments und der meinen; vgl. einerseits Popper [1935], letzter Absatz von Abschnitt 18 und 19, Anm. 1;
Popper [1957b], S. 131–133; Popper [1963a], S. 112, Anm. 26, S. 238–239 und 243; und andrerseits Lakatos [1970], S. 184–189 (s. S. 178–182 in diesem Band).
[41]) Für den Falsifikationisten ist das eine abstoßende Idee; vgl. z.B. Agassi [1963], S. 48ff.

In diesem Kode wissenschaftlicher Redlichkeit spielt die Bescheidenheit eine größere Rolle als in anderen Kodizes. Man *muß* einsehen, daß auch ein weit zurückgebliebener Gegner noch immer ein Comeback erleben kann. Kein Vorteil für eine Seite darf jemals als absolut endgültig angesehen werden. Kein Triumph ist unvermeidbar, noch ist die Niederlage eines Programms unvermeidbar. Hartnäckigkeit und Bescheidenheit haben also größeren 'rationalen' Spielraum. *Aber die Liste der Erfolge und der Mißerfolge der konkurrierenden Programme muß aufgezeichnet*[42]) *und zu allen Zeiten öffentlich vorgelegt werden.*

(Hier wäre der Ort, zumindest das wichtigste erkenntnistheoretische Problem der Methodologie wissenschaftlicher Forschungsprogramme zu erwähnen. In der Form, in der das Programm vorliegt, ist es, wie auch Poppers methodologischer Falsifikationismus, eine radikale Variante des Konventionalismus. Man muß ein außermethodologisches induktives Prinzip aufstellen, wenn man das wissenschaftliche Spiel pragmatischen Akzeptierens und Verwerfens auch nur einigermaßen mit der Wahrheitsnähe in Verbindung bringen will.[43]) Nur ein solches 'Induktionsprinzip' kann die Wissenschaft aus einem bloßen Spiel in eine erkenntnistheoretisch rationale Übung, aus einer Reihe heiterer skeptischer Schachzüge, an denen man zum Zweck intellektueller Unterhaltung teilnimmt, in ein ernsteres, fehlbares (und ein wenig fades) Unternehmen verwandeln, in dessen Verlauf man sich allmählich der Wahrheit über diese unsere Welt nähert.[44]))

Wie jede andere Methodologie konstituiert auch die Methodologie wissenschaftlicher Forschungsprogramme ein historiographisches Forschungsprogramm. Der Historiker, der sich diese Methodologie zum Leitfaden macht, wird in der Geschichte nach konkurrierenden Forschungsprogrammen, nach progressiven und degenerierenden Problemverschiebungen suchen. Wo der Duhemsche Historiker eine Revolution schon in der Einfachheit sieht (sagen wir in der Einfachheit des Kopernikus), hält er Ausschau nach einem umfassenden progressiven Programm, das ein degenerierendes Programm überholt. Wo der Falsifikationist ein negatives entscheidendes Experiment sieht, da 'sagt er voraus', daß keines stattgefunden hat und daß sich hinter jedem angeblich entscheidenden Experiment, hinter jedem angeblichen Kampf zwischen Theorie und Experiment *und sonst nicht* ein aufreibender Stellungskrieg zwischen zwei Forschungsprogrammen verbirgt. In der falsifikationistischen Rekonstruktion wird das Ergebnis dieses Stellungskrieges erst später mit einem angeblich einzelnen 'entscheidenden Experiment' verbunden.

Die Methodologie wissenschaftlicher Forschungsprogramme muß wie jede andere Theorie wissenschaftlicher Rationalität durch eine empirisch-externe Geschichte ergänzt werden. Keine Rationalitätstheorie wird je Probleme lösen wie die Frage, warum die Mendelsche Genetik in Sowjetrußland in den 50er Jahren verschwand und warum gewisse Forschungsunternehmungen, die sich der Untersuchung genetisch-rassischer Differenzen

---

[42]) Feyerabend scheint nunmehr zu bestreiten, daß selbst das eine Möglichkeit darstellt; vgl. [1970*a*] (s. S. 191–222 in diesem Band) und besonders [1970*b*] und [1974].

[43]) Ich verwende hier 'Wahrheitsnähe' in Poppers fachtechnischem Sinn, als den Unterschied zwischen dem Wahrheitsgehalt und dem Falschheitsgehalt einer Theorie. Vgl. Popper [1963*a*], Kap. 10.

[44]) Eine mehr allgemeine Diskussion findet sich auf S. 291–292.

oder der Analyse der Ökonomie der Auslandshilfe widmeten, in den 60er Jahren in den angel-
sächsischen Ländern in Mißkredit kamen. Außerdem müssen wir vielleicht die externe Geschichte heranziehen, um die verschiedenen Entwicklungsgeschwindigkeiten verschiedener
Forschungsprogramme zu erklären. Die rationale Rekonstruktion der Wissenschaft in dem
von mir hier verwendeten Sinn kann nicht umfassend sein, denn Menschen sind nicht *völlig* rationale Lebewesen; und selbst wenn sie rational handeln, haben sie oft eine falsche Theorie ihrer eigenen rationalen Handlungen.[45])

Aber die Methodologie der Forschungsprogramme zieht eine Grenze zwischen
interner und externer Geschichte, die sich von der anderer Rationalitätstheorien wesentlich
unterscheidet. Was zum Beispiel für den Falsifikationisten wie ein (leider häufiges) Phänomen
irrationalen Festhaltens an einer 'widerlegten' oder an einer inkonsistenten Theorie aussieht
und was er daher der *externen* Geschichte zuschreibt, kann auf Grund meiner Methodologie
intern, als eine rationale Verteidigung eines vielversprechenden Forschungsprogrammes, erklärt werden. Auch sind die erfolgreichen *Vorher*sagen neuer Tatsachen, die ernsthafte Evidenz für ein Forschungsprogramm darstellen und daher als lebenswichtige Teile seiner internen Geschichte aufgefaßt werden müssen, irrelevant sowohl für den Induktivisten als auch für
den Falsifikationisten.[46]) Für den Induktivisten und den Falsifikationisten macht es keinen
Unterschied, ob die Entdeckung einer Tatsache einer Theorie vorhergeht oder ihr nachfolgt:
Nur die logische Beziehung ist wichtig. Der 'irrationale' Eindruck der historischen Koinzidenz, daß eine Theorie zufällig eine Tatsachenentdeckung *antizipiert*, hat keine interne Bedeutung. Solche Antizipationen sind nicht „Beweis, sondern [bloße] Propaganda".[47]) Oder
man betrachte Plancks Unzufriedenheit mit seiner eigenen Strahlungsformel von 1900, die er
für 'willkürlich' hielt. Für den Falsifikationisten war die Formel eine kühne, falsifizierbare Hypothese und Plancks Mißfallen an ihr eine nichtrationale Laune, erklärbar nur durch Rück-
griff auf die Psychologie. Meiner Ansicht nach läßt sich aber Plancks Unzufriedenheit auf interne Weise erklären: Sie war die rationale Verurteilung einer '*Ad-hoc₃*'-Theorie.[48]) Um
noch ein anderes Beispiel zu erwähnen: Für den Falsifikationismus ist eine unwiderlegbare
'Metaphysik' ein externer intellektueller Einfluß, bei mir ist sie ein lebenswichtiger Teil der
rationalen Rekonstruktion der Wissenschaft.

Die meisten Historiker hatten bisher die Tendenz, die Lösung gewisser Probleme
als die Monopole der Externalisten anzusehen. Eines von ihnen ist das Problem der großen
Häufigkeit *simultaner Entdeckungen*. Vulgärmarxisten haben für dieses Problem eine einfache Lösung: Jede Entdeckung wird von vielen Leuten zugleich gemacht, sobald nur das soziale

---

[45]) Vgl. auch S. 274, 276, 279, 288, 305.
[46]) Der Leser darf nicht vergessen, daß ich im vorliegenden Aufsatz nur den naiven Falsifikationismus
diskutiere; vgl. Anm. 19.
[47]) Das bemerkt Kuhn anläßlich Galileos erfolgreicher *Vorher*sage der Phasen der Venus (Kuhn [1957],
S. 224). Wie Mill und Keynes vor ihm kann Kuhn nicht verstehen, warum die historische Abfolge von
Theorie und Evidenz zählen sollte, und er kann nicht sehen, wie wichtig es war, daß Kopernikus die Phasen der Venus *vorher*sagte, während die Tychonianer sie nur durch *nachträgliche* Anpassungen erklärt haben. In der Tat, er hat diese Tatsache nicht einmal erwähnt, denn er hat ihre Bedeutung nicht erkannt.
[48]) Vgl. Anm. 36.

Bedürfnis für sie entsteht.[49]) Was nun eine 'Entdeckung' und vor allem eine wichtige Entdeckung ist, das hängt von der Methodologie ab, die man akzeptiert. Für den Induktivisten sind die wichtigsten Entdeckungen die Entdeckungen von Tatsachen, und diese sind in der Tat oft simultan. Für den Falsifikationisten ist eine *wichtige* Entdeckung die Entdeckung einer Theorie und nicht die Entdeckung einer Tatsache. Ist die Theorie einmal entdeckt (oder vielmehr erfunden), dann wird sie öffentliches Eigentum; und nichts ist klarer als der Umstand, daß verschiedene Leute sie zugleich überprüfen und so zu gleicher Zeit (geringere) Tatsachenentdeckungen machen werden. Auch fordert eine publizierte Theorie dazu heraus, unabhängig überprüfbare Erklärungen einer höheren Stufe aufzustellen. Nimmt man zum Beispiel Keplers Ellipsen und Galileis rudimentäre Dynamik als gegeben an, dann ist die simultane 'Entdeckung' eines Gesetzes einer im Quadrat abnehmenden Kraft nicht weiter überraschend: eine Problemsituation ist öffentlich, und simultane Lösungen lassen sich also *rein intern* erklären.[50]) Die Entdeckung eines neuen Problems braucht aber nicht so einfach erklärbar zu sein. Wenn man sich die Wissenschaftsgeschichte als eine Geschichte von verschiedenen konkurrierenden Forschungsprogrammen vorstellt, dann sind die meisten gleichzeitigen Entdeckungen, seien sie nun theoretischer Natur oder Entdeckungen von Tatsachen, durch Hinweis auf den Umstand erklärt, daß Forschungsprogramme öffentliches Eigentum sind und daß sich daher viele Leute in verschiedenen Teilen der Welt mit ihnen befassen, Leute, die oft gar nichts voneinander wissen. Wirklich *neuartige, wichtige, revolutionäre* Entwicklungen werden aber nur selten simultan erfunden. Es stellte sich heraus, daß einige angeblich simultane Entdeckungen neuartiger Programme nur vom Standpunkt eines gefälschten Rückblicks aus simultan sind: In Wirklichkeit handelt es sich um *verschiedene* Entdeckungen, die erst später in eine einzige Entdeckung zusammenfließen.[51])

    Ein beliebter Jagdgrund von Externalisten ist das verwandte Problem, warum man *Prioritätsstreitigkeiten* für so wichtig hält und warum soviel Energie an sie verbraucht wird. Der Induktivist, der naive Falsifikationist oder der Konventionalist können hier nur eine *externe* Erklärung geben; aber im Lichte der Methodologie von Forschungsprogrammen sind einige Prioritätsstreitigkeiten lebenswichtige *interne* Probleme; in dieser Methodologie ist es ja *für eine rationale Beurteilung höchst wichtig zu wissen, welches Programm eine neuartige Tatsache zuerst antizipiert hat und welches sich die nunmehr alte Tatsache erst später einverleibt hat.* Einige Prioritätsstreitigkeiten lassen sich durch rationales Interesse und nicht bloß durch Eitelkeit und Ruhmessucht erklären. Es wird dann zum Beispiel wichtig, daß die Tychonische Theorie die ursprünglich von den Kopernikanern genau antizipierten Phasen der Venus und ihre Distanz nur im nachhinein, *post hoc*, erklären konnte;[52]) oder daß die Kartesianer zwar alles erklären konnten, was die Newtonianer *voraus*gesagt hatten, aber nur *post hoc*. Die New-

---

[49]) Eine Darlegung dieser Position und eine interessante kritische Diskussion findet sich in Polanyi [1951], S. 4 ff. und 78 ff.
[50]) Vgl. Popper [1963b] und Musgrave [1969].
[51]) Das wurde überzeugend von Elkana für den Fall der sogenannten gleichzeitigen Entdeckung der Energieerhaltung gezeigt; vgl. sein [1971].
[52]) Vgl. auch Anm. 47.

tonsche optische Theorie erklärte *post hoc* viele Phänomene, die zuerst von den Huyghensianern antizipiert und beobachtet wurden.[53])

Alle diese Beispiele zeigen, wie die Methodologie wissenschaftlicher Forschungsprogramme viele Probleme, die andere Historiographien als *externe* Probleme angesehen hatten, in interne Probleme verwandelt. Gelegentlich bewegt sich aber die Grenze in die entgegengesetzte Richtung. Zum Beispiel mag es wohl ein Experiment gegeben haben, das, in Abwesenheit einer besseren Theorie, *instantan* als ein negatives entscheidendes Experiment akzeptiert wurde. Für den Falsifikationisten ist dieses Akzeptieren ein Teil der internen Geschichte; für mich ist es nicht rational und muß mit Hilfe der externen Geschichte erklärt werden.

Bemerkung. Die Methodologie der Forschungsprogramme wurde sowohl von Feyerabend als auch von Kuhn kritisiert. Kuhn schreibt: „[Lakatos] muß ... die Kriterien namhaft machen, die sich *zur fraglichen Zeit* verwenden lassen, um ein degeneratives von einem progressiven Forschungsprogramm zu unterscheiden. Sonst *hat er uns gar nichts mitgeteilt.*"[54])

Ich *habe* solche Kriterien angegeben. Aber Kuhn meinte wohl, daß „[meine] Maßstäbe ... nur dann praktisch wirksam sind, wenn man sie mit einer *Zeitgrenze* verbindet (was zunächst wie eine degenerierende Problemverschiebung aussieht, kann der Beginn einer viel längeren Periode des Fortschritts sein)".[55]) Ich gebe keine solche Zeitgrenze an, also schließt Feyerabend, daß meine Maßstäbe nicht mehr sind als „*verbale Ornamente*".[56]) Eine ähnliche Frage wurde von Musgrave in einem Brief erhoben, der wichtige konstruktive Kritik einer früheren Fassung enthielt und in dem er verlangte, ich solle zum Beispiel angeben, wann ein dogmatisches Festhalten an einem Programm 'extern' und nicht mehr 'intern' zu erklären ist.

Es sei versucht zu erklären, warum solche Einwände ihr Ziel verfehlen. Man kann rational an einem degenerierenden Programm festhalten, bis es von einem Rivalen überholt ist, *und sogar noch nachher*. Aber man darf *nicht* seine öffentlich beglaubigte Leistung leugnen. Sowohl Feyerabend als auch Kuhn vermengen die *methodologischen* Bewertungen eines Programms mit harten *heuristischen Ratschlägen* über auszuführende Handlungen.[57]) Riskantes Spielen ist völlig rational: irrational ist es, wenn man sich über die eingegangenen Risiken täuscht.

Die Freiheit ist aber nicht so groß, als es jenen erscheinen mag, die an einem degenerierenden Programm festhalten. Denn sie werden dies zumeist nur privat tun können. Herausgeber wissen-

---

[53]) Für den Mertonschen Funktionalismus sind Prioritätsstreitigkeiten eine *prima facie* Fehlleistung und daher eine Anomalie, und Merton hat sich seit langer Zeit bemüht, eine allgemeine sozio-psychologische Erklärung zu geben (Hinweis von Alan Musgrave). Vgl. z. B. Merton [1957], [1963], [1969]. Nach Merton ist „die wissenschaftliche *Kenntnis* weder reicher noch ärmer, weil Anerkennung gegeben wurde, wo Anerkennung zusteht: es ist die soziale *Institution* der Wissenschaft, und es sind *individuelle* Wissenschaftler, die unter einem wiederholten Versäumnis gerechter Zuerkennung von Verdiensten leiden würden" (Merton [1957], S. 648). Aber Merton übertreibt seine Pointe: in wichtigen Fällen (wie in Galileos Prioritätsstreitigkeiten) stand mehr auf dem Spiel als institutionelle Interessen: das Problem war, ob das Kopernikanische Forschungsprogramm progressiv war, oder nicht. (Natürlich haben nicht alle Prioritätsstreitigkeiten wissenschaftliche Relevanz. Zum Beispiel hatte der Disput zwischen Adams und Leverrier, wer denn der erste Entdecker des Neptun gewesen sei, keine solche Relevanz: die Entdeckung verstärkte *dasselbe* (Newtonsche) Programm, wer immer auch der Entdecker war. In solchen Fällen kann Mertons externe Erklärung wohl wahr sein.)

[54]) Kuhn [1970], S. 239 (s. S. 231 in diesem Band); Hervorhebung von mir.

[55]) Feyerabend [1970a], S. 215 (s. S. 208 in diesem Band).

[56]) Ebenda.

[57]) Vgl. Anm. 2.

schaftlicher Journale sollten sich weigern, ihre Aufsätze zu publizieren, die im allgemeinen nicht mehr enthalten werden als feierliche Wiederholungen ihrer Position oder Absorption der Gegenevidenz (und selbst der konkurrierenden Programme) mit Hilfe von *ad-hoc*-linguistischen Adjustierungen. Auch Forschungsstiftungen sollten sich weigern, Geld zu diesen Zwecken zu gewähren.[58])

Diese Betrachtungen beantworten auch Musgraves Einwand, denn sie trennen rationales von irrationalem (oder redliches von unredlichem) Festhalten an einem degenerierenden Forschungsprogramm. Sie werfen auch weiteres Licht auf die Grenze zwischen interner und externer Geschichte. Sie zeigen, daß die interne Geschichte zur Darstellung der Geschichte der körperlosen Wissenschaft ausreicht, degenerierende Problemverschiebungen eingeschlossen. Die externe Geschichte erklärt, warum manche Leute falsche Überzeugungen über den wissenschaftlichen Fortschritt haben und wie diese Überzeugungen ihre wissenschaftliche Tätigkeit beeinflussen können.

E. Interne und externe Geschichte

Wir haben vier Theorien der Rationalität wissenschaftlichen Fortschritts – oder der Logik der Forschung – kurz diskutiert. Es wurde gezeigt, wie jede von ihnen einen theoretischen Rahmen für die rationale Rekonstruktion der Wissenschaftsgeschichte zur Verfügung stellt.

So besteht die interne Geschichte des *Induktivisten* aus angeblichen Entdeckungen harter Tatsachen und sogenannten induktiven Generalisierungen. Die interne Geschichte des *Konventionalisten* besteht aus Tatsachenentdeckungen, der Erbauung von Ordnungs-Systemen und ihrer Ersetzung durch angeblich einfachere Ordnungs-Systeme.[59]) Die interne Geschichte des *Falsifikationisten* dramatisiert kühne Konjekturen, Verbesserungen, die angeblich *immer* gehaltvermehrend sind, und vor allem triumphierende 'negative entscheidende

---

[58]) Ich behaupte natürlich nicht, daß solche Entscheidungen unbedingt einmütig sind. Man muß auch seinen *Commonsense* gebrauchen. Commonsense (d.h. Urteilen in *besonderen* Fällen, das nicht nach mechanischen Regeln geschieht, sondern allgemeinen Prinzipien folgt, die einen gewissen *Spielraum* lassen) spielt eine Rolle in allen Varianten nicht-mechanischer Methodologien. Der Duhemsche Konventionalist braucht Commonsense, um zu entscheiden, wann ein theoretischer Rahmen genügend ungefüge geworden ist, um durch einen 'einfacheren' ersetzt zu werden. Der Poppersche Falsifikationist braucht Commonsense, um zu entscheiden, wann ein Basissatz zu 'akzeptieren' ist oder auf welche Prämisse der *Modus tollens* zu richten ist. Vgl. Lakatos [1970], S. 106 ff. (s. S. 104 ff. in diesem Band. Aber weder Duhem noch Popper geben dem 'Commonsense' eine Blankovollmacht. Sie geben wohlbestimmte Richtlinien. Der Duhemsche Richter weist die Jury des Commonsense an, in Sachen der komparativen Einfachheit zu einem übereinstimmenden Urteil zu kommen; der Poppersche Richter weist sie an, ihr Augenmerk vor allem auf jene akzeptierten Basissätze zu richten, die akzeptierten Theorien widersprechen, und über diese zu einem übereinstimmenden Urteil zu kommen. Mein Richter weist die Geschworenen an, übereinstimmende Abschätzungen von progressiven und degenerativen Forschungsprogrammen zu liefern. Aber man kann sich zum Beispiel darüber streiten, ob ein akzeptierter Basissatz eine *neuartige* Tatsache ausdrückt oder nicht. Vgl. Lakatos [1970], S. 156 (s. S. 151 in diesem Band).
Obwohl es wichtig ist, daß in solchen Schiedssprüchen Einmütigkeit erreicht werde, muß doch auch die Möglichkeit einer Berufung bestehen. Bei solchen Berufungen wird der unartikulierte Commonsense in Frage gestellt, artikuliert und kritisiert. (Die Kritik kann sogar aus einer Kritik der Deutung der Gesetze zu einer Kritik der Gesetze selbst werden.)

[59]) Die meisten Konventionalisten nehmen auch eine mittlere induktive Schicht von 'Gesetzen' zwischen Tatsachen und Theorien an; vgl. Anm. 15.

Experimente'. Die *Methodologie von Forschungsprogrammen* schließlich betont die lange
während theoretische und empirische Rivalität größerer Forschungsprogramme, progressive
und degenerative Problemverschiebungen und den langsam in Erscheinung tretenden Sieg eines Programms über ein anderes.

    Jede rationale Rekonstruktion produziert ein charakteristisches Muster des ra-
tionalen Wachstums wissenschaftlicher Kenntnisse. Aber alle diese *normativen* Rekonstruktionen müssen unter Umständen durch *empirische* externe Theorien ergänzt werden, die den
Zweck haben, die verbleibenden nicht-rationalen Faktoren zu erklären. Die Geschichte der
Wissenschaften ist immer reicher als ihre rationale Rekonstruktion. *Aber die rationale Rekonstruktion oder die interne Geschichte ist primär, und die externe Geschichte nur sekundär, denn
die wichtigsten Probleme der externen Geschichte werden durch die interne Geschichte definiert.*
Die externe Geschichte gibt entweder nicht-rationale Erklärungen für die Schnelligkeit, den
Ort, die Auswahl etc. historischer Ereignisse, so wie diese durch die interne Geschichte *gedeu-
tet* werden; oder sie gibt eine empirische Erklärung festgestellter Unterschiede zwischen der
Geschichte und ihrer rationalen Rekonstruktion. Der *rationale* Aspekt des Wachstums der
Wissenschaften wird aber von der gewählten Forschungslogik voll und ganz erklärt.

    Was immer das Problem ist, das der Wissenschaftshistoriker lösen will, er muß
zuerst den relevanten Abschnitt des Wachstums objektiver wissenschaftlicher Kenntnisse rekonstruieren – und das ist der relevante Abschnitt der 'internen Geschichte'. Wie gezeigt
wurde, wird die interne Geschichte für den Historiker immer von seiner Philosophie konstituiert, ob er dies nun bemerkt oder nicht. Die meisten Theorien des Erkenntniswachstums sind
Theorien des Wachstums körperloser Erkenntnis: Ob ein Experiment entscheidend ist oder
nicht, ob eine Hypothese im Licht der vorhandenen Evidenz hochwahrscheinlich ist oder
nicht, ob eine Problemverschiebung progressiv ist oder nicht – das hat mit den Überzeugungen, Persönlichkeiten oder mit der Autorität der Wissenschaftler nicht das geringste zu tun.
Für die interne Geschichte sind solche subjektiven Faktoren ohne Interesse. Der interne Hi-
storiker registriert zum Beispiel das Proutsche Programm mit seinem harten Kern (daß die
Atomgewichte reiner chemischer Elemente ganze Zahlen sind) und seiner positiven Heuristik
(Verwertung und Ersetzung der zeitgenössischen falschen Beobachtungstheorien, die bei der
Messung von Atomgewichten Anwendung finden). Dieses Programm wurde später ausge-
führt.[60]) Der interne Historiker verschwendet nur geringe Zeit an die Darstellung von Prouts
Überzeugung, daß eine 'sorgfältige' Anwendung der 'experimentellen Techniken' *seiner eige-
nen Zeit* und eine richtige Interpretation der experimentellen Ergebnisse die Anomalien *sofort* als bloße Illusionen entlarven würden. Der interne Historiker betrachtet diese historische

---

[60]) Der Satz „Das Proutsche Programm wurde ausgeführt" klingt wie ein 'Tatsachen'-Satz. Aber es gibt
keine 'Tatsachen'-Sätze: die Wendung kam erst durch den dogmatischen Empirismus in die Alltagsspra-
che. *Wissenschaftliche 'Tatsachen'-Sätze* sind erfüllt mit Theorien, und zwar mit 'Beobachtungstheorien'.
Historiographische 'Tatsachen'-Sätze sind auch erfüllt mit Theorien, und zwar sind die Theorien in diesem
Fall methodologische Theorien. In die Entscheidung über den Wahrheitswert des 'Tatsachen'-Satzes
„Das Proutsche Programm wurde ausgeführt" gehen zwei methodologische Theorien ein. Erstens die
Theorie, daß die Einheiten wissenschaftlicher Bewertung Forschungsprogramme sind; zweitens eine *spe-
zifische* Theorie, die uns erlaubt zu beurteilen, ob ein Programm 'de facto' ausgeführt wurde. Bei allen diesen Betrachtungen braucht ein Popperscher interner Historiker kein Interesse zu nehmen an den involvierten *Personen* oder an ihren Überzeugungen, ihre eigene Tätigkeit betreffend.

Tatsache als eine Tatsache in der zweiten Welt, die eine bloße Karikatur ihres Gegenstücks in der dritten Welt ist.[61]) *Wie* solche Karikaturen zustande kommen, geht ihn nichts an; in einer Anmerkung kann er dem Externalisten das Problem übergeben, warum gewisse Wissenschaftler 'falsche Überzeugungen' über ihre eigene Tätigkeit haben.[62])

Der Historiker ist also bei der Konstruktion der internen Geschichte höchst selektiv; er läßt alles weg, was irrational ist im Lichte seiner Rationalitätstheorie. Aber seine normative Auswahl ist noch immer keine rationale Rekonstruktion im vollen Sinne des Wortes. Zum Beispiel hat Prout niemals das 'Proutsche Programm' artikuliert: das Proutsche Programm ist nicht das Programm Prouts. *Nicht nur der ('interne') Erfolg und die ('interne') Niederlage eines Programms sind einer Beurteilung nur im nachhinein zugänglich; dasselbe trifft häufig auch auf den Inhalt zu.* Die interne Geschichte ist nicht einfach eine *Auswahl* methodologisch interpretierter Tatsachen: sie kann gelegentlich zu einer *radikal verbesserten Variante* dieser Tatsachen werden. Das läßt sich an Hand von Bohrs Programm zeigen. Im Jahre 1913 hat Bohr vielleicht nicht einmal an die Möglichkeit des Elektronenspins gedacht. Auch ohne den Spin hatte er seine Hände voll. Der Historiker, der das Bohrsche Programm im Rückblick beschreibt, sollte ihm den Elektronenspin aber trotzdem einverleiben, denn er paßt ganz natürlich in die ursprüngliche Skizze des Programms. Bohr hätte 1913 auf ihn verweisen können. Bohr hat das nicht getan – und das ist ein interessantes Problem, das verdient, in einer Anmerkung angedeutet zu werden.[63]) (Probleme dieser Art werden dann entweder intern gelöst durch Hinweis auf rationale Gründe im Wachstum objektiver, unpersönlicher Kenntnis; oder extern durch Hinweis auf psychologische Ursachen in der Entwicklung von Bohrs persönlichen Überzeugungen.)

Eine Methode, die Diskrepanzen zwischen der Geschichte und ihren rationalen Rekonstruktionen aufzuzeigen, besteht darin, die interne Geschichte *im Text* zu behandeln und dann *in den Anmerkungen* anzudeuten, wie 'schlecht' sich die tatsächliche Geschichte im Lichte ihrer rationalen Rekonstruktion verhalten hat.[64])

[61]) Die 'erste Welt' ist die Welt der Materie, die 'zweite Welt' die Welt der Gefühle, Überzeugungen, des Bewußtseins, die 'dritte Welt' ist die Welt objektiven Wissens, das in Sätzen artikuliert vorliegt. Das ist eine uralte und höchst wichtige Trichotomie; gegenwärtig ist ihr führender Proponent Popper. Vgl. Popper [1968a], [1968b] und Musgrave [1969] und [1971a].

[62]) Was in diesem Zusammenhang 'falsche Überzeugung' oder 'falsches Bewußtsein' ist, hängt natürlich von der Rationalitätstheorie des Kritikers ab: vgl. S. 274, 276, 278. Aber keiner Rationalitätstheorie kann es je gelingen, uns zum 'wahren Bewußtsein' zu führen.

[63]) Wäre die Publikation von Bohrs Programm um einige Jahre verzögert worden, dann hätte vielleicht weiteres Spekulieren selbst ohne vorhergehende Beobachtung des anomalen Zeemanneffekts zum Spinproblem führen können. Und tatsächlich stellte Compton das Problem in den Kontext des Bohrschen Programms in seiner Schrift [1919].

[64]) Ich habe diese Darstellungsmethode zuerst in [1963–1964] angewendet; dann wieder bei meiner detaillierten Untersuchung der Programme von Prout und Bohr; vgl. Lakatos [1970], S. 138, 140, 146 (s. S. 134–142 in diesem Band). Dieses Vorgehen wurde auf der Minnesota-Conference des Jahres 1969 von einigen Historikern kritisiert. McMullin zum Beispiel behauptete, daß meine Art der Darstellung eine *Methodologie*, aber sicher nicht die wirkliche *Geschichte* erhellen könne: der Text sagt dem Leser, was hätte geschehen müssen, die Anmerkungen, was tatsächlich geschah (vgl. McMullin [1970]). Kuhns Kritik meiner Darstellung bewegte sich im Grunde auf derselben Bahn: er hält sie für eine spezifisch *philosophische* Exposition: „... ein Historiker würde in seinem Tatsachenbericht *keine Geschichte erzählen*, von der er *weiß*, daß sie falsch ist. Und wenn er es schon getan hat, dann würde er nicht auch noch in einer Fußnote darauf aufmerksam machen." (Kuhn [1970], S. 256; s. S. 248 in diesem Band).

Viele Historiker betrachten die Idee jeglicher rationalen Rekonstruktion mit Abscheu. Sie zitieren Lord Bolingbroke: „Die Geschichte ist Philosophie am Beispiel gelehrt." Und sie werden vielleicht hinzufügen: „Wir brauchen eben viel mehr Beispiele"[65]), bevor wir mit dem Philosophieren beginnen können. Aber eine solche induktivistische Theorie der Historiographie ist utopisch.[66]) *Geschichte ohne theoretisches 'Vorurteil' ist unmöglich.*[67]) Eine Gruppe von Historikern will harte Tatsachen entdecken, induktive Verallgemeinerungen, eine andere ist an kühnen Theorien und entscheidenden negativen Experimenten interessiert, wieder andere suchen nach großen Vereinfachungen oder nach progressiven und degenerativen Problemverschiebungen; alle haben *gewisse* theoretische 'Vorurteile'. Diese Vorurteile können natürlich von einem eklektischen Wechsel von Theorien oder von theoretischer Verwirrung verhüllt sein: aber weder der Eklektizismus noch die Konfusion konstituieren einen atheoretischen Standpunkt. Die externen Probleme eines Historikers sind oft ausgezeichnete Führer zur Entdeckung seiner impliziten Methodologie: die einen fragen, warum eine 'harte Tatsache' oder eine 'kühne Theorie' genau dann und genau dort entdeckt worden ist, wo die Entdeckung de facto geschah; andere fragen, wieso eine 'degenerative Problemverschiebung' so unglaublich lange populär sein konnte und warum es so 'unvernünftig' lange brauchte, bevor eine 'progressive Problemverschiebung' als solche anerkannt wurde.[68]) Dicke Bücher wurden dem Problem gewidmet, ob und, wenn ja, warum das Hervortreten der Wissenschaft eine rein europäische Angelegenheit war; aber eine solche Untersuchung muß verwirrtes Herumschweifen bleiben, außer man definiert 'Wissenschaft' klar auf Grund einer normativen Wissenschaftsphilosophie. Ein höchst interessantes externes Problem der externen Geschichte ist die Angabe der psychologischen, ja in der Tat, der soziologischen Bedingungen, die notwendig sind (aber natürlich nie hinreichend) für die Möglichkeit wissenschaftlichen Fortschritts; aber schon die Formulierung dieses 'externen' Problems enthält notwendigerweise eine bestimmte methodologische Theorie oder eine bestimmte Definition von Wissenschaft. Die Geschichte *der Wissenschaft* ist eine Geschichte von Ereignissen, die in normativer Weise ausgewählt und interpretiert werden.[69]) Unter diesen Umständen wird das bisher ver-

---

[65]) Vgl. L. P. Williams [1970] (s. S. 49–50 in diesem Band).

[66]) Vielleicht sollte ich den Unterschied betonen zwischen einer *induktivistischen Historiographie der Wissenschaften* einerseits, nach der die *Wissenschaften* durch die Entdeckung harter Tatsachen (in der Natur) und (möglicherweise) induktive Verallgemeinerungen fortschreiten, und einer *induktivistischen Theorie der Wissenschaftshistoriographie* andrerseits, nach der die *Wissenschaftshistoriographie* durch die Entdeckung harter Tatsachen (in der Wissenschaftsgeschichte) und (möglicherweise) induktive Verallgemeinerungen fortschreitet. 'Kühne Konjekturen', 'entscheidende negative Experimente' und selbst 'progressive und degenerative Forschungsprogramme' können von induktivistischen Historiographen als 'harte historische Tatsachen' in Betracht gezogen werden. Eine der Schwächen von Agassis [1963] liegt darin, daß er es unterläßt, diese Unterscheidung zwischen einem wissenschaftlichen und einem historiographischen Induktivismus zu betonen.

[67]) Vgl. Popper [1957*b*], Abschnitt 31.

[68]) Diese These hat zur Folge, daß die Arbeit jener 'Externalisten' (zumeist modische 'Wissenssoziologen') wertlos ist, die vorgeben, die soziale Geschichte einer wissenschaftlichen Disziplin zu schreiben, ohne die Disziplin und ihre interne Geschichte zu beherrschen. Vgl. auch Musgrave [1971*a*].

[69]) Leider gibt es in den meisten Sprachen nur *ein* Wort zur Bezeichnung von Geschichte$_1$ (der Klasse historischer Ereignisse) und von Geschichte$_2$ (der Klasse historischer Sätze). Geschichte$_2$ ist eine Theorie und eine wertgeladene Rekonstruktion der Geschichte$_1$.

nachlässigte Problem der Bewertung rivalisierender Forschungslogiken und damit rivalisierender Rekonstruktionen der Geschichte ein Problem von höchster Wichtigkeit. Ich wende mich nun diesem Problem zu.

2. Kritischer Vergleich von Methodologien: Die Geschichte als Prüfstein ihrer rationalen Rekonstruktionen

Theorien wissenschaftlicher Rationalität zerfallen in zwei Klassen:

1) *Rechtfertigungsmethodologien* stellen sehr hohe erkenntnistheoretische Maßstäbe auf. Für den klassischen Rechtfertigungsdenker ist ein Satz 'wissenschaftlich' nur dann, wenn er *bewiesen* ist, für den Neojustifikationisten, wenn er *wahrscheinlich* ist (im Sinne des Wahrscheinlichkeitskalküls) oder *bewährt* (im Sinne von Poppers dritter Notiz zur Bewährung) zu einem bestimmten Grad.[70] Einige Wissenschaftsphilosophen haben die Idee eines Beweises oder einer (beweisbaren) Wahrscheinlichkeitsmachung wissenschaftlicher Theorien aufgegeben, sind aber dogmatische Empiristen geblieben: ob sie nun Induktivisten, Probabilisten, Konventionalisten oder Falsifikationisten sind – sie halten noch immer an der Beweisbarkeit von 'Tatsachen'-Sätzen fest. Heute sind natürlich alle diese verschiedenen Formen des Rechtfertigungsdenkens unter dem Gewicht einer *erkenntnistheoretischen und logischen Kritik* zusammengebrochen.

2) Die einzigen Alternativen, die uns bleiben, sind *pragmatisch-konventionalistische Methodologien*, gekrönt von einem globalen Prinzip der Induktion. Konventionalistische Methodologien stellen zuerst Regeln auf, betreffend die 'Annahme' oder 'Verwerfung' von Tatsachensätzen und theoretischen Sätzen – jedoch ohne Regeln über Beweis und Widerlegung, Wahrheit und Falschheit. Wir haben also *verschiedene Systeme von Regeln für das Spiel der Wissenschaft*. Das induktivistische Spiel besteht aus der Sammlung 'annehmbarer' (nicht bewiesener) Daten und der Herleitung von 'annehmbaren' (nicht bewiesenen) induktiven Verallgemeinerungen aus ihnen. Das konventionalistische Spiel besteht aus der Sammlung 'annehmbarer' Daten und ihrer Einordnung in die einfachsten Ordnungssysteme (oder in der Bereitstellung der einfachst möglichen Ordnungssysteme und ihrer Erfüllung mit annehmbaren Daten). Popper hat noch ein weiteres Spiel 'wissenschaftlich' genannt.[71] Selbst Methodologien, die epistemologisch und logisch diskreditiert sind, können doch weiter funktionieren

---

[70]) D.h., eine Hypothese h ist wissenschaftlich nur dann, wenn es eine Zahl q gibt derart, daß $p(h,e) = q$, wobei e die verfügbare Evidenz und $p(h,e) = q$ *bewiesen* werden kann. Solange ein angeblicher Beweis von $p(h,e) = q$ vorliegt, macht es keinen Unterschied aus, ob p eine Carnapsche Konfirmationsfunktion oder eine Poppersche Korroborationsfunktion ist. (Poppers dritte Notiz zur Korroboration ist natürlich nichts anderes als ein merkwürdiger Fehltritt, der nicht in seine Philosophie paßt; vgl. Lakatos [1968a], S. 411–417.)
Der Probabilismus hat niemals ein Programm historiographischer Rekonstruktion erzeugt; es ist ihm nie gelungen, sich den Problemen zu entwinden, die er selbst geschaffen hatte. Als ein erkenntnistheoretisches Programm ging es mit ihm schon lange bergab; als ein historiographisches Programm hat er noch nicht einmal begonnen.

[71]) Popper [1935], Abschnitte 11 und 85. Vgl. auch die Bemerkung in Lakatos [1971], Anm. 13. Auch die Methodologie der Forschungsprogramme wird zunächst als ein Spiel definiert; vgl. vor allem S. 99–100.

und in kastrierten Varianten als Leitfäden der rationalen Rekonstruktion der Geschichte dienen. Aber diese *wissenschaftlichen Spiele* sind ohne echte erkenntnistheoretische Relevanz
solange wir ihnen nicht eine Art metaphysischen (oder, wenn man wünscht, 'induktiven')
Prinzips überlagern, nach welchem uns das von der Methodologie spezifizierte Spiel die beste
Chance gibt, die Wahrheit zu erreichen. Ein solches Prinzip verwandelt die reinen Konventionen des Spiels in fehlbare Konjekturen; ohne ein solches Prinzip ist das Spiel der Wissenschaft
ein Spiel wie jedes andere.[72])

Es ist sehr schwer, konventionalistische Methodologien wie die von Duhem und
Popper zu kritisieren. Es gibt keine offenkundige Methode der Kritik eines Spiels oder eines
metaphysischen Induktionsprinzips. Um diese Schwierigkeiten zu überwinden, werde ich eine
neue Theorie der Bewertung solcher Wissenschaftsmethodologien vorschlagen (d.h. jener
Methodologien, die zumindest im ersten Stadium, vor der Einführung eines Induktionsprinzips, konventionalistisch sind). Ich werde zeigen, daß sich Methodologien ohne direkte Bezugnahme auf eine epistemologische (und selbst logische) Theorie kritisieren lassen und ohne
direkte Verwendung einer logisch-erkenntnistheoretischen Kritik. Die Grundidee der Kritik
ist, daß *alle Methodologien als historiographische (oder meta-historische) Theorien (oder Forschungsprogramme) fungieren und daß sie sich kritisieren lassen, indem man die rationale historische Rekonstruktion kritisiert, zu der sie führen.*

Ich werde versuchen, diese historiographische Methode der Kritik in dialekti-
scher Weise zu entwickeln. Ich beginne mit einem Spezialfall: ich 'widerlege' zuerst den Falsifikationismus, indem ich den Falsifikationismus (auf einer normativ-historiographischen Metastufe) auf sich selbst anwende. Dann wende ich den Falsifikationismus auch auf den Induktivismus und auf den Konventionalismus an und argumentiere, daß alle Methodologien mit
Hilfe dieser Pyrrhonischen *machine de guerre* als 'falsifiziert' enden müssen. Schließlich 'ap-
pliziere' ich nicht den Falsifikationismus, sondern die Methode wissenschaftlicher Forschungsprogramme auf den Induktivismus, den Konventionalismus, den Falsifikationismus und auf
sich selbst (und zwar wieder auf einer normativ-historiographischen Metastufe) und zeige,
daß sich Methodologien – nach diesem Metakriterium – konstruktiv kritisieren und vergleichen lassen. Diese normativ-historiographische Variante der Methodologie wissenschaftlicher Forschungsprogramme gibt uns eine allgemeine Theorie des Vergleichs konkurrierender
Forschungslogiken, in der *die Geschichte* (in einem sorgfältig zu spezifizierenden Sinn) *als ein
'Test' ihrer rationalen Rekonstruktionen aufgefaßt werden kann.*

A. Der Falsifikationismus als ein Metakriterium:
Die Geschichte 'falsifiziert' den Falsifikationismus
(und jede andere Methodologie)

Es wurde bereits gesagt, daß wissenschaftliche Bewertungen in ihrer rein 'methodologischen' Form *Konventionen* sind, die man immer als Definitionen der Wissenschaft formulieren kann.[73]) Wie kann man eine solche Definition kritisieren? Nominalistisch interpre-

---

[72]) Dieser ganze Problembereich ist der Gegenstand von Lakatos (1968*a*), S. 390 ff., aber insbesondere
von [1971].
[73]) Vgl. Popper [1935], Abschnitte 4 und 11. Poppers Definition der Wissenschaft ist natürlich sein gefei-
ertes 'Abgrenzungskriterium'.

tiert[74]) ist eine Definition eine reine Abkürzung, ein terminologischer Vorschlag, eine Tautologie. Wie kann man eine Tautologie kritisieren? Popper zum Beispiel hält seine Definition der Wissenschaft für 'fruchtbar', denn „viele Dinge können mit ihrer Hilfe geklärt und erklärt werden". Er zitiert Menger: „Definitionen sind Dogmen; nur die Deduktionen aus ihnen sind Erkenntnisse."[75]) Aber wie kann eine Definition erklärende Kraft haben oder neue Einsichten verschaffen? Popper antwortet: „Nur aus den Konsequenzen unserer Definition der empirischen Wissenschaft (und den im Zusammenhang mit dieser Definition stehenden methodologischen Beschlüssen) wird der Forscher sehen können, ob sie dem entspricht, was ihm als Ziel seines Tuns vorschwebt."[76])

Die Antwort fügt sich in Poppers allgemeine Position, daß man Konventionen kritisieren kann, indem man ihre 'Brauchbarkeit' relativ zu einem Zweck diskutiert: „Über die Zweckmäßigkeit einer Festsetzung kann man verschiedener Meinung sein; einen vernünftigen, argumentierenden Meinungsstreit kann es jedoch nur zwischen denen geben, die denselben Zweck verfolgen; die Wahl des Zweckes aber ist allein Sache des Entschlusses, über den es einen Streit mit Argumenten nicht geben kann."[77]) In der Tat, Popper hat nie eine Theorie der rationalen Kritik konsistenter Konventionen aufgestellt. Die Frage *'Unter welchen Umständen würdest Du Dein Abgrenzungskriterium aufgeben?'* wird von ihm nicht gestellt, und sie wird schon gar nicht beantwortet.[78])

Aber die Frage läßt sich beantworten. Ich gebe meine Antwort in zwei Schritten: ich schlage zuerst eine naive Antwort vor und dann eine mehr raffinierte Antwort. Ich beginne, indem ich daran erinnere, wie Popper nach seiner eigenen Darstellung[78a]) sein Kriterium gefunden hat. Wie die meisten Wissenschaftler seiner Zeit hielt er Newtons Theorie für eine wunderbare wissenschaftliche Errungenschaft, obwohl sie widerlegt war; Einsteins Theorie schien ihm noch besser; aber die Astrologie, der Freudianismus und der Marxismus des 20. Jahrhunderts schienen ihm unwissenschaftlich. Sein Problem war es, eine Definition der Wissenschaft zu finden, die genau diese *'Basisurteile'* über bestimmte Theorien produzierte; und er bot eine neue Lösung. Betrachten wir nun den Vorschlag, daß eine *Rationalitäts-*

---

[74]) Eine ausgezeichnete Diskussion des Unterschiedes zwischen dem Nominalismus und dem Realismus (oder, wie Popper ihn lieber nennt – 'Essentialismus') in der Theorie der Definitionen findet sich in Popper [1945], Bd. II, Kap. 11 und [1963a], 20.

[75]) Popper [1935], Abschnitt 11. Popper, in der englischen Auflage, übersetzt 'Erkenntnis' als 'new insight'.

[76]) Ebenda.

[77]) Popper [1935], Abschnitt 4. Jedoch gibt Popper in seiner *Logik der Forschung* niemals einen *Zweck* des Wissenschaftsspiels an, der über das in seinen Regeln Enthaltene hinausgehen würde. Die These, daß der *Zweck* der Wissenschaft in der *Wahrheit* liegt, kommt in seinen Schriften nur ab 1957 vor. In der *Logik der Forschung* heißt es nur, daß die Suche nach der Wahrheit ein *psychologischer Beweggrund* der Wissenschaftler sein mag. Eine detaillierte Diskussion findet sich in Lakatos [1971].

[78]) Dieser Mangel ist um so ernsthafter, als Popper selbst Einschränkungen seines Kriteriums ausgedrückt hat. So sagt er zum Beispiel in [1963a], daß der 'Dogmatismus', d. h. die Behandlung von Anomalien als Hintergrundlärm [background noise] „in gewissem Ausmaß nötig ist" (S. 49). Aber schon auf der nächsten Seite identifiziert er solchen 'Dogmatismus' mit der 'Pseudowissenschaft'. Ist also auch die Pseudowissenschaft „in gewissem Ausmaße nötig"? Vgl. auch Lakatos [1970], S. 177, Anm. 3 (s. S. 171 in diesem Band).

[78a]) Vgl. Popper [1963], S. 33–37.

theorie – oder ein Abgrenzungskriterium – zu verwerfen ist, wenn es einem akzeptierten 'Basiswerturteil' der wissenschaftlichen Elite widerspricht. Diese meta-methodologische Regel *(Metafalsifikationismus)* scheint in der Tat Poppers methodologischer Regel (Falsifikationismus) zu entsprechen, nach der eine wissenschaftliche Theorie zu verwerfen ist, wenn sie einem von der Gemeinschaft der Wissenschaftler einmütig akzeptierten ('empirischen') Basissatz widerspricht. Poppers gesamte Methodologie beruht auf der Behauptung, daß es (relativ) singuläre Sätze gibt, über deren Wahrheitswert sich die Wissenschaftler einigen können; ohne solche Einigung gäbe es ein neues Babel, und „wir müßten unsere Arbeit am Turmbau der Wissenschaft einstellen".[79]) Aber selbst wenn es eine Einigung über 'Basis'-Sätze gäbe – würde der Bau der Wissenschaft ohne Einigung über die Bewertung wissenschaftlicher Leistungen relativ zu dieser 'empirischen Basis' nicht ebensobald in Ruinen liegen? Zweifellos. Während es nur wenig Einmütigkeit in bezug auf ein *allgemeines* Kriterium des wissenschaftlichen Charakters von Theorien gab, gab es doch in den letzten zwei Jahrhunderten beträchtliche Einmütigkeit hinsichtlich *einzelner* Errungenschaften. Während es keine *allgemeine* Übereinstimmung in bezug auf Theorien wissenschaftlicher Rationalität gab, gab es doch große Einmütigkeit hinsichtlich der Frage, ob ein besonderer einzelner Schritt im Spiel der Wissenschaften verschroben war, ob ein besonderes Gambit korrekt gespielt wurde oder nicht. Eine allgemeine Definition der Wissenschaft muß also die anerkannt besten Gambits als 'wissenschaftlich' rekonstruieren; tut sie das nicht, dann ist sie zu verwerfen.[80])

Schlagen wir also versuchsweise vor, *daß ein Abgrenzungskriterium zu verwerfen ist, das den 'Basis'-Bewertungen oder den 'normativen Basissätzen' der wissenschaftlichen Elite widerspricht.*

Wenn wir nun dieses quasi-empirische Metakriterium (das ich später verwerfen werde) anwenden, dann muß man Poppers Abgrenzungskriterium – d.h. seine Regeln des Spiels der Wissenschaften – aufgeben.[82])

Poppers Grundregel ist, daß ein Wissenschaftler im vorhinein angeben muß, unter welchen experimentellen Bedingungen er selbst seine fundamentalsten Annahmen aufge-

[79]) Vgl. Popper [1935], Abschnitt 29.

[80]) Dieses Vorgehen hat natürlich nicht zur Folge, daß wir die 'Basisurteile' der Wissenschaftler ausnahmslos für rational *halten*; es heißt nur, daß wir sie *akzeptieren*, um universelle Definitionen in der Wissenschaft zu kritisieren. (Setzten wir hinzu, daß man keine solchen *universellen* Definitionen gefunden hat und jemals finden kann, dann wäre damit die Szene gesetzt für Polanyis Auffassung der gesetzlosen geschlossenen Autokratie der Wissenschaft.)
Man kann mein Metakriterium als eine 'quasi-empirische' Selbstanwendung des Popperschen Falsifikationismus sehen. Ich habe solche 'quasi-empirischen' Überlegungen schon früher, im Zusammenhang mit der Philosophie der Mathematik, eingeführt. Wir können davon absehen, *was* in den logischen Kanälen eines deduktiven Systems fließt, ob es Sicherheit ist oder Fehlbarkeit, Wahrheit und Falschheit, Wahrscheinlichkeit und Unwahrscheinlichkeit, oder selbst moralische und wissenschaftliche Erwünschtheit und Unerwünschtheit; es ist das *Wie* des Fließens, das entscheidet, ob das System negativistisch, 'quasi-empirisch', vom *Modus tollens* beherrscht ist, oder auf Rechtfertigung bedacht, 'quasi-euklidisch', vom *Modus ponens* dominiert. (Vgl. Lakatos [1967]). Dieses 'quasi-empirische' Vorgehen läßt sich auf *jede* Art normativen Wissens anwenden: Watkins hat es bereits auf die Ethik angewendet ([1963], [1967]). Ich ziehe aber nunmehr eine andere Prozedur vor. Vgl. Anm. 122.

[81]) Es sei bemerkt, daß man dieses Metakriterium nicht als psychologisch, oder 'naturalistisch' im Sinne Poppers zu deuten braucht. (Vgl. Popper [1935], Abschnitt 10.) Die Definition der 'wissenschaftlichen *Elite*' ist nicht einfach eine Sache der Empirie.

ben wird. So zum Beispiel schreibt er in seiner Kritik der Psychoanalyse: „*Kriterien der Widerlegung* müssen im vorhinein aufgestellt werden: man muß sich darüber einigen, welche beobachtbaren Situationen, wenn wirklich beobachtet, bedeuten, daß die Theorie widerlegt ist. Aber welche klinischen Reaktionen würden *nicht nur eine bestimmte analytische Diagnose, sondern die Psychoanalyse selbst* zur Zufriedenheit des Analytikers widerlegen? Und sind solche Kriterien jemals von Analytikern diskutiert worden? Hat man sich jemals über sie geeinigt?"[82]) Im Fall der Psychoanalyse hatte Popper recht: keine Antwort kam zum Vorschein. Freudianer waren sehr erstaunt über Poppers fundamentalen Angriff auf ihre wissenschaftliche Redlichkeit. In der Tat, sie haben sich geweigert, experimentelle Bedingungen anzugeben, unter denen sie ihre grundlegenden Annahmen aufgeben würden. Für Popper war dies das Merkzeichen ihrer wissenschaftlichen Unredlichkeit. Was geschieht aber, wenn wir die Poppersche Frage an den Newtonischen Wissenschaftler stellen? 'Welche Beobachtungen würden nicht nur eine besondere Newtonsche Erklärung, sondern die Newtonsche Dynamik und Gravitationstheorie selbst zur Zufriedenheit des Newtonianers widerlegen? Und sind solche Kriterien jemals von Newtonianern diskutiert worden? Hat man sich jemals in bezug auf sie geeinigt?' Leider ist der Newtonianer kaum fähig, eine positive Antwort zu geben.[83]) Aber wenn die Analytiker nach Poppers Maßstäben als unredlich verurteilt werden müssen, dann muß dieses Urteil auch die Newtonianer treffen. Diesem 'Dogmatismus' zum Trotz wird aber die Newtonsche Wissenschaft von den größten Wissenschaftlern und, in der Tat, auch von Popper selbst hoch eingeschätzt. Also ist der Newtonsche 'Dogmatismus' eine 'Falsifikation' der Definition Poppers: er trotzt der rationalen Rekonstruktion Poppers.

Popper kann sicher seine berühmte Herausforderung zurückziehen und Falsifikation – sowie Verwerfung auf Grund von Falsifikation – nur für Systeme von Theorien verlangen, eingeschlossen Anfangsbedingungen und alle möglichen Hilfs- und Beobachtungstheorien.[84]) Das wäre ein beträchtlicher Rückzug, denn es wird nun dem einfallsreichen Wissenschaftler erlaubt, seine Lieblingstheorie durch geeignete glückliche Änderungen in einem entlegenen dunklen Winkel an der Peripherie seines theoretischen Irrgartens zu retten. Aber auch Poppers abgeschwächte Regel stellt selbst den glänzendsten Wissenschaftler als einen irrationalen Dogmatisten hin. In großen Forschungsprogrammen gibt es ja immer bekannte Anomalien: gewöhnlich schiebt sie der Forscher zur Seite und folgt der positiven Heuristik des Programms.[85]) Im allgemeinen richtet er seine Aufmerksamkeit auf die positive Heuristik und nicht auf die störenden Anomalien, und er hofft, daß sich die 'widerspenstigen Instanzen' im Verlauf des Fortschritts des Programms in bewährende Instanzen verwandeln werden. Nach Popper führt der größte Wissenschaftler in diesen Situationen verbotene Schachzüge, *Ad-hoc*-Kunstgriffe aus: statt das anomale Perihelium des Merkur als eine Falsifikation der Newtonschen Theorie unseres Planetensystems und damit als einen Grund für seine Verwerfung aufzufassen, schoben es die meisten Physiker als eine problematische Instanz zur Seite, die

---

[82]) Popper [1963*a*], S. 38, Anm. 3; Hervorhebung von mir. Das ist natürlich äquivalent mit seinem berühmten 'Abgrenzungskriterium' zwischen [interner, rational rekonstruierter] Wissenschaft und Unwissenschaft (oder 'Metaphysik'). Die letzte mag [extern] 'einflußreich' sein und ist nur dann als Pseudowissenschaft zu brandmarken, wenn sie sich als Wissenschaft gibt.

[83]) Vgl. Lakatos [1970], S. 100–101 (s. S. 98–99 in diesem Band).

[84]) Vgl. z.B. [1935], Abschnitt 18.

[85]) Vgl. Lakatos [1970], insbesondere S. 135 ff. (s. S. 131 ff. in diesem Band).

man in einem späteren Stadium der Lösung zuführen würde – oder sie gaben *Ad-hoc*-Lösungen. Diese methodologische Einstellung, die Poppersche (dramatische) Gegenbeispiele als (bloße) *Anomalien* ansieht, ist gang und gäbe bei den besten Wissenschaftlern. Forschungsprogramme, die heute bei der Gemeinschaft der Wissenschaftler in höchstem Ansehen stehen, machten ihren Fortschritt in einem Ozean von Anomalien.[86]) Der Umstand, daß die größten Wissenschaftler bei der Wahl ihrer Probleme Anomalien 'unkritisch' ignorieren (und sie mit Hilfe von *Ad-hoc*-Kunstgriffen isolieren), ist, zumindest nach unserem Metakriterium, eine weitere Widerlegung der Popperschen Methodologie. Einige der wichtigsten Patterns im Wachstum der Wissenschaft sind für ihn einfach nicht rational.

Auch ist für Popper die Arbeit an einem *inkonsistenten System* unter allen Umständen irrational, „ein sich selbst widersprechendes System muß verworfen werden ..., (weil es) unergiebig ist ... Es gibt keine Behauptung, die sich nicht ableiten ließe".[87]) Aber einige der großartigsten wissenschaftlichen Forschungsprogramme schritten auf inkonsistenter Grundlage fort.[88]) In der Tat, in solchen Fällen ist die Regel der besten Wissenschaftler häufig: *'Allez en avant et la foi vous viendra'*. Diese antipopperische Methodologie gab sowohl dem Infinitesimalkalkül als auch der naiven Mengenlehre Raum zum Atmen zu einer Zeit, als sie von logischen Paradoxien geplagt wurden.

In der Tat – hätte man das Spiel der Wissenschaft nach Poppers Regelbuch gespielt, dann wäre Bohrs Aufsatz von 1913 nie publiziert worden, denn er war der Maxwellschen Theorie auf inkonsistente Weise aufgepfropft, und Diracs Deltafunktion wäre bis Schwartz unterdrückt worden. Diese Beispiele einer auf inkonsistenter Grundlage fortschreitenden Forschung sind weitere 'Falsifikationen' der falsifikationistischen Methodologie.[89])

So 'falsifizieren' also verschiedene 'Basis'-Bewertungen der wissenschaftlichen *Elite* die Popersche Definition der Wissenschaft und einer wissenschaftlichen Ethik. Es erhebt sich dann das Problem, in welchem Ausmaß der Falsifikationismus unter diesen Bedingungen als ein Leitfaden für den Wissenschaftshistoriker dienen kann. Die einfache Antwort ist – in einem höchst geringen Ausmaß. Popper, der führende Falsifikationist, hat nie eine Wissenschaftsgeschichte geschrieben; vielleicht war er dem Urteil großer Wissenschaftler gegenüber zu sensitiv, um die Geschichte auf falsifikationistische Weise zu verdrehen. Man bedenke, daß er zwar in seinen autobiographischen Erinnerungen die Newtonsche Wissenschaft als ein Paradigma wissenschaftlichen Charakters, d. h. der Falsifizierbarkeit, verwendet, daß aber die Falsifizierbarkeit der Newtonschen Theorie an keiner Stelle seiner klassischen *Logik der Forschung* diskutiert wird. Die *Logik der Forschung* ist im großen und ganzen trocken, ab-

---

[86]) Ebenda, S. 138 ff. (s. S. 134 ff. in diesem Band).
[87]) Vgl. Popper [1935], Abschnitt 24.
[88]) Vgl. Lakatos [1970], insbesondere S. 140 ff. (s. S. 137 ff. in diesem Band).
[89]) Im allgemeinen überschätzt Popper hartnäckig die unmittelbare Schlagkraft rein negativer Kritik. „Sobald ein Irrtum oder ein Widerspruch festgestellt ist, gibt es kein Herumreden mehr: es kann bewiesen werden, und das entscheidet den Fall" (Popper [1959], S. 394). Er fügt hinzu: „Frege versuchte keine Ausweichmanöver, als er die Kritik Russells empfing." Aber das Gegenteil trifft zu. (Vgl. Freges *Nachwort* zur zweiten Auflage der *Grundgesetze*.)

strakt und höchst ahistorisch.[90]) Wo es Popper unternimmt, so nebenbei die Falsifizierbarkeit wichtiger wissenschaftlicher Theorien zu betrachten, da begeht er entweder grobe logische Fehler,[91]) oder er verzerrt die Geschichte, um sie an seine Rationalitätstheorie anzupassen. Wenn die Methodologie eines Historikers eine elende rationale Rekonstruktion liefert, dann verliest er sich entweder in der Geschichte, so daß sie mit seiner rationalen Rekonstruktion zusammenfällt, oder er entdeckt, daß die Geschichte der Wissenschaften höchst irrational ist. Poppers Respekt für große Wissenschaft veranlaßte ihn, den ersten Weg zu gehen, während der respektlose Feyerabend·den zweiten wählte.[92]) So hat Popper in seinen historischen Randbemerkungen die Tendenz, Anomalien in 'entscheidende Experimente' zu verwandeln und ihren unmittelbaren Einfluß auf die Geschichte der Wissenschaften zu übertreiben. Durch seine Brille gesehen, nehmen große Wissenschaftler Widerlegungen bereitwillig an, und das ist auch die wichtigste Quelle ihrer Probleme. Zum Beispiel behauptet er an einer Stelle, daß das Experiment von Michelson und Morley die klassische Äthertheorie entscheidend über den Haufen rannte; auch übertreibt er die Rolle dieses Experiments beim Auftauchen der Einsteinschen Relativitätstheorie.[93]) Es bedarf der vereinfachenden Brille eines naiven Falsifikationisten, um wie Popper die klassischen Experimente Lavoisiers als Widerlegungen (oder 'Tendenzen zur Widerlegung') der Phlogiston-Theorie zu sehen; um zu sehen, daß die Theorie von Bohr, Kramers und Slater durch einen einzigen Schlag von Compton kalt-

[90]) Kuhn bemerkt interessanterweise: „Ein beharrliches Interesse für historische Probleme und die Bereitschaft, originelle historische Forschungen zu betreiben, unterscheidet jene Leute, die er [Popper] ausgebildet hat, von den Mitgliedern jeder heute bekannten wissenschaftsphilosophischen Schule." (Kuhn [1970], S. 236; s. S. 228 in diesem Band).

[91]) Zum Beispiel behauptet er, daß ein Perpetuum Mobile das erste Gesetz der Thermodynamik 'widerlegen' würde (in seinem Sinn): [1955], Abschnitt 15. Aber wie kann man den Satz 'K ist ein Perpetuum Mobile' als einen 'Basis'-Satz in Poppers Sinn interpretieren, das heißt, als einen raum-*zeitlich* singulären Satz?

[92]) Ich beziehe mich auf Feyerabend [1970*a*], [1970*b*] und [1974].

[93]) Vgl. Popper [1935], Abschnitt 30, und Popper [1945], Band II, S. 220–221. Nach Popper bestand Einsteins Problem darin, die Experimente zu erklären, die die klassische Physik 'widerlegten', und „er hat sich nicht die Aufgabe gestellt, ... unsere Vorstellungen von Raum und Zeit zu kritisieren". Aber sicher hat er sich diese Aufgabe gestellt. Seine (Machsche) Kritik unserer Vorstellungen von Raum und Zeit und insbesondere seine operationalistische Kritik des Begriffs der Gleichzeitigkeit spielten in seinem Denken eine wichtige Rolle.
Ich habe die Rolle des Michelson-Morley-Experiments einigermaßen ausführlich diskutiert in Lakatos [1970] (s. S. 154 in diesem Band). Vgl. auch Zahar [1973].
Poppers Kompetenz in der Physik hätte es ihm natürlich nie gestattet, die Geschichte der Relativitätstheorie in dem Ausmaße zu entstellen, in dem dies Beveridge tat, der Ökonomen mit Hinweis auf das Beispiel Einsteins zu einem empirischen Vorgehen überreden wollte. Nach Beveridges falsifikationistischer Rekonstruktion 'begann' Einstein die Arbeit an seiner Gravitationstheorie mit 'Tatsachen', die Newtons Theorie widerlegten, nämlich „mit den Bewegungen des Planeten Merkur und den unerklärten Abirrungen des Mondes" (Beveridge 1937). Einsteins Arbeit an der Gravitation ging natürlich aus einer 'schöpferischen Verschiebung' in der positiven Heuristik seines speziellen Relativitätsprogramms hervor und nicht aus einer Betrachtung des anomalen Perihelions des Merkur oder den unerklärten, hinterlistigen Abirrungen des Mondes.

gestellt wurde; oder um zu sehen, daß das Paritätsprinzip durch ein 'Gegenbeispiel' 'verworfen' wird.[94])

Außerdem, wenn Popper die vorläufige Annahme von Theorien als rational auf Grund *seiner* Ideen rekonstruieren will, dann muß er die historische Tatsache ignorieren, daß die meisten wichtigen Theorien widerlegt zur Welt kommen und daß Gesetze trotz bekannter Gegenbeispiele weiter erklärt und nicht verworfen werden. Er hat die Tendenz, alle Anomalien zu übersehen außer jener, die später als 'entscheidende Gegenevidenz' inthronisiert wurde. Zum Beispiel glaubt er irrtümlicherweise, daß „weder die Theorie von Galilei noch die Theorie von Kepler vor Newton widerlegt wurden".[95]) Der Zusammenhang ist wichtig. Für Popper besteht das wichtigste Pattern wissenschaftlichen Fortschritts darin, daß ein entscheidendes Experiment eine Theorie widerlegt, während der Rivale *unwiderlegt* bleibt. Aber wir wissen, daß in den meisten, wenn auch nicht in allen Fällen, in denen zwei konkurrierende Theorien einander gegenüberstehen, *beide zugleich* von Anomalien infiziert sind. In solchen Situationen erliegt Popper der Versuchung, die Lage so zu vereinfachen, daß seine Methodologie angewendet werden kann.[96])

Die falsifikationistische Historiographie ist also 'falsifiziert'. Aber wenn wir dieselbe meta-falsifikationistische Methode auf induktivistische und konventionalistische Historiographien anwenden, dann werden wir auch sie 'falsifizieren'.

Die beste logisch-erkenntnistheoretische Vernichtung des Induktivismus stammt natürlich von Popper; aber selbst wenn wir den Induktivismus für philosophisch (d. h. erkenntnistheoretisch und logisch) fehlerfrei halten, wird er doch von Duhems historiographischer Kritik falsifiziert. Duhem nahm die gefeiertsten *'Erfolge' induktivistischer Historiogra-*

---

[94]) Popper [1963*a*], S. 220, 239, 242–243, und [1963*b*], S. 965. Popper hat natürlich das Problem, warum 'Gegenbeispiele' (d. h. Anomalien) nicht sofort als Ursache der Verwerfung angesehen werden. Im Fall des Zusammenbruchs der Parität verweist er zum Beispiel darauf, daß „es viele Beobachtungen – d. h. Photographien von Teilchenbahnen – gegeben hat, aus denen man das Resultat hätte ablesen können, aber die Beobachtungen wurden entweder ignoriert oder mißdeutet" [1963*b*], S. 965. Poppers – externe – Erklärung scheint zu sein, daß die Wissenschaftler eben noch nicht gelernt haben, genügend kritisch und revolutionär zu sein. Aber ist eine bessere – und interne – Erklärung nicht vielmehr die, daß die Anomalien ignoriert werden *mußten*, bis eine progressive alternative Theorie erschien, die dann die Gegenbeispiele in Beispiele verwandelte?

[95]) Ebenda, S. 246.

[96]) Wie ich erwähnt habe, hat ein Popperianer, Agassi, ein Buch über die Historiographie der Wissenschaften geschrieben (Agassi [1963]). Das Buch hat einige scharfe kritische Abschnitte, in denen die induktivistische Historiographie mit Genuß verprügelt wird, aber am Ende ersetzt er die induktivistische Methodologie mit der Methodologie des Falsifikationismus. Für Agassi haben *nur* jene Tatsachen wissenschaftliche (interne) Bedeutung, die sich in Sätzen ausdrücken lassen, welche einer bestehenden Theorie widersprechen: nur *ihre* Entdeckung verdient den Ehrennamen 'Entdeckung von Tatsachen'; Tatsachensätze, die aus bekannten Theorien *folgen*, statt mit ihnen *im Widerspruch zu stehen*, sind irrelevant; dasselbe gilt für Tatsachensätze, die *unabhängig* sind von solchen Theorien. Wenn eine wertvolle Tatsachenentdeckung in der Wissenschaftsgeschichte als eine bewährende Instanz oder als eine Zufallsentdeckung bekannt ist, dann sagt Agassi kühn voraus, daß eine *nähere* Untersuchung sie in eine widerlegende Instanz verwandeln wird, und er bietet uns fünf Fallstudien, um seine Behauptung zu unterstützen (S. 60–74). Leider stellt sich bei *näherer* Untersuchung heraus, daß Agassi alle fünf Fälle, die er als bewährende Instanzen seiner historiographischen Theorie anführt, falsch verstanden hat. In Wirklichkeit 'falsifizieren' alls fünf Beispiele seine Historiographie (in unserem normativ-falsifikationistischen Sinn).

phie: Newtons Gravitationsgesetz und Ampères elektromagnetische Theorie. Beide galten als die siegreichsten Anwendungen der induktiven Methode. Aber Duhem (und, ihm folgend, Popper und Agassi) zeigten, daß das nicht zutraf. Ihre Analysen zeigen, wie der Induktivist, der das Wachstum der Wissenschaft als rational hinstellen will, die wirkliche Geschichte zur Unkenntlichkeit entstellen muß.[97]) Wenn also die Rationalität der Wissenschaft induktiv ist, dann ist die wirkliche Wissenschaft nicht rational; ist aber die Wissenschaft rational, dann ist sie nicht induktiv.[98])

Auch der Konventionalismus, der einer logischen und erkenntnistheoretischen Kritik nicht so leicht zum Opfer fällt,[99]) kann historiographisch falsifiziert werden. Man kann zeigen, daß der Schlüssel zu wissenschaftlichen Revolutionen nicht in der Ersetzung schwerfälliger gedanklicher Gerüste durch einfachere besteht.

Die Kopernikanische Revolution galt gemeinhin als das *Paradigma der konventionalistischen Historiographie*, und diesen Ruf besitzt sie bei manchen Leuten auch heute noch. So zum Beispiel teilt uns Polanyi mit, daß das „einfachere Bild" des Kopernikus „auffallende Schönheit besaß" und „[mit Recht] große Überzeugungskraft hatte".[100]) Aber ein modernes Studium primärer Quellen, vor allem von Kuhn,[101]), hat diesen Mythos vertrieben und zu einer klaren historiographischen Widerlegung der konventionalistischen Darstellung geführt. Man ist sich nun darüber einig, daß das Kopernikanische System „zumindest so komplex war, wie das System des Ptolemäus".[102]) Wenn das aber zutrifft, dann war es zwar rational, die Kopernikanische Theorie zu akzeptieren, aber nicht wegen ihrer unübertrefflichen objektiven Einfachheit.[103])

So kann man den Induktivismus, den Falsifikationismus und den Konventionalismus mit Hilfe des von mir angeführten Typs einer historiographischen Kritik als rationale Rekonstruktionen der Geschichte widerlegen.[104]) Wir haben gesehen, daß die historiographische Falsifikation des Induktivismus bereits von Duhem begonnen und dann von Popper und Agassi fortgeführt wurde. Historiographische Kritiken des [naiven] Falsifikationismus finden sich bei Polanyi, Kuhn, Feyerabend und Holton.[105]) Die wichtigste historiographische Kritik

[97]) Vgl. Duhem [1906], Popper [1948] und [1957a], Agassi [1963].
[98]) Ein Induktivist kann natürlich die Stirn haben zu erklären, daß die echte Wissenschaft noch nicht begonnen hat, und er kann eine Geschichte der vorliegenden Wissenschaft als eine Geschichte von Vorurteil, Aberglauben und falschen Überzeugungen schreiben.
[99]) Vgl. Popper [1935], Abschnitt 19.
[100]) Vgl. Polanyi [1951], S. 70.
[101]) Kuhn [1957]. Vgl. auch Price [1959].
[102]) Cohen [1960], S. 61. Bernal sagt in [1954], daß „die Gründe [des Kopernikus] für [seine] revolutionäre Veränderung vor allem philosophischer und ästhetischer [d. h. im Lichte des Konventionalismus wissenschaftlicher] Natur waren"; aber in späteren Ausgaben änderte er seine Ansicht: „die Gründe [des Kopernikus] waren eher mystisch als wissenschaftlich."
[103]) Eine mehr detaillierte Skizze findet sich in Lakatos and Zahar [1975].
[104]) Andere Typen einer Kritik von Methodologien lassen sich natürlich leicht herstellen. Wir können zum Beispiel die Maßstäbe jeder Methodologie (und nicht nur des Falsifikationismus) auf sie selbst anwenden. Für die meisten Methodologien ist das Ergebnis genauso destruktiv: der Induktivismus läßt sich nicht induktiv beweisen, und die Einfachheit ist hoffnungslos komplex. (Zur letzten vgl. das Ende von Anm. 106).
[105]) Vgl. Polanyi [1958], Kuhn [1962], Holton [1969], Feyerabend [1964], [1965], [1970b] und [1974]. Ich würde noch Lakatos [1963/1964], [1968b] und [1970] (s. S. 89ff. in diesem Band) hinzunehmen.

des Konventionalismus findet sich in Kuhns bereits zitiertem Meisterwerk über die Koperni-kanische Revolution.[106]) Das Ergebnis dieser Kritiken ist, daß alle diese rationalen Rekon-struktionen der Geschichte die Wissenschaftsgeschichte in das Prokrustesbett ihrer hypokriti-schen Moral zwingen und so Traumgeschichten konstruieren, die auf mythischen 'induktiven Grundlagen', 'gültigen induktiven Verallgemeinerungen', 'entscheidenden Experimenten', 'großen revolutionären Simplifikationen' und dergleichen beruhen. Aber die Schlüsse, die die Kritiker des Falsifikationismus und des Konventionalismus aus der Widerlegung dieser Me-thodologien zogen, sind sehr verschieden von denen, die Duhem, Popper und Agassi aus ihrer eigenen Widerlegung des Induktivismus gewonnen haben. Polanyi (und anscheinend auch Holton) zogen den Schluß, daß man zwar in *besonderen* Fällen rechte, rationale wissenschaft-liche Bewertungen treffen könne, daß es aber keine *allgemeine* Theorie der wissenschaftlichen Rationalität gebe.[107]) *Alle* Methodologien, *alle* rationalen Rekonstruktionen lassen sich histo-riographisch 'falsifizieren': die Wissenschaft *ist* rational, aber ihre Rationalität läßt sich nicht unter die allgemeinen Gesetze irgendeiner Methodologie subsumieren.[108]) Andererseits schloß Feyerabend, daß es nicht nur keine allgemeine Theorie wissenschaftlicher Rationalität, sondern auch kein solches Ding wie die wissenschaftliche Rationalität selbst gebe. So be-wegte sich Polanyi auf einen konservativen Autoritarianismus, Feyerabend aber auf einen

---

[106]) Kuhn [1957]. Eine historiographische Kritik dieser Art treibt Rationalisten leicht zu einer irrationa-len Verteidigung ihrer falsifizierten Lieblings(rationalitäts)theorie. Kuhns historiographische Kritik der Einfachheitstheorie der Kopernikanischen Revolution hat den konventionalistischen Historiker Richard Hall so sehr erregt, daß er einen polemischen Artikel veröffentlichte, in dem er jene Aspekte der Koperni-kanischen Theorie auswählte und von neuem betonte, die nach Kuhn möglicherweise Anspruch auf hö-here Einfachheit haben, wobei er aber den Rest von Kuhns – gültigem – Argument ignorierte (Hall [1970]). Zweifellos läßt sich Einfachheit immer für ein *beliebiges* Paar von Theorien T' und T'' so definie-ren, daß die Einfachheit von T' die von T'' übertrifft.
Eine weitere Diskussion der konventionalistischen Historiographie findet sich in Lakatos and Zahar [1975].

[107]) So ist Polanyi ein konservativer Rationalist in bezug auf die Wissenschaft und ein 'Irrationalist' in be-zug auf die Wissenschaftsphilosophie. Aber dieser Meta-'Irrationalismus' ist natürlich eine ganz respekta-ble Variante des Rationalismus: die Behauptung, daß der Begriff 'wissenschaftlich akzeptabel' nicht wei-ter definiert, sondern nur durch Kanäle 'persönlichen Wissens' übertragen werden kann, macht einen noch nicht zu einem offenkundigen Irrationalisten, sondern nur zu einem offenkundigen Konservativen. Polanyis Position in der Philosophie der Naturwissenschaften entspricht genau der ultrakonservativen po-litischen Philosophie Oakeshotts. (Für Hinweise und eine hervorragende Kritik der letzten vgl. Watkins [1952]. Vgl. auch S. 305–306.)

[108]) Natürlich erkannte keiner der Kritiker den genauen logischen Charakter des metamethodologischen Falsifikationismus, so wie er in diesem Abschnitt erklärt wird, und keiner von ihnen hat ihn auf völlig kon-sistente Weise angewendet. Einer von ihnen schreibt: „Im gegenwärtigen Stadium der Diskussion besit-zen wir noch keine allgemeine Theorie der Kritik für wissenschaftliche Theorien, und schon gar nicht für Theorien der Rationalität: Der Versuch, unsern methodologischen Falsifikationismus zu falsifizieren, muß also unternommen werden, noch bevor wir eine Theorie besitzen, die uns zeigen könnte, wie wir vor-gehen sollen." (Lakatos [1970], S. 114; s. S. 112 in diesem Band).

skeptischen Anarchismus hin. Kuhn produzierte eine höchst originelle Vision eines irrationalen Wechsels rationaler Autorität.[110])

Wie aus diesem Abschnitt hervorgeht, habe ich große Achtung vor der Kritik Polanyis, Feyerabends und Kuhns an den bestehenden ('internalistischen') Theorien wissenschaftlicher Methode; aber meine Schlußfolgerungen waren von den ihren ganz verschieden. Ich beschloß, eine verbesserte Methodologie zu suchen, die uns eine bessere *rationale* Rekonstruktion der Wissenschaft bietet.

Feyerabend und Kuhn versuchten sofort, auch meine verbesserte Methodologie zu 'falsifizieren'.[111]) Ich mußte bald einsehen, daß sich auch meine Methodologie – und überhaupt jede Methodologie –, zumindest in dem in diesem Abschnitt beschriebenen Sinn, 'falsifizieren' *läßt,* und das aus dem einfachen Grund, daß keine Klasse menschlicher Urteile je völlig rational ist und daher keine rationale Rekonstruktion mit der wirklichen Geschichte jemals ganz übereinstimmen kann.[112])

Diese Einsicht führte mich dazu, ein neues *konstruktives* Kriterium vorzuschlagen, mit dessen Hilfe es möglich sein würde, Methodologien *qua* rationale Rekonstruktionen der Geschichte zu bewerten.

B. Die Methodologie historiograhischer Forschungsprogramme. Die Geschichte bestätigt – in verschiedenem Ausmaß – ihre rationalen Rekonstruktionen

Ich möchte meinen Vorschlag in zwei Schritten darlegen. Zunächst werde ich das eben diskutierte falsifikationistische historiographische Metakriterium leicht verbessern; und ich werde es dann durch ein besseres ersetzen.

Erstens, die leichte Verbesserung. Wenn eine universelle Regel mit einem besonderen 'normativen Basisurteil' zusammenstößt, dann sollte man der Gemeinschaft der Wissenschaftler Gelegenheit geben, den Zusammenstoß zu überdenken: sie geben dann vielleicht ihr besonderes Urteil auf und unterwerfen sich der allgemeinen Regel. Falsifikationen 'zwei-

---

[110]) Kuhns Vision wurde von vielen Seiten her kritisiert; vgl. Shapere ([1964] und [1967]), Scheffler [1967] und besonders die kritischen Bemerkungen von Popper, Watkins, Toulmin, Feyerabend und Lakatos – und Kuhns Antwort – in Lakatos und Musgrave [1970]. Keiner dieser Kritiker hat eine systematische *historiographische* Kritik seines Werkes geliefert. Man sollte auch Kuhns [1970] *Postscript* zur zweiten Auflage seiner [1962] und die Besprechung von Musgrave (Musgrave [1971*b*]) heranziehen.

[111]) Vgl. Feyerabend [1970*a*] (s. S. 191 ff. in diesem Band), [1970*b*] und [1974]; und Kuhn [1970] (s. S. 223 ff. in diesem Band).

[112]) Man kann zum Beispiel auf den unmittelbaren Eindruck zumindest *einiger* 'großer' negativer entscheidender Experimente verweisen wie etwa auf die Falsifikation des Paritätsprinzips. Oder man kann die hohe Achtung für zumindest *einige* lange, prosaische Versuch-und-Irrtum-Methoden anführen, die gelegentlich der Ankündigung eines größeren Forschungsprogramms vorhergehen und die im Lichte meiner Methodologie bestenfalls 'unreife Wissenschaft' sind (vgl. Lakatos [1970], S. 175; s. S. 169 in diesem Band; vgl. auch L. P. Williams' Hinweis auf die Geschichte der Spektroskopie zwischen 1870 und 1900 in [1970]; s. S. 50 in diesem Band.) So geht das Urteil der wissenschaftlichen Elite gelegentlich auch gegen *meine* universellen Regeln.

ter Ordnung', d. h. historiographische Falsifikationen, dürfen nicht mehr überstürzt sein als Falsifikationen 'erster Ordnung' – wissenschaftliche Falsifikationen.[113])   ＼

Zweitens haben wir den naiven Falsifikationismus in der *Methode* aufgegeben – warum sollten wir ihn also in der *Meta-Methode* beibehalten? Wir können ihn leicht durch eine Methodologie wissenschaftlicher Forschungsprogramme zweiter Ordnung oder, wenn man will, durch eine Methodologie historiographischer Forschungsprogramme ersetzen.

Wir behaupten zwar, daß eine Theorie der Rationalität versuchen muß, die grundlegenden Werturteile in universelle, kohärente Denkrahmen einzuordnen, aber wir brauchen doch solche Rahmen nicht schon wegen einiger Anomalien oder wegen anderer Inkonsistenzen zu verwerfen. Natürlich sollten wir darauf bestehen, daß eine gute Rationalitätstheorie weitere Basiswerturteile antizipieren muß, die unerwartet sind im Lichte der vorhergehenden Theorien, oder daß sie sogar zu einer Revision vorher vertretener Basiswerturteile führt.[114]) Wir verwerfen dann eine Rationalitätstheorie nur zugunsten einer besseren, die in diesem 'quasi-empirischen' Sinn eine *progressive Verschiebung* in der Reihe der Forschungsprogramme rationaler Rekonstruktionen darstellt. Dieses neue – und mildere – Metakriterium erlaubt es uns also, konkurrierende Forschungslogiken zu vergleichen und ein Wachstum unseres 'metawissenschaftlichen' – methodologischen – Wissens festzustellen.

Poppers Theorie wissenschaftlicher Rationalität braucht zum Beispiel nicht schon darum verworfen zu werden, weil es von 'Basisurteilen' führender Wissenschaftler 'widerlegt' wird. Außerdem stellt Poppers Abgrenzungskriterium nach unserem neuen Kriterium einen klaren Fortschritt über seine rechtfertigungsbedachten Vorgänger dar und insbesondere über den Induktivismus. Im Gegensatz zu diesen Vorgängern hat es den wissenschaftlichen Status falsifizierter Theorien wie der Phlogistontheorie rehabilitiert und damit ein Werturteil auf den Kopf gestellt, das sie aus der Wissenschaftsgeschichte im eigentlichen Sinn in die Geschichte irrationaler Überzeugungen verbannte.[115]) Auch führte es zu einer erfolgreichen Rehabilitation der Theorie von Bohr, Kramers und Slater.[116]) Im Lichte der meisten Rechtfertigungstheorien der Rationalität ist die Geschichte der Wissenschaften höchstens eine Geschichte *vor*wissenschaftlicher Vorspiele zu einer *künftigen* Wissenschaftsgeschichte.[117]) Poppers Methodologie ermöglichte es dem Historiker, eine größere Zahl der *tat-*

---

[113]) Es gibt eine gewisse Analogie zwischen diesem Pattern und den gelegentlichen Berufungsprozeduren theoretischer Wissenschaftler gegen das Verdikt der experimentellen Jury; vgl. Lakatos [1970], S. 127–131 (s. S. 124–128 in diesem Band).

[114]) Das letzte Kriterium ist analog der außerordentlichen 'Tiefe' einer Theorie, die mit zur Zeit vorhandenen Basissätzen zusammenstößt und dann siegreich aus diesem Zusammenstoß hervorgeht. (Vgl. Popper [1957a]). Poppers Beispiel war der Widerspruch zwischen Keplers Gesetzen und der Newtonschen Theorie, die sich die Aufgabe stellte, jene Gesetze zu erklären.

[115]) Der Konventionalismus hat diese historische Rolle natürlich in weitem Ausmaß schon vor Poppers Variante des Falsifikationismus gespielt.

[116]) Van der Waerden hielt die Bohr-Kramers-Slater-Theorie für schlecht: Poppers Theorie zeigte, daß sie eine gute Theorie war. Vgl. Van der Waerden [1967], S. 13, und Popper [1963a], S. 242 ff.; eine kritische Diskussion findet sich in Lakatos [1970], S. 168, Anm. 4, und S. 169, Anm. 1 (s. S. 163, Anm. 294 und 295 in diesem Band).

[117]) Die Einstellung einiger moderner Logiker zur Geschichte der Mathematik ist ein typisches Beispiel; vgl. Lakatos [1963/1964], S. 3.

sächlich gefällten Basiswerturteile in der Geschichte der Wissenschaften als rational zu interpretieren: in *diesem* normativ-historiographischen Sinn stellte Poppers Theorie einen Fortschritt dar. Im Lichte besserer rationaler Rekonstruktionen der Wissenschaft kann man immer einen größeren Teil der wirklichen großen Wissenschaft als rational rekonstruieren.[118])

Ich hoffe, daß man meine Modifikation der Popperschen Forschungslogik ihrerseits auf Grund des angegebenen Kriteriums als eine weitere Verbesserung ansehen wird.
Denn sie scheint eine kohärente Erklärung einer *noch größeren Zahl* von alten, isolierten Basiswerturteilen zu bieten; außerdem hat sie zu neuen und, zumindest für Induktivisten und
naive Falsifikationisten, überraschenden Basiswerturteilen geführt. Nach Poppers Theorie
war es zum Beispiel irrational, die Newtonsche Gravitationstheorie nach der Entdeckung der
Anomalie des Merkurperihels beizubehalten und weiter zu bearbeiten; auch war es irrational,
Bohrs ältere Quantentheorie, die auf inkonsistenten Grundlagen beruhte, weiter zu entwik-
keln. Von meinem Standpunkt aus betrachtet, sind diese Entwicklungen völlig rational: Rückzugsgefechte im Verlauf der Verteidigung geschlagener Programme sind selbst nach sogenannten 'entscheidenden Experimenten' noch immer rational. Meine Methodologie führt also
zur Umkehr gerade jener historiographischen Urteile, die diese Rückzugsgefechte sowohl aus
den induktivistischen als auch aus den falsifikationistischen Parteigeschichten entfernten.[119])

In der Tat, diese Methodologie sagt zuversichtlich voraus, daß der Historiker an
jenen Stellen, an denen der Falsifikationist die sofortige Niederlage einer Theorie nach einem
einfachen Kampf mit einer Tatsache sieht, einen komplizierten Zermürbungskrieg entdecken
wird, der lange vor dem angeblich 'entscheidenden Experiment' beginnt und lange nach ihm
endet; und wo der Falsifikationist widerspruchsfreie und unwiderlegte Theorien sieht, da sagt
sie die Existenz großer Mengen bekannter Anomalien in Forschungsprogrammen voraus, die
auf möglicherweise inkonsistenter Grundlage fortschreiten.[120]) Wo der Konventionalist in
der intuitiven Einfachheit einer Theorie den Schlüssel ihres Sieges über ihren Vorgänger sieht,
da sagt diese Methodologie voraus, daß man den Sieg auf die empirische Degeneration des alten und den empirischen Fortschritt des neuen Programms wird zurückführen können.[121]) Wo
Kuhn und Feyerabend irrationalen Wechsel sehen, da wird der Historiker nach meiner Voraussage rationale Veränderungen aufweisen können. Die Methodologie der Forschungsprogramme sagt also neue historische Tatsachen voraus (oder 'sagt sie nach', wenn man sich so
ausdrücken will), Tatsachen, die unerwartet sind im Lichte der bestehenden (internen und externen) Historiographien, und diese Voraussagen werden sich, so hoffe ich, durch die historische Forschung bestätigen lassen. Sind sie bestätigt, dann stellt die Methodologie wissenschaftlicher Forschungsprogramme selbst eine progressive Problemverschiebung dar.

*Ein Fortschritt in der Theorie wissenschaftlicher Rationalität wird also durch die
Entdeckung neuartiger historischer Tatsachen gekennzeichnet, durch die Rekonstruktion einer*

---

[118]) Diese Formulierung wurde von meinem Freund Michael Sukale vorgeschlagen.
[119]) Vgl. Lakatos [1970], Abschnitt 3c (s. S. 134ff. in diesem Band).
[120]) Vgl. Lakatos [1970], S. 137–138 (s. S. 133–134 in diesem Band).
[121]) Duhem selbst gibt nur ein explizites Beispiel: den Sieg der Wellenoptik über die Newtonsche Optik
([1906], Kap. VI, § 10; vgl. auch Kap. IV, § 4). Aber wo sich Duhem auf den intuitiven 'Commonsense'
verläßt, da verlasse ich mich auf eine Analyse konkurrierender Problemverschiebungen.

ständig wachsenden Masse wertdurchtränkter Geschichte als rational. [122]) Die Theorie wissenschaftlicher Rationalität schreitet mit anderen Worten nur dann fort, wenn sie ein 'progressives' historiographisches Forschungsprogramm konstituiert. Ich brauche nicht zu sagen, daß kein solches historiographisches Forschungsprogramm je die *gesamte* Geschichte der Wissenschaften als rational erklären kann oder soll: selbst der größte Wissenschaftler macht falsche Schritte und fällt Fehlurteile. Darum *bleiben rationale Rekonstruktionen für immer in einem Ozean von Anomalien versenkt. Diese Anomalien müssen schließlich erklärt werden, und zwar entweder durch eine bessere rationale Rekonstruktion oder durch eine 'externe' empirische Theorie.*

Dieses Vorgehen findet eine lässige Einstellung zu den 'normativen Basiswerturteilen' der Wissenschaftler nicht empfehlenswert. 'Anomalien' können vom Internalisten *qua* Internalist nur so lange mit Recht ignoriert und der externen Geschichte zugeschrieben werden, als das interne historiographische Forschungsprogramm *voranschreitet;* oder solange ein ergänzendes empirisches, externalistisches, historiographisches Programm sie *auf progressive Weise* zu absorbieren vermag. Aber wenn die Wissenschaftsgeschichte im Licht einer rationalen Rekonstruktion in zunehmendem Maße als irrational erscheint *ohne* eine progressive externalistische Erklärung (wie etwa eine Erklärung der Degeneration der Wissenschaft als Resultat politischen oder religiösen Terrors, eines antiwissenschaftlichen ideologischen Klimas oder des Aufstiegs einer neuen parasitären Klasse von Pseudowissenschaftlern mit besonderem Interesse an rapider 'Universitätsexpansion'), dann ist die historiographische Erneuerung, das Proliferieren historiographischer Theorien eine Lebenswichtigkeit. Wissenschaftlicher Fortschritt ist möglich trotz der Tatsache, daß man wissenschaftliche Anomalien niemals los wird; ebenso ist Fortschritt in der rationalen Historiographie möglich trotz der Tatsache, daß man historiographische Anomalien nie los wird. Der rationalistische Historiker braucht sich von dem Umstand nicht stören zu lassen, daß die wirkliche Geschichte mehr ist als die interne Geschichte und unter Umständen von ihr sogar ganz verschieden und daß er die Erklärung solcher Anomalien möglicherweise der externen Geschichte wird zuweisen müssen. Aber diese Unwiderlegbarkeit der internen Geschichte macht sie nicht einer konstruktiven Kritik, sondern nur einer negativen Kritik gegenüber immun – ebenso wie die Unwiderlegbarkeit eines wissenschaftlichen Forschungsprogramms es nicht vor konstruktiver, sondern nur vor negativer Kritik schützt.

Man kann natürlich eine interne Geschichte nur dadurch kritisieren, daß man die (gewöhnlich latente) Methodologie des Historikers explizit macht und zeigt, wie sie als ein historiographisches Forschungsprogramm funktioniert. Oft gelingt es der historiographischen Kritik, ein Gutteil an modischem Externalismus zu zerstören. Eine 'eindrucksvolle', 'umfas-

---

[122]) Man kann einen Begriff *'Korrektheitsgrad'* in die Metatheorie von Methodologien einführen, und dieser wäre Poppers empirischem Gehalt analog. Poppers empirische 'Basissätze' müßten durch quasi-empirische 'normative Basissätze' (wie durch den Satz 'Plancks Strahlungsformel ist willkürlich') ersetzt werden.

Es sei hier darauf verwiesen, daß sich die Methodologie der Forschungsprogramme nicht nur auf normgesättigtes historisches Wissen, sondern auf alles normative Wissen anwenden läßt, eingeschlossen selbst Ethik und Ästhetik. Dies würde das naiv falsifikationistische 'quasi-empirische' Vorgehen, so wie es in Anm. 80 skizziert wurde, aufheben.

sende', 'weitreichende' externe Erklärung ist oft das Zeichen eines schwachen methodologischen Unterbaus; und es ist auch das Kennzeichen einer relativ schwachen internen Geschichte (die die meiste wirkliche Geschichte entweder unerklärt oder anomal läßt), wenn sie der externen Geschichte zuviel zur Erklärung überläßt. Eine bessere Rationalitätstheorie kann zu einer Ausdehnung der internen Geschichte führen und zu einer Rückgewinnung des von der externen Geschichte besetzten Gebiets. Aber der Wettstreit ist nicht so offen wie im Falle konkurrierender wissenschaftlicher Forschungsprogramme. Externalistische historiographische Programme, die auf naive Methodologien gegründete interne Geschichten ergänzen, haben entweder die Tendenz, schnell zu degenerieren, oder sie können nicht einmal beginnen, und zwar einfach darum, weil sie sich die Aufgabe stellen, psychologische oder soziologische 'Erklärungen' methodologisch induzierter Phantasien statt (mehr rational gedeuteter) historischer Tatsachen auszuarbeiten. Sobald ein Externalist, ob nun bewußt oder unbewußt, eine naive Methodologie verwendet (die sich so leicht in seine 'deskriptive' Sprache einschleichen kann), verwandelt sich seine Darstellung in ein Märchen, das trotz seiner scheinbar gelehrten Spitzfindigkeit bei genauerer historiographischer Untersuchung zusammenbrechen muß.

Schon Agassi hat gezeigt, wie das Elend der induktivistischen Geschichte den wilden Spekulationen der Vulgärmarxisten Tür und Tor geöffnet hat.[123] Seine falsifikationistische Historiographie öffnet ihrerseits Tür und Tor für jene modischen 'Wissenssoziologen', die die weitere (und möglicherweise erfolglose) Entwicklung einer durch ein 'entscheidendes Experiment' 'falsifizierten' Theorie als die Manifestation des irrationalen, bösartigen, reaktionären Widerstandes der herrschenden Autorität gegen aufgeklärte revolutionäre Entwicklungen zu erklären versuchen.[124] Aber im Licht der Methodologie wissenschaftlicher Forschungsprogramme lassen sich solche Rückzugsgefechte sehr wohl *intern* erklären: wo Externalisten einen Machtkampf, eine gemeine persönliche Kontroverse sehen, da findet der rationalistische Historiker oft rationale Diskussion.[125]

Ein interessantes Beispiel dafür, wie eine dürftige Theorie der Rationalität die Geschichte ärmer machen kann, ist die Weise, in der historiographische Positivisten entar-

---

[123] Vgl. Text zu Anm. 9. (Der Ausdruck 'wilde Spekulation' ist natürlich von der induktivistischen Methodologie ererbt. Er sollte nunmehr in 'degenerierendes Programm' umgeschrieben werden.)

[124] Der Umstand, daß selbst degenerierende externalistische Theorien Respektabilität erringen konnten, war in weitem Ausmaß auf die Schwäche ihrer früheren internen Rivalen zurückzuführen. Eine utopische Viktorianische Moral führt entweder zu einer falschen, unredlichen Darstellung bürgerlicher Anständigkeit oder unterstützt die Ansicht, daß die Menschheit völlig verdorben ist; utopische wissenschaftliche Maßstäbe führen entweder zu falschen, unredlichen Darstellungen wissenschaftlicher Vollkommenheit, oder sie unterstützen die Ansicht, daß wissenschaftliche Theorien nicht mehr sind als durch erworbene Interessen aufgebauschte Überzeugungen. Das erklärt die 'revolutionäre' Aura, die einige der absurden Ideen der gegenwärtigen Wissenssoziologie umgibt: ihre Vertreter behaupten, die Scheinrationalität der Wissenschaft entlarvt zu haben, während sie höchstens die Schwäche überholter Theorien wissenschaftlicher Rationalität ausbeuten.

[125] Z. B. vgl. Cantor [1971] und die Forman-Ewald-Debatte (Forman [1969] und Ewald [1969]).

tende Problemverschiebungen behandeln.[126]) Stellen wir uns zum Beispiel vor, daß alle Astronomen trotz des objektiven Fortschritts astronomischer Forschungsprogramme vom Gefühl einer Kuhnschen 'Krise' gepackt werden und daß sie sich dann alle durch einen unwiderstehlichen *Gestalt*umsprung zur Astrologie bekehren. Für mich wäre diese Katastrophe ein erschreckendes *Problem*, das eine empirisch-externe Erklärung verlangt. Nicht so für einen Anhänger Kuhns. Was er sieht, ist eine 'Krise', der dann eine Massenbekehrung in der Gemeinschaft der Wissenschaftler folgt: eine ganz gewöhnliche Revolution. Nichts ist problematisch, nichts bleibt unerklärt.[127]) Das Kuhnsche psychologische Epiphänomen einer 'Krise' und einer 'Konversion' kann objektiv progressive und objektiv degenerierende Veränderungen, es kann Revolutionen und Gegenrevolutionen begleiten. Diese Tatsache fällt jedoch außerhalb des Kuhnschen Rahmens. Historiographische Anomalien dieser Art können von seinem historiographischen Forschungsprogramm nicht formuliert und schon gar nicht progressiv absorbiert werden, denn das Programm kann auf keine Weise zwischen, sagen wir, einer 'Krise' und einer 'entartenden Problemverschiebung' unterscheiden. Aber die Anomalien könnten schon von einer externen historiographischen Theorie vorausgesagt werden, vorausgesetzt, sie beruht auf einer Methodologie wissenschaftlicher Forschungsprogramme, die soziale Bedingungen spezifiziert, unter welchen degenerierende Forschungsprogramme einen sozio-psychologischen Sieg erringen können.

---

[126]) Ich nenne *'historiographischen Positivismus'* eine Position, nach der die Geschichte als eine komplexe *externe* Geschichte geschrieben werden kann. Für einen historiograhpischen Positivisten ist die Geschichte eine rein empirische Disziplin. Er leugnet die Existenz objektiver Maßstäbe im Gegensatz zu bloßen Maßstäbe betreffenden Überzeugungen. (Er hat natürlich auch Überzeugungen über Maßstäbe, die die Wahl und die Formulierung seiner historischen Probleme bestimmen.) Diese Position ist typisch Hegel. Sie ist ein Spezialfall des *normativen Positivismus*, der die Macht als das Kriterium des Rechts aufstellt. (Eine Kritik des ethischen Positivismus Hegels findet sich in Popper [1945], Bd. I, S. 71–72, Bd. II, S. 305–306, und Popper [1961].) Der reaktionäre Hegelsche Obskurantismus hat die Werte völlig in die Welt der Tatsachen zurückgestoßen und damit die Trennung beider durch die philosophische Aufklärung Kants rückgängig gemacht.

[127]) Hinsichtlich objektiver wissenschaftlicher Programme scheint sich Kuhn mit sich selbst nicht einig zu sein. Ich habe keinen Zweifel, daß er als ein dezidierter Gelehrter und Wissenschaftler den Relativismus *persönlich* verabscheut. Aber seine *Theorie* läßt sich auffassen entweder als eine Leugnung wissenschaftlichen Fortschritts und eine Anerkennung reiner Veränderung; oder als die Anerkennung eines wissenschaftlichen Fortschritts, der nur vom Gang der Geschichte als 'Fortschritt' gezeichnet wird. In der Tat, sein Kriterium zwingt ihn, die im Text erwähnte Katastrophe als eine 'Revolution' im eigentlichen Sinn zu beschreiben. Ich fürchte, das ist ein Schlüssel zur unbeabsichtigten Popularität seiner Theorie unter der Neuen Linken, deren Vertreter eifrig mit der Vorbereitung der 'Revolution' von 1984 beschäftigt sind.

C. Gegen aprioristische und antitheoretische Verfahrensweisen in der Methodologie

Vergleichen wir nun am Ende die hier diskutierte Theorie der Rationalität mit streng aprioristischen (oder, genauer, 'euklidischen') und mit antitheoretischen Verfahrensweisen.[128])

'Euklidische' Methodologien stellen *apriori allgemeine Regeln* für wissenschaftliche Bewertungen auf. Gegenwärtig wird dieses Verfahren am entschiedensten von Popper vertreten. Nach Popper braucht man die konstitutionelle Autorität eines unveränderlichen *Gesetzesrechts* (niedergelegt in seinem Abgrenzungskriterium), um zwischen guter und schlechter Wissenschaft unterscheiden zu können.

Einige prominente Philosophen haben aber die Idee eines Gesetzesrechts und die Möglichkeit einer gültigen Abgrenzung verspottet. Nach Oakeshott und Polanyi darf es – und kann es – überhaupt kein Gesetzesrecht geben: nur die Kasuistik gilt. Sie machen weiterhin geltend, daß selbst das Gesetzesrecht autoritative Interpreten braucht, auch wenn man irrtümlicherweise für es Raum schafft. Ich glaube, daß die Position von Oakeshott und Polanyi viel Wahres an sich hat. Man muß schließlich zugeben (*pace* Popper), daß sich bisher alle von aprioristischen Wissenschaftstheoretikern vorgeschlagenen 'Gesetze' im Lichte des Schiedsspruchs der besten Wissenschaftler als falsch erwiesen haben. Bis zum heutigen Tage waren es die wissenschaftlichen Maßstäbe, so wie sie von der wissenschaftlichen *Elite* instinktiv in *besonderen* Fällen angewendet werden, die den hauptsächlichen – wenn auch nicht ausschließlichen – Maßstab der *universellen* Gesetze der Philosophen bildeten. Wenn das aber zutrifft, dann hinkt der methodologische Fortschritt, zumindest in den fortgeschrittensten Wissenschaften, noch immer hinter der allgemeinen wissenschaftlichen Klugheit her. Ist es dann nicht *Hybris* zu versuchen, den fortgeschrittensten Wissenschaften eine *apriorische* Wissenschaftstheorie aufzuzwingen? Ist es nicht *Hybris* zu verlangen, daß das Geschäft der Wissenschaft von neuem begonnen werde, wenn es sich herausstellt, daß, sagen wir, die Newtonsche oder die Einsteinsche Wissenschaft die apriorischen Spielregeln Bacons oder Carnaps oder Poppers verletzt?

Ich glaube, die Frage muß bejaht werden. Und in der Tat enthält die Methodologie wissenschaftlicher Forschungsprogramme ein pluralistisches System von Autoritäten, teils, weil die Weisheit der wissenschaftlichen Geschworenen und ihre Kasuistik vom Gesetzesrecht der Philosophen nicht voll artikuliert worden ist und nicht voll artikuliert werden kann, teils auch weil das Gesetzesrecht der Philosophen gelegentlich Recht behalten kann, wenn das Urteil der Wissenschaftler versagt. Ich unterscheide mich also sowohl von jenen Philosophen, die allgemeine wissenschaftliche Maßstäbe ganz selbstverständlich für unveränderlich und von der Vernunft für *apriori* erkennbar halten,[129]) als auch von jenen Philosophen,

---

[128]) Der Fachausdruck 'euklidisch' (oder, vielmehr, 'quasi-euklidisch') bedeutet, daß man mit universellen Sätzen hoher Ordnung ('Axiomen') und nicht mit singulären Sätzen beginnt. In [1967] und [1962] habe ich zu verstehen gegeben, daß die Unterscheidung 'quasi-euklidisch' – 'quasi-empirisch' nützlicher ist als die Unterscheidung 'apriori' – 'aposteriori'.
Einige 'Aprioristen' sind natürlich Empiristen. Aber auf der hier diskutierten Metastufe können Empiristen sehr wohl Aprioristen (oder, eher, 'Euklidianer') sein.

[129]) Man kann behaupten, daß Popper *nicht* in diese Kategorie fällt. Schließlich hat Popper die 'Wissenschaft' so definiert, daß sie die widerlegte Newtonsche Theorie einschließt und die unwiderlegte Astrologie, Marxismus und Freudianismus ausschließt.

die denken, daß das Licht der Vernunft nur besondere Fälle erhellt. Die Methodologie historiographischer Forschungsprogramme gibt an, wie der Wissenschaftstheoretiker vom Wissenschaftshistoriker lernen kann *und umgekehrt.*

Aber dieser Zweistraßenverkehr braucht nicht immer ausbalanciert zu sein. Das Gesetzesrecht sollte an Bedeutung zunehmen, wenn eine Tradition degeneriert[130]) oder wenn eine neue schlechte Tradition begründet wird.[131]) In solchen Fällen kann das Gesetzesrecht die Autorität der verdorbenen Kasuistik durchkreuzen und den Prozeß der Entartung verlangsamen und vielleicht sogar umkehren.[132]) Wenn eine wissenschaftliche Schule zur Pseudowissenschaft degeneriert, dann mag es angebracht sein, eine methodologische Debatte zu erzwingen in der Hoffnung, daß arbeitende Wissenschaftler von ihr mehr lernen werden als Philosophen (ebenso mag es angebracht sein, die Regeln der Grammatik wieder ins Gedächtnis zu rufen, wenn die Alltagssprache degeneriert, sagen wir, ins Journalistendeutsch).[133])

D. Schluß

Ich habe in diesem Aufsatz eine 'historische' Methode zur Bewertung von konkurrierenden Methodologien vorgeschlagen. Die Argumente richteten sich vor allem an Wissenschaftstheoretiker und versuchten zu zeigen, wie man von der Wissenschaftsgeschichte lernen kann – und soll. Aber dieselben Argumente haben auch zur Folge, daß der Wissenschaftshistoriker seinerseits ernsthaft auf die Wissenschaftstheorie achten muß – er muß sich entscheiden, auf welche Methodologie er seine interne Geschichte zu gründen gedenkt. Ich hoffe, ich habe überzeugende Argumente für die folgenden Thesen geboten. Erstens, jede Wissenschaftsmethodologie bestimmt eine charakteristische (und scharfe) Abgrenzung zwischen (primärer) interner Geschichte und (sekundärer) externer Geschichte, und, zweitens, sowohl Historiker als auch Wissenschaftstheoretiker müssen das kritische Wechselspiel zwischen internen und externen Faktoren, so gut es nur geht, ausnützen.

Zuletzt sei der geduldige Leser an meinen – bereits abgetragenen – Lieblingsscherz erinnert, daß die Wissenschaftsgeschichte oft eine Karikatur ihrer rationalen Rekonstruktionen ist; daß rationale Rekonstruktionen oft Karikaturen der wirklichen Geschichte sind; und daß einige Wissenschaftsgeschichten Karikaturen sowohl der wirklichen Geschichte als auch ihrer rationalen Rekonstruktionen darstellen.[134]) Dieser Aufsatz, glaube ich, erlaubt mir hinzuzufügen: *quod erat demonstrandum.*

---

[130]) Das scheint bei der modernen Teilchenphysik der Fall zu sein; oder nach einigen Philosophen und Physikern selbst in der Kopenhagener Schule der Quantentheorie.

[131]) Das trifft zu auf einige der wichtigsten Schulen der modernen Soziologie, Psychologie und Sozialpsychologie.

[132]) Das erklärt natürlich, warum eine gute Methodologie, aus den reifen Wissenschaften 'herausdestilliert', eine wichtige Rolle in unreifen und selbst zweifelhaften Disziplinen spielen kann. Akademische Autonomie im Stil Polanyis sollte in Instituten für Theoretische Physik verteidigt werden, aber in Instituten für komputerisierte Sozialastrologie, Wissenschaftsplanung oder Sozialmagistrik darf sie nicht toleriert werden. (Eine autoritative Studie der letzten findet sich in Priestley [1968].)

[133]) Eine kritische Diskussion wissenschaftlicher Maßstäbe, die möglicherweise sogar zu ihrer Verbesserung führt, ist unmöglich, wenn man die Maßstäbe nicht wenigstens allgemein artikuliert; genauso muß man die Grammatik einer Sprache artikulieren, die man anzugreifen wünscht. Weder der Konservative Polanyi noch der Konservative Oakeshott scheinen die *kritische* Funktion der Sprache begriffen zu haben (oder begreifen zu wollen). Bei Popper ist das anders. (Vgl. insbesondere Popper [1963a], S. 135)

[134]) Vgl. z. B. Lakatos [1962], S. 157, oder [1968a], Anm. 1.

Literatur

Agassi, J. [1963]: *Towards an Historiography of Science*, 1963.

Agassi, J. [1964]: 'Scientific Problems and their Roots in Metaphysics', in *The Critical Approach to Science and Philosophy* (ed. by M. Bunge), 1964, pp. 189–211.

Agassi, J. [1966]: 'Sensationalism', *Mind*, **75**, pp. 1–24.

Agassi, J. [1969]: 'Popper on Learning from Experience', in *Studies in the Philosophy of Science* (ed. by N. Rescher), 1969, pp. 162–171.

Bernal, J. D. [1954]: *Science in History*, 1st Edition, 1954.

Bernal, J. D. [1965]: *Science in History*, 3rd Edition, 1965.

Beveridge, W. [1937]: 'The Place of the Social Sciences in Human Knowledge', *Politica*, **2**, pp. 459–479.

Cantor, G. [1971]: 'A Further Appraisal of the Young-Brougham Controversy', in *Studies in the History and Philosophy of Science*, forthcoming.

Cohen, I. B. [1960]: *The Birth of a New Physics*, 1960.

Compton, A. H. [1919]: 'The Size and Shape of the Electron', *Physical Review*, **14**, pp. 20–43.

Duhem, P. [1906]: *La théorie physique, son objet et sa structure* (English transl. of 2nd (1914) edition: *The Aim and Structure of Physical Theory*, 1954).

Elkana, Y. [1971]: 'The Conservation of Energy: a Case of Simultaneous Discovery?', *Archives Internationales d'Histoire des Sciences*, **24**, pp. 31–60.

Ewald, P. [1969]: 'The Myth of Myths', *Archive for the History of Exact Science*, **6**, pp. 72–81.

Feyerabend, P. K. [1964]: 'Realism and Instrumentalism: Comments on the Logic of Factual Support', in *The Critical Approach to Science and Philosophy* (ed. by M. Bunge), 1964, pp. 280–308.

Feyerabend, P. K. [1965]: 'Reply to Criticism', in *Boston Studies in the Philosophy of Science*, **II**, (ed. by R. S. Cohen and M. Wartofsky), pp. 223–261.

Feyerabend, P. K. [1969]: 'A Note on Two 'Problems' of Induction', *British Journal for the Philosophy of Science*, **19**, pp. 251–253.

Feyerabend, P. K. [1970*a*]: 'Consolations for the Specialist', in *Criticism and the Growth of Knowledge* (ed. by I. Lakatos and A. Musgrave), 1970, pp. 197–230 (s. S. 191–222 in diesem Band).

Feyerabend, P. K. [1970*b*]: 'Against Method', in *Minnesota Studies for the Philosophy of Science*, **4**, 1970.

Feyerabend, P. K. [1974]: *Against Method*.

Forman, P. [1969]: 'The Discovery of the Diffraction of X-Rays by Crystals: A Critique of the Critique of the Myths', *Archive for History of Exact Sciences*, **6**, pp. 38–71.

Hall, R. J. [1970]: 'Kuhn and the Copernican Revolution', *British Journal for the Philosophy of Science*, **21**, pp. 196–197.

Hempel, C. G. [1937]: Rezension von Popper's [1935], *Deutsche Literaturzeitung*, 1937, pp. 309–314.

Holton [1969]: 'Einstein, Michelson, and the 'Crucial' Experiment', *Isis*, **6**, pp. 133–197.

Kuhn, T. S. [1957]: *The Copernican Revolution*, 1957.

Kuhn, T. S. [1962]: *The Structure of Scientific Revolutions*, 1962.

Kuhn, T. S. [1968]: 'Science: The History of Science', in *International Encyclopedia of the Social Sciences* (ed. by D. L. Sills), Vol. 14, pp. 74–83.

Kuhn, T. S. [1970]: 'Reflections on my Critics', in *Criticism and the Growth of Knowledge* (ed. by I. Lakatos and A. Musgrave), 1970, pp. 237–278 (s. S. 223–269 in diesem Band).

Lakatos, I. [1962]: 'Infinite Regress and the Foundations of Mathematics', *Aristotelian Society Supplementary Volume*, **36**, pp. 155–184.

Lakatos, I. [1963–1964]: 'Proofs and Refutations', *British Journal for the Philosophy of Science*, **14**, pp. 1–25, 120–139, 221–243, 296–342.

Lakatos, I. [1966]: 'Popkin on Skepticism', in *Logic, Physics and History* (*ed.* by W. Yourgrau and A. D. Breck), 1970, pp. 220–223.

Lakatos, I. [1967]: 'A Renaissance of Empiricism in the Recent Philosophy of Mathematics', in *Problems in the Philosophy of Mathematics* (*ed.* by I. Lakatos), 1967, pp. 199–202.

Lakatos, I. [1968*a*]: 'Changes in the Problem of Inductive Logic', *The Problem of Inductive Logic* (*ed.* by I. Lakatos), 1968, pp. 315–417.

Lakatos, I. [1968*b*]: 'Criticism and the Methodology of Scientific Research Programmes', *Proceedings of the Aristotelian Society,* **69**, pp. 149–186.

Lakatos, I. [1970]: 'Falsification and the Methodology of Scientific Research Programmes', in *Criticism and the Growth of Knowledge* (*ed.* by I. Lakatos and A. Musgrave), 1970, pp. 91–195, s. S. 89–189 in diesem Band).

Lakatos, I. [1971]: 'Popper on Demarcation and Induction', in *The Philosophy of Karl R. Popper* (*ed.* by P. A. Schilpp), forthcoming. (Available in German in *Neue Aspekte der Wissenschafts-theorie* (*ed.* by H. Lenk).)

Lakatos, I. [1974]: 'The Role of Crucial Experiments in Science', in *Studies in History and Philosophy of Science,* **5**, No. 1.

Lakatos, I., and Musgrave, A. [1970]: *Criticism and the Growth of Knowledge,* 1970.

Lakatos, I., and Zahar, E. G. [1975]: 'Why did Copernicus's Research Programme Supersede Ptolemy's?', in *The Copernican Achievement* (*ed.* by R. S. Westman).

McMullin, E. [1970]: 'The History and Philosophy of Science: a Taxonomy', *Minnesota Studies in the Philosophy of Science,* **5**, pp. 12–67.

Merton, R. [1957]: 'Priorities in Scientific Discovery', *American Sociological Review,* **22**, pp. 635–659.

Merton, R. [1963]: 'Resistance to the Systematic Study of Multiple Discoveries in Science', *European Journal of Sociology,* **4**, pp. 237–282.

Merton, R. [1969]: 'Behaviour Patterns of Scientists', *American Scholar,* **38**, pp. 197–225.

Musgrave, A. [1969]: *Impersonal Knowledge: A Criticism of Subjectivism,* Ph. D. thesis, University of London, 1969.

Musgrave, A. [1971*a*]: 'The Objectivism of Popper's Epistomology', in *The Philosophy of Karl R. Popper* (*ed.* by P. A. Schilpp), forthcoming.

Musgrave, A. [1971*b*]: 'Kuhn's Second Thoughts', *British Journal for the Philosophy of Science,* **22**, pp. 287–297.

Polanyi, M. [1951]: *The Logic of Liberty,* 1951.

Polanyi, M. [1958]: *Personal Knowledge, Towards a Post-Critical Philosophy,* 1958.

Popper, K. R. [1935]: *Logik der Forschung,* 1935.

Popper, K. R. [1940]: 'What is Dialectic?', *Mind,* **49**, pp. 403–426; reprinted in Popper [1963], pp. 312–335.

Popper, K. R. [1945]: *The Open Society and Its Enemies,* Vol. I–II, 1945.

Popper, K. R. [1948]: 'Naturgesetze und theoretische Systeme', in *Gesetz und Wirklichkeit* (*ed.* by S. Moser), 1948, pp. 65–84.

Popper, K. R. [1963]: 'Three Views Concerning Human Knowledge', in *Contemporary British Philosophy* (*ed.* by H. D. Lewis), 1957, pp. 355–388; reprinted in Popper [1963], pp. 97–119.

Popper, K. R. [1957*a*]: 'The Aim of Science', *Ratio,* **1**, pp. 24–35.

Popper, K. R. [1957*b*]: *The Poverty of Historicism,* 1957.

Popper, K. R. [1959]: *The Logic of Scientific Discovery,* 1959.

Popper, K. R. [1960]: 'Philosophy and Physics', *Atti del XII Congresso Internazionale di Filosofia,* **2**, pp. 363–374.

Popper, K. R. [1961]: 'Facts, Standards, and Truth: A Further Criticism of Relativism', *Addendum* to the Fourth Edition of Popper [1945].

Popper, K. R. [1963*a*]: *Conjectures and Refutations,* 1963.

Popper, K. R. [1963b]: 'Science: Problems, Aims, Responsibilities', *Federation Proceedings*, **22**, pp. 961–972.

Popper, K. R. [1968a]: 'Epistemology without a Knowing Subject', in *Proceedings of the Third International Congress for Logic, Methodology and Philosophy of Science* (*ed.* by B. Van Rootselaar and J. Staal), 1968, Amsterdam, pp. 333–373.

Popper, K. R. [1968b]: 'On the Theory of the Objective Mind', in *Proceedings of the XIV International Congress of Philosophy*, Vol. 1, pp. 25–53.

Price, D. J. [1959]: 'Contra Copernicus: A Critical Re-estimation of the Mathematical Planetary Theory of Ptolemy, Copernicus and Kepler', in *Critical Problems in the History of Science* (*ed.* by M. Clagett), 1959, pp. 197–218.

Priestley, J. B. [1968]: *The Image Men*, 1968.

Scheffler, I. [1967]: *Science and Subjectivity*, 1967.

Shapere, D. [1964]: 'The Structure of Scientific Revolutions', *Philosophical Review*, **13**, pp. 383–384.

Shapere, D. [1967]: 'Meaning and Scientific Change', in *Mind and Cosmos* (*ed.* by R. G. Colodny), 1967, pp. 41–85.

Van der Waerden, B. [1967]: *Sources of Quantum Mechanics*, 1967.

Watkins, J. W. N. [1952]: 'Political Tradition and Political Theory: an Examination of Professor Oakeshott's Political Philosophy', *Philosophical Quarterly*, **2**, pp. 323–337.

Watkins, J. W. N. [1958]: 'Influential and Confirmable Metaphysics', *Mind*, **67**, pp. 344–365.

Watkins, J. W. N. [1963]: 'Negative Utilitarianism', *Aristotelian Society Supplementary Volume* **XXXVII**, pp. 95–114.

Watkins, J. W. N. [1967]: 'Decision and Belief' in *Decision Making* (*ed.* by R. Hughes), 1967, pp. 9–26.

Watkins, J. W. N. [1970]: 'Against Normal Science', in *Criticism and the Growth of Knowledge* (*ed.* by I. Lakatos and A. Musgrave), 1970, pp. 25–38 (s. S. 25–38 in diesem Band).

Williams, L. P. [1970]: 'Normal Science and its Dangers', in *Criticism and the Growth of Knowledge* (*ed.* by I. Lakatos and A. Musgrave), 1970, pp. 49–50 (s. S. 49–50 in diesem Band).

Zahar, E. [1973]: 'Why Did Einstein's Programme Supersede Lorentz's?', in *British Journal for the Philosophy of Science*, **24**, pp. 95–123, 223–262.

Bemerkungen zu Lakatos

Thomas S. Kuhn
Princeton University

1.   Einleitung

Die Einladung, die mich herbrachte, um den Aufsatz[1]) von Professor Lakatos zu kommentieren, hat mich sehr gefreut; denn schon seit langem bin ich ein Bewunderer seines Werks, besonders seines frühen vierteiligen Aufsatzes 'Proofs and Refutations'. Das bedeutet natürlich nicht, daß wir oft einer Meinung waren, aber ich habe die Argumente geschätzt, die daraus hervorgingen, und mich darauf gefreut. Mein Vergnügen wurde weiterhin beträchtlich erhöht, als ich entdeckte, daß Lakatos mir – zu meiner angenehmen Überraschung – seinen Aufsatz vorzeitig zugänglich machte. Das ist ein Privileg, das nur wenigen Kommentatoren gewährt wird, und ich bin entsprechend dankbar dafür.

Ich hätte dies alles sagen können, bevor ich Lakatos' Manuskript öffnete, und ich hatte das bereits in Briefen sowohl an Lakatos als auch an Roger Buck gesagt. Die Lektüre selbst hat nur meine Befriedigung erhöht, aber in einer unerwarteten Weise. Wie mit einigen früheren Arbeiten von Lakatos hatte ich auch hier Schwierigkeiten mit der Übersetzung. Ausdrücke wie 'die Methodologie von Forschungsprogrammen' gehören nicht zu der mir geläufigen Ausdrucksweise; Ausdrücke wie 'interne' und 'externe Geschichte', obwohl geläufig, werden von Lakatos in einer neuen und unerwarteten Weise gebraucht. Trotzdem glaube ich, daß ich die Übersetzung bewältigt habe, ohne mich allerdings seiner Sprachregelung anzuschließen. Indem mir dies gelang und indem ich gleichzeitig den Geist seines Unternehmens erfaßte, war ich überrascht und zugleich erfreut darüber, daß ich seine gegenwärtigen Ansichten kongenial finde. Ich darf zum Abschluß feststellen, daß ich keinen einzigen Aufsatz zur wissenschaftlichen Methode gelesen habe, der in seinen Ansichten so eng parallel läuft zu meinen eigenen, und ich bin entsprechend ermutigt durch diese Entdeckung, denn das kann bedeuten, daß ich in Zukunft nicht so allein sein werde in der methodologischen Arena wie in der

---

[1]) Beitrag 10 in diesem Band (S. 271–311).

Vergangenheit. Die Ähnlichkeit zwischen unseren Ansichten sollte mich nun aber als Kommentator disqualifizieren. Einer meiner Kritiker sollte statt meiner hier stehen; aber da ich diese Schwierigkeit nicht voraussehen konnte, werde ich mein Bestes tun müssen, die Rolle des Kritikers zu spielen. Es ist darum ein glücklicher Zustand, daß meine Übereinstimmung mit Lakatos, soweit sie auch gehen mag, doch nicht vollständig ist.

2.   Parallelen

Bevor ich mich den Punkten zuwende, an denen wir nicht gleicher Meinung sind, muß ich kurz und global die Gebiete aufzählen, in denen unsere Ansichten zusammenfallen. Es gibt, glaube ich, keinen anderen Weg, um unsere Differenzen zu isolieren, oder, falls 'Differenz' nicht das richtige Wort sein sollte, um diejenigen Teile seines Papieres zu entdecken, in denen Lakatos Ansichten vertritt, die ich niemals zu den meinen machen könnte.

Unter unseren Übereinstimmungsgebieten befindet sich das, was Lakatos als Meta-Methodologisches oder Meta-Historisches beschreibt. Kein Historiker, weder ein Wissenschaftshistoriker noch der Historiker einer anderen menschlichen Tätigkeit, kann ohne Vorannahmen über das arbeiten, was essentiell ist und was nicht. Wenn der Historiker sich mit Wissenschaft beschäftigt, spielen diese Vorbegriffe eine bedeutende Rolle bei der Abgrenzung dessen, was er in Lakatos' Sinn als 'intern' bzw. 'extern' ansieht. Agassi hat vorher schon denselben Punkt sehr wirkungsvoll zur Geltung gebracht, und ich begrüßte Lakatos' Erweiterung dieses Punktes. Ich glaube, ich selber habe noch früher eine gegenteilige Ansicht vertreten, als ich anregte, eine gegenwärtig herrschende methodologische Position deshalb zu kritisieren, weil sie nicht in der Lage ist, historische Daten angemessen zu erfassen. Wie ich kurz bemerken möchte, hat Lakatos noch keinen Weg gefunden, eine philosophische Basis für diese Umkehrung zu finden, aber ich bin nicht sicher, daß ich eine bessere gefunden habe, und bin entsprechend befriedigt durch seinen Versuch.

Dieses Maß an Übereinstimmung ist vielleicht nicht gerade bemerkenswert, aber deren Ausdehnung von der Meta-Methodologie zur substantiellen Methodologie ist es – oder kommt mir wenigstens so vor. Ich habe z. B. wiederholt betont, daß die bedeutenden wissenschaftlichen Entscheidungen – die gewöhnlich beschrieben werden als Wahl zwischen Theorien – genauer beschrieben werden als eine Wahl zwischen 'Arten, Wissenschaft zu betreiben', oder zwischen 'Traditionen' oder zwischen 'Paradigmata'. Wenn Lakatos darauf besteht, daß die zu wählende Einheit ein 'wissenschaftliches Forschungsprogramm' ist, so macht er m. E. eine ähnliche Bemerkung.

Bei der Diskussion über Forschung, die im Rahmen einer Tradition betrieben wird unter der Leitung einer Instanz, die ich früher Paradigma nannte, habe ich wiederholt darauf bestanden, daß sie z. T. davon abhängt, Elemente zu akzeptieren, die innerhalb dieser Tradition nicht angefochten werden und die nur geändert werden können beim Übergang zu einer anderen Tradition bzw. zu einem anderen Paradigma. Lakatos vertritt m. E. denselben Standpunkt, wenn er von dem 'harten Kern eines Forschungsprogramms' spricht, dem Teil also, der akzeptiert werden muß, um Forschung überhaupt durchführen zu können, und der erst dann attackiert werden darf, wenn er ein anderes Forschungsprogramm miteinschließt.

Schließlich – obwohl damit das Gebiet unserer Übereinstimmung noch nicht erschöpft ist – möchte ich darauf hinweisen, mit welchem Nachdruck Lakatos auf das verweist, was er die 'Stufe der Degenerierung' in der Entwicklung eines Forschungsprogrammes nennt, jenen Zustand, in dem das Forschungsprogramm nicht mehr zu neuen Entdeckungen führt, in dem Ad-hoc-Hypothesen entstehen usw.

Ich selber kann den Unterschied nicht mehr angeben zwischen dem, was er über diesen wichtigen Zustand zu sagen hat, und dem, was ich über die Rolle der Krise in der wissenschaftlichen Entwicklung ausgeführt habe. Lakatos formuliert diesen Unterschied deutlich, aber mir helfen die Passagen nicht weiter, wo er sich darauf bezieht: so z. B. ein Zitat am Ende seines Papiers zu dem „Kuhnsche(n) psychologische(n) Epiphänomen einer Krise" (S. 306).

Sie werden, nehme ich an, bemerken, warum ich von Parallelen spreche und warum ich sie so ermutigend finde. Aber sie lassen ein Rätsel bestehen. Warum ist Lakatos so unfähig, diese Parallelen zu sehen, wenn sie doch in Wirklichkeit bestehen? Daß er diese Parallelen nicht bemerkt, wird durch das obige Zitat illustriert, und es gibt viele dieser Art in seinem Aufsatz. Zweifellos ist ein Grund für diese Schwierigkeit die Dunkelheit meiner ursprünglichen Darlegung, ein Umstand, den ich nur bedauern kann. Aber ich nehme an, es gibt noch einen tieferen Grund, und der verweist auf die Gebiete, in denen wir unterschiedlicher Ansicht sind oder zumindest zu sein scheinen.

Über Lakatos' Papier verstreut gibt es eine Reihe von Bemerkungen wie die folgende: Lakatos legt dar, Kuhn vertrete eine „höchst originelle Vision eines irrationalen Wechsels rationaler Autorität." (S. 301) Irgendwo sagt er: „Wo Kuhn und Feyerabend irrationalen Wechsel sehen, da wird der Historiker nach meiner Voraussage rationale Veränderungen aufweisen können." (S. 303) Dieser immer wieder betonte Kontrast zwischen meiner Irrationalität und Lakatos' Rationalität isoliert die Differenz, die Lakatos zwischen unseren Ansichten sieht. Für ihn ist diese Differenz offensichtlich so tief, daß er für unsere Parallelen blind bleibt. Ich werde erörtern, daß er – selbst wenn er das Gegenteil behauptet – sowohl den zentralen Punkt seines gegenwärtigen Aufsatzes als auch meine eigene Ansicht verfehlt.

Ich habe nie eine Kennzeichnung meiner Ansichten als Verteidigung der Irrationalität in der Wissenschaft akzeptiert; aber ich habe gewöhnlich die Ursache dafür verstanden und gesehen, warum meine Kritiker der Ansicht waren, diese Kennzeichnung sei zutreffend. In diesem Fall jedoch kann ich noch nicht einmal das einsehen.

Wenn ich mir ansehe, bis zu welchem Grade unsere Ansichten parallel gehen, dann kann ich Lakatos' Gebrauch von Begriffen wie 'irrational' in der Tat nur als Nachplappern eines Schiboleths ansehen. Entweder sind wir beide Verteidiger der Irrationalität – was ich mit ihm bezweifle –, oder aber – was ich eher vermute – wir sind beide dabei, die gegenwärtige Auffassung darüber zu ändern, was Rationalität sei. Argumente zu diesem Zweck werden das Gleichgewicht meiner Bemerkungen ausmachen, obwohl meine Darlegungen in dieser Form erst bei meiner Konklusion ganz explizit sein werden.

3.   'Intern' und 'extern'

Lassen Sie mich beginnen mit einem Kommentar dazu, wie Lakatos die Begriffe 'interne' und 'externe Geschichte' benutzt. In einer frühen Anmerkung weist er darauf hin, daß diese Unterscheidung bei den Wissenschaftshistorikern recht gebräuchlich ist, daß er selbst sie aber in einer neuen Art benutzt. Ich selber bin eigentlich nicht der Mann, einen Kollegen zu kritisieren, wenn er einen alten Terminus für seine Gebrauchszwecke adaptiert. Aber ich glaube, Lakatos realisiert hier nicht, wie wenig notwendig es in diesem Fall ist, anderer Leute Gebrauch dieses Ausdrucks zu strapazieren. Der Hauptvorzug des Wechsels von Termini besteht, fürchte ich, darin, ein unbewußtes Kunststück zu erleichtern.

Der Begriff 'interne Geschichte' wird normalerweise von den Historikern so gebraucht, daß er sich vor allem oder ausschließlich auf die professionellen Tätigkeiten der Mitglieder einer bestimmten wissenschaftlichen Gemeinschaft bezieht: Welche Theorien vertreten sie? Welche Experimente führen sie aus? Wie interagieren die beiden erstgenannten Faktoren, um etwas Neues zu erzeugen? 'Externe Geschichte' betrifft auf der anderen Seite die Beziehungen zwischen solchen wissenschaftlichen Gemeinschaften und dem größeren kulturellen Kontext. Die Rolle eines Wechsels religiöser oder ökonomischer Traditionen in der wissenschaftlichen Entwicklung gehört so zur externen Geschichte, ebenso gilt das Gegenteil. U. a. gehören zu den Standardthemen des externen Historikers wissenschaftliche Institutionen und die Erziehung ebenso wie die Beziehungen zwischen Wissenschaft und Technologie. Die Unterscheidung nach intern/extern ist nicht immer streng und zuverlässig, aber es besteht ein breiter Konsens bei den Historikern bezüglich der Anwendung dieser Unterscheidung. Dieser Konsens erweist sich meiner Ansicht nach als zugleich implizit vital und explizit irrelevant für Lakatos' Argument.

Ganz offenkundig bestehen noch mehr Überlappungen zwischen dem üblichen Gebrauch dieser Termini und Lakatos' Gebrauch. In beiden Fällen sind solche Faktoren wie Religion, Ökonomie und Erziehung extern; Newtons Gesetz, Schrödingers Gleichung und Lavoisiers Experimente sind intern. Wenn es also keine leicht verfügbaren Alternativen gäbe, wäre Lakatos' Vorkaufsrecht auf diese Termini angemessen. Aber sie würden den normalen Gebrauch überanstrengen; denn Lakatos' 'interne Geschichte' ist weitaus enger gefaßt als derselbe Begriff bei den Historikern. Er schließt z. B. alle Betrachtungen persönlicher Idiosynkrasie aus, welche Rolle diese auch gespielt haben mag bei der Wahl einer Theorie, bei dem kreativen Akt, der sie hervorgebracht hat, oder bei der Form des Produktes. Gleichermaßen schließt er solche historischen Daten aus wie die Unfähigkeit des Schöpfers einer neuen Theorie und seiner ganzen Generation, in dieser Theorie Konsequenzen zu entdecken, die eine spätere Generation daraus gezogen hat; das ist ein Punkt, den ich weiter unten noch näher diskutieren werde. Und schließlich schließt er aus eine Betrachtung von Fehlern bzw. von dem, was eine spätere Generation als Fehler ansieht und zu verbessern sich anschicken wird.

Historische Daten dieser Art sind aber von zentralem und wesentlichem Interesse für den internen Wissenschaftshistoriker. Oft erweisen sie sich als seine eigentlichen Schlüssel zur Deutung dessen, was wirklich geschehen ist. Da Lakatos darauf besteht, sie von der internen Geschichte auszuschließen, wundere ich mich, warum er diesen Terminus übernimmt. Hätte er nicht statt dessen viel besser von rationaler Geschichte gesprochen oder besser von einer Geschichte, die aus den rationalen Elementen in der Entwicklung einer Wissenschaft gebildet wird? Ich glaube, das ist nämlich im Grunde das, was er meint: Das 'Interne' in Lakatos' Sinn und in diesem Kontext ist äquivalent dem 'Rationalen' im üblichen Gebrauch. Weiterhin übernimmt Lakatos' Gebrauch des Wortes 'intern' von dem üblichen Gebrauch des Terminus 'rational' ein bedeutsames Charakteristikum: als ein Selektionskriterium geht es dem Verlauf der Geschichte voran und ist von ihm unabhängig.

Wenn das zutrifft, dann liegt es natürlich auf der Hand, warum Lakatos diese Termini ändert. Wenn 'intern' ein unabhängiger Begriff wäre, der eindeutig angewandt wird wie z.B. in der Geschichtswissenschaft, dann könnte man die Hoffnung hegen, etwas über die rationale Methodologie aus dem Studium der internen Geschichte zu lernen. Wenn aber 'interne Geschichte' lediglich der rationale Teil der Geschichte ist, dann kann der Philosoph daraus nur das über die wissenschaftliche Methode lernen, was er selber hineinlegt. Lakatos' meta-methodologische Methode steht so in der Gefahr, sich auf eine Tautologie zu reduzieren.

4.   Lakatos der Historiker

Mein Argument, soweit es bis jetzt entwickelt worden ist, betrifft vollständig nur die erste Hälfte des Aufsatzes von Lakatos. Das ist der Teil, in dem er seine Version der Unterscheidung intern-extern aufstellt und dann zeigt, wie das, was man für einen internen oder externen Wandel hält, mit der Wahl einer vorangehenden methodologischen Position zusammenhängt. Der zweite Teil des Aufsatzes ist natürlich anders. Dort schlägt er vor, daß die Wahl einer Methodologie ein meta-historisches Forschungsprogramm liefert. Der tatsächliche Versuch, solch ein Programm auf historische Daten anzuwenden, kann zeigen, daß das Programm degeneriert. Als Ergebnis kann eine neue Methodologie entstehen und angenommen werden. Ich selber glaube, daß exakt dieses geschehen kann und tatsächlich geschieht. Doch ich wundere mich, warum Lakatos erwartet, daß es geschieht. Akzeptieren wir einmal, was er über die Intern-extern-Unterscheidung gesagt hat, und nehmen wir weiterhin an, daß seine Auffassung von dem Geschäft des Historikers zutrifft, dann ist kein Ergebnis dieser Art möglich. Wie ich jetzt zeigen werde, bewegt sich Lakatos im zweiten Teil seines Aufsatzes ähnlich hart an der Grenze zur Tautologie wie im ersten Teil.

In der Mitte seines Aufsatzes bemerkt er z.B.: „Die Geschichte *der Wissenschaft* (gemeint ist hier die interne Geschichte) ist eine Geschichte von Ereignissen, die in normativer Weise ausgewählt und interpretiert werden." (S. 290) Mit dieser Feststellung würde ich mich grundsätzlich einverstanden erklären, wenn sie ausschließlich bedeutete, daß alle Historiker notwendigerweise ihre Daten auswählen und interpretieren. Doch Lakatos meint mit der Einführung des Terminus 'normativ' etwas ganz anderes. Er hat vorher ausgeführt, daß für den Historiker „die Wissenschaftstheorie normative Methodologien bereitstellt" (S. 271). Es geht bei ihm nicht einfach darum, daß der Historiker auswählt und interpretiert, sondern daß eine vorangehende Philosophie die ganze Menge von Kriterien liefert, mit deren Hilfe er so verfährt. Wenn das in der Tat der Fall wäre, gäbe es aber überhaupt keine Möglichkeit, daß die ausgewählten und interpretierten Daten auf eine methodologische Position rückwirken könnten, um sie zu verändern.

Glücklicherweise stehen nach Lakatos' Ansicht dem Historiker noch andere selektive Prinzipien zur Verfügung, zusätzlich zu den vorangehenden Begriffen der Methodologie. Seine Erzählung muß z.B. kontinuierlich sein in dem Sinne, daß ein Geschehnis zu einem anderen führen oder das nächste auslösen muß; man darf nicht aus der Reihe springen. Zusätzlich dazu muß die erzählte Geschichte plausibel sein in dem Sinne, daß Menschen und Institutionen, die darin vorkommen, sich auf wiedererkennbare Weise verhalten. Es ist legitim, den narrativen Bericht eines Historikers dadurch zu kritisieren, daß man sagt: Das kann nicht das sein, was tatsächlich vorgekommen ist, denn nur ein Irrer würde sich so verhalten, und wir haben keinen Grund für die Annahme erfahren, daß der König verrückt war. Schließlich, und das ist für gegenwärtige Zwecke das Entscheidendste, muß eine Geschichte so konstruiert sein, daß sie den für die Selektion und Interpretation verfügbaren Daten keine Gewalt antut. Nur wenn diese und andere interne Kriterien der Kunst des Historikers angewendet werden, können die Ergebnisse historischer Forschung rückwirken auf die philosophische Position, mit der der Historiker begann, und sie verändern.

Ich stelle an Lakatos' Aufsatz fest, daß er alle diese Kriterien beiseite wirft und auf diese Art die Geschichtswissenschaft jeder philosophischen Funktion entkleidet. Lakatos schreibt z.B. kurz vor der zuletzt zitierten Passage: „Eine Methode, die Diskrepanzen zwischen der Geschichte und ihren rationalen Rekonstruktionen aufzuzeigen, besteht darin, die interne Geschichte *im Text* zu behandeln und dann *in den Anmerkungen* anzudeuten, wie 'schlecht' sich die tatsächliche Geschichte im Licht ihrer rationalen Rekonstruktion verhalten hat." (S. 289) Ein kürzlich veröffentlichter Aufsatz (nämlich sein Beitrag zu *Criticism and the Growth of Knowledge*) [S. 89–189 in diesem Band] verweist darauf, was er damit meint. In seinem Beitrag erzählt er eine Abfolge von deutlichen Geschichten; in den Fußnoten fügt er dann hinzu: Das ist natürlich nicht genau das, was wirklich passiert ist; vielmehr ist es das, was geschehen wäre, wenn sich Leute rational benommen hätten, wie sie es eigentlich hätten tun sollen. Ein etwas anderes, aber gleich informatives Beispiel steht in dem gegenwärtigen Aufsatz [Beitrag 10]. Rationale Rekonstruktion, so führt Lakatos aus, kann die Idee vom Spin des Elektron Bohr im Jahre 1913 zuschreiben. Wahrscheinlich, gibt er zu, dachte Bohr damals nicht daran, aber es war kompatibel mit dem Forschungsprogramm, was durch das Bohrsche Atom impliziert war. Tatsächlich aber – und Lakatos weiß das bestimmt – war Bohr selbst noch 1925 sehr skeptisch gegenüber der Idee des Spin; und das nicht etwa, weil Bohr irrational gewesen ist. Sondern weil Lakatos Bohrs Programm fehlkonstruiert hat, indem er einmal mehr die Evidenz beiseite ließ, die nicht in seine These von den vorangehenden Rationalitätsprinzipien paßt. Wenn man den Sachverhalt genau nach dem Augenschein konstruiert, dann entdeckt man, daß der Spin sehr schlecht hineinpaßt. Von welchem Programm nun, von Bohrs oder von Lakatos' Fehlkonstruktion, sollte eine philosophische Analyse ausgehen?

Was ich verdeutlichen möchte, ist, kurz gesagt, daß das, was Lakatos als Geschichte begreift, keineswegs Geschichte ist, sondern eine Philosophie, die Beispiele fabriziert. Betreibt man sie aber auf diese Weise, dann könnte die Geschichte prinzipiell nicht den mindesten Einfluß auf die vorangehende philosophische Position haben, die sie ausschließlich geformt hat. Das bedeutet weder, daß historische Rekonstruktion nicht in sich notwendig eine selektive und interpretative Aufgabe ist, noch, daß eine vorangehende philosophische Position keine Rolle spielte als ein Instrument der Selektion und Interpretation. Aber es bedeutet, daß ich darauf bestehe, daß in der einzigen Art von Geschichtsschreibung, die philosophischen Interessen standhalten kann, eine vorausgehende philosophische Position nicht das einzige selektive Prinzip ist und daß es als ein selektives Prinzip nicht unverletzlich ist. Wenn der Versuch einer narrativen Geschichtsbeschreibung Anmerkungen erfordert, die seine Machart aufweisen, dann ist die Zeit gekommen, die zugrunde liegende philosophische Position zu überprüfen.

5. Geschichte und Irrationalität

Warum, so frage ich nun abschließend, fühlt Lakatos die Notwendigkeit, sich selbst vor der wirklichen Geschichte zu schützen? Warum liefert er an ihrer Stelle eine Parodie? Meine beste Vermutung ist die, daß er fürchtet, daß eine Geschichtsschreibung, die als eine unabhängige Disziplin ernstgenommen wird, ihn zu einer Position führen muß, die er mir zuschreibt; zu der Ansicht nämlich, daß Wissenschaft ein fundamental irrationales Unternehmen ist. Das kann nur eine Vermutung sein bezüglich der Hypothese über Gründe und Motive, und nichts Bedeutendes hängt davon ab, ob diese Vermutung korrekt ist oder nicht. Aber was sein Aufsatz in der Tat eindeutig klarmacht, ist sein Glaube, daß ich dazu verleitet worden bin, die Irrationalität zu verteidigen, indem ich solche Aspekte der Geschichte ernstgenommen habe, die seiner Ansicht nach weggelassen oder neugeschrieben werden sollten.

Wie ich schon vorher hier und an anderer Stelle gesagt habe, glaube ich keinen Augenblick daran, daß Wissenschaft ein in sich irrationales Unternehmen ist. Was ich jedoch bisher wohl noch nicht deutlich genug gemacht habe, ist meine Auffassung, daß ich diese Feststellung nicht als eine Tatsachenfrage ansehe, sondern eher als eine Frage von Prinzipien. Wissenschaftliches Verhalten, als Ganzes genommen, ist das beste Beispiel für Rationalität, was wir haben. Unsere Auffassung davon, was es heißt, rational zu sein, hängt in bezeichnender, wenn auch nicht ausschließlicher Weise davon ab, was wir als die wesentlichen Aspekte wissenschaftlichen Verhaltens betrachten. Das heißt nicht, daß jeder Wissenschaftler sich zu allen Zeiten rational verhält, noch, daß viele sich sehr rational über lange Zeit verhalten. Wohl ist aber damit festgestellt, daß, wenn Geschichtswissenschaft oder irgendeine andere empirische Disziplin uns zu der Überzeugung führt, daß die Entwicklung der Wissenschaft wesentlich von dem Verhalten abhängt, das wir früher für irrational gehalten haben, wir dann nicht daraus schließen sollten, daß Wissenschaft irrational ist, sondern daß unser Begriff von Rationalität hier und dort korrigiert werden muß.

Mit dieser Position, jedenfalls solange sie abstrakt bleibt, scheint Lakatos übereinzustimmen. Der ganze letzte Teil seines Aufsatzes argumentiert – wobei ich nicht sicher bin, ob ganz korrekt – in der Weise, daß historische Studien, wenn sie richtig betrieben werden, die Grenze zwischen dem Internen und Externen ändern können. Infolgedessen sagt Lakatos, daß geschichtliche Studien zugleich unseren Begriff von wissenschaftlicher Rationalität ändern können. Nachdem er diese Position eingenommen hat, kann er natürlich sehr gut meine Ansichten mit substantiellen Gründen zurückweisen, weil ich historische, logische oder philosophische Fehler gemacht haben mag, die mir sicher unterlaufen sein mögen. Was er nicht tun kann und dennoch tut, ist, daß er meine Ansichten einfach oder bloß deshalb zurückweist, weil meine Folgerungen aus der Geschichte eine wesentliche Rolle dem Verhalten zuweisen, das er für irrational hält. Argumente dieser Art aber widersprechen dem harten Kern seiner gegenwärtigen methodologischen Position.

Bis hierher habe ich die Irrelevanz von Lakatos' Anklage der Irrationalität aufgrund von Prinzipien zurückzuweisen versucht. Lassen Sie mich nun versuchen, eine ähnliche Darstellung mit inhaltlichen Gründen vorzutragen. Ich habe diese Ausführungen mit der Annahme begonnen, Lakatos' gegenwärtige Position sei der meinen sehr nahe gerückt. Ich möchte mit der Auffassung schließen, daß in den wichtigsten Aspekten die Parallelen zwischen unseren Ansichten noch sehr viel weitergehen, als ich zunächst zugegeben habe. Es gibt meiner Ansicht nach drei Hauptgründe, weswegen Lakatos mir den Vorwurf der Irrationalität angehängt hat. Zwei von diesen gibt Lakatos zu, einen explizit, den anderen implizit. Den dritten weist er in einer Anmerkung zurück, wobei er in diesem Prozeß eines der aufregendsten und aktivsten Gebiete der gegenwärtigen Philosophie einfach ignoriert.

Ich glaube, die erste Quelle für den Vorwurf, daß ich aus der Wissenschaft ein irrationales Unternehmen mache, ist mein Insistieren darauf, daß die Wahl zwischen Paradigmen (oder für den gegenwärtigen Zweck: Theorien) nicht durch Logik oder Experiment allein bedingt sein kann; in diesen Dingen gibt es nicht so etwas wie einen Beweis, keinen Punkt, an dem der Opponent einer neueren Ansicht eine Regel der Wissenschaft verletzt und beginnt, sich unwissenschaftlich zu verhalten. Lakatos macht die gleiche Beobachtung immer und immer wieder. „Man kann rational an einem degenerierenden Programm festhalten, bis es von einem Rivalen überholt ist, *und sogar noch nachher.*" (S. 286) „Man *muß* einsehen, daß auch ein weit zurückgebliebener Gegner noch immer ein Comeback erleben kann." (S. 283) „Kein Vorteil für eine Seite darf jemals als absolut endgültig angesehen werden." (S. 283) Wenn das Irrationalität ist – wie Lakatos in der Vergangenheit verschiedentlich geäußert hat –, dann sind wir beide schuldig.

Eine noch häufigere Ursache für den Vorwurf der Irrationalität war mein Insistieren darauf, daß letztlich die Wahl zwischen Paradigmen eine Gemeinschaftsentscheidung ist, daß das, was als Beweis, Verifikation oder Falsifikation in den Wissenschaften durchgeht, nicht aufgetreten ist, bevor eine ganze Gemeinschaft bekehrt worden ist oder sich um ein neues Paradigma neu formiert hat. Meine Ansichten zu diesem Punkt waren ursprünglich nicht so deutlich ausgedrückt, wie ich es gerne gehabt hätte, und sie haben sich auf jeden Fall seither weiterentwickelt. Was ich aber ausdrücken wollte, kommt gleichwohl dem sehr nahe, was Lakatos nun ausgeführt hat, obwohl ich überhaupt nicht sicher bin, daß er die Konsequenzen einsieht.

In seinem Aufsatz bezieht sich Lakatos auf die Bedeutsamkeit dessen, was er im Prozeß der wissenschaftlichen Entscheidungsfindung den „Kode wissenschaftlicher Redlichkeit" oder den „Kode wissenschaftlicher Ehre" nennt. (S. 272, 283) Wenn er seine eigene Position absetzt von denen, gegen die er sich wendet, macht er Bemerkungen wie: „Man darf *nicht* seine [eines Forschungsprogramms] öffentlich beglaubigte Leistung leugnen" (S. 286); oder: „... *die Liste der Erfolge und der Mißerfolge der konkurrierenden Programme muß aufgezeichnet und zu allen Zeiten öffentlich vorgelegt werden.*" (S. 283) An anderer Stelle spricht er davon, wie die Einwände von Kollegen beantwortet werden sollen, indem man „rationales von irrationalem (oder redliches von unredlichem) Festhalten an einem degenerierenden Forschungsprogramm" trennt. (S. 287)

Lakatos' Ansichten können jedoch nicht auf eine solche Weise unterschieden werden von meinen oder von irgend jemandes Ansicht. Im Gegenteil, er und ich kommen uns gerade in diesem Punkt am nächsten. Wer nimmt denn nach seiner Ansicht an, daß die Wissenschaft weitergehen würde, wenn die Wissenschaftler unehrenhaft wären? Wenn ich das Irrationale verteidigt habe, dann ist das nicht dadurch geschehen, daß ich Lügen verteidigt habe. Tatsächlich erweckt Lakatos' Bezug auf Ehrenhaftigkeit, auf öffentliche Anerkennung oder auf eine Wirksamkeit, die 'berichtet' und 'öffentlich zur Schau gestellt' werden muß, den Eindruck, daß er selber an die Wahl zwischen Theorien als an eine Gemeinschaftsaktivität denkt, die unmöglich wäre, wenn nicht öffentlicher Erfolg dieser Art vorhanden wäre. Wenn das Individuum alleine entscheiden kann, ist nichts dieser Art notwendig. Schließlich, und das ist der entscheidende Punkt, bringt Lakatos' Betonung eines Ehrenkodex ihn noch weiter in die gleiche Richtung; denn ein Kode besteht aus Werten und nicht aus Regeln, und Werte sind in sich ein öffentlicher Besitz.

Wie unklar ich mich auch immer ausgedrückt haben mag, meine eigene Position war von Anfang an die, daß die Entscheidung zwischen Theorien (und ebenso die Identifikation von Anomalien, ein Prozeß, der ähnliche Probleme aufwirft) durch eine besondere Art von Gemeinschaft getroffen werden muß; andernfalls würde keine Wissenschaft bestehen. Weiterhin habe ich zu zeigen versucht, daß viel von dem, was solchen Gemeinschaften eigentümlich ist, die gemeinsam geteilten Werte ihrer Mitglieder sind – sie müssen das Einfache dem Komplexen vorziehen, das Natürliche dem Ad-hoc, das Erfolgreiche dem Sterilen, das Präzise dem Vagen usw. – eine sehr gebräuchliche Liste. Ohne solche Werte würden die Entscheidungen der Gemeinschaft verschieden ausfallen, und etwas anderes als Wissenschaft wäre das Ergebnis. Ich habe jedoch zugleich damit argumentiert, daß diese Werte keine ausreichende Kriterienmenge mit sich führen, um ihre Anwendung in konkreten Fällen eindeutig zu bestimmen. In einem beträchtlichen Ausmaß werden sie erworben durch das Studium von Beispielen der Vergangenheit, mehr als dadurch, daß Regeln gelernt werden, wie sie anzuwenden sind. Zwei Männer, die dieselben Werte anwenden, wenn sie zwischen rivalisierenden Theorien auswählen, können sich tiefgehend darin unterscheiden, welche Theorie vorgezogen werden soll. Nur jemand, der z. B. sagt: Theorie A ist einfacher als Theorie B; die beiden sind in anderen Hinsichten gleich; gleichwohl ziehe ich B vor – nur jemand, der Entscheidungen dieser Struktur fällt, verletzt das, was Lakatos den Ehrenkodex des Wissenschaftlers nennt.

Meines Erachtens muß ich jetzt nur noch den einen Grund für den Vorwurf, ich mache die Wissenschaft irrational, betrachten – nämlich meine Darlegung der Inkommensurabilität, die Lakatos in einer Anmerkung beiseite gewischt hat. Da die Zeit schon weit fortgeschritten ist und er mir keine Handhabe gibt, will ich hier nur folgende Entgegnung versuchen: Jeder, der annimmt, daß die Punkte, auf die Feyerabend und ich zielen, wenn wir 'Inkommensurabilität' in unsere Diskussion über Theoriewahl einführen, entweder trivial oder offensichtlich falsch sind, muß zugleich das meiste der gegenwärtigen Literatur über 'radikale Übersetzung' beiseite schieben. Ich kann mir nicht vorstellen, daß das so ohne weiteres getan werden sollte.

Professor Imre Lakatos

John Watkins

Professor Imre Lakatos died suddenly on February 2, at the age of 51. He was the foremost philosopher of mathematics in his generation, and a gifted and original philosopher of empirical science, and a forceful and colourful personality.

He was born in Hungary on November 9, 1922. After a brillant school and university career he graduated from Debrecen in Mathematics, Physics and Philosophy in 1944. Under the Nazi occupation he joined the underground resistance. He avoided capture, but his mother and grandmother, who had brought him up, were deported and perished in Auschwitz.

After the war he became a research student at Budapest University. He was briefly associated with Lukacs. At this period he was a convinced communist. In 1947 he had the post of "Secretary" in the Ministry of Education, and was virtually in charge of the democratic reform of higher education in Hungary. He spent 1949 at Moscow University.

His political prominence soon got him into trouble. He was arrested in the spring of 1950. He used to say afterwards that two factors helped him to survive: his unwavering communist faith and his resolve not to fabricate evidence. (He also said, and one believes it, that the strain of interrogation proved too much – for one of his interrogators!)

He was released late in 1953. He had no job and had been deprived of every material possession (with the exception of his watch, which was returned to him and which he wore until his death). In 1954, the mathematician Rényi got him a job in the Mathematical Research Institute of the Hungarian Academy of Science translating mathematical works. One of these was Polya's *How to Solve It,* which introduced him to the subject in which he later became preeminent, the logic of mathematical discovery. He now had access to a library containing books, not publicly available, by western thinkers, including Hayek and Popper. This opened his eyes to the possibility of an approach to social and political questions that was non-Marxist yet scientific. His communist certainties began to dissolve.

After the Hungarian uprising he escaped to Vienna. On Victor Kraft's advice, and with the help of a Rockefeller fellowship, he went to Cambridge to study under Braithwaite and Smiley.

Some years afterwards, when he feared that the principle of academic autonomy was in danger in this country, he wrote: "As an undergraduate I witnessed the demands of Nazi students at my University to suppress 'Jewish-liberal-marxist influence' expressed in the syllabuses. I saw how they, in concord with outside political forces, tried for many years – not without some success – to influence appointments and have teachers sacked who resisted their bandwagon. Later I was a graduate student at Moscow University when resolutions of the Central Committee of the Communist Party determined syllabuses in genetics and sent the dissenters to death. I also remember when students demanded that Einstein's 'bourgeois relativsm' (ie. his relativity theory) should not be taught."

When he came to England he could speak German and Russian, and read French and English. Now he began to master spoken English. If he never succeeded quite perfectly ("thinking aloud" became "thinking loudly") he did enrich our language with his "body scientific" "monster-barring", "book-act", etc.

In 1958 he met Polya, who put him on to the history of the "Descartes-Euler conjecture" for his doctorate. This grew into his "Proofs and Refutations" (1963–4), a brilliant imaginary dialogue that recapitulates the historical development. It is full of originality, wit, and scholarship. It founded a new, quasi-empiricist philosophy of mathematics.

In England the man whose ideas came to attract him most was Professor (now Sir Karl) Popper, whom he joined at LSE in 1960. (There he rose rapidly, becoming Professor of Logic in 1969.)

His interests now turned increasingly to the methodology of the physical sciences. In 1965 he organized a famous colloquium in London, which brought together from all over the world outstanding thinkers in logic and methodology.

Its proceedings, in four volumes, contained two major papers of his, each constructively critical of the philosophies of science of Carnap and of Popper. He accepted many of Popper's ideas, but he felt that Popper's critical philosophy must itself be subjected to searching criticism; and he now developed a distinctive methodology – his "methodology of scientific research programmes" – in which philosophy of science is more intimately related to the actual history of scientific discovery.

When he lectured, the room would be crowded, the atmosphere electric, and from time to time there would be a gale of laughter. He inspired a group of young scholars to do original research; he would often spend days with them on their manuscripts before publication. With his sharp tongue and strong opinions he sometimes seemed authoritarian; but he was "Imre" to everyone; and he invited searching criticism of his ideas, and of his writings over which he took endless trouble before they were finally allowed to appear in print.

From 1964 on he was a frequent visitor to the USA. He kept up a huge correspondence. He was not without enemies; for he was a fighter and went for the things he believed in fearlessly and tirelessly. But he had friends all over the world who will be deeply shocked by his untimely death.

The Times, Wednesday 6th February 1974